青海统计年鉴 2014

QINGHAI STATISTICAL YEARBOOK 2014

总第30期

青 海 省 统 计 局
国家统计局青海调查总队

中国统计出版社
China Statistics Press

图书在版编目(CIP)数据

青海统计年鉴. 2014 ：汉英对照 / 青海省统计局，国家统计局青海调查总队编.
— 北京 ：中国统计出版社，2014.8
ISBN 978 - 7 - 5037 - 7151 - 4

Ⅰ.①青…　Ⅱ.①青…②国…　Ⅲ.①统计资料 - 青海省 - 2014 - 年鉴 - 汉、英　Ⅳ.①C832.44 - 54

中国版本图书馆 CIP 数据核字(2014)第 172217 号

青海统计年鉴 - 2014

作　　者/青海省统计局　国家统计局青海调查总队
责任编辑/佘竞雄
装帧设计/杨学文
出版发行/中国统计出版社
地　　址/ 北京市丰台区西三环南路甲 6 号　邮政编码/100073
电　　话/ 邮购(010)63376909　书店(010)68783171
网　　址/ http://csp. stats. gov. cn
印　　刷/青海省统计局印刷厂
经　　销/新华书店
开　　本/890mm × 1240mm　1/16
字　　数/1100 千字
印　　张/42
版　　别/2014 年 8 月第 1 版
版　　次/2014 年 8 月第 1 次印刷
定　　价/398.00 元

本书附同版本 CD - ROM 一张，光盘内容以书面文字为准。
如有印装差错，由本社发行部调换。

编 辑 说 明

《青海统计年鉴2014》是一本全面反映青海省国民经济和社会发展情况的资料工具书。本书收录了2013年青海经济和社会各方面的统计数据,同时又增加了体现经济和社会协调发展及反映资源与环境变化的资料。

全书内容分25个篇目,即:特载、综合、资源与环境、人口、就业人员和职工工资、人民生活、物价、能源、固定资产投资、财政金融和保险、农业、工业、建筑业、交通运输和邮电通信、国内贸易、对外经济贸易和旅游、科技、教育和文化、卫生和体育、其他社会活动、城市概况、月度资料、全国各地区主要经济指标及排序、民族自治地区和各县主要经济指标。

统计表中使用符号:“…”表示数据不足本表最小单位;“空格”表示无该项指标数据或该项指标数据不详;“#”表示总指标的其中项数据。读者在使用统计资料时,凡与本年鉴有出入的,均以本年鉴为准。

本《年鉴》是青海省统计局和国家统计局青海调查总队共同努力的结果,也是全省各条战线上广大统计干部辛勤劳动的成果,是集体智慧的结晶。在编辑出版、印刷、发行过程中,得到了中国统计出版社等许多单位及有关同志的大力支持,在此一并表示衷心感谢!

《青海统计年鉴》公开出版以来,受到了国内外广大读者的关心和支持,对本年鉴的内容和编辑工作提出了许多宝贵的意见,对此我们深表谢意。由于我们水平有限,疏误之处在所难免,欢迎各界人士随时对不足之处给予批评和指正,帮助我们进一步提高和改进统计年鉴的编辑水平,更好地为广大读者服务。

《青海统计年鉴－2014》编辑委员会

Editor's Explanatory Notes

Qinghai Statistical Yearbook 2014 is an annual statistical publication, which reflects comprehensively the economic and social development of Qinghai. It covers data for 2013in various aspects of economic and social statistics, at the same time, increases information of resources and environmental changes reflected economic and social harmonious development.

The Yearbook contains twenty – five chapters : Special Articles, General Survey, Resources and Environment, Population, Employment and Wages, People′s Living Conditions, Price Indices, Energy, Investment in Fixed Assets, Government Finance, Banking and Insurance, Agriculture, Industry, Construction, Transportation, Postal and Telecommunication Services, Domestic Trade, Foreign Trade,Economic Cooperation and Tourism, Science and Technology, Education and Culture, Public Health and Sports, Other Social Activities, General Survey of cities, Monthly Data, Main Economy Indices and Order of the Different Parts of the Country and Main Economic Indicators in Autonomous Regions.

Notations used in the Yearbook:"…" indicates that the figure is not large enough to be measured with the smallest unit in the table; (blank space) indicates data are unknown, or are not available; "#" indicates a major breakdown of the total. When readers use statistical information, they should be based in this Yearbook if there is difference from this Yearbook.

The "Yearbook" is outcome of joint efforts of Qinghai Bureau of Statistics and Survey Organization of National Bureau of Statistics, is fruit of the hard work of majority of statistics cadres on all fronts of the province, and is the crystallization of collective wisdom. In editing and publishing, printing, distribution process, the yearbook has received great support from China Statistics Press, many units and comrades. We acknowledge their help to the book.

Qinghai Statistical Yearbook has received concern and support of the readers at home and abroad for the content and edit of the Yearbook of many valuable suggestions since published, which we are grateful. Because of our limited level, Mistakes are inevitable. Welcome people from all walks of life to give us the criticism and correction for our inadequacies at any time in order to help us further enhance and improve the editorial level of Statistical Yearbook, and served readers better.

Qinghai Statistical Yearbook 2014 **Editorial Board**

《青海统计年鉴－2014》编辑委员会

QINGHAI STATISTICAL YEARBOOK - 2014
NAME LIST OF EDITORIAL BOARD

一、特载

Special Articles

二、综合

General Survey

三、资源与环境
Resources and Environment

四、人口

Population

五、就业人员和职工工资

Employment and Wages

六、人民生活

People's Living Conditions

七、物价

Price Indices

八、能源

Energy

九、固定资产投资

Investment in Fixed Assets

十、财政、金融和保险

Government Finance, Financial Intermediation and Insurance

十一、农业

Agriculture

十二、工业

Industry

十三、建筑业
Construction

十四、交通运输和邮电通信

Transport, Postal and Telecommunication Services

十五、国内贸易

Domestic Trade

十六、对外经济贸易和旅游

Foreign Trade, Economic Cooperation and Tourism

十七、科技
Science and Technology

十八、教育和文化

Education and Culture

十九、卫生和体育

Public Health and Sports

二十、其他社会活动

Other Social Activities

二十一、城市概况

General Survey of Cities

二十二、月度资料
Monthly Data

二十三、全国各地区主要经济指标及排序
Main Economic Indicators and Order of the Different Regions of the Country

二十四、民族自治地区主要经济指标

Main Economic Indicators in Autonomous Regions

二十五、各县主要经济指标

Main Economic Indicators of Counties

第 1 篇
CHAPTER 1

特　载
Special Articles

2014年青海省政府工作报告

——2014年1月19日青海省十二届人大三次会议上

青海省省长　郝鹏

各位代表：

现在，我代表省人民政府向大会报告政府工作，请予审议，并请省政协委员和列席人员提出意见。

一、坚持科学发展，政府工作取得新成绩。

2013年是我省发展历程中极不平凡的一年。国内外经济形势错综复杂，经济下行持续时间之长、对我省影响之深多年少有，各种深层次矛盾集中显现，我们面对的改革发展任务艰巨繁重。在省委的坚强领导下，我们深入贯彻党中央、国务院和省委的决策部署，牢牢把握稳中求进、好中求快的总基调，统筹稳增长、调结构、促改革、惠民生，与全省各族人民一道，凝心聚力，迎难而上，真抓实干，较好地完成了省十二届人大一次会议确定的目标任务，实现了新一届政府工作的良好开局。

（一）力促经济平稳运行，综合实力跃上新台阶。坚持把稳增长放在首要位置，下先手棋、打主动仗，出台新的举措，强化政策协同，注重精准发力，有效化解了经济下行和物价上涨的双重压力。生产总值和固定资产投资双双突破两千亿元。预计实现生产总值2103亿元，增长11%。完成固定资产投资2404亿元，增长25.2%。工业投资增长30.2%，民间投资增长27.8%，投资结构继续优化。财政收支和社会融资规模显著扩大。全省总财力达到1355亿元，实现公共财政预算收入368.6亿元，增长15.3%；财政总支出1251亿元，增长13.4%。实现社会融资规模1200亿元，增长25%；本外币贷款余额3515亿元，增长22.5%，其中新增贷款643亿元。财政支出和社会融资均过千亿元，对发展的支撑能力明显增强。重大基础设施建设加快推进。西宁机场二期、德令哈机场、青海至新疆750千伏联网、330千伏电网进玉树、锡铁山至北霍布逊地方铁路、龙羊峡水光互补电站相继建成。兰新二线、西宁站改、格敦铁路、青南三州高速化公路、花土沟机场、引大济湟、玛尔挡水电站、黄河谷地百万亩土地整理等重大项目加快推进。全省公路总里程突破7万公里，西宁机场旅客吞吐量突破300万人次。加快信息通信基础设施建设，移动通信与全国同步进入4G时代。物价过快上涨势头得到有效遏制。综合施策，多管齐下，投入价格调控资金过亿元，实施新一轮菜篮子工程，改造新建一批农贸市场，新建155家平价商店，增加平价粮油投放，重拳整治市场秩序，居民消费价格由年初较高涨幅回落到3.9%的预期目标以内。

（二）深入推进结构调整，转型发展迈出新步伐。着力促进产业转型升级和城乡区域发展整体联动，发展的质量和效益、协调性和均衡性进一步增强。高原现代农牧业加快发展。积极应对多年未有的持续干旱，突出调结构、增特色、扩规模、强科技，设施农业、生态畜牧业、林产业规模和效益进一步提升，新型生产经营主体不断涌现，粮食总产连续六年突破百万吨，肉奶产量持续增加，冷水鱼产量增长33%，第一产业增加值突破200亿元，增长5.3%。农牧业丰收为稳增长、转方式、控物价发挥了积极作用。工业转型升级持续推进。加快"双百"行动和15个重大产业基地建设，实施50项重大技术进步项目，大力淘汰落后产能，一批新能源、新材料等项目建成投产，一批共性技术和关键技术研发填补空白。装备工业、轻工业分别增长35.7%和19.5%，高技术产业增长22.9%，光伏电站并网装机超过300万千瓦。三大工业园区加快向集群化、规模化和循环型发展，西宁经济技术开发区技工贸收入超过千亿元。全省规模以上工业增加值增长12.6%，总量攀上千亿元大台阶。服务业和消费结构不断优化。十大服务业持续发展。文化旅游商贸融合发展势头强劲，旅游总收入增长28.1%，省外游客首次突破1000万人次。现代物流业发展步入快车道，文化体育和信息服务业投资大幅增长，文化产业明显壮大。实施新一轮促进消费政策，汽车、家电类零售额分别增长23%和22%。商品房销售面积增长45.1%。实现全社会消费品零售总额544亿元，增长14.3%。城乡区域协调发展。西宁市实施大规模旧城改造，提升城市品位和服务功能，继续发挥了排头兵作用。格尔木、德令哈市启动新区建设，海东、玉树分别实现撤地设市、撤县建市，各地加快城镇基础设施建设步伐，党政军企共建和新型社区建设扎实推进。藏区规划和对口帮扶实施力度加大，青南地区投资保持较高增速，环湖地区发展质量提高。全省城镇化率达到48.5%，城乡面貌发生深刻变化。

（三）强化生态环境保护，生态文明建设呈现新气象。按照创建生态文明先行区部署，全面加强了生态保护与环境治理。重点生态工程建设成效显著。投资75亿元历时8年的三江源生态保护建设一期工程全面完成，治理区生态环境明显好转。争取国务院审议通过和批准实施了二期工程规划。青海湖生态环境综合治理、天然林保护和小流域综合治理持续推进。祁连山生态环境保护和综合治理规划、湟水流域百万亩造林基地工程得到国家批准，为更大规模生态保护创造了条件。环境治理取得重大进展。湟水河流域污染防治深入推进，水质达到国控标准，正在由单一污染防治向集污染治理、生态修复、防洪泄洪和休闲景观为一体的综合治理转变。启动大气污染防治专项行动，西宁空气质量优良天数比上年明显增加。坚持综合施策，加大节能减排力度，单位生产总值能耗下降2%，完成了年度节能减排计划。生态保护制度建设加快。三江源生态补偿机制不断完善，草原生态补奖政策全面落实，禁牧减畜任务完成。在西部率先开展生态补偿碳交易，探索了生态补偿的新路径。

（四）推动发展成果共享，民生保障和社会事业取得新进展。坚持小财政办大民生，将财政支出的75.6%用于民生建设，促进了基本公共服务均等化和社会公平。就业增收创历史新高。全力促进高校毕业生就业创业，面向藏区和基层加大公开考录招聘力度，录用高校毕业生8100多名，藏区青年就业难状况得到改善。新增城镇就业6万人，农牧区劳动力转移就业115万人次。在着力扩大就业的同时，采取增加转移性和工资性收入、建立乡镇工作岗位补助制度、落实高海拔折算工龄补贴等多项措施，保持了城乡居民收入与经济同步增长。预计城镇居民人均可支配收入19600元，增长12%，农牧民人均纯收入6100元，增长14%。城乡安居工程全面推进。建成城镇保障性住房7.57万套，农村危房改造、游牧民定居和奖励性住房9.13万户。累计开工建设城乡保障性住房34.07万套和50.9万户，居住条件进一步改善。社会保障水平持续提高。实施被征地农民社会养老保险制度，全面提高企业退休人员和城乡低保、城乡医保、工伤保险等补助标准，各项保险参保人数稳步增加。建立低收入家庭经济状况核对机制，加大最低生活保障和临时性救助力度，城乡困难群众基本生活得到保障。教育事业协调均衡发展。巩固“两基”成果，完成中小学布局调整及校安工程建设任务，推进学前教育，加强中小学教师队伍建设，“1+9+3”教育经费保障机制实现全省覆盖，职业教育、高等教育学科调整取得新进展。医疗卫生服务能力明显增强。深入推进医药卫生体制改革，实施分级诊疗，大病医疗保险、疾病应急救助、基层基本药物制度、县级公立医院改革、对口帮扶和先住院后结算服务模式实现全覆盖，城乡居民政策范围内住院费用支付比例提高到76%。落实计划生育奖励优惠政策，推进“康福家”行动，人口自然增长率控制在8.03‰。文化惠民不断深化。文化建设八大工程扎实推进，公共文化服务网络基本建成。置换地面卫星接收设施35.4万套，提前两年完成广播电视“十二五”“村村通”工程目标。成功举办全省第五届少数民族运动会，全民健身和竞技体育相互促进，我省运动员在十二届全运会上夺得3金1银2铜6枚奖牌，取得了30年来的最好成绩。科技创新力度加大。推动科技与资本结合，科技专项取得进展，部分科技成果开始向高技术产业转移。扶贫攻坚成效显著。减少贫困人口21.3万人，整村推进项目户人均收入增幅高于全省农牧民收入增幅。各位代表，在省十二届人大一次会议上我们向全省人民承诺的十件民生实事，已全部兑现！

（五）大力推进改革开放，经济社会发展迸发新活力。坚持以创新举措开辟发展新路径，努力破除体制机制障碍，为科学发展提供了动力源泉。农牧区综合配套改革、集体林权制度和户籍制度改革、土地确权登记试点、“营改增”试点等不断深化。推进政府职能转变和机构改革，卫生和人口计生部门职能实现整合，食品药品监督管理体制日趋完善，省行政服务和公共资源交易中心启动运行。加大简政放权力度，取消和调整行政审批事项178项。新增各类市场主体42312户，增长24.2%，非公有制经济增速加快。新增中国驰名和青海著名商标38件。国有资产监管制度不断完善，国有企业整合重组取得积极进展。采用招标比选方式出让探矿权，矿业权管理市场化程度显著提高，镍、黄金、石墨和深层卤水等矿产资源勘查取得重要成果。相继与5个国家的相关省州市缔结了友好关系，是我省建立国际关系最多的一年。青洽会、环湖赛、藏毯展、清食展等重大活动的专业化、国际化水平明显提升。在越南成功举办青海商品博览会，全面推进与对口援青省市、国家部委和央企战略合作，招商引资到位资金487亿元，增长33%。优化外贸结构，加快口岸建设，进出口贸易总额增长21.2%。

各位代表，过去的一年，是玉树灾后重建的收官之年。三年重建艰苦卓绝。在省委的有力领导下，我们坚持科学依法和谐重建，不断破解征地拆迁、规划落地、现场施工、成本控制等难题，在实际不到两年的有效施工期内，全面完成了总体规划确定的1248个重建项目，一批支撑玉树长远发展的重大项目同步建成，用于灾后重建的总投资累计达到447.5亿元，实现了“苦干三年、跨越二十年”的重建目标。一个体现地域风貌、富有民族特色、充满时代气息的新玉树已傲然屹立在江河源头！过去的一年，我们根据省委建设“三区”的战略部署，制定行动方案和实施纲要，细化阶段性目标任务，明确路线图和时间表，全面拉开了“三区”建设的序幕。特别是围绕建设民族团结进步先进区，认真贯彻落实党的民族宗教政策，建立干部对口支援藏区乡镇制度，启动新一轮乡村政权设施建设工程，构建依法、管用、和谐的寺院管理新模式，支持发展妇女儿童和慈善事业，巩固和发展了民族团结、社会和谐、宗教和顺的良好局面。深入推动“双拥”工作，加强国防动员、后备力量和人民防空建设，军民军政团结互助的局面更加巩固。深化普法教育和法律服务，加强基层基础建设，推进社会治安综合治理，开展“信访工作规范化建设年”活动，着力化解矛盾纠纷，提升应对突发公共事件能力，严格食品药品安全监管，安全生产事故发生起数和死亡人数实现双下降，“平安青海”建设取得新成绩。过去的一年，我们切实加强政府自身建设。扎实开展党的群众路线教育实践活动，坚持立说立行、边整边改，善始善终、善做善成，治理“四风”取得明显成效。推进依法行政，加强政府法制建设和审计、监察工作，自觉接受人大法律监督、工作监督和政协民主监督，认真办理人大代表建议、政协委员提案1014件。实现县以上单位和部门预算全部公开、“三公”经费压减5%的目标，政府公信力和执行力得到进一步提高。过去的一年，我们积极应对超出预期的困难和挑战，取得了令人鼓舞的新成绩。这是党中央国务院亲切关怀和省委正确领导的结果，是省人大、省政协监督支持的结果，是全省各族人民团结奋斗的结果。在此，我代表省人民政府，向全省各族干部群众和所有建设者，向各民主党派、工商联、无党派人士和人民团体、社会团体、宗教界，向中央驻青单位、驻青人民解放军和武警部队，向所有关心支持青海发展和玉树重建的海内外朋友，表示衷心感谢、致以崇高敬意！各位代表，成绩来之不易，我们要倍加珍惜。同时，我们也清醒地看到，外部环境和内部因素相互影响，短期问题和长期矛盾相互交织，经济社会发展中仍存在不少困难和问题，主要是：经济下行、物价上涨、节能减排、就业增收等多重压力并存，要素瓶颈制约趋紧，部分企业生产经营困难，财政收支矛盾突出。此外，政府自身建设与人民群众的要求还有差距，服务意识不强、办事效率不高、工作作风不实等问题仍然不同程度存在。我们将努力做好工作，认真解决这些问题，不辜负全省各族人民的期望。

二、明确奋斗目标，把握今年政府工作总体要求

今年是深入贯彻落实党的十八届三中全会精神、全面深化改革的第一年，也是顺利完成“十二五”规划、推进“三区”建设的关键一年。尽管国内外宏观经济环境仍然复杂严峻，但新的有利支撑和积极因素也在逐渐增多。我们将坚持底线思维，把困难估计得更充分一些，把措施考虑得更周全一些，把工作做得更扎实一些，牢牢把握经济社会发展的主动权。

今年政府工作的总体要求是：深入学习贯彻习近平总书记系列重要讲话精神，全面落实党中央国务院和省委决策部署，紧紧围绕“坚持正确方向、全面深化改革、奋力打造三区、建设全面小康”的战略任务，坚持稳中求进的总基调，把改革创新贯穿于经济社会发展各个领域各个环节，着力增强发展的内生动力和活力，着力提高发展的质量和效益，着力保障和改善民生，全面加强生态环境保护、基本公共服务体系和社会治理体系建设，确保经济提质增效、社会和谐稳定。

主要预期目标是：生产总值增长10.5%左右，公共财政收入增长10.5%左右，居民消费价格涨幅控制在4%左右，城镇新增就业5.8万人，城镇登记失业率控制在3.8%以内，农牧区劳动力转移就业100万人次以上，城镇居民人均可支配收入增长12%，农牧民人均纯收入增长14%，人口自然增长率控制在9‰。需要说明的是，今年适度下调生产总值、财政收入等预期指标增幅，继续保持价格调控、城乡居民收入、就业等民生指标相对稳定，体现了提高发展质量和效益的要求，符合我省发展的客观实际，有利于把各方面的注意力引导到改革创新、提质增效、保护生态、改善民生上来。

实现上述目标要求，需要我们认清形势、抢抓机遇，吃透精神、把握关键。认清形势、抢抓机遇，就是要充分认识世界经济处于深度调整期，以及我国经济增长速度换挡期、结构调整阵痛期、前期刺激政策消化期三期叠加带来的新情况新变化；充分看到党的十八届三中全会进一步激发全社会发展的动力和活力，中央扩内需、调结构的政策效应不断释放，支持藏区跨越发展和集中连片地区扶贫攻坚的力度加大，特别是从战略层面做出建设“丝绸之路经济带”以及支持1亿左右人口在中西部地区实现城镇化战略决策的两大历史新机遇，进一步加强战略谋划，创新工作举措，扬长补短，奋发有为，巩固和发展来之不易的好局面。吃透精神、把握关键，就是要牢牢把握全面建成小康社会的目标要求，坚持加快发展、科学发展不动摇，坚持追赶跨越、缩小差距不懈怠，努力保持经济平稳较快增长；把握发展由速度规模型向质量效益型转变的必然趋势，大力推进产业转型升级和结构优化，促进经济提质增效升级；把握生态在全局工作中的战略地位，坚持以生态文明建设为引领，全面加强生态保护建设和环境整治，进一步巩固生态安全屏障；把握发展成果惠及人民的根本目标，优先保障基本民生，切实关注热点民生，坚实改革发展稳定的群众基础；把握市场和政府的关系，充分发挥市场在资源配置中的决定性作用，更好发挥政府作用，共同营造充满活力的发展环境。我们将在稳中求进、改革创新、提质增效、和谐稳定的基础上，努力走出一条资源富集、生态脆弱地区实现科学发展的新路子！

三、注重提质增效，奋力打造青海经济升级版

实施创建全国循环经济先行区行动方案，着力改善区域发展条件，提升特色优势产业水平，增强创新驱动发展能力，推进新型城镇化释放内需潜力，努力在新一轮调整变革中抢占先机。

（一）加快基础设施建设，提升发展保障能力。把构建现代化基础设施体系作为发挥投资拉动作用、提升区域竞争力的重要领域，加快实施一批重大基础设施项目，带动全社会固定资产投资增长20%。加快发展现代交通。实施道路通畅工程，建设覆盖全省城镇、延伸乡村、内外畅通的公路运输体系。重点完善东部城市群公路网络，启动建设沿黄公路，推进北连河西走廊高速公路建设，加快实施青南地区高速公路项目，实现玉树州基本通高速化公路。建设黄河水运工程。全面建成兰新铁路第二双线和西宁站改工程，使我省进入高铁时代。打通关角隧道，提速青藏线。加快建设格敦铁路，开工建设格库铁路，启动鱼卡至一里坪等两条地方铁路，推进西成、格成铁路前期工作。实现德令哈机场通航，花土沟机场试飞，加快果洛、祁连机场建设进度。推进格尔木机场二期扩建和青海湖机场前期工作。增辟西宁、玉树机场国内外客货运航线，全省民航旅客吞吐量突破400万人次。强化能源资源保障。坚持水光火并举、电源电网同步，加快水电站、光伏电站、火电厂建设进度，实施电网延伸工程，推进果洛、玉树网外6县联网工程，总体实现国家电网全覆盖。推行地质勘查新机制，力争在石油天然气、页岩气、石墨和金属矿产资源勘查上取得较大进展。增强水利支撑能力。力争引大济湟调水总干渠、湟水北干渠一期全线贯通，石头峡水库具备蓄水条件，尽快让这个全省人民翘首以盼的重大工程发挥效益。加快黄河沿岸水库灌区、蓄积峡等重点水利工程建设，做好中小河流治理和病险水库除险加固，推进黄河谷地百万亩土地整理，力争早日启动东部浅山干旱区水利综合工程。加强城镇基础设施建设。完善城镇基础设施建设专项规划，统筹推进大中小城市和主要城镇道路、地下管网、园林绿化、救灾避险等市政设施建设，推动西宁、海东轨道交通建设进程，尽早解决所有县城污水处理设施配套问题。

（二）加快发展高原现代生态农牧业，进一步夯实“三农”工作基础。毫不放松地抓好农牧业这个安天下稳民心的基础和战略产业，认真落实强农惠农富农政策，力争一产增加值增长5%，推动农牧区发展再上新台阶。努力提升农牧业综合生产能力。坚持增产增效并重、良种良法配套、农技农艺结合、生产生态协调，全面加强以水利为重点的基础设施建设，提高农牧业物质装备水平，促进农牧业十大特色产业持续发展。稳定粮食生产，种粮补贴每亩再增加25元，推广地膜覆盖、水肥一体化等实用技术，支持高产优良品种扩大覆盖面，加快推进新一轮菜篮子工程建设。稳步推进生态畜牧业建设，实施牛羊肉产业发展规划，打造一批有机畜牧业生产基地。推进特色产业标准化生产、品牌化经营。继续打造3－5个现代农业示范精品园区，实现规模、效益、质量新提升。在龙羊峡、李家峡等区域加快打造黄河流域现代冷水渔业产业带。积极构建新型农牧业经营和服务体系。支持龙头企业和农牧民专业合作组织一体化发展，鼓励大学生村官或农技人员领办、创办合作社，着力提升专业合作社的发展质量和经营管理水平，带动农牧业集约化、规模化和产业化经营，促进一产与二三产业融合发展。继续实施“1020”生态农牧业重大科技支撑工程，推动国家农村信息化示范省建设，加快县级综合信息服务大厅和村级信息服务站建设，实现基层农技推广体系与省级平台全面对接。努力构建以农户家庭经营为基础、合作与联合为纽带、社会化服务为支撑的立体式复合型现代农牧业经营体系。全力打好扶贫攻坚战。把稳定解决扶贫对象温饱、尽快实现脱贫致富作为重中之重，点面结合，干在实处，确保年内减贫20万人。坚持普惠性政策与特惠性政策相配套，用好集中连片扶贫政策机遇，全面落实国家“扶贫十项重点工作”，构建“四位一体”扶贫大格局。充分发挥县级政府在扶贫攻坚中的主体作用，推行“一县一策”、“一户一式”，做好建档立卡等基础性工作，提高扶贫开发的精准性和有效性。全面落实省委省政府《关于加快果洛州经济社会发展的意见》，大力支持青南、环湖、东部地区从各自实际出发推进扶贫开发，力争在改善发展条件、产业扶贫、促进增收上取得更大进展。坚持因地制宜、量力而行、充分尊重群众意愿，把易地搬迁扶贫与生态保护、退耕还林、小城镇建设、产业发展等结合起来，扎实有序稳妥推进。坚持扶贫与“扶智”相结合，补齐教育短板，逐步消除家庭贫困代际传递。

（三）加快发展循环经济，促进工业提质增效升级。坚定不移地推进新型工业化，围绕壮大十大工业特色产业，加快改造提升传统产业，大力发展战略性新兴产业，积极推动工业化与信息化深度融合，力争工业增加值增长12%以上。支持企业增强核心竞争能力。完善促进工业增长的政策措施，发挥政府扶持资金的引导作用，主要支持企业技术改造，强化水电气运要素保障和金融信贷支持。继续推进千家中小微企业培育工程，启动中小企业公共服务平台建设，着力培育一批年销售收入超亿元的成长型企业，新增规模以上工业企业50家。引导企业向市场、管理、质量和品牌要效益，进一步巩固企稳回升态势。大力发展特色优势产业。继续实施工业“双百”行动，延伸循环产业链，着力在新材料、新能源、盐湖化工、先进装备制造、节能环保等领域，加快打造产业集群。加强全国重要光伏产业基地和光伏发电基地建设，优化布局，确保新增并网100万千瓦，力争分布式电站建设有较大突破，带动形成完整产业链。支持数控机床、专用汽车等行业扩大规模。持续打造高原千万吨级油气基地。推动食品饮料、特色纺织、生物制品等轻工业加快发展，制定促进虫草、玉石、唐卡等独特资源和产品高端化、基地化发展的政策措施。多措并举化解产能过剩。认真贯彻国家化解产能过剩的部署，坚决淘汰落后产能。鼓励企业通过股权并购、资产重组等方式优化结构，提高电解铝、水泥、铁合金等产业集中度，主要经济技术指标达到国内先进水平。力争年内淘汰32.5标号水泥50%的产能，铁合金产业集中度达到90%，电解铝就地加工转化率达到70%。着力打造新的增长极。加强公共设施和服务平台建设，提升园区和基地的产业支撑能力，加快建设15个重大产业基地，启动节能环保和信息产业园建设。注重错位发展、产城融合，打造10个中小企业集中区和2个创新型产业集群，力争一年上一个新台阶，三年形成多个增长极。加快提升科技创新能力。推动科技创新与产业、资本紧密融合，继续实施“123”科技支撑工程，以100个重大技术进步项目为龙头，着力提升产业发展水平，同时带动招商引资模式创新，优化企业组织结构。积极培育和建设一批企业技术中心、工程技术研究中心等创新平台，完善产学研一体化机制，着力突破一批制约产业发展的关键技术。力争全年高技术产业增加值占工业增加值的比重提高到7%。

（四）拓展服务业领域，培育新的增长点。把服务业作为扩内需、调结构的新引擎，推动十大服务业加快发展，形成服务业与制造业、现代农牧业深度融合、相互支撑的新格局。力争服务业增加值增长11%。着力增强消费拉动作用。提高城乡居民消费能力，优化市场消费环境。调整完善财政资金支持扩大消费的政策，制定消费带动产业发展的政策措施，积极扶持成长性消费品企业，扩大节能环保产品、信息产品、新能源汽车等消费需求，促进消费升温升级。力争全社会消费品零售总额增长14%。加快建设高原旅游名省。深度开发生态、休闲、体育、文化等复合型产品和冬春季旅游市场，培育独具特色和魅力的旅游业态，促进旅游业由数量推动向质量提升转变。加快重点景区基础设施提档升级和综合服务能力建设，建立西宁游客集散中心，两年内再创建3个5A级景区。力争全年接待游客突破2000万人次，旅游总收入达到200亿元。积极发展现代物流业。以构建大流通体系为目标，完善促进流通业发展的政策措施。推动西宁市成为国家共同配送试点城市，加快建设海东青藏高原东部国际物流商贸中心，培育一批具有竞争优势的物流企业。完善城乡物流网络，新建一批规范化商品物流配送和商贸中心，两年内农家店覆盖所有乡镇和85%的行政村。大力发展信息服务业。实施“宽带青海”战略行动，加快三网融合和光纤入户步伐，扩大城市4G网络覆盖面，建设智慧城市。出台支持电子商务发展的政策措施，加快电子商务综合服务体系和网络购物平台建设。实施信息惠民工程，支持开发公益性信息资源。力争信息产业投资达到100亿元，信息消费达到140亿元，基本实现全省行政村通宽带。促进中介服务业健康发展。大力发展研发设计、知识产权、咨询评估、会计事务、人力资源、律师等中介服务，建立政府公共服务外包制度，培育一批专业化、市场化的中介服务机构，形成公平竞争、运作规范的中介服务市场体系。

（五）积极稳妥推进新型城镇化，带动新农村建设和区域协调发展。牢牢把握以人为本、四化同步、科学布局、绿色发展、传承文化的方向，坚持城乡互动、区域协调、创新体制、集约发展、体现特色的原则，在新型城镇化发展规划引领下，积极稳妥、有力有序推进城镇化。有序推进农牧业转移人口市民化。深化户籍制度改革，全面放开建制镇和小城市落户，有序放开西宁市户籍限制，着力提高高校、职校毕业生和技工等常住人口的城镇落户率。完善转移人口养老、医疗、教育等保障办法，做好异地衔接。围绕解决“四个一部分人”的问题，对近三年已转为城镇户口的78万人，进一步细化分类，完善政策，推进基本公共服务均等化，使农牧民既能进得来、又能留得住、更能发展好。增强城市辐射带动能力。统筹推动中心城市、中小城市和城镇合理布局、功能互补、协同发展。加强城镇基础设施和公共服务设施建设，构建连接中心城市、新兴城市和重点城镇的交通、能源和信息通道。推进东部城市群建设，增强西宁中心城市的支撑力和影响力，提升海东、格尔木、德令哈、玉树等区域中心城市的承载力和发展力。支持有条件的县提高规划建设管理水平，为撤县设市打好基础。集中打造一批美丽城镇。坚持连片式与串联式、卫星式发展并举，注重体现时代风貌、历史记忆、地域文化和民族特色，分年度在县城和重点旅游交通沿线，集中打造80个生态环保、设施配套、宜居宜业的美丽城镇，努力彰显独特魅力。大力推动美丽乡村建设。以党政军企共建为基础，整合相关项目和资金，统筹住房建设、环境整治、基础设施和公共服务配套建设，巩固已有成果，每年打造300个田园美、村庄美、生活美的美丽乡村，力争到2020年美丽乡村实现全覆盖。进一步带动区域协调和集约发展。建立完善与主体功能区定位相一致的产业政策和财政政策，着力打造东部城市群和海西城乡一体化先行区，促进青南和环湖地区生态与生计共进，努力实现“四区两带一线”区域发展目标。坚守耕地数量和质量双红线，严格保护湟水流域和黄河谷地的优良耕地，推动建立城乡统一的建设用地市场，提高土地集约节约利用水平。在推进新型城镇化的道路上，我们决心充分依靠全省各族人民的智慧和力量，科学谋划，顺势而为，努力建设自己的幸福家园！

四、筑牢生态屏障，努力打造大美青海升级版

坚持生态立省战略，深入实施创建全国生态文明先行区行动方案，把生态文明融入经济、政治、社会、文化建设各领域，做好治山治水大文章，不断促进“中华水塔”坚固又丰沛。

（一）全面启动三江源国家生态保护综合试验区建设。坚持以保护和恢复植被为核心，自然修复与工程建设相结合，巩固三江源生态保护和建设一期成果，全面实施二期工程，统筹推进草原、森林、湿地、荒漠等生态系统保护和建设工程，稳步实施能源建设、技能培训、生态监测等配套项目，着力发展生态型特色优势产业，增加生态管护公益岗位，构建生态保护、经济发展和民生改善的协调联动机制，确保三江源国家生态保护综合试验区建设良好开局。

（二）扎实推进重点区域生态保护。启动祁连山生态保护和综合治理、湟水流域百万亩造林、沙化土地封禁等工程，全面推进西宁、海东南北山绿化。加快青海湖流域及周边生态环境综合治理二期工程、柴达木盆地和东部黄土高原区生态环境综合治理前期工作，切实加强饮用水源地和湖泊保护，争取将部分陡坡耕地和严重沙化耕地纳入新一轮退耕还林实施范围，带动全省生态保护建设上台阶。

（三）加大环境综合整治力度。扎实开展大气污染防治行动，以西宁为重点，加强城市和重点城镇大气环境监测预警，在煤改气、烟粉尘治理、黄标车淘汰等方面取得重大进展，西宁空气质量优良率提高到65%以上。加快实施重点景区、交通沿线和三江源地区生态环境整治行动。推进湟水流域综合治理，加快污水处理厂提标扩能和涉水企业废水深度治理，争取两年内实现水质全年稳定达标。加大节能减排力度，强力推行余热余压利用、烟气除尘等清洁生产技术，深化公共节能和社会节能，大力发展绿色建材、绿色能源和绿色交通，严禁新上高耗能、高污染和产能过剩项目，确保单位生产总值能耗下降2%以上，全面完成减排任务。

（四）加强生态文明制度建设。主动作为，先行先试，逐步建立系统完整的生态文明制度体系。建立资源环境承载能力监测预警机制，科学有序划定生态红线，实行最严格的源头保护、损害赔偿和责任追究制度，严格控制青南、环湖等重点生态功能区开发强度。创新生态保护体制机制，开展重要生态功能区生态服务价值评估，完善三江源生态补偿机制和草原生态补奖政策，提高省级公益林生态补偿标准，争取把湿地、水资源纳入生态补偿范围。积极建立多元投融资机制，吸引民间和社会资本投入生态保护建设。探索建立有利于促进绿色低碳循环发展的经济核算体系。

五、办好民生实事，合力打造民生改善升级版

围绕创建民族团结进步先进区，今年继续集中75%左右的财力，加快发展社会事业，推进基本公共服务均等化，促进社会公平正义，力争部分民生指标继续保持领先，进一步凝聚民心、促进和谐。

着力办好十项实事：一是拓宽就业创业渠道。完善和落实促进创业就业政策措施，加强公共就业服务和市场体系建设，实施大规模就业创业培训工程，着力提升培训层次和实效，继续完善培训机制和补贴制度，支持建设创业孵化基地。新安排6000名公开考录招聘计划，力争高校毕业生就业率达到85%以上，进一步提高困难群体、失地农民和化解产能过剩中企业下岗人员的就业率。二是促进城乡居民持续增收。在增加就业、鼓励创业的同时，继续深化部分民生工程货币化改革，组织多种形式的劳务输出，鼓励支持城乡居民增加财产性、经营性收入，健全企业职工工资正常增长机制和支付保障制度，规范调整机关事业单位津补贴等制度，多渠道实现城乡居民收入与经济同步增长。三是全力稳控物价。建立基本菜田红线保护制度，加强菜篮子基地配套建设，实行露地蔬菜生产扶持政策，推动蔬菜基地向黄河流域拓展，开辟省外蔬菜生产基地，提高肉奶菜等供给能力。大力加强流通体系建设，支持新改建一批农副产品批发市场，新建100家平价商店，规范发展方便市民的早市晚市。强化市场监管，完善群众义务价格监督员制度，依法打击不法行为。加大政府补贴，做好主要物资储备和市场投放，完善社会救助和保障标准与物价联动机制。努力实现价格调控目标。四是加快各类教育协调发展。完善“1+9+3”教育经费保障机制，提高义务教育阶段学生生活补助标准。继续改善贫困地区学校办学条件，基本完成中小学标准化建设，进一步巩固“两基”成果。加快实施学前教育三年行动计划，学前一年入园率达到80%以上。统筹实施特色普通高中、示范性中职和信息化建设规划、中西部高校综合实力提升计划，培训中小学教师1.6万名，新开工一批中小学教师周转房，加快建设青海师大新校区。组建青海开放大学和西宁、海东、海西3所高等职业技术学院，进一步优化高校教育布局及学科设置，争取对口援青省市在6州各帮扶一所中等职业学校。落实农民工随迁子女在当地接受义务教育政策。五是着力提升公共卫生服务水平。完善国民健康政策。加强各级医疗服务体系建设，扶持和促进中藏医药事业发展，培训各类医药专业人才8700人。健全大病医疗保险、医疗救助、疾病应急救助制度，实行省内就医“一卡通”。出台实施一方是独生子女的夫妇可生育两个孩子和取消四年生育间隔政策。推动国家贫困地区营养改善和省级婴幼儿营养项目覆盖各县。六是深入实施文化科技惠民工程。抓好黄南国家级热贡文化生态保护区、喇家考古遗址公园和文化产业园区等建设。实施好省级“三馆”、藏区广播影视建设和全民健身工程，为400个行政村活动室配齐文化设备和器材。推进“西新”五期等工程，完成5.4万套“户户通”设备安装任务，提升州县广播电视制作能力和水平，广播、电视人口覆盖率分别提高到97%和97.5%。深入开展科普进校园进社区进工地和“三下乡”等系列活动，发挥好省科技馆展教功能，服务社会、惠及民生。七是改善城乡居民住房条件。把解决城乡居民住房困难问题摆到更加突出的位置，全面实施城镇棚户区、城中村改造和农村危房改造等保障性安居工程。新建城镇保障性住房11万套，将进城农牧民、外来务工人员和新就业人员逐步纳入住房保障范围。建立完善“保障+市场”的城镇双轨住房供应体系，力争房地产业完成投资260亿元。加大政府补助力度，支持改造农村危旧房2.5万户，继续支持有能力有意愿的群众自主改善住房条件，安排奖励性住房4万户。八是完善公平可持续的社保体系。遵循织好网、保基本、兜底线、促公平、可持续的原则，稳步扩大社会保险覆盖面，继续提高企业退休人员和城乡居民养老金、医保筹资、最低生活保障补助、工伤失业保险等标准，推进城乡居民养老保险制度整合。健全社会救助体系和动态管理机制。九是加快养老服务体系建设。制定健康养老服务业发展规划和政策措施。强化社区服务功能，建立健全社区养老模式，鼓励和动员社会力量创办养老院和老年公寓，推动医疗护理、康复理疗、保健养生等健康养老服务业发展。新建城乡老年服务设施370个，提高老年人体检和高龄老人生活补助标准。健全农村留守儿童、老年人和失独家庭关爱服务体系。十是改善城乡居民生产生活环境。新改建农村公路5000公里、便民桥梁200座，全省乡镇公路通畅率提高到96%以上，客运班车实现全覆盖。解决农牧区25万人饮水安全、5万人用电问题。发展普惠金融，以多种方式解决113个乡镇金融服务网点空白问题。改善民生只有起点没有终点，我们将始终把民生问题放在心上、抓在手上、落到实处，让改革发展的红利惠及全省各族人民！

六、深化改革开放，创造更具活力的发展环境

今年是全面深化改革的开局之年，也是全面展开丝绸之路经济带建设的行动之年，我们将把改革开放摆在更加突出的位置，力争在一些重点领域和关键环节取得突破，在发展开放型经济上迈出更大步伐。

（一）深化经济体制改革。加大农牧区改革力度，完善耕地、草原、林地等承包经营制度，规范推进流转。继续完善水利管理体制和集体林权制度。加强以管资本为主的国有资产监管体系，准确界定不同国有企业功能定位，探索分类监管模式，完善现代企业制度。支持非公有制经济加快发展，鼓励民营企业参与国有企业改革，积极发展混合所有制经济。深化财税体制改革，改进预算管理制度，完善税收制度，逐步建立事权和支出责任相适应的制度。深化投融资体制改革，修订企业投资项目核准目录，努力消除各种壁垒，激发民间投资活力。深化价格改革，完善居民水电气等阶梯价格制度。

（二）深化行政体制改革。全面推进各级政府职能转变和机构改革。进一步简政放权，把企业、市场和社会能办好的事情交给企业、市场和社会，能下放到市州县的事权下放到市州县，建立各部门行政审批事项目录清单制度，两年内再取消和下放三分之一的审批事项。推动省行政服务和公共资源交易中心规范高效运行，支持各市州和有条件的县建设行政服务中心，加快电子化集中审批、一站式阳光办公，推动工程项目招投标、政府采购和矿业权出让转让等全部进场交易。推进工商登记制度改革，放宽市场准入条件。推进事业单位分类改革，启动公务员分类改革。完善发展成果考核评价体系。

（三）深化社会事业改革。统筹城乡义务教育资源均衡配置，推进考试招生制度改革，完善教育管理体制。深化文化体制改革，推动公共文化服务社会化发展，培育建立多层次文化产品和要素市场。深化科技体制改革，积极建立主要由市场决定技术创新项目和经费分配、评价成果的机制。继续深化医药卫生体制改革，巩固完善基本药物制度和基层医疗新机制，完善分级诊疗制度，支持新增医疗卫生资源优先考虑社会资本。制定城乡居民基本养老保险与职工基本养老保险制度衔接办法。

（四）深化社会治理体制改革。改进社会治理方式，创新群众工作和有效预防化解社会矛盾的体制，激发社会组织活力，引导城市社区服务管理资源和模式向农村拓展，实现政府治理和社会自我调节、居民自治良性互动。健全重大决策社会稳定风险评估机制，改革信访工作制度，完善法律援助体系，建立畅通有序的诉求表达、心理干预、矛盾调处、权益保障机制。完成全省村和社区自治组织换届工作。深化“法治青海”、“平安青海”建设，加强社区网格化、规范化治理，健全公共安全体系建设，构筑“群众身边的平安工程”。推进和谐寺院建设，促进法制教育和公共服务进寺院，依法加强对宗教事务的管理。深入开展反分裂斗争，维护团结稳定大局。深化“双拥”共建，加强国防教育动员和国防后备力量建设，推动形成军民融合深度发展新格局。强化安全生产监管，建立安全生产责任追溯制度和责任保险制度。严格执行食品、药品市场准入和退出的强制性标准，确保人民群众“舌尖上的安全”。

（五）提高开放型经济发展水平。积极融入丝绸之路经济带建设，按照“五通”要求，建立与沿线国家交流合作的平台，在商贸物流、文化旅游、人文交流、先进制造、现代农牧业、资源能源等领域开辟合作新局面，努力把我省打造成新丝绸之路的战略基地和重要支点。利用建设丝绸之路经济带营造的有利周边环境，加快推进全方位区域经济协作。做好与周边省份跨区域发展规划的衔接，加快建立交通运输骨干网络和经贸合作、生态环境保护等机制。依托环湖赛、青洽会、藏毯展、清食展等重要平台，进一步扩大与国内外的经贸文化交流，推进与对口援青各方的密切合作，主动承接东部产业转移，着力加强产业链和轻工业招商，力争招商引资到位资金600亿元。培育外贸竞争新优势，加强出口基地建设，扩大特色商品出口规模，加大关键设备进口力度，力争进出口总额增长13%。开辟更多的境外和国际航线，加快二类口岸和曹家堡保税物流中心建设，努力实现“大通关”。

七、更好发挥作用，提高政府治理能力和水平

完成今年目标任务，对政府自身建设提出了更高更新要求。我们将全面加强治理能力建设,不断提高抢抓机遇、组织谋划和推动落实的能力和水平,为更好发挥政府作用奠定基础。

一是提升利用经济手段推动科学发展的能力。总结实践中探索积累的好经验,在着重用好财税、信贷等经济手段的同时,加强财政、金融政策与产业、投资、消费、土地、市场准入、节能环保等政策的协调配合,更好地发挥政策工具的综合效应。增强财政保障能力。在力争总财力持续增加的同时,进一步整合专项资金,盘活存量资金,优化支出结构,创新投入管理方式,充分发挥财政资金的引导和撬动作用,提高财政支持发展的精准性和指向性,切实提高资金使用绩效。改革完善有关税费制度,落实结构性减税政策,扩大"营改增"范围,引导产业结构调整。增强金融支撑能力。鼓励金融机构盘活信贷存量,优化资源配置,加大对结构调整和"三农"、中小微企业的信贷支持,探索开发农村土地承包经营权等抵押贷款新产品。充分运用股权、债券、上市等方式扩大直接融资规模。支持在青金融机构稳步发展,推动青海银行、农信社、省信用担保集团创新提升。力争贷款增幅继续保持全国前列,社会融资规模持续扩大,构建更具竞争性和包容性的金融服务业。

二是提升运用法治理念推动依法行政的能力。以决策的法治化保证决策的科学化和民主化,加强对重大问题的调查研究,健全集体决策、专家咨询、公开听证、合法性审查等制度,推进网络问政,切实提高政府立法和政策制定的质量。坚持重要事项报告制度,更好地接受省人大及其常委会监督,自觉接受政协民主监督,主动听取各民主党派和各社会团体的意见建议,积极接受舆论监督和社会监督。在目标考核中加大依法行政的权重,切实解决有法不依、执法不公等问题,提高运用法治思维和法治方式推动工作的能力。

三是提升依靠制度建设优化政务环境的能力。把政务环境建设视为发展的生命线,努力为群众、企业和基层提供优质服务。强化"依法依规、特事特办、优质服务"的理念,推行一线工作法、倒逼工作法、系统工作法和专业工作法,优化工作流程,促进行政服务提速增效。推动公务员培训教育制度化、常态化,严格实行目标管理、绩效考核和治庸问责制,建立窗口单位服务质量评价回访机制,全面打造"零缺陷"服务。

四是提升锻造良好作风推动勤政廉政的能力。牢记"打铁还需自身硬",把为民、务实、清廉作为价值取向,进一步强化责任意识和执行能力,敢于直面矛盾,勇于担当,善于创新,努力在实干中破解难题。牢固树立"功成不必在我"的理念,着力抓好打基础、利长远、惠民生的要事难事。坚持把廉洁从政作为政府工作的底线,加强对重点领域和关键环节权力运行的制约监督,加大源头治理和违法违纪案件查处力度,增强人民群众对反腐败的信心。牢固树立长期过紧日子的思想,建设节约型机关,继续保持"三公"经费零增长。深化专项治理,加强廉政文化建设,让政府在监督中履职,让权力在阳光下运行!

各位代表,青海正处在科学发展、建设小康的关键时期。让我们紧密团结在以习近平同志为总书记的党中央周围,高举中国特色社会主义伟大旗帜,在省委的坚强领导下,只争朝夕、奋发进取,改革创新、攻坚克难,为创造全省各族人民更加美好的新生活而努力奋斗!

青海省2013年国民经济和社会发展计划执行情况与2014年计划草案的报告

——2014年1月19日在青海省第十二届人民代表大会第三次会议上

青海省发展和改革委员会

受省人民政府委托，现将2013年国民经济和社会发展计划执行情况与2014年计划安排草案提请省十二届人大三次会议审议，并请政协各位委员和列席会议的同志提出意见。

一、2013年全省国民经济和社会发展基本情况

2013年，在国际国内错综复杂的宏观环境下，全省各地区、各部门认真贯彻党中央、国务院和省委的决策部署，按照省十二届人大一次会议的安排，坚持稳中求进、好中求快的总基调，强化底线思维，立足于抓早、抓准、抓实、抓好，统筹稳增长、调结构、促改革、惠民生，积极应对经济下行压力，促进了经济社会发展稳中有进、稳中向好，实现了良好开局。各方面工作都取得了新成效，突出表现在以下几个方面：

（一）综合实力跃上新台阶。坚持把稳增长放在首要位置，强化政策协同，综合运用多种调控措施，全力促进经济平稳较快发展，全省经济运行逐季回暖，较好地完成了全年各项目标任务。生产总值突破两千亿元大关。达到2101亿元，增长10.8%；其中，一产增长5.3%，二产增长12.3%（规上工业增加值增长12.6%，建筑业增长14%），三产增长9.8%。投资保持高位增长。扩大投资规模与优化投资结构并举，抢抓机遇，努力争取国家支持，千方百计撬动社会投入，实施了一批重大项目，投资总规模突破两千亿元大关，达到2404亿元，增长25.2%，有力拉动了经济发展，促进了就业和社会稳定。财政支撑能力不断增强。大力培植财源，多渠道增加收入，总财力达到1355亿元，其中公共财政预算收入368.6亿元，增长15.3%；优化支出结构，全面落实结构性减税、“营改增”等政策，加大重点领域投入，财政总支出1251亿元，增长13.4%。金融业创新发展。盘活存量，用好增量，优化结构，金融服务发展的能力持续增强，全年本外币贷款余额3515亿元，增长22.5%；社会融资1200亿元，增长25%；新增贷款643亿元，增长22%。

（二）结构调整迈出新步伐。坚持政府引导和市场倒逼相结合，着力促进产业转型升级和城乡区域发展整体联动，发展的协调性和均衡性进一步增强。高原现代农牧业加快发展。有效应对多年未有的持续干旱，粮食生产实现“八连增”，总产连续六年突破百万吨，特色种植面积达到80%，新增枸杞、沙棘、核桃等种植面积38万亩。生态畜牧业水平持续提升，由数量扩张型向质量效益型加快转变，畜禽规模化养殖明显扩大，冷水鱼产量增长33%，肉禽蛋奶产量持续增加。工业调整升级取得较大进展。突出抓好特色优势产业培育、循环经济产业链延伸、15个重大产业基地建设和50项重大技术进步项目，盐湖化工、油气化工、有色金属、钢铁等产业在改造中稳步发展，装备工业、轻工业、高技术产业分别增长35.7%、19.5%和22.9%，产业结构调整迈出坚实步伐。园区循环化改造稳步推进，三大工业园区加快向集群化、规模化推进。全省规上工业增加值跨千亿元台阶，达到1019.7亿元，增长12.6%。服务业持续发展。文化旅游商贸融合发展态势明显，实现旅游总收入158.5亿元，增长28.1%；接待国内外游客1780.4万人次，增长12.6%；全省民航旅客吞吐量达到345万人次，增长21.2%。现代物流业发展步入快车道，城乡消费网络进一步完善。实施了新一轮家电下乡等促消费政策，汽车、家电零售额分别增长23%和22%，商品房销售面积增长45.1%。社会消费品零售总额达到544.1亿元，增长14.3%。城镇化进程加快。海东撤地建市，玉树撤县建市，大力度推进西宁市棚户区、城中村改造和环境整治，启动海东市核心区建设，稳步推进格尔木和德令哈新区建设，全省城镇面貌和城镇化格局发生可喜变化，城镇化率达到48.5%。新农村新牧区建设八项实事全面完成，新建、改建农村公路7000公里，完成107个自然村通电话，农牧区道路、人畜饮水、村庄环境等生产生活条件持续改善，城乡一体化进程加快。

（三）发展后劲明显增强。坚持抓当前与谋长远紧密结合，推项目、扩投资，有力促进基础设施建设、产业提升、民生改善、生态保护和区域协调发展。交通网络进一步完善。锡铁山至北霍布逊地方铁路建成投运，青藏铁路西格段增建二线、格尔木至敦煌铁路进展顺利，兰新铁路第二双线青海境内线下工程基本完工，西宁站改造主体完工；公路总里程突破7万公里，新增公路4129公里，玉树、果洛、黄南三州高速化公路全面开工。全年新增205个行政村通油路，新增城乡客运线路230条。西宁机场二期、德令哈机场建成，花土沟机场建设加快推进。能源支撑能力提升。黄丰水电站3台机组投产试运行，玉树查隆通水电站建成，羊曲、茨哈峡、玛尔挡水电站建前工程有序推进；新建成光伏电站项目27个，龙羊峡水光互补电站建成，全省并网装机达到310万千瓦，开工建设格尔木小灶火等6个风电场；建成750千伏青新联网、750千伏共和至日月山输电线路、330千伏玉树联网等骨干电网工程，农网升级改造深入推进。水利建设进展明显。引大济湟调水总干渠、湟水北干渠一期扎实推进，石头峡水库大部分完工；拉西瓦、李家峡、公伯峡、积石峡等灌溉工程有序推进，蓄集峡、马什格羊水库等项目进展顺利；完成河道治理79.6公里，解决了30万人饮水安全问题。通信设施建设提速。"宽带中国2013青海专项行动"稳步实施，全省4M以上宽带用户28万户，完成行政村通宽带95个，校校通宽带51个，光纤入户覆盖家庭新增13.6万户，西宁市"三网"融合试点工作积极推进。玉树重建圆满收官。全面完成了总体规划确定的1248个项目，三年累计完成投资447.5亿元，灾区人居条件焕然一新，公共服务和基础设施全面提升，生态修复与环境保护成效显著，特色优势产业顺势兴起，和谐家园建设同步推进，重建目标全面实现。

（四）生态文明建设取得新进展。坚持以创建全国生态文明先行区为目标，以解决损害群众健康的环境问题为突破口，全面加强生态保护与环境整治。强化东部城市群大气污染治理。以控制建筑和道路交通扬尘、油品品质升级、燃煤锅炉"煤改气"为重点，西宁、海东两市扬尘污染得到基本控制，西宁市空气质量优良天数率达到61%，比上半年有了明显提高。重点生态工程稳步推进。三江源生态保护建设一期工程历时8年，圆满完成。二期规划已经国务院常务会研究通过，正式启动实施。青海湖流域治理、天然林保护、小流域综合治理等项目扎实推进。祁连山生态环境保护和综合治理规划获得国家批准。强化生态保护政策顶层设计，三江源生态补偿机制进一步完善，草原生态补奖政策全面落实，禁牧减畜任务完成。进行了西部首次生态补偿碳交易，探索了生态补偿的新路径。节能减排扎实有效。坚持综合施策，全面推行投资项目节能评估审查制度，严控新上载能项目，坚决淘汰落后产能，集中实施了一批重点技改和工程减排项目，加快西宁市第四、五污水处理厂，平安等4县污水处理厂扩能提标工程建设，湟水河水质达到国控标准。全年单位GDP能耗下降2%，完成年度节能减排任务。

（五）改革开放增添新动力。坚持越是后发展地区越要加快改革开放的理念，不断破除体制机制障碍，为科学发展提供了动力源泉。深化重点领域改革。以推进行政审批制度改革激发市场活力，取消审批事项86项，调整92项，进一步促进了政府职能转变。省行政服务和公共资源交易中心组建完成。新增各类市场主体42312户，增长24.2%。国有资产监管制度不断完善，国有企业整合重组取得积极进展。采用招标比选方式出让探矿权，矿业权管理市场化程度显著提高。深化医药卫生体制改革，实现了大病医保、基层基本药物制度、县级公立医院改革等全覆盖，政策范围内住院费用支付比例提高到76%，高出全国6个百分点，大病实际报销比例达80%，医保水平居全国前列。农村牧区、户籍制度、民生工程货币化、资源性产品价格等改革取得新进展。深入实施开放带动战略。成功举办了青洽会、环湖赛、藏毯展、清食展、越南青海商品博览会等重大活动，全年招商到位资金487亿元，增长33%。着力优化外贸结构和口岸建设，进出口总额达14亿美元，增长21.2%。对口援青工作成效显著。全面推进与对口援青省市、国家部委和央企战略合作，援青力量明显增强，落实援青资金11.4亿元，实施各类项目248个，完成投资12.7亿元，培训各类人才1.1万人次，签订经济合作项目150多个。

（六）改善民生取得新成效。坚持增收减支惠民生，财政用于民生的资金占到75.6%，十项民生实事全面完成。多管齐下促进就业创业。实施园区企业用工万人培训计划、三江源生态移民技能培训工程和未就业大中专毕业生专项就业培训，高校毕业生总体就业率达88%，中职毕业生就业率达97%，全年城镇新增就业6万人，城镇登记失业率为3.3%，农牧区劳动力转移就业115万人次。千方百计增加居民收入。推进收入分配制度改革，实施提高企业退休人员基本养老金、清欠农民工工资等措施，城乡居民收入实现与GDP同步增长，城镇居民人均可支配收入达到19499元，农牧民人均纯收入达到6196元，分别增长11%和15.5%。社会保障提标扩面，参保人数稳步增加，新农保、城居保参保率分别达到91%和75%，建立低收入家庭经济状况核对机制，加大了最低生活保障和临时性救助力度。社会事业全面发展。完成中小学校安工程及布局调整，实施三年学前教育行动计划，开工建设师大新校区、省级"三馆"、中小学标准化改造、州级综合医院改造等项目，公共服务条件得到改善。启动"西新"五期工程，置换地面卫星接收设施35.4万套，广播电视"村村通"工程提前两年完成任务。全力稳控市场物价。多管齐下，综合施策，采取落实市州目标责任、投放平价粮油、调运鲜菜、建设155家农副产品平价商店以及临时价格干预、发放价格补贴、重拳整治市场秩序等一揽子措施，居民消费价格由年初较高涨幅回落到3.9%的预期目标以内。扶贫开发成效突出。以集中连片开发为重点，抓好整村推进、产业扶贫和易地搬迁，完成376个整村推进和72个易地扶贫搬迁项目，全年减贫21.3万人。推进保障性安居工程建设。建成各类城镇保障性住房7.57万套,开工率、建成率、入住率分别达100%、106%、100.7%;建成农村危房改造、游牧民定居和奖励性住房9.13万户,全面完成年度任务。累计开工建设城乡保障性住房34.07万套和50.9万户。

此外,把理思路、出政策、推举措摆在更加重要的位置,集中力量加强重大问题研究,制定出台了《建设国家循环经济发展先行区行动方案》、《创建全国生态文明先行区行动方案》、《投资推动产业发展指导意见》、《新型城镇化发展规划》等重大政策,为抓当前、谋长远发展提供了重要支撑。总的来看,在过去一年的经济工作中,我们坚持底线思维,注重统筹协调,妥善处理经济社会发展各类问题,探索形成了远近结合、综合施策、行之有效的一些思路和做法,做到了稳增长与调结构、促发展与惠民生、抓当前与谋长远的有机统一。

二、2014年全省国民经济和社会发展环境及主要目标

今年我省发展仍然面临复杂局面,国际和国内、长期和短期、结构性和周期性因素相互交织,预计发展环境大体与去年相当,但新的有利支撑和积极因素也逐渐增多。一是党的十八届三中全会对全面深化改革作出重大部署,统筹推进重点领域改革,加快释放改革红利,进一步激发全社会发展动力和活力。二是我国经济长期向好的基本面没有变,工业化、城镇化潜力巨大,实体经济逐步活跃,社会预期明显增强。国家将继续实施积极的财政政策和稳健的货币政策,推进新型城镇化进程,扩内需、调结构政策持续发挥效应。三是党中央、国务院作出建设丝绸之路经济带的战略部署,对我省加快构建跨区域综合交通网络、促进商贸旅游人文交流、全面提升对外开放水平具有重要促进作用。四是我省经济实力持续提升,基础条件不断改善,新的增长点正在形成,企业应对困难、适应市场、参与竞争的能力不断提升,特别是省委、省政府出台的重大举措将继续发挥效应,经济增长的内生动力进一步增强。

同时,我省发展还深受大环境和自身问题的影响。一是世界经济仍处在深度调整和缓慢复苏当中,以刺激政策带动的反弹周期正趋于结束,发达国家复苏动力不强,新兴经济体普遍面临外需疲弱、内生动力不足、通胀压力上升等问题,外部环境仍不容乐观。二是我国仍处在经济增长换挡期、结构调整阵痛期、前期刺激政策消化期三期叠加的时期,经济下行压力较大,消费偏弱,企业投资意愿不强,产能过剩矛盾突出,资源环境约束明显强化。三是我省经济稳中回升的基础还不稳固,调结构转方式任务艰巨,城镇综合承载能力低,消费带动能力弱,就业供需结构性矛盾突出,价格诱涨因素增多,生态建设和环境保护任务繁重。

综合研判国内外发展形势、分析增长动力、兼顾发展需要和可能的基础上,根据省委十二届五次全会部署,2014年全省经济社会发展的主要预期目标是:生产总值增长10.5%左右,公共财政收入增长10.5%左右,居民消费价格涨幅控制在4%左右,城镇新增就业5.8万人,城镇登记失业率控制在3.8%以内,农牧区劳动力转移就业100万人次以上,城镇居民人均可支配收入增长12%,农牧民人均纯收入增长14%,人口自然增长率控制在9‰。

三、2014年全省国民经济和社会发展主要任务和措施

2014年要认真贯彻党中央国务院决策部署和习近平总书记系列重要讲话精神,全面落实省委十二届五次全会要求,紧紧围绕"坚持正确方向、全面深化改革、奋力打造三区、建设全面小康"的战略任务,坚持稳中求进的总基调,把改革创新贯穿于经济社会发展各个领域各个环节,围绕增强发展的内生动力和活力,围绕提高发展的质量和效益,深入实施"三区"建设行动方案,大力促进投资持续增长和结构优化,推动产业转型升级和消费需求扩张,加强生态环境保护建设和基本公共服务体系建设,着力保障和改善民生,确保经济提质增效、社会和谐稳定。

(一)进一步发挥好财政金融支撑作用

集中财力稳增长。千方百计做大财力总量,力争总财力达到1450亿元。盘活存量资金,整合专项资金,优化支出结构,加大对经济社会发展的支持力度。继续加大政府投入,支持一批打基础、利长远的重大基础设施和重点项目建设。加强重点城镇市政设施建设,支持保障房和"美丽乡村"建设,扶持物流商贸发展,培育信息等消费热点。增加循环经济发展、战略性新兴产业、现代服务业、园区建设、节能减排、化解过剩产能和环境治理等方面的投入,促进结构调整和转型升级。坚持财力下移,加强生态保护与建设,推动区域协调发展。加强农牧业基础设施建设,扎实推进扶贫攻坚,改善农牧民生产生活条件,支持农牧区社会事业发展,加快城乡一体化进程。持续加大民生投入,继续实施十大民生工程和项目,保持民生支出占比在75%以上,促进民生保障水平持续提高。落实好国家政策,扩大"营改增"范围,实施煤炭资源税从价计征改革,扩大减半征收小微企业所得税范围。

增强金融服务发展的能力。完善融资调度机制,加大对重点项目、重点园区、小微企业的支持力度,力争社会融资规模达到1300亿元,新增贷款700亿元。做大做强区域资本要素市场,力争股权交易中心挂牌企业达200家,创新使用金融债、中小企业集合债。改善金融环境,激励金融机构引进和企业上市融资,加快组建村镇银行和全国性民营银行、民营保险机构。推动青海银行进位升级,改制大通等地方农信社。探索建立融资租赁公司、消费金融公司、互联网金融公司,构建多元化金融服务体系。促进融资性担保机构、小额贷款公司向农牧区延伸,解决113个乡镇金融服务网点空白问题,实现农牧区金融服务全覆盖。

(二)进一步抓好投资带动发展

着力优化投资结构。把促投资作为稳增长、调结构、惠民生的关键抓手，坚持扩规模和优结构并举，加大全局性、基础性、民生性项目投入，重点加大重大基础设施、新型城镇化、生态保护、民生、藏区、循环经济等领域投入力度。全力争取国家支持，统筹安排好各类政府投资，切实发挥"四两拨千斤"的杠杆作用。有效释放和拉动民间投资潜力，全面放开民间资本进入基础设施、节能环保、公用事业等领域，通过市场化方式继续推出一批适合民间投资参与的项目。确保全年完成投资2880亿元，增长20%。

提升发展保障能力。加大对事关全省发展大局的重点骨干项目投入，增强基础设施服务功能。交通。确保关角隧道上半年贯通，兰新铁路第二双线六月底前联调联试、年底通车，西宁站改造同步完成，使我省进入高铁时代；抓好格尔木至敦煌铁路、鱼卡至一里坪等地方铁路建设，开工格尔木至库尔勒铁路。加快实施青南地区高速公路项目，实现玉树州基本通高速化公路；启动建设沿黄公路，推进北连河西走廊高速公路建设；开工建设民和至小峡、川口至大河家等一级公路及西宁外环线等二级公路；实施西塔路改线、空港综合经济区进出通道等配套建设；新建、改建农村公路5000公里，力争乡镇公路通畅率达96%以上，行政村通畅率达80%以上。确保德令哈机场正式投运，花土沟机场年底试飞，加快果洛机场、祁连机场、格尔木机场改扩建步伐，增辟西宁、玉树机场国内外客货运航线，全省民航旅客吞吐量突破400万人次。完成贵德至李家峡航运工程，开工建设积石峡库区航运工程。能源。加快实施羊曲、茨哈、玛尔挡等水电站。抓好西宁热电联产项目，开工建设西宁火电厂、青海万象热电联产等项目。强化全国重要光伏产业基地和光伏发电基地建设，优化布局，拓宽区域，稳步发展集中式电站，在分布式电站建设上取得突破，强化集约用地、绿化美化、完善电网，确保新增并网100万千瓦。努力实施750千伏佑宁输变电工程、果洛和玉树网外6县联网工程，全年解决5万人用电问题。推进木里、鱼卡煤田建设。围绕打造青藏高原千万吨级油气基地，力争在油气资源勘探和加工上取得较大进展。信息。推进光网城市、无线城市、宽带农牧区、数字民生等重点工程，抓好西宁、海东、格尔木4G网络建设，开展西宁、格尔木智慧城市试点建设，基本实现行政村通宽带。

扎实推进项目前期工作。围绕"十二五"规划、丝绸之路经济带战略和国家扩大内需的重点投向，抓紧在铁路、公路、机场、能源等重大基础设施以及信息消费、城市公共设施、节能环保、大气污染防治、社会事业、民族地区发展等领域谋划一批项目，尽快完成前期工作，梯度推进。切实做好西成铁路、格成铁路、青海湖机场、黄南机场、出省干道及能源、水利等方面前期工作，力争年内取得突破性进展。

（三）积极发展高原现代生态农牧业

加强农牧业基础设施建设。突出抓好水利工程，力争引大济湟调水总干渠、湟水北干渠一期全线贯通，石头峡水库达到蓄水条件。加快李家峡、拉西瓦等灌区，蓄积峡水库、黄河干流防洪等重点水利工程建设进度。抓好黄河谷地百万亩土地整理，着力改造中低产田，新建高标准农田。建成一批农区和草原节水灌溉等水利设施，解决25万农牧民饮水安全问题。

强化农业支持保护措施。完善农业补贴政策，保障粮食和其它农畜产品稳产增效。实施最严格的耕地保护"双红线"制度，切实保护耕地、园地、菜地等农业空间。稳定粮食生产，种粮补贴每亩再增加25元，推广地膜覆盖、水肥一体化等实用技术，确保粮食增产增效。扩大特色种植规模，力争油菜、马铃薯、枸杞、中藏药材等特色作物种植面积比例达85%以上。实施《牛羊肉产业发展规划》，提升生态畜牧业发展水平，打造一批生猪、奶牛、肉牛、肉羊标准化养殖基地，规模养殖比重达到43%。发展循环农牧业，加快现代农牧业示范区扩面提质增效，建成龙羊峡、李家峡现代渔业科技示范园区。创新农牧科技服务方式，推进"1020"生态农牧业重大科技支撑工程，抓好科技平台建设。探索建立农畜产品目标价格制度，完善补贴机制。力争农牧业增加值增长5%。

提升农牧业产业化水平。加快转变农牧业发展方式，大力培育新型经营主体和多元化服务体系，促进草地畜牧业集约化、规模化经营。出台鼓励支持大中专毕业生、农牧科技人员到农牧区领办、创办合作社政策，扶持发展100个省级合作示范社、150个家庭农牧场、200个专业种养大户，培育2000名职业农牧民。支持一批产业化龙头企业上规模、上档次。引导城市工商资本和其它生产要素进入农村牧区，创新金融保险支持农牧业发展机制，提高政策性保险覆盖面，增添农牧业发展的动力和活力，形成工农互惠、城乡协调的一体化发展格局。

（四）以技术进步力促循环经济发展

全力支持工业稳定增长。完善相关政策，抓好电力、运输等要素组织和保障。加大信贷衔接力度，有效缓解工业企业流动资金困难。加快在建项目投产进度，尽快形成生产能力，实现投资效益。培育一批年销售收入超亿元的成长型企业，新增规上企业50家，中小微企业1000家以上。引导企业增强核心竞争力，向管理、质量和品牌要效益，进一步巩固企稳回升的态势。着力打造新的增长极，完善公共设施和服务平台建设，提升园区和基地的产业支撑能力，加快建设15个重大产业基地。注重错位发展、产城融合，打造10个中小企业集中区和2个创新型产业集群，力争一年上一个新台阶，三年形成多个增长极。全年工业增加值增长12%以上。

大力发展特色优势产业。立足已有优势，围绕十大特色工业，加快构建循环型工业体系。抓好钾资源综合开发，实施一批补链项目，在打造盐湖化工主导产业链上取得突破性进展。支持硅晶、光伏组件、配套服务等项目建设，构建完整太阳能光伏产业链条。抓好铜电子材料、轻金属合金、锂及锂电池等项目建设，做大做强新材料产业。支持数控机床、专用汽车等先进装备制造行业扩大规模，提高非标设备加工能力。实施《全省节能环保产业发展规划》，抓好关键技术产业化示范应用，高标准、高起点启动建设节能环保产业园。采取“绿色+特色”、“精品+集群”模式，促进食品饮料、生物制药、特色纺织等轻工业提质量、上档次、扩规模，制定促进虫草、玉石、唐卡等独特资源和产品高端化、基地化发展的政策措施。

多措并举优化存量产能。认真贯彻国家化解产能过剩的部署，定计划、定指标、定时间、定督察机制，加大力度淘汰落后产能，提高电解铝、水泥、铁合金等产业集中度，主要经济指标达到国内先进水平。力争年内淘汰32.5标号水泥50%的产能，铁合金产业集中度达到90%，电解铝就地加工转化率达到70%。

突出重点领域科技创新。在实施好50个重大技术进步项目基础上，再启动50个重大技术改造项目。采取新技术、新工艺、新装备，改造提升有色金属、盐湖化工、煤化工、装备制造、轻工纺织、钢铁等传统产业技术装备，加快实施西钢精品特钢大棒线、青铝高新技术产业化等技术改造项目，全面提升产业技术装备水平和市场竞争力。支持各类创新要素向企业集聚，鼓励大企业建立研发中心，组建科技创新联盟。支持建立科技创业投资基金，集中力量投向工业发展关键核心技术和共性技术攻关。

（五）拓展服务业发展领域

扩大服务业规模。不断创新完善鼓励、扶持服务业发展提速、比重提高、水平提升的政策措施，力争服务业增加值增长11%。力促现代物流业提质增效，加快朝阳物流园区转型升级，支持西宁国家级二类物流园区试点和海东青藏高原东部国际物流商贸中心建设。加快物联网新技术应用推广，提升物流信息化和智能化水平。研究提出鼓励发展研发设计、咨询评估、融资租赁、检验检测等生产性服务业发展的政策措施。不断提升金融业发展层次和水平，力争金融业增加值占比提高到4.5%以上，培育成为新的支柱产业。

促进文化旅游融合发展。加快重点景区基础设施建设，建立西宁游客集散中心，促进玉树旅游快速发展，两年内再创建3个5A级景区。创新旅游服务业态，深度开发复合型旅游产品和自驾游、乡村游、冰雪体验等淡季旅游产品。加强区域协作，推进青藏、青川、青新旅游一体化发展，力争旅游业接待游客突破2000万人次，总收入达到200亿元，增长20%以上。扶持具有地域特色的文化创意、演艺娱乐等文化产业发展，抓好27个文化产业园区建设。做好“非遗”进景区、文化旅游产品研发等工作。

改造提升商贸服务业。加快水井巷中央商务区、新华联等城市综合商贸中心建设，支持州府和县城传统商业区改造，建设中小商贸流通企业公共服务平台，提升商贸服务档次。继续实施“万村千乡”市场工程，完善农牧区商品流通网络，两年内农家店覆盖所有乡镇和85%的行政村。引导餐饮、住宿等行业适应市场变化，主动调整结构，满足多样化需求。出台电子商务发展指导意见，以“青海精品网”建设为重点，扩大电子商务应用范围，壮大省内企业网络交易规模。

充分挖掘消费潜力。积极培育新的消费热点，力争社会消费品零售总额增长14%。调整完善财政促进消费的政策，制定消费带动产业发展的政策措施，积极扶持成长性消费品企业，扩大节能环保产品、信息产品、新能源汽车等消费需求。推进“宽带青海”建设，加快“三网融合”进度，力争信息消费达到140亿元。抓紧制定健康、养老服务业发展规划和具体措施，鼓励社会力量参与，加强基层养老机构建设，建设覆盖全省的家政服务网络，发展医疗护理、康复保健、休闲养生、社区照料等业态，新建城乡老年服务设施370个。落实带薪休假制度。进一步改善消费环境，维护消费者合法权益。

（六）积极稳妥推进新型城镇化与新农村新牧区建设

着力提升城镇综合承载功能。按照以人为本、四化同步、科学布局、绿色发展、传承文化的原则，抓紧出台我省新型城镇化发展规划，尽快形成完整的规划和政策体系。加快西宁城区改造和建设步伐，优化功能布局，抓好火车站综合改造、中心广场北扩等重点项目，完善海湖等新区综合服务功能。抓紧实施平安新城、乐都朝阳山等重点片区建设，完善道路、地下综合管廊等设施，打造特色宜居城区。抓好东部城市群综合交通运输一体化规划和建设，推进快速轨道交通、高速公路、环城公路建设。稳步推进格尔木、德令哈新区建设。提升玉树市政设施运营管理水平。实施“美丽城镇”创建行动，因地制宜，分年度在县城和重点旅游交通沿线集中打造80个生态环保、设施配套、宜居宜业的美丽城镇，使其成为我省城镇化的重要支撑。

加快城乡保障房建设。以棚户区改造、旧城改造和城中村改造为重点，推进城镇保障性安居工程，完善配套设施，年内新建11万套，基本建成8万套，入住7万户。坚持统筹规划，正确把握政策导向，科学精准推进以农村危房改造、奖励性住房为主的农牧区住房建设，年内建设6.5万户。健全保障房审核、分配、退出程序，做到公开、公平、透明、有效分配。进一步加大房地产市场监管力度，建立完善“保障+市场”的城镇双轨住房供应机制，促进房地产市场健康发展。力争建筑业增加值增长15%。

开展“美丽乡村”创建行动。以党政军企共建活动为基础，整合生态建设、扶贫开发、村庄环境整治等项目资金，统筹水、电、路、信息、绿化等公共服务设施建设，引导农牧民向乡镇和中心村集中，每年打造300个“美丽乡村”，力争到2020年美丽乡村实现全覆盖。启动新一轮农村环境连片整治和三江源农牧区清洁工程，加大重点景区和交通沿线环境整治力度，建立农田残膜回收再利用机制，实施农村清洁能源、污染治理、垃圾处理等项目。

有序推进农业转移人口市民化。充分尊重群众意愿，注重“雪中送炭”，重点围绕解决“四个一部分人”的问题（已转移到东中部的农民工城镇化问题、省内已进城常住的农民工落户城镇问题、未来七年要进城的农民工城镇落户问题、在建制镇实际“农民”的城镇化问题），进一步提升公共服务能力。深化户籍制度改革，全面放开建制镇和小城市落户，有序放开西宁户籍限制。完善转移人口养老、医疗、教育等保障办法，做好异地衔接，推进城镇基本公共服务常住人口全覆盖。

促进区域协调发展。建立完善与主体功能区定位相一致的产业政策和财政政策，努力实现“四区两带一线”区域发展目标。着力打造东部城市群和海西城乡一体化先行区，尽快建成全省城镇化发展引领区、新型工业化、农牧业现代化支撑区和丝绸之路经济带的重要基地。促进青南和环湖地区生态与生计共进，深入落实《关于加快果洛州经济社会发展的意见》，统筹抓好生态保护和建设、社会事业、基础设施、城镇建设和特色产业发展，加快促进基本公共服务标准化、均等化。

（七）强化生态保护和建设

持续推进重点生态工程。全面启动三江源国家生态保护综合试验区二期工程，推动沙化治理、草原鼠害防治等重点项目，增强试验区基础设施支撑能力，改善生产生活条件。抓紧青海湖流域生态环境综合治理评估和二期前期工作。努力启动实施祁连山生态保护和综合治理规划。抓好东部黄土高原区、柴达木地区生态环境综合治理前期工作。继续实施好人工造林、天然林保护等工程，加强湖泊、水源地保护。争取将我省一批陡坡耕地和严重沙化耕地纳入新一轮退耕还林（草）范围。落实好草原生态奖补政策，加快生态移民后续产业发展。

打好大气污染和水环境治理攻坚战。加强城市和重点城镇大气环境监测预警，实施锅炉煤改气、油品升级、工业污染源治理等项目，淘汰黄标车2.3万辆，完成700蒸吨锅炉煤改气。实施好西宁、海东南北山绿化工程，控制施工场地和农田自然扬尘，实现东部城市群环境空气可吸入颗粒年均浓度下降5%，西宁市空气质量优良天数率达到65%以上。强化湟水河污染防治，抓好城镇污水处理厂及16家企业废水处理设施改造，建设配套管网，争取两年内实现水质全年稳定达标。

强力推进节能工作。认真实施2014－2015节能行动计划，严格落实目标责任，严禁新上高耗能、高污染和产能过剩项目，加快实施节能重点工程，在重点行业全面强制推行余热余压利用、烟气除尘等节能降耗、清洁生产技术，建立企业能耗监测、预警、分析、调节综合平台，深入开展绿色建筑行动，抓好公共节能和社会节能，强化万家企业节能目标考核和用能管理，进一步完善节能经济政策，创新工作机制，力争节能减排迈出较大步伐，确保单位GDP能耗下降2%以上，完成国家下达的减排任务。

（八）全力抓好民生工程

实施更加积极的就业政策。加强就业创业政策与产业、投资、财税、金融等政策的协调，完善公共就业创业服务体系。扶持创业带动就业，逐步建立政府激励创业、社会支持创业、劳动者勇于创业的机制，加强大学生创业孵化园建设，努力拓宽就业渠道。突出抓好大中专毕业生和城镇就业困难群体的就业，实施未就业高校毕业生就业促进计划，通过政府购买基层公共管理和社会服务岗位，吸纳高校毕业生就业，力争高校毕业生就业率达到85%以上。加强职业技能培训，组织开展园区用工需求对接，提高岗位匹配度。发挥中小企业、民营企业吸纳就业的积极作用，兑现奖补措施。

多措并举稳控市场价格。全面实施新一轮“菜篮子”建设，健全“菜篮子”市州长考核评价机制，制定基本菜田“红线”保护办法。新建10个规模养殖场、2万栋节能温室、1万栋畜用暖棚，6万亩蔬菜生产基地。建立省外蔬菜保障基地，保证冬春季鲜菜供应。抓好价格调节基金的征收、使用和管理，加大重要商品储备和调运力度。开展公益性农畜产品批发市场建设试点，在西宁、海东、格尔木新建、改建一批农副产品市场，组建国有控股农产品流通企业，培育具有跨区域配送能力的冷链物流企业。丰富订单直销模式，推进农超对接、农批对接、农校对接。新建100家平价商店，将早晚市纳入市场体系建设规划。强化市场联合执法检查，完善群众义务价格监督员制度，严惩价格及市场违法行为。继续发挥社会救助和保障标准与物价变动挂钩联动机制的作用，有效缓解物价上涨对低收入群体基本生活的影响。

持续促进居民增收。深化民生工程货币化改革，加大惠农补贴资金投入，推动农牧区土地、房产、林权等资产要素市场化改革，增加农牧民经营性、转移性和财产性收入。调整全省最低工资标准，健全企业职工工资正常增长机制，规范调整机关事业单位津补贴等制度，多渠道提高职工工资性、财产性收入。坚持织好网、保基本、兜底线、促公平、可持续的原则，抓好社保扩面提标，推进城乡居民养老保险制度整合，逐步解决各类群体之间社保待遇差距大、跨区转接不畅问题，调整各类基本养老金水平，完善社会救助制度。

提升基本公共服务水平。加快实施中小学标准化、民族地区薄弱高中等教育项目，促进教育资源优化配置。推进学前教育三年行动计划，学前一年入园率达到80%以上。优化高等教育、职业教育布局和学科专业设置，组建青海开放大学，在西宁、海东、海西各组建一所高职院校，争取对口援青省市在6州各帮扶一所中等职业学校。推进省级医院、州县综合医院、乡镇卫生院建设，提升医疗服务能力。抓好文化、体育、广播电视等项目建设，为400个行政村活动室配齐文化设备和器材，完成5.4万套户户通设备安装任务，有效改善设施水平，广播、电视人口覆盖率分别达到97%和97.5%。出台实施一方是独生子女的夫妇可生育两个孩子和取消四年生育间隔政策，推动国家贫困地区营养改善和省级婴幼儿营养项目覆盖各县。

创新扶贫开发机制。坚持普惠性政策和特惠性政策相配套，用好集中连片扶贫政策机遇，全面落实国家"扶贫十项重点工作"，构建"四位一体"扶贫格局。探索易地扶贫搬迁、新农村建设、城镇化、生态保护相结合的新路子，整合扶贫和相关涉农资金，促进扶贫政策、规划、资金和帮扶"四到村、四到户"。加强基础设施建设，发展特色产业和劳务经济，解决好群众长远生计，确保移民"搬得出、稳得住、促发展、能幸福"。坚持扶贫与教育相结合，加强学前教育和"双语"教学，补齐教育短板，逐步消除家庭贫困代际传递。抓好1万名贫困劳动力技能培训，增强群众就业创业能力。实施好六盘山、藏区两大片区和同德特殊类型三年扶贫攻坚规划，确保减贫20万人。

加强食品药品和安全生产监管。严格执行食品药品质量标准和准入制度，严厉打击违法行为，确保食品、药品安全。抓好专项整治工作，杜绝重特大事故发生。加强冰雪、洪涝等自然灾害监测预警，提高应急处置能力。

（九）以全面深化改革促发展

深化经济体制改革。改进预算管理制度，完善税收制度，逐步建立事权与支出责任相适应的制度；下决心整合同领域、同方向安排交叉重复、零星分散的专项资金，盘活预算部门沉淀资金，集中财力办大事。启动"金融改革创新年"活动，制定《2014－2020年金融改革行动方案》，引导民间资本参与金融机构改制和增资扩股，培育发展中小型民营金融机构；开展公益事业收费权、旅游景区收费权、高速公路收费权等公共资源证券化。深化国有企业改革，科学界定不同国有企业功能，探索分类监管模式，完善现代企业制度；鼓励非公有制企业参与国有企业改革，积极发展混合所有制经济，完善国有资本经营预算和资本运营制度。深化农牧区改革，完善耕地、草原、林地等承包经营制度，鼓励承包经营权向专业大户、家庭农场、合作社流转，完善被征地农牧民的多元保障机制。继续完善水管体制和林权制度改革办法。

深化行政体制改革。坚持"接、放、管"和"控、调、改"的总体要求，全面推进各级政府职能转变和机构改革，衔接落实好国家陆续下放的审批事项，清理和下放省级行政审批事项，建立各部门行政审批事项目录清单制度，两年内再取消和下放三分之一的审批事项。落实好国家新修订的投资项目审批、核准和备案办法，抓紧修订《青海省政府核准的投资项目目录》。运行省级行政服务和公共资源交易中心，推进行政服务、建设项目招投标、政府采购等公共资源进场交易，一站式服务，提高工作效率。加快推进各市州和有条件的县建设行政服务中心。推进工商登记制度改革。建立政府公共服务外包制度。

深化社会事业改革。统筹城乡义务教育资源均衡配置，推进考试招生制度改革，完善教育管理体制。深化文化体制改革，推动公共文化服务社会化发展，培育建立多层次文化产品和要素市场。深化科技体制改革，建立主要由市场决定技术创新项目和经费分配、评价成果的机制。全面深化医药卫生体制改革，巩固完善基本药物制度和基层医疗新机制，完善分级诊疗制度，实行省内就医"一卡通"，支持新增医疗卫生资源优先考虑社会资本。

（十）全方位提升对外开放水平

主动参与丝绸之路经济带建设。围绕国家战略设想，结合省情实际，深入研究我省参与丝绸之路经济带建设的比较优势、发展定位、目标任务，制定建设方案，积极推动跨区域发展规划、重大项目衔接，加快建设交通运输骨干网络、生态环境保护合作机制和基本公共服务平台。深化与丝绸之路沿线和中东、南亚、欧州的经贸合作，建立与中亚五国交流合作的组织化平台，建设出口加工区和中国青海精品之窗。立足我省地缘优势，发挥青藏铁路向南延伸功能，扩大与南亚国家的贸易往来。加快建设保税物流中心，积极打造向西开放的物流集散中心。以环湖赛、青洽会、藏毯展、清食展等展会为平台，全面加强商贸物流、文化旅游、先进制造、现代农牧业等领域的合作交流，把青海打造成丝绸之路经济带的战略基地和重要支点。

大力推进招商引资。积极承接东部地区产业转移，谋划落实一批对产业发展拉动作用强、关联程度高的重大关键项目，全年招商到位资金600亿元，增长30%以上。着力抓好轻工业招商，以市场换产业，以政策引投资，抓好产业链末端招商，促进食品饮料、特色纺织、日用消费品等行业壮大规模。进一步创新招商方式和机制，深入开展对口互补招商、以企招商、委托招商，建立多渠道招商引资网络。优化投资软硬环境，加强园区基础设施建设，落实优惠政策，提高投资"引力"。不断提高外资利用水平，引导外资投向盐湖化工、新能源、新材料、高原生态农牧业、文化旅游等重点领域。

深化对口援青工作。做好项目前期和实施管理，确保年度计划如期完成。突出智力、产业和就业援青，推动经济合作，增强受援地自我发展动力和能力。深入推进结对帮扶活动。

提升对外贸易水平。优化出口商品结构，扩大藏毯、特色绒纺、民族服饰、新材料等特色产品出口，研究制定企业“走出去”的相关政策，加强重点出口产品“后备梯队”建设，鼓励我省制造业、新能源等行业对外投资合作，积极拓展新市场，力争进出口总额增长13%。申报一批国家级外贸转型示范基地，开展省级基地认定和升级工作。加快二类口岸建设，增开国际客货运航线，推进曹家堡保税物流中心建设，努力实现“大通关”。

各位代表，完成2014年的经济和社会发展预期目标，任务艰巨，责任重大。让我们在省委的正确领导下，认真贯彻落实党的十八大、十八届三中全会和省委十二届五次全会精神，坚定信心，振奋精神，锐意进取，攻坚克难，为促进经济社会持续健康发展，全面推进“三区”建设而努力奋斗！

青海省2013年财政预算执行情况和2014年财政预算草案的报告

——2014年1月19日在青海省第十二届人民代表大会第三次会议上

青海省财政厅

受省人民政府委托，现将2013年财政预算执行情况和2014年财政预算草案的报告提请省十二届人大三次会议审议，并请政协各位委员和列席会议的同志提出意见。

一、关于2013年全省和省本级预算执行情况

2013年，面对复杂多变的宏观经济环境和改革发展稳定的艰巨任务，在省委的坚强领导下，在各级人大及其常委会的监督指导下，全省各级政府及其财税部门深入贯彻落实党的十八大、十八届三中全会和省第十二次党代会、省委十二届四次全体会议精神，坚持稳中求进、好中求快的总基调，积极进取、主动作为，开拓创新、扎实工作，圆满完成了省十二届人大一次会议确定的目标任务。

（一）全省公共财政预算执行情况。全省公共财政预算收入完成368.5亿元，比上年增加48.9亿元，增长15.3%。其中地方公共财政预算收入完成224.4亿元，增加38亿元，增长20.4%。

全省公共财政预算支出完成1251亿元，为预算的97.2%，比上年增加63亿元，同口径增长13.4%。其中，一般公共服务97.5亿元，增长18%；公共安全46.8亿元，增长16.1%；教育121.5亿元，同比增长11.6%；科学技术8.4亿元，增长17.3%；文化体育与传媒25.8亿元，增长36.6%；社会保障和就业162亿元，同比增长27.5%；医疗卫生68.5亿元，增长14%；节能环保66.8亿元，增长51.8%；农林水事务159.7亿元，增长18.9%；交通运输197.9亿元，增长27.8%；住房保障62.8亿元，同比增长33.9%。

2013年全省财政支出构成

全省预算执行结果，总财力为1354.9亿元，其中，地方公共财政预算收入224.4亿元，中央补助收入851.2亿元，地方政府发行债券收入86亿元，调入预算稳定调节基金66.8亿元，政府融资平台等资金71亿元，上年结余收入52.4亿元，援助收入3.1亿元。全省公共财政预算支出1251亿元，安排预算稳定调节基金68.2亿元，上解支出0.3亿元。收支相抵，年终预算结余35.4亿元，结转下年支出34亿元（全省财政决算汇总及中央两级结算后预计还会有所变动），净结余1.4亿元。

（二）省本级公共财政预算执行情况。省本级地方公共财政预算收入完成75.9亿元，为预算的107.2%，增加14.3亿元，增长23.3%（剔除不可比因素后，同比增长10%）。

省本级公共财政预算支出完成511亿元，为预算的96.8%，增加82.9亿元，增长19.4%。其中，一般公共服务21亿元，增长13.7%；公共安全18.3亿元，增长28.1%；教育14亿元，下降52.8%；科学技术3.6亿元，增长5.9%；文化体育与传媒10.7亿元，增长62.9%；社会保障和就业66亿元，增长13.2%；医疗卫生14.5亿元，下降2.1%；节能环保10.2亿元，增长130.1%；农林水事务20.4亿元，增长18.1%；交通运输181.5亿元，增长24.8%；住房保障35.3亿元，同比增长250.5%。教育、医疗卫生支出下降的主要原因是，为减少资金拨付中间环节，确保项目尽早实施，将以往列入省级支出的一些项目资金，直接拨付给各市（州）列支，从而减少了省本级支出。

2013年省本级财政支出构成

省本级预算执行结果，总财力为601.3亿元。其中，地方公共财政预算收入75.9亿元，中央补助收入270.3亿元（中央补助收入851.2亿元，扣除对市州补助580.9亿元），地方政府发行债券收入86亿元，调入预算调节基金60亿元，政府融资平台等资金71亿元，上年结余收入38.1亿元。省本级公共财政预算支出511亿元，安排预算稳定调节基金60亿元，上解支出0.3亿元。收支相抵，年终预算结余30亿元（均为结转下年支出），实现了当年收支平衡，并消化历年赤字2.1亿元。

（三）政府性基金等预算执行情况

全省政府性基金总收入152.9亿元。其中，当年完成收入93.9亿元，中央补助收入21.5亿元，上年结转37.5亿元；政府性基金支出完成102.9亿元，结转下年支出50亿元。

省本级政府性基金总收入57.8亿元。其中，当年完成收入28.5亿元，中央补助收入3亿元，上年结转26.3亿元；政府性基金支出完成18.7亿元，结转下年支出39.1亿元。

全省(省本级)社会保险基金总收入180.1亿元。其中,当年完成收入85.7亿元,上年结转94.4亿元;社会保险基金支出完成78.4亿元,结转下年支出101.7亿元。

省本级国有资本经营收入完成0.7亿元,国有资本经营支出完成0.3亿元,结转下年0.4亿元。

需要说明的问题:一是关于政府性融资资金使用情况。为弥补全省建设和发展资金不足,2013年省级政府共融资70亿元。按照省委、省政府的总体要求和确定的重点项目安排,资金均已拨付到位。主要安排用于各类保障房建设30亿元,西宁火车站综合配套及站改8.6亿元,海东撤地建市核心区建设5亿元,机场高速公路沿线西宁段综合整治5亿元,中小学标准化建设3亿元,以及格敦铁路、西宁机场征地拆迁、地面数字电视无线覆盖等18.4亿元。二是关于新增财力使用情况。省本级在年度执行中新增财力35亿元(其中地方收入比年初预算超收7.8亿元)。根据经济发展和省委、省政府工作重点,新增财力主要用于地方政府债券还贷准备金、重点园区省级收入政策性返还外,剩余部分按照财政部要求全部用于补充省本级预算稳定调节基金。

各位代表,过去的一年,我们主要做了以下工作:

一是坚持服务大局,全力推动经济持续健康发展。面对经济下行压力加大的严峻形势,认真落实积极财政政策,保持投资强度,创新投入方式,有力地促进了经济发展和发展方式转变。围绕稳增长,把扩大投资作为稳增长的关键,综合采取预算安排、财政贴息、预拨资金以及盘活存量、整合专项等措施,做大投入总量,优化投资结构,支持提前启动了兰新铁路第二双线、支线机场建设、退牧还草、棚户区改造等一批重大基础设施和民生项目建设,重点支持东部城市群基础设施建设、西宁火车站综合配套工程、机场高速公路沿线综合整治、中小学标准化建设、地面数字电视无线覆盖等工程的实施,共投入资金312亿元,增长22.3%,有效发挥了财政投资的拉动作用。围绕调结构,进一步优化支出结构,落实结构性减税政策,扩大“营改增”范围,积极引导推动产业转型升级。为促进农牧业加快发展和结构调整,全面落实财政强农惠农政策,统筹整合支农资金,加强基础设施建设,加大对高原特色现代农牧业支持力度,实施农业综合开发项目,扶持专业合作社发展壮大,支持推进“党政军企共建示范村”活动,全力推进扶贫攻坚,有力促进了农牧业发展和农牧民增收。为推动工业转型升级,切实落实促进工业经济发展的新10条措施,加大对循环经济、工业“双百”、科技创新、园区建设、节能减排以及中小微企业发展的支持力度。认真落实结构性减税政策,共减免企业各项税收78.3亿元。为促进服务业结构优化,支持落实促进服务业发展、保障房建设、节能产品消费补贴等鼓励消费政策,促进文化旅游商贸融合发展,在交通运输业和部分现代服务业实施了“营改增”改革,延长汽车、家电下乡补贴政策,促进现代物流、电子商务加快发展,培育新的消费增长点。围绕破解融资难题,积极推动财政职能与金融工具的有机结合,全面落实财政支持金融发展政策措施,各级财政投入资金19亿元,规范政府性融资平台管理,支持省级信用担保公司发展,支持成功发行私募债和中期票据,积极争取国家扩大地方政府债券发行规模,财政和金融在促进经济发展中的“双轮”驱动作用得到更加有效地发挥。围绕区域协调发展,落实财政支持区域发展政策措施。继续坚持财力下移,持续加大转移支付力度,省对下补助总量达到639.4亿元(其中均衡性转移支付89.6亿元),基层政府保障能力显著增强;积极协调北京、上海等六省市落实对口援青资金10.4亿元,加大对六州经济社会发展的支持力度;多方筹措资金,支持海东撤地建市、玉树撤县建市核心区建设,启动格尔木、德令哈市新区建设;全力支持玉树重建收官,在保障资金需求的同时,安排补助资金1.2亿元,支持玉树州、县公益性项目和市政公共服务机构正常运营,全面开展了玉树灾后重建资金清算、竣工财务决算评审等工作,为后续交接奠定了基础;全面落实省委省政府支持果洛发展政策措施,加大项目、资金安排倾斜力度,促进果洛经济社会加快发展。

二是坚持多措并举,财力规模持续扩大。为增强财政支撑和保障经济社会发展的能力,千方百计做大财力总量。面对异常严峻的收入形势和财政收支矛盾,各级财政部门始终把抓收入、增总量摆在更加突出的位置,强化组织协调,狠抓任务落实。针对工业经济下行,特别是下半年以来财政收入增速逐月回落的情况,会同税务等征收部门,加强分析协调和考核工作,依法加强征管,扭转了收入下滑趋势,确保了收入目标任务圆满完成。面对中央均衡性转移支付增量和灾后重建、保障房等专项补助减少,特别是中央清理归并压减专项转移支付,新增专项减少的情况,及时调整工作思路,深入研究和挖掘特殊性因素,努力寻找新的突破口和增长点,经过各方面不懈努力,全面完成争取中央专项补助目标任务(中央各类专项补助494亿元,增长10.5%),特别是在增加地方政府债券规模、县级基本财力保障、公路交通建设补助等方面取得积极成效,确保了财力稳定增长。同时,认真抓好政府外贷争取工作,支持招商引资,引导民间资本参与发展,多渠道扩大政府支配资金规模。

三是坚持民生优先,社会事业加快发展。始终把提升民生保障水平作为重要任务,继续加大投入力度,紧紧围绕省委、省政府确定的重点项目,着力推进各项民生事业加快发展。全年财政民生支出达到946亿元,占财政支出的75.6%。围绕实施收入倍增计划,支持实施更加积极的就业政策,推动创业就业。实施了规范津补贴、取暖费、住房补贴、发放乡镇工作岗位补助等增加机关事业单位职工收入的有关政策，落实国家提高艰苦边远地区津贴标准，高海拔折算工龄补贴等政策，统筹提高了城镇低保、大学生“三项制度”等其他群体的补助标准，有效拉动城镇居民收入增长。继续提高了种粮农民直接补贴和农资综合补贴、农村危房改造和奖励性住房补助等部分民生政策补助标准。实现了城乡居民收入与经济发展同步协调增长。围绕提升社会保障层次，提高了企业退休人员养老金、城乡居民低保和医疗保险人均筹资标准。认真落实残疾人康复及生活补助、孤儿救助等社会救济福利政策。围绕推进社会事业发展，支持全面完成民生工程十件实事，重点支持学前教育、义务教育、职业教育和高等教育协调发展。支持深化医药卫生体制改革，提升医疗服务水平，实施文化惠民和全民健身工程，推进科学普及，维护社会稳定，加强食品药品及安全生产等工作，各项社会事业取得新进步。围绕改善生态环境，支持全面完成三江源生态保护和建设一期工程，垫支启动了二期工程。全面落实草原生态保护奖励政策，完善三江源生态补偿机制。加大对污染治理的投入，积极支持城镇污水管网改造、污水垃圾处理以及环青海湖、湟水河等重点流域的水污染治理。支持以西宁为中心的东部城市群大气污染防治工作，实施农牧区清洁工程，切实改善生态环境。围绕稳控物价，综合施策，支持推进全省“菜篮子”工程、平价市场和商店建设，对农资、农产品生产储备和流通环节给予贴息补助，安排价格调节基金，及时向市场投放平价粮油，认真落实惠农补贴和成品油价格改革补贴政策，向低收入群体发放临时价格补贴，为实现物价调控目标发挥了重要作用。围绕社会治理创新，加大投入力度，支持创建民族团结进步先进区和提升基层组织服务能力，提高了乡镇政府、基层组织运转经费和社区“两委”成员报酬标准，社区补助标准高于全国平均水平，位居西部省份前列，社区“两委”成员报酬提前两年实现国家确定目标。筹措资金支持实施万名干部下基层重点帮扶行动。

四是坚持改革创新，财政管理水平显著提升。面对强化管理、增强效能的迫切需要，坚持用改革的思路推进工作，在积极支持推进全省各项重大改革的同时，注重财政改革创新，提升财政管理水平。预算管理改革进一步深化，继续深化部门预算编制改革，扩大国库集中支付范围，完善非税收入收缴和政府采购管理机制，加强和规范公务用车、行政事业单位资产经营性收入管理；深入推进预算绩效管理，完善绩效考评指标体系，健全省对市(州)县乡三级考评制度，探索建立第三方参与绩效评价机制，扩大重点专项支出绩效考评范围，省级部门预算管理综合绩效考评实现全覆盖；规范专项资金管理，清理整合结余结转资金，盘活存量资金，集中财力支持重点领域和薄弱环节；严格执行中央八项规定，层层落实一般性支出压减5%的任务，实现了压减目标。税制改革进展顺利，认真做好交通运输业和现代服务业“营改增”试点工作，精心制定改革方案，扎实做好前期准备工作，跟踪监督实施情况，确保了改革平稳推进。全省“营改增”试点企业达3868户，累计减少税收4.6亿元，减负面达到96.9%，其中小规模纳税人达到100%，政策效应初步显现。同时，积极争取煤炭资源税从价计征改革政策。预算信息公开稳步推进，规范和改进财政预算信息公开工作，扩大公开范围，及时公开财政和预算部门预决算。全面公开了全省县级以上“三公经费”支出，提前两年实现国家确定目标。建立省级财政专项资金事前公示制，对社会关注度较高的项目资金在安排前向社会公示。财政管理更趋规范，加强对重点领域资金使用情况的监督检查，开展了城乡低保、保障性安居工程、支农、教育、草原生态保护补助奖励等专项资金使用情况专项检查，健全管理机制，促进资金安全规范运行。同时，高度重视地方政府性债务管理，建立了债务风险防范预警机制和通报制度，有效防范债务风险。

各位代表，过去的一年，全省收支任务圆满完成，支持发展保障有力，民生投入持续加大，改革创新深入推进。这些成绩的取得，得益于省委坚强领导和科学决策，得益于各级人大及其常委会的监督指导，得益于财政部及社会各方面的理解支持。同时，我们也清醒地认识到，财政改革发展中仍面临不少困难和问题，主要是：财政收入增幅趋缓，争取中央补助难度加大，各方面的需求不断增加，财政刚性支出固化严重，财政收支矛盾十分突出；有的基层政府理财水平与快速增长的财力形势不相适应，支出结构调整和政策跟进等还显得滞后；财政改革进展不平衡，向纵深推进的力度还需加大，步伐还需加快，有的省级部门对改革的重视跟进程度还需加强；政府性债务结构有待优化，部分地区债务规模增长较快，风险不容忽视；财务管理薄弱的问题在一些部门依然存在，项目管理绩效意识淡薄，管理水平亟待提升，资金使用效益需要提高等等。对这些问题，我们将高度重视，创新举措，采取积极措施，认真加以解决。

二、关于2014年全省财政收支安排和省本级预算草案

根据省委十二届五次全体会议对全省经济工作的总体部署，2014年全省预算编制和财政工作的总体要求是：全面贯彻党的十八届三中全会和省委十二届五次全体会议精神，继续实施积极的财政政策，提高政策的精准性和指向性，进一步深化财税改革，调整优化支出结构，促进经济转型升级和民生改善，从严控制一般性支出，加强和改进预算管理，提高财政资金使用效益。

根据上述总体要求及全省经济社会发展预期，2014年主要预算指标安排如下：

(一)全省公共财政预算安排。全省公共财政预算收入安排407.2亿元，比2013年完成数增长10.5%。其中地方公共财政预算收入安排251.3亿元，增长12%。

全省年初总财力安排1056.8亿元，其中，地方公共财政预算收入安排251.3亿元，中央补助收入654.5亿元（含提前预告专项258.9亿元），地方政府债券收入40亿元，统筹调入各类资金111亿元。

按照收支平衡的原则，全省公共财政预算支出安排1056.5亿元，比上年年初预算增长30.9%。主要安排：一般公共服务67.9亿元，增长15%；公共安全42.5亿元，增长26.9%；教育125.5亿元，增长27.5%；科学技术8.8亿元，增长33.3%；文化体育与传媒19.5亿元，增长26.6%；社会保障和就业134.8亿元，增长17.2%；医疗卫生42亿元，增长31.3%；节能保护57.8亿元，增长27.6%；交通运输135.4亿元，增长50.4%；住房保障支出68亿元，增长23.6%；农林水事务138.5亿元，增长29.4%；其他各项支出215.8亿元，增长44.3%。上解支出0.3亿元。

2014年全省支出安排构成

（二）省本级公共财政预算安排。省本级年初总财力为543.1亿元，其中，地方公共财政预算收入80亿元，中央补助收入312.1亿元（含提前预告专项174.2亿元），地方政府发行债券收入40亿元，统筹调入各类资金111亿元。

省本级支出安排542.8亿元，比上年年初预算增长35.7%。主要安排：一般公共服务20亿元，增长17.6%；公共安全13.2亿元，增长25.7%；教育49.2亿元，增长31.6%；科学技术8.3亿元，增长31.7%；文化体育与传媒9.2亿元，增长31.4%；社会保障和就业77.9亿元，增长19.8%；医疗卫生26.6亿元，增长34.3%；节能保护11.5亿元，增长74.2%；交通运输130亿元，增长65.6%；住房保障支出44亿元，增长27.3%；农林水事务50.7亿元，增长33.8%；其他各项支出102.2亿元，增长28.7%。上解支出0.3亿元。

2014年省本级支出安排构成

（三）政府性基金等预算安排。全省政府性基金收入安排99.4亿元，政府性基金支出安排99.4亿元。

省本级政府性基金收入安排30.3亿元，政府性基金支出安排30.3亿元。

全省社会保险基金收入安排164.6亿元，社会保险基金支出安排151.1亿元。

省本级社会保险基金收入安排108.2亿元，社会保险基金支出安排101.5亿元。

省本级国有资本经营收入安排0.6亿元（含上年结余0.4亿元），国有资本经营支出安排0.6亿元。

为深入贯彻落实省委对今年全省经济工作的部署和要求，围绕稳增长、调结构、促改革、惠民生，省本级预算安排的总体考虑：一是结合全省经济社会发展实际，在着力抓好组织收入的基础上，加大统筹资金力度，保持省级财力合理增长，努力保证各方面资金需求。二是积极跟进省委、省政府决策部署，继续保持一定的投资强度，加大经济转型升级、生态保护与建设、扶贫攻坚，以及深化相关领域改革等方面的支持力度。同时，继续增加了保障和改善民生方面的资金安排，统筹考虑了其他方面的基本支出。三是优先安排和增加了支农、教育、科技、文化等事业发展的正常投入，严格控制一般性支出安排。

按照“保障重点、兼顾一般”的原则，重点安排了以下项目：一是努力增加政府公共投资，安排资金81.9亿元，增长63.2%，支持基础设施及推进城镇化建设、项目前期、公益性项目贷款贴息、水利建设和交通等，增强可持续发展能力。二是进一步加大“三农”投入，安排资金30.1亿元，增长30.1%，支持现代农牧业、农业综合开发、扶贫攻坚、美丽乡村建设等，推动农牧业发展方式转变，促进农牧业增产增效、农牧民增收。三是着力推进工业结构调整及转型升级，安排资金43亿元，增长17.8%，支持循环经济、技术创新及节能减排、服务业发展等，促进工业经济提质增效。四是加大生态建设和环境保护力度，安排资金24.3亿元，增长30.2%，支持“三江源”生态补偿和二期工程建设、大气污染行动计划、湟水河流域治理、重点景区及交通沿线生态环境整治等，促进生态环境改善。五是支持保障住房建设，安排资金32.4亿元，增长32%，统筹用于农村危房改造、奖励性住房、城镇保障性住房及草原新帐篷等，改善城乡居民人居条件。六是继续完善社会保障体系，安排资金14.1亿元，增长48%，支持提高企业退休人员和城乡居民养老金、医保筹资、最低生活保障补助标准，鼓励创业就业等，提升保障层次和水平。七是继续加大社会事业及社会治理投入力度，安排资金53.4亿元，增长20.5%，支持各类教育均衡发展，提升公共卫生服务水平，支持养老服务体系建设，深入实施文化惠民工程，强化社会治理，促进社会事业协调发展。八是安排资金67亿元，增长89.3%，统筹用于政府还贷、支持重点改革、调整职工收入分配、支持重点帮扶村等。

三、开拓进取，扎实工作，确保2014年财政预算任务圆满完成

2014年是全面贯彻党的十八届三中全会精神的第一年，也是实现“十二五”规划目标的重要一年。做好今年的财政工作，对全面深化改革，加快职能转变，推动科学发展具有重要意义。我们将重点抓好以下工作：

（一）充分发挥职能作用，着力促进经济持续健康发展。继续坚持和把握好稳中求进的工作总基调，进一步明确财税政策支持的主攻方向和着力点，保持宏观经济政策连续性和稳定性，促进经济持续健康发展。一是加大政府公共投资力度。继续保持一定的投资强度，优化投资结构，进一步加大对交通、铁路、水利、城镇化等重点基础设施和农牧业、教育卫生方面的投入力度,着力提升经济社会发展支撑能力。创新投资方式,发挥财政资金的引导带动作用,支持拓宽社会资本投融资渠道,鼓励参与重点项目建设。二是支持农牧业可持续发展。进一步加大财政投入,增强财政对“三农”投入的针对性、精准性和实效性。全面加强以水利为重点的基础设施建设,强化农业科技支撑作用,支持推广旱作农业技术。支持加快构建新型农牧业经营体系,加快转变农牧业发展方式,扶持发展规模化、专业化、现代化经营,启动新一轮退耕还林,支持提高种粮补贴标准,扩大农业保险范围。深入推进农牧区综合改革,着力推进农村公益事业、农村集体产权、农村公共服务、乡村治理机制四项制度创新。三是着力促进经济转型升级。支持发展工业“双百”、循环经济和园区建设,推动重点行业转型升级,支持企业节能减排和化解过剩产能,认真落实结构性减税政策。继续增加科技经费投入,加强科研项目和经费管理,推动产学研体系建设。加大对能源和矿产资源地质勘查支持力度,加快资源综合开发利用。支持实施开放融入战略,促进对外开放和招商引资。四是支持扩大消费需求。积极培育战略性新兴产业,支持健全现代物流服务体系,大力支持信息服务业和养老服务业加快发展。加快推进高原旅游名省建设,支持推动高原特色旅游与文化、体育融合发展。调整完善财政鼓励消费的政策措施,积极培育消费热点,提升消费水平。五是积极推进城镇化建设。进一步丰富完善相关财税政策,合理配置资源,支持建立城镇化成本分担保障机制和多元化可持续的投融资机制。统筹推进东部城市群、格尔木、德令哈、玉树等中心城市建设,大力支持美丽城镇、乡村建设,促进城镇个性化发展。支持实施一批市政道路、供水排水、污水垃圾处理等项目,提升城镇承载能力和服务水平。六是大力推进生态保护与建设。支持推进三江源综合试验区二期工程建设,深入实施三江源生态补偿机制和草原生态补助奖励政策。加大重点生态功能区转移支付补助力度,引导重点生态功能区各级政府重视和加强生态环境保护,推进生态文明建设。深入推进湟水河流域综合治理,支持落实大气污染防治行动计划,强化企业减排治污的主体责任,建立健全大气污染防治的激励约束机制。完善资源有偿使用制度,加快可再生能源在建筑领域的应用,稳步推进“金太阳”等新能源示范工程建设。七是全力推进扶贫攻坚。完善财政综合扶贫政策,统筹整合扶贫资金和项目,不断提高财政扶贫工作的精准性和有效性。加大易地扶贫和整村推进力度,积极扶持贫困村主导产业发展,支持劳动力转移就业,提高贫困地区和贫困人口自我发展能力。进一步加大对教育扶贫工程的投入和资金保障力度。

(二)坚持做大收支总量,进一步增强保障能力。积极主动适应宏观政策发生的新变化,进一步强化财政增收举措,坚定不移做大财力总量,持续增强保障发展能力。在收入上,在积极培植财源,依法加强征管,规范非税收入管理,确保财政预算收入目标实现的同时,准确把握国家政策导向,坚持不懈做好争取国家项目和资金工作,尤其要在寻找新的增长点上下功夫,确保全省财力稳定增长。强化财政金融联动,继续发挥财税政策和资金的引导撬动作用,支持解决增加投入问题,落实好财政支持金融发展政策措施,引导金融创新发展,推动金融机构扩大信贷投放,缓解中小企业融资难题。支持解决金融服务乡镇空白网点,实现全省乡镇金融服务全覆盖,着力解决“三农”融资需求。继续抓好政府外贷、招商引资等工作,弥补财力不足,多渠道扩大政府支配资金的规模。在支出上,通过强化支出责任,加强支出管理,加快支出进度,确保重点支出需要。同时,牢固树立长期“过紧日子”的思想,艰苦奋斗,厉行节约,严格控制一般性支出,压缩不合理开支,切实把钱用在刀刃上。

(三)完善财政投入机制,切实保障改善民生。按照“守住底线、突出重点、完善制度、引导舆论”的总体要求,把加大投入与完善制度有机结合起来,注重在完善机制、健全制度、规范运行、加强监管上下功夫,统筹支持各项民生建设,注重可持续性。支持实施更加积极的就业政策。继续完善培训机制和补贴制度,强化政策落实力度,拓宽就业渠道,重点做好高校毕业生、农村转移劳动力、困难群体及化解过剩产能中的企业下岗人员的就业工作,有效增加就业。完善社会保障体系。适度提高企业退休人员养老金待遇、城乡低保、优抚对象、高龄补贴、健康体检等补助标准,推进城乡居民养老保险制度整合,完善城乡社会保障关系转移接续制度和参保缴费激励机制。推动城乡收入持续增加。全面落实城乡收入倍增计划,继续深化部分民生工程货币化改革,落实惠农补贴、草原生态补偿等政策,支持提高相关民生补助标准,规范调整机关事业单位津补贴政策,促进城乡居民收入持续增加。支持社会事业协调发展。加大教育投入,加快发展学前教育,适当提高寄宿制学生生活费补助标准,深入推进中小学标准化建设,支持高中阶段和职业教育,优化高校教育布局和学科设置,加大中小学教师培训,促进各类教育均衡发展。深化医药卫生体制改革,适度提高城乡医疗保险人均筹资标准,健全城乡居民大病保险和医疗救助制度,巩固完善基层医疗卫生机构运行机制,支持基层医疗卫生机构人才队伍建设。加大重点文化惠民工程和公益性文化设施投入,支持大型体育场馆免费或低收费开放,加快推进西新五期等工程建设。统筹推进安居工程建设。继续支持推进农村困难群众危房改造、农村奖励性住房、草原新帐篷和城镇保障性住房建设,适当提高农村危房改造补助标准,落实好公租房和廉租房并轨运行工作,改善城乡居民居住条件。支持改善城乡居民生产生活条件。统筹推进农村基础设施、饮水安全、道路设施等建设,进一步加大农村环境保护投入力度,支持实施重点景区、交通沿线和三江源地区生态环境整治行动，推进农村环境综合整治和美丽乡村建设。全力稳控物价。大力推进新一轮“菜篮子”建设，支持发展健全流通体系，完善相关补贴政策，落实低收入群体生活保障标准与物价上涨联动挂钩机制。

（四）全面深化财税改革，推进体制机制创新。按照党的十八届三中全会《决定》精神和省委、省政府总体部署和要求，以现行体制为基础，坚持继承与创新相结合，统筹推进各项财税体制改革。一是深化预算管理制度改革。健全完善完整的政府预算体系，积极试编三年财政规划，建立健全预算稳定调节基金制度；进一步完善预算信息公开工作机制，细化公开内容，在全面推进各级财政及预算部门预决算和“三公经费”公开工作的同时，着重在盘活存量资金，整合专项资金，以及深化财政投入和管理方式等方面下功夫、做文章。在认真摸清底数的前提下，统筹提出意见，引导各地区、各部门建立健全结余定期清理机制，积极盘活财政存量资金，将存量资金投向经济社会发展的关键领域和重点环节，以弥补投入不足的问题。研究出台相关制度办法，在继续做好源头整合专项资金的基础上，协调推动部门进一步做好预算安排资金、中央专项资金补助的统筹整合力度，着力解决财力不足和投入有限的问题。研究探索民生投入改革，引入绩效评估机制，重点对民生政策的公平性和效率性进行评估，在此基础上，完善政策、集中资金、重点攻关，着力推进重点领域和薄弱环节的改革，积极创新管理方式，逐步推进政府购买公共服务，力争在养老服务、就业培训、社会治理等方面取得实质性进展。二是积极推进税制改革。按照国家统一部署，积极做好国家有关税制改革的准备工作，积极推进“营改增”扩围改革试点，调整完善消费税制度，推进煤炭资源税从价计征改革，进一步拓展小微企业税收优惠政策范围；全面清理规范市（州）、县自行违规出台的税费减免、先征后返等财税优惠政策，有明确期限的要到期停止执行，未明确期限的要规定政策终结的时间点；进一步规范行政性收费和政府性基金项目，取消不合理、不合法的收费项目。三是完善省对下财政管理体制。围绕建立事权和支出责任相适应的制度，在保持现有事权和财权格局基本稳定前提下，及早着手研究省对市（州）收入和支出责任划分改革方案。进一步完善转移支付制度，优化转移支付结构，清理归并专项转移支付。健全省对下均衡性转移支付稳定增长机制，促进基本公共服务均等化进程。继续完善县级基本财力保障机制，提升县级基本支出保障能力。加大重点生态功能区转移支付力度，支持推进生态文明建设。

（五）切实强化财政管理，努力提高预算绩效。坚持科学理财，健全制度体系，全面加强管理基础工作，推进科学化、规范化、信息化管理，进一步提高财政管理效能。一是建立健全厉行节约反对浪费长效机制。严格落实中央“八项规定”以及党政机关厉行节约反对浪费各项要求，加快推进相关制度建设，加强“三公经费”管理，强化监督问责，切实增强预算执行的严肃性。二是强化预算绩效管理。围绕绩效目标管理、重点专项支出绩效评价和综合绩效考评等重点考评，完善全过程预算绩效管理机制，对一些重大专项开展中期绩效评估，努力实现预算绩效管理常态化、规范化、制度化。建立完善约谈和问责制度，加大绩效考评结果运用，促进绩效管理质量的提升。三是加强政府性债务管理。研究出台相关政策措施，规范市（州）政府举债权限和用途，建立以政府债券为主的地方政府举债融资机制。实行债务分类管理和限额控制，逐步将政府性债务纳入预算管理。建立健全债务风险防范预警和通报制度，严密监控各地政府债务规模，有效防控债务风险。四是夯实财政财务管理基础。进一步完善基本支出和项目支出标准体系，加快资产配置管理制度和配置标准体系建设，推进财政支出监督机制建设，加快财政应用支撑平台建设，推进财政管理科学化、规范化、信息化。加强政府采购管理，研究制定采购结果评价制度。强化预算单位银行账户管理，严格执行财政专户核准规定。建立权责发生制政府综合财务报告制度，全面反映政府资产负债情况。加强对各级预算单位的资金管理及业务指导，切实管好用好有限的财政资金。五是加大财政监督检查。坚持围绕中心、服务大局，切实发挥财政监督作用，把财政监督职能延伸到财政资金管理的全过程，要重点加大对群众关心、关注的重大民生项目的资金监管，切实履职尽责，确保资金安全、规范、有效运行。统筹协调监督力量，建立健全监督信息共享和反馈机制，切实增强监督工作的针对性和实效性，不断提高监督检查的质量和层次。

各位代表，今年财政工作的任务异常繁重艰巨。我们将在省委的坚强领导下，在省人大及其常委会的监督和支持下，认真贯彻本次会议做出的决议，坚定信心、顽强拼搏、务实苦干、开拓创新，圆满完成各项工作任务，为促进全省经济社会持续健康发展做出新的贡献！

附：

名词解释

积极财政政策：也称扩张性财政政策，是政府为防止经济衰退而采取的一种宏观经济调控政策。主要通过增发国债，扩大政府公共投资，增加政府支出，实行结构性减税等财政手段，促进社会投资和居民消费，扩大社会总需求，拉动经济增长。

政府融资平台：是指由地方政府及其部门和机构等出资设立，承担政府投资项目融资功能，并拥有独立法人资格的经济实体。

预算稳定调节基金:是指为了保持财政收支预算平稳运行而建立的预算储备资金,其目的是以丰补歉。按照财政部的有关规定,预算稳定调节基金主要从本级一般预算净结余、一般预算新增财力性资金及本级政府批准的其他收入等渠道筹集。调节基金主要用于弥补重大减收因素造成的资金缺口,应对不可预见的重大突发公共事件,以及解决党委、政府决定的重大事项所需资金等。

国有资本经营预算:是政府以所有者身份从政府出资企业依法取得国有资本收益,并对所得收益进行分配而发生的各项收支预算,是政府预算的重要组成部分。建立国有资本经营预算制度,对增强政府的宏观调控能力,规范国家与国有企业的分配关系,建立健全国有资本收益收缴管理制度,推进国有经济布局和结构的战略性调整,加快经济发展方式转变,集中解决国有企业发展中的体制性、机制性问题具有重要意义。

"营改增":是营业税改征增值税改革的简称,它是国家实施结构性减税的一项重要举措,旨在减少重复征税,支持经济结构调整,促进相关行业特别是服务业发展。具体为,以前缴纳营业税的应税项目改成缴纳增值税,也是对于产品或者服务的增值部分纳税,减少了重复纳税的环节。这项改革自2012年1月1日起在上海市选择交通运输业和部分现代服务业开展试点后,2013年在全国范围内进行试点。今年1月1日起在铁路运输和邮政业进行全国实施试点,力争4月1日起实施电信业试点。

财政存量资金:是指存放于财政部门及预算单位而未形成实物工作量的各类财政性资金(亦即结余结转资金)。

政府购买公共服务:通常是指政府按照法定程序和采购目录,将原来由政府直接承担或通过事业单位承担的公共服务事项,以合同方式交予有资质的社会组织来完成,并根据后者提供服务的数量和质量,按照一定标准进行评估后支付服务费用。其主要方式是"市场运作、政府承担、定项委托、合同管理、评估兑现",主要涵盖大多数公共服务领域,特别是养老、教育、公共卫生、文化、社会服务等。它是市场经济条件下社会发展的一项新生事物,也是建设公共服务型政府的有效途径,既体现了政府追求效率和转变职能,又促进了社会组织的发展成熟,是政府与社会组织合作的一种崭新方式。

预算绩效管理:是以目标为导向,以政府公共部门目标实现程度为依据,进行预算编制、控制以及评价的一种预算管理模式。其核心是通过制定公共支出的绩效目标,建立预算绩效考评体系,逐步实现对财政资金从注重资金投入的管理转向注重对支出效果的管理。我省出台实施的财政预算管理综合绩效考评机制,是以财政支出绩效为重点,涵盖所有财政资金,对基层财政和预算部门的预算编制、执行和监管各环节的管理情况进行全面综合考评的一种管理制度,以加快建立"预算编制有目标、预算执行有监控、预算完成有评价、评价结果有反馈、反馈结果有应用"的预算绩效管理模式,其目的是为了进一步提升财政、财务管理水平,提高财政资金使用效益。

青海省2013年国民经济和社会发展统计公报[1]

青海省统计局

国家统计局青海调查总队

2014年2月25日

2013年，省委、省政府坚持科学发展，牢牢把握稳中求进、好中求快的总基调，统筹稳增长、调结构、促改革、惠民生，积极应对各种困难挑战，采取有效措施，带领全省各族人民攻坚克难、砥砺奋进，全年全省经济总体平稳、稳中有进、稳中向好。

一、综合

全年全省地区生产总值[2]2101.05亿元，按可比价格计算，比上年增长10.8%，增速在全国各省(市、区)中列第9位。分季度看，一季度增长10.1%，二季度增长10.2%，三季度增长11.3%，四季度增长11.4%，增速逐季回升。分产业看，第一产业增加值207.59亿元，增长5.3%；第二产业增加值1204.31亿元，增长12.3%；第三产业增加值689.15亿元，增长9.8%。第一产业增加值占地区生产总值的比重为9.9%，对地区生产总值的贡献率为4.2%；第二产业增加值占地区生产总值的比重为57.3%，对地区生产总值的贡献率为65.8%；第三产业增加值占地区生产总值的比重为32.8%，对地区生产总值的贡献率为30.0%。

图1 2013年地区生产总值增长速度

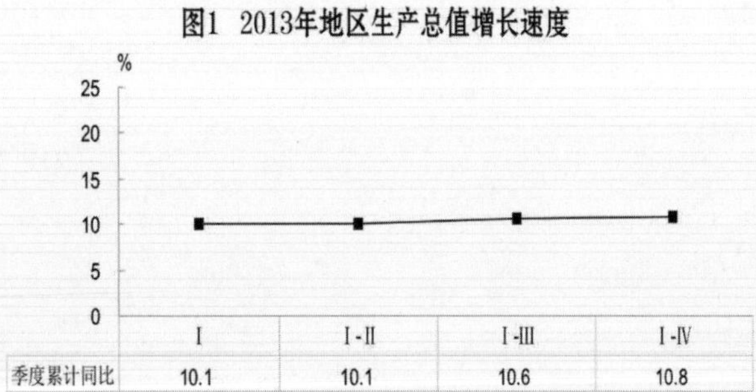

全年全省公共财政预算收入368.56亿元，比上年增长15.3%。其中，地方公共财政预算收入224.41亿元，增长20.4%；中央公共财政预算收入144.15亿元，增长8.1%。实现增值税107.93亿元，比上年增长0.9%；企业所得税60.76亿元，增长32.8%；营业税70.31亿元，增长18.8%；个人所得税11.79亿元，增长32.6%。全省公共财政预算支出1250.98亿元，比上年增长13.4%。

全省居民消费价格总水平比上年上涨3.9%。其中，城市上涨4.1%，农村上涨3.7%。

图2 2013年居民消费价格涨跌幅度

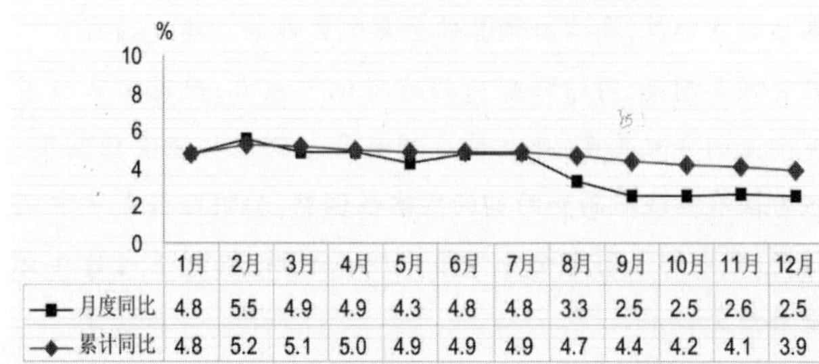

表1 2013年居民消费价格比上年涨跌幅度

指标名称	涨跌幅度(%)
居民消费价格	3.9
食品	8.1
#粮食	8.1
肉禽及其制品	11.1
蛋	8.1
菜	11.1
干鲜瓜果	6.2
烟酒	-0.6
衣着	1.7
家庭设备用品及维修服务	0.9
医疗保健和个人用品	1.7
交通和通信	-1.0
娱乐教育文化用品及服务	1.0
居住	4.5

农业生产资料价格比上年上涨4.3%。工业生产者出厂价格下降3.0%，工业生产者购进价格下降1.2%。固定资产投资价格上涨1.5%。西宁市新建住宅房屋销售价格上涨6.8%，二手住宅销售价格上涨3.2%。西宁市房屋租赁价格上涨1.7%。

年末全省就业人员314.21万人，比上年末增加3.32万人，其中城镇就业人员141.47万人，增加6.0万人。年末城镇登记失业率为3.3%，比上年末下降0.1个百分点。全年农牧区劳动力转移就业115万人(次)，比上年增加7万人(次)。

二、种植业和畜牧业

全年农作物总播种面积555.77千公顷(833.66万亩)，比上年增加1.56千公顷，增长0.3%。粮食作物播种面积

279.97 千公顷(419.96 万亩),比上年减少 0.21 千公顷,下降 0.1%,其中,小麦 95.42 千公顷,增加 1.22 千公顷;马铃薯 93.68 千公顷,增加 10.01 千公顷;玉米 23.29 千公顷,增加 0.39 千公顷;青稞 39.33 千公顷,减少 5.97 千公顷;豆类 27.14 千公顷,减少 5.96 千公顷。经济作物播种面积 181.42 千公顷(272.13 万亩),比上年减少 4.23 千公顷,下降2.3%,其中,油料 158.36 千公顷,枸杞 21.70 千公顷。蔬菜及食用菌播种面积 50.55 千公顷(75.83 万亩),比上年增加1.77千公顷,增长 3.6%。全年粮食产量 102.37 万吨,比上年增长 0.9%,2008 年以来连续六年超过百万吨。

表 2　2013 年主要农产品产量

指标名称	产量（万吨）	比上年增长（%）
粮食	102.37	0.9
#小麦	35.96	2.2
青稞	8.20	-15.5
玉米	16.43	-3.4
马铃薯	35.90	10.5
经济作物	41.34	7.2
#油料	32.57	-7.5
枸杞	4.04	52.9
蔬菜及食用菌	158.94	0.1
水果	1.35	-4.3

全年全省育活仔畜 748.45 万头(只),比上年增长 1.4%,仔畜成活率 78.9%,比上年提高2.9个百分点;成幼畜死亡 42.49 万头(只),比上年下降 8.8%,成幼畜死亡率 2.2%,比上年下降 0.1 个百分点。年末草食畜存栏 1944.86 万头(只),比上年末增长 2.1%;草食畜出栏 789.75 万头(只),增长 0.9%;草食畜出栏率 41.5%,提高 1.9 个百分点;草食畜商品率 34.8%,提高 1.6 个百分点。年末猪存栏 120.83 万头,比上年末增长 3.6%;猪出栏 167.99 万头,增长 4.0%;猪出栏率 144.0%,提高 3.8 个百分点;猪商品率 109.5%,提高 3.5 个百分点。

表 3　2013 年主要畜产品产量

指标名称	产量（万吨）	比上年增长（%）
肉类	31.98	5.0
#猪肉	9.90	4.9
牛肉	10.28	7.5
羊肉	10.53	1.4
禽肉	0.72	1.4
牛奶	27.55	持平
禽蛋	2.26	12.8

三、工业和建筑业

全年全省规模以上工业[3]增加值 1019.70 亿元,按可比价格计算,比上年增长 12.6%,其中,非公有工业增加值增长 16.2%。按轻、重工业分,轻工业增加值增长 19.5%,重工业增加值增长 11.9%。按经济类型分,国有企业增加值增长 9.4%,股份制企业增加值增长 13.5%,外商及港澳台投资企业增加值增长 5.8%,集体企业增加值下降 21.7%。

图3　2013年规模以上工业增加值增长速度

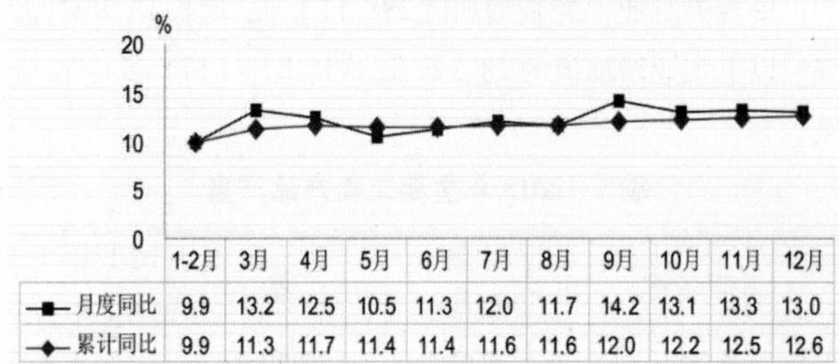

全年全省 35 个规模以上工业行业中,28 个行业增加值比上年增长。

表 4　2013 年工业增加值 5 亿元以上的 20 个行业

指标名称	增加值（亿元）	比上年增长（%）
有色金属冶炼和压延加工业	191.96	15.7
化学原料和化学制品制造业	136.24	10.7
电力、热力生产和供应业	125.29	5.3
煤炭开采和洗选业	117.57	6.3
石油和天然气开采业	99.49	7.1
石油加工、炼焦业	61.50	-1.8
黑色金属冶炼和压延加工业	54.69	12.2
有色金属矿采选业	44.73	41.7
非金属矿物制品业	32.93	15.5
医药制造业	23.73	27.3
酒、饮料和精制茶制造业	19.77	17.3
农副食品加工业	15.08	11.8
非金属矿采选业	11.61	37.6
纺织服装、服饰业	11.02	19.1
文教、工美、体育和娱乐用品制造业	10.62	42.2
黑色金属矿采选业	10.05	44.0
汽车制造业	7.59	22.3
电气机械和器材制造业	6.57	59.0
食品制造业	6.51	-1.8
通用设备制造业	6.32	22.3

十大特色优势产业[4]完成增加值 562.79 亿元,比上年增长 12.4%。其中,新能源产业增长 44.7%、新材料产业增长 16.7%、轻工纺织业增长 25.3%,这三个行业累计完成增加值 90.76 亿元,占规模以上工业增加值的 8.9%,比重比上

年提高1.3个百分点。

高技术产业[5]完成增加值32.87亿元，比上年增长22.9%，占规模以上工业增加值的3.2%，比重比上年提高0.5个百分点。

六大高耗能行业[6]完成增加值602.62亿元，比上年增长10.0%，占规模以上工业增加值的59.1%，比重比上年下降1.5个百分点。

资源类行业[7]完成增加值288.11亿元，增长13.8%，占规模以上工业增加值的28.3%，比重比上年下降0.5个百分点。

表5　2013年主要工业产品产量

指标名称	计量单位	产量	比上年增长(%)
天然原油	万吨	214.50	4.6
天然气	亿立方米	68.06	7.2
原盐	万吨	261.28	47.6
鲜、冷藏肉	万吨	3.33	56.1
乳制品	万吨	16.64	2.1
饮料酒	万千升	13.72	14.0
服装	万件	553	-0.9
原油加工量	万吨	143.78	0.4
焦炭	万吨	252.45	5.2
纯碱	万吨	228.21	7.4
单晶硅	吨	2016.05	118.3
多晶硅	吨	6778.87	33.2
中成药	吨	2052	32.8
水泥	万吨	1786.29	29.7
平板玻璃	万重量箱	676.90	186.5
商品混凝土	万立方米	222.55	45.5
铜箔	吨	18900	25.9
粗钢	万吨	147.60	4.5
铁合金	万吨	222.52	28.1
原铝(电解铝)	万吨	223.62	13.5
黄金	千克	7648	32.6
铜材	万吨	11.48	16.5
铝材	万吨	35.71	79.3
金属切削机床	台	458	-42.8
改装汽车	辆	1797	75.8
化成箔	万平方米	898.0	28.3
发光二极管	万只	46	162.2
发电量	亿千瓦时	565.74	0.3
钾肥(实物量)	万吨	672.59	34.0
制帽	万顶	10065	38.1
机制地毯挂毯	万平方米	1634	222.7

全年规模以上工业企业产品销售率为92.1%。规模以上工业企业实现利润141.34亿元，比上年下降8.9%。其中，股份制企业实现利润128.78亿元，下降6.0%；国有企业实现利润7.91亿元，下降9.1%；外商及港澳台投资企业实现利润4.42亿元，下降39.1%。

全年具有资质等级的总承包和专业承包建筑企业439个，完成建筑业总产值396.39亿元，比上年增长26.9%。完成建筑业竣工产值144.52亿元，增长29.5%。按建筑业总产值计算的劳动生产率29.20万元/人，增长26.8%。

四、固定资产投资

全年全省完成全社会固定资产投资2403.90亿元，比上年增长25.2%。按投资类型分，国有及国有控股投资1350.29亿元，增长24.7%；民间投资1020.95亿元，增长27.8%；港澳台及外商投资32.66亿元，下降13.8%。按产业分，第一产业投资109.28亿元，增长31.8%；第二产业投资1163.07亿元，增长30.4%；第三产业投资1131.54亿元，增长19.7%。全年基础设施投资702.82亿元，增长30.1%。

图4　2013年全社会固定资产投资增长速度

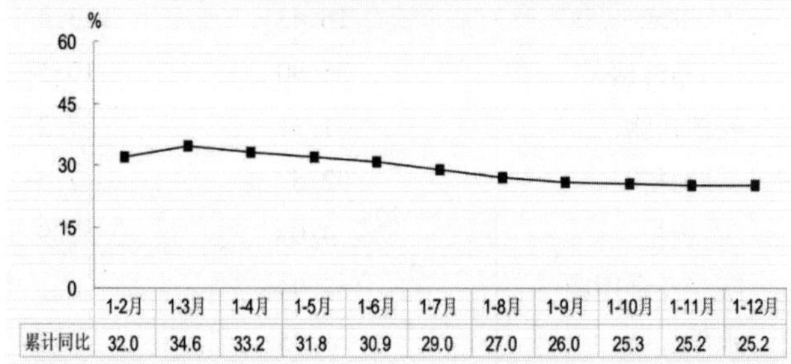

表6　2013年分行业50万元及以上项目固定资产投资

指标名称	投资额(亿元)	比上年增长(%)
农林牧渔业	103.06	33.6
采矿业	136.94	54.1
制造业	631.27	26.4
电力、煤气及水的生产和供应业	307.98	29.3
建筑业	86.35	36.7
交通运输、仓储及邮政业	283.80	23.0
信息传输、计算机服务和软件业	4.29	98.3
批发和零售业	17.70	-4.3
住宿和餐饮业	20.61	69.3
金融业	3.50	237.0
房地产业	78.55	-38.0
租赁和商务服务业	71.31	126.4
科学研究、技术服务和地质勘查业	4.06	16.9
水利、环境和公共设施管理业	116.56	44.3
居民服务和其他服务业	2.53	63.2
教育	55.41	10.8
卫生和社会工作	13.24	-22.1
文化、体育和娱乐业	37.41	79.8
公共管理和社会组织	105.94	14.6

表7 2013年工业十大特色优势产业固定资产投资

指标名称	投资额（亿元）	比上年增长（%）
工业十大特色优势产业	797.14	22.0
新能源产业	130.89	-27.8
新材料产业	47.47	13.8
盐湖化工产业	194.99	34.8
有色金属产业	118.71	7.9
油气化工产业	79.89	85.2
煤化工产业	34.84	284.9
装备制造业	22.63	18.2
钢铁产业	43.85	8.2
轻工纺织业	87.15	71.3
生物产业	36.73	186.5

五、房地产

全年全省房地产开发投资247.61亿元，比上年增长30.5%。其中，商品住宅投资159.72亿元，增长13.2%（其中90平米以下住宅投资增长16.6%）；商业营业用房投资44.49亿元，增长65.6%。房屋施工面积2376.64万平方米，增长25.7%。房屋竣工面积592.62万平方米，增长42.4%。商品房销售面积381.56万平方米，增长45.1%，其中90平米以下住宅销售面积增长50.8%。商品房销售额158.84亿元，增长49.2%，其中90平米以下住宅销售额增长37.5%。

六、国内贸易

全年全省社会消费品零售总额544.08亿元，比上年增长14.3%。按销售区域分，城镇消费品零售额472.3亿元，增长13.4%，其中城区消费品零售额348.6亿元，增长5.6%；乡村消费品零售额71.8亿元，增长20.5%。按消费形态分，商品零售额517.8亿元，增长14.7%；餐饮收入26.3亿元，增长7.0%。

图5 2013年社会消费品零售总额增长速度

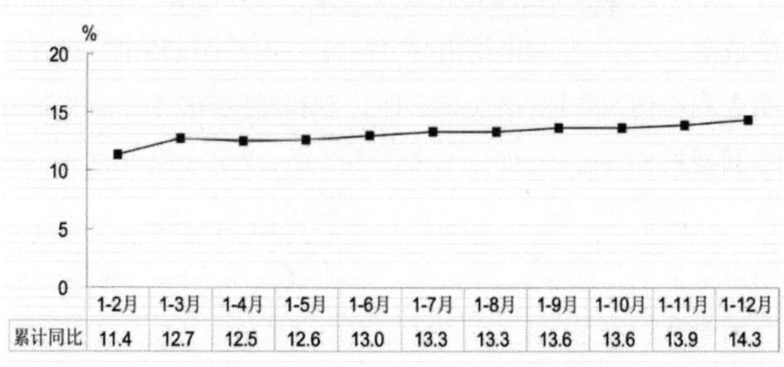

在限额以上批发零售企业[8]商品零售额中，粮油、食品、饮料、烟酒类零售额比上年增长15.0%（其中，粮油类增长7.5%，蔬菜类增长26.7%，干鲜果品类增长13.4%），服装、鞋帽、针纺织品类增长11.5%，化妆品类增长14.8%，金银珠宝类增长44.1%，日用品类增长22.0%，汽车类增长23.1%，石油及其制品类增长17.3%；电子出版物及音像制品类下降11.9%。

七、对外经济

全年货物进出口总额140256万美元，比上年增长21.2%。其中，出口额84726万美元，增长16.3%；进口额55530万美元，增长29.5%。

表8 2013年主要贸易方式和商品进出口贸易额

指标名称	贸易额（万美元）	比上年增长（%）
出口	84726	16.3
#一般贸易	57074	-16.9
加工贸易	3168	37.9
#机电产品	14574	30.6
#高新技术产品	2439	61.9
#纺织纱线、织物及制品	17980	35.2
硅铁	13638	-31.5
服装及衣着附件	8849	22.2
地毯	6519	34.7
进口	55530	29.5
#一般贸易	55137	31.1
加工贸易	354	-35.6
#机电产品	15559	-21.8
#高新技术产品	2660	172.0
#煤及褐煤	19966	355.9
氧化铝	8048	-24.9

表9 2013年对主要国家和地区进出口贸易额

指标名称	贸易额（万美元）	比上年增长（%）
出口	84726	16.3
#日本	11816	-34.3
中国香港	11628	191.9
巴基斯坦	8003	12.3
美国	5000	-30.4
韩国	2994	20.5
进口	55530	29.5
#印尼	16698	1543.5
澳大利亚	11219	-26.8
德国	9425	51.8
美国	3635	-0.4

全年新批外资项目13个。合同使用外商直接投资金额1.68亿美元，比上年下降54.9%；实际使用外商直接投资金额0.94亿美元，下降54.5%。全年对外承包工程业务完成营业额1.16亿美元，比上年下降47.7%；对外劳务合作派出

各类劳务人员 932 人。

八、交通邮电和旅游

年末全省铁路营运里程 1856 公里，与上年末持平；公路通车里程 70117 公里，比上年末增加 4129 公里，其中高速公路 1228 公里，增加 80 公里；民航通航里程 62820 公里，增加 12547 公里。

表 10　2013 年各种运输方式完成货物运输量

指标名称	计量单位	运输量	比上年增长(%)
货物运输量	万吨	14456.62	7.2
铁路	万吨	3782.98	持平
公路	万吨	10672.90	10.0
民航	吨	7438.10	49.7
货物运输周转量	亿吨公里	557.08	5.6
铁路	亿吨公里	247.68	0.4
公路	亿吨公里	309.28	10.1
民航	万吨公里	1122.32	41.8

表 11　2013 年各种运输方式完成旅客运输量

指标名称	计量单位	运输量	比上年增长(%)
旅客运输量	万人	13867.57	8.1
铁路	万人	591.91	8.8
公路	万人	13050.47	7.9
民航	万人	167.09	21.2
水路	万人	58.10	20.1
旅客运输周转量	亿人公里	143.57	10.2
铁路	亿人公里	54.89	8.6
公路	亿人公里	63.99	7.6
民航	亿人公里	24.61	22.3
水路	万人公里	742.88	14.0

全年邮电业务总量[9] 60.30 亿元，比上年增长 5.9%。其中，邮政业务量 2.63 亿元，增长 3.7%；电信业务量 57.67 亿元，增长 6.0%。年末移动电话用户 542.4 万户，比上年末增长 1.0%，其中 3G 移动电话用户[10] 184.2 万户，增长 1.0 倍；固定电话用户 101.8 万户，下降 0.7%。电话普及率 112.4部/百人。互联网用户 55.5 万户，增长 9.9%，其中宽带用户 54.9 万户，增长 10.0%。

全年接待国内外游客 1780.43 万人次，比上年增长 12.6%。其中，国内游客 1775.78 万人次，增长 12.6%；入境游客 4.65 万人次，下降 1.5%。旅游总收入 158.54 亿元，增长 28.1%，其中国内旅游收入 157.34 亿元，增长 28.8%。

九、金融保险

年末全省金融机构人民币各项存款余额 4102.54 亿元，比年初增加 574.16 亿元，同比少增加 127.91 亿元，同比增长 16.3%。其中，单位存款余额 2336.41 亿元，增长 17.7%；个人存款余额 1533.13 亿元，增长 19.8%；财政性存款 217.83 亿元，增长 10.7%。金融机构人民币各项贷款余额 3398.17 亿元，比年初增加 603.09 亿元，同比多增加 51.93 亿元，同比增长 21.7%。其中，短期贷款余额 834.73 亿元，增长 28.4%；中长期贷款余额 2415.29 亿元，增长 21.3%。消费贷款余额 143.93 亿元，同比增长 47.5%，其中，个人短期消费贷款余额 33.58 亿元，增长 1.7 倍；个人中长期消费贷款余额 110.36 亿元，增长 29.5%。

全年保险公司原保险保费收入[11] 39.02 亿元，比上年增长 20.4%。其中，寿险保费收入 13.82 亿元，增长 4.7%；财产险保费收入 19.51 亿元，增长 20.8%；健康险和意外伤害险保费收入 5.68 亿元，增长 86.2%。全年保险赔付额 15.28 亿元，比上年增长 40.7%。其中，寿险赔付额 2.96 亿元，增长 42.3%；财产险赔付额 9.05 亿元，增长 15.0%；健康险和意外伤害险赔付额 3.27 亿元，增长 2.6 倍。

十、教育和科学技术

全年全省学龄儿童入学率 99.7%，与上年持平；普通初中毛入学率 112.2%，比上年提高 0.2 个百分点。

全年全省研究生教育招生 1136 人，在学研究生 3074 人，毕业生 820 人。普通高等教育招生 2.08 万人，在校生 6.39万人，毕业生 1.73 万人。中等职业教育招生 2.93 万人，在校生 7.78 万人，毕业生 2.24 万人。普通高中招生 3.96 万人，在校生 10.90 万人，毕业生 3.31 万人。初中招生 7.67 万人，在校生 20.81 万人，毕业生 6.50 万人。普通小学招生 7.86万人，在校生 47.46 万人，毕业生 8.35 万人。特殊教育招生 368 人，在校生 2120 人，毕业生 289 人。幼儿园在园幼儿 16.67 万人。

全年全省取得省部级以上科技成果 335 项，比上年增加 16 项，其中，基础理论成果 51 项，应用技术成果 261 项，软科学成果 23 项。专利申请 1099 件，比上年增加 255 件，其中发明专利申请 520 件，增加 222 件。专利授权 502 件，其中发明专利授权 91 件。签订技术合同 747 项，成交金额 26.9 亿元，比上年增长 27.5%。全省共有天气雷达观测站点 11 个，县级以上卫星云图接收站点 52 个，地震台站 50 个，地震遥测台网 3 个。

十一、文化、卫生和体育

年末全省有艺术表演团体 29 个；文化馆 55 个，公共图书馆 49 个，博物馆 22 个，档案馆 62 个；广播电台 4 座，中短波广播发射台和转播台 21 座，广播综合人口覆盖率 95.7%，比上年末提高 1.6 个百分点；电视台 9 座，有线电视用户 62 万户，其中有线数字电视用户 60 万户，电视综合人口覆盖率 96.9%，比上年末提高 0.6 个百分点。全年出版杂志 406.4

万册、报纸11331万份、图书1315万册(张),其中少数民族文字图书381万册(张)。

年末全省有卫生机构1666个,床位2.95万张。其中,医院145个,床位2.36万张;卫生院405个,床位4306张;社区卫生服务中心177个;疾病预防控制中心(防疫站)56个;妇幼保健院(所、站)24个。卫生人员3.67万人,其中,执业医师1.21万人,注册护士1.14万人。

年末全省有优秀运动员331人,达到等级的运动员121人,其中,国家级运动健将7人,一级运动员29人,二级运动员85人。全年我省优秀运动员参加国内外比赛403人次,其中,在十二届全运会上夺得3金1银2铜6枚奖牌,取得了30年来的最好成绩。全年销售体育彩票6.3亿元。

十二、人口、人民生活和社会保障

年末全省常住人口577.79万人,其中少数民族人口271.45万人。按城乡分,城镇280.30万人,占常住人口的48.5%;乡村297.49万人,占51.5%。按性别分,男性292.65万人,占常住人口的50.6%;女性285.14万人,占49.4%。按年龄分,0-14岁116.20万人,占常住人口的20.1%;15-64岁421.78万人,占73.0%;65岁及以上39.81万人,占6.9%。全年人口出生率14.16‰,比上年下降0.14个千分点;人口死亡率6.13‰,提高0.07个千分点。全年人口自然增长率8.03‰,比上年下降0.21个千分点。出生人口性别比为108.48,比上年下降0.96。全省人户分离的人口[12]为73.35万人,其中流动人口[13]61.30万人。

全年城镇居民人均可支配收入[14]19498.54元,比上年增长11.0%,增幅列全国各省(市、区)第2位。城镇居民人均年总收入中,人均工资性收入14015.57元,比上年增长11.1%;人均经营净收入1696.71元,增长42.4%;人均财产性收入294.35元,增长2.2倍;人均转移性收入6124.36元,增长4.7%。城镇居民人均生活消费支出13539.50元,比上年增长9.7%。

图6　2013年城镇居民人均可支配收入增长速度

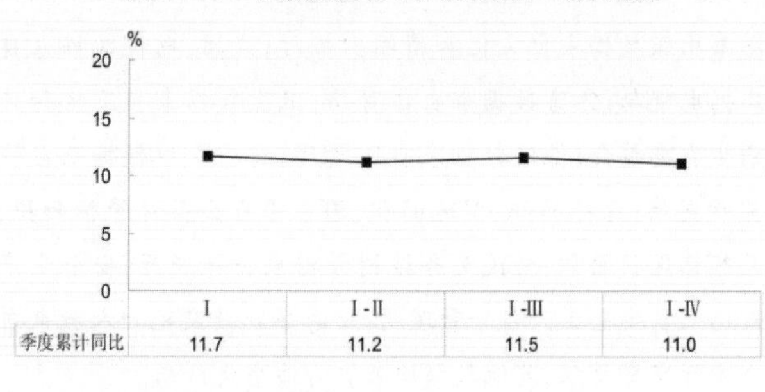

全年农牧民人均纯收入[15]6196.39元,比上年增长15.5%,增幅列全国各省(市、区)第1位。农牧民人均纯收入中,人均工资性收入2347.46元,增长18.0%;人均家庭经营收入2570.33元,增长15.7%;人均财产性收入165.93元,增长74.2%;人均转移性收入1112.67元,增长5.2%。农牧民人均生活消费支出6060.19元,比上年增长13.5%。

图7　2013年农牧民人均现金(纯)收入增长速度

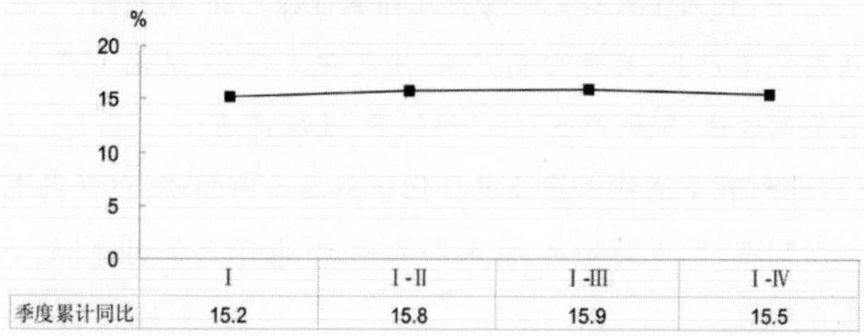

注:季度为现金收入,年度为纯收入。

年末全省养老保险参保人数306.35万人,比上年末增加14.13万人。其中,城镇职工基本养老保险参保人数90.3万人,增加4.29万人;城镇居民社会养老保险参保人数7.12万人,增加1.07万人;新型农村养老保险参保人数208.93万人,增加8.77万人。全省医疗保险参保人数543.98万人,比上年末增加19.03万人。其中,城镇职工基本医疗保险[16]参保人数89.7万人,增加3.55万人;城镇居民基本医疗保险参保人数91.61万人,增加5.46万人;参加农村新型合作医疗人数362.67万人,增加10.02万人。全省失业保险参保人数38.51万人,比上年末增加0.63万人,其中农民工0.41万人,增加0.02万人。全省工伤保险参保人数52.26万人,比上年末增加3.06万人,其中农民工5.95万人,增加0.41万人。全省生育保险参保人数41.82万人,比上年末增加8.06万人。

年末全省享受城市最低生活保障的居民22.52万人,比上年末减少0.52万人;享受农村最低生活保障的农牧民40.37万人,比上年末增加0.27万人。

年末全省实有贫困人口73.6万人,当年减少贫困人口21.3万人。

十三、资源、环境和安全生产

年末全省森林面积[17]441.23万公顷,森林覆盖率6.1%。全省湿地面积[18]814.36万公顷,其中自然湿地面积800.1万公顷。国家重点公益林管护面积496.09万公顷,天然林保护面积367.8万公顷。全年全民义务植树1500万株。

全年全省各类生产安全事故死亡632人,比上年减少1人。交通事故1065起,比上年减少33起,死亡532人,减少1人。

注释:

[1]本公报中数据均为初步统计数。部分数据因四舍五入的原因,存在与分项合计不等的情况。

[2]地区生产总值、各产业增加值绝对数按现价计算,增长速度按不变价格计算。

[3]规模以上工业企业统计口径为年主营业务收入2000万元及以上的工业企业。

[4]我省十大特色优势产业指新能源产业,新材料产业,盐湖化工产业,有色金属产业,油气化工产业,煤化工产业,装备制造业,钢铁产业,轻工纺织业,生物产业。

[5]我省高技术产业包括化学药品原药制造,化学药品制剂制造,中成药制造,生物药品制造,电子器件制造,电子元件制造。

[6]我省高耗能行业包括石油加工和炼焦业,化学原料及化学制品制造业,非金属矿物制品业,黑色金属冶炼及压延加工业,有色金属冶炼及压延加工业,电力、热力的生产和供应业。

[7]我省资源类行业包括煤炭开采和洗选业,石油和天然气开采业,黑色金属矿采选业,有色金属矿采选业,非金属矿采选业,开采辅助活动,其他采矿业。

[8]限额以上批发业包括年主营业务收入在2000万元及以上的批发业企业及个体户;限额以上零售业包括年主营业务收入在500万元及以上的零售业企业及个体户;限额以上住宿、餐饮业包括年主营业务收入在200万元及以上的住宿、餐饮业企业及个体户。

[9]邮电业务总量按2010年不变价格计算。

[10]3G是指第三代蜂窝移动通信系统(3rd - generation,简称3G),3G移动电话用户是指报告期末在计费系统拥有使用信息、占用3G网络资源的在网用户。

[11]原保险保费收入是指保险企业确认的原保险合同保费收入。

[12]人户分离的人口是指居住地与户口登记地所在的乡镇街道不一致且离开户口登记地半年以上的人口。

[13]流动人口是指人户分离人口中不包括市辖区内人户分离的人口。市辖区内人户分离的人口是指一个直辖市或地级市所辖区内和区与区之间,居住地和户口登记地不在同一乡镇街道的人口。

[14]城镇居民家庭可支配收入指家庭成员得到可用于最终消费支出和其他非义务性支出以及储蓄的总和,即居民家庭可以用来自由支配的收入。它是家庭总收入扣除交纳的个人所得税、个人交纳的社会保障支出以及记账补贴后的收入。计算公式为:城镇居民家庭可支配收入 = 家庭总收入 - 交纳个人所得税 - 个人交纳的社会保障支出 - 记账补贴

[15]农村居民家庭纯收入指农村住户当年从各个来源得到的总收入相应地扣除所发生的费用后的收入总和。计算公式为:农村居民家庭纯收入 = 总收入 - 家庭经营费用支出 - 税费支出 - 生产性固定资产折旧 - 赠送农村内部亲友。纯收入主要用于再生产投入和当年生活消费支出,也可用于储蓄和各种非义务性支出。农村居民家庭现金收入指农村住户和住户成员在调查期内得到以现金形态表现的收入。

[16]城镇职工基本医疗保险人数包括参保职工和参保退休人员。城镇居民基本医疗保险的参保对象是不属于城镇职工基本医疗保险覆盖范围的城镇非从业人员。

[17]我省森林面积为经省政府和国家林业部批准公布的《青海省林地保护利用规划(2010~2020年)》数据库中的数据。

[18]湿地面积数据为根据2012年开展的全国第二次湿地资源调查,国务院2014年1月13日新闻发布会公布数据。

资料来源:

本公报中财政数据来自财政厅;登记失业率、农牧区劳动力转移就业人数和社会保障数据来自人力资源和社会保障厅;物价、城乡居民收入、畜牧业全部数据及种植业中部分数据来自国家统计局青海调查总队;铁路营运里程及铁路客货运输量、周转量来自青藏铁路公司;公路通车里程及公路、水路客货运输量、周转量来自交通厅;民航通航里程及民航客货运输量、周转量来自西部机场集团青海机场有限公司;电信业务量、移动电话用户数、3G移动电话用户数、固定电话用户数、电话普及率、互联网上网人数来自通信管理局;邮政业务量来自邮政公司和青海邮政速递物流有限公司;货物进出口数据来自西宁海关;外商直接投资、对外承包工程、劳务合作数据来自商务厅;旅游数据来自旅游局;金融数据来自中国人民银行西宁中心支行;保险业数据来自中国保险监督管理委员会青海监管局;教育数据来自教育厅;科技数据来自科技厅;天气雷达观测站点及县级以上卫星云图接收站点数据来自气象局;地震台站和地震遥测台网数据来自地震局;艺术表演团体、博物馆、公共图书馆、文化馆、报纸、期刊、图书出版数据来自文化和新闻出版厅;广播、电视数据来自广播电视局;体育数据来自体育局;卫生数据来自卫生和计划生育委员会;低保数据来自民政厅;贫困人口数据来自扶贫开发局;森林面积、湿地面积、国家重点公益林管护面积、天然林保护面积、全民义务植树数据来自林业厅;安全生产数据来自安全生产监督管理局;交通事故数及死亡人数来自公安厅交警总队;其他数据均来自青海省统计局。

第 2 篇
CHAPTER 2

综　合
General Survey

国内生产总值增速

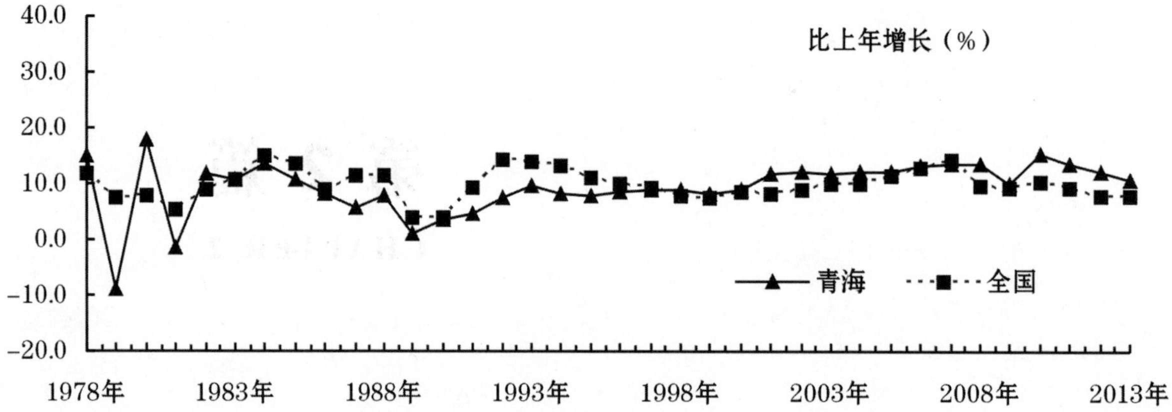

地区生产总值构成
（生产法，%）

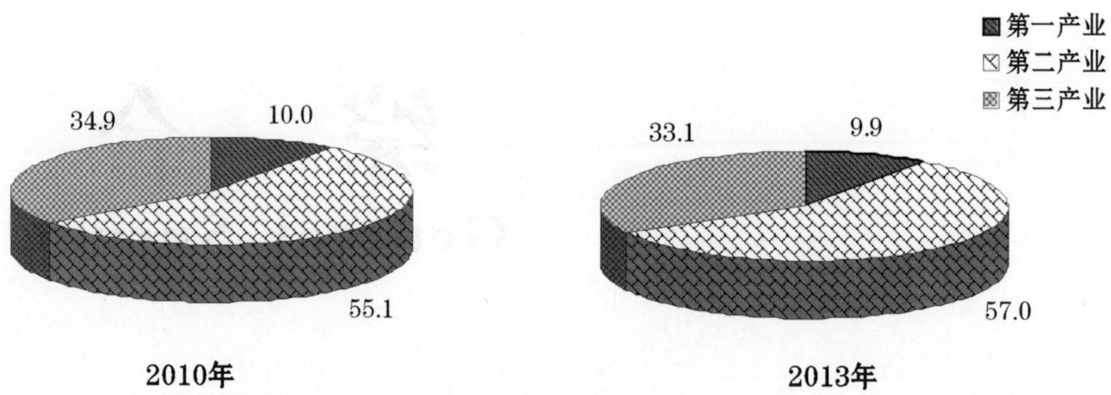

最终消费构成（%）

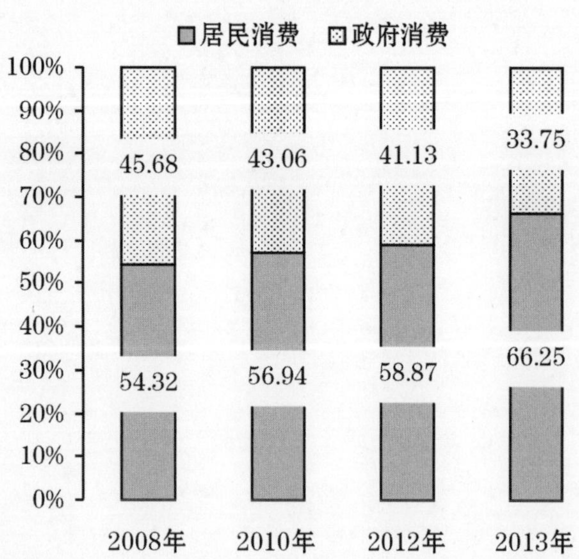

生产总值构成
（收入法%）

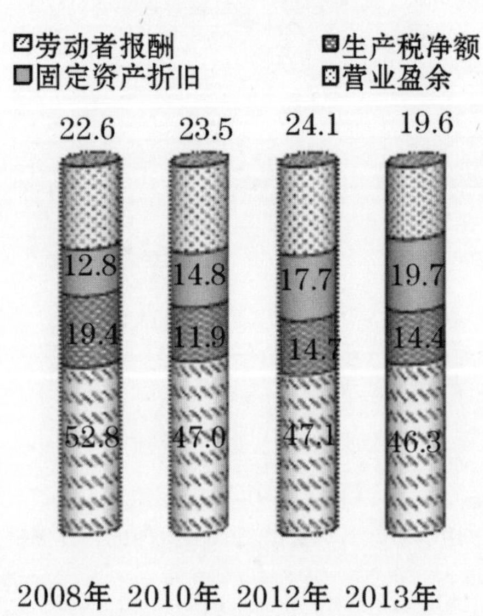

2-1 各部门机构数

Number of Agencies of Various Departments

单位：个 (unit)

部门	Department	机构数 Number of Agencies 2012	2013	2013年比2012年增减 Increase or Decrease Over the 2012 in 2013
农村基层单位	**Rural Grass-roots Units**			
乡政府	Township Governments	228	228	持平
镇政府	Town Governments	137	137	持平
村民委员会	Village Committees	4163	4170	7
牧业	Animal Husbandry	917	922	5
乡村户数（万户）	Number of Rural Households (10 000 Households)	91.8	92.5	0.7
规模以上工业企业	**Industrial Enterprises above Designated Size**	**423**	**521**	98
大型企业	Large Enterprises	25	25	持平
中型企业	Medium-sized Enterprises	97	99	2
小型企业	Small Enterprises	301	397	96
国有及国有控股企业	State-owned and State-holding Enterprises	89	117	28
集体企业	Collective-owned Enterprises	4	3	-1
外商及港澳台商投资企业	Enterprises with Funds from Hong Kong ,Macao, Taiwan and Foreign Countries	26	30	4
建筑业企业	**Construction Enterprises**	**433**	**438**	5
卫生事业	**Health Care**	**1630**	**1671**	41
医院、卫生院	Hospital and Health Centers	548	550	2
妇幼保健院(所、站)	Materbity and Child Care Centers	21	24	3
社会福利事业	**Social Welfare Services**	**23**	**48**	25
福利企业单位数	Number of Welfare Enterprises	15	36	21
社会福利院数	Number of Social Welfare Institutions	8	12	4
教育事业	**Education**	**2997**	**2919**	-78
普通高等学校	Regular Inststutions of Higher Education	9	9	持平
中等职业教育	Secondary Vocational Schools	39	38	-1
普通中学	Regular Secondary Schools	370	365	-5
高中	Senior Secondary Schools	109	105	-4
初中	Junior Secondary Schools	261	260	-1
普通小学	Primary Schools	1425	1250	-175
学前教育	Pre-school Education	1143	1245	102
特殊教育	Special Schools	11	12	1
科技机构	**Science and Technology Institutions**	**54**	**54**	持平
艺术事业	**Art**	**31**	**29**	-2
艺术表演团体	Art Performing Troupes	13	13	持平
公共图书馆	**Public Libraries**	**49**	**49**	持平
群众文化事业	**Mass Culture**	**413**	**413**	持平
群众艺术馆	Mass Art Centers	9	9	持平
文化馆	Cultural Centers	46	46	持平
文化站	Cultural Stations	358	358	持平
艺术教育事业	**Art Education Units**	**1**	**1**	持平
其他文化事业	**Other Cultural Units**	**8**	**9**	1
艺术研究机构	Art Research Institutions	1	1	持平
文物事业	**Cultural Relics**	**53**	**54**	1
博物馆	Museums	22	22	持平
文物机构	Cultural Relics Institutions	30	30	持平
广播电视台站	**Radio and Television Broadcasting Stations**	**11**	**11**	持平
广播电台	Radio Stations	3	3	持平
电视台	Television Stations	8	8	持平

2-2 主要年份国民经济和社会发展总量与速度指标

指 标		Item	1995	2000
人口与就业		**Population and Employment**		
人口	**(万人)**	**Population(10 000 persons)**		
常住人口		Population at Year-end	481.20	516.50
市镇人口		Urban	163.13	179.54
乡村人口		Rural	318.07	336.96
男性人口		Male	246.37	267.03
女性人口		Female	234.83	249.47
就业	**(万人)**	**Employment(10 000 persons)**		
就业人员数		Employment	241.5	283.9
城镇		Urban	88.9	81.5
乡村		Rural	152.7	202.4
城镇登记失业人数		Registration Unemployment in Urban Areas	1.51	1.80
宏观经济		**Macro Economy**		
国民经济核算	**(亿元)**	**National Accounting(100 million yuan)**		
生产总值		Gross Domestic Product	167.80	263.68
第一产业		Primary Industry	39.62	40.12
第二产业		Secondary Industry	64.58	108.83
第三产业		Tertiary Industry	63.60	114.73
支出法生产总值		Gross Domestic Product by Expenditure Approach	167.80	263.68
最终消费		Government Final Consumption Expenditure	113.40	171.70
居民消费		Household Consumption Expenditures	82.83	122.33
政府消费		Government Consumption Expenditure	30.57	49.37
资本形成总额		Gross Capital Formation	77.67	160.46
固定资本形成		Gross Fixed Capital Formation	57.48	156.97
存货增加		Changes in Inventories	20.19	3.49
固定资产投资	**(亿元)**	**Investment in Fixed Assets(100 million yuan)**		
全社会固定资产投资总额		Total Investment in Fixed Asssets	55.58	154.83
国有经济		State-owned Economy	45.15	102.83
集体经济		Collective-owned Economy	5.34	6.61
私营个体经济		Individual and Private Economies	4.34	13.08
财政	**(亿元)**	**Government Finance(100 million yuan)**		
地方财政收入		Local Government Revenue	8.60	16.58
地方财政支出		Local Government Expenditures	28.80	68.26
物价总指数	**(上年=100)**	**Price Indices (preceding year=100)**		
商品零售价格总指数		Retail Price Index	116.30	99.00
居民消费价格总指数		Consumer Price Index	118.00	99.50
农业生产资料价格总指数		Price Indices of Agricultural Means of Production	123.90	100.70
利用外资	**(亿美元)**	**Utilization of Foreign Capital(USD 100 million)**		
合同利用外资协议额		Signed an Agreement for Use of Foreign Capital	0.54	1.53
能源生产与消费	**(万吨标准煤)**	**Production and Consumption of Energy(10 000 tons of SCE)**		
能源生产总量		Total Energy Production	571.57	937.90
能源消费总量		Total Energy Consumption	687.71	897.23

Principal Aggregate Indicators on National Economic and Social Development and Growth Rates in Main Years

总量指标 Aggregate Data				速度指标(%) Index and Growth Rates						
				指数（2013年比以下各年） Index (2013 as percentage of the following years)				平均增长速度 Average Annual Growth Rate		
2005	2010	2012	2013	1995	2000	2005	2010	1996-2013	2001-2013	2011-2013
543.20	563.47	573.17	577.79	120.07	111.87	106.37	102.54	1.02	0.87	0.19
213.21	251.98	271.92	280.30	171.83	156.12	131.47	111.24	3.05	3.49	0.00
329.99	311.49	301.25	297.49	93.53	88.29	90.15	95.51	-0.37	-0.95	21.45
277.58	297.79	294.94	292.65	118.78	109.59	105.43	98.27	0.96	0.71	3.19
265.62	271.68	278.23	285.14	121.42	114.30	107.35	104.95	1.08	1.03	0.04
291.0	307.7	310.9	314.2	130.08	110.67	107.96	102.13	1.47	0.78	0.25
94.1	119.2	132.9	141.5	159.19	173.62	150.37	118.71	2.62	4.34	0.00
196.9	188.5	178.0	172.7	113.13	85.33	87.71	91.62	0.69	-1.21	342.45
3.63	4.24	4.09	4.23	280.13	235.00	116.53	99.76	5.89	6.79	1.17
543.32	1350.43	1893.54	2101.05	701.86	461.53	261.60	141.15	11.43	12.48	12.17
65.34	134.92	176.91	207.59	195.25	181.27	144.82	116.09	3.79	4.68	5.10
264.61	744.63	1092.34	1198.01	1089.73	653.64	309.70	150.39	14.19	15.54	14.57
213.37	470.88	624.29	695.45	630.78	389.29	238.62	133.76	10.77	11.02	10.18
543.32	1350.43	1893.54	2101.05	701.86	461.53	261.60	141.15	11.43	12.48	12.17
360.72	720.57	997.36	1048.49	507.77	382.41	198.61	128.25	9.45	10.87	8.65
210.29	410.26	579.28	694.58	461.89	361.16	225.84	149.17	8.87	10.38	14.26
150.43	310.31	419.65	353.91	637.79	439.70	160.75	100.48	10.84	12.07	0.16
369.28	1086.99	1719.25	2519.08	1968.69	1037.66	498.26	209.63	18.00	19.72	27.98
364.08	1057.86	1895.70	2418.27	2618.08	1013.52	483.56	206.46	19.89	19.50	27.33
5.20	29.13	-176.45	100.81							
367.15	1068.73	1920.03	2403.90	4325.12	1552.61	654.75	224.93	22.30	22.00	32.30
175.64	515.92	903.11	1145.32	2536.70	1113.80	652.08	222.00	18.00	18.00	31.40
14.50	16.01	16.08	21.16	396.25	320.12	145.93	132.17	8.30	11.20	6.70
42.76	147.83	264.00	390.32	8993.55	2984.10	912.82	264.03	26.30	27.10	34.10
33.82	110.22	186.42	223.87	2603.14	1350.24	661.95	203.11	19.85	22.17	26.64
169.75	743.40	1159.05	1227.89	4263.51	1798.84	723.35	165.17	23.18	24.89	18.21
100.70	104.30	102.10	102.70	156.17	144.68	140.05	110.52	2.51	2.88	3.39
100.80	105.40	103.10	103.90	181.86	157.09	141.06	109.39	3.38	3.54	3.04
106.50	103.50	108.70	104.30	222.11	194.56	169.53	122.18	4.53	5.25	6.91
3.56	3.17	3.71	1.68	308.43	109.80	47.19	53.07	6.46	0.72	-19.04
1731.91	3633.29	4678.52	5112.32	894.43	545.08	295.18	140.71	12.94	13.93	12.06
1670.36	2568.26	3524.06	3820.33	555.51	425.79	228.71	148.75	9.99	11.79	14.15

2-2 续表 1

指 标		Item	1995	2000
产业		**Industry**		
农业		**Agriculture**		
农林牧渔业从业人员	(万人)	Employed Persons of Agriculture,Forestry, Animal Husbandry and Fishery (10 000 persons)	131.83	142.25
农林牧渔业总产值	(亿元)	Gross Output Value of Agriculture,Forestry, Animal Husbandry and Fishery(100 million yuan)	55.10	56.99
主要农产品产量	(万吨)	Output of Major Farm Products(10 000 tons)		
粮食		Grain	114.19	82.70
油料		Oil-bearing Crops	16.21	19.40
水果		Fruits	2.68	2.24
肉类		Meat	18.37	20.83
牛肉		Beef	6.29	6.35
羊肉		Mutton	6.13	7.00
水产品		Aquatic Products	0.24	0.12
工业		**Industry**		
主要工业产品产量		Output of Major Industrial Products		
原煤	(万吨)	Coal(10 000 tons)	278	145
原油	(万吨)	Crude Oil(10 000 tons)	122	200
发电量	(亿千瓦小时)	Electricity(100 million kwh)	66	134
粗钢	(万吨)	Crude Steel(10 000 tons)	36	43
钢材	(万吨)	Rolled Steel(10 000 tons)	31	36
原铝	(万吨)	Primary Aluminum(10 000 tons)	11	28
原盐	(万吨)	Salt(10 000 tons)	76	68
农用化肥	(万吨)	Agriculturd Fertilizers(10 000 tons)	21	67
水泥	(万吨)	Cement(10 000 tons)	64	124
规模以上工业企业主要指标	(亿元)	Principal Indicators of Industrial Enterprises above Designated Size (100 million yuan)		
固定资产原价		Original Value of Fixed Assets	236.53	505.81
利润总额		Total Profits	-5.65	0.79
建筑业		**Construction**		
建筑业总产值	(亿元)	Gross Output Value(100 million yuan)	20.49	44.72
施工房屋面积	(万平方米)	Floor Space of Building under Construction (10 000 sq.m)	183.73	339.43
竣工房屋面积	(万平方米)	Floor Space of Building Completed(10 000 sq.m)	97.29	192.90
交通运输		**Transport**		
货运量	(万吨)	Total Freight Traffic(10 000 tons)	3529	5076
铁路		Railways	532	833
公路		Highways	2887	4050
管道		Petroleum and Gas Pipelines	110	193
民用航空		Civil Aviation		
客运量	(万人)	Total Passsnger Traffic(10 000 persons)	2388	3612
铁路		Railways	220	352
公路		Highways	2165	3250
民用航空		Civil Aviation	3	10
公路通车里程	(公里)	Total Lenth of Highways(km)	17223	18679

Continued

总量指标 Aggregate Data				速度指标(%) Index and Growth Rates						
				指数（2013年比以下各年） Index (2013 as percentage of the following years)				平均增长速度 Average Annual Growth Rate		
2005	2010	2012	2013	1995	2000	2005	2010	1996-2013	2001-2013	2011-2013
128.73	120.99	114.94	115.19	87.38	80.98	89.48	95.21	-0.75	-1.61	-1.62
94.04	201.32	263.86	310.30	198.95	177.43	144.67	116.64	3.90	4.51	5.26
93.26	102.03	101.50	102.37	89.65	123.78	109.77	100.33	-0.61	1.65	0.11
31.85	36.91	35.22	32.57	200.93	167.89	102.26	88.24	3.95	4.07	-4.08
1.48	1.44	1.41	1.35	50.37	60.27	91.22	93.75	-3.74	-3.82	-2.13
25.75	27.53	30.47	31.98	174.09	153.53	124.19	116.16	3.13	3.35	5.12
7.44	8.46	9.56	10.28	163.43	161.89	138.17	121.51	2.77	3.78	6.71
9.16	9.04	10.39	10.53	171.78	150.43	114.96	116.48	3.05	3.19	5.22
0.09	0.16	0.45	0.60	250.00	500.00	683.37	375.00	5.22	13.18	55.36
555	1863	2460	3020	1086.44	2082.97	544.20	162.12	14.17	26.31	17.48
221	186	205	215	176.23	107.50	97.29	115.59	3.20	0.56	4.95
213	457	556	566	857.58	422.39	265.73	123.85	12.68	11.72	7.39
51	137	141	148	411.11	344.19	290.20	108.03	8.17	9.97	2.61
48	138	139	131	422.58	363.89	272.92	94.93	8.34	10.45	-1.72
67	147	203	224	2036.36	800.00	334.33	152.38	18.23	17.35	15.07
112	124	177	261	343.42	383.82	233.04	210.48	7.09	10.90	28.16
159	313	357	413	1966.67	616.42	259.75	131.95	18.00	15.02	9.68
371	811	1371	1786	2790.63	1440.32	481.40	220.22	20.31	22.78	30.10
844.71	2026.10	2656.96	3249.52	1373.83	642.44	384.69	160.38	15.67	15.38	17.05
72.82	182.02	168.89	148.81		18836.71	204.35	81.75		49.62	-6.49
90.93	279.61	325.76	413.71	2019.08	925.11	454.98	147.96	18.17	18.66	13.95
407.55	693.12	763.76	1158.30	630.44	341.25	284.21	167.11	10.77	9.90	18.67
194.02	273.16	344.10	466.52	479.51	241.85	240.45	170.79	9.10	7.03	19.53
7152	11426	13680	13576	384.70	267.45	189.82	118.82	7.77	7.86	5.92
1453	3286	3784	3783	711.09	454.14	260.36	115.12	11.51	12.34	4.81
5491	7962	9700	9588	332.11	236.74	174.61	120.42	6.90	6.85	6.39
208	178	195	204	185.45	105.70	98.08	114.61	3.49	0.43	4.65
0.33	0.47	0.50	0.70			212.12	148.94			14.20
4920	10997	12830	4957							
368	474	544	592	269.09	168.18	160.87	124.89	5.65	4.08	7.69
4525	10439	12100	4140							
27	85	138	167	5566.67	1670.00	618.52	196.47	25.02	24.18	25.25
29719	62185	65988	70117	407.11	375.38	235.93	112.76	8.11	10.71	4.08

2-2 续表 2

指 标		Item	1995	2000
邮电通信业		**Postal and Telecommunication Services**		
邮电业务总量	(亿元)	Bussiness Volume of Postal and Telecommunication Services(100 million yuan)	1.56	4.92
函件	(万件)	Number of Letters Delivered(10 000 pieces)	3354	2762
报刊期发数	(万份)	Number of Newspaper and Magazines Distributed(10 000 copies)	262	47
邮路总长度	(公里)	Length of Postal Routes(km)	17849	26978
本地(固定)电话年末用户	(万部)	Number of Fixed Telephone Subscribers at Year-end(10 000 subscirbers)	9.40	36.87
移动电话用户	(万户)	Number of Mobile Telephone Subscribers(10 000 subscribers)	0.26	21.07
国内商业		**Domestic Trade**		
社会消费品零售总额	(亿元)	Total Retail Sales of Comsumer Goods(100 million yuan)	70.63	100.26
对外经济贸易		**Foreign Trade**		
进出口总额	(亿美元)	Total Value of Exports and Imports(USD 100 million)	1.62	1.60
出口额		Exports	1.38	1.12
进口额		Imports	0.24	0.48
旅游		**Tourism**		
旅游人数	(万人次)	Number of Tourists(10 000 person-times)	42	321
旅游外汇收入	(万美元)	Foreign Exchange Earnings from International Tourism(USD 10 000)	231	740
金融保险	**(亿元)**	**Financial Intermediation and Insurance(100 million yuan)**		
金融机构人民币各项存款余额		Deposits of National Banking System	126.96	280.17
金融机构人民币各项贷款余额		Loans of National Banking System	213.30	348.57
保险公司保费收入		Insurance Premium of Insurance Companies	1.70	5.13
保险公司赔款及给付金额		Indemnity Expenditure and Payment of Insurance Companies	0.84	1.19
教育、科技、文化		**Education, Science and Technology, Culture**		
教育		**Education**		
专任教师数	(人)	Full-time Teachers(person)	45673	47821
普通高等学校		Institutions of Higher Education	1410	2107
中等职业学校		Secondary Vocational Schools	1691	1363
普通中学		Regular Secondary Schools	15691	16645
小学		Primary Schools	26881	27706
在校学生数	(万人)	Students Enrollment(10 000 persons)	66.28	75.62
普通高等学校		Institutions of Higher Education	0.73	1.33
中等职业学校		Secondary Vocational Schools	1.36	1.34
普通中学		Regular Secondary Schools	19.39	22.47
小学		Primary Schools	44.80	50.48
科技		**Science and Technology**		
研究与开发经费支出	(万元)	Expenditures on Research and Development (10 000 yuan)	7267.4	13142.4
技术合同成交额	(万元)	Volume of Transaction in Technical Markets (10 000 yuan)	1054.8	5096.0
文化		**Culture**		
出版数量		Number of Published		
图书	(万册.张)	Books(10 000 copies)	1227	586
杂志	(万册)	Magazine(10 000 copies)	79	91
报纸	(万份)	News Paper(10 000 copies)	5677	4800

Continued

总量指标 Aggregate Data				速度指标(%) Index and Growth Rates						
				指数（2013年比以下各年） Index (2013 as percentage of the following years)				平均增长速度 Average Annual Growth Rate		
2005	2010	2012	2013	1995	2000	2005	2010	1996-2013	2001-2013	2011-2013
31.43	122.13	56.91	60.28	12475.95	3955.80	619.23	159.36	30.75	32.70	16.80
1886	472	533	412	12.28	14.92	21.85	87.29	-11.60	-14.66	-6.57
51	47	48	44	16.79	93.62	86.27	93.62	-9.96	-0.55	-3.24
23721	43484	88855	64949	363.88	240.75	273.80	149.36	7.89	7.60	22.21
113.50	103.20	102.50	101.80	1082.98	276.11	89.69	98.64	15.04	8.83	-0.68
121.36	397.80	537.20	542.40	208615.38	2574.28	446.93	136.35	56.77	31.09	16.77
161.59	346.03	476.00	544.08	770.32	542.67	214.14	157.23	12.76	15.14	25.39
4.13	7.89	11.60	14.03	866.05	876.88	339.71	177.81	13.54	19.83	33.34
3.23	4.66	7.30	8.47	613.77	756.25	262.23	181.64	11.26	18.36	34.77
0.90	3.23	4.30	5.56	2316.67	1158.33	617.78	172.26	20.31	22.65	31.25
637	1226	1581	1780	4239.05	554.64	279.50	145.22	24.66	15.35	20.51
1102	2045	2432	1942	842.03	262.40	176.20	94.95	13.35	8.37	-2.56
733.05	2319.64	3528.41	4102.54	3231.36	1464.30	559.65	176.86	22.68	25.07	32.99
638.59	1822.65	2791.68	3398.17	1593.14	974.89	532.14	186.44	17.68	20.90	36.54
7.86	25.70	32.40	39.02	2295.29	760.62	496.44	151.83	20.24	18.42	23.22
1.99	6.66	10.86	15.28	1819.05	1284.03	767.84	229.50	18.61	23.70	51.49
52167	54634	54800	57311	125.48	119.84	109.86	104.90	1.34	1.52	2.42
3051	3731	3717	3785	268.44	179.64	124.06	101.45	5.98	5.00	0.72
1588	2444	2454	2567	151.80	188.33	161.65	105.03	2.49	5.42	2.49
20050	21875	22526	23985	152.86	144.10	119.63	109.65	2.53	3.09	4.71
27478	26584	26103	26974	100.35	97.36	98.17	101.47	0.02	-0.22	0.73
89.34	98.57	95.24	93.28	140.74	123.35	104.41	94.63	2.03	1.76	-2.72
3.44	6.04	6.19	6.39	875.34	480.45	185.76	105.82	13.61	13.97	2.87
2.47	7.91	7.68	7.78	572.06	580.60	314.98	98.36	10.80	15.79	-0.83
32.75	32.72	31.47	31.71	163.54	141.12	96.82	96.91	2.94	2.91	-1.56
50.68	51.90	49.90	47.40	105.80	93.90	93.53	91.33	0.33	-0.52	-4.43
20652.0	83323.0	59189.0	57922.0	493.92	440.73	280.47	69.52	9.85	13.16	-16.62
11811.6	114643.9	210576.8	268862.6	25489.44	5275.95	2276.26	234.52	38.53	39.16	53.14
840	1003	1115	1331	108.50	227.18	158.49	132.75	0.48	7.08	15.22
204	323	421	380	480.38	417.03	186.03	117.67	9.67	12.64	8.48
4486	9770	11085	12426	218.89	258.88	277.00	127.19	4.72	8.25	12.78

2-2 续表 3

指 标		Item	1995	2000
家庭、生活、环境		**Family,People's Living Conditions and Environment**		
家庭		**Family**		
家庭总户数	(万户)	Total Number of Family Households (10 000 households)	101.59	115.24
城镇居民平均每户家庭人口	(人)	Average Household Size in Urban Areas(person)	3.50	3.24
农村居民平均每户家庭人口	(人)	Average Household Size in Rural Areas(person)	5.97	5.32
居住		**Housing**		
城镇居民人均住房建筑面积	(平方米)	Per Capita Building Space in Urban Areas(sq.m)	9.63	12.06
农村居民人均居住面积	(平方米)	Per Capita Living Space in Rural Areas(sq.m)	14.98	15.32
生活		**People's Living Conditions**		
城镇居民人均可支配收入	(元)	Per Capita Annual Disposable Income of Urban Households(yuan)	3379.85	5169.96
农村居民人均纯收入	(元)	Per Capita Net Income of Rural Households(yuan)	1029.77	1490.49
城乡储蓄存款余额	(亿元)	Outstanding Amount of Saving Deposits in Urban and Rural Areas(100 million yuan)	76.89	146.28
工资		**Wages**		
非私营单位在岗职工工资总额	(亿元)	Total Wages of Employed Persons in Non Private Units(100 million yuan)	38.02	49.76
职工平均工资	(元)	Average Wage of Staff and Workers(yuan)	5753	10050
卫生		**Health**		
医疗机构	(个)	Number of Hospitals(unit)	592	577
卫生技术人员	(万人)	Health Technical Personnel(10 000 persons)	2.02	2.15
床位数	(万张)	Number of Hospital Beds(10 000 units)	1.72	1.65
市政建设		**Municipal Works**		
自来水供水总量	(万吨)	Annual Supply of Tap Water(10 000 tons)	14971	14239
排水管道长度	(公里)	Length of Sewer Pipelines(km)	179	263
城市(市区)煤气和天然气供气量	(万立方米)	Volume of Coal Gas and Natural Gas(10 000cu.m)	1260	15815
城市(市区)液化石油气供气量	(吨)	Volume of Liquefied Petroleum Gas(ton)	6890	13290
铺装道路长度	(公里)	Length of Paved Roads(km)	363	438
园林绿地面积	(公顷)	Areas of Green Land(hectares)	1149	1503
环境、灾害		**Environment and Disaster**		
工业污染源治理施工项目完成投资额	(万元)	Actual Investment in Implementation of Projects for Pollution Treatment in the Year(10 000 yuan)	4297	3833
治理废水		Waste Water	590	548
治理废气		Waste Gas	3624	3285
治理固体废物		Solid Wastes	71	
治理噪声		Noise Pollution	7	
其他		Other	5	
火灾发生数	(起)	Fire Accidents(times)	273	670
火灾损失	(万元)	Economic Loss of Fire Accidents(10 000 yuan)	252	475
交通事故发生数	(起)	Number of Traffic Accidents(times)	1542	1579
交通事故损失	(万元)	Economic Loss of Traffic Accidents(10 000 yuan)	739	667

Continued

总量指标 Aggregate Data				速度指标(%) Index and Growth Rates						
				指数（2013年比以下各年） Index (2013 as percentage of the following years)				平均增长速度 Average Annual Growth Rate		
2005	2010	2012	2013	1995	2000	2005	2010	1996-2013	2001-2013	2011-2013
131.93	161.85	169.29	173.43	170.72	150.49	131.46	107.15	3.02	3.19	2.33
3.02	2.99	3.00	2.90	82.86	89.51	96.03	96.99	-1.04	-0.85	-1.01
5.16	4.97	4.54	4.84	81.07	90.98	93.80	97.38	-1.16	-0.72	-0.88
18.35	25.90	26.10	33.00	342.68	273.63	179.84	127.41	7.08	8.05	8.41
17.95	21.44	30.90	24.20	161.55	157.96	134.82	112.87	2.70	3.58	4.12
8057.85	13854.99	17566.28	19498.54	576.91	377.15	241.98	140.73	10.23	10.75	12.06
2165.11	3862.68	5364.38	6196.39	601.73	415.73	286.19	160.42	10.48	11.58	17.06
361.51	943.78	1275.27	1504.17	1956.26	1028.28	416.08	159.38	17.96	19.63	16.81
78.03	185.91	285.96	326.67	859.21	656.49	418.65	175.71	12.69	15.57	20.67
19084	37182	46827	52105	905.70	518.46	273.03	140.14	13.02	13.50	11.90
562	734	764	771	130.24	133.62	137.19	105.04	1.48	2.25	1.65
2.08	2.39	2.82	3.25	160.63	151.15	156.47	136.00	2.67	3.23	10.79
1.60	2.01	2.60	2.96	172.44	179.17	184.60	147.62	3.07	4.59	13.86
19569	17672	22946	24564	164.08	172.51	125.53	139.00	2.79	4.28	11.60
1010	921	1155	1391	777.26	529.41	137.75	151.06	12.07	13.68	14.74
63606	162570	111917	118969	9441.98	752.25	187.04	73.18	28.74	16.79	-9.88
14338	6382	6834	5366	77.88	40.38	37.43	84.08	-1.38	-6.74	-5.62
1232	711	773	902	248.37	205.84	73.18	126.81	5.18	5.71	8.24
4092	3387	4033	4772	415.32	317.50	116.62	140.89	8.23	9.29	12.11
4670	9747	21880	30456	708.77	794.57	652.16	312.46	11.49	17.28	46.19
206	1019	3263	2985	505.93	544.71	1449.03	293.05	9.42	13.93	43.10
4073	8729	14130	27174	749.83	827.21	667.17	311.32	11.84	17.65	46.02
12		2507						-100.00	-100.00	-100.00
379		1980	297	5940.00		78.36		25.47	-100.00	-100.00
900	1623	1048	1511	553.48	225.52	167.89	93.10	9.97	6.46	-2.36
415	926	1305	2385	946.59	502.19	574.80	257.60	13.30	13.22	37.08
952	1206	1098	1065	69.07	67.45	111.87	88.31	-2.04	-2.98	-4.06
411	390	453	645	87.31	96.73	156.98	165.27	-0.75	-0.26	18.23

2-3 主要年份国民经济和社会发展结构指标
Structural Indicators on National Economic and Social Development in Main Years

单位：% (%)

指 标	Item	1995	2000	2005	2010	2012	2013
人口与就业	**Population and Employment**						
人口	**Population**						
城乡结构	Urban and Rural Compostition						
城镇	Urban	33.90	34.76	39.25	44.72	47.44	48.51
乡村	Rural	66.10	65.24	60.75	55.28	52.56	51.49
性别结构	Sexual Compostition						
男	Male	51.20	51.70	51.10	51.78	51.46	50.65
女	Demale	48.80	48.30	48.90	48.22	48.54	49.35
就业	**Employment**						
产业结构	Industrial Compostition						
第一产业	Primary Industry	56.10	55.80	49.50	41.40	37.02	37.11
第二产业	Secondary Industry	16.90	12.60	17.40	22.60	23.96	23.17
第三产业	Tertiary Industry	27.00	31.60	33.10	36.00	39.02	39.72
宏观经济	**Macro Economy**						
国民经济核算	**National Accounting**						
生产总值产业结构	Industrial Compostition						
第一产业	Primary Industry	23.60	15.20	12.00	10.00	9.30	9.90
第二产业	Secondary Industry	38.50	41.30	48.70	55.10	57.70	57.00
第三产业	Tertiary Industry	37.90	43.50	39.30	34.90	33.00	33.10
投资	**Investment**						
全社会固定资产投资经济结构	Composition of Tatal Investment in Fixd Assets						
国有经济	State-owned Economy	81.23	66.41	47.84	48.27	47.03	47.64
集体经济	Collective Economy	9.61	4.27	3.94	1.50	0.84	0.88
私营个体经济	Private Individual Economy	7.81	8.45	11.65	13.83	13.75	16.24
其他经济	Other	1.35	20.87	36.57	36.40	38.38	35.24
资金到位来源结构	Composition of Funding Sources						
国家预算内资金	State Budget	6.17	17.04	15.79	13.56	19.43	15.43
国内贷款	Domestic Loans	39.55	24.33	16.87	17.11	21.12	20.42
利用外资	Foreign Investment	0.65	1.39	0.55	0.50	0.13	0.35
自筹和其他投资	Self-raising Funds and Other Investments	53.63	56.96	66.38	68.82	59.32	63.80
财政	**Government Finance**						
财政收入结构	Composition of Government Revenue						
中央	Central Government	68.92	79.60	84.53	87.22	41.69	39.26
地方	Local Government	31.08	20.40	15.47	12.78	58.31	60.74
能源生产与消费	**Enery**						
能源生产总量结构	Composition of Total Energy Production						
原煤	Coal	29.74	16.79	25.78	39.10	43.15	47.64
原油	Crude Oil	30.41	30.46	18.27	7.32	6.26	5.99
天然气	Natural Gas	1.36	5.06	17.09	19.65	17.17	16.84
水电	Hydro-power	38.49	47.69	38.86	33.94	33.42	29.53
能源消费总量结构	Composition of Total Energy Consumption						
原煤	Coal	41.64	30.18	43.34	32.77	31.00	31.24
石油	Crude Oil	8.42	18.96	9.45	8.34	9.27	8.12
天然气	Natural Gas	1.13	4.83	8.77	11.75	14.40	13.76
电力	Electric Power	48.81	46.03	38.44	47.14	45.33	46.88

2-3 续表 1 Continued

单位：% (%)

指 标	Item	1995	2000	2005	2010	2012	2013
产 业	**Industry**						
农业	**Agriculture**						
农林牧渔业产值结构	Compostition of Gross Output Value of Agriculture						
农业	Farming	48.25	46.66	38.75	45.74	44.38	45.29
林业	Forestry	2.61	3.70	1.86	1.87	1.73	1.83
牧业	Animal Husbandry	48.84	49.48	54.97	50.40	51.95	50.89
渔业	Fishery	0.30	0.16	0.07	0.06	0.21	0.41
农林牧渔服务业	Services of Agriculture			4.35	1.93	1.73	1.58
工业	**Industrty**						
规模以上工业总产值结构	Compostition of Gross Output of Industrial Enterprises above Designated Size						
大型企业	Large Enterprises	60.48	58.97	73.97	51.30	51.22	46.36
中型企业	Medinm-sized Enterprises	11.61	4.35	11.51	30.22	24.15	23.62
小型企业	Small Enterprises	27.91	36.68	14.52	18.48	24.63	30.02
建筑业	**Construction**						
建筑业总产值结构	Compostition of Gross Output Value of Construction Industry						
房屋土木工程建筑业	Civil Engineering Construction	83.35	85.53	90.13	92.59	94.51	95.13
建筑安装业	Installation Industry	15.30	13.45	8.06	5.94	4.37	4.20
建筑装饰业及其它建筑业	Construction Decoration Industry and Other Constructions	1.35	1.02	1.02	1.47	1.12	0.67
交通运输业	**Transportation**						
货运量结构	Composition of Freight Traffic						
按运输方式分	By Mode of Transport						
铁路	Railways	15.08	16.41	20.32	28.76	27.66	27.86
公路	Highways	81.80	79.79	76.78	69.68	70.91	70.62
民用航空	Civil Aviation				0.00	0.00	0.02
管道输油(气)	Pipelines	3.12	3.80	2.90	1.56	1.43	1.50
商业	**Business**						
社会消费品零售总额构成	Composition of Retail Sales of Consumer Goods						
城镇	City	85.55	85.84	88.47	86.77	87.48	86.80
乡村	Under County Level	14.45	14.16	11.53	13.23	12.52	13.20
对外经济贸易	**Foreign Trade**						
进出口总值结构	Total Value of Imports and Exports						
出口	Total Exports	85.09	70.00	78.21	59.10	62.91	60.41
进口	Total Imports	14.91	30.00	21.79	40.90	37.09	39.59
国际旅游	**International Tourism**						
来华旅游人次结构	Number of Overseas Visitor Arrivals						
外国人	Foreigners	73.90	33.33	50.00	60.00	80.85	87.23
港澳台同胞	Chinese Compatriots from Hong Kong, Macao and Taiwan	26.10	66.67	50.00	40.00	19.15	12.77

2-3 续表 2 Continued

单位：% (%)

指　标	Item	1995	2000	2005	2010	2012	2013
教育	**Education**						
在校学生结构	Composition of Student Enrollment in Regular School						
大学生	College and University Students	3.09	4.40	3.85	6.29	6.50	6.85
中专生	Secondary School Students	3.70	2.85	2.76	8.01	8.07	8.34
中学生	Middle School Students	34.36	34.81	36.66	33.14	33.06	34.00
小学生	Primary School Students	58.85	57.94	56.73	52.56	52.37	50.81
专任教师结构	Composition of Full-time Teachers in Regular Schools						
大　学	Colleges and Universities	1.10	1.76	5.85	7.10	6.78	6.60
中　专	Secondary School	2.05	1.77	3.04	4.46	4.48	4.48
中　学	Middle School	29.26	29.71	38.44	39.92	41.11	41.85
小　学	Primary School	67.59	66.76	52.67	48.52	47.63	47.07
生活	**People's Living Conditions**						
城镇居民消费结构	Consumption Compostition of Urban Households						
食品类	Food	51.43	40.88	36.31	39.37	37.80	35.28
衣着类	Clothing	13.95	10.96	11.06	12.33	12.25	12.37
用品及其他	Household Appliances and Other	32.12	41.60	41.96	38.69	39.97	41.48
居　住	Residence	3.50	6.56	10.67	9.61	9.98	10.87
农村居民消费结构	Consumption Compostition of Rural Reidents						
食品类	Food	64.99	57.89	45.14	39.57	34.81	30.89
衣着类	Clothing	9.36	7.67	8.49	6.62	7.58	7.41
用品及其他	Household Appliances and Other	15.93	24.08	30.58	29.34	34.95	37.79
居　住	Residence	9.72	10.36	15.79	24.47	22.66	23.91
卫生	**Health Care**						
卫生机构技术人员结构	Composition of Medical and Technical Personnel						
执业医师	Certified Doctors			34.38	34.36	32.89	32.32
执业助理医师	Assistant Doctors			8.40	5.91	5.63	5.40
注册护士	Registered Nures			33.53	37.34	38.76	38.84
卫生机构病床结构	Beds In Health Institutions						
医　院	Hospitals	81.70	84.50	83.54	78.91	79.52	79.77
卫生院	Health Centers	12.38	11.26	13.60	14.77	15.65	14.44
其　他	Others	5.92	4.24	2.86	6.32	4.83	5.79
环境、灾害	**Environment and Disaster**						
工业治理污染源施工项目投资结构	Composition of Investment in the Treatment of Industrial Pollution						
治理废水	Waste Water	13.73	13.42	4.41	10.45	14.91	9.80
治理废气	Waste Gas	84.36	80.46	87.22	89.55	64.58	89.22
治理固体废物	Solid Wastes	1.64		0.26		6.91	
治理噪声	Noise Pollution	0.16					
其 他	Others	0.11	6.12	8.11		8.36	0.98

2-4 主要年份国民经济和社会发展比例和效益指标
Indicators on Proportions and Efficiency on National Economy and Social Development in Main Years

指 标	Item	1995	2000	2005	2010	2012	2013
人口与就业	**Population and Employment**						
人口 (‰)	**Population(‰)**						
出生率	Brith Rate	22.01	19.25	15.70	14.94	14.30	14.16
死亡率	Death Rate	6.89	6.15	6.21	6.31	6.06	6.13
自然增长率	Natural Growth Rate	15.12	13.10	9.49	8.63	8.24	8.03
就业	**Employment**						
就业者负担人口 (人)	Number of Dependents per Employee (person)	1.81	1.82	1.82	1.71	1.84	1.84
三次产业从业者比例 (以第一产业为100)	Proportion of Employed Persons (Primary Industry = 100)						
第一产业	Primary Industry	100.00	100.00	100.00	100.00	100.00	100.00
第二产业	Secondary Industry	30.14	22.58	35.15	54.59	64.73	62.44
第三产业	Tertiary Industry	48.22	56.55	66.87	86.96	105.39	107.03
城镇登记失业率 (%)	Registered Unemployment Rate in Urban Areas(%)	2.18	2.40	3.93	3.80	3.40	3.30
宏观经济	**Macro Economy**						
国民经济核算	**National Accounting**						
三次产业增加值比例 (以第一产业为100)	Proportion of The Added Value (Primary Industry=100)						
第一产业	Primary Industry	100.00	100.00	100.00	100.00	100.00	100.00
第二产业	Secondary Industry	162.30	271.26	404.97	551.90	617.46	577.15
第三产业	Tertiary Industry	160.52	285.97	326.55	349.01	352.89	335.01
全社会劳动生产率 (元/人.年)	Labor Productivity(yuan/person.year)	6464	9363	18281	40906	60905	66868
第一产业	Primary Industry	2716	2583	4367	9872	15370	17804
第二产业	Secondary Industry	14771	28579	52523	99803	146623	164562
第三产业	Tertiary Industry	9087	13020	21954	39620	51467	55721
人均生产总值 (元)	Per Capita GDP	3513	5138	10045	24115	33181	36510
固定资产投资	**Investment in Fixed Assets**						
全社会固定资产投资相当于生产总值比例 (%)	Proportion of Investment in Fixed Assets to GDP(%)	33.12	58.72	67.58	79.14	101.40	114.41
房屋竣工率 (%)	Housing Completion Rate(%)	55.79	55.81	49.05	34.20	26.99	32.73
财政	**Government Finance**						
地方财政收入相当于生产总值比例 (%)	Proportion of Local Government Revenue to GDP (%)	5.12	6.29	6.22	8.16	9.84	10.65
财政支出相当于生产总值比例 (%)	Proportion of Local Government Expenditures to GDP (%)	17.16	25.90	31.24	55.05	61.21	58.44
地方财政收入相当于全年财政支出比例 (%)	Proportion of Local Government Revenue to Expenditures (%)	29.85	24.30	19.92	14.83	16.08	18.23
能源生产与消费	**Energy**						
能源生产弹性系数 (%)	Elasticity Ratio of Energy Production(%)		0.65	3.38	1.46	1.22	0.86
能源消费弹性系数 (%)	Elasticity Ratio of Energy Consumption(%)	1.25		1.84	0.61	0.86	0.78
每万元生产总值能耗 (吨标准煤)	Energy Consumption per 10 000 yuan of GDP (ton of SCE)	4.16	3.40	3.07	2.55	2.05	2.00
每万元工业增加值能耗(吨标准煤)	Energy Consumption per 10 000 yuan of Value-added to Gross Industrial Output Vaule (ton of SCE)		5.65	3.44	2.59	2.35	2.29

2-4 续表 1 Continued

指 标	Item	1995	2000	2005	2010	2012	2013
产 业	**Industry**						
农业	**Agriculture**						
农林牧渔业从业者人均农产品产量 (公斤)	Per Capita Farm Products Output of Employed Persons of Agriculture,Forestry,Animal Husbandry and Fishery (kg)						
粮 食	Grain Crops	854	577	724	843	883	889
油 料	Oil-bearing Crops	121	135	247	305	307	283
肉 类	Meat	139	146	203	228	265	278
水产品	Aquatic Products	2	1	1	1	4	5
每公顷播种面积农产品产量 (公斤)	Output of Farm Products Per Hectare (kg)						
粮 食	Grain Crops	2972	2563	3798	3717	3622	3656
油 料	Oil-bearing Crops	1083	1013	1968	2109	2142	2055
工业企业效益	**Economic Benefit of Industrial Enterprises**						
规模以上企业总资产贡献率(%)	Ratio of Total Assets to Industrial Output Value of Enterprises above Designated Size (%)		5.04	11.07	11.57	9.26	7.98
规模以上企业资产负债率 (%)	Assets-Liability Ratio of Enterprises above Designated Size (%)		71.67	67.54	63.74	65.73	67.36
规模以上企业流动资产周转次数 (次/年)	Turnover of Working Capital of Enterprises above Designated Size (times/year)	0.98	0.77	1.40	1.64	1.58	1.50
建筑业	**Construction**						
技术装备率 (元/人)	Rate of Technical Equipment (yuan/person)	4356	9153	14655	23068	16060	17080
产值利润率 (%)	Profit Rate of Output Value (%)		0.85	0.63	2.20	3.32	3.39
全员劳动生产率(按总产值计算) (元/人)	Overall Labor Productivity Calculated Based on Gross Output Value (yuan/person)	33406	42284	87203	221885	275036	313090
交通运输业	**Transportation**						
铁路网密度(公里/万平方公里)	Railway Density (km/10000 sq.km)	15.28	15.28	15.24	22.92	25.78	25.78
公路网密度(公里/万平方公里)	Highway Density (km/10000 sq.km)	239.21	259.43	412.76	862.24	915.00	972.22
铁路货运密度 (吨/公里)	Railway Density of Freight Transport (ton/km)	4836	7573	13245	19903	20388	20383
公路货运密度 (吨/公里)	Highway Density of Freight Transport (ton/km)	1676	2168	1848	1280	1470	1367
邮电通信业	**Post and Telecommunication Services**						
电话普及率(含移动电话) (部/百人)	Popularization Rate of Telephone (Include Mobile Phone (set/100 persons)	2.00	11.22	46.00	89.90	112.60	112.40
固定电话普及率	Popularization Rate of Fixed telephone	1.95	7.14	22.00	18.50	18.10	17.80
移动电话普及率	Popularization Rate of Mobile Phones	0.05	4.08	24.00	71.40	94.50	94.60
国内商业	**Domestic Trade**						
人均社会消费品零售额 (元)	Per Capita Retail Sales of Consumer Goods (yuan)	1480	1954	2967	6179	8341	9454
对外经济贸易	**Foreign Trade**						
进出口总额相当于生产总值比例 (%)	Proportion of Total Value of Imports and Exports to GDP (%)	8.20	5.03	6.23	3.89	3.91	4.13
国际旅游	**International Tourism**						
每一来青游客花费 (美元)	Expenditure per International Tourist in Qinghai (USD)	173	227	313	409	522	158

2-4 续表 2 Continued

指　标	Item	1995	2000	2005	2010	2012	2013
金融保险	**Finance Intermidiation and Insurance**						
金融机构存款相当于生产总值比例(%)	Bank Deposits as Percentage of GDP (%)	82.30	117.25	147.23	171.77	186.34	195.26
金融机构贷款相当于生产总值比例(%)	Bank Loans as Percentage of GDP(%)	134.03	138.69	128.04	134.97	147.43	161.74
教育、科技、文化	**Education, Science and Technology, Culture**						
教育	**Education**						
学龄儿童入学率(%)	Enrollment Ratio of Primary Schools (%)	87.4	94.2	97.0	99.6	99.7	99.7
小学毕业生升学率(%)	Promotion Rate from Primary Schools to Junior Secondary Schools(%)	86.5	88.7	97.3	95.6	90.6	91.9
初中毕业生升学率(%)	Promotion Rate from Junior Secondary Schools to Senior Secondary Schools(%)	52.5	66.4	74.6	86.5	86.1	91.7
平均每一专任教师负担学生数(人)	Average Number of Students for Each Full-time Teacher Burden(person)						
高等学校	Regular Institutions of Higher Education	5.2	6.3	11.3	14.4	15.4	16.9
普通中学	Regular Secondary Schools	12.4	13.5	16.3	14.9	14.0	13.4
小学学校	Primary Schools	16.7	18.2	18.4	19.5	19.1	17.5
科技	**Science and Technology**						
县以上研究与开发经费支出相当于生产总值比例(%)	R&D and Expenditures Above County Level as Percentage of GDP(%)	0.44	0.50	0.38	0.62	0.31	0.28
文化	**Culture**						
每百万人有艺术表演团体(个)	Number of Art Performance Troupes Per Million Persons(unit)	2.91	2.71	2.21	2.50	2.28	2.26
每百万人有公共图书馆(个)	Number of Public Libraries Per Million Persons(unit)	8.52	7.36	7.92	7.86	8.59	8.51
每百万人有博物馆(个)	Number of Museum Per Million Persons(unit)	1.67	2.71	2.76	3.21	3.86	3.82
家庭、生活、环境	**Family,People's Living Conditions and Environment**						
家庭	**Family**						
少儿抚养比(%)	Children Dependency Ratio(%)	41.70	39.15	34.52	28.74	27.92	28.39
老年抚养比(%)	Elderly Dependency Ratio(%)	5.25	6.65	8.65	8.66	9.16	10.63
生活	**People's Living Conditions**						
城镇与农村居民收入比例(以农村居民收入指数为1)	Income of Urban and Rural Residents Ratio (Income of Rural Residents Index=1)	3.28	3.47	3.72	3.59	3.27	3.15
卫生	**Health Care**						
每万人医疗机构数(个)	Number of Health Institutions per 10 000 Persons(unit)	1.23	1.12	1.04	1.31	1.34	1.34
每万人卫生技术人员数(人)	Number of Medical Technical Personnel per 10 000 Persons(person)	42.05	41.63	38.40	42.66	49.34	56.39
每万人医疗床位数(张)	Number of Beds in Health Institutions per 10 000 Persons(unit)	35.67	31.98	29.65	35.80	45.59	51.37
医疗机构病床使用率(%)	Beds Utilization Rate of Medical Organizations (%)	70.60	61.67	58.88	74.48	82.54	
市政建设	**Municipal Works**						
城市自来水普及率(%)	Percentage of Population with Access to Tap Water(%)	99.79	97.29	100.00	99.87	99.90	99.10
城市燃气普及率(%)	Percentage of City Population with Access to Gas(%)	2.57	48.88	64.00	90.79	92.70	84.80
人均拥有公共绿地面积(平方米)	Per Capita Public Green Areas (sq.m)	3.00	3.74	5.03	8.53	9.80	9.70
灾害	**Disaster**						
平均每起火灾损失(元)	The Average Loss per Fire (yuan)	9231	7090	4606	5708	13839	15787
平均每起交通事故损失(元)	The Average Loss per Traffic Accident (yuan)	4792	4224	4316	3237	4126	6058

2-5 2007年以来青海国民经济与社会发展主要指标完成情况

指　　标		Item		2007	2008
人口与就业		**Population and Employment**			
人　口		**Population**			
总人口	(万人)	Total Population	(10 000 persons)	551.6	554.3
人口自然增长率	(‰)	Natural Growth Rate	(‰)	8.80	8.35
少数民族	(万人)	Population of Ethnic Minorities	(10 000 persons)	257.0	259.0
少数民族占总人口比重	(%)	Percentage of Ethnic Minorities in Total Population	(%)	46.58	46.72
在总人口中城镇人口所占比重	(%)	Percentage of Urban Population in Total Population	(%)	40.07	40.86
就　业		**Employment**			
就业人员	(万人)	Employment Persons	(10 000 persons)	298.56	301.00
年末城镇登记失业率	(%)	Registration Unemployment in Urban Areas at Year-end	(%)	3.75	3.80
宏观经济		**Macro Economy**			
国民经济核算		**National Accounting**			
地区生产总值	(亿元)	Gross Domestic Product	(100 million yuan)	797.4	1018.6
第一产业		Primary Industry		83.4	105.6
第二产业		Secondary Industry		419.0	557.1
工业		Industry		344.5	468.6
建筑业		Construction		74.5	88.5
第三产业		Tertiary Industry		294.9	355.9
人均生产总值	(元)	Per Capita GDP	(yuan)	14507	18421
固定资产投资		**Investment in Fixed Assets**			
全社会固定资产投资	(亿元)	Total Investment in Fixed Assets in the Whole Country	(100 million yuan)	487.5	582.9
财　政		**National Government**			
公共财政预算收入	(亿元)	Public Budgete Revenue	(100 million yuan)	110.5	136.5
地方公共财政预算收入		Local Government Public Budgete Revenue		56.7	71.6
公共财政预算支出		Public Finance Budgete Expenditures		282.2	363.6
物　价(上年=100)		**Price Indices (preceding year=100)**			
居民消费价格指数		Consumer Price Index		106.6	110.1
产　业		**Industry**			
农村经济		**Rural Economy**			
农作物总播种面积	(千公顷)	Total Sown Areas of Farm Crops	(1 000 hectares)	516.7	513.6
主要农产品产量	(万吨)	Output of Major Farm Products	(10 000 tons)		
粮食		Grain		99.0	101.8
油料		Oil-bearing Crops		32.0	35.2
蔬菜及食用菌		Vegetables and Edible Fungis		98.3	110.1
牛奶		Cow Milk		25.0	25.3
肉类		Meat		24.3	25.5

Main Indicators on National Economic and Social Development Since 2007

2009	2010	2011	2012	2013	2008-2013 累计增长(%) Cumulative Growth Rate(%)	2008-2013 年均增长(%) Average Annual Growth Rate(%)
557.3	563.5	568.2	573.2	577.8	4.7	0.8
8.32	8.63	8.31	8.24	8.03		下降0. 77个千分点
261.1	264.7	266.9	269.3	271.5	5.6	1.1
46.85	46.98	46.98	46.98	46.98		上升0.4个百分点
41.90	44.72	46.22	47.44	48.51		上升8. 44个百分点
303.26	307.65	309.18	310.89	314.21	5.2	1.0
3.80	3.80	3.80	3.40	3.30		下降0. 45个百分点
1081.3	1350.4	1670.4	1893.5	2101.1	103.6	12.6
107.4	134.9	155.1	176.9	207.6	34.1	5.0
575.3	744.6	975.2	1092.3	1198.0	132.7	15.1
470.3	613.7	811.7	895.9	964.2	135.6	15.4
105.0	131.0	163.5	196.4	233.8	120.5	14.1
398.5	470.9	540.2	624.3	695.5	84.7	10.8
19454	24115	29522	33181	36510	94.5	11.7
800.5	1068.7	1434.3	1920.0	2403.9	累计投资8210.3亿元，年均增长30.5%	
166.5	205.0	270.4	319.7	368.6	233.5	22.2
87.7	110.2	151.8	186.4	223.9	294.8	25.7
486.7	743.4	967.4	1159.1	1227.9	335.1	27.8
102.6	105.4	106.1	103.1	103.9	35.3	5.2
514.1	526.8	540.1	554.2	555.8	7.6	1.2
102.7	102.0	103.4	101.5	102.4	3.4	0.6
36.6	36.9	36.1	35.2	32.6	1.7	0.3
118.9	134.4	143.6	158.8	158.9	61.7	8.3
25.3	26.2	27.0	27.6	27.6	10.3	1.6
26.9	28.3	28.8	30.5	32.0	31.6	4.7

2-5 续表

指　　标		Item		2007	2008
工　业(规模以上)		**Industry(Enterprises above Designated Size)**			
工业企业利润总额	(亿元)	Total Profits	(100 million yuan)	136.3	177.2
主要工业产品产量		Output of Major Industrial Products			
原油	(万吨)	Crude Oil	(10 000 tons)	220.7	220.3
原盐	(万吨)	Salt	(10 000 tons)	161.7	235.7
原煤	(万吨)	Coal	(10 000 tons)	896.1	1182.9
发电量	(亿千瓦时)	Electricity	(100 million kwh)	288.7	305.8
粗钢	(万吨)	Crude Steel	(10 000 tons)	114.7	115.1
电解铝	(万吨)	Electrolytic Aluminum	(10 000 tons)	94.7	102.4
水泥	(万吨)	Cement	(10 000 tons)	436.9	457.8
运输、邮电业		**Transport and Post**			
铁路营业里程	(公里)	Length of Railways in Operation	(km)	1651	1651
公路通车里程	(公里)	Length of Highways in Operation	(km)	52625	56642
民用航空航线里程	(公里)	Civil Aviation Routes	(km)	33264	32149
货运量	(万吨)	Total Freight Traffic	(10 000 tons)	8260	9318
客运量	(万人次)	Total Passenger Traffic	(10 000 person-time)	5655	9447
民用汽车保有量	(万辆)	Possession of Civil Vehicles	(10 000 units)	27.0	22.6
邮电业务总量	(亿元)	Business Volume of Postal and Telecommunication Services	(100 million yuan)	53.7	70.0
年末固定电话用户	(万户)	Number of Fixed Telephone Subscribers at Year-end	(10 000 households)	123.0	119.4
年末移动电话用户	(万户)	Number of Mobile Telephone Subscribers at Year-end	(10 000 households)	221.7	247.2
商　业		**Domestic Trade**			
社会消费品零售总额	(亿元)	Total Retail Sales of Comsumer Goods	(100 million yuan)	212.5	259.7
对外贸易		**Foreign Trade**			
海关进出口总额	(亿美元)	Total Value of Imports and Exports	(100 million USD)	6.1	6.9
出口	(亿美元)	Exports	(100 million USD)	3.9	4.2
金　融		**Financial Intermediation**			
金融机构人民币存款余额	(亿元)	Deposits of National Banking System	(100 million yuan)	1092.6	1383.7
金融机构人民币贷款余额	(亿元)	Loans of National Banking System	(100 million yuan)	873.1	1025.6
居　住		**Housing**			
城镇居民人均住房建筑面积	(平方米)	Per Capita Gross Living Space in Cities	(sq.m)	18.6	24.8
农村居民人均居住面积	(平方米)	Per Capita Net Floor Space of Rural Residents	(sq.m)	19.3	19.8
生　活		**People's Living Conditions**			
城镇居民人均可支配收入	(元)	Per Capita Annual Disposable Income of Urban Households	(yuan)	10276	11648
农牧民人均纯收入	(元)	Per Capita Net Income of Rural Households	(yuan)	2684	3061
城镇居民恩格尔系数	(%)	Engle's Coefficient of Urban Households	(%)	37.3	40.4
农村居民恩格尔系数	(%)	Engle's Coefficient of Rural Households	(%)	44.4	43.6
城乡居民人均年末人民币储蓄存款余额	(元)	Outstanding Amount of RMB Saving Deposits in Urban and Rural Areas	(yuan)	8528	11039

注：城镇居民人均住房建筑面积在2007年(含本年)之前统计口径为人均住房使用面积，故不可比。

Continued

2009	2010	2011	2012	2013	2008-2013 累计增长(%) Cumulative Growth Rate(%)	2008-2013 年均增长(%) Average Annual Growth Rate(%)
100.0	180.7	222.8	168.9	148.8	9.2	1.5
186.4	186.1	195.0	205.0	215.0	-2.6	-0.4
70.7	123.8	152.9	177.0	261.0	61.4	8.3
1283.6	1863.2	1961.0	2460.0	3020.0	237.0	22.4
360.5	457.1	437.0	556.0	566.0	96.1	11.9
126.7	137.3	139.5	141.0	148.0	29.0	4.3
91.0	146.8	169.2	203.0	224.0	136.6	15.4
610.0	811.1	1043.0	1371.0	1786.0	308.8	26.5
1651	1651	1856	1856	1856	12.4	2.0
60136	62185	64280	65988	70117	33.2	4.9
31562	32062	37612	50273	62820	88.9	11.2
10057	11426	12772	13680	13576	64.4	8.6
10101	10997	11930	12830	4957	-12.3	-2.2
26.9	33.7	42.6	51.7	61.2	126.6	14.6
91.7	122.1	48.0	56.9	60.3	261.6	23.9
109.3	103.2	104.2	102.5	101.8	-17.2	-3.1
310.7	397.8	461.8	537.2	542.4	144.7	16.1
300.5	346.0	404.9	476.0	544.1	161.5	17.4
5.9	7.9	9.2	11.6	14.0	129.2	14.8
2.5	4.7	6.6	7.3	8.5	119.5	14.0
1785.8	2319.6	2825.8	3528.4	4102.5	275.5	24.7
1399.0	1822.7	2231.5	2791.7	3398.2	289.2	25.4
25.8	25.9	26.0	26.1	33.0		
20.3	21.4	27.3	30.9	24.2		
12692	13855	15603	17566	19499	89.7	11.3
3346	3863	4608	5364	6196	130.9	15.0
40.3	39.4	38.9	37.8	35.3	下降2.0个百分点	
38.1	39.6	37.8	34.8	30.9	下降13.5个百分点	
12798	15504	18366	22347	26138	206.5	20.5

a) Befor 2007 (include 2007), the Data of Per Capita Gross Living Space in Cities was per capita use area of urban residents. The two are not comparable.

2-6 主要年份平均每天主要社会经济活动
Selected Indicators on Average Daliy Social and Economic Activities in Main Years

指　标	Item	2000	2005	2010	2012	2013
每天创造的财富	**The Wealth Created Each Day**					
生产总值(万元)	Gross Regional Product(10 000 yuan)	7222	14882	36998	51878	57563
第一产业	Primary Industry	1056	1720	3696	4847	5687
第二产业	Secondary Industry	3123	7250	20401	29927	32822
工业	Industry	2207	5587	16812	24545	26417
建筑业	Construction	916	1662	3589	5382	6405
第三产业	Tertiary Industry	3043	5912	12901	17104	19054
交通运输仓储和邮电通信业	Transport, Storage and Post	479	873	1678	1969	2034
批发和零售贸易住宿餐饮业	Wholesale and Retail Trades, Hotels and Catering Services	585	1170	2678	3584	4102
地方财政收入(万元)	Local Government Revenue(10 000 yuan)	454	927	3020	5107	6133
财政支出(万元)	Government Expenditures(10 000 yuan)	1870	4651	20367	31755	33641
粮　食(吨)	Grain Crops(ton)	2266	2555	2795	2781	2810
油　料(吨)	Oil-bearing Crops(ton)	512	873	1011	965	892
肉　类(吨)	Meat(ton)	571	706	754	835	876
牛肉	Beef	174	204	232	262	282
羊肉	Muttom	192	251	248	285	288
牛　奶(吨)	Cow Milk(ton)	565	647	718	755	755
羊　毛(吨)	Wool(ton)	45	48	49	52	53
原　煤(吨)	Coal(ton)	3972	15205	51041	67397	82740
发电量(万千瓦时)	Electricity(10 000 kwh)	3671	5836	12521	15233	15507
原　油(吨)	Crude Oil(ton)	5480	6055	5096	5616	5890
钢　材(吨)	Rolled Steel(ton)	986	1315	3781	3808	3589
原　盐(吨)	Salt(ton)	1863	3069	3397	4849	7151
水　泥(吨)	Cement(ton)	3397	10164	22219	37562	48932
每天消费量	**Daily Consumption**					
最终消费(万元)	Final Consumption(10 000 yuan)	4141	9883	19600	27325	28726
居民消费	People's Consumption	3000	5761	11098	16087	19029
农村居民	Rural	1308	1758	3204	5084	5703
城镇居民	Urban	1692	4004	7894	11003	13326
政府消费	Government Consumption	1141	4121	8502	11238	9696
能源消费量(万吨标准煤)	Consumption of Energy(10 000 tons of SCE)	2.46	4.58	7.04	12.82	10.47
社会消费品零售总额(万元)	Retail Sales of Consumer Goods(10 000 yuan)	2747	4398	9480	13041	14906
每天其他经济活动	**Other Economic Activities**					
资本形成总额(万元)	Gross Capital Formation(10 000 yuan)	4397	10117	29781	47103	69074
固定资本形成	Gross Fixed Capital Formation	4301	9975	28983	51937	66312
存货增加	Changes in Inventories	96	142	798	-4834	2762
城镇新建住宅面积(万平方米)	New Residential Area of Urban(10 000 sq.m)	0.14	0.20	0.66	1.02	1.30
农民个人新建住宅面积(万平方米)	New Residential Area of Individual Farmers (10 000 sq.m)	0.54	0.55	1.81	1.82	1.82
货运量(万吨)	Freight Traffic(10 000 tons)	13.91	19.59	31.30	36.94	37.19
客运量(万人)	Passenger Traffic(10 000 person)	9.90	13.48	30.13	35.15	13.58
邮电业务总量(万元)	Bussiness Volume of Postal and Telecommunication Services(10 000 yuan)	134.74	861.18	3346.10	1559.13	1651.39
进出口总额(万美元)	Total Value of Imports and Exports(10 000 USD)	43.83	113.25	216.18	317.85	384.26
出口总额	Total Exports	30.68	88.56	127.75	199.96	232.13
进口总额	Total Imports	13.15	24.70	88.43	117.90	152.14
利用外资合同金额(万美元)	Total Amount of Contracted Foreign Investment (10 000 USD)	30.19	97.43	86.73	101.65	45.89
国际旅游者人数(人次)	Number of International Tourists	82	110	137	1288	1288
居民新增储蓄额(万元)	Residents of New Savings(10 000 yuan)	444	1349	5190	6349	6271
每天人口变动	**Daily Population Changes**					
出　生(人)	Birth(person)	271	233	229	224	223
死　亡(人)	Death(person)	86	92	132	95	97

2-7 主要年份人均主要工农业产品产量

Per Capita Output of Major Industrial and Agricultural Products in Main Years

单位：千克 (kg)

年份 Year	粮食 Grain	油料 Oil-bearing	水果 Fruits	牛奶 Cow Milk	肉类 Meat	牛羊肉 Beef and Mutton	羊毛 Woll	水产品 Aquatic Products
1978	250.3	12.5	1.8	34.7	16.6		4.5	0.9
1980	255.3	18.9	2.0	30.9	22.7	17.3	4.6	0.9
1981	210.3	16.7	2.7	32.3	22.2	15.9	4.5	0.8
1982	239.4	19.0	3.5	32.1	22.5	16.7	4.4	0.7
1983	246.7	18.4	3.0	33.2	23.0	17.4	4.1	1.0
1984	261.0	19.2	4.5	34.0	24.3	18.2	4.0	1.0
1985	248.0	24.5	4.9	38.2	27.6	20.2	3.8	1.1
1986	237.4	25.0	4.7	37.4	27.8	19.7	3.6	1.1
1987	245.3	24.4	5.0	41.2	26.8	18.4	3.6	0.5
1988	245.5	24.2	6.0	42.1	27.6	18.5	3.4	0.6
1989	253.5	24.1	5.2	45.3	28.8	18.7	3.5	0.6
1990	258.1	27.1	5.0	45.4	34.6	24.2	4.0	0.8
1991	254.2	29.3	4.7	45.1	34.9	24.1	4.0	0.9
1992	258.8	30.7	5.7	45.5	35.7	25.1	4.0	0.9
1993	255.7	31.7	5.9	40.7	34.3	23.6	3.8	0.8
1994	248.4	39.2	5.5	41.2	37.9	26.2	3.8	0.8
1995	239.1	27.1	5.6	41.9	38.5	26.0	3.7	0.5
1996	255.4	35.3	6.0	37.4	38.6	26.2	3.4	0.5
1997	259.2	37.3	5.5	37.8	40.3	26.8	3.3	0.4
1998	256.8	42.1	5.0	39.8	41.1	26.7	3.3	0.3
1999	204.6	56.3	4.8	37.6	39.8	25.1	3.1	0.3
2000	161.1	37.8	4.4	40.2	40.6	26.0	3.2	0.2
2001	198.5	44.2	3.3	41.7	42.5	28.1	3.2	0.4
2002	173.6	44.5	3.1	41.9	43.3	28.6	3.2	0.3
2003	163.4	49.3	2.7	41.6	44.6	29.4	3.3	0.2
2004	165.0	53.9	2.7	42.4	46.3	30.1	3.3	0.2
2005	172.4	58.1	2.7	43.7	47.6	30.7	3.3	0.2
2006	182.8	44.7	2.4	43.6	44.8	29.3	3.2	0.4
2007	180.2	58.3	2.5	45.5	44.3	29.1	2.8	0.3
2008	184.1	63.7	2.4	45.7	46.2	28.8	2.8	0.4
2009	184.8	65.9	2.6	45.5	48.4	30.4	2.8	0.1
2010	182.6	65.9	2.6	46.8	49.1	31.3	3.2	0.3
2011	182.7	63.7	2.4	47.6	51.0	32.9	3.4	0.6
2012	177.9	61.7	2.5	48.3	53.4	35.0	3.4	0.8
2013	177.9	56.6	2.3	47.9	55.6	36.2	3.4	1.0

2-7 续表 Continued

单位：千克 (kg)

年 份 Year	原 盐 Salt	农用化肥 Chemical Fertilizers	原 煤 Coal	铝 Aluminum	原 油 Crude Petroleum Oil	发电量 (千瓦小时) Electricity (kwh)	钢 Steel	水 泥 Cement
1978	108.0	33.7	679		37.8	180.7	50.4	50.5
1980	80.8	19.0	670		40.2	219.6	47.9	79.7
1981	33.7	29.3	504		44.0	203.5	45.7	57.2
1982	66.6	28.7	535		44.6	202.5	47.0	72.4
1983	65.2	29.3	558		44.7	196.1	48.7	93.2
1984	85.9	30.7	602		46.6	206.0	49.9	106.9
1985	90.2	6.1	685		49.4	281.3	51.7	119.7
1986	165.6	8.0	657		84.5	353.4	54.3	118.3
1987	338.2	9.8	645		42.1	526.5	56.7	115.9
1988	256.3	11.9	622	5.4	148.5	1063.8	67.9	125.0
1989	280.4	12.9	691	7.3	165.8	1331.2	71.2	123.5
1990	235.0	14.8	721	10.3	182.5	1591.1	72.7	115.8
1991	315.6	21.9	636	13.0	226.2	1326.2	80.4	128.1
1992	201.4	26.9	616	15.3	230.4	1088.5	83.5	154.0
1993	208.8	25.2	498	19.8	233.7	1466.7	92.4	167.0
1994	197.1	33.3	561	24.3	240.4	1554.6	97.5	133.9
1995	159.4	43.8	582	24.0	254.9	1265.1	74.4	133.6
1996	140.8	32.1	613	25.9	289.0	1273.7	84.0	157.0
1997	32.4	39.2	669	37.8	325.6	1712.6	87.7	160.8
1998	78.7	63.7	641	47.2	352.8	2013.0	87.2	206.3
1999	96.6	82.1	423	51.9	374.5	2258.4	88.2	230.6
2000	131.8	130.7	283	55.2	389.7	2607.0	83.6	241.1
2001	148.3	153.0	445	56.8	396.4	2650.4	85.2	319.4
2002	118.3	145.6	475	66.0	407.0	2652.6	79.4	502.0
2003	124.9	182.3	585	75.4	414.2	2437.5	89.9	577.9
2004	147.3	277.4	766	105.2	414.1	3134.0	88.1	636.0
2005	207.1	294.0	1026	123.9	408.6	3937.9	94.3	685.9
2006	262.2	375.9	1085	150.3	408.8	5078.4	146.7	680.2
2007	294.7	445.7	1630	172.8	402.1	5403.4	209.2	795.1
2008	426.8	446.9	2139	184.5	397.9	5534.0	208.0	828.3
2009	127.7	492.3	2310	163.7	334.7	6495.1	224.9	1097.5
2010	221.3	558.6	3325	262.3	331.9	8155.1	244.5	1447.2
2011	270.4	471.5	3466	298.7	344.6	7723.3	249.2	1843.3
2012	310.2	625.6	4311	355.7	359.2	9742.9	247.1	2402.4
2013	396.2	717.7	5248	389.2	373.6	9835.3	227.6	3103.5

2-8 主要年份总产出
Gross Output in Main Years

按当年价格计算

Data in this table are calculated at current prices

单位：亿元 (100 million yuan)

年份 Year 地区 Region	总产出 Total Output	第一产业 Primary Industry	第二产业 Secondary Industry	工业 Industry	建筑业 Construction	第三产业 Tertiary Industry
1952	2.39	1.61	0.32	0.26	0.06	0.46
1957	6.96	2.80	2.50	1.27	1.23	1.66
1965	9.93	4.16	3.41	2.42	0.99	2.36
1970	14.96	4.37	7.28	4.74	2.54	3.31
1975	23.96	5.63	13.35	10.16	3.19	4.98
1978	32.06	5.99	19.54	13.56	5.98	6.53
1980	37.18	7.77	21.51	14.33	7.18	7.90
1981	34.75	7.30	18.85	12.25	6.60	8.60
1982	37.84	8.36	22.71	14.73	7.98	6.77
1983	43.34	8.67	24.14	15.37	8.77	10.53
1984	50.22	10.48	27.55	17.92	9.63	12.19
1985	62.18	12.25	35.27	22.65	12.62	14.66
1986	71.17	14.11	39.49	26.79	12.70	17.57
1987	81.13	15.94	45.11	31.30	13.81	20.08
1988	101.76	19.49	59.08	42.51	16.57	23.19
1989	123.31	21.60	68.76	54.18	14.58	32.95
1990	144.62	24.53	71.29	55.25	16.04	48.80
1991	155.73	25.24	78.08	60.51	17.57	52.41
1992	183.24	28.03	95.07	68.22	26.85	60.14
1993	235.33	31.99	126.62	92.76	33.86	76.72
1994	295.40	45.99	155.88	123.49	32.38	93.53
1995	350.97	56.44	181.35	143.21	38.14	113.19
1996	392.40	57.68	199.48	147.68	51.80	135.23
1997	446.96	60.85	242.05	174.94	67.11	144.06
1998	502.96	62.87	283.07	196.81	86.26	157.03
1999	544.05	61.39	309.48	209.88	99.60	173.18
2000	621.44	59.51	362.94	240.08	122.86	198.99
2001	701.50	66.39	402.93	243.48	159.45	232.18
2002	814.12	69.34	482.26	270.61	211.65	262.53
2003	954.90	71.77	584.00	329.78	254.22	299.13
2004	1130.85	86.65	704.50	422.80	281.70	339.70
2005	1314.62	94.04	829.50	536.09	293.41	391.08
2006	1524.79	97.64	977.39	696.40	280.99	449.76
2007	1868.88	121.26	1212.88	927.57	285.31	534.74
2008	2365.80	153.40	1568.47	1260.92	307.55	643.93
2009	2465.21	157.30	1581.64	1216.82	364.82	726.27
2010	3187.75	201.30	2127.85	1653.61	474.24	858.60
2011	3927.87	230.82	2673.44	2081.64	591.80	1023.61
2012	4429.02	263.86	3015.37	2287.79	727.58	1149.79
2013	4935.78	310.30	3318.65	2452.81	865.84	1306.83
西宁市 Xining City	2566.49	66.61	1799.53	1449.12	350.41	700.35
海东市 Haidong City	775.93	85.21	524.18	392.58	131.60	166.54
海北州 Haibei Zang A.P	222.43	23.76	149.80	114.92	34.88	48.87
黄南州 Huangnan Zang A.P	139.55	23.46	84.45	35.43	49.02	31.64
海南州 Hainan Zang A.P	259.62	41.47	173.71	90.82	82.89	44.44
果洛州 Golog Zang A.P	52.48	6.70	31.23	12.52	18.71	14.55
玉树州 Yushu Zang A.P	120.41	24.49	72.17	0.48	71.69	23.75
海西州 Haixi Mongolian & Zang A.P	1470.88	33.90	1257.66	843.64	414.02	179.32

注：1.1992—2004年、2005—2008年数据分别根据第一次和第二次经济普查数据进行调整和修订。
2.1990—1993年的总产出依据第三产业普查作了统一调整。
3.1997年工业总产出等于按新口径计算工业总产值加销项税。
4.2006年第一产业数据根据农业普查数据进行了调整。

a) Data in 1992-2004 and 2005-2008 were adjusted and revised based on the first and the second economic census data separately.
b) The total output in 1990-1993 were made a uniform adjustment based on the census of tertiary industry.
c) Industrial output in 1997 equaled to the total industrial output value calculated with new caliber added output tax.
d) Data on the primary industry in 2006 were adjusted according to the agricultural census data.

2-9 主要年份总产出指数
Indices of Gross Output in Main Years

以上年为100

preceding year=100

单位：%

(%)

年 份	Year	总产出	第一产业	第二产业			第三产业
地 区	Region	Total Output	Primary Industry	Secondary Industry	工 业 Industry	建筑业 Construction	Tertiary Industry
1952		100.00	100.00	100.00	100.00	100.00	100.00
1957		91.26	100.31	70.97	104.01	57.83	122.58
1965		109.47	111.00	103.78	129.21	137.64	115.89
1970		118.56	100.02	131.31	142.33	123.41	105.56
1975		114.41	99.12	121.92	115.65	132.09	104.70
1978		123.27	99.38	129.77	116.26	146.96	117.81
1980		99.83	111.02	95.95	97.48	94.74	111.38
1981		91.77	93.05	89.05	85.46	91.99	102.63
1982		117.48	107.80	120.05	119.00	120.84	113.94
1983		108.27	102.48	106.25	101.39	109.88	119.60
1984		119.47	108.94	111.61	114.23	109.81	117.75
1985		106.89	111.11	106.77	119.72	97.48	105.32
1986		102.72	104.68	101.60	111.33	93.03	105.27
1987		106.82	103.86	106.54	113.01	99.73	109.26
1988		109.16	100.27	112.30	120.57	102.41	103.43
1989		95.69	102.43	96.34	108.09	79.82	93.71
1990		116.52	104.86	102.07	103.17	99.96	173.17
1991		107.95	102.34	99.98	105.74	88.65	126.19
1992		113.60	104.10	113.70	105.30	133.50	115.70
1993		107.29	100.18	110.00	113.47	103.27	106.98
1994		106.41	103.60	105.06	112.70	88.80	110.10
1995		107.97	99.80	109.38	109.00	110.40	109.80
1996		111.12	103.90	114.31	109.70	126.60	109.40
1997		110.82	105.70	113.46	110.50	120.30	108.70
1998		111.61	104.50	115.36	110.20	126.30	108.20
1999		108.45	100.20	110.36	109.90	111.20	108.30
2000		109.54	97.40	109.56	105.60	116.80	114.00
2001		113.07	105.40	115.28	109.40	125.00	111.60
2002		112.38	103.40	114.50	108.90	122.60	111.20
2003		113.35	97.80	117.52	120.10	114.20	109.80
2004		111.93	103.80	113.58	120.30	104.50	110.60
2005		114.35	105.53	117.54	127.51	102.01	109.78
2006		110.91	103.73	111.28	118.59	97.91	111.85
2007		113.20	104.76	113.95	119.52	101.63	113.49
2008		112.93	104.26	114.31	119.66	100.38	111.81
2009		110.92	105.77	111.31	110.66	113.62	110.39
2010		119.51	106.62	123.30	123.01	124.17	113.61
2011		115.81	104.81	117.58	117.04	119.47	113.98
2012		113.73	115.35	114.96	113.57	119.70	110.25
2013		110.82	104.06	110.71	108.87	116.67	112.64
西宁市	Xining City	115.13	105.09	117.88	118.32	116.01	109.74
海东市	Haidong City	122.70	106.26	130.31	126.88	140.55	112.19
海北州	Haibei Zang A.P	117.09	118.72	118.35	113.92	136.44	112.84
黄南州	Huangnan Zang A.P	114.84	103.96	119.31	114.16	123.96	110.57
海南州	Hainan Zang A.P	109.42	106.43	110.07	101.83	118.83	109.53
果洛州	Golog Zang A.P	108.40	102.93	109.29	97.27	120.50	108.94
玉树州	Yushu Zang A.P	114.09	102.70	120.04	119.20	119.20	110.03
海西州	Haixi Mongolian & Zang A.P	114.81	124.36	115.28	114.60	118.61	110.91

注：1.1995年工业指数与工业普查数有差距。
2.1992-2004年、2005-2008年数据分别根据第一次和第二次经济普查数据进行调整和修订。
3.2006年第一产业数据根据农业普查数据进行了调整。

a) There is a gap between the industrial indices in 1995 and the data of industrial census.
b) Data in 1992-2004 and 2005-2008 were adjusted and revised based on the first and the second economic census data separately.
c) Data on the primary industry in 2006 were adjusted according to agricultural census data.

2-10 主要年份总产出指数

Indices of Gross Output in Main Years

以1952年为100

year of 1952=100

单位：% (%)

年份 Year	总产出 Total Output	第一产业 Primary Industry	第二产业 Secondary Industry	工业 Industry	建筑业 Construction	第三产业 Tertiary Industry
1952	100.00	100.00	100.00	100.00	100.00	100.00
1957	282.38	147.46	659.48	386.33	1333.53	513.51
1965	374.18	187.14	921.11	789.04	2162.28	670.27
1970	717.21	196.56	2847.38	1805.23	5392.36	924.32
1975	1089.75	252.60	4669.44	3839.48	6677.47	1264.86
1978	1541.39	267.56	7165.41	5037.37	12347.61	1627.03
1980	1683.20	285.25	7782.74	4903.07	14814.51	1851.35
1981	1544.67	265.42	6930.53	4190.16	13627.87	1900.00
1982	1814.76	286.13	8320.10	4986.29	16467.91	2164.84
1983	1964.75	293.22	8840.10	5055.60	18094.94	2589.19
1984	2211.48	319.44	9866.44	5775.01	19870.06	3048.64
1985	2363.93	354.93	10534.40	6913.85	19369.33	3210.81
1986	2428.28	371.54	10702.95	7697.18	18019.29	3386.49
1987	2593.85	385.88	11402.93	8698.59	17970.64	3700.00
1988	2831.56	386.92	12805.49	10487.79	18403.72	3827.03
1989	2728.69	396.32	12336.81	11336.25	14689.85	3586.49
1990	3179.47	415.58	12592.17	11695.61	14683.97	6210.81
1991	3432.22	425.30	12589.65	12366.94	13017.34	7837.84
1992	3899.00	442.74	14314.43	13022.39	17378.15	9068.38
1993	4183.40	443.53	15745.44	14776.50	17946.41	9701.35
1994	4451.55	459.50	16542.14	16653.12	15936.42	10681.19
1995	4806.20	458.58	18093.51	18151.90	17593.80	11727.95
1996	5340.67	476.47	20682.50	19912.63	22273.75	12830.37
1997	5918.38	503.63	23466.37	22003.46	26795.33	13946.62
1998	6605.55	526.29	27069.88	24247.81	33842.50	15090.24
1999	7163.59	527.34	29873.19	26648.35	37632.86	16342.73
2000	7846.69	513.63	32728.22	28140.66	43955.18	18630.71
2001	8872.56	541.37	37727.83	30785.88	54943.97	20791.87
2002	9971.21	559.77	43196.76	33525.82	67361.31	23120.56
2003	11301.97	547.46	50764.65	40264.51	76926.62	25386.38
2004	12650.15	568.26	57660.98	48438.21	80388.31	28077.34
2005	14465.45	599.68	67774.72	61765.82	82004.12	30822.40
2006	16043.53	622.06	75418.27	73249.34	80293.66	34475.05
2007	18160.81	651.69	85938.67	87544.11	81604.45	39125.41
2008	20509.09	679.46	98232.89	104751.53	81917.47	43744.26
2009	22748.69	718.66	109343.03	115918.05	93074.63	48289.29
2010	27186.96	766.24	134819.96	142590.79	115570.77	54861.46
2011	31485.22	803.10	158521.31	166888.26	138072.40	62531.09
2012	35808.14	926.38	182236.10	189535.00	165272.66	68940.53
2013	39682.58	1026.61	201954.05	210042.69	183155.16	76399.90

注：1.1992—2004年、2005—2008年数据分别根据第一次和第二次经济普查数据进行调整和修订。
2.2006年第一产业数据根据农业普查数据进行了调整。

a) Data in 1992-2004 and 2005-2008 were adjusted and revised based on the first and the second economic census data separately.

b) Data on the primary industry in 2006 were adjusted according to the agricultural census data.

2-11 主要年份生产总值
Gross Domestic Product in Main Years

按当年价格计算

Data in this table are calculated at current prices

单位：亿元 (100 million yuan)

年 份 Year 地 区 Region		生产总值 Gross Domestic Product	第一产业 Primary Industry	第二产业 Secondary Industry	工 业 Industry	建筑业 Construction	第三产业 Tertiary Industry	人均生产总值(元) Per Capita GDP (yuan)
1952		1.63	1.20	0.12	0.10	0.02	0.31	101
1957		3.95	2.13	0.78	0.40	0.38	1.04	193
1965		6.14	3.36	1.28	0.96	0.32	1.50	271
1970		8.15	3.36	2.79	2.02	0.77	2.00	303
1975		12.42	4.64	4.76	3.78	0.98	3.02	371
1978		15.54	3.67	7.71	5.57	2.14	4.16	428
1980		17.79	5.00	7.83	5.67	2.16	4.96	473
1981		17.49	4.63	7.23	5.21	2.02	5.63	459
1982		19.95	5.56	8.03	5.62	2.41	6.36	513
1983		22.45	5.90	8.98	6.38	2.60	7.57	569
1984		26.42	7.35	10.15	7.19	2.96	8.92	662
1985		33.01	8.64	13.39	8.90	4.49	10.98	808
1986		38.44	10.47	15.40	11.06	4.34	12.57	916
1987		43.38	11.74	16.61	12.09	4.52	15.03	1018
1988		54.96	14.36	23.30	17.33	5.97	17.30	1260
1989		60.37	15.73	25.29	20.07	5.22	19.35	1365
1990		69.94	17.67	26.89	21.23	5.66	25.38	1558
1991		75.10	17.96	29.84	23.49	6.35	27.30	1647
1992		87.52	19.90	36.31	26.69	9.62	31.31	1912
1993		109.68	22.21	48.13	36.67	11.46	39.34	2364
1994		138.40	32.40	57.78	46.13	11.65	48.22	2942
1995		167.80	39.62	64.58	51.62	12.96	63.60	3513
1996		184.17	40.41	70.00	53.27	16.73	73.76	3799
1997		202.79	41.80	76.63	56.90	19.73	84.36	4122
1998		220.92	42.94	85.44	62.40	23.04	92.54	4426
1999		239.38	42.03	94.03	68.63	25.40	103.32	4728
2000		263.68	40.12	108.83	78.80	30.03	114.73	5138
2001		300.13	44.74	125.09	87.02	38.07	130.30	5774
2002		340.65	47.31	144.51	97.48	47.03	148.83	6478
2003		390.20	48.47	171.92	117.18	54.74	169.81	7346
2004		466.10	60.70	211.70	153.50	58.20	193.70	8693
2005		543.32	65.34	264.61	203.94	60.67	213.37	10045
2006		648.50	67.55	331.91	265.12	66.79	249.04	11889
2007		797.35	83.41	419.03	344.52	74.51	294.91	14507
2008		1018.62	105.57	557.12	468.60	88.52	355.93	18421
2009		1081.27	107.40	575.33	470.33	105.00	398.54	19454
2010		1350.43	134.92	744.63	613.65	130.98	470.88	24115
2011		1670.44	155.08	975.18	811.73	163.45	540.18	29522
2012		1893.54	176.91	1092.34	895.89	196.45	624.29	33181
2013		2101.05	207.59	1198.01	964.23	233.78	695.45	36510
西宁市	Xining City	978.53	36.10	514.50	440.75	73.75	427.93	43346
海东市	Haidong City	337.02	52.12	177.05	137.85	39.20	107.85	23653
海北州	Haibei Zang A.P	112.25	16.65	67.85	53.90	13.95	27.75	38545
黄南州	Huangnan Zang A.P	66.47	19.19	24.95	17.26	7.69	22.33	25360
海南州	Hainan Zang A.P	117.12	29.35	57.32	36.36	20.96	30.45	25893
果洛州	Golog Zang A.P	32.07	5.65	14.97	8.09	6.88	11.45	17090
玉树州	Yushu Zang A.P	54.68	25.65	19.65	0.48	19.17	9.38	13849
海西州	Haixi Mongolian & Zang A.P	609.72	22.10	490.43	445.72	44.71	97.19	122114

注：1.1992-2004年、2006-2008年数据分别根据第一次和第二次经济普查数据进行调整和修订。
2.2006年第一产业数据根据农业普查数据进行了调整。

a) Data in 1992-2004 and 2006-2008 were adjusted and revised based on the first and the second economic census data separately.

b) Data on the primary industry in 2006 were adjusted according to the agricultural census data.

2-12 主要年份生产总值构成

Composition of Gross Domestic Product in Main Years

按当年价格计算

Data in this table are calculated at current prices

单位：% (%)

年 份 Year / 地 区 Region	生产总值 Gross Domestic Product	第一产业 Primary Industry	第二产业 Secondary Industry	工 业 Industry	建筑业 Construction	第三产业 Tertiary Industry
1952	100.0	73.6	7.4	6.2	1.2	19.0
1957	100.0	53.9	19.7	10.1	9.6	26.4
1965	100.0	54.7	20.8	15.6	5.2	24.5
1970	100.0	41.2	34.2	24.8	9.4	24.6
1975	100.0	37.4	38.3	30.4	7.9	24.3
1978	100.0	23.6	49.6	35.8	13.8	26.8
1980	100.0	28.1	44.0	31.9	12.1	27.9
1981	100.0	26.5	41.3	29.8	11.5	32.2
1982	100.0	27.9	40.3	28.2	12.1	31.8
1983	100.0	26.3	40.0	28.4	11.6	33.7
1984	100.0	27.8	38.4	27.2	11.2	33.8
1985	100.0	26.2	40.6	27.0	13.6	33.2
1986	100.0	27.2	40.1	28.8	11.3	32.7
1987	100.0	27.1	38.3	27.9	10.4	34.6
1988	100.0	26.1	42.4	31.5	10.9	31.5
1989	100.0	26.1	41.9	33.2	8.6	32.0
1990	100.0	25.3	38.4	30.4	8.0	36.3
1991	100.0	23.9	39.7	31.3	8.4	36.4
1992	100.0	22.7	41.5	30.5	11.0	35.8
1993	100.0	20.3	43.9	33.4	10.5	35.9
1994	100.0	23.4	41.7	33.3	8.4	34.8
1995	100.0	23.6	38.5	30.8	7.7	37.9
1996	100.0	21.9	38.0	28.9	9.1	40.0
1997	100.0	20.6	37.8	28.1	9.7	41.6
1998	100.0	19.4	38.7	28.2	10.4	41.9
1999	100.0	17.6	39.3	28.7	10.6	43.2
2000	100.0	15.2	41.3	29.9	11.4	43.5
2001	100.0	14.9	41.7	29.0	12.7	43.4
2002	100.0	13.9	42.4	28.6	13.8	43.7
2003	100.0	12.4	44.1	30.0	14.0	43.5
2004	100.0	13.0	45.4	32.9	12.5	41.6
2005	100.0	12.0	48.7	37.5	11.2	39.3
2006	100.0	10.4	51.2	40.9	10.3	38.4
2007	100.0	10.5	52.5	43.2	9.3	37.0
2008	100.0	10.4	54.7	46.0	8.7	34.9
2009	100.0	9.9	53.2	43.5	9.7	36.9
2010	100.0	10.0	55.1	45.4	9.7	34.9
2011	100.0	9.3	58.4	48.6	9.8	32.3
2012	100.0	9.3	57.7	47.3	10.4	33.0
2013	100.0	9.9	57.0	45.9	11.1	33.1
西宁市 Xining City	100.0	3.7	52.6	45.1	7.5	43.7
海东市 Haidong City	100.0	15.5	52.5	40.9	11.6	32.0
海北州 Haibei Zang A.P	100.0	14.8	60.5	48.0	12.5	24.7
黄南州 Huangnan Zang A.P	100.0	28.9	37.5	25.9	11.6	33.6
海南州 Hainan Zang A.P	100.0	25.1	48.9	31.0	17.9	26.0
果洛州 Golog Zang A.P	100.0	17.6	46.7	25.2	21.5	35.7
玉树州 Yushu Zang A.P	100.0	46.9	35.9	0.9	35.0	17.2
海西州 Haixi Mongolian & Zang A.P	100.0	3.6	80.5	73.1	7.4	15.9

注：1.1992—2004年、2006—2008年数据分别根据第一次和第二次经济普查数据进行调整和修订。

2.2006年第一产业数据根据农业普查数据进行了调整。

a) Data in 1992-2004 and 2006-2008 were adjusted and revised based on the first and the second economic census data separately.

b) Data on the primary industry in 2006 were adjusted according to the agricultural census data.

2-13 主要年份生产总值指数
Indices of Gross Domestic Product in Main Years

按可比价格计算

Data in this table are calculated at constant prices

(1952=100) (year of 1952=100)

年 份 Year	生产总值 Gross Domestic Product	第一产业 Primary Industry	第二产业 Secondary Industry	工 业 Industry	建筑业 Construction	第三产业 Tertiary Industry	人 均 生产总值 Per Capita GDP
1952	100.00	100.00	100.00	100.00	100.00	100.00	100.00
1957	216.67	151.20	591.67	330.00	1900.00	335.48	172.86
1965	312.26	203.62	1001.62	847.14	1600.00	493.60	224.87
1970	445.69	203.60	2460.10	2111.84	3848.76	689.74	260.14
1975	665.06	278.85	4075.30	3639.41	4899.10	959.28	324.06
1978	825.92	234.54	6501.60	5435.19	10687.83	1326.01	371.37
1980	884.25	243.25	6539.41	5465.59	10796.77	1389.94	477.00
1981	871.87	230.60	6048.95	5049.11	10097.64	1690.17	464.98
1982	974.75	261.17	6672.00	5398.00	12045.89	1901.44	509.99
1983	1078.07	279.04	7279.15	5921.07	12995.10	2203.77	555.99
1984	1224.69	318.10	8123.54	6551.07	14794.92	2547.55	623.98
1985	1357.45	343.87	9358.31	7782.02	15845.36	2751.36	675.96
1986	1467.40	375.85	10006.00	8547.77	16095.72	2968.72	714.36
1987	1551.05	387.50	10362.60	9255.53	14246.32	3295.28	743.50
1988	1670.48	385.14	12755.62	11678.62	16045.63	3183.57	782.68
1989	1690.52	395.00	12717.35	12357.15	12595.82	3255.85	781.67
1990	1753.47	411.47	12797.35	12415.23	13745.82	3433.62	798.78
1991	1835.64	415.50	13556.07	13105.52	13565.75	3707.62	824.59
1992	1971.30	432.16	14586.27	13838.11	15877.35	4062.07	872.41
1993	2161.55	429.26	16720.59	15970.56	17777.87	4564.95	943.95
1994	2337.11	444.72	18038.85	17663.44	17475.65	5072.32	1006.53
1995	2524.08	442.49	19716.46	19341.47	18961.07	5667.10	1070.55
1996	2744.18	458.87	21808.38	20695.37	23720.30	6213.50	1146.77
1997	2992.25	474.93	24120.07	22557.96	27539.27	6856.88	1232.21
1998	3259.16	491.55	26891.47	24588.17	32909.43	7482.17	1322.59
1999	3523.48	496.47	29427.34	26801.11	36430.74	8228.94	1409.81
2000	3838.48	476.61	32870.34	29481.22	42478.24	9182.54	1515.41
2001	4287.97	504.25	37843.62	32724.15	53692.50	10163.04	1671.19
2002	4805.96	526.94	44072.68	37665.50	64269.92	11229.29	1851.51
2003	5375.95	546.96	51353.49	44106.30	74038.95	12328.25	2050.18
2004	6035.58	567.96	59883.30	53831.74	77259.64	13596.83	2280.21
2005	6771.92	596.59	69374.80	65157.94	78913.00	14980.98	2536.28
2006	7669.88	617.23	80322.14	77329.44	83687.24	16949.49	2848.50
2007	8703.01	644.14	92322.27	90707.43	88767.05	19349.53	3207.41
2008	9880.53	669.26	107573.91	108359.10	92548.53	21706.31	3619.56
2009	10882.42	702.73	119772.79	119379.22	108198.49	23831.35	3966.31
2010	12550.69	744.19	142864.98	142371.66	129156.54	26724.48	4541.42
2011	14238.76	779.91	167694.91	167628.39	149369.54	29324.77	5099.56
2012	15983.01	820.47	191323.12	190928.74	171774.97	32571.02	5675.81
2013	17715.57	863.95	214855.86	213744.72	195754.76	35746.69	6238.85

注：1992—2004年、2006—2008年数据分别根据第一次和第二次经济普查数据进行调整和修订。

a) Data in 1992-2004 and 2006-2008 were adjusted and revised based on the first and the second economic census data separately.

2-14 主要年份生产总值指数
Indices of Gross Domestic Product in Main Years

按可比价格计算

Data in this table are calculated at constant prices

(上年=100) (preceding year=100)

年 份 地 区	Year Region	生产总值 Gross Domestic Product	第一产业 Primary Industry	第二产业 Secondary Industry	工 业 Industry	建筑业 Construction	第三产业 Tertiary Industry	人均生产总值 Per Capita GDP
1952		100.00	100.00	100.00	100.00	100.00	100.00	100.00
1957		97.33	100.53	74.74	100.00	61.83	114.29	91.28
1965		112.45	110.49	127.00	121.79	145.45	106.12	107.59
1970		119.57	100.34	162.50	183.59	103.31	106.87	114.79
1975		107.83	99.78	116.23	113.41	128.95	108.13	104.82
1978		114.93	96.91	128.08	116.32	173.98	122.61	111.87
1980		117.78	97.74	123.20	131.40	105.88	129.89	115.87
1981		98.60	94.80	92.50	92.38	93.52	121.60	97.48
1982		111.80	113.30	110.30	106.91	119.30	112.50	109.68
1983		110.60	106.80	109.10	109.69	107.88	115.90	109.02
1984		113.60	114.00	111.60	110.64	113.85	115.60	112.23
1985		110.84	108.10	115.20	118.79	107.10	108.00	108.33
1986		108.10	109.30	107.50	109.84	101.58	107.90	105.68
1987		105.70	103.10	103.00	108.28	88.51	111.10	104.08
1988		107.70	99.39	123.10	126.18	112.63	96.61	105.27
1989		101.20	102.56	99.74	105.81	78.50	102.27	99.87
1990		103.72	104.17	102.23	100.47	109.13	105.46	102.19
1991		104.69	100.98	104.29	105.56	98.69	107.98	103.23
1992		107.39	104.01	107.61	105.59	117.04	109.56	105.80
1993		109.65	99.33	114.63	115.41	111.97	112.38	108.20
1994		108.12	103.60	107.88	110.60	98.30	111.11	106.63
1995		108.00	99.50	109.30	109.50	108.50	111.73	106.36
1996		108.72	103.70	110.61	107.00	125.10	109.64	107.12
1997		109.04	103.50	110.60	109.00	116.10	110.35	107.45
1998		108.92	103.50	111.49	109.00	119.50	109.12	107.33
1999		108.11	101.00	109.43	109.00	110.70	109.98	106.59
2000		108.94	96.00	111.70	110.00	116.60	111.59	107.49
2001		111.71	105.80	115.13	111.00	126.40	110.68	110.28
2002		112.08	104.50	116.46	115.10	119.70	110.49	110.79
2003		111.86	103.80	116.52	117.10	115.20	109.79	110.73
2004		112.27	103.84	116.61	122.05	104.35	110.29	111.22
2005		112.20	105.04	115.85	121.04	102.14	110.18	111.23
2006		113.26	103.46	115.78	118.68	106.05	113.14	112.31
2007		113.47	104.36	114.94	117.30	106.07	114.16	112.60
2008		113.53	103.90	116.52	119.46	104.26	112.18	112.85
2009		110.14	105.00	111.34	110.17	116.91	109.79	109.58
2010		115.33	105.90	119.28	119.26	119.37	112.14	114.50
2011		113.45	104.80	117.38	117.74	115.65	109.73	112.28
2012		112.25	105.20	114.09	113.90	115.00	111.07	111.30
2013		110.84	105.30	112.30	111.95	113.96	109.75	109.92
西宁市	Xining City	114.06	105.10	118.01	118.30	116.01	109.74	113.06
海东市	Haidong City	118.18	105.92	127.51	124.77	137.26	111.50	117.01
海北州	Haibei Zang A.P	116.31	105.40	120.55	124.44	109.34	113.54	114.91
黄南州	Huangnan Zang A.P	110.17	104.61	113.42	105.80	136.77	110.82	109.29
海南州	Hainan Zang A.P	108.95	105.40	110.22	102.77	123.72	109.83	107.94
果洛州	Golog Zang A.P	108.64	104.39	110.28	95.00	143.22	108.48	106.32
玉树州	Yushu Zang A.P	110.95	102.65	122.52		119.25	109.60	109.04
海西州	Haixi Mongolian & Zang A.P	110.70	120.39	110.97	110.84	112.43	107.61	110.07

注：1992—2004年、2006—2008年数据分别根据第一次和第二次经济普查数据进行调整和修订。

a) Data in 1992-2004 and 2006-2008 were adjusted and revised based on the first and the second economic census data separately.

2-15 主要年份第三产业增加值

单位：亿元

年 份 Year / 地 区 Region	总 计 Total	交通运输、仓储及邮政业 Transport, Storage and Post	信息传输、计算机服务和软件业 Information Transmission, Computer Services and Software	批发和零售业 Wholesale and Retail Trades	住宿和餐饮业 Hotels and Catering Services
1992	31.31	5.34	0.46	7.33	1.34
1993	39.34	6.17	0.51	9.07	1.73
1994	48.22	6.69	0.69	11.28	2.08
1995	63.60	8.59	1.02	15.73	2.36
1996	73.76	9.90	1.60	15.26	2.71
1997	84.36	11.36	2.08	16.09	3.83
1998	92.54	12.73	2.64	16.94	4.53
1999	103.32	15.45	3.12	17.37	5.36
2000	114.73	17.49	4.74	19.40	5.79
2001	130.30	19.50	7.46	21.22	6.37
2002	148.83	23.06	9.53	24.31	6.54
2003	169.81	26.87	12.26	27.21	7.85
2004	193.70	30.00	14.70	31.50	8.60
2005	213.37	31.88	14.20	35.63	9.38
2006	249.04	34.92	17.41	39.10	11.11
2007	294.91	40.59	22.30	45.67	12.33
2008	355.93	42.97	27.54	55.82	13.73
2009	398.54	49.32	35.00	66.13	14.54
2010	470.88	61.26	43.15	81.44	16.30
2011	540.18	67.53	49.36	93.70	18.93
2012	624.29	71.87	54.17	109.44	21.39
2013	695.45	74.23	55.74	126.27	23.47
西宁市 Xining City	427.93	35.50	38.36	95.10	9.49
海东市 Haidong City	107.85	15.23	5.49	11.93	5.81
海北州 Haibei Zang A.P	27.75	1.75	0.90	2.17	1.40
黄南州 Huangnan Zang A.P	22.33	0.46	0.92	1.32	1.33
海南州 Hainan Zang A.P	30.45	3.42	1.42	2.75	1.88
果洛州 Golog Zang A.P	11.45	0.88	1.19	0.73	0.18
玉树州 Yushu Zang A.P	9.38	0.56	1.30	1.06	0.34
海西州 Haixi Mongolian & Zang A.P	97.19	27.66	7.52	8.88	3.55

注：1.本表按当年价格计算。

2.1992—2004年、2006—2008年数据分别根据第一次和第二次经济普查数据进行调整和修订。

Value-added of the Tertiary Industry in Main Years

(100 million yuan)

金融业 Financial Intermediation	房地产业 Real Estate	租赁和商务服务业 Rental and Business Services	科学研究、技术服务和地质勘查业 Scientific Research, Technical Services and Geological Prospecting	水利、环境和公共设施管理业 Management of Water Conservancy, Environment and Public Facilities	居民服务和其他服务业 Service to Households and Other Services	教育 Education	卫生、社会保障和社会福利业 Health, Social Security and Social Welfare	文化、体育和娱乐业 Culture, Sports and Entertainment	公共管理和社会组织 Public Administration and Social Organizations
5.83	0.49	0.04	1.03	0.42	0.60	2.20	0.95	0.74	4.54
8.27	0.76	0.05	1.17	0.46	0.60	2.64	1.20	0.85	5.86
10.82	1.10	0.08	1.42	0.53	0.68	3.16	1.54	0.98	7.17
14.62	1.58	0.12	1.90	0.68	0.81	4.22	2.04	1.26	8.67
17.29	2.55	0.17	2.32	0.80	0.87	5.29	2.53	1.51	10.96
18.92	3.35	0.28	2.68	0.89	1.06	5.96	3.10	1.64	13.14
19.23	4.25	0.42	3.20	1.01	1.23	6.38	3.46	1.68	14.82
18.70	5.39	0.59	3.81	1.16	1.33	7.75	4.01	1.97	17.31
16.98	6.53	1.26	4.25	1.24	2.13	8.73	4.63	2.13	19.44
16.10	7.40	1.91	4.63	1.29	2.48	10.55	5.82	2.47	23.10
16.75	9.74	2.73	5.12	1.37	2.69	11.43	6.72	2.57	26.26
17.98	11.41	3.72	6.04	1.55	2.79	12.57	7.64	2.71	29.19
19.00	13.00	5.60	6.90	1.70	3.20	14.00	8.70	2.90	33.90
20.36	14.10	6.34	7.37	1.87	3.90	15.98	9.73	3.32	39.31
23.69	15.17	7.36	9.15	2.22	3.36	19.07	11.46	4.33	50.69
27.67	16.98	8.69	10.82	2.94	3.51	23.50	13.95	5.60	60.36
36.54	19.96	11.03	15.22	3.80	3.72	29.07	17.40	8.06	71.07
45.63	23.05	14.73	14.59	3.51	3.91	28.37	17.52	10.03	72.21
54.53	25.41	16.98	16.33	3.91	4.51	31.76	19.61	11.53	84.16
62.56	29.05	20.85	17.80	4.26	5.55	34.62	21.37	14.19	100.41
83.73	31.41	23.67	19.70	4.72	6.30	38.34	23.66	16.11	119.78
100.67	34.21	24.50	20.40	5.15	10.14	42.93	25.82	17.92	134.00
73.94	20.70	19.02	16.39	3.91	7.11	27.05	18.32	9.48	53.56
6.60	4.74	0.76	6.54	2.73	1.59	14.15	2.88	0.83	28.57
1.06	0.91	0.65	0.86	0.09	0.46	3.02	1.45	0.87	12.16
1.32	0.66	0.17	0.41	0.20	0.20	1.73	1.13	0.67	11.81
2.43	1.27	0.23	0.42	0.26	0.34	3.25	1.99	0.40	10.39
0.27	0.35	0.76		0.02	0.46	1.13	1.50	1.00	2.98
0.20	0.06	0.86	0.11	0.10	0.30	0.27	0.31	0.19	3.72
9.79	4.24	4.45	2.64	0.41	2.68	3.66	3.44	2.38	15.89

a) Data in this table are calculated at current prices.

b) Data in 1992-2004 and 2006-2008 were adjusted and revised based on the first and the second economic census data separately.

2-16 主要年份第三产业增加值构成及指数

年 份 Year	总 计 Total	交通运输、仓储及邮政业 Transport, Storage and Post	信息传输、计算机服务和软件业 Information Transmission, Computer Services and Software	批发、零售贸易业 Wholesale and Retail Trades	住宿和餐饮业 Hotels and Catering Services	金融业 Financial Intermediation	房地产业 Real Estate
构成(%) Composition(%)							
1992	100.0	17.1	1.5	23.4	4.3	18.6	1.6
1993	100.0	15.7	1.3	23.1	4.4	21.0	1.9
1994	100.0	13.9	1.4	23.4	4.3	22.4	2.3
1995	100.0	13.5	1.6	24.7	3.7	23.0	2.5
1996	100.0	13.4	2.2	20.7	3.7	23.4	3.5
1997	100.0	13.4	2.5	19.1	4.5	22.4	4.0
1998	100.0	13.8	2.8	18.3	4.9	20.8	4.6
1999	100.0	15.0	3.0	16.8	5.2	18.1	5.2
2000	100.0	15.2	4.1	16.9	5.0	14.8	5.7
2001	100.0	15.0	5.7	16.3	4.9	12.3	5.7
2002	100.0	15.5	6.4	16.3	4.4	11.3	6.5
2003	100.0	15.8	7.2	16.0	4.6	10.6	6.7
2004	100.0	15.5	7.6	16.3	4.4	9.8	6.7
2005	100.0	14.9	6.7	16.7	4.4	9.5	6.6
2006	100.0	14.0	7.0	15.7	4.5	9.5	6.1
2007	100.0	13.8	7.5	15.5	4.2	9.4	5.7
2008	100.0	12.1	7.7	15.7	3.8	10.3	5.6
2009	100.0	12.4	8.8	16.6	3.6	11.4	5.8
2010	100.0	13.0	9.2	17.3	3.5	11.6	5.4
2011	100.0	12.5	9.1	17.3	3.5	11.6	5.4
2012	100.0	11.5	8.7	17.5	3.4	13.4	5.0
2013	100.0	10.7	8.0	18.2	3.4	14.5	4.9
发展速度(上年=100) Speed of Development (preceding year=100)							
1992	109.6	122.5	136.7	109.7	109.7	104.6	111.6
1993	112.4	104.0	131.4	108.7	108.7	125.7	127.1
1994	111.1	106.0	99.8	98.1	98.1	122.6	126.2
1995	111.7	107.6	115.1	102.7	92.9	116.8	120.8
1996	109.6	112.4	91.4	102.2	100.5	113.0	135.5
1997	110.4	108.4	181.3	101.4	137.6	107.0	120.6
1998	109.1	106.8	157.7	102.4	130.4	102.2	120.4
1999	110.0	125.7	56.0	103.6	115.6	97.3	119.7
2000	111.6	109.7	262.5	110.3	109.6	89.8	113.7
2001	110.7	112.0	158.1	106.8	113.0	92.9	106.2
2002	110.5	105.7	152.2	109.3	116.5	100.7	122.7
2003	109.8	113.8	114.9	111.2	110.6	104.7	109.3
2004	110.3	105.3	131.0	109.7	109.3	102.0	104.0
2005	110.2	106.3	115.6	112.3	108.4	105.6	106.4
2006	113.1	102.9	123.4	107.6	115.4	113.8	103.1
2007	114.2	112.4	124.1	110.2	104.6	110.8	107.7
2008	112.2	103.8	123.0	110.5	98.7	115.7	109.4
2009	109.8	109.0	128.5	116.6	101.8	122.7	113.8
2010	112.1	109.7	123.3	118.1	106.0	114.4	105.2
2011	109.7	111.1	114.5	109.1	109.0	107.9	106.3
2012	111.1	105.5	109.6	114.4	100.8	117.1	105.2
2013	109.8	104.1	103.1	112.3	103.0	121.2	106.5

注：1992-2004年、2006-2008年数据分别根据第一次和第二次经济普查数据进行调整和修订。

Composition and Indices of Value-added of the Tertiary Industry in Main Years

租赁和商务服务业 Rental and Business Services	科学研究、技术服务和地质勘查业 Scientific Research, Technical Services and Geological Prospecting	水利、环境和公共设施管理业 Management of Water Conservancy, Environment and Public Facilities	居民服务和其他服务业 Service to Households and Other Services	教育 Education	卫生、社会保障和社会福利业 Health, Social Security and Social Welfare	文化、体育和娱乐业 Culture, Sports and Entertain-ment	公共管理和社会组织 Public Administra-tion and Social Organiza-tions
0.1	3.3	1.3	1.9	7.0	3.0	2.4	14.5
0.1	3.0	1.2	1.5	6.7	3.0	2.2	14.9
0.2	2.9	1.1	1.4	6.6	3.2	2.0	14.9
0.2	3.0	1.1	1.3	6.6	3.2	2.0	13.6
0.2	3.1	1.1	1.2	7.2	3.4	2.0	14.9
0.3	3.2	1.1	1.2	7.1	3.7	1.9	15.6
0.5	3.5	1.1	1.3	6.9	3.7	1.8	16.0
0.6	3.7	1.1	1.3	7.5	3.9	1.9	16.7
1.1	3.7	1.1	1.9	7.6	4.0	1.9	17.0
1.5	3.5	1.0	1.9	8.1	4.5	1.9	17.7
1.8	3.4	0.9	1.8	7.7	4.5	1.7	17.6
2.2	3.6	0.9	1.6	7.4	4.5	1.6	17.2
2.9	3.6	0.9	1.7	7.2	4.5	1.5	17.5
3.0	3.5	0.9	1.8	7.5	4.6	1.6	18.4
3.0	3.7	0.9	1.3	7.7	4.6	1.7	20.4
2.9	3.7	1.0	1.2	8.0	4.7	1.9	20.5
3.1	4.3	1.1	1.0	8.1	4.9	2.3	20.0
3.7	3.7	0.9	1.0	7.1	4.4	2.5	18.1
3.6	3.5	0.8	0.9	6.7	4.2	2.4	17.9
3.9	3.3	0.8	1.0	6.4	4.0	2.6	18.6
3.8	3.2	0.8	1.0	6.1	3.8	2.6	19.2
3.5	2.9	0.7	1.4	6.2	3.7	2.6	19.3
107.3	105.5	107.3	107.3	109.4	109.6	109.4	113.0
103.4	118.2	103.4	103.4	106.7	105.5	106.7	121.7
112.2	110.4	110.8	112.2	113.6	117.7	113.6	139.7
113.9	113.4	117.5	113.9	117.8	113.3	117.8	127.0
104.3	116.4	109.1	104.3	114.6	110.9	114.6	105.3
114.2	106.3	114.4	114.2	109.8	116.9	109.8	117.7
112.4	111.8	120.5	112.4	107.7	109.6	107.7	116.2
109.7	107.8	114.8	109.7	116.3	108.8	116.3	122.8
165.7	112.2	111.0	165.7	113.7	114.1	113.7	117.4
121.2	110.1	104.1	121.2	108.6	120.4	108.6	119.7
113.6	110.3	105.8	113.6	103.9	108.2	103.9	110.0
109.4	108.3	117.9	109.4	104.0	110.2	104.0	109.0
118.8	108.7	110.4	118.8	106.8	106.8	106.8	117.7
110.9	104.7	109.5	119.4	111.9	109.6	112.3	113.7
114.7	122.4	117.3	85.2	117.5	116.1	128.6	122.3
114.9	111.0	123.7	101.5	115.6	114.2	126.4	119.9
123.0	132.1	121.7	103.0	116.5	117.2	139.4	106.3
131.3	93.4	90.0	103.5	95.0	98.0	122.3	99.8
109.3	106.4	106.7	109.2	106.2	106.3	109.2	110.7
117.1	102.8	102.8	116.2	102.6	102.7	117.1	112.5
110.1	107.4	107.5	111.1	107.4	107.4	110.1	115.8
110.8	96.6	103.0	172.5	109.0	106.0	119.5	107.7

a) Data in 1992-2004 and 2006-2008 were adjusted and revised based on the first and the second economic census data separately.

2-17 三次产业贡献率

Share of the Contribution of the Three Strata of Industry to the Increase of GDP

按可比价格计算

Data in this table are calculated at constant prices.

单位：%　　(%)

年 份 Year	生产总值 Gross Domestic Product	第一产业 Primary Industry	第二产业 Secondary Industry	工 业 Industry	第三产业 Tertiary Industry
1990	100.00	27.34	26.56	4.69	46.09
1991	100.00	5.60	35.60	37.68	58.80
1992	100.00	14.02	40.40	24.24	45.59
1993	100.00	-1.74	59.79	50.32	41.95
1994	100.00	10.04	41.65	43.29	48.30
1995	100.00	-1.36	47.80	40.27	53.55
1996	100.00	8.49	48.12	27.61	43.40
1997	100.00	7.39	48.29	33.69	44.33
1998	100.00	7.11	53.24	34.16	39.65
1999	100.00	2.21	50.21	37.58	47.58
2000	100.00	-7.20	56.40	38.20	50.80
2001	100.00	8.29	52.68	27.48	39.03
2002	100.00	5.93	56.98	36.37	37.09
2003	100.00	4.76	60.35	43.08	34.88
2004	100.00	4.27	61.28	56.34	34.45
2005	100.00	5.22	61.09	58.81	33.69
2006	100.00	3.14	57.96	52.87	38.90
2007	100.00	3.56	55.22	50.51	41.22
2008	100.00	2.91	61.57	58.49	35.52
2009	100.00	4.56	57.85	42.89	37.59
2010	100.00	3.40	65.80	53.80	30.80
2011	100.00	3.60	71.20	59.90	25.20
2012	100.00	3.92	65.60	53.50	30.48
2013	100.00	4.20	65.80	52.80	30.00

注：1.产业贡献率指各产业增加值增量与GDP增量之比。
2.2006年第一产业数据根据农业普查数据进行了调整。
a) The contribution rate of industry refers to the ratio of increment of industrial added value to increment of GDP.
b) Data on the primary industry in 2006 were adjusted according to agricultural census data.

2–18 三次产业对生产总值增长的拉动

Contribution of the Three Strata Industry to GDP Growth

按可比价格计算

Data in this table are calculated at constant prices.

单位：百分点 (percentage points)

年 份 Year	生产总值 Gross Domestic Product	第一产业 Primary Industry	第二产业 Secondary Industry	工 业 Industry	第三产业 Tertiary Industry
1990	3.70	1.01	0.98	0.17	1.71
1991	4.69	0.26	1.67	1.77	2.76
1992	7.39	1.04	2.99	1.79	3.37
1993	9.65	-0.17	5.77	4.86	4.05
1994	8.12	0.82	3.38	3.52	3.92
1995	8.00	-0.11	3.83	3.22	4.29
1996	8.72	0.74	4.20	2.41	3.78
1997	9.04	0.67	4.37	3.05	4.01
1998	8.92	0.63	4.75	3.05	3.54
1999	8.11	0.18	4.07	3.05	3.86
2000	8.94	-0.64	5.04	3.41	4.54
2001	11.71	0.97	6.17	3.22	4.57
2002	12.08	0.72	6.88	4.39	4.48
2003	11.86	0.57	7.16	5.11	4.14
2004	12.27	0.52	7.52	6.91	4.23
2005	12.20	0.64	7.45	7.18	4.11
2006	13.26	0.42	7.69	7.01	5.15
2007	13.47	0.48	7.44	6.81	5.55
2008	13.53	0.39	8.33	7.91	4.81
2009	10.14	0.46	5.87	4.35	3.81
2010	15.33	0.52	10.09	8.25	4.72
2011	13.45	0.48	9.58	8.06	3.39
2012	12.25	0.48	8.04	6.55	3.73
2013	10.84	0.46	7.13	5.72	3.25

注：1.产业拉动指GDP增长速度与各产业贡献率之乘积。
2.2006年数据根据农业普查数据进行调整和修订。

a) Industry driven means the product of GDP growth rate and contribution rate of industry.

b) Data in 2006 were adjusted according to agricultural census data.

2-19 1990-2013年生产总值构成项目

Components of Gross Domestic Product (1990-2013)

(按当年价格计算)

Data in this table are calculated at current prices.

单位：亿元 (100 million yuan)

年 份 Year	生产总值 Gross Domestic Product	劳动者报酬 Compensation of Employees	生产税净额 Net Taxes on Production	固定资产折旧 Depreciation of Fixed Assets	营业盈余 Operating Surplus
1990	69.94	39.50	8.48	9.86	12.10
1991	75.10	43.75	9.54	10.34	11.47
1992	87.52	50.21	10.87	14.34	12.10
1993	109.68	62.58	12.16	14.67	20.27
1994	138.40	76.06	14.29	19.49	28.56
1995	167.80	90.48	16.85	26.38	34.09
1996	184.17	109.03	16.46	26.03	32.66
1997	202.79	119.93	22.05	32.46	28.36
1998	220.92	124.44	21.30	35.31	39.86
1999	239.38	134.20	25.79	39.11	40.29
2000	263.68	139.39	30.74	58.48	35.07
2001	300.13	156.77	34.23	54.68	54.44
2002	340.65	172.31	40.59	59.57	68.19
2003	390.20	189.75	46.80	70.29	83.35
2004	466.10	220.30	55.00	84.70	106.10
2005	543.32	258.53	64.53	102.17	118.09
2006	648.50	314.39	80.13	103.72	150.26
2007	797.35	405.93	101.45	114.45	175.52
2008	1018.62	536.60	129.01	133.69	219.32
2009	1081.27	581.69	158.49	180.66	160.43
2010	1350.43	635.34	197.71	199.80	317.58
2011	1670.44	756.12	292.11	270.88	351.33
2012	1893.54	823.58	278.38	335.98	455.60
2013	2101.05	972.64	302.88	413.08	412.45

注：1.1992-2004年、2006-2008年数据分别根据第一次和第二次经济普查数据进行调整和修订。
2.2006年数据根据农业普查数据进行了调整和修订。

a) Data in 1992-2004 and 2006-2008 were adjusted and revised based on the first and the second economic census data separately.

b) Data in 2006 were adjusted according to agricultural census data.

2-20 1990-2013年支出法生产总值

Gross Domestic Product by Expenditure Approach(1990-2013)

按当年价格计算

Data in this table are calculated at current prices

单位：亿元 (100 million yuan)

年份 Year	支出法生产总值 Gross Domestic Product by Expenditure Approach	最终消费支出 Final Consumption Expenditures	资本形成总额 Gross Capital Formation: 固定资产形成总额 Gross Fixed Capital Formation	资本形成总额 Gross Capital Formation: 库存增加 Change in Inventories	货物和服务净出口 Net Exports of Goods and Services	资本形成率 Capital Formation Rate (%)	最终消费率 Final Consumption Rate (%)
1990	69.94	53.79	20.44	8.16	-12.45	40.89	76.91
1991	75.10	60.76	23.91	9.45	-19.02	44.42	80.90
1992	87.52	65.18	29.04	8.99	-15.69	43.45	74.47
1993	109.68	73.06	41.03	10.46	-14.87	46.95	66.61
1994	138.40	92.83	47.76	12.34	-14.54	43.43	67.08
1995	167.80	113.40	57.48	20.19	-23.27	46.29	67.58
1996	184.17	130.71	79.24	11.50	-37.28	49.27	70.97
1997	202.79	135.53	101.55	12.64	-46.92	56.31	66.83
1998	220.92	142.88	116.38	13.07	-51.41	58.59	64.68
1999	239.38	155.17	131.12	9.17	-56.07	58.60	64.82
2000	263.68	171.70	156.97	3.49	-68.48	60.85	65.12
2001	300.13	202.88	202.17	5.22	-110.14	69.10	67.60
2002	340.65	227.58	244.00	10.09	-141.02	74.59	66.81
2003	390.20	257.75	282.18	9.02	-158.75	74.63	66.06
2004	466.10	309.76	314.93	8.72	-167.31	69.44	66.46
2005	543.32	360.72	364.08	5.20	-186.68	67.97	66.39
2006	648.50	423.49	411.68	15.95	-202.62	65.94	65.30
2007	797.35	509.45	480.43	16.28	-208.81	62.30	63.89
2008	1018.62	593.51	583.20	59.99	-218.08	63.14	58.27
2009	1081.27	616.51	791.80	6.44	-333.48	73.82	57.02
2010	1350.43	720.57	1057.86	29.13	-457.13	80.49	53.36
2011	1670.44	859.75	1369.90	29.76	-588.97	83.79	51.47
2012	1893.54	997.36	1895.70	-176.45	-823.07	90.80	52.67
2013	2101.05	1048.49	2418.27	100.81	-1466.52	198.96	49.90

注：1.历年数据根据经济普查数据进行调整和修订。
2.2006年数据根据农业普查数据进行调整和修订。
3.2009年、2010年最终消费数据根据国家核算要求进行调整和修订.

a) Data in past year were adjusted and revised based on economic census data.
b) Data in 2006 were adjusted according to agricultural census data.
c) The Final Consumption Expenditures Data in 2009 and 2010 were adjusted and amended in accordance with the requirements of national accounting.

2-21 1990-2013年生产总值消费额及构成
Consumption Expenditure and Its Composition of GDP(1990-2013)

按当年价格计算

Data in this table are calculated at current prices.

年 份 Year	最终消费支出(亿元) Final Consumption Expenditure (100 million yuan)	居民消费（亿元） Household Consumption (100 million yuan)		政府消费(亿元) Government Consumption (100 million yuan)	最终消费支出＝100 Final Consumption Expenditures=100		人均消费水平(元/人) Per Capita Consumption Expenditure (yuan/person)		
		农村居民 Rural Household	城镇居民 Urban Household		居民消费 Household Consumption	政府消费 Government Consumption	全体居民 All Household	农村居民 Rural Household	城镇居民 Urban Household
1990	53.79	17.68	18.76	17.35	67.74	32.26	821	606	1235
1991	60.76	19.29	21.08	20.39	66.44	33.56	895	650	1367
1992	65.18	22.07	24.87	18.24	72.00	27.98	1026	732	1592
1993	73.06	24.76	29.85	18.45	74.75	25.25	1177	809	1893
1994	92.83	30.34	39.12	23.38	74.82	25.18	1477	976	2453
1995	113.40	34.82	48.01	30.57	73.04	26.96	1734	1103	2964
1996	130.71	37.56	58.80	34.35	73.72	26.28	1988	1175	3563
1997	135.53	38.98	61.51	35.03	74.15	25.85	2043	1209	3630
1998	142.88	39.75	67.09	36.04	74.78	25.22	2140	1213	3911
1999	155.17	40.79	73.64	40.73	73.75	26.25	2260	1227	4238
2000	171.70	41.74	80.60	49.37	71.25	28.75	2384	1245	4530
2001	202.88	44.06	91.00	67.82	66.57	33.43	2598	1315	4925
2002	227.58	46.33	102.36	78.89	65.34	34.66	2828	1399	5261
2003	257.75	48.70	116.22	92.83	63.98	36.02	3105	1477	5768
2004	309.76	52.33	132.28	125.15	59.60	40.40	3443	1583	6432
2005	360.72	64.15	146.14	150.43	58.30	41.70	3888	1941	6947
2006	423.49	70.51	160.18	192.80	54.47	45.53	4229	2128	7481
2007	509.45	81.36	192.28	235.81	53.71	46.29	4978	2453	8819
2008	593.51	102.75	219.65	271.11	54.32	45.68	5830	3121	9816
2009	616.51	111.91	249.43	255.17	58.61	41.39	6501	3435	10845
2010	720.57	122.14	288.12	310.31	56.94	43.06	7326	3848	11878
2011	859.75	151.32	343.45	364.98	57.55	42.45	8744	4905	13348
2012	997.36	185.56	401.61	410.19	58.87	41.13	10289	6116	15026
2013	1048.49	208.17	486.41	353.91	66.25	33.75	12070	6954	17617

注：1.历年数据根据经济普查数据进行调整和修订。
2.2009年、2010年最终消费数据根据国家核算要求进行调整和修订。

a) Data in past year were adjusted and revised based on economic census data.

b) The Final Consumption Expenditures Data in 2009 and 2010 were adjusted and amended in accordance with the requirements of national accounting.

2-22 三大需求对生产总值增长的贡献率和拉动(1990-2013)

Share and Contribution of the Three Demands of GDP to the Growth of GDP(1990-2013)

按可比价格计算

Data in this table are calculated at constant prices.

年 份 Year	最终消费支出 Final Consumption Expenditure		资本形成总额 Gross Capital Formation		货物和服务净出口 Net Exports of Goods and Services	
	贡献率 (%) Share of The Contribution (%)	拉动 (百分点) Contribution Driven (percentage points)	贡献率 (%) Share of The Contribution (%)	拉动 (百分点) Contribution Driven (percentage points)	贡献率 (%) Share of The Contribution (%)	拉动 (百分点) Contribution Driven (percentage points)
1990	328.12	12.14	453.13	16.77	-681.20	-25.20
1991	126.43	5.94	60.06	2.82	-86.50	-4.07
1992	-9.45	-0.70	-3.45	-0.26	112.90	8.35
1993	19.71	1.91	27.37	2.65	52.90	5.13
1994	56.26	4.56	29.96	2.43	13.80	1.12
1995	18.47	1.48	58.31	4.66	23.20	1.90
1996	41.48	3.61	45.29	3.94	13.20	1.15
1997	-6.96	-0.63	92.84	8.36	14.10	1.27
1998	28.68	2.55	76.32	6.79	-5.00	-0.45
1999	57.89	4.69	46.22	3.74	-4.10	-0.33
2000	68.97	6.14	66.14	5.89	-35.10	-3.12
2001	75.48	8.83	140.64	16.45	-116.10	-13.58
2002	66.33	8.03	111.89	13.54	-78.20	-9.46
2003	61.29	7.29	65.31	7.77	-26.63	-3.17
2004	85.79	10.55	52.30	6.43	-38.10	-4.69
2005	91.85	11.21	75.77	9.24	-67.60	-8.25
2006	76.31	10.12	65.98	8.75	-42.29	-5.61
2007	65.76	8.86	62.77	8.45	-28.53	-3.84
2008	30.05	4.06	76.10	10.30	-6.15	-0.83
2009	7.58	0.77	179.92	18.24	-87.50	-8.87
2010	40.84	6.26	143.54	22.00	-84.38	-12.93
2011	50.02	6.73	126.58	17.02	-76.60	-10.30
2012	56.90	6.97	135.88	16.65	-92.78	-11.37
2013	3.06	0.33	378.11	40.99	-281.17	-30.48

注：1.三大需求指支出法国内生产总值的三大构成项目，即最终消费支出、资本形成总额、货物和服务净出口。
2.贡献率指三大需求增量与支出法国内生产总值增量之比。
3.拉动指国内生产总值增长速度与三大需求贡献率的乘积。
4.2006年数据根据第一次农业普查数据进行了调整。
5.历年数据根据经济普查数据进行调整和修订。
6.2009年、2010年最终消费数据根据国家核算要求进行调整和修订。

a) The three major demands means the three major conponents of GDP by expenditure approach, namely, final consumption expenditure,capital formation, net exports of goods and services.
b) The contribution rate refers to the ratio of increment of the three major demands to the increment of GDP by expenditure approach.
c) Driven by the three major demands Means the product of the growth rate of GDP and the contribution rate of the three major demands.
d) Data in 2006 were adjusted according to the first agricultural census data.
e) Historical data were adjusted and revised based on the economic census data.
f) The Final Consumption Expenditures Data in 2009 and 2010 were adjusted and amended in accordance with the requirements of national accounting.

主要统计指标解释

生产总值(GDP)　指按市场价格计算的一个国家(或地区)所有常住单位在一定时期内生产活动的最终成果。生产总值有三种表现形态，即价值形态、收入形态和产品形态。从价值形态看，它是所有常住单位在一定时期内生产的全部货物和服务价值超过同期投入的全部非固定资产货物和服务价值的差额，即所有常住单位的增加值之和；从收入形态看，它是所有常住单位在一定时期内创造并分配给常住单位和非常住单位的初次收入之和；从产品形态看，它是所有常住单位在一定时期内最终使用的货物和服务价值减去货物和服务进口价值。在实际核算中，生产总值有三种计算方法，即生产法、收入法和支出法。三种方法分别从不同的方面反映生产总值及其构成。

三次产业　三产业的划分是世界上较为常用的产业结构分类，但各国的划分不尽一致。我国的三次产业划分是：

第一产业是指农业、林业、畜牧业、渔业和农林牧渔服务业。

第二产业是指采矿业，制造业，电力、煤气及水的生产和供应业，建筑业。

第三产业是指除第一、二产业以外的其他行业。

劳动者报酬　指劳动者因从事生产活动所获得的全部报酬。包括劳动者获得的各种形式的工资、奖金和津贴，既包括货币形式的，也包括实物形式的，还包括劳动者所享受的公费医疗和医药卫生费、上下班交通补贴、单位支付的社会保险费、住房公积金等。对于个体经济来说，其所有者所获得的劳动报酬和经营利润不易区分，这两部分统一作为劳动者报酬处理。

生产税净额　指生产税减生产补贴后的余额。生产税指政府对生产单位从事生产、销售和经营活动以及因从事生产活动使用某些生产要素(如固定资产、土地、劳动力)所征收的各种税、附加费和规费。生产补贴与生产税相反，指政府对生产单位的单方面转移支出，因此视为负生产税，包括政策亏损补贴、价格补贴等。

固定资产折旧　指一定时期内为弥补固定资产损耗按照规定的固定资产折旧率提取的固定资产折旧，或按国民经济核算统一规定的折旧率虚拟计算的固定资产折旧。它反映了固定资产在当期生产中的转移价值。各类企业和企业化管理的事业单位的固定资产折旧是指实际计提的折旧费；不计提折旧的政府机关、非企业化管理的事业单位和居民住房的固定资产折旧是按照统一规定的折旧率和固定资产原值计算的虚拟折旧。原则上，固定资产折旧应按固定资产当期的重置价值计算，但是目前我国尚不具备对全社会固定资产进行重估价的基础，所以暂时只能采用上述办法。

营业盈余　指常住单位创造的增加值扣除劳动者报酬、生产税净额和固定资产折旧后的余额。它相当于企业的营业利润加上生产补贴，但要扣除从利润中开支的工资和福利等。

支出法生产总值　是从最终使用的角度反映一个国家(或地区)一定时期内生产活动最终成果的一种方法，包括最终消费支出、资本形成总额及货物和服务净出口三部分。计算公式为：

支出法生产总值 = 最终消费支出 + 资本形成总额 + 货物和服务净出口

最终消费支出　指常住单位为满足物质、文化和精神生活的需要，从本国经济领土和国外购买的货物和服务的支出。它不包括非常住单位在本国经济领土内的消费支出。最终消费支出分为居民消费支出和政府消费支出。

居民消费支出　指常住住户在一定时期内对于货物和服务的全部最终消费支出。居民消费支出除了直接以货币形式购买的货物和服务的消费支出外，还包括以其他方式获得的货物和服务的消费支出，即所谓的虚拟消费支出。居民虚拟消费支出包括如下几种类型：单位以实物报酬及实物转移的形式提供给劳动者的货物和服务；住户生产并由本住户消费了的货物和服务，其中的服务仅指住户的自有住房服务；金融机构提供的金融媒介服务；保险公司提供的保险服务。

政府消费支出　指政府部门为全社会提供的公共服务的消费支出和免费或以较低的价格向居民住户提供的货物和服务的净支出，前者等于政府服务的产出价值减去政府单位所获得的经营收入的价值，后者等于政府部门免费或以较低价格向居民住户提供的货物和服务的市场价值减去向住户收取的价值。

资本形成总额　指常住单位在一定时期内获得减去处置的固定资产和存货的净额，包括固定资本形成总额和存货增加两部分。

固定资本形成总额　指常住单位在一定时期内获得的固定资产减处置的固定资产的价值总额。固定资产是通过生产活动生产出来的，且其使用年限在一年以上、单位价值在规定标准以上的资产，不包括自然资产。可分为有形固定资本形成总额和无形固定资本形成总额。有形固定资本形成总额包括一定时期内完成的建筑工程、安装工程和设备工器具购置(减处置)价值,以及土地改良、新增役、种、奶、毛、娱乐用牲畜和新增经济林木价值。无形固定资本形成总额包括矿藏的勘探、计算机软件等获得减处置。

存货增加 指常住单位在一定时期内存货实物量变动的市场价值,即期末价值减期初价值的差额,再扣除当期由于价格变动而产生的持有收益。存货增加可以是正值,也可以是负值,正值表示存货上升,负值表示存货下降。存货包括生产单位购进的原材料、燃料和储备物资等存货,以及生产单位生产的产成品、在制品和半成品等存货。

货物和服务净出口 指货物和服务出口减货物和服务进口的差额。出口包括常住单位向非常住单位出售或无偿转让的各种货物和服务的价值;进口包括常住单位从非常住单位购买或无偿得到的各种货物和服务的价值。由于服务活动的提供与使用同时发生,一般把常住单位从非常住单位得到的服务作为进口,非常住单位从常住单位得到的服务作为出口。货物的出口和进口都按离岸价格计算。

Explanatory Notes on Main Statistical Indicators

Gross Domestic Product (GDP) refers to the final products at market prices produced by all resident units in a country (or a region) during a certain period of time. Gross domestic product is expressed in three different perspectives, namely value, income, and products respectively. GDP in its value perspective refers to the total value of all goods and services produced by all resident units during a certain period of time, minus the total value of input of goods and services of the nature of non-fixed assets; in other words, it is the sum of the value-added of all resident units. GDP from the perspective of income includes the primary income created by all resident units and distributed to resident and non-resident units. GDP from the perspective of products refers to the value of all goods and services for final demand by all resident units minus the imports of goods and services during a given period of time. In the practice of national accounting, gross domestic product is calculated from three approaches, namely production approach, income approach and expenditure approach, which reflect gross domestic product and its composition from different angles.

Three Strata of Industry Classification of economic activities into three strata of industry is a common practice in the world, although the grouping varies to some extent from country to country. In China economic activities are categorized into the following three strata of industry:

Primary industry refers to agriculture, forestry, animal husbandry and fishery and services in support of these industries.

Secondary industry refers to mining and quarrying, manufacturing, production and supply of electricity, water and gas, and construction.

Tertiary industry refers to all other economic activities not included in the primary or secondary industries.

Compensation of Employees refers to the total payment of various forms to employees for the productive activities they are engaged in. It includes wages, bonuses and allowances, which the employees earn in cash or in kind. It also includes the free medical services provided to the employees and the medicine expenses, transport subsidies and social insurance, and housing fund paid by the employers. As regards the individual economy, since compensation of employees is not easily distinguishable from the operating surplus, both parts are treated as compensation of employees.

Net Taxes on Production refers to taxes on production less subsidies on production. The taxes on production refers to the various taxes, extra charges and fees levied on the production units on their production, sale and business activities as well as on the use of some factors of production, such as fixed assets, land and labour in the production activities they are engaged in. In contrast to taxes on production, subsidies on production refer to the unilateral government transfer to the production units and are therefore regarded as negative taxes on production. They include subsidies on the loss due to implementation of government policies, price subsidies, etc.

Depreciation of Fixed Assets refers to the depreciation of fixed assets in a given period, drawn in accordance with the stipulated depreciation rate for the purpose of compensating the wear-and-tear loss of the fixed assets or the depreciation of fixed assets imputed in accordance with the stipulated unified depreciation rate in the national economic accounting system. It reflects the value of transfer of the fixed assets in the production of the current period. The depreciation of fixed assets in various enterprises and institutions managed as enterprises refers to the depreciation expenses actually drawn. In government agencies and institutions not managed as enterprises which do not draw the depreciation expenses, as well as for the houses of residents, the depreciation of fixed assets is the imputed depreciation, which is calculated in accordance with the stipulated unified depreciation rate. In principle, the depreciation of fixed assets should be calculated on the basis of the re - purchased value of the fixed assets. However, currently the conditions in China do not facilitate the revaluation of all the fixed assets. Therefore, only the above - mentioned methods can be adopted at present.

Operating Surplus refers to the balance of the value added created by the resident units after deducting the labourers remuneration, net taxes on production and the depreciation of fixed assets. It is equivalent to the business profit of the enterprises plus subsidies to production, but the wages and welfare expenses paid from the profits should be deducted.

GDP by Expenditure Approach refers to the method of measuring the final results of production activities of a country (region) during a given period from the perspective of final uses. It includes final consumption expenditure, gross capital formation and net export of goods and services. The formula for computation is. : GDP by expenditure approach = final consumption expenditure + gross capital formation + net export of goods and services

Final Consumption Expenditure refers to the total expenditure of resident units for purchases of goods and services from both the domestic economic territory and abroad to meet the needs of material, cultural and spiritual life. It does not include the expenditure of non - resident units on consumption in the economic territory of the country. The final consumption expenditure is broken down into household consumption expenditure and government consumption expenditure.

Household Consumption Expenditure refers to the total expenditure of resident households on the final consumption of goods and services. In addition to the consumption of goods and services bought by the households directly with money, the household consumption expenditure also includes expenditure on goods and services obtained by the households in other ways, i. e. the so - called imputed consumption expenditure, which includes the following: (a) the goods and services provided to households by employers in the form of payment in kind and transfer in kind; (b) goods and services produced and consumed by the households themselves, in which the services refer only to the owner - occupied housing; (c) financial intermediate services provided by financial institutions; (d) insurance services provided by insurance companies.

Government Consumption Expenditure refers to the consumption expenditure spent for the provision of public services provided by the government to the whole country and the net expenditure on the goods and services provided by the government to households free of charge or at reduced prices. The former equals to the output value of the government services minus the value of operating income obtained by the government departments. The latter equals to the market value of the goods and services provided by the government free of charge or at reduced prices to the households minus the value received by the government from the households.

Gross Capital Formation refers to the fixed assets acquired less disposals and the net value of inventory, thus including gross fixed capital formation and changes in inventories.

Gross Fixed Capital Formation refers to the value of acquisitions less those disposals of fixed assets during a given period. Fixed assets are the assets produced through production activities with unit value above a specified amount and which could be used for over one year. Natural assets are not included. Gross fixed capital formation can be categorized into total tangible fixed capital formation and total intangible fixed capital formation. Total tangible fixed capital formation includes the value of the construction projects and installation projects completed and the equipment, apparatus and instruments purchased (less those disposed) as well as the value of land improved, the value of draught animals, breeding stock and animals for milk, for wool and for recreational purposes and the newly increased forest with economic value. Total intangible fixed capital formation includes the prospecting of minerals and the acquisition of computer software minus the disposal of them.

Changes in Inventories refers to the market value of the change in the physical volume of inventory of resident units during a given period, i. e. the difference between the values at the beginning and at the end of the period minus the gains due to the change in prices. The changes in inventories can have a positive or a negative value. A positive value indicates an increase in inventory while a negative value indicates a decrease in inventory. The inventory includes raw materials, fuels and reserve materials purchased by the production units as well as the inventory of finished products, semi - finished products and work - in - progress.

Net Export of Goods and Services refers to the exports of goods and services subtracting the imports of goods and services. Exports include the value of various goods and services sold or gratuitously transferred by resident units to non - resident units. Imports include the value of various goods and services purchased or gratuitously acquired resident units from non - resident units. Because the provision of services and the use of them happen simultaneously, the acquisition of services by resident units from abroad is usually treated as import while the acquisition of services by non - resident units in this country is usually treated as export. The exports and imports of goods are calculated at FOB.

第 3 篇
CHAPTER 3

资源与环境
Resources and Environment

各市（州）政府驻地海拔高程（米）

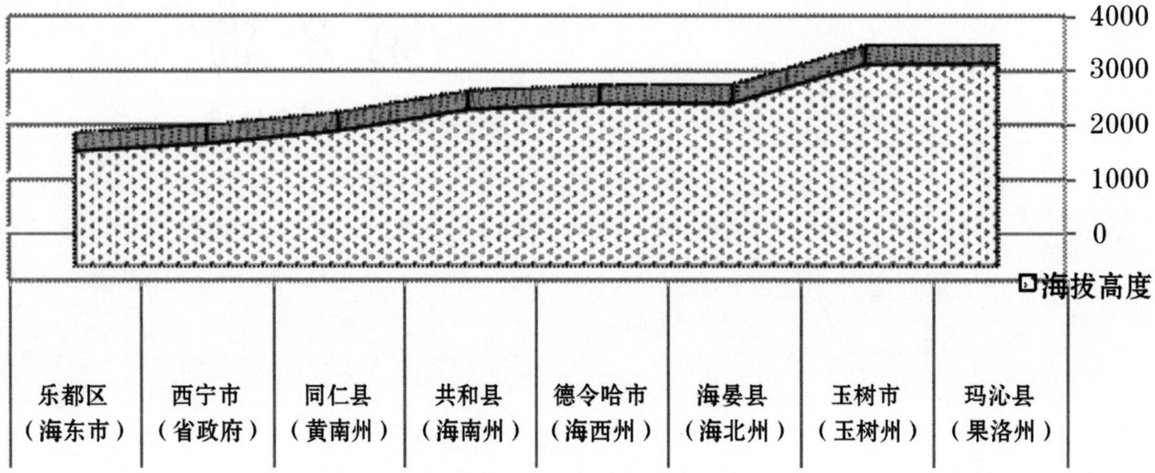

2013年分行政区矿山企业数

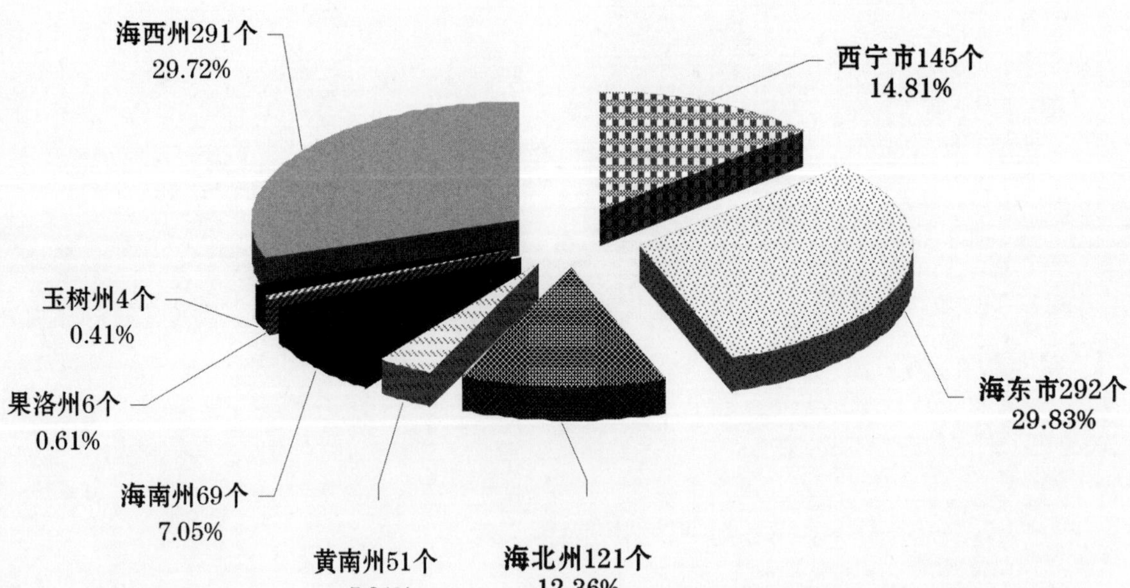

3-1 全省行政区划(2013年底)

Administrative Divisions of the Province (End of 2013)

地 区 Region	县级区划数 Number of Counites	县级行政单位(地区)名称 Names of Cities and Counties (Districts under Cities)	乡镇级区划数 Number of Regions at Townships Level						村级区划数 Number of Regions at village Level	
			合计 Total	街道办事处 Urban Subdistrict Office	镇 Town	乡 Township	民族乡 National Township	行委 Executive Council	村(牧)民委员会 Village Committees	社区居民委员会 Urban Neighborhood Committees
全省 Total Provinces	**46**		**398**	**30**	**137**	**228**	**28**	**3**	**4170**	**460**
西宁市 Xining City	7	城东区、城中区、城西区、城北区、大通回族土族自治县、湟中县、湟源县 Chengdong District、Chengzhong District、Chengxi District、Chengbei District、Datong Hui&Tu County、Huangzhong County、Huangyuan County	72	22	27	23	6		931	145
海东市 Haidong City	6	乐都区、平安县、民和回族土族自治县 互助土族自治县、化隆回族自治县、循化撒拉族自治县 Ledu District 、Pingan County、Minhe Hui&Tu Huzhu Tu County、Hualong Hui County、Xunhua Salar County	94		35	59	19		1587	65
海北藏族自治州 Haibei Zang A.P	4	门源回族自治县、祁连县、海晏县、刚察县 Menyuan Hui County、Qilian County、Haiyan County、Gangcha County	30		11	19	2		214	25
黄南藏族自治州 Huangnan Zang A.P	4	同仁县、尖扎县、泽库县、河南蒙古族自治县 Tongren County、Jianzha County、Zeku County、Henan Mengolian A.C.	32		8	24			261	27
海南藏族自治州 Hainan Zang A.P	5	共和县、同德县、贵德县、兴海县、贵南县 Gonghe County、Tongde County、Guide County、Xinghai County、Guinan County	36		16	20	1		422	49
果洛藏族自治州 Golog Zang A.P	6	玛沁县、班玛县、甘德县、达日县、久治县、玛多县 Maqin County、Banma County、Gande County、Dari County、Jiuzhi County、Maduo County	44		8	36			193	18
玉树藏族自治州 Yushu Zang A.P	6	玉树市、杂多县、称多县、治多县、囊谦县、曲麻莱县 Yushu City、Zaduo County、Chengduo County、Zhiduo County、Nangqian County、Qumalai County	44		11	33			258	49
海西蒙古族藏族自治州 Haixi Mong-olian & Zang A.P	8	格尔木市、德令哈市、乌兰县、都兰县、天峻县、大柴旦行政委员会、冷湖行政委员会、茫崖行政委员会 Geermu City、Delingha City、Wulan County、Dulan County、Tianjun County、Dachaidan、Lenghu、Mang'Ai	46	8	21	14		3	304	82

3-2 各级政府驻地海拔高程

Altitude of the Government Locations by Region

县(市、行委)名称	Names of Cities and Counties	海拔高程(米) Altitude(m)	驻地名称 Names of Locations	备注 Remarks
西宁市	**Xining City**			
西宁市	Xining City	2250	西宁市	省政府驻地
大通县	Datong Hui&Tu County	2720	桥头镇	
湟中县	Huangzhong County	2645	鲁沙尔	
湟源县	Huangyuan County	2666	城关镇	
海东市	**Haidong City**			
平安县	Pingan County	2114	平安镇	海东行署驻地
民和县	Minhe Hui&Tu County	1800	川口镇	
乐都县	Ledu County	2000	碾伯镇	
互助县	Huzhu Tu County	2520	威远镇	
化隆县	Hualong Hui County	2848	巴燕镇	
循化县	Xunhua Salar County	1860	积石镇	
海北州	**Haibei Zang A.P**			
海晏县	Haiyan County	3000	西海镇	海北州驻地
门源县	Menyuan Hui County	2880	浩门	
祁连县	Qilian County	2810	八宝	
海晏县	Haiyan County	3000	三角城	
刚察县	Gangcha County	3300	沙柳河镇	
黄南州	**Huangnan Zang A.P**			
同仁县	Tongren County	2480	隆务镇	黄南州驻地
尖扎县	Jianzha County	1990	马克唐	
泽库县	Zeku County	3660	乃亥	
河南县	Henan Mengolian A.C.	3510	优干宁	
海南州	**Hainan Zang A.P**			
共和县	Gonghe County	2880	恰卜恰镇	海南州驻地
同德县	Tongde County	2980	尕巴松多	
贵德县	Guide County	2205	河阴镇	
兴海县	Xinghai County	3306	子科滩	
贵南县	Guinan County	3100	茫拉	
果洛州	**Golog Zang A.P**			
玛沁县	Maqin County	3730	大武镇	果洛州驻地
班玛县	Banma County	3560	赛来塘	
甘德县	Gande County	4020	吾勒	
达日县	Dari County	3970	吉迈	
久治县	Jiuzhi County	3628	智青松多	
玛多县	Maduo County	4300	玛查里	
玉树州	**Yushu Zang A.P**			
玉树县	Yushu County	3710	结古	玉树州驻地
杂多县	Zadou County	4080	萨呼腾	
称多县	Chengduo County	3825	周筠	
治多县	Zhiduo County	4193	加吉博洛格	
囊谦县	Nangqian County	3660	香达	
曲麻莱县	Qumalai County	4223	约改滩	
海西州	**Haixi Mongolian & Zang A.P**			
德令哈市	Delingha City	2980	德令哈市	海西州驻地
格尔木市	Geermu City	2850	格尔木市	
乌兰县	Wulan County	2960	西里沟镇	
都兰县	Dulan County	3180	察汗乌苏镇	
天峻县	Tianjun County	3408	新源	
大柴旦行委	Dachaidan	3176	大柴旦	
冷湖行委	Lenghu	2755	冷湖镇	
茫崖行委	Mangya	2940	花土沟镇	

3-3 主要旅游景点海拔高程

Altitude of the Main Senics in the Province

旅游景点名称 Names of Scenic Spots	海拔高程(米) Altitude(m)	地理位置 Geography of Place
东关清真大寺	2230	西宁市
塔尔寺	2680	湟中县
青海湖	3190	共和、刚察县交界处
瞿坛寺	2458	乐都县
坎布拉国家森林公园	2630	尖扎县
十世班禅故居	2530	循化县
孟达天池	2506	循化县
隆宝滩黑颈鹤自然保护区	4352	玉树县
长江源头	6564	格尔木市管辖区
察尔汗盐湖	2670	格尔木市
鸟岛	3228	青海湖
互助北山国家森林公园	2290	互助县
黄河源头	4780	曲麻莱县
阿尼玛卿山	6282	玛沁县
金银滩草原风光	3150	海晏县
布喀达坂峰(昆仑山最高点)	6860	新疆与玉树交界处
昆仑山口	4771	格尔木市与曲麻莱、治多县交界处
北禅寺	2330	西宁市
青海博物馆	2270	西宁市
老爷山	2928	大通县
互助北山国家森林公园	2740(场部2290)	互助县
街子清真大寺	1940	循化县
文都寺	2540	循化县
夏宗寺	2795	平安县
夏琼寺	2900	化隆县
佑宁寺	2640	互助县
日月山	3520	湟源县
倒淌河	3280	青海湖旅游区
龙羊峡	2480	龙羊峡工委
青海湖度假村	3190	青海湖旅游区
玉皇阁	2219	贵德县
茶卡盐湖	3061	乌兰县
原子城	3010	海晏县
李家峡	2060	李家峡工委
南宗寺	2320	尖扎县
隆务寺	2480	尖扎县
麦秀林场	2910	同仁县
土蕃葬墓	3225	都兰县
都兰国际狩猎场	4930	都兰县
可可西里无人区	5863--4750	格尔木市

3-3 续表 Continued

旅游景点名称 Names of Scenic Spots	海拔高程(米) Altitude(m)	地理位置 Geography of Place
万丈盐桥	2670	格尔木市
巴颜喀拉山	5267	玛多、称多县交界处
文城公主庙	4250	玉树县
西王母瑶池	4470	格尔木市
结古寺	3780	玉树县
骆驼泉撒拉族风情	1920	循化县
凤凰山公园	2420	西宁市
金塔寺	2253	西宁市
苏家堡城	2560	大通县
南佛山	3265	湟中县
哈城	3150	湟源县
城隍庙	2666	湟源县
七里寺药水泉	2465	民和县
官亭古文化遗址	2150	民和县
白马寺	2105	互助县
五峰寺	2860	互助县
却藏寺	3023	互助县
西海度假村	2155	平安县
十四世达赖故居	2850	平安县
古雷寺	2630	循化县
二郎剑	3190	青海湖旅游区
三块石	3211	青海湖旅游区
海心山	3266	青海湖旅游区
三角城	3215	青海湖旅游区
沙岛	3252--3195	青海湖旅游区
祁连山原始森林	3020	祁连县
祁连山鹿场	2870	祁连县
仙米寺	2990	门源县
珠固寺	2590	门源县
热贡艺术馆	2520	同仁县
二郎洞	3580	天峻县
石油城	2940	茫崖行委
扎陵湖	4610	玛多县
鄂陵湖	4309	玛多县
囊谦猕猴自然保护区	3974	囊谦县
晒经台	4120	玉树县
敦科尔寺	3170	湟源县
魔鬼城	2980	德令哈市
柳湾墓地	2060	乐都县

3-4 青海省对外开放山峰

Main Mountain Peaks Opened to the Outside

山峰名称 Names of Mountain Peak	海拔高程(米) Altitude(m)	所属山系 Mountain Range	地理位置 Geography of Place
阿尼玛卿峰	6282.0	昆仑山脉	果洛州玛沁县
格拉丹东峰	6621.0	唐古拉山脉	格尔木市
雅拉达则峰	5214.8	昆仑山脉	果洛州玛多县
新青峰	6860.0	昆仑山脉	海西州与新疆交界处
年保玉则峰	5369.0	昆仑山脉	果洛州久治县
错日尕则峰	4610.0	昆仑山脉	果洛州玛多县
玉珠峰	6178.6	昆仑山脉	格尔木市
玉虚峰	5933.1	昆仑山脉	格尔木市
马阑山	6056.0	昆仑山脉	玉树州治多县
湖北冰峰	5769.3	昆仑山脉	海西州与玉树州交界处
五雪峰	5805.0	昆仑山脉	玉树州治多县
大雪峰	5863.4	昆仑山脉	玉树州治多县
唐古拉山	6205.0	唐古拉山脉	格尔木市管辖区
龙亚拉峰	6104.0	唐古拉山脉	格尔木市管辖区

3-5 主要地区平均气温(2013年)

Average Temperature of Major Districts (2013)

单位：摄氏度 (°C)

月份 Month	地区 Region	西宁 Xining	海东 Haidong	门源 Menyuan	黄南 Huangnan	海南 Hainan	果洛 Golog	玉树 Yushu	海西 Haixi
年平均	**Annual Average**	**6.1**	**8.3**	**2.2**	**7.5**	**6.0**	**0.9**	**3.5**	**5.3**
一　月	Jan.	-8.7	-6.0	-12.4	-6.0	-8.4	-11.3	-6.0	-10.0
二　月	Feb.	-3.2	-1.1	-5.5	-0.9	-1.9	-5.3	-0.9	-3.5
三　月	Mar.	4.4	6.8	0.3	6.1	3.8	-1.9	6.1	2.3
四　月	Apr.	8.9	10.5	4.0	9.4	8.0	1.1	9.4	7.1
五　月	May.	12.3	14.3	8.1	12.3	11.2	4.9	12.3	11.1
六　月	June.	16.3	18.4	12.5	17.1	16.9	10.3	17.1	17.3
七　月	July.	16.9	18.4	13.4	17.1	16.8	11.6	17.1	17.8
八　月	Aug.	18.2	20.3	14.2	19.2	18.8	11.5	19.2	19.5
九　月	Sept.	11.4	13.6	8.5	12.5	11.1	5.8	12.5	11.3
十　月	Oct.	6.7	9.0	3.4	8.1	5.9	0.6	8.1	4.5
十一月	Nov.	-2.0	0.4	-6.9	0.1	-2.5	-6.3	0.1	-4.4
十二月	Dec.	-8.3	-5.5	-13.4	-5.2	-8.2	-10.8	-5.2	-9.1

3-6 主要地区降水量(2013年)

Monthly Precipitation of Major Districts (2013)

单位：毫米 (millimeters)

月份 Month	地区 Region	西宁 Xining	海东 Haidong	门源 Menyuan	黄南 Huangnan	海南 Hainan	果洛 Golog	玉树 Yushu	海西 Haixi
全　年	**Annual Total**	**413.6**	**278.6**	**421.8**	**332.7**	**275.7**	**485.4**	**461.2**	**123.8**
一　月	Jan.	0.0	0.0	0.0	2.5	0.0	1.4	3.9	3.9
二　月	Feb.	1.3	0.6	1.3	6.9	4.8	6.5	4.4	5.7
三　月	Mar.	0.9	0.0	1.5	0.0	0.0	0.0	6.6	0.0
四　月	Apr.	18.6	11.5	16.5	20.4	10.0	18.3	33.7	0.0
五　月	May.	67.6	43.9	70.4	58.3	32.0	109.2	67.7	50.5
六　月	June.	68.1	30.3	82.2	54.7	54.2	74.2	61.1	3.4
七　月	July.	74.5	67.1	54.1	96.4	68.8	141.2	159.8	30.1
八　月	Aug.	107.9	62.2	132.9	28.2	40.1	47.6	20.5	16.5
九　月	Sept.	54.9	46.9	37.3	50.2	43.4	71.8	69.2	6.9
十　月	Oct.	10.5	12.1	17.5	9.2	15.6	14.4	31.1	4.0
十一月	Nov.	6.7	2.8	6.8	5.6	2.7	0.8	0.1	2.4
十二月	Dec.	2.6	1.2	1.3	0.3	4.1	0.0	3.1	0.4

3-7 主要地区平均日照时数(2013年)

Average Sunshine Hours of Major Districts(2013)

单位：小时 (hours)

月 份 Month	地 区 Region	西 宁 Xining	海 东 Haidong	门 源 Menyuan	黄 南 Huangnan	海 南 Hainan	果 洛 Golog	玉 树 Yushu	海 西 Haixi
全 年	**Annual Total**	**2660.6**	**2750.5**	**2469.2**	**2631.1**	**3018.9**	**2614.3**	**2480.9**	**3018.0**
一 月	Jan.	221.7	211.7	204.6	198.5	234.1	200.3	182.8	224.1
二 月	Feb.	229.7	217.4	172.2	215.0	231.9	209.2	198.5	215.5
三 月	Mar.	289.6	282.2	260.2	278.6	296.0	285.5	210.6	275.5
四 月	Apr.	250.1	274.7	227.0	264.3	286.8	227.6	236.8	296.4
五 月	May.	233.4	251.8	208.6	195.5	226.2	176.5	198.3	226.8
六 月	June.	235.6	248.9	202.4	234.5	290.1	232.5	243.0	287.5
七 月	July.	158.3	156.6	141.5	145.2	190.8	148.7	173.8	220.8
八 月	Aug.	246.0	278.1	224.0	274.9	303.8	273.5	274.1	307.9
九 月	Sept.	188.9	194.8	181.2	172.7	213.2	166.4	163.5	240.2
十 月	Oct.	239.7	246.4	224.1	249.2	289.5	233.7	173.2	259.1
十一月	Nov.	189.8	192.5	205.2	200.1	231.5	226.2	207.8	227.3
十二月	Dec.	177.8	195.4	218.2	202.6	225.0	234.2	218.5	236.9

3-8 主要地区平均风速(2013年)

Average Wind Speed of Major Districts (2013)

单位：米/秒 (m/second)

月 份 Month	地 区 Region	西 宁 Xining	海 东 Haidong	门 源 Menyuan	黄 南 Huangnan	海 南 Hainan	果 洛 Golog	玉 树 Yushu	海 西 Haixi
年平均	**Annual Average**	**1.0**	**1.9**	**1.4**	**1.0**	**1.4**	**1.7**	**1.5**	**1.6**
一 月	Jan.	0.9	2.0	0.9	0.8	0.9	1.4	1.3	1.1
二 月	Feb.	0.9	1.9	1.6	0.8	1.4	2.5	2.4	1.3
三 月	Mar.	1.1	1.9	1.5	1.2	1.4	1.8	1.8	1.3
四 月	Apr.	1.5	2.0	2.1	1.3	2.0	1.7	2.0	1.9
五 月	May.	1.2	2.0	1.7	1.0	1.9	1.8	1.7	2.1
六 月	June.	1.2	2.0	1.8	1.2	1.8	1.8	1.3	2.2
七 月	July.	0.9	1.8	1.5	0.8	1.4	1.6	1.1	1.9
八 月	Aug.	1.1	2.0	1.4	1.2	1.5	1.5	1.3	1.9
九 月	Sept.	0.8	1.6	1.3	0.9	1.2	1.5	1.3	2.1
十 月	Oct.	1.0	1.6	1.4	1.0	1.3	1.6	1.0	1.2
十一月	Nov.	0.9	1.9	1.0	0.9	1.2	1.9	1.5	1.4
十二月	Dec.	0.7	2.0	0.6	0.7	0.7	1.2	1.2	1.1

3−9 土地利用现状(2012年)
Land Characteristics of Qinghai(2012)

单位：公顷 (hectare)

指 标	Item	年初面积 Land at Year-beginning	年内减少面积 Newly Decreased Land in Current Year	年内增加面积 Newly Increased Land in Current Year	年末面积 Land at Year-end
耕地	**Cultivated Land**	**588323.87**	**2638.69**	**2842.49**	**588527.67**
水浇地	Paddy Fields	186694.03	2336.95	2834.26	187191.34
旱地	Dry Fields	401629.84	301.74	8.23	401336.33
园地	**Garden Land**	**6174.95**	**32.41**	**0.03**	**6142.57**
果园	Orchard	1965.75	31.55	0.03	1934.23
其它园地	Others	4209.20	0.86		4208.34
林地	**Wood Land**	**3544371.68**	**1014.09**	**583.99**	**3543941.58**
有林地	Wood Land	677470.68	160.18	14.99	677325.49
灌木林地	Bush Woodland	2507076.32	108.05	0.01	2506968.28
其他林地	Other Woodland	359824.68	745.86	568.99	359647.81
牧草地	**Grazing and Pasture Land**	**42117565.20**	**6718.83**	**289.52**	**42111135.89**
天然草地	Natural Meadow	40729430.05	3742.21	193.82	40725881.66
人工牧草地	Artificial Pasture	98052.50	58.99	0.30	97993.81
其他草地	Others	1290082.65	2917.63	95.40	1287260.42
城镇村及工矿用地	**Land for Inhabitation, Mining and Manufacturing**	**211035.10**	**473.92**	**7715.42**	**218276.60**
城市	Cities	13683.55	340.51	1539.58	14882.62
建制镇	Towns	26971.27	0.05	1878.40	28849.62
村庄	Villages	75167.02	35.02	2206.99	77338.99
采矿用地	Mining and Manufacturing	88908.92	56.20	1975.13	90827.85
风景名胜及特殊用地	Scenic Spots and Special Use Area	6304.34	42.14	115.32	6377.52
交通运输用地	**Land for Transport Facilities**	**75293.94**	**68.08**	**1223.39**	**76449.25**
铁路	Railways	6097.19		256.94	6354.13
公路	Highways	30095.65	21.33	806.71	30881.03
农村道路	Rural Road	37238.95	46.75	100.46	37292.66
民用机场	Civil Airports	1186.70		30.53	1217.23
港口码头	Ports	6.04			6.04
管道运输	Pipeline Transport	669.41		28.75	698.16
水域及水利设施用地	**Waters and Land for Water Conservancy Facilities**	**2818232.65**	**137.69**	**59.32**	**2818154.28**
#河流水面	Reservoir Surface	209952.21	32.10	8.62	209928.73
#湖泊水面	Land for Hydraulic Construction	1346676.42		0.88	1346677.30
#内陆滩涂	Inland Beach	708202.33	67.86	0.02	708134.49
其它土地	**Land yet to be Used**	**20303679.35**	**1858.42**	**227.97**	**20302048.90**
设施农用地	Agricultural Facilities	1945.95	50.88	197.62	2092.69
田坎	Raised Path Through Fields	97205.63	119.42	0.20	97086.41
盐碱地	Alkaline Soil	4009134.40	678.49		4008455.91
沼泽地	Everglade	375496.17	1.68	0.10	375494.59
沙地	Sand	4427993.85	855.58		4427138.27
裸地	Bare Land	11391903.35	152.37	30.05	11391781.03

3-10 西宁市土地利用现状(2012年)
Land Characteristics of Xining City (2012)

单位：公顷 (hectare)

指 标	Item	年初面积 Land at Year-beginning	年内减少面积 Newly Decreased Land in Current Year	年内增加面积 Newly Increased Land in Current Year	年末面积 Land at Year-end
总计	**Total**	**760678.17**	**3100.48**	**3100.48**	**760678.17**
耕地	Cultivated Land	149394.26	1357.10	109.98	148147.14
园地	Garden Land	82.70	0.39		82.31
林地	Wood Land	299029.63	732.61	583.94	298880.96
草地	Grassland	214001.97	329.37	289.28	213961.88
城镇村及工矿用地	Land for Urban village, Mining and Manufacturing	35916.91	466.81	1876.42	37326.52
交通运输用地	Land for Transportation	7783.83	40.46	118.88	7862.25
水域及水利利设施用地	Land for Water Conservancy Facilities	6237.25	36.98	20.94	6221.21
其它土地	Others	48231.62	136.76	101.04	48195.90

3-11 海东市土地利用现状(2012年)
Land Characteristics of Haidong city (2012)

单位：公顷 (hectare)

指 标	Item	年初面积 Land at Year-beginning	年内减少面积 Newly Decreased Land in Current Year	年内增加面积 Newly Increased Land in Current Year	年末面积 Land at Year-end
总计	**Total**	**1298242.27**	**1166.89**	**1166.89**	**1298242.27**
耕地	Cultivated Land	225688.15	943.55	0.16	224744.76
园地	Garden Land	1457.62	31.07	0.01	1426.56
林地	Wood Land	487499.66	93.41	0.01	487406.26
草地	Grassland	472896.52	39.38	0.04	472857.18
城镇村及工矿用地	Land for Urban village, Mining and Manufacturing	31828.53	0.01	1037.10	32865.62
交通运输用地	Land for Transportation	11458.55	3.04	82.45	11537.96
水域及水利利设施用地	Land for Water Conservancy Facilities	16120.57	10.56	4.69	16114.70
其它土地	Others	51292.67	45.87	42.43	51289.23

3-12 海北州土地利用现状(2012年)
Land Characteristics of Haibei Zang A.P (2012)

单位：公顷 (hectare)

指 标	Item	年初面积 Land at Year-beginning	年内减少面积 Newly Decreased Land in Current Year	年内增加面积 Newly Increased Land in Current Year	年末面积 Land at Year-end
总计	**Total**	**3438989.37**	**2567.13**	**2567.13**	**3438989.37**
耕地	Cultivated Land	54345.64	49.97	2310.68	56606.35
园地	Garden Land	0.06			0.06
林地	Wood Land	418630.95	27.53		418603.42
草地	Grassland	2207315.21	2457.84	0.11	2204857.48
城镇村及工矿用地	Land for Urban village, Mining and Manufacturing	9427.31		185.11	9612.42
交通运输用地	Land for Transportation	6149.25	2.06	21.11	6168.30
水域及水利利设施用地	Land for Water Conservancy Facilities	276217.54	14.50	23.45	276226.49
其它土地	Others	466903.41	15.23	26.67	466914.85

3-13 黄南州土地利用现状(2012年)
Land Characteristics of Huangnan Zang A.P (2012)

单位：公顷 (hectare)

指 标	Item	年初面积 Land at Year-beginning	年内减少面积 Newly Decreased Land in Current Year	年内增加面积 Newly Increased Land in Current Year	年末面积 Land at Year-end
总计	**Total**	**1822645.84**	**175.84**	**175.84**	**1822645.84**
耕地	Cultivated Land	20037.45	16.11		20021.34
园地	Garden Land	78.56			78.56
林地	Wood Land	202295.42	1.60		202293.82
草地	Grassland	1527767.49	157.35		1527610.14
城镇村及工矿用地	Land for Urban village, Mining and Manufacturing	5200.85		173.74	5374.59
交通运输用地	Land for Transportation	4394.75	0.03	1.78	4396.50
水域及水利利设施用地	Land for Water Conservancy Facilities	12213.06	0.14		12212.92
其它土地	Others	50658.26	0.61	0.32	50657.97

3-14 海南州土地利用现状(2012年)

Land Characteristics of Hainan Zang A.P (2012)

单位：公顷 (hectare)

指 标	Item	年初面积 Land at Year-beginning	年内减少面积 Newly Decreased Land in Current Year	年内增加面积 Newly Increased Land in Current Year	年末面积 Land at Year-end
总计	**Total**	**4345323.04**	**652.21**	**653.09**	**4345323.92**
耕地	Cultivated Land	83327.18	96.83	43.51	83273.86
园地	Garden Land	474.33	0.09	0.02	474.26
林地	Wood Land	257645.28	18.91	0.04	257626.41
草地	Grassland	3371838.60	511.84	0.01	3371326.77
城镇村及工矿用地	Land for Urban village, Mining and Manufacturing	15689.82	5.95	405.10	16088.97
交通运输用地	Land for Transportation	11059.77	7.45	173.10	11225.42
水域及水利利设施用地	Land for Water Conservancy Facilities	325390.18	6.01	9.70	325393.87
其它土地	Others	279897.88	5.13	21.61	279914.36

3-15 果洛州土地利用现状(2012年)

Land Characteristics of Golog Zang A.P (2012)

单位：公顷 (hectare)

指 标	Item	年初面积 Land at Year-beginning	年内减少面积 Newly Decreased Land in Current Year	年内增加面积 Newly Increased Land in Current Year	年末面积 Land at Year-end
总计	**Total**	**7424635.51**	**235.06**	**235.06**	**7424635.51**
耕地	Cultivated Land	1294.43	0. 46		1293.97
园地	Garden Land				
林地	Wood Land	324231.11	0. 17		324230.94
草地	Grassland	6193686.04	231.15		6193454.89
城镇村及工矿用地	Land for Urban village, Mining and Manufacturing	3342.36		112.50	3454.86
交通运输用地	Land for Transportation	4504.61	0. 16	120.42	4624.87
水域及水利利设施用地	Land for Water Conservancy Facilities	280535.20	2. 56	0. 39	280533.03
其它土地	Others	617041.76	0.56	1. 75	617042.95

3-16 玉树州土地利用现状(2012年)
Land Characteristics of Yushu Zang A.P (2012)

单位：公顷 (hectare)

指 标	Item	年初面积 Land at Year-beginning	年内减少面积 Newly Decreased Land in Current Year	年内增加面积 Newly Increased Land in Current Year	年末面积 Land at Year-end
总计	**Total**	**20488713.94**	**703.52**	**703.52**	**20488713.94**
耕地	Cultivated Land	13546.67	90.52	0.03	13456.18
园地	Garden Land	17.59			17.59
林地	Wood Land	651201.00	17.84		651183.16
草地	Grassland	17072053.65	549.24	0.08	17071504.49
城镇村及工矿用地	Land for Urban village, Mining and Manufacturing	8902.98	0.04	632.40	9535.34
交通运输用地	Land for Transportation	10093.91	2.21	69.42	10161.12
水域及水利利设施用地	Land for Water Conservancy Facilities	824408.81	39.22	0.15	824369.74
其它土地	Others	1908489.33	4.45	1.44	1908486.32

3-17 海西州土地利用现状(2012年)
Land Characteristics of Haixi Mongolian &Zang A.P (2012)

单位：公顷 (hectare)

指 标	Item	年初面积 Land at Year-beginning	年内减少面积 Newly Decreased Land in Current Year	年内增加面积 Newly Increased Land in Current Year	年末面积 Land at Year-end
总计	**Total**	**30085448.60**	**4341.00**	**4340.12**	**30085447.72**
耕地	Cultivated Land	40690.09	84.15	378.13	40984.07
园地	Garden Land	4064.09	0.86		4063.23
林地	Wood Land	903838.63	122.02		903716.61
草地	Grassland	11058005.72	2442.66		11055563.06
城镇村及工矿用地	Land for Urban village, Mining and Manufacturing	100726.34	1.11	3293.05	104018.28
交通运输用地	Land for Transportation	19849.27	12.67	636.23	20472.83
水域及水利利设施用地	Land for Water Conservancy Facilities	1077110.04	27.72		1077082.32
其它土地	Others	16881164.42	1649.81	32.71	16879547.32

3-18 矿产及产地数(2012年)

Number of Mineral and Habitats (2012)

矿产类别 Mineral Names	矿产种类数 Mineral Species	上表单矿种产地数 Number Habitats of Mineral on the Form			
		合计 Total	矿床规模 Deposit Scale		
			大型 Large	中型 Medium-sized	小型 Small
能源矿产小计 Subtotal of Energy Minerals	**4**	**127**	**21**	**14**	**92**
石油 Petroleum	1	19	1	10	8
天然气 Natural Gas	1	12	3	1	8
煤 Coal	1	95	17	3	75
油页岩 Oil Shale	1	1			1
金属矿产小计 Subtotal of Metal Minerals	**29**	**354**	**28**	**81**	**245**
黑色金属 Ferrous Metals	2	52	1	10	41
有色金属 Nonferrous Metals	12	175	7	30	138
贵金属 Precious Metals	5	88	6	27	55
稀有、稀土及分散元素矿产 Unusual、Rare Eaths、Element Scatter of Minerals	10	39	14	14	11
非金属矿产小计 Subtotal of NonMetal Minerals	**51**	**327**	**102**	**110**	**115**
冶金辅助原料非金属矿产 Supplemental Raw Material in Metallurgical Industry	5	24	1	12	11
化工原料非金属矿产 Chemical Raw Material	17	212	71	61	80
建材材料及其它非金属矿产 Construction Material and Others	29	91	30	37	24
水气矿产小计 Subtotal of Steam Minerals	**3**	**52**	**8**	**15**	**29**
矿泉水 Mineral Water	1	20		1	19
地下水 Groundwater	1	27	7	14	6
地下热水 Thermal Spring	1	5	1		4
总计 Total	**87**	**860**	**159**	**220**	**481**

3-19 青海省保有资源储量在全国占前十位的矿种(2012年底)

Mineral Kinds of Qinghai Mineral Ensured Reserves Within the Top Ten Places in China (at 2012 Year-end)

位 次 Rank	矿种名称(含亚矿种) Name (Including Sub Minerals)	矿种数 Number
第一位	锂矿、氯化镁、硫酸镁、玻璃用石英岩、电石用灰岩、化肥用蛇纹岩、钾盐、石棉、锶矿、冶金用石英岩制碱用灰岩	11
First	Lithium Ore, Magnesium Chloride, Magnesium Sulphate, Quartzite Used for Glass, Limestone Used for Calcium Carbide, Serpentinite Used for Chenical Fertilzer, Sylvite, Asbestos, Strontium Ore, Quartzite Used for Metallurgy, Limestone Used for Alkali	
第二位	芒硝、盐矿、饰面用蛇纹岩、溴矿、压电水晶、铸石用玄武岩、碎云母、陶粒用粘土	8
Second	Mirabilite, Salt mine(NaCl), Serpentinite Used for Facing, Bromine Ore, Rock Crystal For Piezoelectricity Basalt Used for Stone Casting, Crushed Mica, Clay Used for Haydite	
第三位	铌钽矿、碘矿、滑石、硼矿、水泥配料用板岩	5
Third	Niobium-tantalum, Iodine Ore, Talcum, Boron Ore, Slate Used for Ingredients of Cement	
第四位	粉石英、硅灰石、水泥配料用黄土、天然碱、透辉石、砖瓦用粘土、汞矿	7
Fourth	Konilite, Wollastonite, Loess Used for Ingredients of Cement, Trona, Diopside, Clay Used for Tile, Hydrargyrum Ore	
第五位	铬矿、石膏、铟矿	3
Fifth	Chromium Ore, Plaster, Indium Ore	
第六位	镉矿、泥炭、熔炼水晶、铷矿、硒矿、岩棉用玄武岩、长石	7
Sixth	Cadmium Ore, Peat, Smelting quartz, Rubidium Ore, Selenium Ore, Basalt Used for Rock Wool, Feldspar	
第七位	建筑用砂、自然硫	2
Seventh	Building Sand, Native Sulfur	
第八位	磷矿、镁矿、天然气、玉石、铋矿	5
Eighth	Phosphate Rock, Magnesium Ore, Natural Gas, Jade, Bismuth Ore	
第九位	砷矿、钴矿、菱镁矿、锡矿、锗矿	5
Ninth	Arsenic Ore, Cobalt Ore, Magnesite Pyrophyllite, Tin Ore, Germanium Ore	
第十位	锌矿、云母	2
Tenth	Zinc Ore, Mica	
合计 **Total**		**55**

3-20 分矿种矿产资源开发利用情况(2013年)
Utilization Situation of Mineral Resources (2013)

矿产名称	Name of Minerals	矿山企业数(个) Mining Enterprises (unit)	从业人数(人) Employees (person)	年产矿量 Output of Minerals (万吨) (10 000 tons)	(万立方米) (10 000 cu. m)	工业总产值(万元) Gross Industrial Output Value (10 000yuan)	综合利用产值(万元) Output Value of Comprehensive Utilization (10 000yuan)	利润总额(万元) Total Profit (10 000yuan)
合计	**Total**	**979**	**71825**	**10201.98**	**680624**	**3928478.55**	**137230.18**	**878750.10**
煤炭	Coal	49	11032	1539.76		638544.40	18591.90	91389.02
石油、天然气	Petroleum and Natural Gas	1	25888	213.00	680624	1585600.00		422974.00
地下热水	Geothermal Water	4	60	14.08		182.00		19.50
铁矿	Iron Ore	45	2372	339.18		102484.89	63336.49	491.38
锰矿	Manganese Ore	5	115	6.50		1664.00	1400.00	
铬矿	Chrome Ore	2	30	0.12		140.34		
铜矿	Copper Ore	26	2513	389.09		171785.83	3229.49	68164.32
铅矿	Lead Ore	22	1928	108.45		118893.70	3968.65	46763.14
锌矿	Zinc Ore	2	45	0.48		235.00		
镍矿	Nickel Ore	5	585	24.70		2266.91	112.05	276.20
钨矿	Tungsten Ore	1	40			75.00		
钼矿	Molybdenum Ore	1	30					
锑矿	Antimony Ore	1	22	0.09		700.00	700.00	-119.55
金矿	Gold Ore	19	1801	178.53		106250.96		23950.33
锂矿	Lithium Ore	2	851	569.00		111226.00		-14735.67
锶矿	Strontium Ore	1	13					
普通萤石	Common Fluorite	8	71					
冶金用白云岩	Dolomite Used for Metallurgy	4	57	5.50		141.00	3.60	32.00
冶金用石英岩	Quartzite Used for Metallurgy	50	573	81.06		2604.40	583.00	587.20
自然硫	Native Sulfur	1	5					
芒硝	Mirabilite	3	47					
电石用灰岩	Limestone Used for Calcium Carbide	1	25					
制碱用灰岩	Limestone Used for Making Alkali	4	80	22.22		600.00		10.20
含钾岩石	Rock with Potassium	3	30	0.31		17.36		3.14
盐矿	Salt Ore	9	1553	197.77		24993.17		527.22
镁盐	Magnesium Salts	6	155	52.45		7834.60	1600.00	1651.60
钾盐	Kali Salt	15	6435	4656.40		878391.27	11626.80	250774.01
硼矿	Boron Rock	1	216	10.17		2653.93		-166.60
硅灰石	Scale Stone	1	3					
滑石	Talcum	2	27					
石棉	Asbestos	6	1760	349.00		22065.03		386.00
长石	Feldspar	4	60	0.31		2.00	2.00	

3-20 续表 Continued

矿产名称	Name of Minerals	矿山企业数(个) Mining Enterprises (unit)	从业人数(人) Employees (person)	年产矿量 Output of Minerals (万吨) (10 000 tons)	工业总产值(万元) Gross Industrial Output Value (10 000yuan)	综合利用产值(万元) Output Value of Comprehensive Utilization (10 000yuan)	利润总额(万元) Total Profit (10 000yuan)
石榴子石	Garnet	2	45				
透闪石	Tremolite	1	23				
石膏	Gesso	24	270	60.7	1529	134.5	128.2
方解石	Calcite	2	19	0.08			
玉石	Bowlder	10	556	0.97	39759.00	28534.00	2448.50
水泥用灰岩	Limestone Used for Cement	16	1188	246.94	32232.65	122.50	1838.00
建筑石料用灰岩	Limestone Used for Building Stone	15	112	7.00	459.00	1.50	78.50
制灰用石灰岩	Limestone Used for Making Lime	9	221	212.00	3984.10	369.80	50.00
玻璃用白云岩	Dolomite Used for Glass	1	12	2.00	180.00		36.00
建筑用白云岩	Dolomite Used for Construction	7	81	13.29	400.00	15.00	75.30
玻璃用石英岩	Quartzite Used for Glass	9	132	4.00	280.00	28.00	30.00
建筑用砂岩	Sandstone Used for Construction	2	38	0.01	31.00		
建筑用砂	Sand Used for Construction	173	1453	306.40	8308.81	279.20	1864.40
水泥配料用砂	Sand Used for Cement Ingreedients	2	22	1.06	37.00		6.00
水泥标准砂	Cement Standard Sand	2	52	6.00	420.00	27.00	100.00
陶粒页岩	Haydite Shale	2	30	12.00	278.00	27.80	6.00
高岭土	Kaoline	1	14				
膨润土	Bentonite	1	20				
砖瓦用粘土	Clay Used for Tile	240	6207	206.72	16944.20	1998.00	2612.80
水泥配料用粘土	Clay Used for Ingredients of Cement	4	829	9.00	1420.00	12.00	196.00
建筑用橄榄岩	Peridotite Used for Construction	1	24		10.00		
饰面用蛇纹岩	Serpentinite Used for Facing	21	155				
建筑用玄武岩	Basalt Used for Construction	5	24	3.78	69.50	1.00	21.00
建筑用角闪岩	Amphibolite Used for Construction	2	28	2.10	100.00	100.00	20.00
建筑用辉长岩	Gabbro Used for Constrution	3	26	32.40	293.10		6.50
建筑用安山岩	Building Andesite	1	30	12.00	100.00		
建筑用闪长岩	Diorite Used for Constrution	14	186	32.80	535.60		178.00
建筑用花岗岩	Granite Used for Constrution	46	460	104.62	2748.08	384.00	1054.90
饰面用花岗岩	Granite Used for Facing	10	112	31.19	404.29		43.20
玻璃用凝灰岩	Tuff Used for Glass	1	2				
建筑用凝灰岩	Tuff Used for Bailding	7	78	7.76	200.00		27.00
饰面用大理岩	Marble Used for Facing	8	135	0.78	543.00		
建筑用大理岩	Marble Used for Construction	10	129	8.27	343.00	16.50	40.00
水泥用大理岩	Marble Used for Cement	11	175	106.91	5312.95	12.50	187.00
饰面用板岩	Slate Used for Facing	2	13	3.00	55.00	5.50	5.00
水泥配料用板岩	Slate Used for Ingredients of Cement	2	29	2.30	74.00	7.40	1.00
矿泉水	Mineral Water	8	473	7.73	32075.48		-25280.64

3-21 各地区矿产开发基本情况(2013年)

Mineral Utilization by Region (2013)

地 区	Region	矿山企业数 (个) Mining Enterprises (unit)	从业人数 (人) Employees (person)	年产矿量 Output of Minerals (万吨) (10 000 tons)	年产矿量 Output of Minerals (万立方米) (10 000 cu. m)	工业总产值 (万元) Gross Industrial Output Value (10 000yuan)	综合利用产值 (万元) Output Value of Comprehensive Utilization (10 000yuan)	利润总额 (万元) Total Profit (10 000yuan)
总计	**Total**	**979**	**71825**	**10201.98**	**680624**	**3928478.55**	**137230.18**	**878750.10**
西宁市	Xining City	145	8561	539.82		69254.70	3803.50	5280.20
海东市	Haidong City	292	5537	742.29		47230.36	1302.35	7184.20
海北州	Haibei Zang A.P	121	4406	227.89		121244.73	165.00	2572.74
黄南州	Huangnan Zang A.P	51	923	66.46		3775.00	346.00	1130.60
海南州	Hainan Zang A.P	69	2295	185.85		40434.17	5682.49	2866.84
果洛州	Golog Zang A.P	6	773	301.75		128118.00		65299.00
玉树州	Yushu Zang A.P	4	208	4.15		1858.00		-612.32
海西州	Haixi Mongolian & Zang A.P	291	49122	8133.77	680624	3516563.59	125930.84	795028.84

3-22 矿产资源开发利用情况(按经济类型分)(2013年)

Utilization Situation of Mineral Resources (by Economic Type)(2013)

项 目	Item	矿山企业数 (个) Mining Enterprises (unit)	从业人员 (人) Employees (person)	年产矿量 Output of Minerals (万吨) (10 000 tons)	年产矿量 Output of Minerals (万立方米) (10 000 cu. m)	工业总产值 (万元) Gross Industrial Output Value (10 000yuan)	综合利用产值 (万元) Output Value of Comprehensive Utilization (10 000yuan)	利润总额 (万元) Total Profit (10 000yuan)
总计	**Total**	**979**	**71825**	**10201.98**	**680624**	**3928478.55**	**137230.18**	**878750.1**
内资企业	Domestic Funds	965	68054	9798.3	680624	3672980.21	122940.69	828818.31
国有企业	State-owned Enterprises	52	29513	1073.73	680624	1684331.69	17357.28	409903.22
集体企业	Collective-owned Enterprises	59	1245	51.98		6729.23	391	507.5
股份合作企业	Cooperative Enterprises	10	231	11		788	34.5	24.7
联营企业	Joint Enterprises	5	136	16.3		758.4		-70
有限责任公司	Limited Liability Enterprises	213	17367	2368.15		555872.61	35218.17	67782.61
股份有限公司	Share-holding Enterprises	46	7686	4662.34		1077239.2	12168.25	311330.04
私营企业	Private Enterprises	476	10605	1422.83		339041.54	57495.69	37377.94
其他企业	Other Enterprises	104	1271	191.97		8219.54	275.8	1962.3
港、澳、台商投资企业	Enterprises with Funds from Hong Kong, Macao and Taiwan	7	702	106.08		51814	12989.5	-23920.84
外商投资企业	Foreign Funded Enterprises	7	3069	297.6		203684.34	1299.99	73852.63

3-23 矿产资源储量(按矿种统计)(2013年)

Reserves of Mineral Resources (Statistics by Minerals) (2013)

项 目	Item		矿区数 Number of Mine Areas	资源储量 Reserves of Mineral Resources 保 有 Inventory	累计查明 Found Add Up
煤炭	(千吨) Coal	(1 000 tons)	109	6690837	6961620
油页岩	(千吨) Oil Shale	(1 000 tons)	1	16572	16572
铁矿	(矿石 千吨) Iron Ore	(ore 1 000 tons)	70	591537	605597
铬矿	(矿石 千吨) Chrome Ore	(ore 1 000 tons)	6	783	999
铜矿	(铜 吨) Copper Ore	(copper ton)	77	2133549	2573850
铅矿	(铅 吨) Lead Ore	(lead ton)	60	2219772	3685266
锌矿	(锌 吨) Zinc Ore	(zinc ton)	59	4475892	6185008
镁矿	(矿石 千吨) Magnesium Ore	(ore 1 000 tons)	4	35437	35437
镍矿	(镍 吨) Nickel Ore	(nickel ton)	8	113140	132008
钴矿	(钴 吨) Cobalt Ore	(cobalt ton)	9	23510	38227
钨矿	(W03吨) Tungsten Ore	(W03 ton)	6	22798	23929
锡矿	(锡 吨) Stannum Ore	(W04 ton)	8	60928	60937
铋矿	(铋 吨) Bismuth Ore	(W05 ton)	2	4679	4679
钼矿	(钼 吨) Molybdenum Ore	(W06 ton)	6	249348	249348
汞矿	(汞 吨) Hydrargyrum Ore	(W07 ton)	4	4376	4557
锑矿	(锑 吨) Antimony Ore	(W08 ton)	4	102393	103042
铂族金属	(金属 千克) Platinum Group Metals	(metal kg)	1	48	129
铂矿	(铂 千克) Platinum Ore	(platinum kg)	3	350	358
钯矿	(钯 千克) Palladium Ore	(palladium kg)	1	577	578
金矿	(岩金 金 千克) Gold Ore	(rock gold gold kg)	40	172392	226152
金矿	(砂金 金 千克) Gold Ore	(placer gold gold kg)	16	28452	34445
金矿	(伴生金 金 千克) Gold Ore	(associated gold gold kg)	10	42367	74364
银矿	(银 吨) Argentine Ore	(Argentine ton)	49	5170	7042
铌钽矿	(Nb+Ta)2O5 吨 Niobium-Tantalum ore	(Nb+Ta)2O5 ton	2	2168	2168
锂矿	(LiCl 吨) Lithium Ore	(LiCl ton)	9	16124488	18253310
锶矿	(天青石 吨) Strontium Ore	(celestine ton)	4	22940515	23284663
铷矿	(Rb20 吨) Rubidium Ore	(Rb20 ton)	1	37489	39989
轻稀土矿	(轻稀土氧 吨) Light Rare Earth	(light rare earth ton)	2	346136	346136
锗矿	(锗 吨) Germanium Ore	(germanium ton)	1	160	160
镓矿	(镓 吨) Gallium Ore	(gallium ton)	5	1050	1081
铟矿	(铟 吨) Indium Ore	(indium ton)	3	1303	1544
镉矿	(镉 矿) Cadmium Ore	(cadmium ton)	9	18621	20948
硒矿	(硒 吨) Selenium Ore	(selenium ton)	4	881	1645
菱镁硫	(矿石 千吨) Magnesium Sulfur	(ore 1 000 tons)	1	1869	1869
普通萤石	(萤石或CaF2千吨) Common Fluorite	(fluorite or CaF2 1 000 tons)	6	494	536
熔剂用灰岩	(矿石 千吨) Limestone Used for Flux	(ore 1 000 tons)	2	31843	31843
冶金用白云岩	(矿石 千吨) Dolomite Used for Metallurgy	(ore 1 000 tons)	6	43443	43467
冶金用石英岩	(矿石 千吨) Quartzite Used for Metallurgy	(ore 1 000 tons)	10	303911	304595
自然硫	(硫 千吨) Native Sulfur	(sulfur 1 000 tons)	1	280	583
硫铁矿	(矿石 千吨) Pyrites	(ore 1 000 tons)	11	51083	52262
硫铁矿	(伴生硫 硫 千吨) Pyrites	(associated sulfur sulfur 1 000 tons)	18	22967	34066

3-23 续表 Continued

项 目	Item	矿区数 Number of Mine Areas	资源储量 Reserves of Mineral Resources	
			保 有 Inventory	累计查明 Found Add Up
芒硝 (Na_2SO_4千吨)	Mirabilite (Na_2SO_4 1 000 tons)	13	10011745	10012372
重晶石 (矿石 千吨)	Barytes (ore 1 000 tons)	2	1163	1172
天然碱 (千吨)	Natural Soda (1 000 tons)	3	482	482
电石用灰岩 (矿石 千吨)	Limestone Used for Tourmaline (ore 1 000 tons)	5	2149405	2149582
制碱用灰岩 (矿石 千吨)	Limestone Used for Making Alkali (ore 1 000 tons)	4	571853	575025
化肥用蛇纹岩 (矿石 千吨)	Serpentinite Used for Chemical Fertilizer (ore 1 000 tons)	7	8198881	8200172
泥炭 (矿石 万吨)	Turf (ore 10 000 tons)	2	17682	17682
盐矿 (NaCl千吨)	Salt Ore (NaCl 1 000 tons)	55	303175080	303537258
镁盐 ($MgSO_4$ 千吨)	Magnesium Salts ($MgSO_4$ 1 000 tons)	18	1576234	1589912
镁盐 ($MgCl_2$ 千吨)	Magnesium Salts ($MgCl_2$ 1 000 tons)	31	4079375	4776708
钾盐 (KCl 千吨)	Kali Salt (KCl 1 000 tons)	38	803102	866825
碘矿 (碘 吨)	Iodine Ore (iodine ton)	3	3693	10858
溴矿 (溴 吨)	Bromine Ore (bromine ton)	4	160781	208965
砷矿 (砷 吨)	Arsenic Ore (arsenic ton)	7	93302	94249
硼矿 (B_2O_3千吨)	Boron Rock (B_2O_3 1 000 tons)	15	19368	21013
磷矿 (矿石 千吨)	Phosphorite (ore 1 000 tons)	2	511280	511280
石墨 (晶质石墨 千吨)	Graphite (scaly graphite 1 000 tons)	3	1801	1801
压电水晶 (单晶 千克)	Piezoelectric Crystal (single crystals kg)	1	29382	29698
熔炼水晶 (矿物 吨)	Smelting Crystal (mineral ton)	1	352	357
硅灰石 (矿石 千吨)	Scale Stone (ore 1 000 tons)	1	13496	13496
滑石 (矿石 千吨)	Talcum (ore 1 000 tons)	2	42222	42222
石棉 (石棉 千吨)	Asbestos (asbestos 1 000 tons)	7	53267	56133
云母 (吨)	Mica (ton)	1	1054	1054
碎云母 (碎云母 吨)	Fragmental Mica (fragmental mica ton)	1	367754	367800
长石 (矿石 千吨)	Feldspar (ore 1 000 tons)	3	62645	62657
透辉石 (矿石 千吨)	Diopside (ore 1 000 tons)	1	4017	4017
石膏 (矿石 千吨)	Gesso (ore 1 000 tons)	7	3055709	3058106
玉石 (矿石 吨)	Bowlder (ore ton)	7	30632	45028
水泥用灰岩 (矿石 千吨)	Ash Used for Cement (ore 1 000 tons)	21	1707319	1759053
玻璃用石英岩 (矿石 千吨)	Stone Used for Glass (ore 1 000 tons)	6	1646276	1646921
建筑用砂 (矿石 千吨)	Sand Used for Construction (ore 1 000 tons)	1	17042	17790
粉石英 (矿石 千吨)	Konilite (ore 1 000 tons)	2	6369	6370
陶瓷土 (矿石 千吨)	Ceramic Clay (ore 1 000 tons)	1	2146	2146
砖瓦用粘土 (矿石 千立方米)	Clay Used for Tile (ore 1 000 cu.m)	2	17126	17598
陶粒用粘土 (矿石 千吨)	Clay Used for Haydite (ore 1 000 tons)	2	52651	52784
水泥配料用粘土 (矿石 千吨)	Clay Used for Ingredients of Cement (ore 1 000 tons)	10	63285	63825
水泥配料用黄土 (矿石 千吨)	Loess Used for Ingredients of Cement (ore 1 000 tons)	3	18241	19410
水泥配料用泥岩 (矿石 千吨)	Mudstone Used for Ingredients of Cement (ore 1 000 tons)	2	4242	4660
饰面用蛇纹岩 (矿石 千立方米)	Serpentinite Used for Facing (ore 1 000 cu.m)	2	9414	9414
铸石用玄武岩 (矿石 千吨)	Basalt Used for Stone Casting (ore 1 000 tons)	2	20810	20810
岩棉用玄武岩 (矿石 千吨)	Basalt Used for Rock Wool (ore 1 000 tons)	1	1100	1160
饰面用花岗岩 (矿石 千立方米)	Granite Used for Facing (ore 1 000 cu.m)	3	18063	18073
饰面用大理岩 (矿石 千立方米)	Marble Used for Facing (ore 1 000 cu.m)	3	10667	10796
水泥用大理岩 (矿石 千吨)	Marble Used for Cement (ore 1 000 tons)	4	44595	51504
水泥配料用板岩 (矿石 千吨)	Slate Used for Ingredients of Cement (ore 1 000 tons)	1	7640	7640

3-24 环境基本情况(2010-2013年)

Basic Statistics on Environment (2010-2013)

指 标	Item	2010	2011	2012	2013
水环境	**Water**				
废水排放总量 (万吨)	Waste Water Discharge (10 000 tons)	22609	21292	21994	21953
工业废水排放量	Industry	9031	8677	8917	8395
城镇生活污水排放量	Non-industrial	13578	12607	13071	13550
化学需氧量(COD)排放量 (吨)	Discharge Amount of COD (ton)	83100	103202	103756	103390
工业废水中COD排放量	Industry	44714	40586	41846	42071
城镇生活污水中COD排放量	Non-industrial	38386	39203	37477	37056
氨氮排放量 (吨)	Ammonia Nitrogen Discharge (ton)	8257	9637	9777	9675
工业废水中氨氮排放量	Industry	2271	1907	2032	2075
城镇生活污水中氨氮排放量	Non-industrial	5986	6715	6730	6598
大气环境	**Atmosphere Environment**				
二氧化硫(SO_2)排放量 (吨)	Sulphur Dioxide Emission (ton)	143431	156602	153853	156694
工业SO_2排放量	Industry	133149	134315	129094	130818
城镇生活SO_2排放量	Non-industrial	10282	22286	24758	25875
烟(粉)尘排放量 (吨)	Soot Emission (ton)	174049	138336	156393	173762
工业烟(粉)尘排放量	Industry	149416	117630	133698	149239
城镇生活烟尘排放量	Non-industrial	24633	17616	19615	21600

资料来源：省环保厅、省住房建设厅、省林业厅、省国土资源厅、省爱卫会、省交通厅。

a) Data come from the provincial Environmental Protection Department, provincial Housing and Urban-Rural Development Deaprtment Provincial Forestry Bureau, Provincial Land and Resources Office, Provincial Patriotic Health Committee.

3-24 续表 1 Continued

指 标	Item	2010	2011	2012	2013
固体废物	**Solid Wastes**				
一般工业固体废物产生量 (万吨)	General Industrial Solid Wastes Produced (10 000 tons)		12017	12301	12377
一般工业固体废物	Comprehensive Utilization of the General				
综合利用量 (万吨)	Industrial Solid Wastes (10 000 tons)		6785	6831	6798
生态环境	**Eco-Environment Protection**				
人均耕地面积 (亩)	Per Capita Area of Cultivated Land (acreage)	1.46	1.46	1.42	1.52
森林面积 (万公顷)	Forest Area (10 000 hectares)	370.01	370.01	521.16	441.23
森林覆盖率 (%)	Forest Coverage Rate (%)	5.2	5.2	6.1	6.1
人均森林面积 (公顷)	Per Capita Forest Area (hectare)	0.67	0.67	0.90	0.76
当年营造林面积 (万公顷)	Total Area of Afforestation in the Year (10 000 hectares)	11.78	17.75	13.56	15.28
当年造林	Area of Afforestation in the Year	3.37	4.97	3.34	4.44
无林地和疏林地新封山育林	Closing Hillsides to Facilitate Afforestation Area without Forest or of Sparse Forest in the Year	8.41	12.78	10.22	10.84
自然保护区数 (个)	Number of Nature Reserves (unit)	11	11	11	11
国家级	National Level	5	5	5	7
自然保护区面积 (万公顷)	Area of Nature Reserves (10 000 hectares)	2182	2182	2182	2177
湿地面积 (千公顷)	Area of Wetland (1 000 hectares)	5569	5569	5569	814.36

3-24 续表 2 Continued

指 标	Item	2010	2011	2012	2013
城市环境	**Urban Environment**				
城市面积 (平方公里)	City Areas (sq.km)	512.3	512.3	512.3	559.8
建成区面积	Developed Areas	113.9	122.1	122.1	157.4
城市建设用地面积 (平方公里)	Urban Construction Land Areas (sq.km)	113.5	121.7	122.0	149.4
城市供水总量 (万立方米)	Annual Volume of Tap Water Supply (10 000 cu.m)	18572.3	21769.3	22945.5	24564.2
生活用水量	Water Consumption for Residential use	6208.4	7421.3	7652.7	8472.9
城市用水普及率 (%)	Coverage Rate of Urban Population with Access to Tap Water (%)	99.9	99.9	99.9	99.1
城市污水排放量 (万立方米)	Consumption Waste Water Discharge (10 000 cu.m)	12889.0	15526	16198.3	17198.0
城市污水处理量 (万立方米)	Consumption Waste Water Disposal (10 000 cu.m)	5611.0	9469	9777.0	10600.0
城市污水处理率 (%)	Treatment Rate of Consumption Waste Water (%)	43.5	60.99	60.4	61.6
城市生活垃圾清运量 (万吨)	Volume of Garbage Disposal (10 000 tons)	86.3	83.05	66.3	74.1
城市生活垃圾无害化处理量 (万吨)	Volume of Wastes Disposed (10 000 tons)	58.1	74.30	59.1	57.6
城市生活垃圾无害化处理率 (%)	Treatment Rate of Consumption Wastes (%)	67.3	89.46	89.2	84.6
城市用气普及率 (%)	Coverage Rate of Urban Population with Access to Gas (%)	90.8	92.10	92.7	84.8
城市集中供热面积 (万平方米)	Area of Centralized Heating (100 million sq.m)	208.3	269.9	304.2	450.9
每万人拥有公共交通车辆 (标台)	Number of Public Transportation Vehicles Per 10 000 Population (unit)	10.6	10.1	15.6	9.9
人均公共绿地面积 (平方米)	Per Capita Park Green Area (sq.m)	8.5	9.65	9.8	9.7
建成区绿化覆盖率 (%)	Green Covered Area as % of Completed Area (%)	29.4	31.06	32.5	31.2
农村环境	**Rural Environment**				
农村改水受益率 (%)	Beneficial Rate of the Water Renovation in Rural Areas (%)	85.0	86.6	86.4	88.1
农村自来水普及率 (%)	Popularity Rate of Tap Water in Rural Areas (%)	76.9	78.0	78.2	78.7
农村卫生厕所普及率 (%)	Popularity Rate of Sanitation Toilets (%)	58.3	58.4	62.6	64.9
农村化肥施用量 (万吨)	Consumption of Chemical Fertilizers (10 000 tons)	8.2	8.3	9.3	9.8
农药使用量 (吨)	Consumption of Pesticide (ton)	2061.9	1995.4	1805.4	1997.0
农用塑料薄膜使用量 (吨)	Consumption of Agricultural Films (ton)	3113.4	5405.9	5329.2	6472.2
地膜使用量	Consumption of Ground Films	2425.2	4149.2	4308.1	5415.3

3-25 环境污染治理投资情况(2010-2013年)
Treatment of Environment Pollution(2010-2013)

单位：万元　　(10 000 yuan)

指　标	Item	2010	2011	2012	2013
环境污染治理投资总额	**Total Investment in the Treatment of Environmental Pollution**	**210994**	**246438**	**159891**	**257774**
工业污染源治理投资	**Investment in the Treatment of Industrial Pollution**	**9747**	**27858**	**21880**	**30456**
施工项目本年完成投资额	Completed Investment for the Current Year	9747	27858	21880	30456
治理废水	Waste Water	1019	8510	3263	2985
治理废气	Waste Gas	8729	10091	14130	27174
治理固体废物	Solid Wastes		5705	2507	
治理噪声	Noise Pollution				
治理其他	Others		3552	1980	297
“三同时”项目环保投资	**Investment in "Three Simultaneity" Projects**	**97074**	**106536**	**15126**	**22595**
城镇环境基础设施建设投资	**Investment in Urban Environmental Infrastructure**	**104173**	**112044**	**122885**	**204723**
燃气	Gas Supply	9349	14678	14555	27497
集中供热	Centralized Heating	8520	16644	36961	66569
排水	Drainage Works	46316	43739	46996	48881
园林绿化	Gardening and Greening	26101	25954	22043	43808
市容环境卫生	Environmental Sanitation	13887	11029	2330	17968

注：1.工业污染源治理投资、新改扩建“三同时”项目环保投资来自青海省环保厅，城市环境基础设施建设投资来自省住房建设厅。
2.城镇环境基础设施建设投资统计口径为全部城镇数据。

a) Data of Investment in the treatment of industrial pollution and "Three Simultaneities" environmental investment for new project are from Environmental Protection Department of Qinghai Province, data of investment in urban environmental infrastructure are from the Housing and Urban-Rural Development Department of Qinghai Province.

b) In accordance with the National Bureau of Statistics, investment in urban environmental infrastructure are data of cities already founded.

3-26 2010-2013年城镇生活及其他污染情况
Discharge of Pollutants from Urban Daily Life(2010-2013)

指 标	Item	2010	2011	2012	2013
生活及其他煤炭含硫率 (%)	Sulfur Content of Coal of Life and Other (%)	0.5	0.6	0.6	0.6
生活及其他煤炭灰分 (%)	Ash Content of Coal of Life and Other (%)	24.5	23.2	23.5	18.8
城镇生活污水排放量 (万吨)	Municipal Waste Water Discharge Amount (10 000 tons)	13578.4	12607.0	13071.0	13550
城镇生活污水中COD产生系数 (克/人.日)	Producing Coefficient of COD in the Municipal Waste (g/person. day)	60	60	60	60
城镇生活污水中COD产生量 (吨)	Producing Amount of COD in the Municipal Waste Water (%)	52577.8	55965.0	58988.0	63040
城镇生活污水中COD排放量 (吨)	Discharge Amount of COD in the Municipal Waste Water (ton)	38386.4	39203.0	37477.0	37056
城镇生活污水中COD去除量 (吨)	Removing Amount of COD in the Municipal Waste Water (ton)	14191.4			
城镇生活污水中氨氮产生系数 (克/人.日)	Producing Coefficient of Ammonia Nitrogen in the Municipal Waste Water (g/person. day)	7	8	8	8
城镇生活污水中氨氮产生量 (吨)	Ammonia Nitrogen Producing in the Municipal Waste Water (ton)	6134.2	7481.0	7985.0	8214
城镇生活污水中氨氮排放量 (吨)	Ammonia Nitrogen Discharge in the Municipal Waste Water (ton)	5986.2	6715.0	6730.0	6598
生活及其他二氧化硫排放量 (吨)	Sulfur Dioxide Discharge of Life and Other (ton)	10282	22286	24758	25875
生活及其他烟尘排放量 (吨)	Soot Discharge of Life and Other (ton)	24633	17616	19615	21600
生活及其他氮氧化物排放量 (吨)	Discharge Amount of Nitrogen Oxides of Life and Other (ton)	32727	4863	5577	6161
公路交通氮氧化物排放量 (吨)	Highway Traffic (ton)	22578	31691	32472	32912

3-27 2010-2013年城市污水处理情况
Sewage Treatment in Urban Areas (2010-2013)

指 标	Item	2010	2011	2012	2013
污水处理厂 (座)	Sewage Disposal Work (unit)	10	18	20	19
污水处理厂处理能力 (万吨/日)	Handling Capacity of Sewage Disposal Work (10 000 tons/day)	32.90	36.94	39.74	39.70
当年新增 (万吨/日)	Newly Increased in Current Yea (10 000 tons/day)	12.90		2.42	5.16
污水年处理量 (万吨)	Sewage Disposal Amount (10 000 tons)	5580	7722	8912	10158
处理生活污水量 (万吨)	Domestic Sewage Disposal Amount (10 000 tons)	5575	7722	8912	10158
化学需氧量去除量 (吨)	Removing Amount of Chemical Oxygen Demand (ton)	14160	20627	23536	25984
氨氮去除量 (吨)	Removing Amount of Ammonia Nitrogen (ton)	165	1152	1157	1616
总磷去除量 (吨)	Removing Amount of Total Phosphorus (ton)	81	15	8	12
污泥产生量 (吨)	Producing Amount of Sludge (ton)	40514	55210	56256	58594
污泥利用量 (吨)	Utilizing Amount of Sludge (ton)	561			869
污泥排放量 (吨)	Discharge Amount of Sludge (ton)	357			
本年运行费用 (万元)	Running Expense in This Year (10 000 yuan)	5007	7856	9599	10731

主要统计指标解释

耕地面积　指经过开垦用以种植农作物并经常进行耕耘的土地面积。包括种有作物的土地面积、休闲地、新开荒地和抛荒未满三年的土地面积。

林业用地面积　指生长乔木、竹类、灌木、沿海红树林等林木的土地面积，包括有林地、灌木林、疏林地、未成林造林地、迹地、苗圃等。

草地面积　指牧区和农区用于放牧牲畜或割草，植被盖度在5%以上的草原、草坡、草山等面积。包括天然的和人工种植或改良的草地面积。

森林资源　指森林、林木、林地以及依托森林、林木、林地生存的野生动物、植物和微生物。林木指树木和竹子。森林指以乔木为主体的植物群落，是集生的乔木及与共同作用的植物、动物、微生物和土壤、气候等的总体。

森林面积　指由乔木树种构成，郁闭度0.2以上(含0.2)的林地或冠幅宽度10米以上的林带的面积，即有林地面积。森林面积包括天然起源和人工起源的针叶林面积、阔叶林面积、针阔混交林面积和竹林面积，不包括灌木林地面积和疏林地面积。

森林覆盖率　指一个国家或地区森林面积占土地总面积的百分比。森林覆盖率是反映森林资源的丰富程度和生态平衡状况的重要指标。在计算森林覆盖率时，森林面积包括郁闭度0.2以上的乔木林地面积和竹林地面积，国家特别规定的灌木林地面积、农田林网以及四旁(村旁、路旁、水旁、宅旁)林木的覆盖面积。

水资源总量　指评价区内降水形成的地表和地下产水总量，即地表产流量与降水入渗补给地下水量之和，不包括过境水量。

矿产资源　矿产资源指由地质作用形成的，具有利用价值的，呈固态、液态、气态的自然资源，是社会生产发展的重要物质基础。目前我国已发现矿种有170多种，按其特点和用途，可分为能源矿产(如煤炭、石油、天然气、地热)、金属矿产(如铁矿、锰矿、铜矿、铅矿、铝土矿)、非金属矿产(如金刚石、石灰岩、粘土)和水气矿产(如地下水、矿泉水、二氧化碳气)四大类。其中:金属矿产按其物质成份和性质又可分为:黑色金属矿产、有色金属矿产、贵金属矿产、稀有金属矿产、稀土金属矿产、分散元素金属矿产六类。

气温　指空气的温度，我国一般以摄氏度(℃)为单位表示。气象观测的温度表是放在离地面约1.5米处通风良好的百叶箱里测量的，因此，通常说的气温指的是离地面1.5米处百叶箱中的温度。

降水量　指从天空降落到地面的液态或固态(经融化后)水，未经蒸发、渗透、流失而在地面上积聚的深度。

日照时数　指太阳实际照射地面的时间。其统计方法与降水量相同。

工业废水排放量　指经过企业厂区所有排放口排到企业外部的工业废水量。包括生产废水、外排的直接冷却水、超标排放的矿井地下水和与工业废水混排的厂区生活污水，不包括外排的间接冷却水(清污不分流的间接冷却水应计算在内)。

工业废水排放达标量　指报告期内废水中各项污染物指标都达到国家或地方排放标准的外排工业废水量，包括未经处理外排达标的，经废水处理设施处理后达标排放的，以及经污水处理厂处理后达标排放的。

工业废气排放量　指报告期内企业厂区内燃料燃烧和生产工艺过程中产生的各种排入大气的含有污染物的气体的总量，以标准状态(273K，101325Pa)计算。测算公式为：

$$\text{工业废气排放量} = \text{燃料燃烧过程中废气排放量} + \text{生产工艺过程中废气排放量}$$

工业烟尘排放量　指企业厂区内燃料燃烧过程中产生的烟气中夹带的颗粒物排放量。

工业粉尘排放量　指企业在生产工艺过程中排放的能在空气中悬浮一定时间的固体颗粒物排放量。如钢铁企业的耐火材料粉尘、焦化企业的筛焦系统粉尘、烧结机的粉尘、石灰窑的粉尘、建材企业的水泥粉尘等。不包括电厂排入大气的烟尘。

Explanatory Notes on Main Statistical Indicators

Area of Cultivated Land refers to area of land reclaimed for the regular cultivation of various farm crops, including crop - cover land, fallow, newly reclaimed land and land laid idle for less than 3 years.

Area of Afforested Land refers to area for land for trees bamboo, bushes and mangrove, including forest - covered land, bush - covered land, sparse forest land, land planned for afforestation and nurseries of young trees.

Area of Grassland refers to area of grassland, grass - slopes and grass - covered hills with a vegetation - covering rate of over 5% that are used for animal husbandry or harvesting of grass. It includes natural, cultivated and improved grassland areas.

Forest Resource refers to forests, trees, forestland and wild animals, plants and microorganism that live on forest and trees. Trees include trees and bamboo. Forest refers to the population of clusters of trees and other plants, animals and microorganism as well as the earth and climate that have interactions with the trees.

Forest Area refers to the area of forest where trees and bamboo grow with canopy density above 0.2, including land of natural woods and planted woods, but excluding bush land and thin forest land. It reflects the total areas of afforestation.

Forest Coverage Rate refers to the ratio of area of afforested land to total land area. It is a very important indicator that reflects the status of abundance of forest resource and balance of the ecosystem. Forest area includes the area of trees and bamboo grow with canopy density above 0.2, the area of shrubby tree according to regulations of the government, the area of forest land inside farm land and the area of trees planted by the side of villages, farm houses and along roads and rivers.

Total Water Resources refers to total volume of water resources measured as run - off for surface water from rainfall and recharge for groundwater in a given area, excluding transit water.

Mineral Resources refer to useful minerals, with solid state, liquid state, gaseity, due to the geological process. Minerals are important natural resources, and important material base for social development. At present, there are more than 170 types of minerals discovered in China. They can be categorized into four groups: energy producing minerals (including coal, petroleum, natural gas and terrestrial heat), metallic minerals (including iron, manganese, copper, lead and bauxite), non metallic minerals (including diamond, limestone and clay), and water/gas related minerals (including ground water, mineral water and carbon dioxide). Metallic minerals can be further classified as ferrous, non - ferrous, noble metal, rare metal, rare earth metal and dispersed metals.

Temperature refers to the air temperature. China uses centigrade as the unit. The thermometry used for weather observation is put in a breezy shutter, which is 1.5 meters high from the ground. Therefore, the commonly used temperature refers to the temperature in the breezy shutter 1.5 meters away from the ground.

Volume of Precipitation refers to the deepness of liquid state or solid state (thawed) water falling from the sky to the ground that has not been evaporated, infiltrated or run off.

Sunshine Hours refer to the actual hours of sun irradiating the earth. The calculation method is the same as that of the precipitation.

Waste Water Discharged by Industry refers to the volume of waste water discharged by industrial enterprises through all their outlets, including waste water from production process, directly cooled water, groundwater from mining wells which does not meet discharge standards and sewage from households mixed with waste water produced by industrial activities, but excluding indirectly cooled water discharged (It should be included if the discharge is not separated from waste water).

Industrial Waste Water Meeting Discharge Standards refers to volume of industrial waste water discharge which, with or without treatment, reaches national or local standards with regard to all pollutants.

Industrial Waste Air Emission refers to the discharge into atmosphere of waste air containing pollutants generated from fuel burning and production processes in enterprises within a given period of time. It is calculated at standard status (273K, 101325Pa) as:

$$\text{Industrial waste air emission} = \text{emission through fuel burning} + \text{emission through production process}$$

Industrial Soot Emission refers to the volume of soot in smoke emitted in the process of fuel burning in the premises of enterprises.

Industrial Dust Emission refers to volume of dust emitted by production process of enterprises and suspended in the air for a given period of time, including dust from refractory material of iron and steel works, dust from coke - screening systems and sintering machines of coke plants, dust from lime kilns and dust from cement production in building material enterprises, but excluding soot and dust emitted from power plants.

第 4 篇

CHAPTER 4

人　口

Population

全省城乡常住人口情况

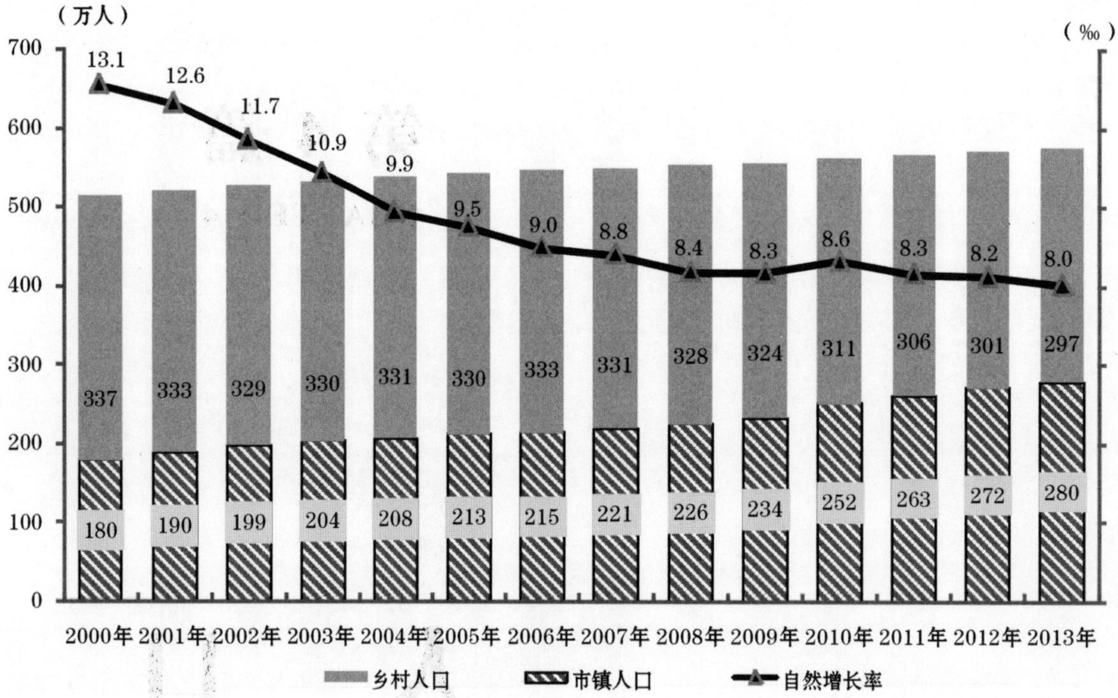

各民族人口构成

2013年

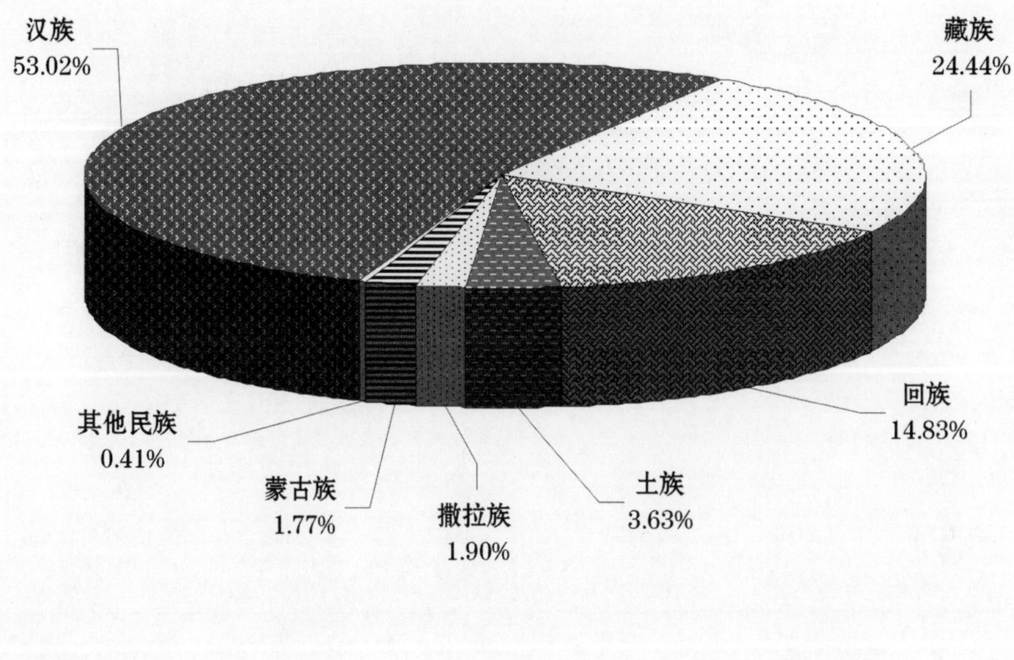

4-1 主要年份常住人口及自然变动情况
Population and Natural Changes in Main Years

年份 Year	常住人口（万人） Total Population (10 000 persons)	自然变动情况 natural Changes 出生 Birth 人数（人） Population	出生率 Birth Rate (‰)	死亡 Death 人数（人） Population	死亡率 Death Rate (‰)	自然增加 Natural Increase 人数（人） Population	自然增长率 Natural Growth Rate (‰)
1952	161.38	48052	30.25	22207	13.98	25845	16.27
1954	173.24	74469	44.16	22427	13.30	52042	30.86
1957	204.64	65094	32.20	21037	10.40	44057	21.78
1965	230.45	109596	48.72	20371	9.06	89225	39.66
1970	282.73	111111	40.06	20863	7.52	90248	32.54
1975	337.49	106448	31.95	27457	8.24	78991	23.71
1978	364.86	94353	26.15	24030	6.66	70322	19.49
1980	376.90	79167	21.14	21015	5.61	58152	15.53
1985	407.38	57471	14.24	18533	4.58	38938	9.63
1990	447.66	108052	24.34	33162	7.47	74890	16.87
1991	454.43	105409	23.37	37662	8.35	67747	15.02
1992	461.02	103171	22.54	37259	8.14	65912	14.40
1993	466.70	95091	20.50	38315	8.26	56776	12.24
1994	474.00	103759	22.06	32078	6.82	71681	15.24
1995	481.20	105000	22.01	33000	6.89	72000	15.12
1996	488.30	106000	21.89	35000	7.20	71000	14.69
1997	495.60	107000	21.80	34000	6.95	73000	14.85
1998	502.80	106130	21.26	33850	6.78	72280	14.48
1999	509.80	104703	20.68	34327	6.78	70376	13.90
2000	516.50	98781	19.25	31559	6.15	67222	13.10
2001	523.10	99074	19.06	33475	6.44	65599	12.62
2002	528.60	94916	18.05	33391	6.35	61525	11.70
2003	533.80	89985	16.94	32350	6.09	57635	10.85
2004	538.60	87508	16.32	34585	6.45	52923	9.87
2005	543.20	84921	15.70	33590	6.21	51331	9.49
2006	547.70	83127	15.24	34200	6.27	48927	8.97
2007	551.60	82063	14.93	33694	6.13	48369	8.80
2008	554.30	80122	14.49	33951	6.14	46171	8.35
2009	557.30	80647	14.51	34404	6.19	46243	8.32
2010	563.47	83721	14.94	35360	6.31	48361	8.63
2011	568.17	81648	14.43	34628	6.12	47020	8.31
2012	573.17	81606	14.30	34583	6.06	47023	8.24
2013	577.79	81488	14.16	35277	6.13	46211	8.03

4-2 主要年份人口变化情况

Changes of Population in Main Years

单位：万人 (10 000 persons)

年 份 Year	年末常住人口 Total Population at Year-end	按性别分 By Sex		按城乡分 By Residence		按农业、非农业分 By Agricultural or Non-agricultural	
		男 Male	女 Female	市镇人口 Urban	乡村人口 Rural	农业人口 Agricultural Population	非农业人口 Non-agricultural Population
1952	161.38	81.82	79.56	8.38	153.00	145.08	16.30
1978	364.86	189.30	175.56	67.84	297.02	277.40	87.46
1979	372.02	192.25	179.77	71.06	300.96	279.70	92.32
1980	376.90	194.18	182.72	74.71	302.19	280.38	96.52
1981	381.60	196.62	184.98	76.78	304.82	284.12	97.48
1982	392.79	201.92	190.87	79.82	312.97	294.39	98.40
1983	392.57	201.64	190.93	77.25	315.32	292.96	99.61
1984	401.61	205.98	195.63	128.63	272.98	294.20	107.41
1985	407.38	208.43	198.95	137.75	269.63	291.24	116.14
1986	421.12	216.26	204.86	140.75	280.37	298.90	122.22
1987	427.90	219.16	208.74	143.00	284.90	303.50	124.40
1988	434.20	222.18	212.02	146.86	287.34	307.93	126.27
1989	440.20	225.27	214.93	150.69	289.51	313.46	126.74
1990	447.66	229.36	218.30	153.22	294.44	321.19	126.47
1991	454.43	232.80	221.63	155.11	299.32	329.76	124.67
1992	461.02	235.95	225.07	157.34	303.68	334.57	126.45
1993	466.70	238.95	227.75	158.04	308.66	341.70	125.00
1994	474.00	242.74	231.26	160.90	313.10	347.61	126.39
1995	481.20	246.37	234.83	163.13	318.07	352.72	128.48
1996	488.30	250.01	238.29	166.93	321.37	357.88	130.42
1997	495.60	252.76	242.84	171.94	323.66	363.81	131.79
1998	502.80	252.13	250.67	174.18	328.62	369.43	133.37
1999	509.80	259.29	250.51	176.33	333.47	374.57	135.23
2000	516.50	267.03	249.47	179.54	336.96	379.47	137.03
2001	523.10	266.09	257.01	190.00	333.10	382.91	140.19
2002	528.60	271.12	257.48	199.16	329.44	385.09	143.51
2003	533.80	272.33	261.47	203.80	330.00	387.06	146.74
2004	538.60	276.43	262.17	207.51	331.09	389.30	149.30
2005	543.20	277.58	265.62	213.21	329.99	391.76	151.44
2006	547.70	278.52	269.18	215.02	332.68	393.30	154.40
2007	551.60	279.50	272.10	221.02	330.58	395.83	155.77
2008	554.30	279.33	274.97	226.49	327.81	396.93	157.37
2009	557.30	280.26	277.04	233.51	323.79	399.08	158.22
2010	563.47	291.79	271.68	251.98	311.49	397.58	165.89
2011	568.17	287.55	280.62	262.62	305.55	381.92	186.25
2012	573.17	294.94	278.23	271.92	301.25	370.55	202.62
2013	577.79	292.65	285.14	280.30	297.49	325.82	251.97

注：1990年以前数据为公安户籍统计数，其余年份数据为人口变动抽样调查推算数。1990、2000、2010年数据为年底数。

a)Data before 1990 were taken from the statistics of household registration of Qinghai Provincial Public Security Department. Data in the remaining years have been estimated on the basis of the annual national sample surveys on population changes. Data in 1990,2000 and 2010 were Popu at year-end.

4-3 主要年份人口机械变动情况
Mechanical Changes of Popualtion in Main Years

单位：人、% (person，%)

年份 Year	迁入 Immigration		迁出 Move Out		机械增加 Machinery Increased	
	人数 Population	迁入率 Immigration Rate	人数 Population	迁出率 Move Out Rate	人数 Population	增长率 Growth Rate
1952	57027	3.59	32270	2.03	24757	1.56
1955	47126	2.62	37611	2.09	9515	0.53
1957	79101	3.91	75298	3.72	3803	0.19
1965	132814	5.90	115107	5.12	17707	0.79
1970	151266	5.45	130879	4.72	20387	0.74
1975	102755	3.08	95082	2.85	7673	0.23
1978	105991	2.94	95264	2.64	10727	0.30
1980	121385	3.24	124151	3.32	-2766	-0.07
1985	52358	1.29	33172	0.82	19186	0.47
1986	24530	0.59	27113	0.65	-2583	-0.06
1987	17493	0.41	26730	0.63	-9237	-0.22
1988	13204	0.31	33330	0.77	-20126	-0.46
1989	11910	0.27	27357	0.63	-15447	-0.36
1990	10306	0.23	24491	0.55	-14185	-0.32
1991	11201	0.25	26295	0.58	-15094	-0.33
1992	12040	0.27	27666	0.62	-15626	-0.35
1993	10824	0.23	25059	0.54	-14235	-0.31
1994	10871	0.24	19464	0.43	-8593	-0.19
1995	11439	0.25	17156	0.38	-5717	-0.13
1996	11209	0.24	17219	0.37	-6010	-0.13
1997	11043	0.24	14550	0.31	-3507	-0.08
1998	7687	0.16	12734	0.27	-5047	-0.11
1999	6872	0.15	12057	0.26	-5185	-0.11
2000	8749	0.17	17782	0.35	-9033	-0.18
2001	9789	0.19	20231	0.39	-10442	-0.20
2002	10601	0.22	19534	0.40	-8933	-0.18
2003	13736	0.28	22527	0.46	-8791	-0.18
2004	15809	0.32	22652	0.46	-6843	-0.14
2005	18097	0.36	26365	0.53	-8268	-0.17
2006	21875	0.43	24261	0.48	-2386	-0.05
2007	27418	0.53	25435	0.49	1983	0.04
2008	27365	0.52	25086	0.48	2279	0.04
2009	28328	0.51	25753	0.46	2575	0.05
2010	27719	0.49	23305	0.42	4414	0.07
2011	33348	0.59	21120	0.37	12228	0.22
2012	25663	0.45	19642	0.34	6021	0.11
2013	23920	0.42	17047	0.3	6906	0.12

注：1.本表数据系省公安厅年报数据。
2.1985年以后的迁入迁出人口均为省际间迁入迁出。
3.1952年数据根据《中国财经出版社》出版的《中国人口·青海分册》的有关资料推算。
a) Date in this table are Annual Report data of Qinghai Provincial Public Security Department.
b)After the year of 1985,the population of Immigration and move out have been the population of provincial Immigration and move out.
c)1952 data were estimated based on "China's population in Qinghai branch" published in China Financial Publishing House.

4-4 分地区户籍统计人口数及变动情况(2013年)

单位：户、人

地 区	Region	年末数 The Number at Year-end					
		总户数 Total Number of Households	总人口 The Total Population			总人口中 In The Total Population	
			合计 Total	男 Male	女 Female	非农业人口 Non-agricultural Population	未落常住户口的人员 Non-resident Accounts personel
全省	**Provincial Total**	**1734302**	**5725921**	**2901528**	**2824393**	**2534377**	**2372**
西宁市	**Xining City**	**603997**	**2002515**	**1009481**	**993034**	**1235896**	**534**
城东区	Chengdong District	80700	252580	125985	126595	244840	
城中区	Chengzhong District	80132	239605	117527	122078	223684	
城西区	Chengxi District	68881	216191	105622	110569	210337	
城北区	Chengbei District	71718	218745	108561	110184	189818	
大通县	Datong County	123198	460027	236427	223600	148018	534
湟中县	Huangzhong County	137057	480596	246425	234171	160004	
湟源县	Huangyuan County	42311	134771	68934	65837	59195	
海东市	**Haidong City**	**484338**	**1703359**	**872518**	**830841**	**563951**	**6**
平安县	Ping'an County	43410	127515	64041	63474	50053	
民和县	Minhe County	112554	435775	224042	211733	144966	
乐都县	Ledu County	93735	291050	148761	142289	127866	6
互助县	Huzhu County	113485	396130	207386	188744	163130	
化隆县	Hualong County	78028	298096	151040	147056	49653	
循化县	Xunhua County	43126	154793	77248	77545	28283	
海北州	**Haibei Zang A.P**	**93102**	**292617**	**148344**	**144273**	**76262**	
门源县	Menyuan County	47838	159552	81551	78001	30300	
祁连县	Qilian County	16693	51237	25493	25744	14198	
海晏县	Haiyan County	12515	36221	18294	17927	16559	
刚察县	Gangcha County	16056	45607	23006	22601	15205	
黄南州	**Huangnan Zang A.P**	**87119**	**268061**	**134059**	**134002**	**64639**	**1537**
同仁县	Tongren County	31461	95854	47746	48108	28944	
尖扎县	Jianzha County	22094	60108	29820	30288	17664	374
泽库县	Zeku County	21838	73281	36967	36314	8343	9
河南县	Henan County	11726	38818	19526	19292	9688	1154

注：本表数据系省公安厅年报数。

Household Registration Statistics and Changes in Population by Region (2013)

(household，person)

年内人口变动 Changes During The Year					
出生 Birth	死亡 Death	迁入 Immigration		迁出 Move Out	
		省内 Within the Province	省外 Outside the Province	省内 Within the Province	省外 Outside the Province
107697	**33944**	**90188**	**23920**	**100380**	**17047**
37215	**14929**	**56455**	**12784**	**64177**	**8764**
3009	1801	7504	1987	8065	2062
2329	1586	7821	1704	4599	1331
1809	1346	8622	2368	6252	2226
2415	1464	7991	1852	6757	1789
8628	3552	3319	1090	5122	749
17635	4413	19110	3408	30391	413
1390	767	2088	375	2991	194
33995	**7932**	**14402**	**4927**	**16040**	**3702**
2098	480	1219	597	1271	292
9378	1569	2473	1372	3102	1619
3846	1473	2954	1194	3294	690
6427	2626	3491	1216	3631	565
7304	861	2342	262	2904	212
4942	923	1923	286	1838	324
4210	**1378**	**3483**	**684**	**3553**	**721**
2318	685	1932	334	1956	490
819	260	459	125	439	96
362	185	543	132	536	67
711	248	549	93	622	68
6149	**1288**	**3653**	**271**	**3248**	**205**
1932	220	327	120	119	50
1623	544	2701	99	2496	100
1680	366	328	28	323	25
914	158	297	24	310	30

a) Data in this table are Annual Report data of Qinghai Provincial Public Security Department.

4-4 续表

单位：户、人

地 区	Region	总户数 Total Number of Households	年末数 The Numberat Year-end 总人口 The Total Population 合计 Total	男 Male	女 Female	总人口中 In The Total Population 非农业人口 Non-agricultural Population	未落常住户口人员 Non-resident Accounts Personel
海南州	**Hainan Zang A.P**	**143178**	**463440**	**232493**	**230947**	**113631**	
共和县	Gonghe County	44555	134987	67780	67207	47365	
同德县	Tongde County	17532	60313	30301	30012	12412	
贵德县	Guide County	35697	109322	54884	54438	22518	
兴海县	Xinghai County	22005	78962	39790	39172	11447	
贵南县	Guinan County	23389	79856	39738	40118	19889	
果洛州	**Golog Zang A.P**	**58834**	**192926**	**97580**	**95346**	**35419**	**249**
玛沁县	Maqin County	16421	49023	24891	24132	16172	177
班玛县	Banma County	7636	28579	14484	14095	4663	72
甘德县	Gande County	10809	36205	18400	17805	4289	
达日县	Dari County	11878	38250	19240	19010	3873	
久治县	Jiuzhi County	6475	26043	12963	13080	2586	
玛多县	Maduo County	5615	14826	7602	7224	3836	
玉树州	**Yushu Zang A.P**	**111136**	**394803**	**198099**	**196704**	**69412**	
玉树县	Yushu County	32803	107552	53672	53880	24864	
杂多县	Zaduo County	13664	58063	29891	28172	6327	
称多县	Chengduo County	18185	61667	30914	30753	12066	
治多县	Zhiduo County	11830	36598	18350	18248	10139	
囊谦县	Nangqian County	24400	99261	49375	49886	10513	
曲麻莱县	Qumalai County	10254	31662	15897	15765	5503	
海西州	**Haixi Mongolian & Zang A.P**	**152598**	**408200**	**208954**	**199246**	**375167**	**46**
格尔木市	Geermu City	50448	132922	68004	64918	130660	
德令哈市	Delingha City	27550	75953	38817	37136	58702	
乌兰县	Wulan County	42529	103608	53245	50363	102877	46
都兰县	Dulan County	24465	73475	37773	35702	73475	
天峻县	Tianjun County	7606	22242	11115	11127	9453	

Continued

(household, person)

年内人口变动 Changes During The Year					
出生 Birth	死亡 Death	迁入 Immigration		迁出 Move Out	
		省内 Within the Province	省外 Outside the Province	省内 Within the Province	省外 Outside the Province
9157	**2148**	**4438**	**1047**	**5381**	**725**
2235	717	1465	252	2685	201
1406	301	502	45	482	29
1675	566	1186	476	928	316
2374	307	751	89	672	39
1467	257	534	185	614	140
4174	**698**	**712**	**188**	**795**	**109**
1071	330	450	60	420	43
662	92	67	61	87	5
1150	108	67	17	143	26
613	87	45	21	104	24
28	8	24	12	2	
650	73	59	17	41	9
7290	**3419**	**1053**	**363**	**2081**	**232**
1858	537	376	128	467	79
789	269	254	24	762	6
1100	137	85	43	141	46
851	117	118	26	67	15
2084	2202	191	115	589	73
608	157	29	27	55	13
5507	**2152**	**5992**	**3656**	**5105**	**2589**
1775	397	2750	1968	1453	1399
1005	402	1226	470	1115	282
1032	565	1271	981	1466	720
1289	681	625	189	1004	178
406	107	120	48	67	10

4-5 主要年份少数民族人口数

Population of Ethnic Minorities in Main Years

单位:人、% (person,%)

民 族	Ethnic Name	2006	2007	2008	2009	2010	2011	2012	2013
少数民族人口总计	Total Population of Ethnic Minorities	2544176	2569573	2589690	2610951	2646954	2669263	2692752	2714457
占全省人口的比重	Percentage to Total Population of The Province	46.45	46.58	46.72	46.85	46.98	46.98	46.98	46.98
藏 族	Tibetan	1229915	1266032	1299834	1334176	1377012	1388608	1400827	1412119
占全省人口的比重	Percentage to Total Population of The Province	22.46	22.95	23.45	23.94	24.44	24.44	24.44	24.44
回 族	Hui	859560	853766	845862	838737	835481	842596	850011	856863
占全省人口的比重	Percentage to Total Population of The Province	15.69	15.48	15.26	15.05	14.83	14.83	14.83	14.83
土 族	Tu	221161	217110	212297	207873	204703	206246	208061	209738
占全省人口的比重	Percentage to Total Population of The Province	4.04	3.94	3.83	3.73	3.63	3.63	3.63	3.63
撒拉族	Salar	117208	114733	111969	109231	107241	107952	108902	109780
占全省人口的比重	Percentage to Total Population of The Province	2.14	2.08	2.02	1.96	1.90	1.90	1.90	1.90
蒙古族	Mongolian	96067	96971	97557	98642	99956	100566	101451	102269
占全省人口的比重	Percentage to Total Population of The Province	1.75	1.76	1.76	1.77	1.77	1.77	1.77	1.77
其它民族	Others	20155	20740	21063	21735	22561	23295	23500	23689
占全省人口的比重	Percentage to Total Population of The Province	0.37	0.38	0.38	0.39	0.41	0.41	0.41	0.41

注:2005年是1%人口抽样调查数，2006年—2009年数据根据第六次人口普查数据进行了调整，2010年的各民族人口比重是第六次人口普查数据，2011、2012、2013年数据根据第六次人口普查推算。

a):Data in 2005 were the data of 1% population sample survey. Data in 2006- 2009 are estimated from the Sixth National Population Census. The proportion of people of all ethnic minorities in 2010 were from the Sixth National Population Census.Data in 2011，2012 and 2013 were calculated in accordance with the Sixth National Population Census.

4−6 人口计划生育情况(2013年)
Family Planning (2013)

单位：人、% (person，%)

指　标	Item	合　计 Total	西宁市 Xining City	海东市 Haidong City	海北州 Haibei Zang A.P	黄南州 Huangnan Zang A.P	海南州 Hainan Zang A.P	果洛州 Golog Zang A.P	玉树州 Yushu Zang A.P	海西州 Haixi Mongolian & Zang A.P
计划生育率	Family Planning Rate	98. 39	98. 88	98. 52	97. 50	99. 24	98. 52	97. 51	97. 24	97. 46
领取独生子女证的人数	The Number of People Receiving One-child Certificate	100510	52207	13420	6419	1821	5313	2487	3566	15277
期末已婚育龄妇女人数	The Number of Married Women of Childbearing Age at the End of the Period	1219228	453442	318408	65326	58310	104269	37071	67546	114856
采取各种节育措施人数	The Number of People Taken Birth Control Measures	1052154	391935	280830	58374	48481	87253	31300	55059	98922
男性绝育	Male Sterilization	836	319	223	15	21	30		2	226
女性绝育	Female Sterilization	386480	150473	145189	32107	8793	15713	7639	2566	24000
放置宫内节育器	IUD Placement	559025	217725	125645	23469	35404	59851	10101	34202	52628
皮下埋植	Subcutaneous Implants	5657	603	1331	481	162	1224	1008	43	805
口服及注射避孕药	Oral and Injectied Contraceptives	37851	5088	3305	504	2094	5514	7510	9110	4726
避孕套	Condoms	57347	17468	5137	1646	1979	3275	4272	7793	15777
外用药	External Medicine	3681	259		57	5	815	770	1343	432
其他	Others	1277			95	23	831			328
节育率	Birth Control Rate	86.30	86.44	88.20	89.36	83.14	83.68	84.43	81.51	86.13

注：本表数据系省卫生与计划生育委员会年报数据。

a) Data in this table are Annual Report data of the Department of Provincial Population and Family Planning Commission.

主要统计指标解释

人口数 指一定时点、一定地区范围内有生命的个人总和。年度统计的年末人口数指每年12月31日24时的人口数。

常住人口 指在某地区实际居住半年以上的人口。

户籍人口 指公民依照《中华人民共和国户口登记条例》已在其经常居住地的公安户籍管理机关登记了常住户口的人。

城镇人口和乡村人口 城镇人口是指居住在城镇范围内的全部常住人口;乡村人口是除上述人口以外的全部人口。

出生率(又称粗出生率) 指在一定时期内(通常为一年)一定地区的出生人数与同期内平均人数(或期中人数)之比,用千分率表示。本资料中的出生率指年出生率,其计算公式为:

$$出生率 = \frac{年出生人数}{年平均人数} \times 1000‰$$

式中:出生人数指活产婴儿,即胎儿脱离母体时(不管怀孕月数),有过呼吸或其他生命现象。年平均人数指年初、年底人口数的平均数,也可用年中人口数代替。

死亡率(又称粗死亡率) 指在一定时期内(通常为一年)一定地区的死亡人数与同期内平均人数(或期中人数)之比,用千分率表示。本资料中的死亡率指年死亡率,其计算公式为:

$$死亡率 = \frac{年死亡人数}{年平均人数} \times 1000‰$$

人口自然增长率 指在一定时期内(通常为一年)人口自然增加数(出生人数减死亡人数)与该时期内平均人数(或期中人数)之比,用千分率表示。计算公式为:

$$人口自然增长率 = \frac{本年出生人数 - 本年死亡人数}{年平均人数} \times 1000‰$$

$$= 人口出生率 - 人口死亡率$$

Explanatory Notes on Main Statistical Indicators

Total Population refers to the total number of people alive at a certain point of time within a given area. The annual statistics on total population is taken at midnight, the 31st of December.

Resident Population refers to the population actually living for more than half a year at a place.

Registered Population refers to the citizens who have registered their permanent residence with the public security household register authority of the location where they often live.

Urban Population and Rural Population Urban population refers to all people residing in cities and towns, while rural population refers to population other than urban population.

Birth Rate (or Crude Birth Rate) refers to the ratio of the number of births to the average population (or mid - period population) during a certain period of time (usually a year), expressed in ‰. Birth rate in the chapter refers to annual birth rate. The following formula is used:

$$\text{Birth Rate} = \frac{\text{Number of Births}}{\text{Annual Average Population}} \times 1000‰$$

Number of births in the formula refers to live births, i. e. when a baby has breathed or showed any vital phenomena regardless of the length of pregnancy.

Annual average population is the average of the number of population at the beginning of the year and that at the end of the year. Sometimes it is substituted by the mid - year population.

Death Rate (or Crude Death Rate) refers to the ratio of the number of deaths to the average population (or mid - period population) during a certain period of time (usually a year), expressed in ‰. Death rate in the chapter refers to annual death rate. The following formula is used:

$$\text{Death Rate} = \frac{\text{Number of Deaths}}{\text{Annual Average Population}} \times 1000‰$$

Natural Growth Rate of Population refers to the ratio of natural increase in population (number of births minus number of deaths) in a certain period of time (usually a year) to the average population (or mid - period population) of the same period, expressed in ‰. The following formula is applied:

$$\text{Natural Growth Rate of Population} = \frac{\text{Number of Births} - \text{Number of Deaths}}{\text{Annual Average Population}} \times 1000‰$$

Natural Growth Rate of Population = Birth Rate - Death Rate

第 5 篇
CHAPTER 5

就业人员和职工工资
Employment and Wages

各类保险参保情况

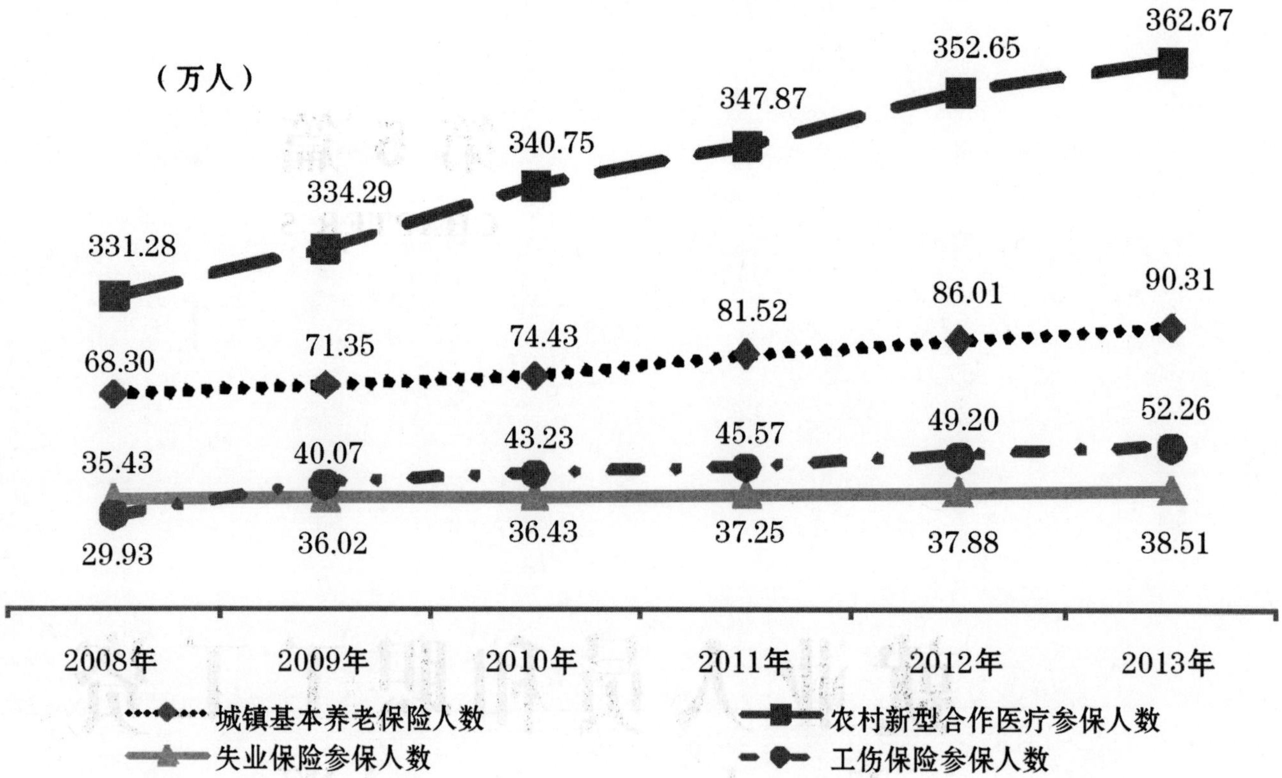

三次产业就业人员

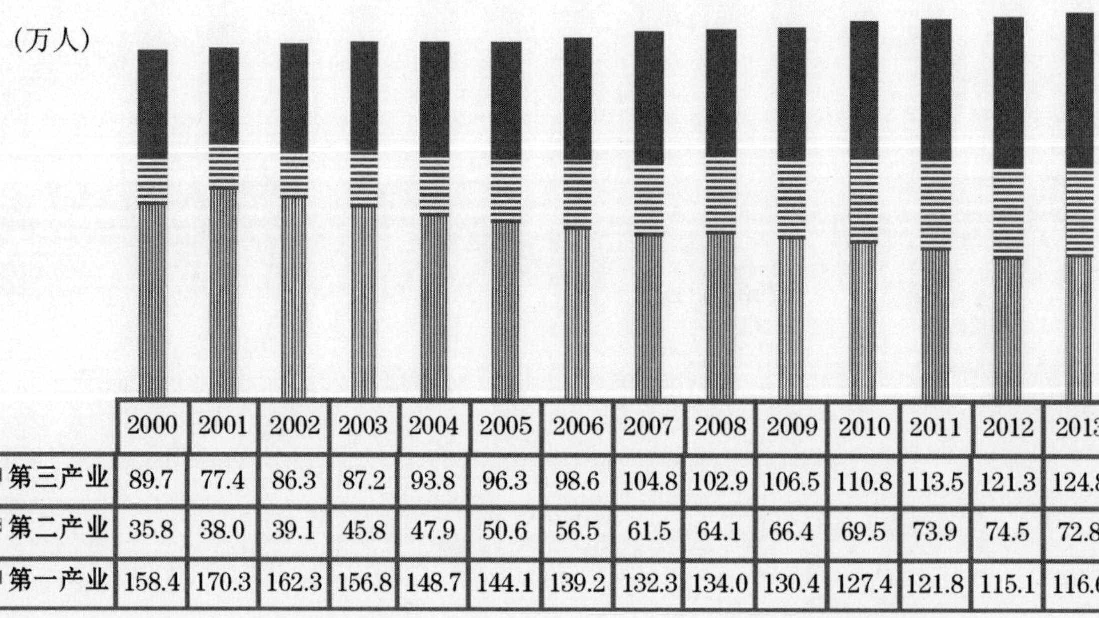

	2000	2001	2002	2003	2004	2005	2006	2007	2008	2009	2010	2011	2012	2013
■第三产业	89.7	77.4	86.3	87.2	93.8	96.3	98.6	104.8	102.9	106.5	110.8	113.5	121.3	124.8
≡第二产业	35.8	38.0	39.1	45.8	47.9	50.6	56.5	61.5	64.1	66.4	69.5	73.9	74.5	72.8
Ⅲ第一产业	158.4	170.3	162.3	156.8	148.7	144.1	139.2	132.3	134.0	130.4	127.4	121.8	115.1	116.6

5-1 主要年份就业基本情况
Basic Conditions of Employment in Main Years

项目	Item	2007	2008	2009	2010	2011	2012	2013
就业人员总计 (万人)	**Total Number of Employed Persons (10 000 persons)**	**298.6**	**301.0**	**303.3**	**307.7**	**309.2**	**310.9**	**314.2**
第一产业	Primary Industry	132.3	134.0	130.4	127.4	121.8	115.1	116.6
第二产业	Secondary Industry	61.5	64.1	66.4	69.5	73.9	74.5	72.8
第三产业	Tertiary Industry	104.8	102.9	106.5	110.8	113.5	121.3	124.8
就业人员构成 (合计=100)	**Composition of Employed P (total=100)**							
第一产业	Primary Industry	44.3	44.5	43.0	41.4	39.4	37.0	37.1
第二产业	Secondary Industry	20.6	21.3	21.9	22.6	23.9	24.0	23.2
第三产业	Tertiary Industry	35.1	34.2	35.1	36.0	36.7	39.0	39.7
按城乡分就业人员 (万人)	**Number of Employed Perso by Urban and Rural Area (10 000 persons)**							
城镇就业人员	Urban Employed Persons	103.4	107.3	110.9	119.2	127.3	132.9	141.5
国有单位	State-owned Units	33.5	34.3	36.8	37.9	41.6	43.8	34.8
城镇集体单位	Urban Collective-owned Units	2.2	2.2	1.8	1.7	1.9	1.6	1.3
股份合作单位	Cooperative Units	0.7	0.7	0.8	0.6	0.6	0.4	0.3
有限责任公司	Limited Liability Corporations	5.9	6.0	7.9	8.4	12.8	11.4	16.2
股份有限公司	Share-holding Corporations Ltd.	2.9	3.0	1.8	1.9	2.1	2.6	9.7
私营企业	Private Enterprises	23.6	16.8	20.2	22.8	21.7	20.1	12.7
外商投资单位	Foreign Funded Units	0.1	0.4	1.2	1.0	0.5	0.7	1.0
港澳台商投资单位	Units with Funds from Hong Kong,Macao & Taiwan	0.1	0.2	0.2	0.4	0.6	0.5	0.5
个体	Self-employed Individuals	18.0	19.3	19.2	20.4	22.5	27.2	37.2
乡村就业人员	Rural Employed Persons	195.2	193.7	192.4	188.5	181.9	178.0	172.7
#私营企业	Private Enterprises	13.0	14.0	11.0	11.4	13.9	17.5	13.3
个体	Self-employed Individuals	4.2	4.6	6.7	5.8	6.3	5.1	3.3
城镇登记失业人数 (万人)	**Number of Registered Unemployed Persons in Urban Areas (10 000 persons)**	**3.7**	**3.9**	**4.1**	**4.2**	**4.4**	**4.1**	**4.2**
城镇登记失业率 (%)	**Registered Unemployment Rate in Urban Areas (%)**	**3.8**	**3.8**	**3.8**	**3.8**	**3.8**	**3.4**	**3.3**

注：就业人员总计及城镇和乡村就业人员小计资料是根据人口普查和人口、劳动力抽样调查推算数。分经济类型、分行业的就业人员相加不等于总计。

a)Employment totals, urban and rural employment subtotal data are calculated according to the population census, population, labor force sampling The sum of the employment by economic types and by sector is not equal to the total.

5-2 主要年份按三次产业分的年末就业人员数

Number of Employed Persons at Year-end by Three Strata of Industry in Main Years

年份 Year	就业人员（万人）Total Employed Persons (10 000 persons)	第一产业 Primary Industry	第二产业 Secondary Industry	第三产业 Tertiary Industry	构成（合计=100）Composition in Percentage (Total=100) 第一产业 Primary Industry	第二产业 Secondary Industry	第三产业 Tertiary Industry
1952	71.66	62.42	1.07	8.17	87.1	1.5	11.4
1957	96.10	72.55	5.77	17.78	75.5	6.0	18.5
1965	102.49	86.60	7.38	8.51	84.5	7.2	8.3
1970	124.35	101.97	14.92	7.46	82.0	12.0	6.0
1975	136.31	105.50	21.27	9.54	77.4	15.6	7.0
1978	144.71	103.18	26.48	15.05	71.3	18.3	10.4
1980	157.62	108.29	28.21	21.12	68.7	17.9	13.4
1982	171.17	113.83	29.61	27.73	66.5	17.3	16.2
1983	174.31	115.39	29.98	28.94	66.2	17.2	16.6
1984	177.35	115.45	30.86	31.04	65.1	17.4	17.5
1985	182.70	112.18	36.72	33.80	61.4	20.1	18.5
1986	189.20	111.25	38.41	39.54	58.8	20.3	20.9
1987	193.70	113.90	38.16	41.64	58.8	19.7	21.5
1988	197.83	115.93	38.58	43.32	58.6	19.5	21.9
1989	200.83	120.50	37.96	42.37	60.0	18.9	21.1
1990	241.25	144.75	45.35	51.15	60.0	18.8	21.2
1991	245.21	147.37	45.61	52.23	60.1	18.6	21.3
1992	249.24	150.54	45.61	53.09	60.4	18.3	21.3
1993	253.33	142.62	43.07	67.64	56.3	17.0	26.7
1994	257.49	144.96	43.26	69.27	56.3	16.8	26.9
1995	261.71	146.82	44.23	70.66	56.1	16.9	27.0
1996	266.01	151.09	43.36	71.56	56.8	16.3	26.9
1997	270.38	151.41	40.56	78.41	56.0	15.0	29.0
1998	274.81	153.07	40.40	81.34	55.7	14.7	29.6
1999	279.32	152.23	40.22	86.87	54.5	14.4	31.1
2000	283.91	158.42	35.77	89.72	55.8	12.6	31.6
2001	285.66	170.25	37.99	77.42	59.6	13.3	27.1
2002	287.72	162.27	39.13	86.32	56.4	13.6	30.0
2003	289.80	156.78	45.79	87.23	54.1	15.8	30.1
2004	290.42	148.69	47.92	93.81	51.2	16.5	32.3
2005	291.04	144.06	50.64	96.34	49.5	17.4	33.1
2006	294.19	139.15	56.49	98.55	47.3	19.2	33.5
2007	298.56	132.26	61.50	104.80	44.3	20.6	35.1
2008	301.00	133.95	64.11	102.94	44.5	21.3	34.2
2009	303.26	130.40	66.41	106.45	43.0	21.9	35.1
2010	307.65	127.37	69.53	110.75	41.4	22.6	36.0
2011	309.18	121.82	73.89	113.47	39.4	23.9	36.7
2012	310.89	115.09	74.52	121.28	37.0	24.0	39.0
2013	314.21	116.60	72.80	124.81	37.1	23.2	39.7

注：为了与《中国统计年鉴》口径保持一致，与历史数据有可比性，2001至2010年就业人员总数根据第六次人口普查相关数据进行了修正 2011、2012年就业人员总数是根据人口和劳动力抽样调查的推算数，分产业就业人数按全面报表结构推算。

a)In order to accord with the statistical caliber of "China Statistical Yearbook" and can be compared with the historical data, the total number of employed persons from 2001 to 2010 were adjusted on the Sixth National Population Census, the data in 2011and 2012 is estimated on the sampling survey of population, and the number of employed persons by sector are estimated according to the comprehensive report structure.

5-3 2010-2013年按行业分全部单位就业人员数

Number of Employed Persons in All Units by Sector(2010-2013)

单位：人 (person)

项　目	Item	2010	2011	2012	2013
全省	**Provincial Total**	**671118**	**760951**	**791870**	**847677**
农林牧渔业	Agriculture, Forestry, Animal Husbandry and Fishery	20361	20203	18258	17017
采矿业	Mining	28646	34089	34960	56173
制造业	Manufacturing	150418	175329	178354	186435
电力、燃气及水的生产和供应业	Production and Supply of Electricity,Gas and Water	14230	16568	22140	20750
建筑业	Construction	56792	86991	96862	99977
批发和零售业	Wholesale and Retail Trades	39343	52270	56972	60329
交通运输、仓储和邮政业	Transport, Storage and Post	35514	36259	36230	49818
住宿和餐饮业	Hotels and Catering Services	15483	17714	18169	17825
信息传输、软件和信息技术服务业	Information Transmission, Software and Information Technology	9360	10743	11418	10618
金融业	Financial Intermediation	19800	20183	22079	21667
房地产业	Real Estate	15345	18272	17403	23907
租赁和商务服务业	Leasing and Business Services	16410	14235	14525	16187
科学研究和技术服务	Scientific Research and Technical Services	26145	28197	30107	25960
水利、环境和公共设施管理业	Management of Water Conservancy, Environment and Public Facilities	11744	10867	11066	11459
居民服务、修理和其他服务业	Services to Households, Repair and Other Services	4716	5473	6306	9284
教育	Education	76750	77717	77838	78187
卫生和社会工作	Health and Social Services	32952	35767	38750	39291
文化、体育和娱乐业	Culture, Sports and Entertainment	8045	7786	8403	9248
公共管理、社会保障和社会组织	Public Management, Social Security Social Organization	89064	92288	92030	93545

注：本表含私营单位。

a)In this talbe, private units are included.

5-4 分登记注册类型和行业年末全部单位就业人数(2013年)
Number of Employed Persons in All Units at Year-end by Status of Registration and Sector(2013)

单位：人 (person)

项目	Item	合计 Total	国有单位 State-owned Units	城镇集体单位 Urban Collective-owned units	其他单位 Units of Other Types of Ownership
全省	**Provincial Total**	**847677**	**348166**	**12643**	**486868**
农林牧渔业	Agriculture,Forestry,Animal Husbandry and Fishery	17017	11041	71	5905
采矿业	Mining	56173	2457	46	53670
制造业	Manufacturing	186435	5397	1309	179729
电力、燃气及水的生产和供应业	Production and Supply of Electricity,Gas and Water	20750	10424		10326
建筑业	Construction	99977	17022	5562	77393
批发和零售业	Wholesale and Retail Trades	60329	3093	675	56561
交通运输、仓储和邮政业	Transport, Storage and Post	49818	36185	308	13325
住宿和餐饮业	Hotels and Catering Services	17825	1908	419	15498
信息传输、软件和信息技术服务业	Information Transmission, Software and Information Technology	10618	2678		7940
金融业	Financial Intermediation	21667	15797	2246	3624
房地产业	Real Estate	23907	1144	27	22736
租赁和商务服务业	Leasing and Business Services	16187	1473	933	13781
科学研究和技术服务	Scientific Research and Technical Services	25960	20230	177	5553
水利、环境和公共设施管理业	Management of Water Conservancy, Environment and Public Facilities	11459	9717	107	1635
居民服务、修理和其他服务业	Services to Households, Repair and Other Services	9284	251	90	8943
教育	Education	78187	73790	8	4389
卫生和社会工作	Health and Social Services	39291	35283	213	3795
文化、体育和娱乐业	Culture, Sports and Entertainment	9248	6736	452	2060
公共管理、社会保障和社会组织	Public Management, Social Security Social Organization	93545	93540		5

注：本表含私营单位。
a)In this talbe, private units are included.

5-5 分登记注册类型和行业年末非私营单位就业人数(2013年)

Number of Employed Persons in Non-private Units at Year-end by Status of Registration and Sector(2013)

单位：人 (person)

项目	Item	合计 Total	国有单位 State-owned Units	城镇集体单位 Urban Collective-owned units	其他单位 Units of Other Types of Ownership
合计	**Total**	**641946**	**348166**	**12643**	**281137**
按企、事业和机关分组	**Grouped by Enterprises, Institutions and Agencies**				
企业	Enterprises	382462	92841	12190	277431
事业	Institutions	167030	166414	453	163
机关	Agencies & Organizations	88733	88733		
民间非营利组织	Folk Non-profit Organizations	3310			3310
其他	Others	411	178		233
按国民经济行业分组	**Grouped by Sector**				
农林牧渔业	Agriculture,Forestry,Animal Husbandry and Fishery	14207	11041	71	3095
采矿业	Mining	44265	2457	46	41762
制造业	Manufacturing	118359	5397	1309	111653
电力、燃气及水的生产和供应业	Production and Supply of Electricity,Gas and Water	18548	10424		8124
建筑业	Construction	73223	17022	5562	50639
批发和零售业	Wholesale and Retail Trades	23644	3093	675	19876
交通运输、仓储和邮政业	Transport, Storage and Post	47567	36185	308	11074
住宿和餐饮业	Hotels and Catering Services	6058	1908	419	3731
信息传输、软件和信息技术服务业	Information Transmission, Software and Information Technology	10001	2678		7323
金融业	Financial Intermediation	21601	15797	2246	3558
房地产业	Real Estate	8252	1144	27	7081
租赁和商务服务业	Leasing and Business Services	7046	1473	933	4640
科学研究和技术服务	Scientific Research and Technical Services	23425	20230	177	3018
水利、环境和公共设施管理业	Management of Water Conservancy, Environment and Public Facilities	10366	9717	107	542
居民服务、修理和其他服务业	Services to Households, Repair and Other Services	447	251	90	106
教育	Education	76453	73790	8	2655
卫生和社会工作	Health and Social Services	36797	35283	213	1301
文化、体育和娱乐业	Culture, Sports and Entertainment	8147	6736	452	959
公共管理、社会保障和社会组织	Public Management, Social Security Social Organization	93540	93540		

注：本表不含私营单位。
a) In this talbe, private units are not included.

5-6 分行业分地区非私营单位年末女性就业人员(2013年)

Number of Female Employed Persons in Non-private Units at Year-end by Sector and Region(2013)

单位：人 (person)

项 目	Item	全省合计 Provincial Total	西宁市 Xining City	海东市 Haidong City	海北州 Haibei Zang A.P	黄南州 Huang-nan Zang A.P	海南州 Hainan Zang A.P	果洛州 Golog Zang A.P	玉树州 Yushu Zang A.P	海西州 Haixi Mong-olian & Zang A.P
合计	**Total**	**230675**	**1E+05**	**25153**	**11197**	**6916**	**12754**	**4987**	**7009**	**35256**
农林牧渔业	Agriculture,Forestry,Animal Husbandry and Fishery	4800	487	623	853	105	2083	197		452
采矿业	Mining	11568	416	91	513	2	157	123		10266
制造业	Manufacturing	34808	20935	3025	235	50	652	6	134	9771
电力、燃气及水的生产和供应业	Production and Supply of Electricity,Gas and Water	5524	4262	200	257	166	116	56	62	405
建筑业	Construction	9935	8659	337	34	150	179	22	10	544
批发和零售业	Wholesale and Retail Trades	12172	9729	599	117	129	94	62	218	1224
交通运输、仓储和邮政业	Transport, Storage and Post	17593	14766	638	257	158	145	231	180	1218
住宿和餐饮业	Hotels and Catering Services	3433	2258	175	155	15	191	49	40	550
信息传输、软件和信息技术服务业	Information Transmission, Software and Information Technology	4217	4061	73	7	20	4		26	26
金融业	Financial Intermediation	11468	8064	1236	379	296	415	119	127	832
房地产业	Real Estate	3426	3010	149	54	4	14	18	24	153
租赁和商务服务业	Leasing and Business Services	2201	1621	106	42	17	212			203
科学研究和技术服务	Scientific Research and Technical Services	7239	5265	452	405	189	161	206	105	456
水利、环境和公共设施管理业	Management of Water Conservancy, Environment and Public Facilities	4691	2311	987	554	248	260	1	9	321
居民服务、修理和其他服务业	Services to Households, Repair and Other Services	118	88	2			16			12
教育	Education	39016	15633	8084	2877	1824	3911	1381	1887	3419
卫生和社会工作	Health and Social Services	22182	13454	2434	1132	1122	1435	663	686	1256
文化、体育和娱乐业	Culture, Sports and Entertainment	3587	2149	256	229	222	204	112	98	317
公共管理、社会保障和社会组织	Public Management, Social Security Social Organization	32697	10235	5686	3097	2199	2505	1741	3403	3831

5-7 分行业分地区非私营单位年末企业就业人员(2013年)

Number of Employed Persons in Non-private Enterprises at Year-end by Sector and Region(2013)

单位：人 (person)

项　目	Item	全省合计 Provincial Total	西宁市 Xining City	海东市 Haidong City	海北州 Haibei Zang A.P	黄南州 Huang-nan Zang A.P	海南州 Hainan Zang A.P	果洛州 Golog Zang A.P	玉树州 Yushu Zang A.P	海西州 Haixi Mong-olian & Zang A.P
合计	**Total**	**382462**	**256412**	**22715**	**7635**	**3508**	**9972**	**1781**	**1913**	**78526**
农林牧渔业	Agriculture,Forestry,Animal Husbandry and Fishery	6372	428		1278		3844			822
采矿业	Mining	44265	4529	379	2641	8	990	732		34986
制造业	Manufacturing	118185	76157	10095	771	236	1376	30	223	29297
电力、燃气及水的生产和供应业	Production and Supply of Electricity,Gas and Water	18307	14389	536	743	418	410	214	271	1326
建筑业	Construction	73183	60358	5337	305	1722	1480	135	69	3777
批发和零售业	Wholesale and Retail Trades	23421	17879	1632	273	312	252	169	528	2376
交通运输、仓储和邮政业	Transport, Storage and Post	39453	35640	967	307	166	329	176	267	1601
住宿和餐饮业	Hotels and Catering Services	5823	4091	330	194	10	249	5	66	878
信息传输、软件和信息技术服务业	Information Transmission, Software and Information Technology	9861	9513	217	13	25	5		33	55
金融业	Financial Intermediation	20531	13624	2383	752	600	844	279	297	1752
房地产业	Real Estate	7989	6922	320	100		35	27	139	446
租赁和商务服务业	Leasing and Business Services	5948	4530	322	136	4	17			939
科学研究和技术服务	Scientific Research and Technical Services	5970	5618	5	114	7			9	217
水利、环境和公共设施管理业	Management of Water Conservancy, Environment and Public Facilities	802	528	133			85		11	45
居民服务、修理和其他服务业	Services to Households, Repair and Other Services	316	267				41			8
教育	Education	11	11							
卫生和社会工作	Health and Social Services	403	399		4					
文化、体育和娱乐业	Culture, Sports and Entertainment	1622	1529	59	4		15	14		1
公共管理、社会保障和社会组织	Public Management, Social Security Social Organization									

5-8 2005-2013年分行业私营单位就业人员数
Number of Employed Persons in Private Units by Sector(2005-2013)

行　业	Item	2005	2006	2007	2008	2009	2010	2011	2012	2013
总计　（万人）	**Total (10 000 persons)**	**27.89**	**35.17**	**36.63**	**30.75**	**31.21**	**34.23**	**35.62**	**37.57**	**26.05**
按城乡分（万人）	**By urban and Rural Areas(10 000 persons)**									
城　镇	Urban	19.21	22.02	23.60	16.75	20.21	22.83	21.68	20.06	12.72
乡　村	Rural	8.68	13.15	13.03	14.00	11.00	11.40	13.94	17.51	13.33
按行业分　（人）	**By Sector (person)**									
农、林、牧、渔业	Agriculture, Forestry, Animal Husbandry and Fishery	30157	15009	16292	12738	14340	16241	16982	20790	19688
采矿业	Mining	10431	16464	17060	15532	15304	16811	16615	14387	11733
制造业	Manufacturing	66133	109957	112381	84742	87946	90899	91183	94056	80620
建筑业	Construction	26555	3873	38715	49046	49464	53398	54227	62728	24262
批发和零售业	Wholesale and Retail Trades,	68033	79756	72786	60410	67953	81085	87194	93153	55957
交通运输、仓储和邮政业	Transport, Storage and Post	4099	36004	4216	3686	3908	4173	4545	6094	4978
住宿和餐饮业	Hotels and Catering Services	17005	20959	31830	13523	18984	20823	21212	14135	6910
其　他	Others	56439	69671	73039	67870	54244	58842	64279	70348	56365

注：本表是工商部门统计数。

a) Data in this table are from the Commercial and Industrial department.

5-9 2005-2013年分行业分城乡个体就业人员数
Number of Employed Persons of Self-employed Individuals in Urban and Rural Areas by Sector(2005-2013)

行　业	Item	2005	2006	2007	2008	2009	2010	2011	2012	2013
总计　（万人）	**Total (10 000 persons)**	**30.27**	**25.54**	**22.22**	**23.89**	**25.88**	**26.15**	**28.84**	**32.30**	**40.49**
按城乡分（万人）	**By urban and Rural Areas**									
城　镇	Urban	19.73	17.15	17.95	19.28	19.2	20.33	22.49	27.23	37.21
乡　村	Rural	10.54	8.39	4.27	4.61	6.68	5.82	6.35	5.07	3.28
城镇按行业分（人）	**Cities and towns by Sector (person)**	**197328**	**171444**	**179474**	**192794**	**191960**	**203296**	**224913**	**272283**	**372059**
农、林、牧、渔业	Agriculture, Forestry, Animal Husbandry and Fishery	826	651	606	133	74	161	319	984	1432
采矿业	Mining	1005	938	773	790	641	557	612	435	342
制造业	Manufacturing	16540	12935	13545	14836	13058	15226	15834	15736	16718
建筑业	Construction	351	590	351	350	368	416	477	718	691
批发和零售业	Wholesale and Retail Trades	107399	82715	90577	93460	98211	105257	119318	156934	181553
交通运输、仓储和邮政业	Transport, Storage and Post	3261	11283	13800	12821	13337	11587	8656	4933	2363
住宿和餐饮业	Hotels and Catering Services	35643	33697	33069	37013	35139	37421	43928	54034	129544
其　他	Others	32303	28635	26753	33391	31132	32671	35769	38509	39416

注：本表是工商部门统计数。

a) Data in this table are from the Commercial and Industrial department.

5-10 2010-2013年按登记注册类型分全部单位就业人员工资总额
Total Wages of Employed Persons in All Units by Status of Registration(2010-2013)

年 份 Year	工资总额（万元）Total Wages (10 000 yuan)				
	合 计 Total	国有单位 State-owned Units	城镇集体单位 Urban Collective-owned Units	私营单位 Private Units	其他单位 Units of Other Types of Ownership
2010	2173744.9	1554173.2	34566.3	277728.3	307277.1
2011	2884530.0	1925195.4	44887.3	378904.9	535542.4
2012	3260275.9	2207462.1	45442.9	380480.1	626890.8
2013	3810416.6	1909189.4	43462.8	505802.8	1351961.6

注：2011年起国家报表制度将就业人员劳动报酬改为工资总额。

a)Earning of Employed Persons is changed to Total Wages of Employed Persons in the national reporting system since 2011.

5-11 2010-2013年按登记注册类型分全部单位就业人员平均工资
Average Wage of Employed Persons in All Units by Status of Registration(2010-2013)

单位：元 (yuan)

年 份 Year	合 计 Total	国有单位 State-owned Units	城镇集体单位 Urban Collective-owned units	股份合作单位 Cooperative Units	有限责任公司 Limited Liability Corporations	股份有限公司 Shareholding Corporations Ltd.	私营单位 Private Units	外商投资单位 Foreign Funded Units	港澳台商投资单位 Units with Funds from Hong Kong, Macao & Taiwan
2010	31775	41417	23171	24847	22457	27481	17444	24019	25941
2011	36551	46936	23745	28708	29124	41221	20646	32539	29840
2012	41555	50729	29341	30519	35989	44240	23056	38559	45006
2013	45587	55410	34255	41294	39773	62088	26226	39891	57156

5-12　2010-2013年按行业分全部单位就业人员工资总额
Total Wages of Employed Persons in All Units by Sector(2010-2013)

单位：万元　　(10 000 yuan)

项　目	Item	2010	2011	2012	2013
合计	**Total**	**2173744.9**	**2884530.0**	**3260275.9**	**3810416.6**
农林牧渔业	Agriculture, Forestry, Animal Husbandry and Fishery	51156.9	59080.8	50731.1	51770.7
采矿业	Mining	95901.6	135161.0	163598.0	345359.6
制造业	Manufacturing	381085.9	565285.0	637433.4	708922.5
电力、燃气及水的生产和供应业	Production and Supply of Electricity,Gas and Water	62468.3	71077.8	122129.1	122597.1
建筑业	Construction	156720.4	317848.9	356286.4	378076.1
批发和零售业	Wholesale and Retail Trades	80511.9	125308.2	148322.4	191916.1
交通运输、仓储和邮政业	Transport, Storage and Post	147168.7	171835.9	201975.3	281938.4
住宿和餐饮业	Hotels and Catering Services	26045.0	35659.1	42222.3	46927.6
信息传输、软件和信息技术服务业	Information Transmission, Software and Information Technology	34081.4	44197.3	51906.2	52252.6
金融业	Financial Intermediation	80498.9	105421.6	127032.5	142443.6
房地产业	Real Estate	29419.8	40301.6	43956.2	68175.9
租赁和商务服务业	Leasing and Business Services	51599.8	49267.2	62522.0	39545.4
科学研究和技术服务	Scientific Research and Technical Services	117752.3	145789.2	176381.6	143293.5
水利、环境和公共设施管理业	Management of Water Conservancy, Environment and Public Facilities	28962.2	33506.2	35400.5	42608.7
居民服务、修理和其他服务业	Services to Households, Repair and Other Services	12915.9	14871.9	18411.8	21058.6
教育	Education	317666.2	374527.4	392035.9	442580.4
卫生和社会工作	Health and Social Services	117368.2	140489.3	158967.3	182341.1
文化、体育和娱乐业	Culture, Sports and Entertainment	28225.8	31088.0	36340.3	43069.6
公共管理、社会保障和社会组织	Public Management, Social Security Social Organization	354195.7	423813.6	434623.6	505539.1

5-13 按登记注册类型和行业分全部单位就业人员平均工资(2013年)
Average Wage of Employed Persons in All Units by Status of Registration and Sector(2013)

单位：元 (yuan)

项　目	Item	合 计 Total	国 有 单 位 State-owned Units	城镇集体 单 位 Urban Collective-owned units	私 营 单 位 Private Units	其 他 单 位 Units of Other Types of Ownership
合计	**Total**	**45587**	**55410**	**34255**	**26226**	**47311**
农林牧渔业	Agriculture, Forestry, Animal Husbandry and Fishery	30020	37570	26901	18362	12622
采矿业	Mining	63751	41522	19768	23827	74505
制造业	Manufacturing	38993	43966	22749	27676	45410
电力、燃气及水的生产和供应业	Production and Supply of Electricity,Gas and Water	60707	66071		33501	59956
建筑业	Construction	36557	41173	30493	24730	40922
批发和零售业	Wholesale and Retail Trades	32745	70211	23617	27760	36105
交通运输、仓储和邮政业	Transport, Storage and Post	58856	67849	44293	25287	38514
住宿和餐饮业	Hotels and Catering Services	26925	32009	34709	24294	31246
信息传输、软件和信息技术服务业	Information Transmission, Software and Information Technology	48631	60872		24697	46026
金融业	Financial Intermediation	67023	68195	57345	19407	69021
房地产业	Real Estate	27060	35676	25238	24482	31938
租赁和商务服务业	Leasing and Business Services	28093	42035	26627	25247	28061
科学研究和技术服务	Scientific Research and Technical Services	57360	59571	44028	40977	56908
水利、环境和公共设施管理业	Management of Water Conservancy, Environment and Public Facilities	37918	38798	40613	21633	47925
居民服务、修理和其他服务业	Services to Households, Repair and Other Services	22731	30494	30411	22409	24587
教育	Education	56912	58929	46875	22832	23523
卫生和社会工作	Health and Social Services	47273	49488	39775	22147	36914
文化、体育和娱乐业	Culture, Sports and Entertainment	47447	51997	20224	28525	47932
公共管理、社会保障和社会组织	Public Management, Social Security Social Organization	54412	54414		19200	

5-14 主要年份非私营单位在岗职工工资总额和指数
Total Wages of Staff and Workers of Non-private Units in Main Years

年 份 Year / 地 区 Region		工资总额（万元） Total wages Bill (10 000yuan)				指 数（上年=100） Indices (preceding year=100)			
		合 计 Total	国有单位 State-owned Units	城镇集体单位 Urban Collective-owned units	其他单位 Units of Other Types of Ownership	合 计 Total	国有单位 State-owned Units	城镇集体单位 Urban Collective-owned units	其他单位 Units of Other Types of Ownership
1981		58892.8	52548.0	6344.8		102.1	101.0	112.7	
1982		63473.7	56398.6	7075.1		107.8	107.3	111.5	
1983		72821.9	64590.5	8231.4		114.7	114.5	116.3	
1984		88791.3	78482.8	10308.5		121.9	121.5	125.2	
1985		105034.0	93009.4	12016.8	7.8	118.3	118.5	116.6	
1986		121877.5	108385.9	13454.5	37.1	116.0	116.5	112.0	475.3
1987		131633.7	117302.4	14292.5	38.8	108.0	108.2	106.2	104.7
1988		149116.9	133290.3	15753.9	72.7	113.3	113.6	110.2	187.4
1989		160348.3	144330.5	15937.1	80.7	107.5	108.3	101.2	111.0
1990		173045.1	156406.1	16566.0	73.0	107.9	108.4	103.9	90.5
1991		184656.3	166116.6	18433.6	106.1	106.7	106.2	111.3	145.3
1992		209226.3	188042.7	21010.5	173.2	113.3	113.2	114.0	163.3
1993		243829.2	223340.6	20127.6	361.0	116.5	118.8	95.8	208.4
1994		327134.8	304604.0	21694.0	836.8	134.2	136.4	107.8	231.8
1995		380242.7	354554.3	24226.2	1462.1	116.2	116.4	111.7	174.7
1996		442899.5	413836.6	26868.0	2194.9	116.5	116.7	110.9	150.1
1997		459073.1	429768.5	25869.2	3435.4	103.7	103.8	96.3	156.5
1998		461574.1	428709.2	26231.5	6633.4	100.5	99.8	101.4	193.1
1999		486047.3	452903.2	25031.6	11292.2	102.4	102.4	90.8	139.2
2000		497630.4	463606.7	22731.5	11292.2	107.8	108.1	86.7	170.2
2001		573591.7	517030.5	23392.3	33168.9	115.3	111.5	102.9	293.7
2002		614001.5	544899.4	22328.3	46773.8	107.0	105.4	95.5	141.0
2003		634734.7	557899.9	20380.5	56454.3	103.4	102.4	91.3	120.7
2004		697129.5	612568.9	22446.3	62114.3	109.8	109.8	110.1	110.0
2005		780295.8	648092.3	20597.6	111605.9	111.9	105.8	91.8	179.7
2006		930521.4	774798.0	22496.6	133226.8	119.3	119.6	109.2	119.4
2007		1120644.0	934132.5	26933.1	159578.4	120.4	120.6	119.7	119.8
2008		1368950.6	1144330.0	31084.7	193535.9	122.2	122.5	115.4	121.3
2009		1597793.0	1334416.5	30248.8	233127.7	116.7	116.6	97.3	120.5
2010		1859058.8	1524032.4	32731.9	302294.5	116.4	114.2	108.2	129.7
2011		2415863.5	1873565.8	40250.0	502047.7	130.0	122.9	123.0	166.1
2012		2859622.3	2192531.2	44455.9	622635.2	118.4	117.0	110.4	124.0
2013		3266761.6	1895487.4	42628.4	1328645.8	114.2	86.5	95.9	213.4
西宁市	Xining City	1710585.5	933664.8	24897.8	752022.9	115.3	93.0	95.3	165.8
海东市	Haidong City	358322.7	290902.1	6041.5	61379.1	112.5	110.6	88.0	125.9
海北州	Haibei Zang A.P	141173.6	121278.2	2063.3	17832.1	113.9	116.0	137.7	99.5
黄南州	Huangnan Zang A.P	99343.1	87066.4	2754.0	9522.7	116.4	118.6	70.2	119.0
海南州	Hainan Zang A.P	144079.7	117889.4	2461.0	23729.3	114.2	113.6	145.7	114.8
果洛州	Golog Zang A.P	79165.8	72642.3	896.8	5626.7	118.7	120.5	176.6	95.3
玉树州	Yushu Zang A.P	98957.9	97344.5	399.0	1214.4	111.4	111.9	86.4	86.0
海西州	Haixi Mongolian & Zang A.P	635133.3	174699.7	3115.0	457318.6	112.1	35.2	92.4	688.5

注：1.1998年及以后工资总额为在岗职工工资总额。
2.不含私营单位

a)Data of total wages bill since 1998 refer to wages of fully employed staff and workers.
b) In this talbe, private units are not included.

5-15 主要年份非私营单位在岗职工平均工资和指数
Average Wage and Related Indices of Staff and Workers in Non-private Units in Main Years

年份 Year / 地区 Region	平均工资(元) Average Wage (yuan)				指数(上年=100) Indices (preceding year=100)			
	合计 Total	国有单位 State-owned Units	城镇集体单位 Urban Collective-owned units	其他单位 Units of Other Types of Ownership	合计 Total	国有单位 State-owned Units	城镇集体单位 Urban Collective-owned units	其他单位 Units of Other Types of Ownership
1981	1059	1103	796		99.44	100.27	97.07	
1982	1111	1155	848		104.91	104.71	106.53	
1983	1246	1301	933		112.15	112.64	110.02	
1984	1490	1565	1091		119.58	120.29	116.93	
1985	1719	1811	1233	765	115.37	115.72	113.02	
1986	1917	2021	1353	1278	111.52	111.60	109.73	167.06
1987	2041	2143	1469	1470	106.47	106.04	108.57	115.02
1988	2305	2421	1644	1731	112.93	112.97	111.91	117.76
1989	2438	2580	1628	2028	105.77	106.57	99.03	117.16
1990	2632	2789	1722	1799	107.96	108.10	105.77	88.66
1992	3098	3290	2036	2892	112.57	112.79	111.44	160.31
1993	3658	3891	2201	3006	118.08	118.27	108.10	103.94
1994	4976	5348	2512	5642	136.03	137.45	114.13	187.69
1995	5753	6161	2928	5452	115.61	115.20	116.56	96.63
1996	6687	7146	3373	6176	116.24	115.99	115.20	113.28
1997	7091	7623	3419	4326	106.04	106.68	101.36	70.05
1998	8011	8511	4249	6187	112.97	111.65	124.28	143.02
1999	9081	9664	4570	6851	113.36	113.55	107.55	110.73
2000	10050	10744	4785	6989	110.67	111.18	104.70	102.01
2001	12906	14028	6101	8841	128.42	130.57	127.50	126.50
2002	14472	15816	7211	9585	112.13	112.75	118.19	108.42
2003	15356	16692	8306	10341	106.11	105.54	115.19	107.89
2004	17229	18686	10302	11291	112.20	111.95	124.03	109.19
2005	19084	21158	10080	13591	110.77	113.23	97.84	120.37
2006	22679	24984	11322	16588	118.84	118.08	112.32	122.05
2007	26166	29683	13228	17118	115.38	118.81	116.83	103.20
2008	30983	35454	15342	19857	118.41	119.44	115.98	116.00
2009	33561	38876	18283	20046	108.32	109.65	119.17	100.95
2010	37182	42906	20672	23442	110.79	110.37	113.07	116.94
2011	42493	48618	23501	30237	114.28	113.31	113.69	128.99
2012	46827	51173	29720	37225	110.20	105.26	126.46	123.11
2013	52105	55810	34984	48290	111.27	109.06	117.71	129.72
西宁市 Xining City	48691	57642	31314	41460	110.58	117.08	118.82	112.53
海东市 Haidong City	50496	52898	40793	42371	109.67	106.87	116.44	122.57
海北州 Haibei Zang A.P	49943	53223	37446	36178	115.32	118.75	120.44	97.23
黄南州 Huangnan Zang A.P	53199	54328	40740	48290	115.57	114.33	101.75	127.31
海南州 Hainan Zang A.P	47008	52092	70114	30946	113.28	115.24	158.11	105.66
果洛州 Golog Zang A.P	58416	58460	49005	59668	117.90	118.56	107.10	113.65
玉树州 Yushu Zang A.P	54286	55247	35625	24435	109.47	109.70	90.26	91.66
海西州 Haixi Mongolian & Zang A.P	66639	56047	35398	72293	112.48	90.49	106.00	156.88

5-16 分行业分地区非私营单位在岗职工工资总额(2013年)

Total Wages of Staff and Workers in Non-private Units by Sector and Region(2013)

单位：万元 (10 000 yuan)

项目	Item	全省合计 Provincial Total	西宁市 Xining City	海东市 Haidong City	海北州 Haibei Zang A.P	黄南州 Huang-nan Zang A.P	海南州 Hainan Zang A.P	果洛州 Golog Zang A.P	玉树州 Yushu Zang A.P	海西州 Haixi Mong-olian & Zang A.P
合计	**Total**	**3266762**	**1710585**	**358323**	**141174**	**99343**	**144080**	**79166**	**98958**	**635133**
农林牧渔业	Agriculture,Forestry,Animal Husbandry and Fishery	46767	4278	10297	9422	1717	10400	3811		6842
采矿业	Mining	313900	17676	1237	10729	42	5194	4791		274232
制造业	Manufacturing	529318	317135	41292	2388	1118	5211	45	1577	160552
电力、燃气及水的生产和供应业	Production and Supply of Electricity,Gas and Water	115928	95916	2048	3494	3411	1907	679	786	7688
建筑业	Construction	302901	248161	22587	1464	6671	5906	690	232	17190
批发和零售业	Wholesale and Retail Trades	93541	64200	7791	1690	1713	1480	1063	2777	12827
交通运输、仓储和邮政业	Transport, Storage and Post	275456	241283	6830	3076	2220	993	3498	3002	14553
住宿和餐饮业	Hotels and Catering Services	19551	14049	697	464	109	733	311	205	2982
信息传输、软件和信息技术服务业	Information Transmission, Software and Information Technology	46449	44162	1093	75	328	85		363	344
金融业	Financial Intermediation	141901	96910	12963	5371	4063	6084	2085	2036	12389
房地产业	Real Estate	26080	22361	1201	822	44	180	39	143	1291
租赁和商务服务业	Leasing and Business Services	22423	16008	2382	260	167	594			3013
科学研究和技术服务	Scientific Research and Technical Services	132965	98719	7973	6226	2854	2627	3136	2265	9164
水利、环境和公共设施管理业	Management of Water Conservancy, Environment and Public Facilities	40550	20932	8830	2345	1812	2479	36	152	3964
居民服务、修理和其他服务业	Services to Households, Repair and Other Services	1307	1111	27	20		78			70
教育	Education	438210	151525	118106	28480	25450	39389	13560	23653	38047
卫生和社会工作	Health and Social Services	175674	94389	23128	10356	8909	13087	7060	6231	12513
文化、体育和娱乐业	Culture, Sports and Entertainment	40220	23813	3219	2516	1812	2208	1501	1406	3745
公共管理、社会保障和社会组织	Public Management, Social Security Social Organization	503621	137957	86622	51976	36903	45445	36861	54130	53727

5-17 分行业分地区非私营单位在岗职工平均工资(2013年)

Average Wage of Staff and Workers in Non-private Units by Sector and Region(2013)

单位：元 (yuan)

项 目	Item	全省合计 Provincial Total	西宁市 Xining City	海东市 Haidong City	海北州 Haibei Zang A.P	黄南州 Huang-nan Zang A.P	海南州 Hainan Zang A.P	果洛州 Golog Zang A.P	玉树州 Yushu Zang A.P	海西州 Haixi Mong-olian & Zang A.P
合计	**Total**	**52105**	**48691**	**50496**	**49943**	**53199**	**47008**	**58416**	**54286**	**66639**
农林牧渔业	Agriculture, Forestry, Animal Husbandry and Fishery	32211	35619	42096	32243	45179	20301	49370		40848
采矿业	Mining	78699	40256	34063	39871	26063	54439	65268		89219
制造业	Manufacturing	45295	41261	42390	27927	49053	37816	14833	39628	58658
电力、燃气及水的生产和供应业	Production and Supply of Electricity,Gas and Water	63637	68001	38426	45728	64725	46966	31426	26809	55992
建筑业	Construction	41503	42130	38302	25913	39262	43365	37500	38683	39866
批发和零售业	Wholesale and Retail Trades	40556	36986	50891	61232	54567	65469	63641	38348	51953
交通运输、仓储和邮政业	Transport, Storage and Post	60604	63231	41346	44521	57370	28523	49340	56850	48868
住宿和餐饮业	Hotels and Catering Services	31758	33347	19684	22215	24795	26085	36576	31106	32987
信息传输、软件和信息技术服务业	Information Transmission, Software and Information Technology	50417	50592	43546	39263	61906	53125		49781	47750
金融业	Financial Intermediation	67402	71929	52952	58758	56280	62854	57591	53873	69292
房地产业	Real Estate	32694	32816	29359	44172	62857	40886	15192	10214	36778
租赁和商务服务业	Leasing and Business Services	30670	29960	43948	18404	55633	18502			32260
科学研究和技术服务	Scientific Research and Technical Services	59489	59837	52732	48874	60597	59428	63752	64173	70003
水利、环境和公共设施管理业	Management of Water Conservancy, Environment and Public Facilities	39327	43428	36384	29096	30151	32273	71400	37098	47017
居民服务、修理和其他服务业	Services to Households, Repair and Other Services	29047	29475	45500	40800		19098			33286
教育	Education	57970	53836	62822	57477	60137	53271	52700	62823	66423
卫生和社会工作	Health and Social Services and Social Welfare	49351	45961	50865	54824	49056	54760	58107	49569	64301
文化、体育和娱乐业	Culture, Sports and Entertainment	49889	48401	49599	52857	43248	47090	60032	61113	57710
公共管理、社会保障和社会组织	Public Management, Social Security Social Organization	54802	52124	51401	60234	54849	58874	64308	54550	54551

5-18 按登记注册类型和行业分非私营单位在岗职工平均工资(2013年)

Average Wage of Staff and Workers in Non-private Units by Status of Registration and Sector(2013)

单位：元 (yuan)

项　目	Item	合 计 Total	国有单位 State-owned Units	城镇集体单位 Urban Collective-owned units	其他单位 Units of Other Types of Ownership
全省	**Total**	**52105**	**55810**	**34984**	**48290**
按企、事业和机关分组	**Grouped by Enterprises, Institutions and Agencies**				
企业	Enterprises	50994	60562	34713	48575
事业	Institutions	53634	53671	42038	48828
机关	Agencies & Organizations	54995	54995		
民间非营利组织	Folk Non-profit Organizations	26358			26358
其他	Others	36467	52921		24021
按国民经济行业分组	**Grouped by Sector**				
农林牧渔业	Agriculture, Forestry, Animal Husbandry and Fishery	32211	37582	26901	12622
采矿业	Mining	78699	41868	19768	80978
制造业	Manufacturing	45295	43593	22797	45646
电力、燃气及水的生产和供应业	Production and Supply of Electricity,Gas and Water	63637	66462		60024
建筑业	Construction	41503	41856	31972	42355
批发和零售业	Wholesale and Retail Trades	40556	72625	23617	36335
交通运输、仓储和邮政业	Transport, Storage and Post	60604	67949	44833	38659
住宿和餐饮业	Hotels and Catering Services	31758	32009	34863	31290
信息传输、软件和信息技术服务业	Information Transmission, Software and Information Technology	50417	61042		46006
金融业	Financial Intermediation	67402	68207	57745	70047
房地产业	Real Estate	32694	37324	26533	32010
租赁和商务服务业	Leasing and Business Services	30670	41896	26627	28095
科学研究和技术服务	Scientific Research and Technical Services	59489	59972	44161	57212
水利、环境和公共设施管理业	Management of Water Conservancy, Environment and Public Facilities	39327	38834	40613	48049
居民服务、修理和其他服务业	Services to Households, Repair and Other Services	29047	30494	30411	24587
教育	Education	57970	59210	46875	23523
卫生和社会工作	Health and Social Services	49351	49887	39775	36914
文化、体育和娱乐业	Culture, Sports and Entertainment	49889	52202	20224	47932
公共管理、社会保障和社会组织	Public Management, Social Security Social Organization	54802	54802		

5-19 主要年份城镇登记失业人员变化情况

Changes of Urban Registered Unemployed Persons in Main Years

单位：万人、% (10 000 persons,%)

年份 Year	失业人员总数 Total Number of Unemployed Persons	上年结转人数 Number of Unemployed Persons at Last Year-end	本年新增加人数 Number of New Increase This Year	由就业转失业人数 From Employment into Unemployment	本年度安排失业人员就业的人数 Number of Arrangements for Employment of Unemployed Persons This Year	除安排就业外因其他原因减少的人数 Number of Decrease for Other Reasons in Addition to Arrangements for Employment	本年末实有失业人员数 Number of Actual Unemployed Persons at Year-end	女性 Female	城镇登记失业率 Registered Unemployment Rate in Urban Area
1980	4.89				1.64		3.25		5.68
1982	6.70	4.45	2.25		4.05		2.65		4.34
1983	6.96	2.65	4.31	0.10	2.39	0.11	4.46	1.74	6.97
1984	9.52	4.46	5.06	1.07	2.61	0.09	6.82	2.31	10.02
1985	10.66	6.82	3.84	0.48	5.18	0.09	5.39	1.99	7.67
1986	8.21	5.39	2.82	0.73	4.06	0.61	3.54	1.22	4.98
1987	7.45	3.54	3.91	1.15	2.84	0.25	4.36	1.99	5.94
1988	8.74	4.36	4.38	1.38	2.63	0.26	5.85	2.61	7.72
1989	8.45	5.85	2.60	0.34	3.60	0.51	4.34	2.07	5.65
1990	7.82	4.34	3.48	0.99	3.35	0.30	4.17	1.99	4.88
1992	6.68	3.32	3.36	0.76	3.65	0.39	2.64	1.36	3.35
1993	5.11	2.64	2.47	0.35	2.97	0.30	1.84	1.04	2.49
1994	4.40	1.84	2.56	0.27	2.61	0.15	1.64	0.98	2.21
1995	4.14	1.64	2.50	0.28	2.53	0.10	1.51	0.75	2.18
1996	4.39	1.51	2.88	0.41	2.93	0.12	1.34	0.80	1.87
1997	3.89	1.34	2.55	0.47	2.30	0.09	1.50	0.79	2.10
1998	3.84	1.50	2.34	0.59	1.95	0.07	1.82	0.86	2.50
1999	4.49	1.82	2.67	0.48	2.13	0.43	1.93	1.01	2.64
2000	4.54	1.93	2.61	1.13	2.38	0.36	1.80	0.94	2.40
2001	6.66	1.80	4.86	1.48	4.21		2.45	1.03	3.50
2002	6.92	2.45	4.47	1.37	3.98	0.09	2.85	1.46	3.60
2003	7.61	2.85	4.76	2.64	4.54		3.07	1.71	3.80
2004	8.58	3.07	5.51	3.17	5.10		3.48	1.79	3.92
2005	8.31	3.48	4.83	1.80	4.68		3.63	2.32	3.93
2006	8.60	3.63	4.97	2.01	4.87		3.73	1.89	3.90
2007	10.10	3.73	6.37	1.84	6.38		3.72	1.52	3.75
2008	8.73	3.73	5.00	2.20	4.86		3.87	1.89	3.80
2009	9.46	3.87	5.59	2.43	5.39		4.07	1.72	3.80
2010	10.33	4.06	6.27	2.08	6.09		4.24	1.63	3.80
2011	10.96	4.24	6.72	2.81	6.61		4.35	1.76	3.80
2012	10.68	4.35	6.33	1.89	6.59		4.09	1.61	3.40
2013	10.21	4.09	6.12	1.82	5.98		4.23	1.75	3.30

5-20 2006-2013年基本养老保险情况
Statistics on Basic Pension Insurance(2006-2013)

单位 ：人、万元 (person, 10 000 yuan)

指 标	Item	2006	2007	2008	2009	2010	2011	2012	2013
参保职工期末人数	**Contributors of Staff and Workers at Year-end**	**451017**	**472020**	**496678**	**520245**	**544406**	**563638**	**598516**	**627526**
实际缴费人员期末人数	**Contributors of Actual Payment at Year-end**	**381642**	**389011**	**426015**	**433978**	**464632**	**488523**	**512768**	**542220**
离休、退休、退职人员期末人数	**Retirees at Year-end**	**173621**	**179709**	**186348**	**193210**	**199886**	**251512**	**261621**	**275527**
离 休	Retired	2931	2728	2523	2334	2146	1955	1785	1587
退 休	Retirement	170690	176981	183825	190876	197740	249557	259836	273940
应发养老金金额	**Pension Amount Should Be Sent**	**221480**	**255151**	**311382**	**365474**	**429648**	**529646**	**640429**	**759911**
实发养老金金额	**Actual Amount of Pension**	**221480**	**255151**	**311382**	**365474**	**429648**	**529646**	**640429**	**759911**

5-21 2006-2013年失业保险基本情况
Statistics of Unemployment Insurance(2006-2013)

项 目	Item	2006	2007	2008	2009	2010	2011	2012	2013
参保人数 （万人）	**Contributors (10 000 persons)**	**34.02**	**34.72**	**35.43**	**36.02**	**36.43**	**37.25**	**37.88**	**38.51**
企业	Enterprises	22.36	22.67	23.17	21.68	23.98	24.69	25.28	25.73
事业	Institutions	11.19	11.52	11.51	11.5	11.33	11.62	11.65	11.56
其他	Others	0.47	0.53	0.75	2.84	1.12	0.94	0.95	1.22
在参保人数中：	In Contributors:								
农民合同制工人	Farmers Contract Workers		0.21	0.21	0.06	0.25	0.34	0.33	0.41

5-22 2007-2013年参加生育保险人员情况
Number of Contributors of Maternity Insurance (2007-2013)

单位：人、人次

指　　标	Item	2007	2008	2009	2010	2011	2012	2013
参保人员	**Contributors**	**61836**	**62778**	**63455**	**63840**	**66759**	**337637**	**428220**
女性	Female	24207	25080	25985	26114	30691	141757	179181
本期享受生育保险待遇人次	**Beneficiaries of Maternity Insurance**	**1619**	**1449**	**1482**	**1381**	**1541**	**3293**	**17001**
按待遇类别分	By Treatment Category							
本期生育人数	Number of Births at Year-end	753	606	734	718	872	2583	10541
计划生育手术人次	Number of Family Planning Operations	866	843	748	663	669	637	938

5-23 2007-2013年参加工伤保险人员
Number of Contributors of Work Injury Insurance(2007-2013)

单位：户、人　　(household，person)

指　　标	Item	2007	2008	2009	2010	2011	2012	2013
参保单位户数	**Contributors of Units**	**2521**	**5418**	**6551**	**7093**	**7483**	**8534**	**9288**
参保人员	**Contributors**	**253186**	**299290**	**400741**	**432255**	**455741**	**492007**	**522630**
#农民工人数	Farmer Workers	31831	34640	40685	46948	49004	55418	59507
享受工伤保险待遇人数	**Beneficiaries of Injured Insurance**	**2913**	**2654**	**4594**	**4885**	**4629**	**5648**	**5654**
#享受伤残待遇人数	Beneficiaries of Disability Treatment	1416	735	2666	2870	2443	3218	3186
因公死亡人数	Deaths for Official Reason	92	128	104	159	187	218	145
供养亲属人数	Number of Dependent Relatives	1405	1791	1824	1856	1999	2212	2323

5-24 2008-2013年城镇职工参加基本医疗保险人员及特殊人员情况
Number of Urban Staff and Workers Contributors on Basic Medical Care Insurance and Statistics of Specials(2008-2013)

单位：人 (person)

项目	Item	2008	2009	2010	2011	2012	2013
城镇职工参加医疗保险人数	**Number of Contributors of Urban Staff and Workers**	**721191**	**756857**	**787277**	**824391**	**861462**	**897072**
实施统帐结合	**Implementation of a Combination of Social Pooling and Individual Accounts**	**677781**	**694364**	**722041**	**767420**	**807452**	**845137**
期末职工人数	Number of Staff and Workers Contributors at Year-end	434033	450491	472288	510518	541989	570959
年平均职工人数	Annual Average Number of Staff and Workers	368031	439422	381302	502119	537823	433604
期末退休人员	Number of Retirees at Year-end	243748	243873	249753	256902	265463	274178
年平均退休人员	Annual Average Number of Retirees	201060	240394	216665	254371	264180	211230
单建统筹基金	**Single-built Pool Fund**	**43410**	**62493**	**65236**	**56971**	**54010**	**51935**
期末职工人数	Number of Staff and Workers Contributors at Year-end	42355	60630	62778	55187	52118	49719
年平均职工人数	Annual Average Number of Staff and Workers	42355	59942	57136	54947	52762	16320
期末退休人员	Number of Retirees at Year-end	1055	1863	2458	1784	1892	2216
年平均退休人员	Annual Average Number of Retirees	1055	1860	2439	1744	1811	2066
特殊人员人数	**Number of Specials**	**7499**	**6671**	**6256**	**5800**	**5377**	**4926**
医疗照顾人员	Personnel Enjoying Special Medical Care					53	43
离休及老红军	Retirees and Red Army Soldier	7235	6425	6008	5540	5061	4628
1-6级革命伤残军人	1-6 Level Revolution Disabled Soldiers	264	246	248	260	263	255

5-25 2008-2013年新型农村合作医疗情况
Statistics on New Type of Rural Cooperative Medical Care(2008-2013)

项目		Item	2008	2009	2010	2011	2012	2013
开展合作医疗的乡(镇)数	(个)	Number of Townships (unit)	392	382	382	400	375	385
开展合作医疗的行政村数	(个)	Number of Administrative Villages(unit)	4169	4174	4175	4163	4057	4173
参加合作医疗的户数	(户)	Number of Households(household)	780251	841106	834744	794213	852137	897507
参加合作医疗的人数	(万人)	Number of Persons(10 000 persons)	331.28	334.29	340.75	347.87	352.65	362.67

5-26 2008-2013年城市居民最低生活保障情况
Minimum Living Allowance in Urban Areas(2008-2013)

项目		Item	2008	2009	2010	2011	2012	2013
保障对象户数	**(户)**	**Number of Households of Security Object(household)**	**97696**	**98951**	**101778**	**106374**	**106222**	**105059**
年末保障对象人数	**(人)**	**Number of Security Object at Year-end (person)**	**220153**	**220595**	**224470**	**235048**	**230399**	**225153**
在职职工		Staff and Workers	5551	5880	5590	5843	5548	4308
学生		Students	52248	50423	51439	52109	49661	45612
三无对象		Object of Three Non-target	4159	3338	3568	3517	4053	3159
其他人员		Others	158195	160954	163873	173579	171137	172074
全年资金支出	**(万元)**	**Capital Expenditures throughout the Year(10 000yuan)**	**43388**	**48705**	**52638**	**63486**	**63485**	**67350**
月人均补助水平	**(元)**	**Amount of subsidy Every Month One Person (yuan)**	**165**	**188**	**197**	**227**	**231**	**247**
低保标准	**(元)**	**Minimum Living Allowance Standards (yuan)**	**190**	**200**	**210**	**235**	**310**	**330**

主要统计指标解释

经济活动人口　指在16周岁及以上，有劳动能力，参加或要求参加社会经济活动的人口。包括就业人员和失业人员。

就业人员　指在16周岁及以上，从事一定社会劳动并取得劳动报酬或经营收入的人员。这一指标反映了一定时期内全部劳动力资源的实际利用情况，是研究我国、我省基本国情国力的重要指标。

单位就业人员　指在各级国家机关、政党机关、社会团体及企业、事业单位中工作，取得工资或其他形式的劳动报酬的全部人员。包括在岗职工、劳务派遣人员及其他就业人员；不包括离开本单位仍保留劳动关系，并定期领取生活费的人员；利用课余时间打工的学生及在本单位实习的各类在校学生；本单位因劳务外包而使用的人员。

国有单位　指资产归国家所有的经济组织。包括按《中华人民共和国企业法人登记管理条例》规定登记注册的非公司制的经济组织，以及中央、地方各级国家机关、事业单位和社会团体。

集体单位　指生产资料归集体所有，并按《中华人民共和国企业法人登记管理条例》规定登记注册的经济组织。

其他单位　包括股份合作单位、联营单位、有限责任公司、股份有限公司、港澳台商投资单位以及外商投资单位等其他登记注册类型单位。

在岗职工　指在本单位工作并由单位支付工资的人员，以及有工作岗位，但由于学习、病伤产假等原因暂未工作，仍由单位支付工资的人员。

城镇私营和个体就业人员　城镇私营就业人员指在工商管理部门注册登记，其经营地址设在县城关镇（含县城关镇）以上的私营企业就业人员，包括私营企业投资者和雇工。城镇个体就业人员指在工商管理部门注册登记，并持有城镇户口或在城镇长期居住，经批准从事个体工商经营的就业人员，包括个体经营者和在个体工商户劳动的家庭帮工和雇工。

就业人员工资总额　指根据《关于工资总额组成的规定》（1990年1月1日国家统计局发布的一号令）中的具体规定，本单位在一定时期内（季度或年度）直接支付给本单位全部就业人员的劳动报酬总额。包括计时工资、计件工资、奖金、津贴和补贴、加班加点工资、特殊情况下支付的工资。是在岗职工工资总额、劳务派遣人员工资总额和其他就业人员工资总额之和。

工资总额是税前工资，包括单位从个人工资中直接为其代扣或代缴的房费、水费、电费、住房公积金和社会保险基金个人缴纳部分等。

工资总额不论是计入成本的还是不计入成本的，不论是以货币形式支付的还是以实物形式支付的，均应列入工资总额的计算范围。

在岗职工工资总额　指本单位在一定时期内直接支付给本单位全部在岗职工的劳动报酬总额。在岗职工工资总额由基本工资、绩效工资、工资性津贴和补贴、其他工资四部分组成。工资总额不包括病假、事假等情况的扣款。各单位在填报在岗职工工资总额四项构成时，应根据实际情况调整对应项目；如不能确定调整项，可扣减基本工资项。

就业人员平均工资　指本单位在报告期内就业人员的平均工资水平。计算公式为：

$$\text{就业人员平均工资}=\frac{\text{就业人员工资总额}}{\text{就业人员平均人数}}$$

在岗职工平均工资　指本单位在报告期内在岗职工的平均工资水平。计算公式为：

$$\text{在岗职工平均工资}=\frac{\text{在岗职工工资总额}}{\text{在岗职工平均人数}}$$

城镇登记失业人员　指有非农业户口，在一定的劳动年龄内（16周岁至退休年龄），有劳动能力，无业而要求就业，并在当地就业服务机构进行求职登记的人员。

城镇登记失业率　城镇登记失业人员与城镇单位就业人员（扣除使用的农村劳动力、聘用的离退休人员、港澳台及外方人员）、城镇单位中的不在岗职工、城镇私营业主、个体户主、城镇私营企业和个体就业人员、城镇登记失业人员之和的比。计算公式为：

$$\text{城镇登记失业率}=\frac{\text{城镇登记失业人数}}{\text{（城镇单位就业人员－使用的农村劳动力－聘用的离退休人员－聘用的港澳台及外方人员）＋不在岗职工＋城镇私营业主＋城镇个体户主＋城镇私营企业及个体就业人员＋城镇登记失业人数}}\times100\%$$

Explanatory Notes on Main Statistical Indicators

Economically Active Population refers to the population aged 16 and over who are capable of working, are participating in or willing to participate in economic activities, including employed persons and unemployed persons.

Employed Persons refer to persons aged 16 and over who are engaged in gainful employment and thus receive remuneration payment or earn business income. This indicator reflects the actual utilization of total labour force during a certain period of time and is often used for the research on China's and Qinghai's economic situation and national power.

Persons Employed in Various Units refer to all the persons working in government agencies of various levels, political and party organizations, social organizations, enterprises and institutions, and receiving wages or other forms of payment. They include fully - employed staff and workers, the dispatch personnel and other employment, dont include persons which leave the unit but retain labor relations and regularly receive cost of living, school students which work using of their spare time and practice in this unit, persons of the unit labor outsourcing.

State - owned Units refer to economic units whose assets are owned by the state, including non - corporation units registered according to Regulation of the People's Republic of China on the Registration of Enterprises and Corporations, state organs, institutions and social organizations at the central - level and local levels.

Collective - owned Units refer to economic units registered according to Regulation of the People's Republic of China on the Registration of Enterprises and Corporations where the means of production are collectively owned.

Units of Other Types of Ownership refer to units registered with other types of ownership, including cooperative units, joint ownership units, limited liability corporations, share holding corporations, units funded by entrepreneurs from Hong Kong, Macao, and Taiwan, and foreign - funded units.

Employed Staff and Workers refer to persons who work in, and receive wages from their working units, including persons who have their work posts but are temporarily absent from work for reasons of study or on sick, injury or maternal leave and still receive wages from their working units.

Persons Employed in Private Enterprises and Self - Employed Individuals in Urban Areas Persons employed in private enterprises refer to the persons employed in the private enterprises which have been registered at the departments of industrial and commercial administration for which the business operation are situated at a county town (i. e. a town where the county government is located), or at urban areas with administrative hierarchy higher than a county town. The self - employed individuals in urban areas refer to persons who hold the certificates of residence in urban areas or have resided in the urban areas for a long time and have been registered at the departments of industrial and commercial administration and approved to be engaged in individual industrial or commercial business, including self - employed persons as well as helpers and hired labourers who work in individual households.

Total Wage Bill of Employed Persons refers to employment wages the units paid directly to the total remuneration of all employed persons in this unit within a certain period (quarterly or annual) on the basis of the provisions on the composition of wages (January 1, 1990, the National Statistics Office published the first Decree). Including hourly, piece rates, bonuses, allowances, overtime wages and subsidies, wages paid under special circumstances. It is the total sum of fully - employed staff and workers wages, labor dispatch personnel payroll and personnel wages and other employment.

Total Wage Bill are wages before taxes, including water charges, electricity, housing fund and social insurance fund for individuals and so on, what withheld or paid rates directly from the individual wage by the units.

Total wage Bill should be calculated whether it is included in the cost is not included in the cost, whether paid in monetary form or be paid in kind.

Total Wage Bill of Employed Staff and Workers refers to this unit paid directly to the total remuneration of all fully - employed staff and workers in this unit within a certain period. It is consisting of four parts, basic salary, performance pay, wage and other wage subsidies. It do not include deductions such as sick leave, unpaid leave. When units report employee wages four constituted, they should be adjusted the corresponding project according to the actual situation. If cannot determine adjustments, can deduct from basic salary.

Average Wage of Employment Persons refers to the average wage level of employed persons in the unit during the reporting period the average wage and is calculated as follows:

$$\text{Average Wage of Employment Persons} = \frac{\text{Total Wage Bill of Employment Persons}}{\text{Average Number of Employment Persons}}$$

Average Wage of Employed Staff and Workers refers to the average wage level of employed staff and workers in the unit during the reporting period the average wage and is calculated as follows:

$$\text{Average Wage of Employed Staff and Workers} = \frac{\text{Total Wage Bill of Staff and Workers}}{\text{Average Number of Staff and Workers}}$$

Registered Unemployed Persons in Urban Areas refer to the persons with non - agricultural household registration at certain working ages (16 years old to retirement age), who are capable of working, unemployed and willing to work, and have been registered at the local employment service agencies to apply for a job.

Registered Unemployment Rate in Urban Areas refers to the ratio of the number of the registered unemployed persons to the sum of the number of persons employed in various units (minus the employed rural labour force, re - employed retirees, and Hong Kong, Macao, Taiwan or foreign employees), laid - off staff and workers in urban units, owners of private enterprises in urban areas, owners of self - employed individuals in urban areas, employees of private enterprises in urban areas, employee of self - employed individuals in urban areas, and the registered unemployed persons in urban areas. The formula is as follows:

$$\text{Registered unemployment ratein urban areas} = \frac{\text{number of registered urban unemployed persons}}{\begin{array}{c}\text{number of persons employed in}\\ \text{urban units - employed rurallabour force}\\ \text{re - employed retirees - Hong Kong,}\\ \text{Macao, Taiwan or foreign employees}\\ \text{+ laid - off staff and workers + owners of}\\ \text{urban private enterprises + owners of}\\ \text{urban self - employed individuals + employees}\\ \text{of urban private enterprises + employees of}\\ \text{urban self - employed individuals + registered}\\ \text{unemployed persons in urban areas}\end{array}} \times 100\%$$

第 6 篇
CHAPTER 6

人民生活
People's Living Conditions

城乡居民收入比

（以农村居民收入为1）

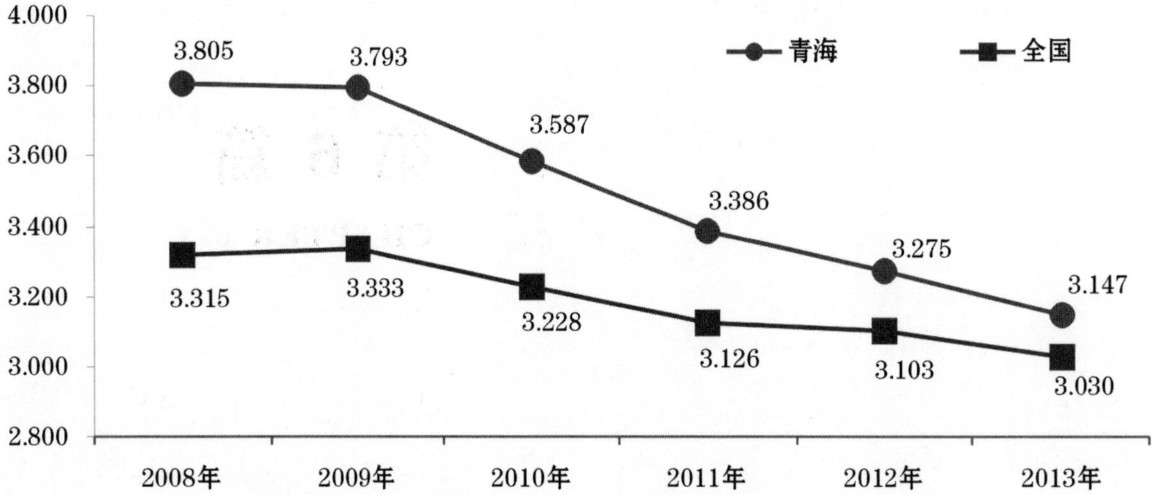

城镇居民家庭每百户耐用消费品拥有量

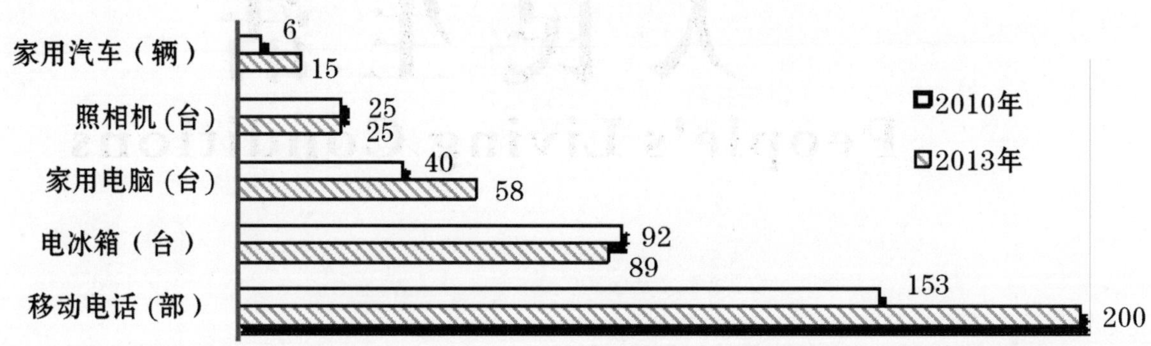

农村居民家庭每百户耐用消费品拥有量

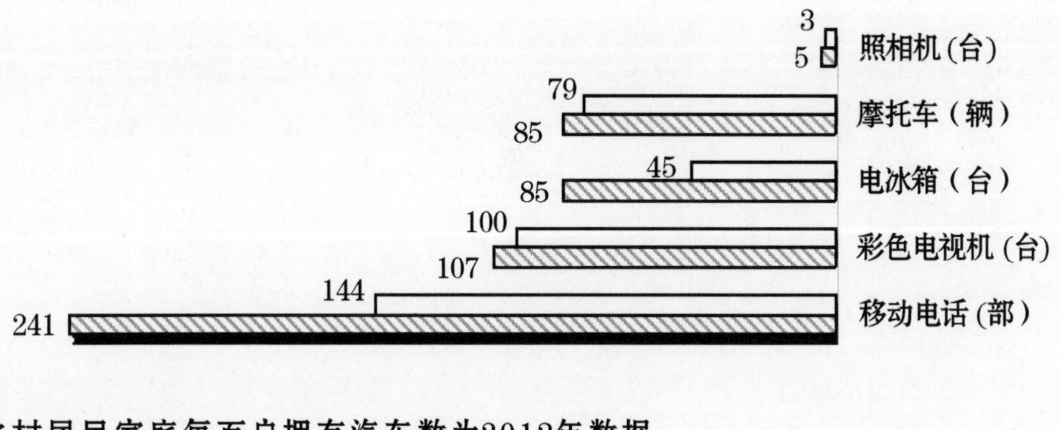

注：农村居民家庭每百户拥有汽车数为2012年数据

6-1 2010-2013年人民物质文化生活情况
People's Living Material and Cultural Conditions in Main Years(2010-2013)

项　　目	Item	2010	2011	2012	2013
就业	**Employment**				
每一农村劳动力负担人数 (人)	Number of Dependents per Laborer of Rural Household (person)	1.7	1.6	1.6	1.7
每一城镇就业者负担人数 (人)	Number of Dependents per Employee of Urban Household (person)	2.3	2.3	2.3	2.1
城镇登记失业率 (%)	Registered Urban Unemployment Rate (%)	3.8	3.8	3.4	3.3
收入	**Income**				
农村居民家庭人均纯收入 (元)	Annual Per Capita Net Income of Rural Households (yuan)	3862.7	4608.5	5364.4	6196.4
农村居民人均纯收入指数(1980=100)	Index of Annual Per Capita Net Income of Rural Households (1980=100)	456.6	512.0	578.0	643.8
城镇居民家庭人均可支配收入 (元)	Annual Per Capita Disposable Income of Urban Households (yuan)	13855.0	15603.3	17566.3	19498.5
城镇居民人均可支配收入指数 (1984=100)	Index of Annual Per Capita Disposable Income of Urban Households (1984=100)	429.2	456.7	499.2	532.3
职工年平均工资 (元)	Anuual Average Wages of staff and workers (yuan)	37182.0	42493.0	46827.0	5210.5
消费水平	**Consumption Level**				
农村居民 (元)	Rural Households (yuan)	3858.5	4536.8	5338.9	6060.2
城镇居民 (元)	Urban Households (yuan)	9613.8	10955.5	12346.0	13539.5
储蓄	**Savings**				
城乡居民年底储蓄存款余额 (亿元)	Balance of Savings Deposits of Urban and Rural Households at Year-end (100 million yuan)	943.8	1043.5	1275.3	1504.2
平均每人储蓄存款余额(元)	Average Balance of Savings Deposits (yuan)	16848.7	18366.6	22346.9	26137.7
住房面积	**Floor Space of Houses**				
农村居民人均居住面积 (平方米)	Per Capita Living Space of Rural Household (sq.m)	21.4	27.3	30.9	24.2
城镇居民人均住房建筑面积(平方米)	Per Capita Building Space of Urban Household (sq.m)	25.9	26.0	26.1	33.0
交通	**Transport**				
城镇每百户拥有家庭汽车 (辆)	Number of Automobile per 100 Urban Households (units)	6.0	6.0	7.9	15.5
城市每万人拥有公共车辆 (辆)	Number of Public Transportation Vehicles per 10 000 Population in City (units)	16.4	12.8	15.6	10.3
城市公用事业	**City Public Utility**				
自来水普及率 (%)	Percentage of Population with Access to Tap Water (%)	99.9	99.9	99.2	99.1
用气普及率 (%)	Percentage of Population with Access to Gas (%)	90.8	92.1	92.7	84.8
人均拥有公共绿地 (平方米)	Per Capita Public Green Area (sq.m)	8.5	9.7	9.8	9.7
文化	**Culture**				
城镇每百户拥有彩色电视机 (台)	Number of Color TV per 100 Urban Households (unit)	106.0	105.0	105.7	100.7
农村每百户拥有电视机 (台)	Number of TV per 100 Rural Households (unit)	104.7	105.5	107.1	106.5
广播人口综合覆盖率 (%)	Radio Coverage Ratio of the Population (%)	90.0	91.6	94.7	95.7
电视人口综合覆盖率 (%)	TV Coverage Ratio of the Population (%)	95.0	95.7	96.3	96.9
教育	**Education**				
学龄儿童入学率 (%)	Net Enrollment Ratio of School-Age Children (%)	99.6	99.7	99.7	99.7
每万人口中在校大学生数 (人)	Total Enrollment of Colleges and Universities per 10 000 Population (person)	107.4	103.2	107.9	110.6
卫生	**Health**				
每万人拥有医院、卫生院病床数 (张)	Number of Beds of Hospitals and Health Centers per 10 000 Population (bed)	33.5	38.7	43.4	48.4
每万人拥有卫生技术人员数 (人)	Number of Health Technical Personnel per 10 000 Population (person)	42.7	46.2	49.3	56.4

6-2 1984-2013年城镇居民人均收支及恩格尔系数

Per Capita Annual Income, Expenditure and Engle's Coefficient of Urban Households(1984-2013)

年份 地区 Year Region	可支配收入(元) Disposable Income (yuan)	指数(上年=100) Index (preceding year=100)	指数(上年=100)(扣除物价因素) Index (preceding year=100)(Adjusted for Inflation)	定基指数(1984=100) Fixed-base Index (1984=100)	消费性支出(元) Consumption Expenditure (yuan)	食品(元) Food (yuan)	恩格尔系数(%) Engle's Coefficient (%)
1984	684.80	100.00	100.00	100.00	581.19	299.11	51.5
1985	849.20	124.01	110.92	110.92	678.70	348.50	51.3
1986	1002.16	118.01	110.91	123.02	-	-	-
1987	1084.00	108.17	100.34	123.44	-	-	-
1988	1153.80	106.44	89.75	110.78	1048.06	526.59	50.2
1989	1274.90	110.50	94.20	104.36	1069.44	603.03	56.4
1990	1335.88	104.78	100.08	104.44	1117.84	629.21	56.3
1991	1486.58	111.28	102.37	106.92	1260.58	723.94	57.4
1992	1756.03	118.13	108.77	116.30	1488.66	802.39	53.9
1993	2078.87	118.38	103.85	120.77	1817.68	949.03	52.2
1994	2769.36	133.21	108.13	130.59	2392.44	1225.57	51.2
1995	3379.85	122.04	101.96	133.15	2930.10	1507.10	51.4
1996	3829.78	113.31	101.72	135.43	3305.25	1641.00	49.6
1997	3999.36	104.43	99.36	134.57	3300.48	1593.48	48.3
1998	4240.08	106.02	105.39	141.82	3580.44	1625.88	45.4
1999	4703.52	110.93	111.49	158.11	3903.84	1654.68	42.4
2000	5169.96	109.92	110.36	174.48	4185.70	1711.10	40.9
2001	5853.72	113.23	109.93	191.81	4698.60	1790.30	38.1
2002	6199.88	105.91	103.74	198.97	5045.00	1799.00	35.7
2003	6731.88	108.58	106.66	212.22	5389.40	1982.60	36.8
2004	7319.67	108.73	106.50	226.01	5759.00	2056.00	35.7
2005	8057.85	110.08	110.42	249.55	6245.26	2267.36	36.3
2006	9000.35	111.70	109.72	273.81	6530.10	2366.40	36.2
2007	10276.06	114.17	107.41	294.09	7512.39	2803.35	37.3
2008	11648.30	113.35	104.09	306.12	8203.20	3315.60	40.4
2009	12691.85	108.96	105.58	323.20	8786.52	3548.85	40.4
2010	13854.99	109.16	103.87	335.70	9613.79	3784.81	39.4
2011	15603.31	112.62	106.24	356.66	10955.46	4260.27	38.9
2012	17566.28	112.58	109.30	389.84	12346.29	4667.34	37.8
2013	19498.54	111.00	106.63	415.67	13539.50	4777.10	35.3
西宁市 Xining City	19444.16	110.27	105.93	—	13606.61	4903.19	36.0
海东市 Haidong City	18788.22	109.80	105.47	—	14926.26	4403.95	**29.5**
海北州 Haibei Zang A.P	22798.65	110.30	105.96	—	18860.77	6743.55	35.8
黄南州 Huangnan Zang A.P	20717.68	111.13	106.76	—	12463.70	4650.51	37.3
海南州 Hainan Zang A.P	18657.26	112.69	108.25	—	14303.19	4816.18	33.7
果洛州 Golog Zang A.P	19595.63	112.59	108.15	—	17703.99	6545.73	37.0
玉树州 Yushu Zang A.P	21160.00	112.00	107.58	—	11807.28	7191.86	**60.9**
海西州 Haixi Mongolian & Zang A.P	23399.43	110.11	105.77	—	16616.61	6376.97	38.4

注：修订了历年城镇居民可支配收入指数、扣除物价后指数、定基指数。

a)The disposable income index, it's deducting price index and it's fixed base index of urban households were revised Over the year.

6-3 主要年份城镇居民家庭基本情况
Basic Statistics of Urban Households in Main Years

项　目	Item	2005	2010	2012	2013
调查户数　(户)	**Number of Households Surveyed (household)**	**550**	**600**	**950**	**720**
平均每户家庭人口　(人)	**Average Household Size (person)**	**3.0**	**3.0**	**3.0**	**2.9**
平均每户就业人口　(人)	**Average Number of Emlyoyed Persons per Household (person)**	**1.3**	**1.3**	**1.3**	**1.4**
平均每户就业面　(%)	**Proportion of Employment per Household (%)**	**44.0**	**44.0**	**43.0**	**47.8**
平均每一就业者负担人数(包括就业者本人)　(人)	**Number of Dependents per Employee (Including the employee himself and herself) (person)**	**2.3**	**2.3**	**2.3**	**2.1**
平均每人全部年收入　(元)	**Annual Per Capita Income (yuan)**	**8766.7**	**15480.8**	**19746.6**	**22131.0**
人均工薪收入	Per Capita Income from Wages and Salaries	5613.8	10061.6	12614.4	14015.6
人均经营净收入	Per Capita Net Business Income	513.4	944.0	1191.4	1696.7
人均财产性收入	Per Capita Income from Properties	62.1	73.9	93.0	294.4
人均转移性收入	Per Capita Income from Transfer	2577.4	4401.4	5847.8	6124.4
#可支配收入	Disposable Income	8057.9	13855.0	17566.3	19498.5
平均每人消费性支出　(元)	**Per Capita Annual Consumption Expenditure (yuan)**	**6245.3**	**9613.8**	**12346.3**	**13539.5**
食　品	Food	2267.4	3784.8	4667.3	4777.1
衣　着	Clothing	690.8	1185.6	1512.2	1675.1
家庭设备用品及服务	Household Facilities, Articles and Services	356.5	644.0	923.7	890.1
医疗保健	Health Care and Medical Services	554.1	718.8	906.1	813.1
交通通讯	Transport and Communications	691.3	1116.6	1549.8	1743.0
娱乐教育文化服务	Education, Culture and Recreation Services	803.1	908.1	1097.2	1472.0
居　住	Residence	666.4	923.5	1232.4	1684.8
杂项商品与服务	Miscellaneous Goods and Services	215.8	332.5	457.5	484.4
平均每人消费性支出构成(人均消费支出=100)	**Composition of Per Capita Annual Consumption Expenditure (%)**	**100.0**	**100.0**	**100.0**	**100.0**
食　品	Food	36.2	39.4	37.8	35.3
衣　着	Clothing	11.1	12.2	12.2	12.4
家庭设备用品及服务	Household Facilities, Articles and Services	5.7	6.7	7.5	6.6
医疗保健	Health Care and Medical Services	8.9	7.5	7.3	6.0
交通通讯	Transport and Communications	11.1	11.6	12.6	12.9
娱乐教育文化服务	Education, Culture and Recreation Services	12.9	9.5	8.9	10.9
居　住	Residence	10.7	9.6	10.0	12.4
杂项商品与服务	Miscellaneous Goods and Services	3.4	3.5	3.7	3.6

6-4 2012-2013年城镇居民年人均现金收支平衡表
Balance of Per Capita Cash Income and Expenditure of Urban Households(2012-2013)

单位：元 (yuan)

指 标	Item	2012	2013	2013比2012增减% Growth over 2012 in 2013
期初手存现金	**Spot Cash at the Beginning of the Period**	**182.97**	**2482.47**	**1356.8**
家庭总收入	**Total Income**	**19746.63**	**22130.99**	**112.1**
工薪收入	Income from Wages and Salaries	12614.39	14015.57	111.1
工资及补贴收入	Wage and Income Subsidies	11937.82	13998.90	117.3
其它劳动收入	Other Income	676.58	16.67	2.5
经营净收入	Net Business Income	1191.42	1696.71	142.4
财产性收入	Income from Properties	92.98	294.35	316.6
股息与红利收入	Dividend Income	4.63	5.85	126.3
转移性收入	Income from Transfer	5847.84	6124.36	104.7
养老、离退休金	Pension, Retirement Fund	5235.55	4584.41	87.6
赡养收入	Alimony Income	82.18	247.19	300.8
捐赠收入	Donation Income	37.83	235.37	622.2
记帐补贴	Account Subsidy	196.59	290.60	147.8
出售财物收入	**Income from the Sale of Property**	**55.58**	**41.84**	**75.3**
借贷收入	**Lending Income**	**12471.96**	**10714.46**	**85.9**
提取储蓄存款	Extracting Savings	12258.89	9740.10	79.5
借入款	Borrowed Money	187.85	290.39	154.6
住房贷款	Housing Loans	2.56	308.47	12049.5
其它借贷收入	Other Lending Income	8.79	110.35	1255.4
家庭总支出	**Total Expenditure**	**16633.41**	**19044.33**	**114.5**
消费性支出	Consumption Expenditure	12346.29	13539.50	109.7
食品	Food	4667.34	4777.10	102.4
衣着	Clothing	1512.24	1675.06	110.8
教育文化娱乐	Education, Culture and Recreation	1097.21	1471.98	134.2
居住	Residence	1232.39	1684.78	136.7
转移性支出	Transfer Expenditures	1941.99	2271.09	116.9
捐赠支出	Donation Expenditures	1264.89	1625.67	128.5
赡养支出	Alimony Expenditures	552.79	373.51	67.6
财产性支出	Properties Expenditures	82.64	77.24	93.5
社会保障支出	Social Security Expenditures	1967.16	2304.66	117.2
个人交纳养老金	Personal Contribution Pension	827.14	1033.18	124.9
个人交纳的住房公积金	Personal Contribution to the Housing Fund	801.97	774.54	96.6
个人交纳医疗基金	Individuals Pay Medical Fund	287.26	437.08	152.2
借贷支出	**Debit and Credit Expenditure**	**15643.75**	**13739.62**	**87.8**
存入储蓄款	Deposit Money in Bank	14778.03	12847.83	86.9
归还借款	Returning Loans	171.4	241.26	140.8
归还住房货款	Return Housing Loans	527.05	498.37	94.6
期末手存现金	**Spot Cash at the End of the Period**	**179.77**	**650.85**	**362.0**

6-5 主要年份城镇居民家庭人均年购买的主要商品数量
Per Capita Annual Purchases of Major Commodities of Urban Households in Main Years

项　目		Item		1990	1995	2000	2005	2010	2011	2012	2013
粮食	(千克)	Grain	(kg)	187.51	140.59	93.04	80.69	68.30	62.74	53.59	50.53
鲜菜	(千克)	Fresh Vegetables	(kg)	155.96	132.84	88.63	100.89	104.00	109.15	98.12	74.21
食用植物油	(千克)	Edible Vegetable Oil	(kg)	9.77	8.50	9.59	9.40	9.30	9.69	8.69	8.51
猪肉	(千克)	Pork	(kg)	15.56	15.45	11.54	11.31	12.98	12.37	12.50	11.44
牛肉	(千克)	Beef	(kg)	4.70	3.43	3.95	4.37	4.95	7.65	6.04	4.41
羊肉	(千克)	Mutton	(kg)	11.10	10.10	9.26	8.18	5.00	5.01	4.40	4.41
家禽	(千克)	Poultry	(kg)	0.71	2.05	3.24	4.26	5.10	4.69	4.76	3.00
鲜蛋	(千克)	Fresh Eggs	(kg)	4.00	7.96	8.37	7.96	7.55	8.01	8.02	5.56
鱼	(千克)	Fish	(kg)	3.03	4.41	3.35	3.41	3.63	3.59	3.51	2.90
虾	(千克)	Shrimp	(kg)		0.11	0.25	0.49	0.58	0.63	0.54	0.37
白酒	(千克)	Liquor	(kg)	3.89	3.41	3.25	2.06	2.28	1.83	2.06	2.04
果酒	(千克)	Fruit Wine	(kg)	0.89	0.78	0.12	0.19	0.12	0.10	0.17	0.10
啤酒	(千克)	Beer	(kg)	2.70	2.65	2.30	2.14	1.80	1.37	1.37	1.56
茶叶	(千克)	Tea	(kg)	0.76	0.51	0.60	0.23	0.32	0.36	0.35	0.29
鲜奶	(千克)	Milk	(kg)	13.11	15.64	16.20	26.57	22.05	22.36	20.00	15.69
奶粉	(千克)	Milk Powder	(kg)			0.37	0.25	0.66	0.15	0.18	0.16
酸奶	(千克)	Yogurt	(kg)			1.10	2.51	6.17	5.93	5.06	3.82
鲜瓜果	(千克)	Fresh Melons and Fruits	(kg)	41.67	42.82	43.34	37.10	43.80	43.52	42.92	33.47
糕点	(千克)	Cake	(kg)	2.99	2.79	1.86	3.36	4.55	4.39	4.08	3.29
鞋	(双)	Shoes	(pair)	1.30	1.35	1.15	2.36	2.92	2.27	2.44	2.25
服装	(件)	Clothing	(piece)		4.34	4.89	6.11	7.57	8.19	7.80	--

6-6 主要年份城镇居民家庭平均每百户年底耐用消费品拥有量
Ownership of Major Durable Consumer Goods Per 100 Urban Households at Year-end in Main Years

项 目	Item		2000	2005	2010	2011	2012	2013
摩托车 (辆)	Motorcycle	(unit)	9.0	6.7	4.0	4.0	4.3	9.2
家用汽车 (辆)	Automobile	(unit)		2.0	6.0	6.0	7.9	15.5
洗衣机 (台)	Washing Machine	(unit)	101.0	98.0	97.0	97.0	97.6	94.4
电冰箱 (台)	Refrigerator	(unit)	86.0	87.1	92.0	94.0	95.5	89.3
彩色电视机(台)	Color Television Set	(set)	112.0	111.7	106.0	105.0	105.7	100.7
家用电脑 (台)	Computer	(set)	2.0	21.7	40.0	53.0	55.7	57.5
组合音响 (套)	Hi-Fi Stereo Component System	(set)	22.0	20.8	11.0	11.0	10.7	4.4
摄像机 (台)	Video Camera	(set)			4.0	4.0	4.1	5.8
照相机 (台)	Camera	(set)	43.0	41.7	25.0	22.0	22.8	24.8
微波炉 (台)	Microwave Oven	(unit)	7.0	38.2	47.0	50.0	49.3	53.7
移动电话 (部)	Mobile Telephone	(unit)	10.0	126.4	153.0	179.0	184.3	200.2
淋浴热水器(台)	Water Heater for Shower	(unit)	18.0	43.9	44.0	52.0	53.6	51.0

6-7 城镇居民住房情况(2013年)
Housing Conditions of Urban Households (2013)

项 目	Item	调查户数(户) Households Surveyed (Household)	比 重(%) Percentage (%)
按住宅建筑式样分	**By Style of House Construction**	**720**	**100.00**
单栋住宅	Single Residential Buildings	60	8.39
四居室	Four-bedroom	17	2.37
三居室	Three-bedroom	109	15.12
二居室	Two-bedroom	329	45.65
一居室	One-bedroom	82	11.38
普通楼房	Ordinary Buildings	50	6.95
平房及其他	Bungalow and Others	73	10.14
按房屋产权分	**By Building Property Right**	**720**	**100.00**
租赁公房	Public House Rented	14	1.91
租赁私房	Private House Rented	106	14.79
原有私房	Private House Owned	95	13.13
房改私房	Private House from Housing Reform	189	26.29
商品房	Commercial House	289	40.09
其他	Others	27	3.77
按饮水情况分	**By Drinking Water Condition**	**720**	**100.00**
自来水	Tap Water	698	96.99
纯净水	Purified Water	21	2.98
河水	River-water	1	0.03
其他	Others		
按用水情况分	**By Water Using Condition**	**720**	**100.00**
独用自来水	Tap Water for Separate Use	700	97.27
公用自来水	Public Tap Water	3	0.33
其他	Others	17	**2.40**
按取暖设备分	**By Possession of Heating Equipment**	**720**	**100.00**
无取暖设备	No Heating Equipment	28	3.94
空调设备	Air Conditioning		
暖气	Heater	692	96.06
按用燃料使用情况分	**By Using of Cooking Fuel**	**720**	**100.00**
管道天然气	Pipeline Gas	212	29.41
液化石油气	Liquefied Petroleum Gas	63	8.72
煤	Coal	65	9.12
其他	Others	380	52.75
按信息化使用情况分	**By Using of Informationization**	**720**	**100.00**
#接入有线电视网络的电视机	TV Sets Accessing to Cable TV Network	610	84.66
#固定电话	Fixed Line Telephones	446	61.88
#接入使用互联网的计算机	Computers Accessing to Internet	365	50.67
按卫生设备分	**By Possession of Sanitary Equipment**	**720**	**100.00**
无卫生设备	No Sanitary Equipment	20	2.81
有浴室厕所	Having Bathroom and Lavatory	411	57.07
有厕所无浴室	Having Lavatory and No Bathroom	237	32.96
公用	Public Sanitary Equipment	52	7.15

6-8 主要年份农村居民家庭基本情况
Basic Conditions of Rural Households in Main Years

项 目	Item	2000	2005	2010	2011	2012	2013
调查户数 (户)	**Number of Households Surveyed (household)**	**600**	**600**	**600**	**600**	**720**	**1140**
调查户常住人口（人）	**Number of Residents Surveyed (person)**	**3190**	**3094**	**2981**	**2773**	**3270**	**5518**
平均每户常住人口	Average Number of Permanent Residents Per Household	5.3	5.2	5.0	4.6	4.5	4.8
平均每户整半劳力	Average Number of Full/Semi Labour Force Per Household	3.3	3.1	3.0	2.9	2.8	2.9
平均每个劳动力负担人口	Average Number of Dependents per Labour Force	1.6	1.7	1.7	1.6	1.6	1.7
平均每人年收入（元）	**Per Capita Annual Income (yuan)**						
总收入	**Total Income**	**2000.3**	**2955.5**	**5042.2**	**6491.2**	**7039.8**	**8506.3**
工资性收入	Income from Wages and Salaries	312.3	561.3	1295.3	1775.4	1989.7	2347.5
家庭经营收入	Income from Household Operations	1597.0	2198.0	3074.7	3870.6	3783.8	4713.5
财产性收入	Income from Properties	24.7	40.2	76.6	93.7	95.3	165.9
转移性收入	Income from Transfers	66.3	156.0	595.7	751.5	1171.1	1279.4
现金收入	**Cash Income**	**1365.7**	**2296.0**	**4102.6**	**5263.4**	**6154.9**	**7764.3**
工资性收入	Income from Wages and Salaries	311.0	561.2	1295.3	1775.4	1987.9	2347.1
家庭经营收入	Income from Household Operations	974.1	1566.4	2158.7	2676.3	2935.6	4031.6
财产性收入	Income from Properties	24.7	34.2	58.6	83.8	85.7	165.9
转移性收入	Income from Transfers	55.9	134.2	590.0	727.8	1145.7	1219.7
平均每人年支出 （元）	**Per Capita Annual Expenditures (yuan)**						
总支出	**Total Expenditure**	**1928.1**	**3075.4**	**5270.8**	**6835.1**	**7406.6**	**8711.7**
家庭经营费用支出	Expenditure for Household Operations	348.1	643.0	898.2	1490.0	1238.5	1651.8
购置生产性固定资产	Purchase of Productive Fixed Assets	136.4	145.3	145.1	306.6	288.7	352.0
税费支出	Taxes and Fees	46.9	4.4		0.1	1.7	0.0
生活消费支出	Expenses on Household Consumption	1218.2	2085.5	3858.5	4536.8	5338.9	6060.2
转移性和财产性支出	Expenses on Properties and Transfers	96.2	196.8	368.4	499.0	530.3	645.6
现金支出	**Cash Expenditure**	**1327.2**	**2386.8**	**4331.5**	**5982.1**	**6677.7**	**8025.5**
家庭经营费用支出	Expenditure for Household Operations	285.2	496.4	726.2	1257.8	1076.8	1519.2
购买生产性固定资产	Purchase of Productive Fixed Assets	136.4	145.3	145.1	306.6	288.7	352.0
税费支出	Taxes and Fees	46.9	4.4		0.1	1.7	0.0
生活消费支出	Expenses on Consumption	765.5	1545.6	3093.9	3920.2	4773.3	5506.6
转移性和财产性支出	Expenses on Properties and Transfers	93.2	194.7	365.6	494.9	528.7	645.6
平均每人年纯收入(元)	**Per Capita Annual Net Income (yuan)**	**1490.5**	**2165.1**	**3862.7**	**4608.5**	**5364.4**	**6196.4**
工资性收入	Income from Wages and Salaries	312.3	561.3	1295.3	1775.4	1989.7	2347.5
家庭经营纯收入	Income from Household Operations	1119.8	1428.5	1991.7	2088.8	2221.9	2570.3
财产性收入	Income from Properties	24.7	40.2	76.6	93.7	95.3	165.9
转移性收入	Income from Transfers	33.8	135.1	499.1	650.6	1057.5	1112.7

6-9 主要年份农村居民家庭平均每人纯收入及构成
Per Capita Net Income and It's Composition of Rural Households in Main Years

单位：元、%　　(yuan, %)

项 目	Item	2000	2005	2010	2011	2012	2013
按收入来源分	**By Source of Income**						
农村居民人均纯收入	**Per Capita Annual Net Income of Rural Households**	**1490.5**	**2165.1**	**3862.7**	**4608.5**	**5364.4**	**6196.4**
工资性收入	Wages Income	312.3	561.3	1295.3	1775.4	1989.7	2347.5
家庭经营纯收入	Net Income from Household Operations	1119.8	1428.5	1991.7	2088.8	2221.9	2570.3
农业收入	Farming	398.3	605.7	1000.1	1090.9	1125.1	1246.7
林业收入	Forestry	4.4	10.1	19.9	17.8	-10.2	11.0
牧业收入	Animal Husbandry	519.2	589.9	670.0	651.2	771.0	887.4
渔业收入	Fishery	18.9	3.5	10..3			-
工业收入	Industry	13.6	8.1	21.4	34.2	39.3	26.0
建筑业收入	Construction	9.0	28.8	6.6	23.7	19.1	36.6
交通运输邮电业收入	Transport, Postal and Telecommunication	73.3	76.2	93.3	94.7	102.6	161.1
批发零售贸易及餐饮业收入	Wholesale and Retail Trades and Catering Services	27.7	64.4	122.0	104.1	122.8	185.8
社会服务业收入	Social Services	2.8	17.7	11.3	5.1	13.0	37.0
文教卫生业收入	Culture, Education and Health Care	11.6	7.5	17.9	5.8	7.8	
其他收入	Others	41.0	16.9	19.0	61.3	31.4	-21.3
财产性收入	Property Income	24.7	40.2	76.6	93.7	95.3	165.9
转移性收入	Transfer Income	33.8	135.1	499.1	650.6	1057.5	1112.7
农村居民人均纯收入构成	**Composition of Per Capita Net Income of Rural Households**	**100.0**	**100.0**	**100.0**	**100.0**	**100.0**	**100.0**
工资性收入	Wages Income	21.0	25.9	33.5	38.5	37.1	37.9
家庭经营纯收入	Net Income from Household Operations	75.1	66.0	51.6	45.3	41.4	41.5
农业收入	Farming	35.6	28.0	25.9	23.7	21.0	20.1
林业收入	Forestry	0.4	0.5	0.5	0.4	-0.2	0.2
牧业收入	Animal Husbandry	46.4	27.2	17.3	14.1	14.4	14.3
渔业收入	Fishery	1.7	0.2	0.3			
工业收入	Industry	1.2	0.4	0.6	0.7	0.7	0.4
建筑业收入	Construction	0.8	1.3	0.2	0.5	0.4	0.6
交通运输邮电业收入	Transport, Postal and Telecommunication Services	6.5	3.5	2.4	2.1	1.9	2.6
批发零售贸易及餐饮业收入	Wholesale and Retail Trades and Catering Services	2.5	3.0	3.2	2.3	2.3	3.0
社会服务业收入	Social Services	0.3	0.8	0.3	0.1	0.2	0.6
文教卫生业收入	Culture, Education and Health Care	1.0	0.3	0.5	0.1	0.1	
其他收入	Others	3.7	0.8	0.5	1.3	0.6	-0.3
财产性收入	Property Income	1.7	1.9	2.0	2.0	1.8	2.7
转移性收入	Transfer Income	2.3	6.2	12.9	14.1	19.7	18.0

6-10 主要年份农村居民家庭平均每人生活消费总支出及构成
Composition of Per Capita Consumption Expenditure of Rural Households in Main Years

单位：元、% (yuan, %)

指 标	Item	2000	2005	2010	2011	2012	2013
生活消费总支出	**Consumption Expenditure**	**1218.2**	**2085.5**	**3858.5**	**4536.8**	**5338.9**	**6060.2**
食品	Food	705.2	941.3	1526.9	1716.4	1858.6	1872.0
衣着	Clothing	93.4	177.1	255.2	347.5	404.5	449.3
居住	Residence	126.2	329.3	944.2	1090.7	1209.7	1449.1
家庭设备用品及服务	Household Facilities, Articles and Services	44.8	84.2	193.6	272.3	257.4	314.9
医疗保健	Health Care and Medical Services	78.2	172.2	307.9	308.1	520.1	915.2
交通通讯	Transport and Communications	53.2	208.4	369.6	450.9	683.7	265.9
文教娱乐用品及服务	Education, Culture and Recreation Services	79.4	109.5	198.5	265.4	283.3	676.8
其他商品及服务	Other Goods and Services	37.9	63.4	62.6	85.6	121.6	117.1
生活消费总支出构成	**Composition of Per Capita Consumption Expenditure**	**100.0**	**100.0**	**100.0**	**100.0**	**100.0**	**100.0**
食品	Food	57.9	45.1	39.6	37.8	34.8	30.9
衣着	Clothing	7.7	8.5	6.6	7.7	7.6	7.4
居住	Residence	10.3	15.8	24.5	24.0	22.6	23.9
家庭设备用品及服务	Household Facilities, Articles and Services	3.7	4.0	5.0	6.0	4.8	5.2
医疗保健	Health Care and Medical Services	6.4	8.3	8.0	6.8	9.8	15.1
交通通讯	Transport and Communications	4.4	10.0	9.6	9.9	12.8	4.4
文教娱乐用品及服务	Education, Culture and Recreation Services	6.5	5.3	5.1	5.9	5.3	11.2
其他商品及服务	Other Goods and Services	3.1	3.0	1.6	1.9	2.3	1.9

6−11 主要年份农村居民家庭平均每人主要食品消费量

Per Capita Consumption of Major Foods of Rural Households in Main Years

单位：千克 (kg)

品 名	Name	2000	2005	2010	2011	2012	2013
粮食(原粮)	**Grain(Unprocessed)**	**270.8**	**236.9**	**191.4**	**185.2**	**171.5**	**154.7**
小麦	Wheat	222.7	199.6	160.0	156.9	135.4	126.2
豆类及豆制品	**Beans and Soybean Products**	**1.4**	**2.0**	**3.0**	**1.7**	**1.6**	**1.9**
蔬菜及制品	**Vegetables and Products**	**42.6**	**43.8**	**36.5**	**49.8**	**40.8**	**49.8**
食油	**Edible Oil**	**9.1**	**10.0**	**10.4**	**10.9**	**10.3**	**10.1**
植物油	Vegetable Oil	8.7	9.8	10.2	10.6	10.1	9.4
肉禽及制品	**Meats,Poulty and Processed Products**	**20.1**	**24.0**	**23.6**	**25.2**	**25.5**	**24.7**
猪肉	Pork	8.6	10.4	10.4	12.7	11.2	10.9
牛肉	Beef	4.5	5.1	5.2	5.1	8.2	5.6
羊肉	Mutton	6.5	7.4	6.2	5	3.8	4.9
家禽	Poultry	0.4	0.6	1.2	1.6	1.4	2.8
蛋类及蛋制品	**Eggs and Processed Products**	**0.7**	**0.5**	**1.2**	**1.5**	**1.6**	**1.9**
奶和奶制品	**Milk and Processed Products**	**21.7**	**27.9**	**14.9**	**12.8**	**15.2**	**12.9**
水产品	**Aquatic Products**	**0.8**	**0.4**	**0.4**	**0.6**	**0.6**	**0.6**
鱼类	Fish	0.2	0.3	0.3	0.4	0.4	0.4
糖类	**Sugar**	**1.1**	**1.5**	**1.4**	**1.2**	**1.2**	**1.1**
水果及制品	**Fruits and Processed Products**	**6.0**	**6.6**	**5.8**	**6**	**7.2**	**6.1**
坚果及制品	**Nuts and Processed Products**	**0.6**	**1.3**	**1.4**	**1.5**	**1.6**	**1.5**

6-12 主要年份农村居民家庭平均每百户年底耐用消费品拥有量 Ownership of Durable Consumer Goods Owned Per 100 Rural Households at Year-end in Main Years

品　名	Name	2000	2005	2010	2011	2012	2013
洗衣机　(台)	Washing Machine　(set)	17.3	44.0	75.0	89.3	88.1	92.1
电冰箱　(台)	Refrigerator　(set)	1.8	18.0	44.8	75.5	78.6	85.0
抽油烟机　(台)	Exhaust Fan　(unit)		1.3	2.2	3.0	8.1	7.4
自行车　(辆)	Bicycle　(unit)	58.8	39.3	38.5	20.8	26.3	10.8
摩托车　(辆)	Motorcycle　(unit)	11.5	52.8	79.3	81.8	80.8	85.2
电话机　(部)	Telephone　(unit)	4.0	46.7	63.5	46.0	48.2	39.9
移动电话　(部)	Mobile Telephone　(unit)	0.3	46.2	143.8	223.3	220.7	241.1
黑白电视机(台)	Black and White Television Set　(set)	40.8	12.7	5.2	1.3	0.7	_
彩色电视机(台)	Color Television Set　(set)	34.3	81.2	99.5	104.2	107.1	106.5
影碟机　(台)	Video Disc Player　(set)		29.8	44.7	61.0	62.1	_
照相机　(架)	Camera　(set)	2.2	2.5	3.2	3.7	6.4	4.5

6-13 主要年份农村居民家庭平均每百户年底拥有主要固定资产 Ownership of Main Fixed Assets Owned Per 100 Rural Households at Year-end in Main Years

品　名	Name	2000	2005	2010	2011	2012	2013
汽车　(辆)	Vehicles　(unit)	2.8	3.8	3.5	6.9	6.9	_
大中型拖拉机　(台)	Large and Medium-sized Tractors　(unit)	1.1	1.0	4.2	4.8	4.3	4.4
小型和手扶拖拉机(台)	Small and Walking Tractor　(unit)	41.7	58.8	56.8	59.6	53.0	55.7
机动脱粒机　(台)	Mobile Thresher　(unit)	3.3	3.5	6.1	9.9	9.5	7.2
收割机　(台)	Harvester　(unit)	0.7	0.5	1.5	0.3	0.7	0.4
农用动力机械　(台)	Farm Power Machinery　(unit)	1.8	11.2	6.2	6.8	5.1	0.2
胶轮大车　(辆)	Rubber Tire Crane　(unit)	24.0	3.5	3.5	3.0	2.1	_
水泵　(台)	Pump　(unit)	1.0	0.2	0.3	4.3	4.9	_
役畜　(头)	Draft Animals　(head)	123.7	52.7	44.8	37.7	33.8	18.5
产品畜　(头)	Animal Products　(head)	135.7	111.7	157.0	161.2	171.4	182.8

6-14 主要年份农村居民家庭住房情况

Housing Conditions of Rural Households in Main Years

项　目	Item	2000	2005	2010	2011	2012	2013
本年新建房屋	**Houses Newly Built This Year**						
住房面积　(平方米/人)	Per Capita Floor Space of Houses　(sq.m/person)	0.62	0.86	2.03	3.88	1.36	2.13
住房价值　(元/平方米)	Value of Houses　(yuan/sq.m)	130.11	269.72	664.08	646.36	623.02	773.54
年末住房情况	**Houses at Year-end**						
住房面积　(平方米/人)	Per Capita Floor Space of Houses　(sq.m/person)	15.32	17.95	21.44	27.27	30.87	24.21
住房价值　(元/平方米)	Value of Houses　(yuan/sq.m)	94.98	157.84	262.72	461.50	498.92	690.34
住房结构　(平方米/人)	Structure of Houses　(sq.m/person)						
钢筋混凝土结构	Reinforced Concrete Structure	0.19	0.99	2.34	2.48	4.42	7.23
砖木结构	Brick and Wood Structure	1.75	4.71	9.17	11.48	14.18	11.91

注：本表为农村住户抽样调查资料。
a) Data in this table are obtained form the sample surveys on rural households.

6-15 主要年份分地区农村居民人均纯收入(县县调查数据)

Per Capita Net Income of Rural Households by Region (County Survey Data) in Main Years

单位：元　　(yuan)

地　区	Region	2005	2010	2011	2012	2013
全省	**Province**	**2165**	**3863**	**4609**	**5364**	**6196**
西宁市	Xining City	2593	5466	6634	7802	9004
海东市	Haidong City	2011	3802	4600	5352	6187
海北州	Haibei Zang A.P	2084	4813	6150	7436	8650
黄南州	Huangnan Zang A.P	1807	2878	3649	4299	4991
海南州	Hainan Zang A.P	2442	4490	5238	6128	7120
果洛州	Golog Zang A.P	1917	2629	2964	3705	4261
玉树州	Yushu Zang A.P	1794	3663	2657	3493	4090
海西州	Haixi Mongolian & Zang A.P	2303	5434	6574	7916	9183

6-16 1980－2013年农村居民家庭人均收支及恩格尔系数
Per Capita Annual Income, Expenditure and Engle's Coefficient of Rural Households (1980－2013)

年 份 Year	纯收入 (元) Net Income (yuan)	指 数 (上年=100) Index (preceding year=100)	指 数 (上年=100) (扣除物价因素) Index (preceding year=100)	定基指数 (1980年=100) Fixed-base Index (1980=100)	消费性支出 (元) Consumption Expenditure (yuan)	食 品 (元) Food (yuan)	恩格尔系数 (%) Engle's Coefficient (%)
1980	204.31	100.00	100.00	100.00			
1981	191.56	93.76	93.32	93.32			
1982	223.39	116.62	116.15	108.39			
1983	252.45	113.01	112.53	121.97			
1984	281.22	111.39	109.39	133.43	225.2	141.2	62.71
1985	342.94	121.95	118.37	157.94	274.7	176.1	64.11
1986	369.15	107.64	104.21	164.59	313.5	193.1	61.58
1987	392.15	106.23	103.45	170.27	344.9	199.5	57.84
1988	492.82	125.67	114.19	194.43	399.5	223.7	56.00
1989	463.52	94.05	86.04	167.29	413.3	244.4	59.13
1990	559.78	120.77	106.12	177.53	474.8	282.6	59.52
1991	555.56	99.25	96.73	171.72	486.3	293.8	60.42
1992	603.40	108.61	105.67	181.46	495.9	302.3	60.95
1993	672.56	111.46	103.77	188.30	585.2	354.4	60.56
1994	869.34	129.26	106.63	200.78	745.7	456.8	61.25
1995	1029.77	118.45	102.30	205.40	913.8	593.9	64.99
1996	1173.80	113.99	104.00	213.62	1052.3	700.8	66.59
1997	1320.63	112.51	104.40	223.02	1085.4	719.5	66.29
1998	1426.00	107.98	109.70	244.65	1117.8	694.6	62.14
1999	1486.31	104.23	107.60	263.25	1133.6	699.4	61.70
2000	1490.49	100.28	100.40	264.30	1218.2	705.2	57.89
2001	1610.87	108.08	106.03	280.24	1345.6	704.7	52.37
2002	1710.80	106.20	108.79	304.87	1411.7	690.3	48.90
2003	1817.38	106.23	102.95	313.86	1572.0	771.4	49.07
2004	2004.59	110.30	103.82	325.85	1676.4	813.4	48.52
2005	2165.11	108.01	105.50	343.77	2085.5	941.3	45.13
2006	2358.37	108.93	107.10	368.18	2214.9	978.0	44.16
2007	2683.78	113.80	104.11	383.31	2475.8	1098.3	44.36
2008	3061.24	114.06	101.57	389.33	2974.9	1298.3	43.64
2009	3346.15	109.31	107.48	418.45	3243.6	1234.2	38.05
2010	3862.68	115.44	109.11	456.57	3858.5	1526.9	39.57
2011	4608.47	119.31	112.13	511.95	4536.8	1716.4	37.83
2012	5364.38	116.40	112.90	577.99	5338.9	1858.6	34.80
2013	6196.39	115.51	111.39	643.82	6060.2	1872.0	30.89

6−17 2010−2013年农村贫困监测调查户人均收支情况

Per Capita Annual Net Income and Expenditure of Rural Poverty Monitoring Survey Households(2010－2013)

指 标	Item	2010	2011	2012	2013
调查村数 （个）	**Number of Villages Surveyed (unit)**	**116**	**120**	**120**	**165**
调查户数 （户）	**Number of Households Surveyed (household)**	**840**	**600**	**600**	**960**
调查人数 （人）	**Number of Residents Surveyed (person)**	**4281**	**2773**	**2737**	**5361**
整、半劳动力 （人）	**Full/semi Labor Force (person)**	**2679**	**1650**	**1662**	**3167**
全年总收入 （元）	**Total Income (yuan)**	**4218.76**	**4843.86**	**5314.99**	**7375.15**
工资性收入	Income from Wages and Salaries	1148.35	1221.31	1236.25	2414.68
家庭经营收入	Income from Household Operations	2399.30	2990.67	2996.57	3559.78
农业收入	Income from Agriculture	1286.32	1575.92	1441.43	1591.29
牧业收入	Income from Animal Husbandry	687.38	968.39	1160.70	1205.37
二、三产业收入	Income from Secondary and Tertiary	407.18	421.22	378.82	697.68
转移性收入	Income from Transfers	590.33	588.62	1042.40	1288.85
财产性收入	Income from Properties	80.78	43.25	39.77	111.84
全年总支出 （元）	**Expenditure (yuan)**	**3801.66**	**4766.42**	**5335.56**	**8558.55**
家庭经营生产费用	Family-run Production Costs	571.51	714.26	659.17	1476.34
农业支出	Expenditure of Agricultural	225.01	295.68	234.89	408.99
牧业支出	Expenditure of Animal Husbandry	218.23	279.29	297.85	685.27
二、三产业费用支出	Expenditure of Secondary and Tertiary	124.27	132.26	107.27	230.37
购买生产性固定资产	Purchase of Productive Fixed Assets	132.97	152.34	176.54	279.55
税费支出	Taxes and Fees	0.09	0.11	0.08	0.04
生活消费支出	Consumption Expenditure	2885.93	3562.36	4174.85	6095.66
食品消费支出	Food	1219.98	1624.13	1819.09	2206.62
衣着消费支出	Clothing	171.07	259.70	318.24	487.40
居住消费支出	Residence	748.22	817.73	828.15	1186.89
家庭设备用品及服务消费	Household Facilities, Articles and Services	146.65	172.55	172.86	337.45
医疗保健支出	Health Care and Medical Services	218.04	207.36	368.95	765.82
交通通讯支出	Transport and Communications	220.85	294.25	371.37	691.75
文化教育、娱乐用品及服务	Education, Culture, Recreation and Services	115.42	127.24	191.23	305.86
其他商品及服务支出	Miscellaneous Goods and Services	45.69	59.39	104.94	113.85
转移性支出	Expenses on Transfers	202.87	337.24	313.72	706.41
财产性支出	Expenses on Properties	7.54	0.11	2.71	0.06
全年纯收入 （元）	**Annual Net Income (yuan)**	**3464.83**	**3782.55**	**4291.85**	**5370.25**

6-18 2010-2013年退耕还林(草)监测调查户人均收支情况

Per Capita Income and Expenditure of Households Monitoring Surveyed of Returning Farmland to Forests or Grassland (2010-2013)

项　目	Item	2010	2011	2012	2013
调查村数(个)	**Number of villages Surveyed (unit)**	**90**	**90**	**90**	**90**
调查户数(户)	**Number of Households Surveyed (household)**	**900**	**900**	**900**	**900**
调查人数(人)	**Number of Persons Surveyed (person)**	**4666**	**4629**	**4685**	**4652**
人均年总收入(元)	**Per Capita Annual Total Income (yuan)**	**5061.6**	**6008.9**	**7208.1**	**8273.3**
工资性收入	Income from Wages and Salaries	1353.9	1822.3	2157.9	2512.4
家庭经营性收入	Income from Household Operations	2835.9	3255.5	3838.3	4400.6
第一产业收入	Primary Industry Income	2402.8	2555.9	2857.2	3230.7
第二产业收入	Secondary Industry Income	61	96.1	103.7	103.6
第三产业收入	Tertiary Industry Income	372.1	603.5	877.5	1066.4
转移性收入	Income from Transfer	777.3	796.3	1153.4	1265.8
财产性收入	Income from Properties	94.5	134.8	58.5	94.5
人均年生产经营性支出(元)	**Per Capita Annual Production and Operation Expenditure (yuan)**	**1431.1**	**1500.7**	**1913.8**	**2175.9**
家庭经营费用支出	Household Operation Expenditure	905.2	1051.9	1430.8	1521.2
第一产业生产费用支出	Primary Industry Production Expenditure	716.3	744.9	1002.7	1042.8
第二产业生产费用支出	Secondary Industry Production Expenditure	26.2	41.8	50.2	58.6
第三产业生产费用支出	Tertiary Industry Production Expenditure	162.7	265.1	377.9	419.7
购置生产性固定资产支出	Purchase Expenditure of Productive Fixed Assets	290.8	188.2	254.9	377.9
建造生产性固定资产雇工支出	Workers Expenditure of Construction of Fixed Assets for Production	2.4	0.1	7.1	1.8
税费支出	Taxes and Fees	2.0	0.3	0.6	0.4
转移性支出	Expenses on Transfers	43.6	28.5	207.8	222.7
财产性支出	Expenses on Properties	187.2	231.8	12.6	28.5
人均年纯收入(元)	**Per Capita Annual Net Income (yuan)**	**3906.0**	**4695.1**	**5487.1**	**6464.2**
工资性纯收入	Income from Wages and Salaries	1353.9	1822.3	2157.9	2512.4
家庭经营性纯收入	Income from Household Operations	1692.7	1957.1	2141.4	2590.2
第一产业纯收入	Primary Industry Income	1474.8	1589.2	1634.9	1944.4
第二产业纯收入	Secondary Industry Income	33.8	52.5	46.5	39.9
第三产业纯收入	Tertiary Industry Income	184.1	315.5	460.0	606.0
财产性纯收入	Net Income from Properties	94.5	134.8	58.5	94.5
转移性纯收入	Net Income from Transfer	764.9	780.9	1129.3	1267.1
人均现金收入(元)	**Per Capita Annual Cash Income (yuan)**	**4183.5**	**5311.5**	**6675.9**	**7671.7**
工资性收入	Income from Wages and Salaries	1353.9	1821.8	2157.9	2512.4
家庭经营现金收入	Income from Household Operations	1996.6	2617.4	3317.6	3843.7
第一产业现金收入	Primary Industry Cash Income	1563.5	1917.8	2336.4	2674.1
第二产业现金收入	Secondary Industry Cash Income	61.0	96.2	103.7	103.2
第三产业现金收入	Tertiary Industry Cash Income	372.1	603.5	877.5	1066.4
财产性现金收入	Cash Income from Properties	55.9	87.4	46.1	53.2
转移性现金收入	Cash Income from Transfer	777.0	784.9	1153.4	1262.4
家庭经营现金支出（元）	**Per Capita Annual Cash Expenditure of Household Operations (yuan)**	**772.5**	**893.9**	**1348.9**	**1395.3**
第一产业现金支出	Primary Industry Cash Expenditure	583.6	586.9	920.8	917.0
第二产业现金支出	Secondary Industry Cash Expenditure	26.2	41.8	50.2	58.6
第三产业现金支出	Tertiary Industry Income Cash Expenditure	162.7	265.1	377.9	419.7

6-19 2012-2013年退耕还林(草)监测调查县基本情况
Basic Conditions of Counties Monitoring Surveyed of Returning Farmland to Forests or Grassland (2012-2013)

项目	Item	2012	2013
调查县个数	**Number of Counties Surveyed (unit)**		**15**
常住户数(万户)	**Total Households (10 000 households)**		**83.0**
常住人口(万人)	**Total Population (10 000 persons)**		**304.5**
户籍人口(万人)	**Household Registered Population (10 000 person)**		**308.9**
#农业户籍人口	Agricultural Household Registered Population		203.5
调查县行政区域土地面积(公顷)	**Land Area of Counties Surveyed at Year-end (hectare)**	**6603421**	**6603421**
年末耕地总面积(公顷)	Total Cultivated Area(hectare)	445066	445153
林地面积(公顷)	Woodland Area(hectare)	1514780	1601020
宜林荒山荒地面积(公顷)	Barren Hills and Wasteland Area(hectare)	461517	304221
牧草地面积(公顷)	Grassland Area(hectare)	3586335	3537987
其他土地面积(公顷)	Others(hectare)	552308	671630
调查县经济发展情况	**Economic Development of Counties Surveyed**		
地区生产总值(万元)	Gross Domestic Product (10 000 yuan)	6513258	7687851
公共财政收入(万元)	Total Public Government Revenues (10 000 yuan)		716443
退耕还林(草)工程情况	**Situation of Returning Farmland to Forests or Grassland Project**		
年末退耕还林(草)面积(公顷)	Total Area of Returning Farmland to Forests or Grassland at Year-end (hectare)	369781	407124
#实际保存面积(公顷)	Actual Saved Area (hectare)	368961	406304
年末退耕还林(草)总户数 (万户)	Number of Households of Returning Farmland to Forests or Grassland at Year-end (10 000 households)	24	24
年末退耕还林(草)总人口(万人)	Number of Persons of Returning Farmland to Forests or Grassland at Year-end (10 000 persons)	108	108
本年退耕还林(草)补助资金(万元)	Grant Funds for Returning Farmland to Forests or Grassland This Year (10 000 yuan)	30579	28114
#原政策到期补助资金(万元)	Original Policy Expires Grant Funds (10 000 yuan)	6833	2968
完善退耕还林(草)补助资金(万元)	Grant Funds for Improving of Returning Farmland to Forests or Grassland (10 000 yuan)	11732	13978
巩固退耕还林(草)成果专项资金(万元)	Special Funds for Consolidating Results of Returning Farmland to Forests or Grassland (10 000 yuan)	11351	12194
荒山造林补助资金 (万元)	Grant Funds for Plantation in Barren Mountain (10 000 yuan)	453	490
封山育林补助资金 (万元)	Grant Funds for Closing Hillsides to Facilitate Afforestation (10 000 yuan)	210	280

6-20 主要年份城乡居民储蓄存款年末余额

Savings Deposit of Urban and Rural Areas at Year-end in Main Years

单位：万元 (10 000 yuan)

年 份 Year	合 计 Total	城 镇 Urban	农牧民储蓄 Farmers and Herdsmen Savings	城乡居民人均储蓄（元/人） Per Capita Savings of Urban and Rural Residents (yuan/person)
1952	128	128		0.81
1957	3662	2453	1209	18.10
1965	10448	4274	6174	46.44
1970	15790	6195	9595	56.94
1975	27028	10617	16411	81.14
1978	34176	14874	19302	94.72
1980	46588	25782	20806	124.41
1985	96999	75904	21095	239.80
1990	274222	246249	27973	617.71
1995	768898	754251	14647	1609.92
1996	890603	874877	15726	1837.24
1997	1033223	1016854	16369	2100.26
1998	1188728	1168088	20640	2381.27
1999	1313892	1286714	27178	2595.09
2000	1462849	1424066	38783	2850.72
2001	1774555	1696971	77584	3413.92
2002	2073077	2008176	64901	3942.34
2003	2415404	2350585	64819	4547.07
2004	3122740	2992865	129875	5823.83
2005	3615052	3489389	125663	6683.40
2006	4223541	4062721	160820	7743.22
2007	4687191	4422987	264204	8527.59
2008	6103847	5804726	299121	11038.70
2009	7543309	7112860	430449	13571.98
2010	9437783	8682177	755606	16848.67
2011	10435363	9360358	1075005	18366.62
2012	12752693	11380974	1371719	22346.88
2013	15041716	13399936	1641780	26137.69

主要统计指标解释

城镇家庭人口 指居住在一起，经济上合在一起共同生活的家庭成员。凡计算为家庭人口的成员其全部收支都包括在本家庭中。

城镇就业者负担人数 指家庭人口与就业人口之比。

城镇家庭总收入 指家庭成员得到的工薪收入、经营净收入、财产性收入、转移性收入之和，不包括出售财物收入和借贷收入。

城镇家庭可支配收入 指家庭成员得到可用于最终消费支出和其它非义务性支出以及储蓄的总和，即居民家庭可以用来自由支配的收入。它是家庭总收入扣除交纳的个人所得税、个人交纳的社会保障支出以及记账补贴后的收入。

城镇家庭总支出 指除借贷支出以外的全部家庭支出。包括消费性支出、购房建房支出、转移性支出、财产性支出、社会保障支出。

城镇家庭消费性支出 指家庭用于日常生活的支出，包括食品、衣着、居住、家庭设备用品及服务、医疗保健、交通和通信、娱乐教育文化服务、其他商品和服务等八大类支出。

城镇家庭服务性消费支出 指家庭用于支付社会提供的各种非商品性服务费用。

恩格尔系数 指食物支出金额在消费性总支出金额中所占的比例。

农村住户 指农村常住户。农村常住户指长期（一年以上）居住在乡镇（不包括城关镇）行政管理区域内的住户，以及长期居住在城关镇所辖行政村范围内的农村住户。户口不在本地而在本地居住一年及以上的住户也包括在本地农村常住户范围内；有本地户口，但举家外出谋生一年以上的住户，无论是否保留承包耕地都不包括在本地农村住户范围内。

整、半劳动力 整劳动力指男子18周岁到50周岁，女子18周岁到45周岁；半劳动力指男子16周岁到17周岁，51周岁到60周岁；女子16周岁到17周岁，46周岁到55周岁，同时具有劳动能力的人。虽然在劳动年龄之内，但已丧失劳动能力的人，不应算为劳动力；超过劳动年龄，但能经常参加劳动，计入半劳动力数内。常住人口中的职工，若这些职工为劳动力，就包括在本户的整半劳动力中。

总收入 指调查期内农村住户和住户成员从各种来源渠道得到的收入总和。按收入的性质划分为工资性收入、家庭经营收入、财产性收入和转移性收入。

工资性收入 指农村住户成员受雇于单位或个人，靠出卖劳动而获得的收入。

家庭经营收入 指农村住户以家庭为生产经营单位进行生产筹划和管理而获得的收入。农村住户家庭经营活动按行业划分为农业、林业、牧业、渔业、工业、建筑业、交通运输业邮电业、批发和零售贸易餐饮业、社会服务业、文教卫生业和其他家庭经营。

财产性收入 指金融资产或有形非生产性资产的所有者向其他机构单位提供资金或将有形非生产性资产供其支配，作为回报而从中获得的收入。

转移性收入 指农村住户和住户成员无须付出任何对应物而获得的货物、服务、资金或资产所有权等，不包括无偿提供的用于固定资本形成的资金。一般情况下，是指农村住户在二次分配中的所有收入。

现金收入 指农村住户和住户成员在调查期内得到以现金形态表现的收入。按来源分成工资性收入、家庭经营现金收入、财产性收入、转移性收入。

纯收入 指农村住户当年从各个来源得到的总收入相应地扣除所发生的费用后的收入总和。计算方法：

纯收入＝总收入－税费支出－家庭经营费用支出－生产性固定资产折旧－赠送农村亲友支出

总支出 指农村住户用于生产、生活和再分配的全部支出。家庭经营费用支出、购置生产性固定资产支出、生产性固定资产折旧、税费支出、生活消费支出、财产性支出和转移性支出。

Explanatory Notes on Main Statistical Indicators

Population of Urban Households refer to members of households living and sharing economically together in the urban areas. All the income and expenditure of all the members of such households are included in the income and expenditure of the household.

Number of Dependents per Urban Employee refers to the ratio between number of persons in an urban household and the number of employed persons.

Total Income of Urban Households refers to the sum of wage and salary; net business income; income from properties; and income from transfers of members of the households. Income from selling of properties and income from borrowing are not included.

Disposable Income of Urban Households refers to the actual income at the disposal of members of the households which can be used for final consumption, other non – compulsory expenditure and savings. This equals to total income minus income tax, personal contribution to social security and subsidy for keeping diaries in being a sample household.

Total Expenditure of Urban Households refers to all expenditure of households except expenditure on lending. It includes expenditure on consumption; on purchasing or building houses; on transfers; on properties; and on social security.

Consumption Expenditure of Urban Households refers to total expenditure of households for consumption in daily life, including expenditure on the eight categories of food; clothing; housing; household appliances and services; health care and medical services; transport and communications; recreation, education and cultural services; and miscellaneous goods and services.

Expenditure of Urban Households on Consumption of Services refers to expenditure of households on various kinds of non – commercial services provided by society.

Engel's Coefficient refers to the percentage of expenditure on food in the total consumption expenditure.

Rural Households refer to usual resident households in rural areas. Usual resident households in rural areas are households residing on a long term basis (for more than one year) in the areas under the administration of township governments (not including county towns), and in the areas under the administration of villages in county towns. Households residing in the current addresses for over one year with their household registration in other places are still considered as resident households of the locality. For households with their household registration in one place but all members of the households having moved away to make a living in another place for over one year, they will not be included in the rural households of the area where they are registered, irrespective of whether they still keep their contracted land.

Full/Semi Labour Force Full labour force refers to persons capable of work, aged 18 – 50 for males and 18 – 45 for females. Semi labour force refers to persons capable of work, aged 16 – 17 and 51 – 60 for males and 16 – 17 and 46 – 55 for females. Persons at their working ages but not capable of work are not to be included as labour force. Persons not at working ages but participating regularly in work are included in semi labour force. For staff and workers who are usual residents, are included as full or semi labour force of the household if they are in the labour force.

Total Income refers to the sum of income earned from various sources by the rural households and their members during the reference period, and is classified as income from wages and salaries, income from household operations, income from properties and income from transfers.

Income from Wages and Salaries refers to income from labour earned by the members of rural households employed by other units or individuals.

Income from Household Operations refers to income by the rural households as units of production and operation. Operations by rural households are classified according to their economic activities namely agriculture, forestry, animal husbandry, fishery, manufacturing, construction, transportation, post and telecommunications, wholesale, retail and catering, social service, culture, education, health, and other household operations.

Income from Properties refers to the income received as returns by owners of financial assets or tangible non – productive assets by providing capitals or tangible non – productive assets to other institutional units.

Income from Transfers refers to the receipt by rural households and their members of goods, services, capital or rights of assets without giving or repaying accordingly, excluding capital provided to them for the formation of fixed assets. In general, it refers to all income received by rural households through redistribution.

Cash Income refers to income received by rural households and their members in the form of cash during the reference period. It is classified, by source of income, into income from wages and salaries, cash income from household operations, income from properties and income from transfers.

Net Income refers to the total income of rural households from all sources minus all corresponding expenses. The formula for calculation is as follows:

Net income = total income – taxes and fees paid – household operation expenses – taxes and fees depreciation of fixed assets for production – gifts to non – rural relatives

Total Expenditure refers to total expenses of rural households on production, consumption and redistribution, including expenditure on household operations,; purchase of productive fixed assets; depreciation of productive fixed assets; taxes and fees; expenses on household consumption; expenses on properties; and expenses on transfers.

第 7 篇
CHAPTER 7

物 价
Price Indices

商品零售价格指数
（以上年为100）

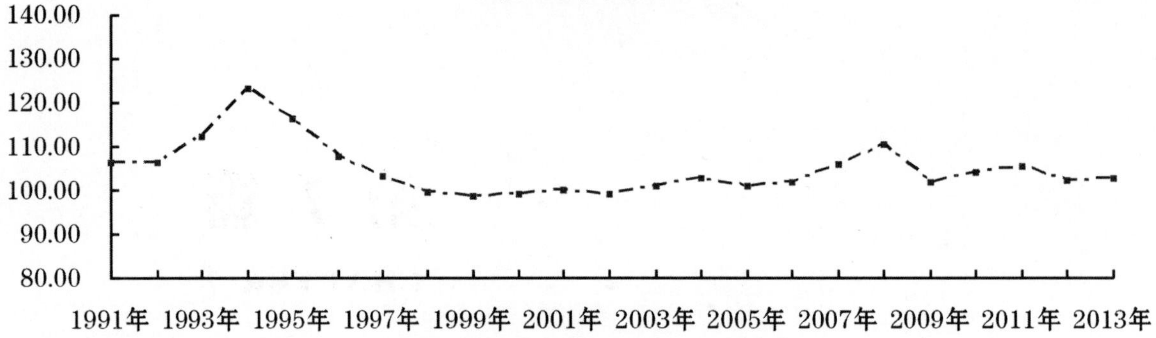

居民消费价格指数
（以上年为100）

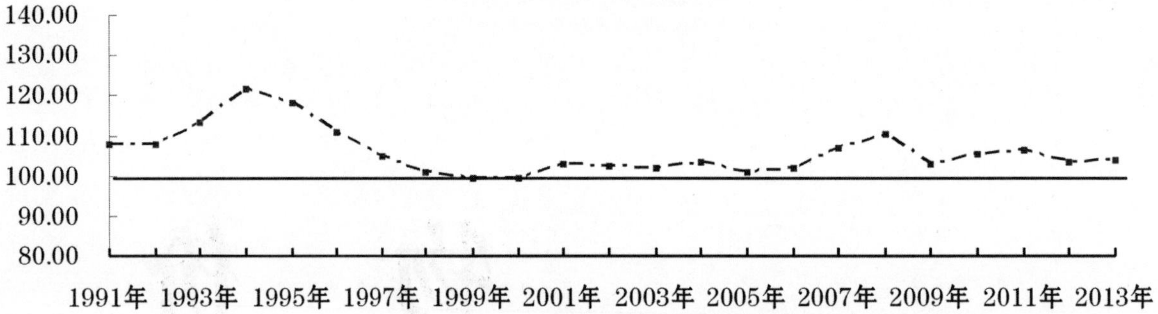

固定资产投资价格指数
（以上年为100）

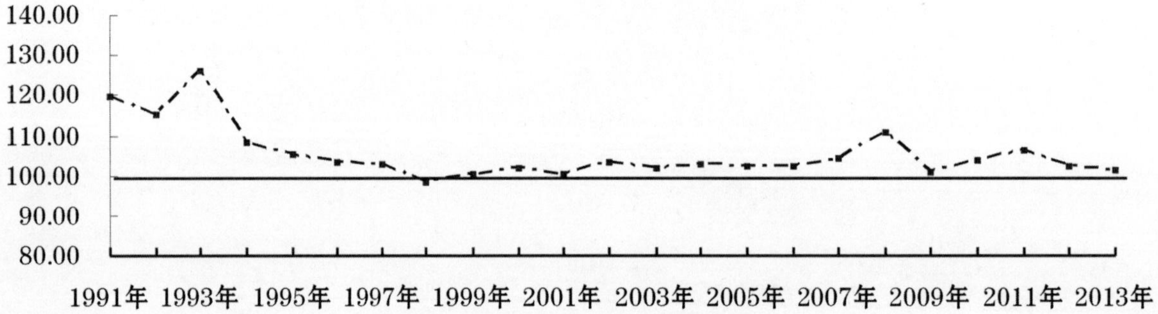

工业生产者价格指数
（以上年为100）

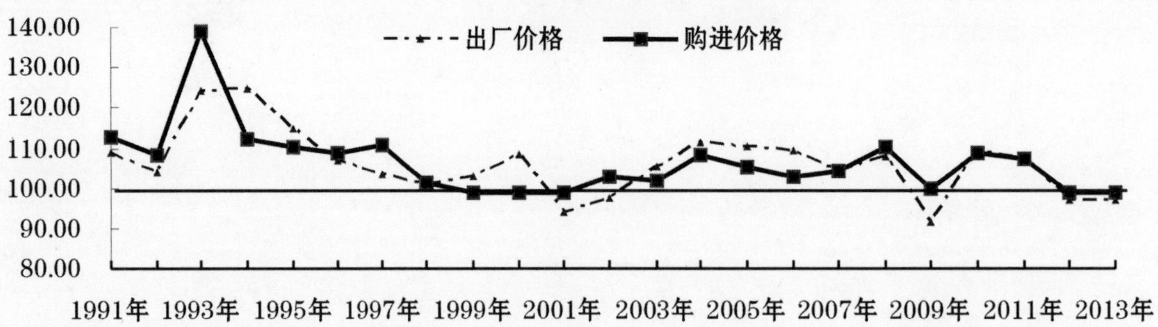

7-1 1978-2013年各种价格指数
Price Indices (1978-2013)

上年=100 (preceding year=100)

年 份 Year	商品零售价格指数 Retail Price Index	居民消费价格指数 Consumer Price Index	城市居民消费价格指数 Urban Areas	农村居民消费价格指数 Rural Areas	服务项目价格指数 Service Price Index	农业生产资料价格指数 Price Index for Means of Agricultural production
1978	100.22	100.35	100.23	100.50	100.00	100.04
1979	102.22	102.15	103.38	100.31	100.11	99.16
1980	104.08	105.59	105.59	101.30	100.44	99.23
1981	101.37	101.30	101.30	100.67	100.00	100.52
1982	101.80	101.77	102.07	100.88	100.20	100.88
1983	100.65	100.74	100.62	101.40	104.73	100.36
1984	103.40	103.10	103.10	102.40	103.86	107.90
1985	110.70	110.70	111.80	106.20	105.80	103.70
1986	106.10	106.20	106.40	105.70	107.80	102.60
1987	107.30	107.20	107.80	105.20	104.80	104.10
1988	118.30	118.00	118.60	116.20	112.20	111.00
1989	117.70	117.50	117.30	118.00	115.30	116.40
1990	104.50	105.10	104.70	107.60	114.10	108.70
1991	106.30	107.60	108.70	105.20	117.50	104.10
1992	106.40	108.00	108.60	106.60	119.30	103.80
1993	112.50	113.20	114.00	110.50	121.00	117.60
1994	123.30	121.80	123.20	120.70	118.50	124.10
1995	116.30	118.00	119.70	115.70	116.80	123.90
1996	107.80	110.80	111.40	108.80	129.90	112.60
1997	103.00	104.80	105.10	104.20	116.00	105.00
1998	99.60	100.70	100.60	101.00	112.30	100.30
1999	98.50	99.50	99.50	99.60	110.30	95.60
2000	99.00	99.50	99.60	99.40	103.80	100.70
2001	99.90	102.60	103.00	101.20	112.70	99.60
2002	99.30	102.30	102.10	102.90	112.20	98.00
2003	100.80	102.00	101.80	102.50	104.00	101.10
2004	102.60	103.20	102.10	105.50	104.80	109.20
2005	100.70	100.80	99.70	103.10	102.00	106.50
2006	102.00	101.60	101.80	101.10	101.30	102.10
2007	106.00	106.60	106.30	107.30	102.70	108.10
2008	110.60	110.10	108.90	112.30	103.20	124.20
2009	101.60	102.60	103.20	101.70	101.50	97.80
2010	104.30	105.40	105.10	105.80	105.30	103.50
2011	105.40	106.10	106.00	106.40	105.10	112.40
2012	102.10	103.10	103.00	103.10	103.00	108.70
2013	102.70	103.90	104.10	103.70	102.70	104.30

7-2 1978-2013年各种价格定基指数
Fixed Base Price Indices (1978-2013)

1978年=100 (year of 1978=100)

年 份 Year	商品零售价格指数 Retail Price Index	居民消费价格指数 Consumer Price Index	城市居民消费价格指数 Urban Areas	农村居民消费价格指数 Rural Areas	服务项目价格指数 Service Price Index	农业生产资料价格指数 Price Index for Means of Agricultural Production
1978	100.00	100.00	100.00	100.00	100.00	100.00
1979	102.22	102.15	103.38	100.31	100.11	99.16
1980	106.39	107.86	109.16	101.61	100.55	98.40
1981	107.85	109.26	110.58	102.29	100.55	98.91
1982	109.79	111.20	112.87	103.20	100.75	99.78
1983	110.50	112.02	113.57	104.64	105.52	100.14
1984	114.26	115.49	117.09	107.15	109.59	108.05
1985	126.49	127.85	130.90	113.79	115.95	112.05
1986	134.20	135.78	139.28	120.28	124.99	114.96
1987	144.00	145.55	150.15	126.54	130.99	119.67
1988	170.35	171.75	178.07	147.03	146.97	132.84
1989	200.50	201.81	208.88	173.50	169.46	154.62
1990	209.52	212.10	218.70	186.69	193.35	168.07
1991	222.72	228.22	237.30	196.39	227.19	174.97
1992	236.98	246.48	258.17	209.36	271.03	181.61
1993	266.60	279.01	294.31	231.34	327.95	213.58
1994	328.72	339.84	362.59	279.23	388.62	265.05
1995	381.99	401.01	434.02	323.06	453.91	328.40
1996	412.12	444.32	483.50	351.49	589.63	369.78
1997	424.48	465.65	508.16	366.25	683.97	388.27
1998	422.79	468.91	511.21	369.92	768.10	389.43
1999	416.44	466.57	508.65	368.44	847.21	372.29
2000	412.28	464.24	506.62	366.23	879.41	374.90
2001	411.87	476.31	521.82	370.62	991.09	373.40
2002	408.98	487.25	532.77	381.37	1112.00	365.93
2003	412.25	497.00	542.36	390.90	1156.48	369.96
2004	422.97	512.90	553.75	412.40	1211.99	404.00
2005	425.93	517.00	552.09	412.41	1236.23	430.26
2006	434.45	525.27	562.03	416.95	1252.30	439.30
2007	460.52	559.94	597.44	447.39	1286.11	474.88
2008	509.34	616.49	650.61	502.42	1327.27	589.80
2009	517.49	632.52	671.43	510.96	1347.18	576.82
2010	539.74	666.68	705.67	540.60	1418.58	597.01
2011	568.89	707.35	748.01	575.20	1490.93	671.04
2012	580.84	729.28	770.45	593.03	1535.66	729.42
2013	596.52	757.72	802.04	614.97	1577.12	760.78

7-3 居民消费价格分类指数(2013年)
Consumer Price Indices by Category (2013)

上年=100 (preceding year=100)

项 目	Item	全 省 Province	城 市 Urban	农 村 Rural
居民消费价格总指数	**General Index**	**103.9**	**104.1**	**103.7**
非食品价格指数	**Non-food Price Index**	**101.7**	**101.8**	**101.3**
服务项目价格指数	**Service Price Index**	**102.7**	**102.9**	**102.2**
工业品价格指数	**Consumer Price Index of Industrial Production**	**100.9**	**100.9**	**100.8**
扣除食品和能源价格指数	**Excluding Food and Energy Price Index**	**101.8**	**101.9**	**101.5**
扣除鲜菜鲜果总指数	**Excluding Fresh Vegetables and Fresh Fruit Price Index**	**103.6**	**103.9**	**103.3**
消费品价格指数	**Consumer Price Index**	**104.4**	**104.5**	**104.2**
食品	**Food**	**108.1**	**108.2**	**108.0**
粮食	Grain	108.1	107.8	108.5
油脂	Oil or Fat	102.7	103.6	101.6
肉禽及其制品	Meat, Poultry and Processed Products	111.1	111.0	111.3
蛋	Eggs	108.1	109.4	105.4
水产品	Aquatic Products	104.6	105.1	103.2
菜	Vegetables	111.1	109.2	114.2
鲜菜	Fresh Vegetables	110.4	108.5	113.4
干鲜瓜果	Dried and Fresh Melons and Fruits	106.2	106.6	105.4
鲜瓜果	Fresh Fruits	107.7	107.0	109.1
液体乳及乳制品	Milk and Its Products	107.0	108.7	103.1
在外用膳食品	Dining Out	108.3	108.9	106.7
炒菜	Fried Dishes	105.2	107.4	99.9
烟酒	**Alcohol and Tobacco**	**99.4**	**99.5**	**99.4**
衣着	**Clothing**	**101.7**	**102.3**	**100.8**
服装	Garments	100.5	100.5	100.4
家庭设备用品及维修服务	**Household Facilities, Articles and Services**	**100.9**	**100.8**	**101.0**
耐用消费品	Durable Consumer Goods	99.4	99.5	99.2
家庭日用杂品	Daily Use Household Articles	101.8	101.7	102.0
医疗保健和个人用品	**Health Care and Personal Articles**	**101.7**	**101.3**	**102.4**
医疗保健	Health Care	102.5	102.0	103.0
中药材及中成药	Traditional Chinese Medicine	104.4	103.3	105.5
西药	Western Medicine	103.3	102.6	104.2
医疗保健服务	Health Care Services	101.2	101.1	101.4
交通和通讯	**Transportation and Communication**	**99.0**	**98.7**	**99.5**
交通	Transportation	99.7	99.1	100.6
通信	Communication	98.1	98.3	97.9
娱乐教育文化用品及服务	**Recreation, Education and Culture Articles**	**101.0**	**100.9**	**101.2**
教育	Education	102.9	103.4	102.0
旅游	Touring and Outing	101.6	100.8	103.0
居住	**Residence**	**104.5**	**105.3**	**103.0**
建房及装修材料	Building and Building Decoration Materials	100.2	101.3	98.4
住房租金	Housing Rents	107.0	105.9	110.2
自有住房	Private Housing	106.0	106.5	104.7
水、电、燃料	Water, Electricity and Fuels	103.8	104.7	102.5

7-4 1994-2013年居民消费价格分类指数
Consumer Price Indices by Category (1994-2013)

(上年=100) (preceding year=100)

项 目	Item	总指数 General Index	食品 Food	烟酒 Alcohol and Tobacco	衣着 Clothing	家庭设备用品及维修服务 Household Facilities, Articles and Services	医疗保健和个人用品 Health Care and Personal Articles	交通和通信 Transportation and Communication	娱乐教育文化用品及服务 Recreation, Education and Culture Articles	居住 Residence
1994		121.8	128.5		116.1	113.6	118.3	108.1	115.3	121.3
1995		118.0	125.0		113.3	111.5	111.8	100.3	117.9	108.8
1996		110.8	107.3		111.0	106.1	110.1	99.8	128.3	110.2
1997		104.8	102.0		106.7	101.8	102.6	99.8	112.2	112.6
1998		100.7	98.3		100.4	99.7	104.6	97.4	98.6	112.5
1999		99.5	97.8		98.5	98.4	102.3	95.6	98.9	103.8
2000		99.5	97.8		99.5	98.5	101.6	96.3	99.4	107.3
2001		102.6	102.2	98.6	99.4	96.2	98.6	102.4	115.3	101.2
2002		102.3	99.5	101.6	100.2	98.9	105.3	101.5	110.2	101.3
2003		102.0	104.1	99.0	101.9	100.1	104.8	98.7	100.9	99.9
2004		103.2	106.5	102.4	102.4	99.4	102.0	98.6	102.6	102.4
2005		100.8	101.0	100.0	97.3	99.8	102.0	91.8	103.6	106.3
2006		101.6	102.9	101.7	99.4	99.4	103.5	99.3	98.3	104.3
2007		106.6	114.8	102.6	103.7	102.2	104.5	99.7	99.8	106.9
2008		110.1	119.0	105.6	104.4	102.9	106.1	99.8	101.0	115.8
2009		102.6	103.0	101.4	107.0	101.5	102.5	99.3	100.4	104.4
2010		105.4	108.3	101.1	106.7	101.5	104.9	103.0	104.7	102.8
2011		106.1	111.1	103.3	103.4	101.2	103.0	99.9	101.3	110.3
2012		103.1	106.6	102.8	98.4	99.3	100.9	99.4	100.8	105.0
2013		103.9	108.1	99.4	101.7	100.9	101.7	99.0	101.0	104.5
西宁市	Xining City	103.8	108.1	99.6	101.3	99.4	101.5	98.3	100.9	104.4
大通县	Datong County	103.9	109.4	100.0	101.7	100.6	101.7	99.2	100.3	102.0
乐都区	Ledu District	103.5	106.2	99.7	98.9	101.7	107.6	99.0	102.5	102.5
平安县	Pingan County	103.6	107.2	96.1	104.2	100.2	103.6	99.3	102.1	101.8
海晏县	Haiyan County	103.9	108.1	100.7	96.9	101.3	100.3	100.3	101.1	107.0
同仁县	Tongren County	103.9	107.9	99.1	101.7	102.4	102.2	99.6	100.7	103.6
共和县	Gonghe County	103.7	109.7	100.3	98.3	99.9	98.4	100.9	101.5	103.2
玛沁县	Maqin County	103.9	107.7	99.7	99.4	100.2	101.8	98.5	104.7	104.7
格尔木市	Geermu City	104.9	107.6	99.1	105.5	104.3	102.1	99.9	100.8	108.0
德令哈市	Delingha City	103.9	109.4	100.0	98.4	101.5	102.7	99.1	101.8	102.4

注：1994-2000年烟酒归在食品类中；2011年国家方法制度将烟酒及用品改为烟酒。

a) In 1994-2000,The category of Alcohol and Tobacco was included in the Food category. It was changed from Tobacco, Liquor and Articles to Alcohol and Tobacco When Method Treatment Reformed in 2011.

7-5 2007-2013年食品类价格指数

Food Price Indices(2007-2013)

(上年=100) (preceding year=100)

分类名称	Iten	2007	2008	2009	2010	2011	2012	2013
食品类价格指数	**Food**	**114.8**	**119.0**	**103.0**	**108.3**	**111.1**	**106.6**	**108.1**
粮食	**Grain**	**108.1**	**111.6**	**106.6**	**112.7**	**109.3**	**102.8**	**108.1**
大米	Rice	109.5	100.0	105.1	127.0	107.8	101.5	106.3
面粉	Flour	105.0	111.3	105.3	105.0	107.8	101.8	108.3
淀粉及制品	**Starch and Related Products**	**109.1**	**110.7**	**110.7**	**102.2**	**106.9**	**98.8**	**99.6**
干豆类及豆制品	**Beans and Bean Products**	**110.3**	**144.4**	**100.3**	**109.5**	**105.9**	**100.3**	**108.5**
油脂	**Oil or Fat**	**124.8**	**126.8**	**83.5**	**102.3**	**108.4**	**105.6**	**102.7**
食用植物油	Edible Vegetable Oil	122.0	127.1	85.0	103.6	108.7	106.0	103.1
植物油制品	Vegetable Oil Products	125.2	125.4	81.8	99.0	102.8	105.6	102.5
肉禽及其制品	**Meat, Poultry and Processed Products**	**137.9**	**128.1**	**92.8**	**104.9**	**123.0**	**107.6**	**111.1**
猪肉	Pork	158.3	122.5	79.1	106.2	133.7	91.6	102.7
牛肉	Beef	130.8	136.3	98.5	101.7	114.1	127.3	129.9
羊肉	Mutton	134.3	129.5	99.8	109.8	123.4	120.9	111.6
鸡	Dorking	120.1	106.0	98.2	105.2	116.7	100.0	106.3
蛋	**Eggs**	**120.1**	**104.9**	**104.1**	**107.0**	**110.3**	**99.2**	**108.1**
鲜蛋	Fresh Eggs	122.3	103.5	104.2	107.7	110.5	98.9	109.0
水产品	**Aquatic Products**	**102.7**	**123.1**	**103.5**	**104.6**	**109.7**	**109.6**	**104.6**
菜	**Vegetables**	**104.7**	**118.6**	**116.8**	**112.7**	**98.5**	**112.8**	**111.1**
鲜菜	Fresh Vegetables	104.4	118.3	118.2	110.9	98.5	115.1	110.4
调味品	**Flavoring**	**107.1**	**104.8**	**102.3**	**127.0**	**108.6**	**103.3**	**113.6**
糖	**Carbohydrate**	**103.3**	**107.3**	**105.2**	**107.7**	**110.5**	**106.8**	**99.9**
茶及饮料	**Tea and Beverages**	**110.3**	**115.5**	**101.1**	**101.8**	**105.1**	**105.1**	**102.3**
干鲜瓜果	**Dried and Fresh Melons and Fruits**	**105.4**	**112.6**	**112.8**	**113.1**	**113.9**	**98.8**	**106.2**
鲜瓜果	Fresh Melons and Fruits	105.1	111.2	113.0	113.2	113.9	97.2	107.7
糕点饼干面包	**Cake, Biscuit and Bread**	**108.6**	**111.9**	**100.1**	**101.5**	**111.5**	**106.4**	**103.4**
液体乳及乳制品	**Milk and Its Products**	**103.9**	**127.3**	**100.0**	**105.6**	**103.8**	**103.3**	**107.0**
巴氏杀菌乳或灭菌乳	Pasteurized Milk or Sterilized Milk	103.7	129.6	97.5	107.1	104.9	102.3	110.2
酸牛乳	Yoghurt	104.5	120.1	103.2	102.6	102.8	104.1	102.0
在外用膳食品	**Dining Out**	**109.0**	**114.7**	**105.1**	**107.4**	**108.5**	**110.4**	**108.3**
主食	Staple Food	107.4	112.5	104.5	103.8	108.6	109.3	112.4
炒菜	Fried Dishes	107.9	111.0	105.2	106.0	106.2	107.2	105.2
地方小吃	Local Snacks	112.6	123.7	105.4	113.8	116.9	114.6	114.0
其他食品	**Other foods**	**99.6**	**108.9**	**103.3**	**102.8**	**110.6**	**102.8**	**99.5**

注：2011流通和消费价格统计报表制度将淀粉改为淀粉及制品，糕点饼干改为糕点饼干面包，巴氏杀菌奶或消毒奶改为巴氏杀菌乳或灭菌乳，酸奶改为酸牛乳。

a)In circulation and consumer price statistics reporting system of 2011, the indicator of Starches was changed to Starch and Related Products, Cake and Biscuit was changed to Cake Biscuit and Bread， Pasteurized Milk was changed to Pasteurized Milk or Sterilized Milk, Acidophilus Milk was changed to Yoghurt.

7-6 全省及调查市、县居民消费价格指数(2013年)

(上年=100)

项 目	Ietm	全 省 Province	西宁市 Xining City	大通县 Datong County
居民消费价格总指数	**General Index**	**103.9**	**103.8**	**103.9**
非食品价格指数	**Non-food Price Index**	**101.6**	**101.4**	**100.9**
服务项目价格指数	**Service Price Index**	**102.7**	**102.1**	**102.0**
工业品价格指数	**Consumer Price Index of Industrial Production**	**100.9**	**100.9**	**100.3**
扣除食品和能源价格指数	**Excluding Food and Energy Price Index**	**101.8**	**101.5**	**100.9**
扣除鲜菜鲜果总指数	**Excluding Fresh Vegetables and Fresh Fruit Price Index**	**103.6**	**103.6**	**103.5**
消费品价格指数	**Consumer Price Index**	**104.4**	**104.5**	**104.5**
食品	**Food**	**108.1**	**108.1**	**109.4**
粮食	Grain	**108.1**	107.9	109.5
油脂	Oil or Fat	**102.7**	103.4	103.2
肉禽及其制品	Meat, Poultry and Processed Products	**111.1**	110.5	113.8
蛋	Eggs	**108.1**	110.1	105.3
水产品	Aquatic Products	**104.6**	104.5	102.9
菜	Vegetables	**111.1**	108.5	113.5
鲜菜	Fresh Vegetables	**110.4**	108.1	112.7
干鲜瓜果	Dried and Fresh Melons and Fruits	**106.2**	106.0	101.7
鲜瓜果	Fresh Fruits	**107.7**	105.9	106.0
液体乳及乳制品	Milk and Its Products	**107.0**	109.9	108.0
在外用膳食品	Dining Out	**108.3**	109.2	107.7
炒菜	Fried Dishes	**105.2**	108.1	101.5
烟酒	**Alcohol and Tobacco**	**99.4**	**99.6**	**100.0**
衣着	**Clothing**	**101.7**	**101.3**	**101.7**
服装	Garments	**100.5**	98.5	102.2
家庭设备用品及维修服务	**Household Facilities, Articles and Services**	**100.9**	**99.4**	**100.6**
耐用消费品	Durable Consumer Goods	**99.4**	98.2	98.9
家庭日用杂品	Daily Use Household Articles	**101.8**	99.8	102.1
医疗保健和个人用品	**Health Care and Personal Articles**	**101.7**	**101.5**	**101.7**
医疗保健	Health Care	**102.5**	101.9	101.6
中药材及中成药	Traditional Chinese Medicine	**104.4**	103.5	100.8
西药	Western Medicine	**103.3**	102.8	102.9
医疗保健服务	Health Care Services	**101.2**	99.9	101.4
交通和通讯	**Transportation and Communication**	**99.0**	**98.3**	**99.2**
交通	Transportation	**99.7**	98.6	99.5
通信	Communication	**98.1**	98.0	98.6
娱乐教育文化用品及服务	**Recreation, Education and Culture Articles**	**101.0**	**100.9**	**100.3**
教育	Education	**102.9**	103.6	100.3
旅游	Touring and Outing	**101.6**	101.9	101.0
居住	**Residence**	**104.5**	**104.4**	**102.0**
建房及装修材料	Building and Building Decoration Materials	**100.2**	101.4	97.1
住房租金	Housing Rents	**107.0**	105.0	128.3
自有住房	Private Housing	**106.0**	104.5	105.1
水、电、燃料	Water, Electricity and Fuels	**103.8**	105.4	102.7

Consumer Price Indices of Pronvince, Surveyed Cities and Counties(2013)

(preceding Year=100)

乐都区 Ledu District	平安县 Pingan County	海晏县 Haiyan County	同仁县 Tongren County	共和县 Gonghe County	玛沁县 Maqin County	格尔木市 Geermu City	德令哈市 Delingha City
103.5	**103.6**	**103.9**	**103.9**	**103.7**	**103.9**	**104.9**	**103.9**
102.0	**101.6**	**101.5**	**101.6**	**100.5**	**101.7**	**103.5**	**101.0**
103.1	**101.1**	**105.1**	**101.7**	**101.4**	**103.0**	**104.8**	**103.0**
101.5	**101.9**	**98.9**	**101.6**	**100.0**	**100.8**	**102.5**	**99.4**
102.4	**102.1**	**102.0**	**101.8**	**100.5**	**101.9**	**103.7**	**101.1**
103.4	**102.5**	**103.5**	**103.4**	**103.4**	**103.9**	**104.7**	**103.4**
103.6	**104.4**	**103.4**	**104.6**	**104.5**	**104.2**	**105.0**	**104.3**
106.2	**107.2**	**108.1**	**107.9**	**109.7**	**107.7**	**107.6**	**109.4**
104.5	109.3	114.1	105.8	110.2	108.1	107.9	105.2
99.5	97.5	103.8	99.6	105.3	102.1	104.0	102.8
108.3	111.4	109.9	111.2	112.5	114.0	112.1	111.0
102.8	108.1	109.5	107.2	103.6	104.7	107.4	106.0
101.8	104.9	106.9	107.7	98.0	98.4	107.2	101.7
106.3	128.6	113.5	114.9	117.3	105.3	111.0	113.0
104.4	128.0	112.7	115.9	116.4	104.9	109.7	111.8
107.7	107.4	102.6	106.3	100.5	100.6	107.4	113.4
111.2	110.5	104.3	107.3	103.0	100.9	108.9	118.4
102.8	94.6	99.8	103.5	103.7	100.4	105.1	106.8
108.5	98.3	104.0	108.1	109.1	111.5	106.3	111.6
97.6	92.2	100.2	107.8	109.1	112.2	103.7	110.7
99.7	**96.1**	**100.7**	**99.1**	**100.3**	**99.7**	**99.1**	**100.0**
98.9	**104.2**	**96.9**	**101.7**	**98.3**	**99.4**	**105.5**	**98.4**
98.4	103.1	97.7	102.0	95.9	99.1	105.5	96.6
101.7	**100.2**	**101.3**	**102.4**	**99.9**	**100.2**	**104.3**	**101.5**
101.6	96.1	97.2	101.6	98.9	100.3	101.9	100.4
102.4	102.6	107.6	101.1	100.8	100.2	108.4	104.2
107.6	**103.6**	**100.3**	**102.2**	**98.4**	**101.8**	**102.1**	**102.7**
108.8	105.6	100.1	103.7	97.6	101.0	102.1	106.7
113.3	104.9	99.8	103.0	105.8	101.1	102.1	102.7
106.0	106.8	96.4	103.1	100.8	100.2	102.2	99.5
110.9	104.2	101.8	103.9	94.1	101.2	102.6	111.2
99.0	**99.3**	**100.3**	**99.6**	**100.9**	**98.5**	**99.9**	**99.1**
99.8	99.9	100.6	103.6	102.4	100.3	99.9	99.8
97.7	98.7	100.0	94.2	97.7	95.9	99.9	98.5
102.5	**102.1**	**101.1**	**100.7**	**101.5**	**104.7**	**100.8**	**101.8**
104.5	103.8	102.0	102.1	103.1	101.8	102.0	104.3
104.2	106.6	96.9	111.2	102.6	103.9	98.9	99.1
102.5	**101.8**	**107.0**	**103.6**	**103.2**	**104.7**	**108.0**	**102.4**
97.6	101.9	100.5	101.3	99.2	99.4	99.0	101.9
102.7	95.9	104.8	109.0	103.2	107.0	111.2	109.5
104.3	100.5	116.9	104.7	105.1	105.1	111.9	102.5
102.0	103.3	96.1	102.0	103.0	105.5	103.9	102.0

7–7 全省及调查市、县商品零售价格指数(2013年)

(上年=100)

项 目	Ietm	全 省 Province	西宁市 Xining City	大通县 Datong County
商品零售价格总指数	**Retail Price Index**	**102.7**	**102.5**	**102.5**
食品	Food	108.0	108.1	107.9
饮料、烟酒	Beverages, Tobacco and Liquor	99.8	99.8	100.1
服装、鞋帽	Garments, Shoes and Hats	101.5	100.7	101.2
纺织品	Textiles	100.0	98.8	99.9
家用电器及音像器材	Household Appliances, Music and Video Equipment	96.2	93.9	97.8
家庭设备	Household Equipment	97.2	95.2	98.2
文娱用耐用消费品	Culture and Entertainment with Consumer Durable Goods	95.0	92.0	97.2
专业音像器材	Professional Video Equipment	92.9	90.5	100.0
文化办公用品	Cultural and Office Appliances	97.4	95.4	99.6
日用品	Articles for Daily Use	101.0	100.8	99.7
日用百货	General Merchandise for Daily Use	101.3	101.3	100.8
日用杂品	Miscellaneous for Daily Use	99.7	98.9	98.1
洗涤用品	Cleaning Products	101.8	102.1	99.9
体育娱乐用品	Sports and Recreation Articles	101.4	100.9	98.5
交通、通信用品	Transportation and Communication Appliances	95.1	95.4	95.4
交通运输机械	Transport Machinery	98.3	97.9	100.0
通信器材	Communications Equipment	92.4	90.4	93.6
家具	Furniture	101.5	103.7	99.6
化妆品	Cosmetics	100.0	99.4	102.7
金银珠宝	Gold, Silver and Jewellery	91.4	90.3	93.7
中西药品及医疗保健用品	Traditional Chinese and Western Medicines, and Health Care Articles	103.3	103.7	102.1
书报杂志及电子出版物	Books, Newspapers, Magazines and Electronic Publications	102.8	103.1	101.2
教材及参考书	Textbooks and Reference Books	104.4	105.0	102.5
书报杂志	Books, Newspapers Magazines	102.1	102.0	100.3
电子音像制品	Electronic Audio-video Products	101.0	98.6	100.0
燃料	Fuels	100.3	100.2	101.1
煤炭及制品	Coal and Coal Products	100.4	100.9	101.9
石油及制品	Petroleum and Petroleum Products	100.3	100.1	99.7
建筑材料及五金电料	Building Materials and Hardware	99.7	99.2	96.3
建筑装潢材料	Building Decoration Materials	99.3	98.8	95.1
五金电料	Hardware & Electrical Materials	101.4	101.1	100.0

Retail Price Indices of Province, Surveyed Cities and Counties(2013)

(preceding Year=100)

乐都区 Ledu District	平安县 Pingan County	海晏县 Haiyan County	同仁县 Tongren County	共和县 Gonghe County	玛沁县 Maqin County	格尔木市 Geermu City	德令哈市 Delingha City
102.2	**102.0**	**101.7**	**103.8**	**102.8**	**102.6**	**103.8**	**102.8**
106.0	105.2	107.5	108.5	109.2	107.9	107.9	109.1
101.0	97.4	101.6	99.9	101.6	100.2	99.9	100.8
98.9	104.5	96.9	101.8	97.1	99.3	105.2	98.7
100.6	104.6	99.6	102.3	99.2	99.9	101.5	100.1
100.5	96.9	96.2	102.0	98.3	100.0	99.5	99.1
103.1	99.8	97.5	102.9	99.4	100.0	99.7	100.1
98.7	94.7	94.8	100.9	95.9	100.0	99.2	98.0
100.0	100.0	100.0	101.1	100.0	100.0	100.0	97.5
101.4	99.2	100.0	98.9	98.1	104.9	100.7	98.2
102.1	98.9	100.0	104.0	101.8	100.4	103.6	102.0
101.2	100.4	100.0	105.3	101.1	101.6	104.1	103.3
102.7	98.3	100.0	105.7	99.3	100.3	109.5	101.1
105.4	96.3	100.0	104.0	104.6	100.0	101.0	102.4
100.3	107.3	100.3	105.4	98.9	100.0	104.6	98.6
89.5	93.5	100.0	100.2	91.9	99.0	99.8	96.9
100.0	101.5	100.0	100.0	103.9	99.3	100.0	98.9
89.5	93.0	100.0	100.2	91.8	99.0	99.5	95.6
100.8	91.6	95.8	99.9	99.5	100.4	103.7	100.8
99.9	99.4	100.2	100.2	100.9	101.7	104.7	96.2
92.4	87.5	96.2	88.8	92.2	90.3	97.1	86.4
106.5	105.9	97.3	103.3	102.6	100.6	101.4	99.8
104.4	110.8	104.1	100.6	100.4	102.1	102.2	102.3
106.8	104.6	108.3	101.1	98.5	100.5	105.2	107.5
101.2	115.6	100.0	100.0	102.5	104.8	101.3	100.2
99.6	143.6	100.0	100.0	100.0	100.0	101.0	100.0
99.1	99.9	97.5	100.6	99.5	99.6	101.1	100.0
97.9	100.0	96.3	101.0	100.1	100.0	110.8	100.0
99.8	99.8	98.8	100.5	99.5	99.6	99.5	100.1
98.8	101.7	100.2	102.1	100.2	99.9	100.3	104.6
98.7	101.5	100.2	101.4	100.7	99.9	97.6	105.1
100.0	104.0	100.0	105.4	97.9	99.6	109.3	102.9

7-8 商品零售价格分类指数(2013年)

Retail Price Indices by Category (2013)

(上年=100) (preceding year=100)

项 目	Item	全 省 Province	城 市 Urban	农 村 Rural
商品零售价格总指数	**Retail Price Index**	**102.7**	**102.8**	**102.6**
食品	Food	108.0	108.3	107.4
饮料、烟酒	Beverages, Tobacco and Liquor	99.8	99.7	100.1
服装、鞋帽	Clothing, Footwear	101.5	102.0	100.3
纺织品	Textiles	100.0	99.6	101.0
家用电器及音像器材	Household Appliances, Music and Video Equipment	96.2	95.0	98.6
家庭设备	Household Equipment	97.2	96.1	99.8
文娱用耐用消费品	Culture and Entertainment with Consumer Durable Goods	95.0	93.7	97.2
专业音像器材	Professional Video Equipment	92.9	89.7	100.1
文化办公用品	Cultural and Office Appliances	97.4	96.9	99.6
日用品	Articles for Daily Use	101.0	101.1	100.9
日用百货	General Merchandise for Daily Use	101.3	101.2	101.4
日用杂品	Miscellaneous for Daily Use	99.7	99.5	100.1
洗涤用品	Cleaning Products	101.8	101.9	101.6
体育娱乐用品	Sports and Recreation Articles	101.4	101.1	102.3
交通、通信用品	Transportation and Communication Appliances	95.1	95.3	94.5
交通运输机械	Transport Machinery	98.3	98.1	100.4
通信器材	Communications Equipment	92.4	91.7	93.6
家具	Furniture	101.5	103.8	98.0
化妆品	Cosmetics	100.0	99.7	101.1
金银珠宝	Gold, Silver and Jewellery	91.4	91.5	91.4
中西药品及医疗保健用品	Traditional Chinese and Western Medicine, and Health Care Articles	103.3	103.0	103.9
书报杂志及电子出版物	Newspapers, Magazines and Electronic Publications	102.8	102.4	103.6
教材及参考书	Textbooks and Reference Books	104.4	104.7	104.0
书报杂志	Books, Newspapers Magazines	102.1	101.9	102.6
电子音像制品	Electronic Audio-video Products	101.0	99.6	105.9
燃料	Fuels	100.3	100.4	100.1
煤炭及制品	Coal and Coal Products	100.4	100.4	100.4
石油及制品	Petroleum and Petroleum Products	100.3	100.4	99.9
建筑材料及五金电料	Building Materials and Hardware	99.7	99.9	99.5
建筑装潢材料	Building Decoration Materials	99.3	99.4	99.2
五金电料	Hardware & Electrical Materials	101.4	101.6	100.9

7-9 全省及调查县农业生产资料价格指数(2013年)

Price Indices for Means of Agricultural Production in the Province and Counties Surveyed(2013)

(上年=100) (preceding year=100)

项目	Item	全省 Province Total	大通县 Datong County	乐都区 Ledu District	平安县 Pingan County	海晏县 Haiyan County	同仁县 Tongren County	共和县 Gonghe County
农业生产资料价格指数	**Price Index for Means of production**	**104.3**	**105.2**	**102.3**	**103.1**	**102.7**	**102.9**	**105.6**
农用手工工具	Farm Handtools	99.7	100.0	100.0	100.0	100.0	106.5	97.9
饲料	Forage	110.2	117.4	107.0	106.4	100.0	104.5	109.5
混合饲料	Mixed Forage	106.4	106.1	106.1	106.8	100.0	100.1	109.8
产品畜	Production Livestock	111.4	120.3	104.4	110.2	108.7	105.4	110.8
半机械化农具	Semi-mechanized Farm Tools	100.5	102.3	100.0	100.0	100.0	100.0	99.6
机械化农具	Mechanized Farm Machinery	100.0	100.0	100.0	100.0	100.0	100.0	99.9
化学肥料	Chemical Fertilizer	100.9	99.2	99.4	100.4	103.8	101.5	104.5
氮肥	Nitrogen	100.0	95.5	99.9	101.8	105.3	102.3	105.0
磷肥	Phosphate	99.6	98.5	98.7	98.9	103.0	101.6	101.4
钾肥	Potassium	101.3	102.0	100.0	100.0	109.7	100.0	100.0
复合肥料	Compound Fertilizer	105.3	109.8	100.1	100.0	101.3	100.0	111.8
农药及农药械	Pesticide and Its Appliances	99.6	99.1	100.0	100.4	101.4	99.4	99.9
化学农药	Chemical Pesticides	99.5	99.0	100.0	100.4	101.5	99.4	99.4
农药器械	Pesticide Equipment	100.7	100.0	100.0	100.0	100.0	100.0	104.9
农用机油	Oil for Farm Machinery	100.5	99.4	100.1	98.8	99.5	108.7	101.4
其他农业生产资料	Other Means of Agricultural Production	104.0	100.6	104.6	101.6	104.1	99.9	113.3
农用种子	Farm Seeds	104.7	100.7	106.3	101.8	104.7	99.9	115.0
农业生产服务	Service for Agricultural Production	105.2	107.4	106.4	102.3	100.4	100.1	108.0
排灌费	Irrigation and Drainage	100.0	100.0	100.0	100.0	105.0	100.0	100.0
机械作业费	Mechanical Handling	111.2	110.4	110.6	113.2	100.0	100.0	111.9
农业用电	Agricultural Electricity	100.8	102.9	100.0	102.1	100.0	100.7	100.0
农业用工	Agricultural Employment	102.9	110.0	103.7	100.0	100.0	100.0	100.0

7–10 城乡居民消费价格定基指数(2013年)

Fixed Base Consumer Price Indices in Urban and Rural Areas(2013)

(2010年=100) (year of 2010=100)

项　目	Item	全　省 Province	城　市 Urban	农　村 Rural
居民消费价格总指数	**General Index**	**114.6**	**114.1**	**115.4**
非食品价格指数	**Non-food Price Index**	**106.9**	**106.7**	**107.3**
服务项目价格指数	**Service Price Index**	**112.1**	**111.8**	**112.7**
工业品价格指数	**Consumer Price Index of Industrial Production**	**103.3**	**102.8**	**104.0**
扣除食品和能源价格指数	**Excluding Food and Energy Price Index**	**106.4**	**106.1**	**107.1**
扣除鲜菜鲜果总指数	**Excluding Fresh Vegetables and Fresh Fruit Price Index**	**113.9**	**113.6**	**114.4**
消费品价格指数	**Consumer Price Index**	**115.5**	**115.0**	**116.3**
食品	Food	130.2	129.4	131.8
粮食	Grain	123.5	125.4	121.4
油脂	Oil or Fat	115.3	112.9	118.2
肉禽及其制品	Meat, Poultry and Processed Products	149.1	145.1	154.8
蛋	Eggs	117.9	119.3	115.1
水产品	Aquatic Products	124.5	124.1	125.6
菜	Vegetables	128.1	123.7	135.4
鲜菜	Fresh Vegetables	131.3	126.2	139.7
干鲜瓜果	Dried and Fresh Melons and Fruits	121.6	121.1	122.6
鲜瓜果	Fresh Fruits	121.5	120.4	124.0
液体乳及乳制品	Milk and Its Products	121.1	123.7	114.9
在外用膳食品	Dining Out	132.4	133.7	128.9
炒菜	Fried Dishes	122.4	124.6	116.9
烟酒	Alcohol and Tobacco	104.4	105.7	102.4
衣着	Clothing	104.6	106.4	101.5
服装	Garments	102.5	104.7	98.4
家庭设备用品及维修服务	Household Facilities, Articles and Services	100.4	98.1	104.5
耐用消费品	Durable Consumer Goods	92.5	90.8	96.3
家庭日用杂品	Daily Use Household Articles	105.6	101.9	111.0
医疗保健和个人用品	Health Care and Personal Articles	106.3	104.1	110.0
医疗保健	Health Care	107.7	105.8	110.2
中药材及中成药	Traditional Chinese Medicine	126.5	115.5	138.7
西药	Western Medicine	102.7	106.3	98.8
医疗保健服务	Health Care Services	105.3	103.0	108.6
交通和通信	Transportation and Communication	97.7	96.2	100.1
交通	Transportation	101.5	98.1	106.7
通信	Communication	93.6	94.5	91.9
娱乐教育文化用品及服务	Recreation, Education and Culture Articles	102.9	101.5	105.4
教育	Education	107.6	107.1	108.5
旅游	Touring and Outing	112.5	108.4	119.8
居住	Residence	122.1	123.7	119.2
建房及装修材料	Building and Building Decoration Materials	102.5	102.0	103.3
住房租金	Housing Rents	135.1	131.4	145.5
自有住房	Private Housing	132.9	134.1	130.0
水、电、燃料	Water, Electricity and Fuels	114.7	115.6	113.4

7-11 城乡商品零售价格定基指数(2013年)

Fixed Base Retail Price Indices in Urban and Rural Areas(2013)

(2010年=100) (year of 2010=100)

项 目	Item	全 省 Province	城 市 Urban	农 村 Rural
商品零售价格总指数	**Retail Price Index**	**110.60**	**110.33**	**111.25**
食品	Food	128.84	128.67	129.24
饮料、烟酒	Beverages, Tobacco and Liquor	106.05	106.18	105.69
服装、鞋帽	Garments, Shoes and Hats	103.04	104.06	100.42
纺织品	Textiles	110.51	111.41	108.68
家用电器及音像器材	Household Appliances, Music and Video Equipment	84.02	80.27	92.05
家庭设备	Household Equipment	86.39	83.53	93.10
文娱用耐用消费品	Culture and Entertainment with Consumer Durable Goods	80.53	75.23	90.73
专业音像器材	Professional Video Equipment	92.67	91.57	94.94
文化办公用品	Cultural and Office Appliances	93.83	92.17	101.84
日用品	Articles for Daily Use	102.33	101.14	105.94
日用百货	General Merchandise for Daily Use	102.02	101.22	104.31
日用杂品	Miscellaneous for Daily Use	100.12	98.02	105.79
洗涤用品	Cleaning Products	107.16	105.81	111.51
体育娱乐用品	Sports and Recreation Articles	100.36	98.95	105.03
交通、通信用品	Transportation and Communication Appliances	85.61	87.44	79.45
交通运输机械	Transport Machinery	93.90	93.45	101.09
通信器材	Communications Equipment	78.99	80.32	76.67
家具	Furniture	96.30	94.27	99.73
化妆品	Cosmetics	101.20	100.34	104.12
金银珠宝	Gold, Silver and Jewellery	94.42	91.89	99.14
中西药品及医疗保健用品	Traditional Chinese and Western Medicines, and Health Care Articles	109.33	109.11	109.85
书报杂志及电子出版物	Books, Newspapers, Magazines and Electronic Publications	107.41	106.12	109.76
教材及参考书	Textbooks and Reference Books	109.55	107.90	111.69
书报杂志	Books, Newspapers Magazines	108.83	108.34	109.81
电子音像制品	Electronic Audio-video Products	99.35	98.72	101.54
燃料	Fuels	117.85	118.84	115.54
煤炭及制品	Coal and Coal Products	120.14	124.36	114.23
石油及制品	Petroleum and Petroleum Products	116.96	117.16	116.38
建筑材料及五金电料	Building Materials and Hardware	100.17	99.94	100.53
建筑装潢材料	Building Decoration Materials	99.89	99.27	100.83
五金电料	Hardware & Electrical Materials	101.26	102.37	99.11

7-12 全省调查市、县居民消费价格定基指数(2013年)

(2010年=100)

项 目	Item	全 省 Province	西宁市 Xining City	大通县 Datong County
居民消费价格总指数	**General Index**	**114.6**	**113.1**	**115.5**
非食品价格指数	**Non-food Price Index**	**106.9**	**105.2**	**107.5**
服务项目价格指数	**Service Price Index**	**112.1**	**108.9**	**114.6**
工业品价格指数	**Consumer Price Index of Industrial Production**	**103.3**	**102.4**	**103.2**
扣除食品和能源价格指数	**Excluding Food and Energy Price Index**	**106.4**	**104.4**	**106.7**
扣除鲜菜鲜果总指数	**Excluding Fresh Vegetables and Fresh Fruit Price Index**	**113.9**	**112.5**	**114.8**
消费品价格指数	**Consumer Price Index**	**115.5**	**114.8**	**115.8**
食品	Food	130.2	129.4	132.5
粮食	Grain	123.5	127.6	120.8
油脂	Oil or Fat	115.3	115.0	119.9
肉禽及其制品	Meat, Poultry and Processed Products	149.1	147.0	164.2
蛋	Eggs	117.9	121.0	112.5
水产品	Aquatic Products	124.5	127.2	130.4
菜	Vegetables	128.1	123.0	125.7
鲜菜	Fresh Vegetables	131.3	125.2	130.8
干鲜瓜果	Dried and Fresh Melons and Fruits	121.6	124.8	120.7
鲜瓜果	Fresh Melons and Fruits	121.5	125.2	120.2
液体乳及乳制品	Milk and Its Products	121.1	129.2	122.4
在外用膳食品	Dining Out	132.4	128.3	124.0
炒菜	Fried Dishes	122.4	124.2	112.5
烟酒	Alcohol and Tobacco	104.4	107.5	104.0
衣着	Clothing	104.6	102.7	103.2
服装	Garments	102.5	99.8	100.7
家庭设备用品及维修服务	Household Facilities, Articles and Services	100.4	94.3	104.4
耐用消费品	Durable Consumer Goods	92.5	85.9	96.9
家庭日用杂品	Daily Use Household Articles	105.6	99.5	119.2
医疗保健和个人用品	Health Care and Personal Articles	106.3	105.3	106.8
医疗保健	Health Care	107.7	107.5	104.7
中药材及中成药	Traditional Chinese Medicine	126.5	118.0	150.6
西药	Western Medicine	102.7	109.0	74.6
医疗保健服务	Health Care Services	105.3	101.8	110.7
交通和通信	Transportation and Communication	97.7	95.5	98.7
交通	Transportation	101.5	97.0	106.5
通信	Communication	93.6	93.9	89.3
娱乐教育文化用品及服务	Recreation, Education and Culture Articles	102.9	100.3	107.1
教育	Education	107.6	107.4	106.4
旅游	Touring and Outing	112.5	113.7	133.4
居住	Residence	122.1	119.0	120.0
建房及装修材料	Building and Building Decoration Materials	102.5	102.7	105.8
住房租金	Housing Rents	135.1	128.3	245.0
自有住房	Private Housing	132.9	124.9	132.8
水、电、燃料	Water, Electricity and Fuels	114.7	115.8	120.4

Fixed Base Consumer Price Indices of Surveyed Cities and Counties (2013)

(year of 2010=100)

乐都区 Ledu District	平安县 Pingan County	海晏县 Haiyan County	同仁县 Tongren County	共和县 Gonghe County	玛沁县 Maqin County	格尔木市 Geermu City	德令哈市 Delingha City
115.0	**117.9**	**110.6**	**116.8**	**115.5**	**112.0**	**116.3**	**115.4**
107.7	**109.5**	**103.5**	**108.5**	**106.7**	**104.4**	**111.0**	**108.1**
110.6	**111.9**	**113.6**	**114.0**	**113.8**	**105.5**	**118.3**	**114.2**
106.2	**108.1**	**96.9**	**104.9**	**102.8**	**103.6**	**105.7**	**103.3**
107.6	**109.6**	**104.1**	**109.0**	**106.3**	**103.6**	**111.1**	**107.7**
113.9	**114.9**	**109.4**	**116.5**	**115.2**	**111.8**	**116.1**	**114.5**
116.3	**119.8**	**109.5**	**117.9**	**116.0**	**114.3**	**115.5**	**115.8**
130.2	135.0	125.1	133.7	133.7	127.0	127.1	130.5
111.6	127.5	120.2	123.2	128.8	120.7	120.6	112.6
119.0	113.8	104.0	106.7	130.6	104.9	106.0	113.5
145.7	151.1	145.1	159.5	154.3	153.4	135.0	148.5
115.9	131.7	114.0	117.7	102.1	119.6	113.8	108.8
116.6	126.9	119.0	136.7	120.3	109.3	111.7	117.3
133.8	178.4	140.0	124.6	130.5	122.4	124.9	136.4
138.0	184.3	146.7	125.9	134.5	122.9	127.7	138.0
127.4	141.2	109.9	117.4	97.2	109.6	111.1	116.1
133.0	143.7	110.0	118.3	98.3	99.5	107.0	120.0
116.0	100.7	111.0	114.7	119.4	109.2	106.9	118.4
136.5	123.1	114.2	150.5	132.1	130.0	146.4	139.4
119.0	120.4	113.0	145.8	109.9	119.5	125.6	127.8
98.6	101.1	103.5	103.3	103.3	104.5	100.3	100.4
99.6	107.5	87.4	102.5	100.3	92.8	116.6	103.1
97.5	102.2	88.3	100.6	94.5	87.9	118.3	101.6
103.2	100.7	100.6	107.0	105.3	101.4	108.1	104.3
101.3	91.7	89.8	94.0	94.9	101.8	102.2	99.2
108.1	104.9	111.9	107.8	110.7	101.6	108.7	111.2
117.9	116.7	101.0	114.2	107.7	107.2	102.3	107.2
120.3	120.6	99.1	117.2	106.3	104.1	100.0	112.0
145.2	145.6	94.1	139.6	135.7	115.3	108.1	102.8
111.3	113.7	87.5	110.7	103.1	102.1	94.1	96.8
116.0	101.3	105.6	116.1	101.5	103.1	101.2	123.1
99.8	100.0	105.1	105.0	100.9	98.5	98.3	100.7
103.4	103.5	111.4	118.1	106.7	104.8	98.8	103.9
94.2	97.0	97.9	89.8	90.0	90.2	97.8	97.8
106.0	109.4	102.4	102.8	105.0	107.9	100.8	109.0
109.8	114.0	105.7	108.6	110.1	107.3	104.5	108.8
120.8	107.1	113.1	110.6	113.8	105.1	97.7	108.3
117.2	118.5	119.2	117.5	117.9	113.4	136.5	121.1
102.4	108.8	100.1	96.7	97.9	98.5	97.1	102.2
113.2	147.9	109.8	149.6	115.5	111.9	158.6	148.0
124.1	127.2	145.3	134.3	134.6	110.5	162.9	125.9
115.3	113.6	98.1	101.4	111.3	121.6	111.9	119.0

7-13 全省及调查市、县商品零售价格定基指数(2013年)

(2010年=100)

项 目	Item	全 省 Province	西宁市 Xining City	大通县 Datong County
商品零售价格总指数	**Retail Price Index**	**110.6**	**110.9**	**109.4**
食品	Food	128.8	129.3	128.0
饮料、烟酒	Beverages, Tobacco and Liquor	106.0	107.6	106.0
服装、鞋帽	Garments, Shoes and Hats	103.0	101.9	101.7
纺织品	Textiles	110.5	109.4	109.7
家用电器及音像器材	Household Appliances, Music and Video Equipment	84.0	78.9	95.1
家庭设备	Household Equipment	86.4	81.5	96.2
文娱用耐用消费品	Culture and Entertainment with Consumer Durable Goods	80.5	72.0	93.2
专业音像器材	Professional Video Equipment	92.7	92.1	100.0
文化办公用品	Cultural and Office Appliances	93.8	90.4	99.9
日用品	Articles for Daily Use	102.3	100.5	105.8
日用百货	General Merchandise for Daily Use	102.0	100.9	98.8
日用杂品	Miscellaneous for Daily Use	100.1	97.3	98.9
洗涤用品	Cleaning Products	107.2	107.5	116.1
体育娱乐用品	Sports and Recreation Articles	100.4	98.0	97.5
交通、通信用品	Transportation and Communication Appliances	85.6	88.4	74.7
交通运输机械	Transport Machinery	93.9	92.7	100.0
通信器材	Communications Equipment	79.0	79.8	67.3
家具	Furniture	96.3	91.9	97.5
化妆品	Cosmetics	101.2	100.6	106.5
金银珠宝	Gold, Silver and Jewellery	94.4	90.8	104.8
中西药品及医疗保健用品	Traditional Chinese and Western Medicines, and Health Care Articles	109.3	111.8	98.9
书报杂志及电子出版物	Books, Newspapers, Magazines and Electronic Publications	107.4	107.1	104.3
教材及参考书	Textbooks and Reference Books	109.5	107.6	105.0
书报杂志	Books, Newspapers Magazines	108.8	108.3	107.0
电子音像制品	Electronic Audio-video Products	99.4	94.8	87.9
燃料	Fuels	117.9	118.4	115.5
煤炭及制品	Coal and Coal Products	120.1	125.1	116.4
石油及制品	Petroleum and Petroleum Products	117.0	117.2	113.8
建筑材料及五金电料	Building Materials and Hardware	100.2	98.6	94.2
建筑装潢材料	Building Decoration Materials	99.9	98.0	93.8
五金电料	Hardware & Electrical Materials	101.3	101.4	95.5

Fixed base Retail Price Indices of Cities and Counties Surveyed (2013)

(year of 2010=100)

乐都区 Ledu District	平安县 Pingan County	海晏县 haiyan County	同仁县 tongren County	共和县 Gonghe County	玛沁县 Maqin County	格尔木市 Geermu City	德令哈市 Delingha City
111.1	**113.1**	**105.6**	**116.0**	**109.8**	**109.9**	**110.0**	**112.3**
128.5	129.0	123.4	136.1	129.0	125.7	124.5	128.6
107.7	105.0	105.5	107.5	103.8	103.4	100.6	102.3
98.3	107.3	87.4	102.5	95.5	91.5	114.2	102.9
97.9	110.4	111.2	123.3	105.9	101.0	120.4	114.5
96.7	91.3	88.7	85.8	82.3	100.6	89.5	95.3
100.3	92.4	87.6	85.3	84.9	100.1	91.4	97.8
95.2	90.2	89.1	85.8	76.7	101.4	87.4	92.3
74.6	98.2	100.0	105.9	100.0	100.0	100.0	94.5
105.3	106.0	96.6	99.5	97.8	112.0	93.3	101.8
106.3	101.4	102.0	112.8	107.9	102.5	103.7	109.7
105.8	103.7	99.8	120.1	99.5	103.9	104.5	114.3
107.0	103.1	102.7	116.2	110.6	103.3	112.4	104.5
114.9	96.0	104.2	112.1	113.6	101.7	97.8	115.2
101.0	113.3	100.8	111.2	102.2	101.7	111.3	102.5
69.2	86.4	93.7	94.2	69.5	97.3	96.6	96.1
105.2	105.3	100.0	99.9	100.0	97.7	100.0	96.7
69.1	85.3	92.9	94.2	69.4	97.3	92.2	95.7
102.2	95.2	95.8	107.5	103.8	102.9	115.9	102.1
106.5	92.8	106.2	110.0	105.6	109.3	99.6	96.1
98.3	92.4	95.6	100.2	98.6	98.7	96.4	88.0
115.2	121.4	90.5	119.1	104.1	106.2	99.4	97.6
113.7	117.7	119.1	110.2	106.6	110.7	106.3	113.2
116.1	115.4	122.0	117.0	99.5	114.8	116.6	111.8
110.6	118.1	115.7	103.2	116.6	111.5	105.2	110.8
108.6	133.0	119.8	100.0	100.0	89.5	100.0	119.9
113.7	116.4	106.4	116.4	116.7	113.1	114.7	130.3
112.3	120.6	105.0	100.8	107.5	106.5	121.9	154.8
114.6	113.7	108.0	121.2	117.5	114.3	113.5	114.1
103.2	105.8	95.3	100.0	97.5	102.0	101.5	113.1
103.5	105.9	97.5	97.9	98.6	102.0	97.2	114.4
100.0	105.6	85.2	112.5	92.6	101.5	115.8	109.1

7-14 全省及调查县农业生产资料价格定基指数(2013年)
Fixed Base Price Indices for Means of Agricultural Production in the Province and Counties Surveyed(2013)

(2010年=100) (year of 2010=100)

项 目	Item	全 省 Province Total	大通县 Datong County	乐都区 Ledu District	平安县 Pingan County	海晏县 Haiyan County	同仁县 Tongren County	共和县 Gonghe County
农业生产资料价格指数	**Price Index for Means of Agricultural production**	**128.1**	**121.7**	**122.6**	**123.0**	**134.9**	**125.3**	**145.6**
农用手工工具	Farm Handtools	101.0	95.9	100.0	106.7	95.5	112.4	102.5
饲料	Forage	126.8	129.6	119.9	124.5	132.4	120.0	134.4
混合饲料	Mixed Feed	122.1	120.6	120.4	134.3	117.5	106.9	124.8
产品畜	Production Livestock	186.1	176.9	178.6	179.1	197.0	152.9	224.1
半机械化农具	Semi-mechanized Farm Tools	102.4	105.6	100.0	100.7	109.3	103.7	102.3
机械化农具	Mechanized Farm Machinery	104.0	103.8	100.0	105.1	115.8	101.0	109.4
化学肥料	Chemical Fertilizer	117.7	113.3	115.5	108.5	135.2	113.3	133.0
氮肥	Nitrogen	118.7	113.0	124.6	111.4	126.1	120.4	128.3
磷肥	Phosphate	117.7	108.2	112.5	107.4	157.2	109.6	136.6
钾肥	Potassium	109.9	111.4	112.1	100.0	130.8	111.1	100.0
复合肥料	Compound Fertilizer	118.2	126.1	109.2	105.8	114.4	103.8	133.3
农药及农药械	Pesticide and Its Appliances	101.1	97.4	100.0	105.1	104.0	139.4	100.9
化学农药	Chemical Pesticides	100.9	97.1	100.0	105.2	104.1	140.7	99.4
农药器械	Pesticide Equipment	102.8	100.0	100.0	100.0	100.0	125.0	115.9
农用机油	Oil for Farm Machinery	125.9	114.5	113.6	120.6	140.9	153.8	150.2
其他农业生产资料	Other Means of Agricultural Production	134.5	123.6	135.5	116.3	124.1	132.1	175.2
农用种子	Farm Seeds	143.4	137.6	147.1	119.6	124.5	134.2	188.3
农业生产服务	Service for Agricultural Production	152.6	141.3	151.4	148.9	108.8	139.2	201.4
排灌费	Irrigation and Drainage	100.1	100.0	100.0	100.0	111.1	100.0	100.0
机械作业费	Mechanical Handling	233.1	160.0	205.1	142.9	120.0	153.8	360.0
农业用电	Agricultural Electricity	101.8	104.6	100.0	104.2	100.0	113.4	100.0
农业用工	Agricultural Employment	144.9	175.0	133.3	184.6	111.1	155.8	100.0

7-15 1991-2013年固定资产投资价格指数

Price Indices for Investment in Fixed Assets (1991-2013)

(上年=100) (preceding year=100)

年 份 Year	固定资产投资价格总指数 Price Index for Investment in Fixed Assets	建筑安装、装饰工程 Construction and Installation	设备、工器具购置 Purchase of Equipment and Instruments	其他费用 Others
1991	119.5	123.5	109.5	114.2
1992	115.1	114.5	111.2	124.8
1993	125.9	129.6	120.2	112.5
1994	108.4	107.6	111.2	107.9
1995	105.3	104.3	106.7	108.7
1996	103.5	104.4	99.6	102.1
1997	103.0	104.5	97.9	100.6
1998	98.5	99.0	95.9	98.7
1999	100.1	101.0	96.2	100.0
2000	101.6	102.7	97.9	100.3
2001	100.3	101.0	97.3	100.0
2002	103.2	104.7	97.3	101.5
2003	102.0	102.9	97.8	101.9
2004	102.8	103.2	100.1	104.4
2005	102.1	102.1	100.7	104.2
2006	102.4	102.6	101.8	102.0
2007	104.2	104.6	102.9	102.6
2008	110.5	113.3	101.5	104.1
2009	100.9	101.1	99.4	102.1
2010	103.8	104.5	101.5	102.3
2011	106.5	107.9	101.5	102.6
2012	102.2	102.7	99.2	103.0
2013	101.5	102.0	99.0	101.6

7-16 1991-2013年固定资产投资价格定基指数
Fixed Base Price Indices for Investment in Fixed Assets(1991-2013)

(1990年=100) (year of 1990=100)

年 份 Year	固定资产投资价格总指数 Price Index for Investment in Fixed Assets	建筑安装、装饰工程 Construction and Installation	设备、工器具购置 Purchase of Equipment and Instruments	其他费用 Others
1991	119.5	123.5	109.5	114.2
1992	137.5	141.4	121.8	142.5
1993	173.2	183.3	146.4	160.3
1994	187.7	197.2	162.8	173.0
1995	197.7	205.7	173.7	188.1
1996	204.6	214.7	172.9	192.0
1997	210.7	224.4	169.3	193.2
1998	207.6	222.1	162.4	190.6
1999	207.8	224.4	156.2	190.6
2000	211.1	230.4	152.9	191.2
2001	211.7	232.7	148.8	191.2
2002	218.5	243.6	144.8	194.1
2003	222.9	250.7	141.6	197.8
2004	229.1	258.7	141.7	206.5
2005	233.9	264.1	142.7	215.2
2006	239.5	271.0	145.3	219.5
2007	249.6	283.5	149.5	225.2
2008	275.8	321.2	151.7	234.4
2009	278.3	324.7	150.8	239.3
2010	288.9	339.3	153.1	244.8
2011	307.7	366.1	155.4	251.2
2012	314.5	376.0	154.2	258.7
2013	319.2	383.5	152.7	262.8

7-17 1997-2013年西宁市区房地产价格指数
Price Indices for Real Estate in Xining(1997-2013)

(上年=100) (preceding year=100)

年 份 Year	新建商品住宅价格指数 Price Index for New Commercial Residential Buildings	二手住宅价格指数 Price Index for Secondary Residential Buildings	住宅租赁价格指数 Price Index for Residential Leasing	物业服务价格指数 Price Index for Property Services	土地交易价格指数 Price Index for Land Transactions
1997	100.6	100.0	197.6		100.8
1998	100.9	100.9	146.2		99.4
1999	99.0	100.7	100.0		94.4
2000	99.9	98.8	133.4		100.4
2001	100.4	102.5	126.4		99.7
2002	102.3	111.2	117.4		102.7
2003	104.6	106.1	106.5		106.2
2004	107.9	113.9	100.0		106.1
2005	102.8	104.3	100.9	100.0	102.9
2006	103.0	103.4	100.7	100.0	102.5
2007	104.9	103.3	104.6	100.9	103.2
2008	109.0	108.5	101.4	102.6	103.2
2009	104.9	104.8	100.7	101.0	104.0
2010	108.0	106.3	107.6	101.8	104.4
2011	106.5	105.8	104.4	100.2	104.1
2012	101.5	101.1	106.7	102.4	102.7
2013	106.8	103.2	101.7	101.3	101.0

7-18 1989-2013年工业生产者出厂价格分行业、类别指数

(上年=100)

年 份 Year	总指数 General Index	轻工业 Light Industry	重工业 Heavy Industry	生产资料 Means of Production	采掘工业 Mining & Quarrying Industry	原料工业 Raw Materials Industry	加工工业 Processing Industry	煤炭开采和洗选业 Mining and Washing of Coal
1989	112.66	112.40	113.22	113.16	113.30	107.71	126.82	111.08
1990	109.48	114.89	107.75	107.76	105.92	108.49	107.53	103.58
1991	108.70	108.98	109.19	109.11	124.93	109.57	101.33	121.29
1992	103.64	107.73	101.88	102.03	104.17	100.24	104.19	106.38
1993	124.37	112.94	127.94	127.58	122.17	128.58	128.07	108.74
1994	124.86	121.30	126.00	125.54	143.65	126.02	115.57	144.19
1995	114.58	119.76	112.23	112.55	123.49	108.68	110.75	124.55
1996	106.66	107.21	106.06	106.74	103.31	107.92	107.70	109.91
1997	103.54	102.08	103.78	103.77	102.18	104.65	102.04	113.69
1998	100.67	97.32	101.26	101.27	99.31	102.11	100.16	105.86
1999	102.81	98.74	104.05	103.99	111.34	101.08	102.04	102.36
2000	108.05	92.21	111.09	110.89	137.85	102.05	95.04	103.03
2001	93.74	94.96	93.50	93.60	94.33	93.02	96.38	112.05
2002	97.57	100.91	97.23	97.29	97.11	96.24	102.18	101.81
2003	105.46	99.99	106.19	105.84	114.10	101.65	101.95	102.45
2004	111.23	102.99	112.54	111.83	116.98	106.48	113.56	103.80
2005	110.24	101.02	111.73	111.05	130.73	100.34	102.77	120.66
2006	109.49	99.97	110.41	109.86	118.87	110.38	100.22	114.33
2007	104.15	104.19	104.15	104.07	106.35	102.86	104.69	103.96
2008	107.60	111.56	107.22	107.50	107.27	97.87	124.00	118.23
2009	91.30	102.44	90.21	90.89	88.97	89.36	94.62	114.97
2010	109.35	104.02	110.13	109.73	122.42	110.99	102.16	105.54
2011	107.43	108.73	107.34	107.44	112.28	105.63	107.35	111.45
2012	96.86	106.33	96.16	96.16	101.80	95.67	93.97	105.53
2013	97.00	104.90	96.40	96.40	96.10	95.60	97.40	90.40

Producer Price Indices for Industrial Products by Sector and Category (1989-2013)

(preceding year=100)

石油和天然气开采业 Extraction of Petroleum and Natural Gas	有色金属矿采选业 Mining and Processing of Non-Ferrous Metal Ores	电力、热力的生产和供应业 Production and Supply of Electric Power and Heat Power	生活资料 Consumer Goods	食品类 Food	衣着类 Clothing	一般日用品 Articles for Daily Use	耐用消费品 Durable Consumer Goods
114.01			112.48	104.58	125.31	124.88	
119.79			114.96	116.63	116.49	100.81	
122.77			109.25	108.08	112.06	103.85	
105.88	114.78		107.72	114.86	102.44	103.43	
135.08	121.66		113.33	122.09	104.20	110.44	
173.75	106.54		122.40	123.29	126.45	114.91	
133.09	133.28		119.41	122.74	117.95	114.63	
95.70	96.30		106.52	112.50	100.99	104.28	
97.74	98.85	125.92	102.10	104.53	99.54	97.27	
100.31	89.46	121.68	97.12	97.19	97.58	97.50	
121.61	93.75	101.41	98.73	99.05	99.67	97.64	
171.81	108.41	95.18	91.65	88.34	99.99	97.21	94.48
79.75	109.61	94.21	94.46	92.94	92.93	101.04	93.89
91.67	102.27	98.60	100.67	99.16	103.67	101.75	98.08
116.74	106.52	99.47	100.67	100.13	95.27	105.40	100.00
113.83	150.07	99.90	104.79	104.55	101.52	108.37	101.15
133.91	121.07	97.37	101.79	102.11	98.54	103.87	105.75
117.94	134.11	97.12	101.48	100.97	99.97	103.90	98.37
105.46	114.69	100.84	106.46	111.14	99.81	101.53	99.90
115.53	68.60	100.45	110.39	113.22	102.61	110.81	103.55
76.83	94.15	99.47	101.22	98.42	104.03	102.88	116.38
130.85	130.84	100.74	104.24	104.24	101.55	107.02	100.54
122.20	103.59	103.71	107.31	105.15	108.83	113.89	103.32
97.54	94.56	104.72	105.88	104.92	119.63	102.82	101.12
96.80	96.70	101.80	104.70	104.80	111.20	102.00	100.00

7-19 2001-2013年按工业部门分工业生产者出厂价格指数

上年＝100

指　标	Intem	2001	2002	2003	2004
核心指数	Core Index				
高技术	High Technology				
能源	Energy				
初级产品	Primary Products				
中间产品	Intermediate Products				
最终产品	Final Product				
冶金工业	Metallurgical Industry	92.71	95.83	103.46	119.55
电力工业	Electric Power Industry	94.21	98.60	99.47	99.90
煤炭及炼焦工业	Coal and Coke Industries	112.05	101.81	102.45	103.80
石油工业	Oil Industry	80.94	91.69	116.81	113.83
化学工业	Chemical Industry	95.72	101.69	100.16	104.00
机械工业	Machinery Industry	97.50	99.28	100.56	100.65
建筑材料工业	Building Materials Industry	103.67	99.29	99.22	99.63
森林工业	Forest Industry	93.89	98.08	100.00	101.15
食品工业	Food Industry	92.94	99.18	99.51	105.27
纺织工业	Textile Industry		101.32	100.00	99.41
缝纫工业	Sewing Industry	92.51	103.36	94.59	98.64
皮革工业	Leather Industry	103.91	106.52	105.42	105.55
造纸工业	Paper Industry	100.00	99.76	100.00	100.00
文教艺术用品工业	Cultural, Educational and Art Supplies Industry	98.97	103.99	94.27	99.44
其他工业	Others	110.40	114.34	105.76	108.54

Producer Price Indices for Industrial Products by Industrial Department (2001-2013)

(preceding year=100)

2005	2006	2007	2008	2009	2010	2011	2012	2013
						106.81	94.04	97.00
						100.91	100.60	100.30
						108.88	100.81	95.80
						112.36	101.74	96.10
						106.55	95.48	96.90
						106.03	102.31	99.90
103.32	113.32	105.51	99.02	84.69	108.93	105.43	92.60	96.40
97.37	97.12	100.84	100.45	99.47	102.51	103.71	104.72	101.80
120.66	114.19	103.99	117.93	109.49	101.10	106.01	97.93	87.20
133.89	119.08	104.94	115.60	82.40	104.60	121.64	98.12	97.10
109.45	105.90	102.57	124.07	96.51	110.19	110.61	93.95	95.60
103.55	107.75	111.56	104.62	106.40	108.81	104.23	100.01	98.90
100.27	97.56	101.26	113.42	109.05	98.92	101.33	95.10	102.80
105.75	98.37	99.90	107.07	100.00	100.00	100.00	101.91	100.00
102.03	99.71	113.39	113.79	98.28	108.73	108.20	105.87	106.00
99.84	102.04	97.85	108.43	100.29	105.58	109.52	97.35	102.30
95.16	99.86	99.78	102.55	104.38	103.05	109.47	120.55	109.00
105.38	101.99	100.27	100.69	114.40	99.81	99.86	106.97	139.00
100.08	101.69	101.06	106.84	101.16	100.00	104.49	115.57	102.00
104.00	100.12	94.35	107.49	103.76	117.95	101.83	108.77	108.20
104.39	103.56	107.35	117.90	91.60	112.81	113.64	98.93	100.20

7-20 1989-2013年工业生产者购进价格指数

Purchasing Price Indices for Industrial Producers (1989-2013)

上年=100 (preceding year=100)

年份 Year	总指数 General Index	燃料、动力类 Fuel and Power	黑色金属材料类 Black Metals	有色金属材料类 Non-Ferrous Metals	化工原料类 Raw Chemical Materials	木材及纸浆类 Timber and Paper-Pulp	建材及非金属矿类 Building materials and non-metallic mineral	其它工业原材料及半成品类 Other Categories of Industrial Raw Materials and Semi-finished Products	农副产品类 Agricultural Products	纺织原料类 Textile Material	初级产品 Primary Products	中间产品 Intermediate Products
1989	123.81	121.91	136.38		126.79	114.68						
1990	113.87	119.42	107.38		96.46	106.66						
1991	112.76	113.92	115.67		95.22	105.49						
1992	108.43	134.60	109.08	116.76	90.41	99.85			102.80	98.57		
1993	138.86	129.35	164.77	121.67	135.72	131.97			120.33	99.29		
1994	112.33	115.65	102.84	112.66	108.10	113.72			121.73	102.25		
1995	110.22	112.76	98.63	126.60	124.53	109.12			129.02	145.69		
1996	108.81	112.62	97.47	96.12	111.44	108.33			111.80	104.49		
1997	110.93	121.15	100.67	101.90	103.21	104.33	104.87	106.54	97.10	90.26		
1998	101.32	105.08	95.48	101.26	104.55	102.42	96.53	99.93	89.48	98.48		
1999	99.06	100.50	96.46	95.60	95.04	98.49	99.66	98.48	96.79	100.00		
2000	98.93	100.26	101.06	129.35	105.55	99.30	100.15	100.92	90.34	103.51		
2001	99.09	102.70	97.94	85.60	99.71	102.23	107.01	105.11	88.68	100.00		
2002	102.75	102.07	100.63	92.45	96.63	112.70	95.88	99.24	106.39	99.59		
2003	101.84	101.63	107.57	111.48	98.80	107.81	96.04	97.26	98.04	94.21		
2004	108.51	104.36	128.64	138.23	101.80	100.50	112.83	99.75	110.35	99.64		
2005	105.28	104.56	104.05	101.00	106.04	110.67	105.03	100.02	108.26	99.96		
2006	102.76	102.26	94.46	112.25	102.43	102.38	143.75	100.13	97.46	100.04		
2007	104.44	104.10	102.11	97.13	109.70	109.18	101.44	104.71	108.76	96.61		
2008	110.43	108.38	119.55	97.74	107.53	115.92	111.27	113.36	132.60	99.37		
2009	99.83	101.26	92.00	81.20	101.97	101.23	105.90	101.61	97.47	97.72		
2010	108.58	105.75	110.27	120.53	101.52	99.71	110.18	104.38	108.43	117.56		
2011	107.04	103.27	108.23	108.79	103.80	107.84	105.47	109.39	115.77	106.26	113.40	106.07
2012	98.6	102.34	99.02	95.90	95.31	123.16	96.16	106.62	99.82	100.34	99.24	98.52
2013	98.8	100.30	98.80	95.40	98.50	102.20	95.50	102.60	109.10	104.60	99.60	98.70

主要统计指标解释

定基价格指数 在一个价格指数数列中,每个指数都以同一时期为基期计算的价格指数。通常以某一年为基期来计算。其特点是无论计算期如何变动,其基期固定不变(通常每5年更换一次基期)。从2001年起,我国改用国际通用方法计算定基价格指数,首轮固定对比基期选为2000年,即以2000年平均价格作基数。编制定基价格指数的目的在于观察物价变动的长期趋势和变动程度及其规律。

同比价格指数 同比指数是根据报告期的定基指数除以上年同期的定基指数取得的。

居民消费价格指数 是反映一定时期内城乡居民所购买的生活消费品价格和服务项目价格变动趋势和程度的相对数,是对城市居民消费价格指数和农村居民消费价格指数进行综合汇总计算的结果。该指数可以观察和分析消费品的零售价格和服务项目价格变动对城乡居民实际生活费支出的影响程度。

城市居民消费价格指数 是反映一定时期内城市居民家庭所购买的生活消费品价格和服务项目价格变动趋势和程度的相对数。该指数可以观察和分析消费品的零售价格和服务项目价格变动对城镇职工货币工资的影响,作为研究职工生活和确定工资政策的依据。

农村居民消费价格指数 是反映一定时期内农村居民家庭所购买的生活消费品价格和服务项目价格变动趋势和程度的相对数。该指数可以观察农村消费品的零售价格和服务项目价格变动对农村居民生活消费支出的影响,直接反映农村居民生活水平的实际变化情况,为分析和研究农村居民生活问题提供依据。

商品零售价格指数 是反映一定时期内城乡商品零售价格变动趋势和程度的相对数。商品零售价格的变动直接影响到城乡居民的生活支出和国家的财政收入,影响居民购买力和市场供需的平衡,影响到消费与积累的比例关系。因此,该指数可以从一个侧面对上述经济活动进行观察和分析。

农业生产资料价格指数 指反映一定时期内农业生产资料价格变动趋势和程度的相对数。其编制目的是了解农业生产中物质资料投入价格的变动状况,服务于国民经济核算。1994年以前,农业生产资料价格指数仅仅是商品零售价格指数的一个类别,此后,从商品零售价格指数中分离出来,单独编制。

农产品生产价格指数 是反映一定时期内,农产品生产者出售农产品价格水平变动趋势及幅度的相对数。该指数可以客观反映全国农产品生产价格水平和结构变动情况,满足农业与国民经济核算需要。其中某代表品生产价格指数是通过对全部有出售该产品行为的调查单位的个体指数进行几何平均求得的,类价格指数是通过对其所属的类(或代表品)的价格指数进行加权平均求得的。季度累计价格指数的计算方法与分季指数的计算方法相同。

工业生产者出厂价格指数 是反映一定时期内全部工业产品出厂价格总水平的变动趋势和程度的相对数,包括工业企业售给本企业以外所有单位的各种产品和直接售给居民用于生活消费的产品。该指数可以观察出厂价格变动对工业总产值及增加值的影响。

工业生产者购进价格指数 是反映工业企业作为生产投入,而从物资交易市场和能源、原材料生产企业购买原材料、燃料和动力产品时,所支付的价格水平变动趋势和程度的统计指标,是扣除工业企业物质消耗成本中的价格变动影响的重要依据。

目前,我国编制的工业生产者购进价格指数所调查的产品包括燃料动力、黑色金属、有色金属、化工、建材等九大类。

固定资产投资价格指数 是反映一定时期内固定资产投资品及取费项目的价格变动趋势和程度的相对数。固定资产投资额是由建筑安装工程投资完成额、设备工器具购置投资完成额和其他费用投资完成额三部分组成的。编制固定资产投资价格指数应首先分别编制上述三部分投资的价格指数,然后采用加权算术平均法求出固定资产投资价格总指数。

该指数可以准确地反映固定资产投资中涉及的各类投资品和取费项目价格变动趋势和变动幅度,消除按现价计算的固定资产投资指标中的价格变动因素,真实地反映固定资产投资的规模、速度、结构和效益,为国家科学地制定、检查固定资产投资计划并提高宏观调控水平,为完善国民经济核算体系提供科学的、可靠的依据。

房地产价格指数 是反映一定时期内房地产价格变动趋势和程度的相对数,包括房屋销售价格指数、房屋租赁价格指数、土地交易价格指数和物业管理价格指数。这四套指数的计算方法相似,均采用由下到上逐级汇总的方法。

Explanatory Notes on Main Statistical Indicators

Fixed base price indicesin a series of price indices, each index during the same period are calculated as the base year price index. Usually there is a particular year to calculate the base period. It features no matter how change in period, the base period is fixed (usually once every 5 years to replace the base period). Since 2001, China has used international general method to calculate a fixed base price indices, fixed the first round of comparison in 2000 as the base period, that is, the average price in 2000 for the base. The preparation of fixed base price indices for the purpose is observation of long – term trends in price changes and changes in the extent and regularity.

Price indices for the same period last yearyear – on – year indices is based on the reporting period divided by the fixed base indices of the fixed base year – on – year indices achieved.

Consumer Price Indicesreflect the trend and degree of changes in prices of consumer goods and services purchased by urban and rural households during a given period. They are obtained by combining Consumer Price Indices of Urban Household and Consumer Price Indices of Rural Household. The Indices enable the observation and analysis of the degree of impact of the changes in the prices of retailed goods and services on the actual living expenses of urban and rural residents.

Consumer Price Indices of Urban Householdreflects the trend and degree of changes in prices of consumer goods and services purchased by urban households during a given period. It can be used to observe and analyze the impact of price changes in consumer goods and services on wages (in monetary terms) of urban staff and workers, and provide a basis for research on the livelihood of staff and workers and policy – making concerning wages.

Consumer Price Indices of Rural Householdreflects the trend and degree of changes in prices of consumer goods and services purchased by rural households during a given period. It can be used to observe the impact of change in retail prices of consumer goods and service prices in rural areas on living expenditure of rural households, and to show the changes in the living standard of rural households. It provides a basis for analysis and research on the condition of life in rural areas.

Retail Price Indicesreflect the trend and degree of change in retail prices of commodities during a given period. The change in retail prices of commodities directly affect the living expenses of urban and rural residents, government revenue, purchasing power of residents and the equilibrium of market supply and demand, and the ratio of consumption to accumulation. Therefore, the retail price indices are useful from an oblique perspective for observing and analyzing the changes of the above economic activities.

Price Indices for Means of Agricultural Production reflects the trend and degree of changes in the prices of the means of agricultural production during a given period. Compilation of these indices helps to understand the changes in prices of input into agricultural production and facilitate the compilation of national accounts statistics. Before 1994, price indices for means of agricultural production were a sub – category in the retail price indices for commodities, and it has been compiled separately since 1994.

Producer Prices Indices for Farm Productsreflect the trend and degree of changes in producers′ prices received by farmers when they sell farm products during a given period. These indices depict the change in the level and structure of producer prices for farm products of the country and meet the needs of agricultural statistics and national accounts statistics. The producer price index for a given product is calculated as the geometrical mean of individual indices for all surveyed units which sell such product, and the indices for a product category is obtained as the weighted mean of price indices for all products in the category. Method for calculating accumulative quarterly indices is the same as for calculating the individual quarterly indices.

Producer Price Indices for Industrial Productsreflect the trend and degree of changes in general ex – factory prices of all manufactured goods during a given period, including sales of manufactured goods by an industrial enterprise to all units outside the enterprise, as well as sales of consumer goods to residents. It can be used to analyze the impact of ex – factory prices on gross output value and value – added of the industrial sector.

Purchasing Price Indices for Industrial Producersreflect changes in the level and degree of prices paid by industrial enterprises when they purchase production input such as raw materials, fuels and power from the market or from other energy or raw materials producing enterprises. These indices provide an important basis for measuring the material consumption of industrial enterprises after removing the influence of price changes.

At present, products in 9 categories, including fuels and power, ferrous metals, non – ferrous metals, chemicals, building materials, are covered in China for the survey to produce indices for purchasing′ prices for industrial producers.

Price Indices for Investment in Fixed Assetsreflect the trend and degree of changes in prices of investment goods and projects in fixed assets during a given period. The investment in fixed assets consists of three components, namely the investment in construction and installation, the investment in purchases of equipment and instrument, and the investment in other items. Price indices for investment in fixed assets are calculated as the weighted arithmetic mean of the price indices for the three components of investment in fixed assets.

Removing the factor of price change in the aggregates of investment at current prices, this indicator shows the changes in the prices of commodities and fees involved in the investment of fixed assets, and can be used to observe the actual size, growth, structure, and efficiency of investment in fixed assets and provides reliable and scientific data for government planning, management, decision – making, and further improving the current national accounting system.

Price Indices for Real Estatereflect the trend and degree of changes in prices of real estate during a given period, including sale price indices for houses, price indices for renting houses, price indices for land transactions and price indices for management of properties. The methods for the compilation of these four sets of indices are similar in that they all use the bottom – up approach under which data are reported from lower level to higher level.

第 8 篇
CHAPTER 8

能 源
Energy

能源消费构成

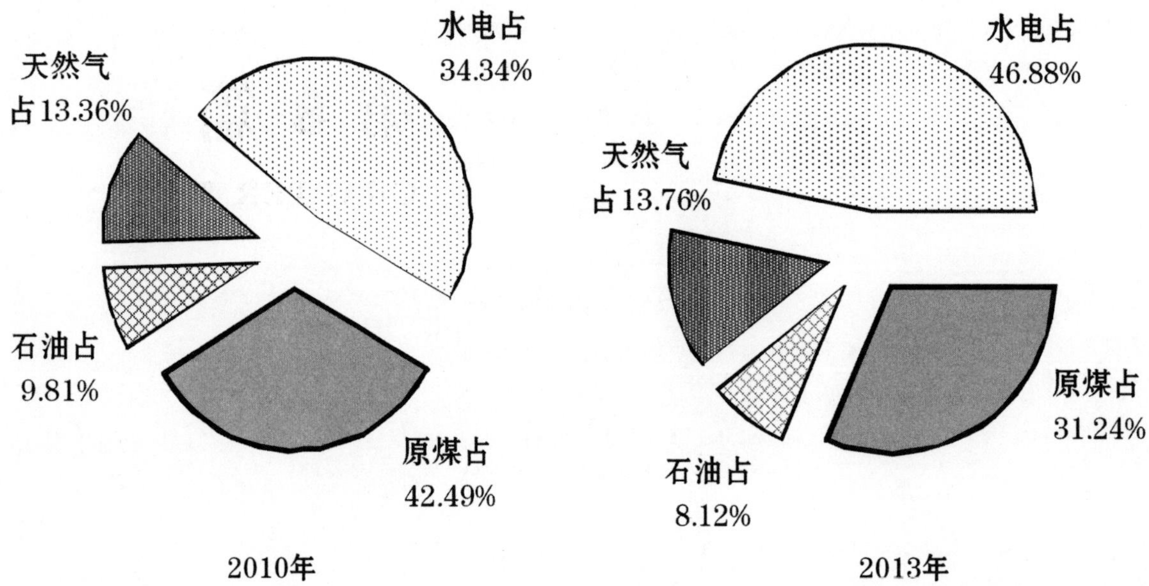

能源生产消费情况
（万吨标准煤）

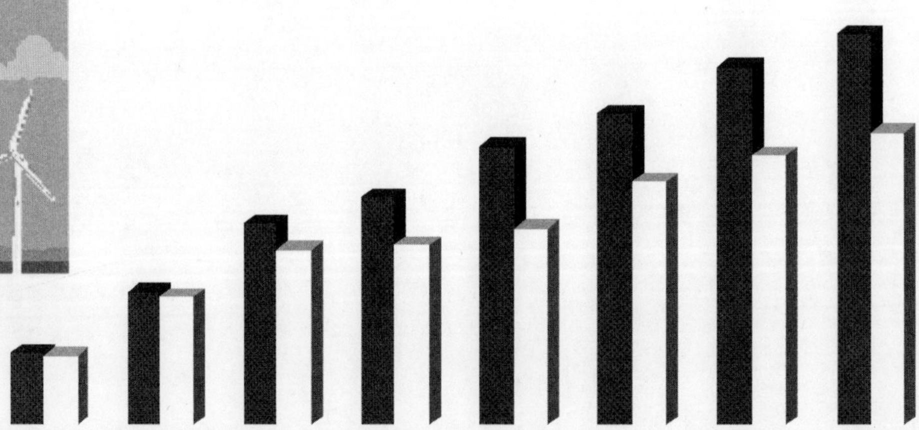

	2000年	2005年	2008年	2009年	2010年	2011年	2012年	2013年
■ 能源生产总量	937.90	1731.91	2635.91	2967.76	3633.29	4071.97	4678.52	5112.32
能源消费总量	897.23	1670.36	2279.15	2348.17	2568.26	3189.03	3524.06	3820.33

8-1 1990-2013年一次能源生产总量及构成
Total Production of Primary Energy and It's Composition (1990-2013)

年 份 Year	能源生产总量 (万吨标准煤) Total Energy Production (10 000 tons of SCE)	占能源生产总量的比重(%) As Percentage of Total Energy Production(%)			
		原煤 Coal	原油 Crude Oil	天然气 Natural Gas	水电 Hydropower
1990	606.46	32.28	19.08	1.02	47.62
1991	552.26	31.82	26.39	1.65	40.14
1992	504.85	34.32	30.00	1.25	34.43
1993	559.17	25.29	27.69	1.00	46.01
1994	619.47	26.12	26.06	1.31	46.50
1995	571.57	29.74	30.41	1.36	38.49
1996	584.71	35.34	33.32	2.49	28.85
1997	672.89	28.79	34.02	3.97	33.22
1998	771.00	24.90	32.63	4.22	38.25
1999	885.89	23.00	30.57	4.76	41.67
2000	937.90	16.79	30.46	5.06	47.69
2001	907.05	13.31	32.44	8.76	45.49
2002	974.46	18.31	31.38	14.34	35.97
2003	990.14	22.40	31.75	18.90	26.95
2004	1226.30	23.92	25.86	17.76	32.46
2005	1731.91	25.78	18.27	17.09	38.86
2006	1949.69	24.61	16.34	15.72	43.33
2007	2272.09	31.00	13.87	20.08	35.05
2008	2635.91	35.06	11.94	22.02	30.98
2009	2967.76	37.96	8.97	19.30	33.77
2010	3633.29	39.10	7.32	19.65	33.93
2011	4071.97	40.90	6.84	20.32	31.94
2012	4678.52	43.15	6.26	17.17	33.42
2013	5112.32	47.64	5.99	16.84	29.53

注：1.电力折算标准煤的系数根据当年平均发电煤耗计算。
2.生产、消费量按等价值计算。下表同。

a) The coefficient for conversion of electric power into SCE (standard coal equivalent) is calculated on the basis of the data on average coal consumption in generating electric power in the same year.

b) The energy production and consumption in this table is at equalance prices. The same applies to the tables following.

8-2 1990-2013年能源消费总量及构成

Total Consumption of Energy and It's Composition (1990-2013)

年 份 Year	能源消费总量（万吨标准煤） Total Energy Consumption (10 000 tons of SCE)	占能源消费总量的比重(%) As Percentage of Total Energy Consumption(%)			
		煤炭 Coal	石油 Crude Oil	天然气 Natural Gas	电力 Hydropower
1990	504.35	51.54	12.47	1.03	32.97
1991	474.29	44.08	11.25	2.24	42.43
1992	499.29	42.53	7.80	1.85	47.82
1993	559.98	38.57	8.69	1.00	51.74
1994	625.38	40.27	8.24	1.30	50.19
1995	687.71	41.64	8.42	1.13	48.81
1996	698.25	40.75	8.57	2.07	48.61
1997	706.78	45.45	19.15	3.77	31.63
1998	738.88	39.78	17.92	4.40	37.90
1999	938.68	37.29	16.84	4.38	41.49
2000	897.23	30.18	18.96	4.83	46.03
2001	939.33	28.02	18.05	7.52	46.41
2002	1018.83	26.42	15.77	13.25	44.56
2003	1122.70	28.72	13.47	15.07	42.74
2004	1364.38	27.56	14.07	15.79	42.58
2005	1670.36	43.34	9.45	8.77	38.44
2006	1903.39	44.60	8.49	9.27	37.64
2007	2095.02	46.82	8.86	9.08	35.24
2008	2279.15	42.49	9.81	13.36	34.34
2009	2348.17	41.46	8.53	13.91	36.10
2010	2568.26	32.77	8.34	11.75	47.14
2011	3189.03	28.19	10.53	12.79	48.49
2012	3524.06	31.00	9.27	14.40	45.33
2013	3820.33	31.24	8.12	13.76	46.88

注：1、2005-2008年能耗及相关数据根据第二次经济普查结果进行调整。
2、电力按等价值(当年发电煤耗)计算。
3、煤炭包括：原煤、洗精煤、其它洗煤、煤制品、焦炭、焦炉煤气、煤矸石、高炉煤气、其他焦化产品、转炉煤气、其他煤气。
4、石油包括：原油、汽油、煤油、柴油、燃料油、石脑油、润滑油、石蜡、溶剂油、石油沥青、石油焦、液化石油气、炼厂干气和其他石油制品。

a) Data in 2005-2008 were adjusted and revised based on the second economic census data.
b) The Hydropower is calculated at equal value (current coal consumption in generating electric power).
c) The Coal includs raw coal, washed coal, other coal washing, coal products, coke, coke oven gas, coal, blast furnace gas, other coking products, converter gas, other gas.
d) Petroleum includs crude oil, gasoline, kerosene, diesel oil, fuel oil, naphtha, lubricating oil, paraffin, solvent oil, petroleum asphalt, petroleum coke, liquefied petroleum gas, refinery gas and other petroleum products.

8-3 2010-2013年综合能源平衡表

Overall Energy Balance Sheet(2010-2013)

单位：万吨标准煤 (10 000 tons of SCE)

项 目	Item	2010	2011	2012	2013
可供本地区消费的能源量	**Total Energy Available for Consumption**	**2548.21**	**3188.96**	**3524.18**	**3820.59**
年初库存量	Early Stocks	165.04	194.99	232.84	**215.47**
一次能源生产量	Primary Energy Output	3633.29	4071.97	4678.52	**5112.32**
回收能	Recovery of Energy				
外省(区、市)调入量	Amount Tranferred from Other Provinces	555.40	1066.18	1315.15	**1363.64**
进口量	Imports				
本省(区、市)调出量(−)	Amount Tranferred out from the Province(-)	-1620.39	-1911.32	-2475.74	**-2542.08**
出口量(−)	Exports (-)				
年末库存量(−)	The End of Inventories	-185.13	-232.87	-226.58	**-328.76**
加工转换投入(−)产出(+)量	**Input(-) and Output(+) of Processing and Conversion**	**-39.74**	**-89.54**	**-82.07**	**-108.58**
火力发电	Thermal Power				
供 热	Heating	-6.41	-5.15	-4.91	**-5.61**
煤炭洗选	Coal Washing	-38.74	-73.57	-64.13	**-75.08**
炼 焦	Coking	-2.95	-15.76	-21.50	**-39.41**
炼 油	Petroleum Refining	-11.79	-15.17	-15.37	**-14.22**
制 气	Gas Production				
煤制品加工	Coal Goods of Process				
回收能	Recovery of Energy	20.15	20.11	23.83	**25.73**
终端消费量	**End-use Consumption**	**2447.64**	**3024.91**	**3367.28**	**3631.15**
第一产业	Primary Industry	18.14	18.42	19.31	**19.85**
农、林、牧、渔业	Agriculture, Forestry, Animal Husbandry, Fishery and Water Conservancy	18.14	18.42	19.31	**19.85**
第二产业	Secondary Industry	1956.96	2506.40	2811.87	**3055.63**
工 业	Industry	1928.56	2472.20	2774.80	**3015.31**
用于原材料	For Raw and Processed Material	104.62	121.67	204.41	**239.47**
建筑业	Construction	28.39	34.20	37.07	**40.32**
第三产业	Tertiary Industry	276.27	297.95	320.49	**333.79**
交通运输、仓储和邮政业	Transport, Storage and Post	112.86	125.40	136.21	**142.98**
批发、零售业和住宿、餐饮业	Wholesale and Retail Trades, Hotels and Catering Services	48.87	51.39	55.25	**57.93**
其 他	Others	114.54	121.16	129.03	**132.87**
生活消费	Household Consumption	196.27	202.14	215.61	**221.88**
城 镇	Urban	116.02	119.28	126.10	**131.38**
乡 村	Rural	80.25	82.86	89.51	**90.50**
消费量合计	**Total Consumption**	**2568.26**	**3189.03**	**3524.06**	**3820.33**

注：1.电力、热力按等价热值折算。
2.村办工业包括在工业中。
a) Electric power and heat are converted on the basis of equal caloric value.
b) Energy consumption of industry include that of village industry.

8-4 1990-2013年能源生产弹性系数

Elasticity Ratio of Energy Production(1990-2013)

年 份 Year	能源生产比上年增长(%) Growth Rate of Energy Production over Preceding Year (%)	电力生产比上年增长(%) Growth Rate of Electricity Production over Preceding Year (%)	生产总值比上年增长(%) Growth Rate of Gross Domestic Product (GDP) over Preceding Year (%)	能源生产弹性系数 Elasticity Ratio of Energy Production	电力生产弹性系数 Elasticity Ratio of Electricity Production
1990	17.24	21.30	3.72	4.63	5.73
1991	-8.94	-15.40	4.69		
1992	-8.58	-16.70	7.39		
1993	10.76	36.50	9.65	1.12	3.78
1994	10.80	7.40	8.12	1.33	0.91
1995	-7.70	-17.40	8.00		
1996	2.30	2.20	8.72	0.26	0.25
1997	15.08	36.45	9.04	1.67	4.03
1998	14.60	19.26	8.92	1.64	2.16
1999	14.90	13.80	8.11	1.84	1.70
2000	5.87	17.00	8.94	0.66	1.90
2001	-3.29	2.90	11.71		0.25
2002	7.40	-4.10	12.08	0.61	
2003	1.60	-14.90	11.86	0.13	
2004	23.85	41.23	12.27	1.94	3.36
2005	41.23	27.85	12.20	3.38	2.28
2006	12.57	28.51	13.26	0.95	2.15
2007	16.54	8.99	13.47	1.23	0.67
2008	16.01	6.64	13.53	1.18	0.49
2009	12.59	17.78	10.14	1.24	1.75
2010	22.43	24.35	15.33	1.46	1.59
2011	12.07	3.87	13.45	0.90	0.29
2012	14.90	20.78	12.25	1.22	1.70
2013	9.27	-0.13	10.84	0.86	

注：生产总值增长速度按可比价格计算，下表同。

a) The growth rates of GDP are calculated at constant prices. The same applies to the tables following.

8-5 1990-2013年能源消费弹性系数

Elasticity Ratio of Energy Consumption(1990-2013)

年 份 Year	能源消费比上年增长(%) Growth Rate of Energy Consumption over Preceding Year (%)	电力消费比上年增长(%) Growth Rate of Electricity Consumption over Preceding Year (%)	生产总值比上年增长(%) Growth Rate of Gross Domestic Product (GDP) over Preceding Year (%)	能源消费弹性系数 Elasticity Ratio of Energy Consumption	电力消费弹性系数 Elasticity Ratio of Electricity Consumption
1990	6.81		3.72	1.83	
1991	-5.96		4.69		
1992	5.27		7.39	0.71	
1993	12.16		9.65	1.26	
1994	11.68	9.78	8.12	1.44	1.20
1995	9.97	3.59	8.00	1.25	0.45
1996	1.53	4.40	8.72	0.18	0.50
1997	1.22	21.68	9.04	0.13	2.40
1998	4.54	7.61	8.92	0.51	0.85
1999	27.04	13.66	8.11	3.33	1.68
2000	-4.42	8.13	8.94		0.91
2001	4.69	-3.58	11.71	0.40	
2002	8.46	18.15	12.08	0.70	1.50
2003	10.19	19.65	11.86	0.86	1.66
2004	21.53	26.36	12.27	1.75	2.15
2005	22.43	4.09	12.20	1.84	0.34
2006	13.95	18.40	13.26	1.05	1.39
2007	10.07	16.69	13.47	0.75	1.24
2008	8.79	9.10	13.53	0.65	0.67
2009	3.03	7.67	10.14	0.30	0.76
2010	9.37	37.94	15.33	0.61	2.47
2011	24.17	20.52	13.45	1.80	1.53
2012	10.51	7.41	12.25	0.86	0.60
2013	8.41	12.30	10.84	0.78	1.13

8-6 分行业终端能源消费总量和主要能源品种消费量(2013年) Terminal Consumption of Energy and Major Variety Energy Consumption by Sector(2013)

行　业	Sector	能源消费总量(万吨标准煤) Total Energy Consumption (10 000 tons of SCE)	原煤消费量(万吨) Coal Consump-tion (10 000 tons)	汽油消费量(万吨) Gasoline Consump-tion (10 000 tons)	电力消费量(亿千瓦小时) Electricity Consumption (100 million kwh)
消费总计	**Total Consumption**	**3631.15**	**641.15**	**32.85**	**653.88**
一、农、林、牧、渔业	**Agriculture, Forestry, Animal Husbandry, Fishery and Water Conservancy**	**19.85**	**3.61**	**1.98**	**1.25**
二、工业	**Industry**	3015.31	462.09	2.25	605.32
轻工业	Light Industry	28.08	23.65	0.74	2.69
重工业	Heavy Industry	2987.23	438.44	1.51	602.63
(一)采矿业	Mining	296.75	44.21	0.66	20.97
煤炭开采和洗选业	Mining and Washing of Coal	28.23	2.78	0.14	1.57
石油和天然气开采业	Extraction of Petroleum and Natural Gas	184.25	0.12	0.20	4.16
黑色金属矿采选业	Mining and Processing Ferrous Metal Ores	8.46	0.98	0.01	1.86
有色金属矿采选业	Mining and Processing Non-ferrous Metal Ores	41.30	28.50	0.17	6.40
非金属矿采选业	Mining and Processing Non-metal Ores	33.70	11.83	0.13	6.74
开采辅助活动	Support Activities of Mining				
其他采矿业	Mining of Other Minerals	0.81			0.25
(二)制造业	Manufacturing	2651.95	414.28	1.54	565.36
农副食品加工业	Processing of Food from Agricultural Products	7.75	5.64	0.16	1.05
食品制造业	Manufacture of Foods	2.89	2.21	0.13	0.29
酒、饮料和精制茶制造业	Manufacture of Liquor,Beverage and Refined Tea	5.00	4.83	0.03	0.28
烟草制品业	Manufacture of Tobacoo				
纺织业	Manufacture of Textile	1.40	0.58	0.00	0.30
纺织服装、服饰业	Manufacture of Textile Clothing, Apparel	0.95	0.57	0.10	0.04
皮革、毛皮、羽毛及其制品和制鞋业	Manufacture of Leather, Fur, Feather, and Related Products and Footware	0.04		0.03	
木材加工及木、竹、藤、棕、草制品业	Processing of Timber, Manufacture of Wood, Bamboo, Rattan, Palm, and Straw Products				
家具制造业	Manufacture of Furniture	0.94	0.75	0.03	0.12
造纸及纸制品业	Manufacture of Paper and Paper Products	0.88	1.06	0.10	0.00
印刷和记录媒介复制业	Printing, Reproduction of Recording Media	2.08	2.52	0.04	0.08
文教、工美、体育和娱乐用品制造业	Manufacture of Articles For Culture, Education, Arts and Sport Activities	0.36	0.48	0.01	0.00
石油加工、炼焦和核燃料加工业	Processing of Petroleum, Coking, Processing of Nuclear Fuel	15.98	0.72	0.00	2.97
化学原料和化学制品制造业	Manufacture of Raw Chemical Materials and Chemical Products	446.30	174.16	0.29	43.18
医药制造业	Manufacture of Medicines	5.29	4.95	0.04	0.42
化学纤维制造业	Manufacture of Chemical Fibres	0.13		0.06	0.01
橡胶和塑料制品业	Manufacture of Rubber and Plastics	4.45	4.82	0.01	0.36
非金属矿物制品业	Manufacture of Non-metallic Mineral Products	235.07	177.61	0.10	27.32
黑色金属冶炼和压延加工业	Smelting and Pressing of Ferrous Metals	715.25	21.56	0.03	147.54

8-6 续表

Continued

行　业	Sector	能源消费总量（万吨标准煤） Total Energy Consumption (10 000 tons of SCE)	原煤消费量（万吨） Coal Consump-tion (10 000 tons)	汽油消费量（万吨） Gasoline Consump-tion (10 000 tons)	电力消费量（亿千瓦小时） Electricity Consumption (100 million kwh)
有色金属冶炼和压延加工业	Smelting and Pressing of Non-ferrous Metals	1191.26	8.15	0.12	338.30
金属制品业	Manufacture of Metal Products	4.38	1.46	0.08	0.59
通用设备制造业	Manufacture of General Purpose Machinery	2.17	1.28	0.03	0.37
专用设备制造业	Manufacture of Special Purpose Machinery	0.25			0.07
汽车制造业	Manufacture of Automobile	0.63	0.20	0.00	0.03
铁路、船舶、航空航天和其他运输设备制造业	Manufacture of Railroad, Marine, Aerospace and Other Transportation Equipments				
电气机械和器材制造业	Manufacture of Electrical Machinery and Equipment	2.44	0.10	0.02	0.50
通信设备、计算机和其他电子设备制造业	Manufacture of Communication Equipment, Computers and Other Electronic Equipment	0.27	0.05	0.01	0.07
仪器仪表制造业	Manufacture of Measuring Instruments	1.31	0.08	0.03	0.27
其他制造业	Others	1.98	0.40	0.06	0.49
废弃资源综合利用业	Utilization of Waste Materials	0.36	0.07	0.01	0.09
金属制品、机械和设备修理业	Metal Products, Mechanics and Equipments Maintainance	2.13	0.06	0.03	0.62
(三)电力、燃气及水的生产和供应业	Electric Power, Gas and Water Production and Supply	66.62	3.60	0.05	18.98
电力、热力的生产和供应业	Production and Supply of Electric Power and Heat Power	57.67	3.19	0.03	16.40
燃气生产和供应业	Production and Supply of Gas	4.55	0.01	0.01	1.37
水的生产和供应业	Production and Supply of Water	4.39	0.40	0.01	1.21
三、建筑业	**Construction**	**40.32**	**3.40**	**2.66**	**6.55**
房屋和土木工程建筑业	Buildings and Civil Engineering	34.06	2.91	1.23	5.96
建筑安装业	Building Installation	1.91	0.39	0.18	0.21
建筑装饰业	Architectural Decoration	2.52	0.09	1.15	0.23
其它建筑业	Others	1.83	0.01	0.10	0.16
四、交通运输储运业和邮政业	**Transport, Storage and Post**	**142.98**	**9.82**	**6.12**	**5.33**
铁路运输业	Railway Transportation	41.74	7.43	0.21	4.67
道路运输业	Road Transportation	96.80	0.52	5.53	0.31
水上运输业	Water Transportation				
航空运输业	Air Transportation	1.28	0.99	0.01	0.11
管道运输业	Pipeline Transportation	0.17	0.01	0.01	0.04
装卸搬运及其他运输服务业	Material Handling and Other Transportation Services	0.15	0.01	0.01	
仓储业	Warehousing	0.46	0.02	0.01	0.13
邮政业	Postal Services	2.39	0.84	0.33	0.08
五、批发、零售业和住宿、餐饮业	**Wholesale, Retail Trade, Accommodation and Catering Trade**	**57.93**	**11.71**	**3.26**	**4.99**
六、其他行业	**Others**	**132.87**	**44.79**	**7.43**	**11.11**
七、城乡居民生活	**Household Consumption of Urban and Rural Residents**	**221.88**	**105.73**	**9.14**	**19.34**

8-7 1990-2013年能源自给率
Energy Self-sufficiency Rate(1990-2013)

单位：万吨标准煤 (10 000 tons of SCE)

年 份 Year	能源生产总量 Total Energy Production	能源消费总量 Total Energy Consumption	能源自给率(%) Energy Self-sufficiency Rate(%)
1990	606.46	504.35	120.24
1991	552.26	474.29	116.44
1992	504.85	499.29	101.11
1993	559.17	559.98	99.85
1994	619.47	625.38	99.05
1995	571.57	687.71	83.11
1996	584.71	698.25	83.74
1997	672.89	706.78	95.21
1998	771.00	738.88	104.35
1999	885.89	938.68	94.38
2000	937.90	897.23	104.53
2001	907.05	939.33	96.56
2002	974.46	1018.83	95.65
2003	990.14	1122.70	88.19
2004	1226.30	1364.38	89.88
2005	1731.91	1670.36	103.68
2006	1949.69	1903.39	102.43
2007	2272.09	2095.02	108.45
2008	2635.91	2279.15	115.65
2009	2967.76	2348.17	126.39
2010	3633.29	2568.26	141.47
2011	4071.97	3189.03	127.69
2012	4678.52	3524.06	132.76
2013	5112.32	3820.33	133.82

主要统计指标解释

能源生产总量　指一定时期内，一个国家或地区一次能源生产量的总和。该指标是观察全省能源生产水平、规模、构成和发展速度的总量指标。一次能源生产量包括原煤、原油、天然气、水电、核能及其他动力能（如风能、地热能等）发电量，不包括低热值燃料生产量、生物质能、太阳能等的利用和由一次能源加工转换而成的二次能源产量。

能源消费总量　指一定时期内，一个国家或地区各行业和居民生活消费的各种能源的总和。该指标是观察能源消费水平、构成和增长速度的总量指标。能源消费总量包括原煤和原油及其制品、天然气、电力，不包括低热值燃料、生物质能和太阳能等的利用。能源消费总量分为终端能源消费量、能源加工转换损失量和能源损失量三部分。

（1）终端能源消费量：指一定时期内，一个国家或地区生产和生活消费的各种能源在扣除了用于加工转换二次能源消费量和损失量以后的数量。

（2）能源加工转换损失量：指一定时期内，一个国家或地区投入加工转换的各种能源数量之和与产出各种能源产品之和的差额。该指标是观察能源在加工转换过程中损失量变化的指标。

（3）能源损失量：指一定时期内，能源在输送、分配、储存过程中发生的损失和由客观原因造成的各种损失量，不包括各种气体能源放空、放散量。

能源生产弹性系数　是研究能源生产增长速度与国民经济增长速度之间关系的指标。计算公式：

$$能源生产弹性系数=\frac{能源生产总量年平均增长速度}{国民经济年平均增长速度}$$

国民经济年平均增长速度，可根据不同的目的或需要，用国民生产总值、国内生产总值等指标来计算，本年鉴是采用国内生产总值指标计算的。

电力生产弹性系数　是研究电力生产增长速度与国民经济增长速度之间关系的指标。一般来说，电力的发展应当快于国民经济的发展，也就是说电力应超前发展。计算公式为：

$$电力生产弹性系数=\frac{电力生产量年平均增长速度}{国民经济年平均增长速度}$$

能源消费弹性系数　反映能源消费增长速度与国民经济增长速度之间比例关系的指标。计算公式为：

$$能源消费弹性系数=\frac{能源消费量年平均增长速度}{国民经济年平均增长速度}$$

电力消费弹性系数　反映电力消费增长速度与国民经济增长速度之间比例关系的指标。计算公式为：

$$电力消费弹性系数=\frac{电力消费量年平均增长速度}{国民经济年平均增长速度}$$

Explanatory Notes on Main Statistical Indicators

Total Energy Production refers to the total production of primary energy by all energy producing enterprises in the province in a given period of time. It is acomprehensive indicator to show the level, scale, composition and pace of development of energy production of the country. The production of primary energy includes that of coal, crude oil, natural gas, hydro – power and electricity generated by nuclear energy and other means such as wind power and geothermal power. However, it does not include the production of fuels of low calorific value, bio – energy, solar energy and secondary energy converted from primary energy.

Total Energy Consumption refers to the total consumption of energy of various kinds by the production sectors and the households in the province in a given period of time. It is a comprehensive indicator to show the scale, composition and pace of increase of energy consumption. Total energy consumption includes that of coal, crude oil and their products, natural gas and electricity. However, it does not include the consumption of fuel of low calorific value, bio – energy and solar energy. Total energy consumption can be divided into three parts: end – use energy consumption; loss during the process of energy conversion; and energy loss.

(1) End – use Energy Consumption: It refers to the total energy consumption by the production sectors and the households in the province (region) in a given period of time. It does not include the consumption during the conversion of primary energy into secondary energy and the loss in the process of energy conversion.

(2) Loss During the Process of Energy Conversion: It refers to the total input of various kinds of energy for conversion, minus the total output of various kinds of energy in the province in a given period of time. It is an indicator to show the loss that occurs during the process of energy conversion.

(3) Energy Loss: It refers to the total of the loss of energy during the course of energy transport, distribution and storage and the loss caused by any objective reason in a given period of time. The loss of various kinds of gas due to gas discharges and stocktaking is not included.

Elasticity Ratio of Energy Production is an indicator to show the relationship between the growth rate of energy production and the growth rate of the national economy. The formula is:

$$\text{Elasticity Ratio of Energy Production} = \frac{\text{Average Annual Growth Rate of Energy Production}}{\text{Average Annual Growth Rate of National Economy}}$$

The average annual growth rate of the national economy can be measured by indicators such as the Gross National Product and the Gross Domestic Product, depending on the purposes or needs. The Gross Domestic Product has been used in the calculation of the ratio in this Yearbook.

Elasticity Ratio of Electricity Production is an indicator to show the relationship between the growth rate of electricity production and the growth rate of the national economy. Generally speaking, the growth rate of electricity production should be higher than that of the national economy.

Its formula is:

$$\text{Elasticity Ratio of Electricity Production} = \frac{\text{Average Annual Growth Rate of Electricity Production}}{\text{Average Annual Growth Rate of National Economy}}$$

Elasticity Ratio of Energy Consumption is an indicator to show the relationship between the growth rate of energy consumption and the growth rate of the national economy. The formula is:

$$\text{Elasticity Ratio of Energy Consumption} = \frac{\text{Average Annual Growth Rate of Energy Consumption}}{\text{Average Annual Growth Rate of National Economy}}$$

Elasticity Ratio of Electricity Consumption is an indicator to show the relationship between the growth rate of electricity consumption and the growth rate of the national economy. The formula is:

$$\text{Elasticity Ratio of Electricity Consumption} = \frac{\text{Average Annual Growth Rate of Electricity Consumption}}{\text{Average Annual Growth Rate of National Economy}}$$

第 9 篇

CHAPTER 9

固定资产投资

Investment in Fixed Assets

全社会固定资产投资总额及增速

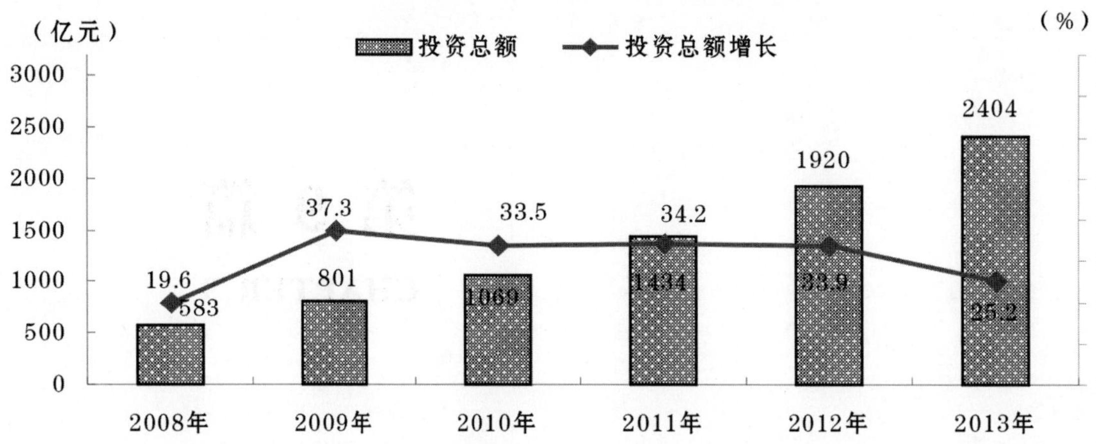

三次产业投资结构

（%）

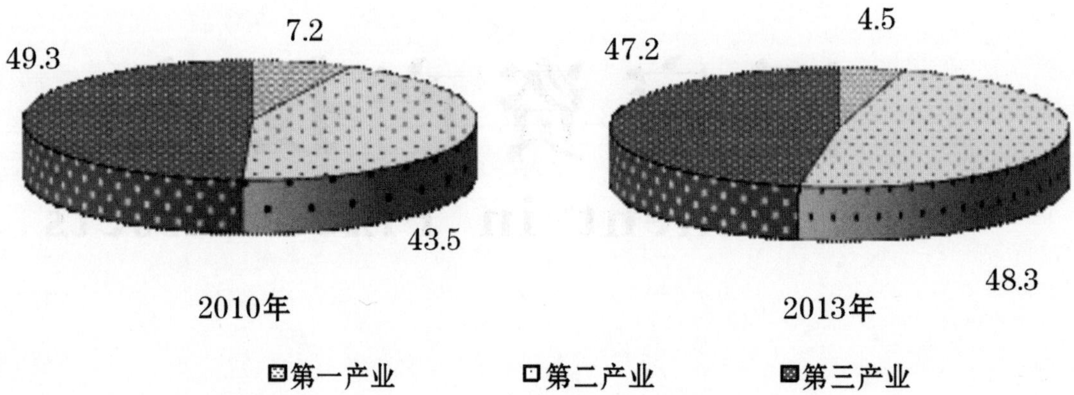

房地产投资

（亿元）

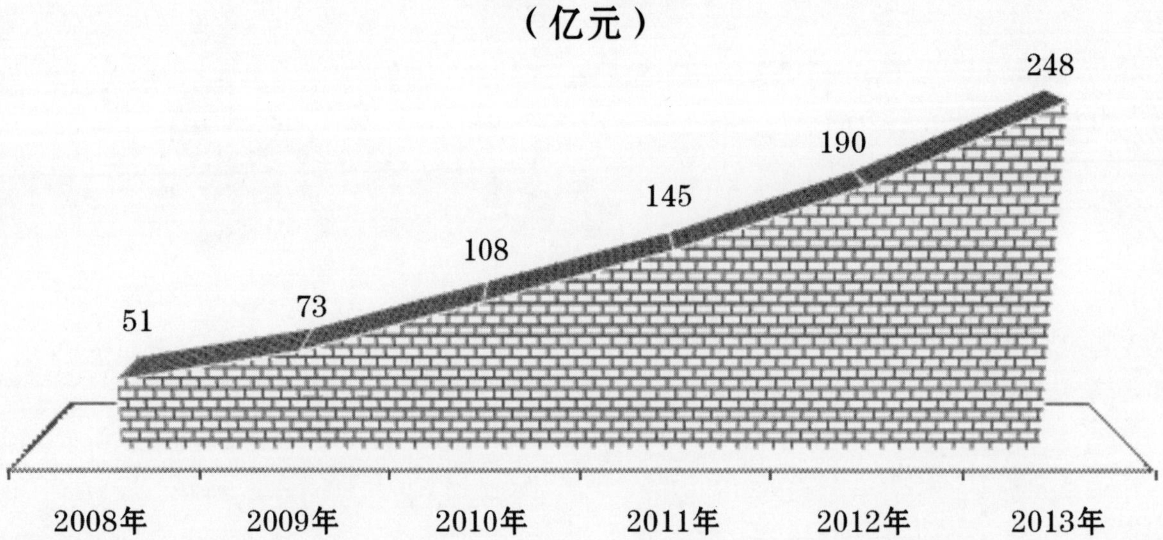

9-1 2008-2013年全社会固定资产投资
Total Investment in Fixed Assets(2008-2013)

单位：亿元 (100 million yuan)

指 标	Item	2008	2009	2010	2011	2012	2013
投资总额	**Total Investment**	**582.85**	**800.51**	**1068.73**	**1434.33**	**1920.03**	**2403.90**
按经济类型分	**By Economic Type**						
国有经济	The State-owned Economy	255.48	398.01	515.92	691.63	903.11	1145.32
集体经济及私营个体投资	Collective-owned, Private and Self-employed Individual	63.98	99.09	163.84	183.51	280.08	411.48
联营经济	Joint Ownership Economy	1.02	0.70	0.54	1.35	0.39	0.73
股份经济	Share Economy	242.21	281.00	349.25	484.13	644.25	770.50
港、澳、台投资	Economy with Funds from Hong Kong, Macao and Taiwan	1.92	1.61	1.30	7.03	15.71	28.33
外商投资经济	Foreign Funded Economy	9.57	10.41	21.96	34.25	22.64	4.26
其他投资	Others	8.67	9.69	15.92	32.43	53.85	43.28
按产业分	**By Three Strata of Industry**						
第一产业	Primary Industry	40.87	53.81	76.44	90.82	82.89	109.27
第二产业	Secondary Industry	297.21	380.92	465.23	667.20	891.27	1160.25
工业	Industry	288.49	368.02	444.93	632.07	826.06	1076.42
第三产业	Tertiary Industry	244.77	365.78	527.06	676.31	945.87	1134.38
按构成分	**By Structure**						
建筑安装工程	Construction and Installation	440.46	588.36	855.33	1098.56	1496.21	1794.16
设备工具器具购置	Purchase of Equipment and Instruments	87.38	123.99	129.44	227.88	271.19	435.17
其他费用	Others	55.01	88.16	83.96	107.89	152.63	174.57
本年资金到位按来源分	**By Sources of Funds**						
国家预算内资金	State Budget	81.98	130.45	141.50	317.16	393.07	406.42
国内贷款	Domestic Loans	93.29	148.87	178.51	215.50	427.12	537.89
债券	Bond			0.07	0.11	0.14	1.09
利用外资	Foreign Investment	8.70	8.44	5.21	7.75	2.56	9.13
自筹资金	Self-raising Funds	298.95	387.27	542.75	778.01	980.10	1240.91
其他资金	Others	80.96	125.69	175.13	164.59	219.50	439.09
房屋建筑面积（万平方米）	**Floor Space of Buildings(10 000 sq.m)**						
施工面积	Floor Space under Construction	1695.03	2542.26	4310.18	6023.28	5880.72	5642.89
住宅	Residential Buildings	1048.34	1571.05	3093.19	4320.00	3624.57	3419.90
竣工面积	Floor Space Completed	679.77	953.91	1474.19	1906.45	1587.48	1846.91
住宅	Residential Buildings	505.91	663.21	1297.02	1685.09	1208.90	1405.06

9-2 1990-2013年全社会固定资产投资(按经济类型分)
Total Investment in Fixed Assets by Econmic Type(1990-2013)

指 标 Item	总 计 Total	国有经济 State-owned	集体经济 Collective-owned	私营个体经济 Private and Self-employed Individual	其他经济 Others
投资额(亿元) Investment(100 million yuan)					
1990	22.25	19.92	0.54	1.79	
1991	23.94	21.49	0.56	1.89	
1992	30.27	27.46	0.68	2.13	
1993	44.73	40.02	1.07	3.50	0.14
1994	45.20	39.45	1.48	3.49	0.78
1995	55.58	45.15	5.34	4.34	0.75
1996	77.66	64.42	5.08	4.62	3.54
1997	97.66	76.24	4.60	10.24	6.58
1998	116.38	89.01	3.99	10.89	12.49
1999	128.13	94.09	7.05	15.02	11.97
2000	154.83	102.83	6.61	13.08	32.31
2001	201.61	125.18	3.50	17.90	55.03
2002	245.02	153.88	2.72	21.26	67.16
2003	285.12	176.31	9.03	31.57	68.21
2004	318.06	168.39	10.38	37.24	102.05
2005	367.15	175.64	14.50	42.76	134.25
2006	419.62	196.73	20.12	41.82	160.95
2007	487.47	201.21	26.52	36.46	223.28
2008	582.85	255.48	23.79	41.52	262.06
2009	800.51	398.01	14.33	84.76	303.41
2010	1068.73	515.92	16.01	147.83	388.97
2011	1434.33	691.63	17.50	166.02	559.18
2012	1920.03	903.11	16.08	264.00	736.84
2013	2403.90	1145.32	21.16	390.32	847.10
增长速度(上年=100) Growth Rate(preceding year=100)					
1990	3.34	5.79	-19.40	-11.82	
1991	7.60	7.88	3.70	5.59	
1992	26.44	27.78	21.43	12.70	
1993	47.77	45.74	57.35	64.32	
1994	1.05	-1.42	38.32	-0.29	457.14
1995	22.96	14.45	260.81	24.36	-3.85
1996	39.73	42.68	-4.87	6.45	372.00
1997	25.75	18.35	-9.45	121.65	85.88
1998	19.17	16.75	-13.26	6.35	89.82
1999	10.10	5.71	76.69	37.92	-4.16
2000	20.84	9.29	-6.24	-12.92	170.43
2001	30.21	21.73	-45.45	36.85	70.32
2002	21.53	2.93	77.71	18.77	22.04
2003	16.37	14.58	231.99	48.49	1.56
2004	11.55	-4.49	15.00	17.96	49.61
2005	15.43	4.31	39.60	14.82	31.55
2006	14.29	12.01	38.76	-2.20	19.89
2007	16.17	2.28	-37.67	20.61	38.73
2008	19.57	26.97	-10.29	13.88	17.37
2009	37.34	55.79	-39.76	104.14	15.78
2010	33.51	29.62	11.72	74.41	28.20
2011	34.20	34.10	9.30	12.30	43.80
2012	33.86	30.58	-8.11	59.02	31.77
2013	25.20	26.82	31.59	47.85	14.96

备注：其他经济为除国有、集体、私营个体经济以外的经济类型。

a) Others mean economic types except state-owned, collective-owned, private and self-employed individual.

9-3 2000-2013年全社会固定资产投资构成及资金来源

Structrue and Sourses of Funds of Total Investment in Fixed Assets (2000-2013)

单位：亿元、% (100 million yan，%)

年 份 Year	按构成分 By Structure of Funds			按资金来源分 By Source of Funds						
	建筑安装工程 Construction	设备工具器具购置 Purchase of Equipment and Instruments	其他费用 Others	资金来源总额 Total Funds This Year	国家预算内资金 State Budget	国内贷款 Domestic Loans	债券 Financial Bond	利用外资 Foreign Investment	自筹 Self-raising Fund	其他资金 Others
投资额 Investment										
2000	117.00	25.47	12.36	148.99	25.38	36.25	0.41	2.07	53.78	31.09
2001	146.39	34.55	20.67	191.21	33.36	43.19	0.10	1.51	77.72	35.34
2002	192.49	35.16	17.37	250.92	55.17	68.18	0.01	2.56	77.59	47.40
2003	222.87	41.34	20.91	257.82	59.04	29.89	0.21	3.44	119.31	45.94
2004	251.46	47.46	19.14	312.88	42.58	33.22	0.28	2.98	177.60	56.23
2005	266.14	69.14	31.87	378.43	59.75	63.84	1.54	2.09	196.15	55.05
2006	312.86	69.87	36.89	401.20	59.10	67.35		2.03	189.84	82.89
2007	363.41	76.72	47.35	479.14	61.93	66.05		7.49	263.34	80.33
2008	440.46	87.38	55.01	563.89	81.98	93.29		8.70	298.95	80.96
2009	588.36	123.99	88.16	800.72	130.45	148.87		8.44	387.27	125.69
2010	855.33	129.44	83.96	1043.17	141.50	178.51	0.07	5.21	542.75	175.13
2011	1098.56	227.88	107.89	1483.12	317.16	215.50	0.11	7.75	778.01	164.59
2012	1496.21	271.19	152.63	2022.50	393.07	427.12	0.14	2.56	980.10	219.50
2013	1794.16	435.17	174.57	2634.53	406.42	537.89	1.09	9.13	1240.91	439.09
构 成 Percentage										
2000	75.57	16.45	7.98	100	17.04	24.33	0.27	1.39	36.09	20.87
2001	72.61	17.14	10.25	100	17.45	22.59	0.05	0.79	40.64	18.48
2002	78.56	14.35	7.09	100	21.99	27.17	…	1.02	30.92	18.89
2003	78.17	14.50	7.33	100	22.90	11.59	0.08	1.33	46.27	17.82
2004	79.06	14.92	6.02	100	13.61	10.62	0.09	0.95	56.76	17.97
2005	72.49	18.83	8.68	100	15.79	16.87	0.41	0.55	51.83	14.55
2006	74.56	16.65	8.79	100	14.73	16.79		0.51	47.32	20.66
2007	74.56	15.74	9.70	100	12.93	13.78		1.56	54.96	16.77
2008	75.57	14.99	9.44	100	14.54	16.54		1.54	53.02	14.36
2009	73.50	15.49	11.01	100	16.27	18.59	0.03	1.05	48.36	15.70
2010	80.03	12.11	7.86	100	13.56	17.11	0.01	0.50	52.03	16.79
2011	76.60	15.90	7.50	100	21.40	14.50	0.01	0.52	52.50	11.07
2012	77.93	14.12	7.95	100	19.43	21.12	0.01	0.13	48.46	10.85
2013	74.64	18.10	7.26	100	15.43	20.42	0.04	0.35	47.10	16.67

9-4 2000-2013年分地区固定资产投资

Actually Completed Investment in Fixed Assets by Region(2000-2013)

单位：亿元 (100 million yuan)

年 份 Year	西宁市 Xining City	海东市 Haidong City	海北州 Haibei Zang A.P	黄南州 Huang-nan Zang A.P	海南州 Hainan Zang A.P	果洛州 Golog Zang A.P	玉树州 Yushu Zang A.P	海西州 Haixi Mong-olian & Zang A.P
2000	53.82	14.12	4.27	3.31	5.81	1.85	3.01	28.25
2001	69.30	26.39	6.10	4.80	10.90	4.70	3.60	39.70
2002	77.70	32.79	7.50	4.70	14.09	2.20	4.30	49.00
2003	85.40	39.54	8.80	7.50	17.29	3.70	4.80	54.70
2004	98.50	43.55	10.60	11.70	21.79	3.00	5.80	57.30
2005	115.60	43.69	12.60	11.50	24.68	3.70	7.30	66.90
2006	141.04	45.93	15.65	10.61	28.13	6.13	8.76	87.30
2007	178.91	45.41	19.50	12.25	21.05	6.46	10.58	119.82
2008	221.98	54.62	25.60	15.28	24.94	7.50	14.02	125.53
2009	248.20	73.92	28.63	17.54	53.52	10.88	16.98	132.30
2010	403.02	98.01	39.48	22.53	45.88	16.60	39.50	178.23
2011	528.01	166.57	53.26	31.90	63.99	24.61	142.91	251.16
2012	700.48	255.44	71.81	42.38	79.01	38.24	170.84	401.59
2013	925.44	405.45	94.29	53.72	139.75	50.90	92.86	510.07

注：本表未包括跨地区项目。海北州数据未含飞地经济项目投资，下同。

a) Data in this table do not include trans-regional items. Data of Haibei Zang A.P in 2012 is not including enclave economy project investment 121,200,000 yuan. The same applies to the tables following.

9-5 按地区分全社会固定资产投资(2013年)

Total Investment in Fixed Assets by Region(2013)

单位：万元、平方米 (10 000 yuan，sq.m)

类 型	Type	西宁市 Xining City	海东市 Haidong City	海北州 Haibei Zang A.P	黄南州 Huang-nan Zang A.P	海南州 Hainan Zang A.P	果洛州 Golog Zang A.P	玉树州 Yushu Zang A.P	海西州 Haixi Mong-olian & Zang A.P
投资总额	**Investment**	**9254437**	**4054526**	**942919**	**537206**	**1397487**	**508953**	**928567**	**5100691**
按登记注册类型分	**By Registration type**								
国有投资	State-owned Investment	3225458	1519474	459657	353379	730595	340248	928205	2375765
集体投资	Collective-owned Investment	293243	449299	90385	88641	114946	35675	362	24071
股份合作企业	Cooperative Investment	55630	4000						19466
私营个体投资	Private and Self-employed Individuals Investment	1709457	549499	12481	15473	81669	4458		772235
联营经济投资	Joint Ownership	1900	952			3522			935
有限责任公司	Limited Liability Corporations	2968031	1138395	353477	14791	435525	124093		1565570
股份有限公司	Share Holding Corporations Ltd.	666629	190684	3088	120	13707			230920
港澳台投资	Funds from Hong Kong, Macao and Taiwan	20650	185202	7147		4363	128		65793
外商投资	Foreign Funded	35350	1700			5580			
其他投资	Others	278089	15321	16684	64802	7580	4351		45936
按资金来源分	**By Sources of Funds**								
国家预算内资金	State Budget	806908	540560	301858	262456	442165	266176	383718	449365
国内贷款	Domestic Loans	2693582	214734	148083	22551	784663	461	800	1193342
债券	Bond					551			300
利用外资	Foreign Investment	48530	18891					3450	20377
自筹资金	Self-raising Fund	5783040	2221007	540461	167795	597533	217348	97338	2880284
其他资金	Others	960278	502623	74172	48414	41141	34393	80916	76973
按构成分	**By Structure of Funds**								
建筑安装工程	Construction and Installation	6630793	3242730	868063	490263	1004121	500616	818923	3372150
设备、工具、器具购置	Purchase of Equipment and Instruments	1791691	481914	61492	29877	330992	8003	82469	1426204
其他费用	Others	831953	329882	13364	17066	62374	334	27175	302337
本年新增固定资产	**Add Fixed Assets of This Year**	**4501373**	**1841579**	**762849**	**270793**	**700163**	**369525**	**1630601**	**2870904**
房屋建筑面积	**Floor Space of Buildings**								
施工面积	Floor Space under Construction	28597949	10997797	2834167	1509701	2761483	1342757	1473290	3864434
竣工面积	Floor Space Completed	8632884	2468694	1292405	480654	1063216	288658	538374	247118
住宅	Residential Buildings	6651142	2160969	620024	342970	352396	162019	46000	189002

注：本表未含跨省区项目，按资金来源分为财务拨款数。

a) Data in this table do not include trans-provincial items. The data divided by source of funds are financial appropriating funds.

9-6 2007-2013年城镇固定资产投资
Total Investment in Fixed Assets in Urban Area(2007-2013)

单位：亿元、万平方米 (100 million yuan，10 000 sq.m)

指　　标	Item	2007	2008	2009	2010	2011	2012	2013
投资总额	**Total Investment**	**443.69**	**514.05**	**616.27**	**731.82**	**1029.71**	**1465.90**	**1849.58**
按经济类型分	**By Economic Type**							
国有经济	State-owned Investment	183.86	220.36	331.46	373.54	523.98	776.54	973.60
集体经济	Collective-owned Investment	5.76	2.62	3.78	4.26	9.88	6.01	12.54
联营经济	Joint Ownership	1.81	0.70	0.67	0.54	0.81	0.16	0.36
有限责任公司	Limited Liability Corporations	145.17	161.29	171.12	179.49	286.82	448.02	552.41
股份制经济	Share Holding Corporations Ltd.	54.31	73.64	71.94	96.67	96.04	72.22	99.43
私营个体	Private and Self-employed Individuals Investment	35.41	38.91	23.08	46.06	51.45	85.66	150.01
其他投资	Others	7.02	5.18	5.10	10.44	20.26	41.56	29.64
外商投资经济	Foreign Funded	8.51	9.43	7.60	20.39	33.62	21.21	3.71
港澳台投资经济	Funds from Hong Kong, Macao and Taiwan	1.84	1.92	1.52	0.43	6.85	14.52	27.88
按隶属关系分	**By Jurisdiction of Management**							
中央项目	Central	81.12	102.83	149.95	129.76	127.95	127.29	215.41
地方项目	Local	362.57	411.22	466.32	602.06	901.76	1338.61	1634.17
按资金来源分	**By Sources of Funds**							
国家预算内资金	State Budget	50.54	56.56	90.78	89.60	232.84	312.59	318.20
国内贷款	Domestic Loans	61.70	88.82	129.07	143.59	180.22	360.65	471.75
债券	Bond				0.05	0.07	0.10	1.06
利用外资	Foreign Investment	7.44	8.64	7.82	2.27	5.16	1.81	7.28
自筹资金	Self-raising Fund	236.64	262.12	283.21	387.57	589.8	738.92	941.12
其他资金	Others	78.52	74.74	86.51	111.64	76.64	103.15	69.49
按构成分	**By Structure of Funds**							
建筑安装工程	Construction and Installation	334.67	386.36	449.01	556.31	763.08	1136.59	1333.51
设备、工具、器具购置	Purchase of Equipment and Instruments	67.51	77.95	109.48	117.87	197.64	239.02	388.99
其他费用	Others	41.51	49.74	57.78	57.64	68.99	90.29	127.08
按建设性质分	**By Construction of nature**							
新　建	New Construction	289.31	327.88	367.77	452.25	614.13	853.16	1270.05
扩　建	Extension	74.66	99.97	125.77	116.47	125.33	144.43	167.84
改建和技术改造	Reconstruction	71.71	76.09	108.92	127.60	168.15	183.47	189.28
房屋建筑面积	**Floor Space of Buildings**							
施工面积	Floor Space under Construction	1121.72	1369.61	942.43	1505.45	2530.74	2772.52	2160.37
住宅	Residential Buildings	685.96	783.42	280.91	648.95	1429.98	1213.46	839.39
竣工面积	Floor Space Completed	352.21	384.08	275.76	280.35	350.98	279.04	463.67
住宅	Residential Buildings	234.59	259.71	99.39	180.86	262.52	141.02	257.11
竣工房屋价值	Cost of Buildings Completed	43.58	55.24	27.20	36.92	60.62	78.96	91.19
住宅	Residential Buildings	29.29	37.87	10.43	18.12	42.68	21.01	38.21

注：按资金来源分为财务拨款数；除房地产外投资均为50万元以上项目。

a) The data divided by source of funds are financial appropriating funds. All the investment projects are above 500 000 yuan in addition to real estate.

9-7 按各种口径分50万元以上项目固定资产投资(2013年)
Completion of Investment in Fixed Assets of Projects over 500 Thousand Yuan by Various Calibres (2013)

单位：亿元 (100 million yuan)

指 标	Item	合 计 Total	地方 Local	城 镇 Urban	地方 Local	非农户 Non-farmer	地方 Local
总 计	**Total**	**2080.49**	**1863.48**	**1849.58**	**1634.17**	**230.91**	**229.31**
按登记注册类型分	**By Registration Type**						
内资	Domestic Funds	2042.78	1825.78	1815.96	1600.56	226.82	225.22
国有	State-owned	1123.66	915.96	973.60	766.00	150.06	149.96
集体	Collective-owned	13.25	13.25	5.22	5.22	8.03	8.03
股份合作	Cooperative	7.51	7.51	7.32	7.32	0.19	0.19
联营	Joint	0.54	0.54	0.36	0.36	0.18	0.18
国有联营	State-owned Joint	0.10	0.10	0.10	0.10		
集体联营	Collective-owned Joint	0.02	0.02	0.02	0.02		
国有与集体联营	State-owned and Collective Joint						
其他联营	Others	0.42	0.42	0.24	0.24	0.18	0.18
有限责任公司	Limited Liability	580.85	572.39	552.41	545.46	28.43	26.93
国有独资公司	State-owned Sole Proprietorship	17.79	17.79	17.51	17.51	0.28	0.28
其他有限责任公司	Others	563.05	554.60	534.90	527.95	28.15	26.65
股份有限公司	Share-holding	108.52	107.68	99.43	98.58	9.10	9.10
私营	Private	167.48	167.48	147.98	147.98	19.50	19.50
其他内资	Others	40.98	40.98	29.65	29.65	11.33	11.33
港澳台投资	Funds from Hong Kong, Macao and Taiwan	27.88	27.87	27.88	27.87		
合资经营企业(港或澳、台资)	Joint-venture Enterprises	3.66	3.66	3.66	3.66		
合作经营企业(港或澳、台资)	Cooperation Enterprises						
港、澳、台商独资经营企业	Enterprises with Sole Envestment	23.92	23.91	23.92	23.91		
港、澳、台商投资股份有限公司	Share-holding Corporations Ltd.	0.18	0.18	0.18	0.18		
其他港、澳、台商投资企业	Others	0.12	0.12	0.12	0.12		
外商投资	Foreign Investment	4.26	4.26	3.71	3.71	0.56	0.56
中外合资经营企业	Joint-venture Enterprises	0.17	0.17	0.17	0.17		
中外合作经营企业	Cooperation Enterprises						
外资企业	Enterprises with Sole Funds	3.54	3.54	3.54	3.54		
外商投资股份有限公司	Share-holding Corporations Ltd.	0.56	0.56			0.56	0.56
其他外商投资企业	Others						
个体经营	Self-employed Individual	5.57	5.57	2.04	2.04	3.53	3.53
个体户	Self-employed	5.03	5.03	1.51	1.51	3.52	3.52
个人合伙	Individual Partners	0.54	0.54	0.53	0.53	0.01	0.01
按隶属关系分	**By Jurisdiction of Management**						
中央	Central	217.01		215.41		1.60	
地方	Local	1863.48	1863.48	1634.17	1634.17	229.31	229.31
省	Province	253.14	253.14	251.76	251.76	1.38	1.38
地市县属	Region, City and County	1610.34	1610.34	1382.41	1382.41	227.93	227.93
地区	Region	300.76	300.76	296.99	296.99	3.77	3.77
县	County	782.28	782.28	616.05	616.05	166.23	166.23
其他	Others	527.30	527.30	469.37	469.37	57.93	57.93

9-7 续表 1 Continued

单位：亿元 (100 million yuan)

指 标	Item	合 计 Total	地方 Local	城 镇 Urban	地方 Local	非农户 Non-farmer	地方 Local
按建设性质分	**By Character of Construction**						
新建	New Construction	1427.18	1355.67	1270.05	1200.14	157.13	155.53
扩建	Extension	187.40	92.43	167.84	72.86	19.56	19.56
改建和技术改造	Reconstruction	230.37	189.83	189.28	148.74	41.09	41.09
单纯建造生活设施	The Construction of Living Facilities	4.89	4.89	3.13	3.13	1.76	1.76
迁建	Moving	9.15	9.15	7.32	7.32	1.84	1.84
恢复	Resumption	181.51	171.66	177.69	167.84	3.81	3.81
单纯购置	Purchase	39.99	39.85	34.27	34.13	5.72	5.72
按建设阶段分	**By Construction Phase**						
在建	Started to Work This Year	1342.96	1135.75	1262.32	1056.61	80.64	79.14
全部投产	Wind up This Year	734.05	724.25	585.50	575.81	148.55	148.45
全部停缓建	Full Stop Postponed	3.48	3.48	1.76	1.76	1.72	1.72
按注册控股类型分	**By Registration Categories**						
国有控股	State-holding	1303.14	1087.64	1146.49	931.10	156.64	156.55
集体控股	Collective-Holding	70.25	70.25	61.66	61.66	8.59	8.59
私人控股	Private-holding	545.68	544.18	491.80	491.80	53.88	52.38
港澳台商控股	Hong Kong, Macao and Taiwan-holding	26.65	26.63	26.65	26.63		
外商控股	Foreign-holding	5.57	5.57	5.57	5.57		
其他	Others	129.20	129.20	117.41	117.41	11.79	11.79
按国民经济行业分	**By Sector**						
农、林、牧、渔业	Agriculture, Forestry, Animal Husbandry and Fishery	103.04	103.04	32.98	32.98	70.06	70.06
农业	Farming	13.54	13.54	4.60	4.60	8.94	8.94
林业	Forestry	10.93	10.93	6.10	6.10	4.83	4.83
畜牧业	Animal Husbandry	22.37	22.37	8.36	8.36	14.00	14.00
渔业	Fishery	0.74	0.74	0.36	0.36	0.38	0.38
农、林、牧、渔服务业	Services in Support of Agriculture	55.46	55.46	13.56	13.56	41.90	41.90
采矿业	Mining	134.46	74.79	129.42	69.74	5.04	5.04
煤炭开采和洗选业	Mining and Washing of Coal	34.30	34.30	34.30	34.30		
石油和天然气开采业	Extraction of Petroleum and Natural Gas	62.34	2.67	62.34	2.67		
黑色金属矿采选业	Mining and Processing of Ferrous Metal Ores	6.06	6.06	4.35	4.35	1.72	1.72
有色金属矿采选业	Mining and Processing of Non-Ferrous Metal Ores	8.57	8.57	6.81	6.81	1.76	1.76
非金属矿采选业	Mining and Processing of Nonmetal Ores	4.32	4.32	2.76	2.76	1.57	1.57
其他采矿业	Mining of Other Ores	18.86	18.86	18.86	18.86		
制造业	Manufacturing	633.44	622.35	613.32	602.32	20.12	20.02
农副食品加工业	Processing of Food from Agricultural Products	33.31	33.31	24.84	24.84	8.47	8.47
食品制造业	Manufacture of Foods	17.58	17.58	17.39	17.39	0.19	0.19
饮料制造业	Manufacture of Beverages	8.74	8.74	7.80	7.80	0.94	0.94
烟草制品业	Manufacture of Tobacco						
纺织业	Manufacture of Textile	3.02	3.02	3.02	3.02		
纺织服装、鞋、帽制造业	Manufacture of Textile Wearing Apparel, Footwear and Caps	8.56	8.56	8.55	8.55	0.01	0.01
皮革、毛皮、羽毛(绒)及其制品业	Manufacture of Leather, Fur, Feather and Related Products						
木材加工及木、竹、藤、棕、草制品业	Processing of Timber, Manufacture of Wood, Bamboo, Rattan, Palm and Straw Products						
家具制造业	Manufacture of Furniture	4.24	4.24	4.24	4.24		
造纸及纸制品业	Manufacture of Paper and Paper Products						

9-7 续表 2 Continued

单位：亿元 (100 million yuan)

指　标	Item	合　计 Total	地方 Local	城　镇 Urban	地方 Local	非农户 Non-farmer	地方 Local
印刷业和记录媒介的复制	Printing, Reproduction of Recording Media	1.20	1.20	1.20	1.20		
文教体育用品制造业	Manufacture of Articles For Culture, Education and Sport Activities	7.56	7.56	7.14	7.14	0.42	0.42
石油加工、炼焦及核燃料加工业	Processing of Petroleum, Coking, Processing of Nuclear Fuel	3.23	3.23	3.23	3.23		
化学原料及化学制品制造业	Manufacture of Raw Chemical Materials and Chemical Products	119.55	119.55	118.20	118.20	1.35	1.35
医药制造业	Manufacture of Medicines	9.26	9.26	9.26	9.26		
化学纤维制造业	Manufacture of Chemical Fibers						
橡胶和塑料制造业	Manufacture of Rubber and Manufacture of Plastics	7.73	7.73	7.27	7.27	0.46	0.46
非金属矿物制品业	Manufacture of Non-metallic Mineral Products	62.66	62.66	59.64	59.64	3.03	3.03
黑色金属冶炼及压延加工业	Smelting and Pressing of Ferrous Metals	42.52	32.69	41.79	31.96	0.74	0.74
有色金属冶炼及压延加工业	Smelting and Pressing of Non-ferrous Metals	209.71	208.55	207.77	206.61	1.94	1.94
金属制品业	Manufacture of Metal Products	4.63	4.63	2.92	2.92	1.71	1.71
通用设备制造业	Manufacture of General Purpose Machinery	3.55	3.55	2.94	2.94	0.61	0.61
专用设备制造业	Manufacture of Special Purpose Machinery	5.73	5.73	5.73	5.73	0.01	0.01
汽车制造业	Manufacture of Automobile						
铁路、船舶、航空航天和其他运输设备制造业	Manufacture of Railway,Watercraft,Aviation and other Transport Equipments	3.15	3.05	3.05	3.05	0.10	
电气机械及器材制造业	Manufacture of Electrical Machinery and Equipment	60.08	60.08	60.08	60.08		
计算机、通信和其他电子设备制造业	Manufacture of Communication Equipment,	9.89	9.89	9.89	9.89		
仪器仪表制造业	Manufacture of Measuring Instruments and	2.85	2.85	2.85	2.85		
其他制造业及金属制品、机械和设备修理业	Machinery for Cultural Activity and Office Work	3.38	3.38	3.23	3.23	0.15	0.15
废弃资源综合利用业	Recycling and Disposal of Waste	1.31	1.31	1.31	1.31		
电力、燃气及水的生产和供应业	Production and Supply of Electricity, Gas and Water	308.52	242.43	273.01	208.42	35.51	34.01
电力、热力的生产和供应业	Production and Supply of Electric Power and Heat Power	287.38	221.29	257.69	193.10	29.69	28.19
燃气生产和供应业	Production and Supply of Gas	10.64	10.64	7.26	7.26	3.38	3.38
水的生产和供应业	Production and Supply of Water	10.50	10.50	8.05	8.05	2.44	2.44
建筑业	Construction	83.31	79.00	68.75	64.45	14.55	14.55
房屋和土木工程建筑业	Construction of Buildings and Civil Engineering	80.86	76.55	67.42	63.12	13.44	13.44
建筑安装业	Building Installation	1.09	1.09	0.97	0.97	0.12	0.12
建筑装饰和其他建筑业	Building Decoration and Other Construction	1.36	1.36	0.36	0.36	1.00	1.00
交通运输、仓储和邮政业	Transport, Storage and Post	288.09	213.47	262.52	187.90	25.57	25.57
铁路运输业	Railway Transport	74.29	2.75	74.29	2.75		
道路运输业	Road Transport	190.38	190.38	167.96	167.96	22.41	22.41
水上运输业	Water Transport	0.07	0.07	0.07	0.07		
航空运输业	Air Transport	11.39	8.31	11.39	8.31		
管道运输业	Transport Via Pipelines	2.37	2.37	2.37	2.37	0.00	0.00
装卸搬运和其他运输服务业	Loading, Unloading and Other Transport Services						
仓储业	Storage	9.36	9.36	6.30	6.30	3.06	3.06
邮政业	Post	0.24	0.24	0.14	0.14	0.10	0.10
信息传输、计算机服务和软件业	Information Transmission, Computer Services and Software	4.29	4.19	2.27	2.17	2.02	2.02
电信和其他信息传输服务业	Telecommunications and Other Information Transmission Services	4.11	4.02	2.13	2.03	1.98	1.98
计算机服务业	Computer Services	0.18	0.18	0.14	0.14	0.04	0.04

9-7 续表 3 Continued

单位：亿元 (100 million yuan)

指 标	Item	合计 Total	地方 Local	城镇 Urban	地方 Local	非农户 Non-farmer	地方 Local
批发和零售业	Wholesale and Retail Trades	17.73	17.03	16.22	15.52	1.51	1.51
批发业	Wholesale Trade	4.89	4.19	4.61	3.91	0.28	0.28
零售业	Retail Trade	12.84	12.84	11.61	11.61	1.23	1.23
住宿和餐饮业	Hotels and Catering Services	20.61	20.61	15.53	15.53	5.07	5.07
住宿业	Hotels	14.94	14.94	13.69	13.69	1.25	1.25
餐饮业	Catering Services	5.67	5.67	1.85	1.85	3.82	3.82
金融业	Financial Intermediation	3.50	3.31	2.97	2.78	0.52	0.52
货币金融服务	Bank	3.31	3.12	2.97	2.78	0.33	0.33
资本市场服务	Security Activities	0.19	0.19			0.19	0.19
保险业	Insurance						
其他金融活动	Other Financial Activities						
房地产业	Real Estate	78.53	78.53	71.88	71.88	6.65	6.65
租赁和商务服务业	Leasing and Business Services	71.31	71.31	68.04	68.04	3.27	3.27
租赁业	Leasing	0.05	0.05			0.05	0.05
商务服务业	Business Services	71.26	71.26	68.04	68.04	3.22	3.22
科学研究、技术服务和地质勘查业	Scientific Research, Technical Service and Geologic Prospecting	4.06	4.02	2.07	2.03	1.99	1.99
研究与试验发展	Research and Experimental Development	0.21	0.21	0.21	0.21		
专业技术服务业	Professional Technical Services	2.07	2.02	1.27	1.23	0.79	0.79
科技交流和推广服务业	Services of Science and Technology Exchanges and Promotion	1.78	1.78	0.59	0.59	1.20	1.20
水利、环境和公共设施管理业	Management of Water Conservancy,	115.72	115.72	96.08	96.08	19.65	19.65
水利管理业	Environment and Public Facilities	26.20	26.20	17.61	17.61	8.59	8.59
生态保护和环境治理业	Management of Water Conservancy	20.93	20.93	16.53	16.53	4.39	4.39
公共设施管理业	Environmental Management	68.60	68.60	61.94	61.94	6.66	6.66
居民服务和其他服务业	Services to Households and Other Services	2.57	2.57	2.18	2.18	0.39	0.39
居民服务业	Services to Households	1.79	1.79	1.47	1.47	0.32	0.32
其他服务业	Other Services	0.78	0.78	0.71	0.71	0.07	0.07
教育	Education	55.20	55.20	44.76	44.76	10.44	10.44
卫生和社会工作	Health, Social Security and Social Welfare	13.26	13.26	11.91	11.91	1.35	1.35
卫生		10.20	10.20	9.00	9.00	1.20	1.20
社会工作	Health	3.06	3.06	2.91	2.91	0.15	0.15
文化、体育和娱乐业	Culture, Sports and Entertainment	37.59	37.59	35.62	35.62	1.97	1.97
新闻出版业	Journalism and Publishing Activities						
广播、电视、电影和音像业	Broadcasting, Movies, Television and Audiovisual Activities	2.25	2.25	2.19	2.19	0.06	0.06
文化艺术业	Cultural and Art Activities	21.52	21.52	20.52	20.52	1.00	1.00
体育	Sports Activities	9.85	9.85	8.96	8.96	0.89	0.89
娱乐业	Entertainment	3.97	3.97	3.96	3.96	0.01	0.01
公共管理、社会保障和社会组织	Public Management and Social Organization	105.27	105.07	100.04	99.85	5.23	5.23
中国共产党机关	Organs of Communist Party of China	1.77	1.77	1.58	1.58	0.19	0.19
国家机构	Government Agencies	91.52	91.33	88.64	88.44	2.89	2.89
人民政协和民主党派	People's Political Consultative Conference						
社会保障	and Democratic Parties	1.12	1.12	1.02	1.02	0.10	0.10
群众团体、社会团体和其他成员组织	Non-Governmental Organizations, Social Organizations and Religion Organizations	9.34	9.34	7.57	7.57	1.76	1.76
基层群众自治组织	Grass Roots Self-governing Organizations	1.52	1.52	1.23	1.23	0.29	0.29
国际组织	International Organizations						

9-8 2008-2013年分行业城镇固定资产投资

Investment in Fixed Assets in Urban Area by Sector and Four Pillar Industries(2008-2013)

单位：亿元 (100 million yuan)

指 标	Item	2008	2009	2010	2011	2012	2013
总计	**Total**	**462.86**	**616.27**	**731.82**	**1027.13**	**1465.90**	**1849.58**
按行业分	**By Sector**						
农林牧渔业	Agriculture, Forestry, Animal Husbandry and Fishery	10.96	20.12	26.77	26.50	25.96	32.98
采矿业	Mining	58.19	49.93	60.00	83.04	82.15	129.42
制造业	Manufacturing	142.17	182.25	266.18	332.64	475.00	613.32
电力、煤气及水的生产和供应业	Production and Supply of Electricity, Gas and Water	76.02	115.87	89.64	166.86	217.16	273.01
建筑业	Construction	7.31	8.86	14.90	21.66	51.65	68.75
交通运输、仓储及邮政业	Traffic, Transport, Storage and Post	86.98	103.80	126.65	118.48	216.27	262.52
信息传输、软件和信息技术服务业	Information Transmission, Computer Services and Software Industry	2.69	2.91	2.18	0.51	1.85	2.26
批发和零售业	Wholesale and Retail Trades	7.20	5.87	6.89	11.22	15.90	16.22
住宿、餐饮业	Hotels and Catering Services	2.62	3.11	6.59	7.99	10.88	15.53
金融业	Financial Intermediation	0.30	2.30	1.16	0.29	1.04	2.97
房地产业	Real Estate	2.18	5.72	17.08	85.34	112.79	71.88
租赁和商务服务业	Rental and Business Services	1.33	1.72	2.40	7.24	29.67	68.04
科学研究、技术服务	Scientific Research, Technical Services and Geological Prospecting Industry	1.32	3.58	2.89	2.89	1.89	2.07
水利、环境和公共设施管理业	Water, Environment and Public facilities Management Industries	27.68	56.35	43.62	55.03	65.07	96.08
居民服务和其他服务业	Residents Services and Other Services	1.49	0.54	1.18	2.17	1.10	2.18
教育	Education	6.85	12.58	20.82	39.76	40.87	44.76
卫生和社会工作	Health, Social Security and Social Welfare Sector	2.33	5.16	6.85	16.18	15.33	11.91
文化、体育和娱乐业	Culture, Sports and Entertainment	7.06	13.00	9.55	14.60	19.85	35.62
公共管理、社会保障和社会组织	Public Administration and Social Organizations	18.18	22.60	26.53	34.73	81.48	100.04
国际组织	International Organizations						

注：本表为50万元以上项目投资完成情况。

a)Date in this table are completion condition of investment projects above 500 000yuan.

9-9 分地区分行业城镇固定资产投资(2013年)

Investment in Fixed Assets in Urban Area by Sector and Region (2013)

单位：亿元 (100 million yan)

指 标	Item	西宁市 Xining City	海东市 Haidong City	海北州 Haibei Zang A.P	黄南州 Huang-nan Zang A.P	海南州 Hainan Zang A.P	果洛州 Golog Zang A.P	玉树州 Yushu Zang A.P	海西州 Haixi Mong-olian & Zang A.P
总计	**Total**	**659.19**	**244.14**	**75.70**	**33.98**	**99.28**	**47.33**	**77.47**	**460.46**
按行业分	**By Sector**								
农林牧渔业	Agriculture, Forestry, Animal Husbandry and Fishery	1.60	7.68	3.63	3.77	2.91	5.04	3.63	4.73
采矿业	Mining	19.60	6.58	13.28		1.80		0.02	88.14
制造业	Manufacturing	324.10	87.57	4.50	0.66	5.24	0.19		191.04
电力、煤气及水的生产和供应业	Production and Supply of Electricity, Gas and Water	29.98	11.24	18.06	2.63	55.00	17.49	8.58	101.09
建筑业	Construction	56.28	4.66		0.14	0.05	0.64	1.28	5.72
批发和零售业	Wholesale and Retail Trades	5.08	0.17	0.14	0.83	2.65	1.37	4.22	1.77
交通运输、仓储及邮政业	Traffic, Transport, Storage and Post	76.82	10.92	5.65	4.63	7.89	5.07	12.79	16.70
住宿、餐饮业	Hotels and Catering Services	0.79	2.16	5.29	1.47	2.22	0.68	0.51	2.41
信息传输、软件和信息技术服务业	Information Transmission, Computer Services and Software Industry	0.14	0.53	0.13	0.17	0.31	0.44	0.39	0.16
金融业	Financial Intermediation	2.30	0.10	0.15	0.07	0.13	0.10	0.06	0.07
房地产业	Real Estate	2.92	27.81	9.98	2.75	8.08	2.70	7.02	10.63
租赁和商务服务业	Rental and Business Services	10.05	47.72	0.02	0.10	1.71		7.51	0.93
科学研究、技术服务	Scientific Research, Technical Services and Geological Prospecting Industry	0.15	0.71	0.42	0.09	0.14	0.10	0.07	0.41
水利、环境和公共设施管理业	Water, Environment and Public facilities Management Industries	38.77	13.05	6.72	5.31	3.17	2.13	10.77	15.11
居民服务和其他服务业	Residents Services and Other Service	0.84	0.88	0.22	0.02		0.11	0.03	0.08
教育	Education	19.88	6.69	2.69	3.09	3.55	2.91	1.83	4.13
卫生和社会工作	Health, Social Security and Social Welfare Sector	6.11	0.75	0.48	0.45	0.78	0.56	1.44	1.35
文化、体育和娱乐业	Culture, Sports and Entertainment	10.67	3.67	2.07	1.85	1.99	1.28	5.43	8.67
公共管理、社会保障和社会组织	Public Administration and Social Organizations	53.11	11.25	2.30	5.96	1.66	6.53	11.91	7.33
国际组织	International Organizations								

注：本表为50万元以上项目投资完成情况未含省直报项目，未含跨地区直报项目。

a) Data in this table are completion condition of investment projects above 500 000 yuan, and do not include provincial and trans-regional items reporting directly.

9-10 2008-2013年城镇固定资产投资项目新增主要生产能力
Newly Increased Production Capacity of Investment in Fixed Assets in Urban Area(2008-2013)

能力名称		Item		2008	2009	2010	2011	2012	2013
原煤开采	(万吨/年)	Coal Mining	(10 000 tons/year)	210	160	284	213	1095	1091
洗煤	(万吨/年)	Coal washing	(10 000 tons/year)				275	420	400
天然原油	(万吨/年)	Petroleum Extraction	(10 000 tons/year)	35			48		
天然气开采	(亿立方米/年)	Extraction of Petroleum and Natural Gas	(10 000 cu.m/year)	21			11		
铁矿开采(原矿)	(万吨/年)	Iron Ore Mining	(10 000 tons/year)	2				430.5	68.2
铁矿石成品矿	(万吨/年)	Finished Products of Iron Ore Mine	(10 000 tons/year)				2.8		
炼铁	(万吨/年)	Iron-making	(10 000 tons/year)						
炼钢	(万吨/年)	Steel-making	(10 000 tons/year)						
初轧	(万吨/年)	Rolling Early	(10 000 tons/year)						
铁合金	(万吨/年)	Iron Alloy	(10 000 tons/year)	0.5	0.1	21.3	34.2	13.3	39.2
热轧钢材	(万吨/年)	Hot-rolled Steel	(10 000 tons/year)						
钢丝	(万吨/年)	Wire Steel	(10 000 tons/year)						
铜采矿(原矿)	(万吨/年)	Copper Ore Mining	(10 000 tons/year)	70.0	244.0	34.5	30.0	727.0	919.5
铜选矿(处理原矿)	(万吨/年)	Copper Ore Dressing:Crude Ore Dressing	(10 000 tons/year)			1.5			60
铜含量	(吨/年)	Copper Content	(ton/year)			1032			
铜冶炼	(吨/年)	Copper Smelting	(ton/year)						
#电解铜	(吨/年)	Electrolytic Copper	(ton/year)						
铅锌采矿(原矿)	(万吨/年)	Plumbum/Zinc Ore Mining	(10 000 tons/year)	1.4	0.2	25.0		10.1	
铅锌选矿(处理原矿)	(万吨/年)	Plumbum and Zinc Ore Dressing:Crude Ore Dressing	(10 000 tons/year)		30.0	30.0	0.8	20.0	9.0
铅含量	(吨/年)	Plumbum Content	(ton/year)		280	243			
锌含量	(吨/年)	Zinc Content	(ton/year)		500	463			
铅冶炼	(吨/年)	Plumbum Smelting	(ton/year)		71000				
#电解铅	(吨/年)	Electrolytic Plumbum	(ton/year)						
镍采矿	(吨/年)	Nickel Ore Mining	(ton/year)						
氧化铝	(吨/年)	Aluminum Oxide	(ton/year)						
锌冶炼	(吨/年)	Zinc Smelting	(ton/year)				3000		
电解铝	(吨/年)	Electrolytic Aluminum	(ton/year)		30000	10000		150000	240000
粗铅	(吨/年)	Crude Plumbum	(ton/year)						
铝加工	(吨/年)	Aluminum Processing	(ton/year)		100000		250000	251400	250800
金采矿(原矿)	(万吨/年)	Gold Ore Mining	(10 000 tons/year)						
金选矿(处理原矿)	(吨/年)	Gold Ore Dressing: Crude Ore Dressing	(10 000 tons/year)						
金含量	(公斤/年)	Gold Content	(kg/year)						
黄金	(公斤/年)	Gold	(kg/year)				502.0	941.5	1060.0
矿山成品金	(公斤/年)	Gold finished	(kg/year)			160.0			
水力发电	(万千瓦)	Hydraulic Power	(10 000 kw)	30	321	185	1	306	902
火力发电	(万千瓦)	Fire Power	(10 000 kw)	27		3			
输电线路长度(11万伏	(公里)	Length of Transmission Line	(km)	259	477	818	4139	2019	374
变电设备能力(11万伏	(万千伏安)	Substation Equipment Capacity	(10 000kVA)						

9-10 续表 continued

能力名称		Item		2008	2009	2010	2011	2012	2013
水　泥	(万吨/年)	Cement	(10 000 tons/year)	20	105	…	381	225	1133
胶合板	(万立方米/年)	Plywood	(10 000 cu.m/year)						
刨花板	(万立方米/年)	Flakeboard	(10 000 cu.m/year)						
平板玻璃	(万重量箱/年)	Plate Glass	(10 000 Weight-box/year)						
硫　酸	(吨/年)	Sulphuric Acid	(ton/year)						
烧　碱	(吨/年)	Caustic Soda	(ton/year)						
纯　碱	(吨/年)	Soda Ash	(ton/year)						
电　石	(吨/年)	Calcium Carbide	(ton/year)	396		60000	111000	550	
磷　肥	(吨/年)	Phosphate Fertilizer	(ton/year)		30000				19200
钾　肥	(吨/年)	Potash Fertilizer	(ton/year)	20000		50050	23000	1393000	537350
朔料树脂及共聚物	(吨/年)	Plastic Colophony and Polymer	(ton/year)			15000			5000
化学原料药	(吨/年)	Chemical Medicinal Materials	(ton/year)						
中成药	(吨/年)	Traditional Chinese medicine	(ton/year)						
毛纺锭	(锭)	Wool Spindles	(unit)	3	3000				
原　盐	(吨/年)	Salt	(ton/year)						
机制纸	(万吨/年)	Machine-made Paper	(10 000 cu.m/year)						
移动通信基站设备	(个/年)	Mobile Communicating Base Station Equipment	(unit/year)						
程控交换机	(万线/年)	Program-Controlled Telephone Exchange	(10 000 lines/year)						
新建公路	(公里)	Length of New Highways	(km)	257	1242	1205	1323	2100	5627
#高速公路	(公里)	Express Way	(km)				169	22	
一级公路	(公里)	First Class	(km)		11				
二级公路	(公里)	Second Class	(km)		36		284	19	300
改建公路	(公里)	Length of Reconstructed Highways	(km)	3929	1951	1031	358	711	1932
#高速公路	(公里)	Express Way	(km)						
一级公路	(公里)	First Class	(km)						
二级公路	(公里)	Second Class	(km)		44	43	30	7	95
新建独立公路桥梁	(延长米)	New-Built Seoarate	(Extended Length)	1748	3909	4314	1734	7447	6144
	(座)	Highway and Bridge	(unit)	41	38	109	37	61	147
新(扩)建客、货运站	(个)	Number of newly-Built or Expanded	(unit)		2	3	3		6
	(平方米)	Passenger and Freight Stations	(sq.m)		5930	24673	10055		15885

9-11 1995-2013年城镇50万元以上项目固定资产投资
Investment in Fixed Assets of Projects over 500 Thousand Yuan in Urban Area(1995-2013)

年份 Year / 地区 Region	施工项目(个) Number of Projects under Construction (unit)	新开工项目(个) Number of Projects Started This Year (unit)	全部建成投产项目(个) Number of Projects Completed and Put into Use (unit)	项目建成投产率 Rate of Construction Projects Completed and Put into Use (%)	固定资产投资额(亿元) Investment in Fixed Assets (100 million yuan)	新增固定资产(亿元) Newly Increased Fixed Assets (100 million yuan)	交付使用率 Rate of Projects of Fixed Assets Completed and Put into Use (%)
1995	1122	788	748	66.7	44.97	32.92	73.2
1996	1243	985	841	67.7	66.80	50.14	75.1
1997	1227	855	742	60.5	77.55	72.78	93.9
1998	1419	1026	785	55.3	91.94	62.30	67.8
1999	1544	998	901	58.4	94.85	77.72	81.9
2000	1646	1215	970	58.9		59.15	48.3
2001	1932	1459	1155	59.8	163.65	113.03	69.1
2002	2106	1588	1285	61.0	195.22	92.24	47.2
2003	2287	1802	1261	55.1	212.94	74.17	34.8
2004	2275	1681	1427	62.7	247.53	147.54	59.6
2005	2550	1695	1548	60.7	281.72	151.46	53.8
2006	2472	1757	1758	71.1	353.43	290.78	82.3
2007	2238	1601	1363	60.9	409.49	219.80	53.7
2008	2394	1617	1527	63.8	462.86	286.28	61.9
2009	2678	1774	1608	60.0	616.27	257.88	41.8
2010	2900	1516	1398	48.2	731.82	279.68	38.2
2011	2936	1946	1362	46.4	1029.72	444.56	43.2
2012	3767	2292	2000	53.1	1465.90	684.02	46.66
2013	4360	2718	2686	61.6	1849.58	864.37	46.7
西宁市 Xining City	646	410	392	60.7	659.19	254.89	38.7
海东市 Haidong City	664	426	386	58.1	244.14	115.26	47.2
海北州 Haibei Zang A.P	506	306	331	65.4	75.70	61.62	81.4
黄南州 Huangnan Zang A.P	379	261	199	52.5	33.98	20.04	59.0
海南州 Hainan Zang A.P	427	275	274	64.2	99.28	45.29	45.6
果洛州 Golog Zang A.P	639	453	414	64.8	47.33	36.95	78.1
玉树州 Yushu Zang A.P	364	100	296	81.3	77.47	115.65	149.3
海西州 Haixi Mongolian & Zang A.P	714	478	394	55.2	460.46	214.66	46.6
不分地区 Not Classified by Region	21	9			152		

注：本表为50万元以上项目投资完成情况。
a) Data in this table are completion condition of investment projects above 500 000 yuan.

9-12 城镇主要产品建设规模(2013年)

Construction Size of Main Production in Urban Area (2013)

能力名称	Item	建设规模 Total Construction Size	本年施工规模 Under Construction This Year	本年新开工 Started This Year	累计新增 Accumulated Newly Increased	本年新增 Newly Increased This Year
原煤开采 (万吨/年)	Coal Mining (10 000 tons/year)	3597	1608	1121	2456	1091
天然原油开采 (万吨/年)	Petroleum Extraction (10 000 tons/year)					
天然气开采 (亿立方米/年)	Extraction of Petroleum and Natural Gas (10 000 cu.m/year)					
铁矿开采(原矿) (万吨/年)	Iron Ore Mining (10 000 tons/year)	176.1	176.1	66.1	66.1	66.1
铁矿选矿处理量 (万吨/年)	Iron Ore Dressing: Crude Ore Dressing (10 000 tons/year)	580	580	480	30	30
铁合金 (折标吨/年)	Iron Alloy (10 000 tons/year)	56.5	39.2	16.2	41.5	39.2
铜采矿(原矿) (万吨/年)	Copper Ore Mining (10 000 tons/year)	1053	953	883	883	883
铜选矿:处理原矿 (万吨/年)	Copper Ore Dressing: Crude Ore Dressing (10 000 tons/year)	160	160	60	60	60
铅锌采矿(原矿) (万吨/年)	Plumbum/Zinc Ore Mining (10 000 tons/year)					
电解铝 (吨/年)	Electrolytic Aluminum (ton/year)	1250000	857500	297500	270000	240000
铝加工 (吨/年)	Aluminum Processing (ton/year)	1659100	1125800	400300	478000	250800
水力发电 (万千瓦)	Hydraulic Power (10 000 KW)	3221.92	3196.66	2990.82	898.06	896.86
火力发电 (万千瓦)	Fire Power (10 000 KW)	71	66	66		
其他发电 (万千瓦)	Other Power (10 000 KW)	0.32	0.32	0.32		
输电线路长度(11万伏及以上) (公里)	Length of Transmission Line (110 000V) (km)	2673.8	2652.34	645.4	330.4	287.94
水泥 (万吨/年)	Cement (10 000 tons/year)	1296	1225	1205	1050	1005
磷肥 (吨/年)	Phosphate Fertilizer (ton/year)	19200	19200		19200	19200
钾肥 (吨/年)	Potash Fertilizer (ton/year)	2067350	1597350	1089000	1117350	537350
毛纺锭 (锭)	Wool Spindles (unit)					
新建公路 (公里)	Length of New Highways (km)	5030.42	4716.69	4038.17	3174.33	2979.39
改建公路 (公里)	Length of Reconstructed Highways (km)	2790.95	2695.61	2417.66	1046.33	953.28
新建独立公路 (延长米)	New-Built Separate (Extended Length)	4317.04	4317.04	3969.04	3581.04	3581.04
桥梁 (座)	Highway and Bridge (unit)	86	86	74	75	75
新(扩)建客、货运(个)	Number of newly-Built or Expanded Passenger and Freight Stations (unit)	9	9	6	7	6
新(扩)建客、货运(平方米)	Number of newly-Built or Expanded Passenger and Freight Stations (sp.m)	21767	21067	13885	17739	15885
城市自来水供水能力 (万吨/日)	Tap Water Supply Capacity (10 000 tons/day)	1.8				

9-13 按行业分城镇50万元施工、投产项目个数(2013年)

Number of Construction Projects over 500 Thousand Yuan under Construction and Projects Completed and Projects Put into Use in Urban Area by Sector(2013)

单位：个、%　　　　(unit，%)

行业	Sector	施工项目 Number of Projects under Construction	新开工项目 Started This Year	全部建成投产项目 Number of Projects Completed and Put into Use	项目建成投产率 Rate of Projects Completed and Put into Use
总计	**Total**				
农、林、牧、渔业	**Agriculture, Forestry, Animal Husbandry and Fishery**	**412**	**320**	**307**	**74.5**
农业	Agriculture	59	44	47	79.7
采矿业	**Mining**	**94**	**47**	**49**	**52.1**
煤炭开采和洗选业	Mining and Washing of Coal	35	10	7	20.0
石油和天然气开采业	Extraction of Petroleum and Natural Gas	3		2	66.7
黑色金属矿采选业	Mining and Processing of Ferrous Metal Ores	11	6	6	54.5
有色金属矿采选业	Mining and Processing of Non-Ferrous Metal Ores	18	10	11	61.1
制造业	**Manufacturing**	**523**	**303**	**327**	**62.5**
农副食品加工业	Processing of Food from Agricultural Products	99	57	60	60.6
食品制造业	Manufacture of Foods	20	11	15	75.0
饮料制造业	Manufacture of Beverages	8	3	4	50.0
烟草制品业	Manufacture of Tobacco				
纺织业	Manufacture of Textile	5	3	5	100.0
纺织服装、鞋、帽制造业	Manufacture of Textile Wearing Apparel, Footwear and Caps	12	8	6	50.0
皮革、毛皮、羽毛(绒)及其制品业	Manufacture of Leather, Fur, Feather and Related Products				
木材加工及木、竹、藤、棕、草制品业	Processing of Timber, Manufacture of Wood, Bamboo, Rattan, Palm and Straw Products				
家具制造业	Manufacture of Furniture	3	3	1	33.3
造纸及纸制品业	Manufacture of Paper and Paper Products				
印刷业和记录媒介的复制	Printing, Reproduction of Recording Media	1	1	1	100.0
文教体育用品制造业	Manufacture of Articles For Culture, Education and Sport Activities	19	14	9	47.4
石油加工、炼焦及核燃料加工业	Processing of Petroleum, Coking, Processing of Nuclear Fuel	2	2		
化学原料及化学制品业	Manufacture of Raw Chemical Materials and Chemical Products	84	49	52	61.9
医药制造业	Manufacture of Medicines	8	5	5	62.5
化学纤维制造业	Manufacture of Chemical Fibres				
橡胶和塑料制品业	Manufacture of Rubber Manufacture of Plastics	8	6	2	25.0
非金属矿物制品业	Manufacture of Non-metallic Mineral Products	98	57	73	74.5
黑色金属冶炼及压延加工业	Smelting and Pressing of Ferrous Metals	35	15	21	60.0
有色金属冶炼及压延加工业	Smelting and Pressing of Non-ferrous Metals	50	24	28	56.0

9-13 续表 continued

单位：个、% (unit，%)

行 业	Sector	施工项目 Number of Projects under Construction	新开工项目 Started This Year	全部建成投产项目 Number of Projects Completed and Put into Use	项目建成投产率 Rate of Projects Completed and Put into Use
金属制品业	Manufacture of Metal Products	16	13	13	81.3
通用设备制造业	Manufacture of General Purpose Machinery	4	2	4	100.0
专用设备制造业	Manufacture of Special Purpose Machinery	7	3	3	42.9
交通运输设备制造业	Manufacture of Transport Equipment	2		2	100.0
电气机械及器材制造业	Manufacture of Electrical Machinery and Equipment	23	13	15	65.2
通信设备、计算机及其他电子设备制造业	Manufacture of Communication Equipment, Computers and Other Electronic Equipment	3	2		
仪器仪表及文化、办公用机械制造业	Manufacture of Measuring Instruments and Machinery for Cultural Activity and Office Work	3	3	3	100.0
工艺品及其他制造业	Manufacture of Artwork and Other Manufacturing				
废弃资源综合利用业	Recycling and Disposal of Waste	5	3	3	60.0
电力燃气水的生产供应业	**Production and Supply of Electricity, Gas and Water**	**287**	**197**	**156**	**54.4**
电力、热力的生产和供应业	Production and Supply of Electric Power and Heat Power	207	138	108	52.2
建筑业	**Construction**	**177**	**120**	**102**	**57.6**
交通运输、仓储和邮政业	**Transport, Storage and Post**	**426**	**298**	**246**	**57.7**
仓储业	Storage	30	13	19	63.3
邮政业	Post	9	7	5	55.6
信息传输、计算机服务和软件业	**Information Transmission, Computer Services and Software**	**39**	**32**	**33**	**84.6**
批发和零售业	**Wholesale and Retail Trades**	**80**	**58**	**53**	**66.3**
住宿和餐饮业	**Hotels and Catering Services**	**88**	**49**	**49**	**55.7**
金融业	**Financial Intermediation**	**20**	**12**	**17**	**85.0**
房地产业	**Real Estate**	**339**	**164**	**220**	**64.9**
租赁和商务服务业	**Leasing and Business Services**	**71**	**45**	**21**	**29.6**
科学研究、技术服务和地质勘查业	**Scientific Research, Technical Service and Geologic Prospecting**	**38**	**29**	**24**	**63.2**
水利、环境和公共设施管理业	**Management of Water Conservancy, Environment and Public Facilities**	**401**	**260**	**237**	**59.1**
居民服务和其他服务业	**Services to Households and Other Services**	**22**	**13**	**15**	**68.2**
教育	**Education**	**420**	**283**	**265**	**63.1**
卫生和社会工作	**Health, Social Security and Social Welfare**	**175**	**93**	**113**	**64.6**
文化、体育和娱乐业	**Culture, Sports and Entertainment**	**182**	**95**	**114**	**62.6**
公共管理、社会保障和社会组织	**Public Management and Social Organization**	**566**	**300**	**338**	**59.7**
国际组织	**International Organizations**				

9-14 1985-2013年农村个人固定资产投资和建房

Individual Investment in Fixed Assets and Building Construction in Rural Area(1985-2013)

年份 Year	投资总额(万元) Total Investment (10 000yuan)	按投资来源分 By Sources of Funds			按投资方向分 By Investment orientation			施工房屋建筑面积(万平方米) Floor Space of Buildings under Construction (10 000 sq.m)	竣工房屋建筑面积(万平方米) Floor Space of Buildings Completed (10 000 sq.m)		竣工房屋造价(元/平方米) Value of Buildings Completed (yuan/sq.m)	
		国内贷款 Domestic Loans	自筹资金 Self-raising Funds	其他资金 Others	第一产业 Primary Industry	第二产业 Secondary Industry	第三产业 Tertiary Industry			住宅 Residential Buildings		住宅 Resid-ential Buildings
1985	9567							211.77	214.63	206.04		
1986	9467							109.31	109.31	109.31		
1987	11388							596.78	192.13	160.11		
1988	19950							167.82	167.82	126.60		
1989	17508							151.95	148.98	140.04		
1990	14747							124.64	121.60	112.48		
1991	16079							197.36	197.36	181.94		
1992	18259							113.00	113.00	113.00		
1993	31972							208.66	189.69	145.43		
1994	30580							176.25	176.25	163.96		
1995	35128							122.50	122.50	115.65		
1996	37359							150.41	150.41	122.90		
1997	36965							149.00	147.93	130.90		
1998	41852							198.09	198.09	172.37		
1999	40441							142.00	137.00	129.00	138.58	140.57
2000	77197	9124	62334	5739	11970	2085	63142	197.07	197.07	197.07	158.76	164.39
2001	81595	3509	74823	3264	18992	4018	58585	181.89	180.70	160.56	163.36	170.58
2002	98620	30474	63215	4931	19261	408	78951	141.45	141.28	127.05	181.06	176.11
2003	93563	9833	76727	7002	47676		45887	233.72	217.53	196.92	175.70	175.38
2004	97231	3563	87921	5748	46519	1685	49027	171.02	168.86	154.07	208.87	212.46
2005	101134	2899	85496	12739	30844	544	69746	252.74	252.74	201.03	217.44	250.72
2006	114113	1740	108697	3676	37755	393	75965	281.56	276.15	184.81	252.75	323.32
2007	140144	9198	126411	4536	41455	781	97908	257.34	252.80	219.70	328.79	361.00
2008	173472	13076	150996	9400	40129	652	132691	225.56	224.68	180.67	374.68	433.68
2009	229781	20083	209698		39770	689	189322	378.71	370.15	302.98	446.10	506.52
2010	494295	27300	404675	62320	45276	566	448453	710.42	707.52	661.72	559.97	578.32
2011	696640	136468	420730	139442	71336	561	624743	808.80	771.60	719.30	709.26	742.97
2012	747560	53743	567929	125889	57314	20254	669992	824.17	744.00	665.00	739.26	804.60
2013	760784	68804	587018	104962	65112	5269	690403	802.20	733.00	665.43	788.30	836.01

注：本表为抽样调查数。

a) Data in this table are taken from sample survey.

9-15 2010-2013年房地产开发主要指标
Main Indicators of Real Estate Development(2010-2013)

指 标		Item		2010	2011	2012	2013
企业个数	**(个)**	**Number of Enterprises**	**(unit)**	**395**	**408**	**291**	**308**
内 资		Domestic Funded		382	401	288	305
国 有		State-owned Enterprises		14	12	10	4
集 体		Collective-owned Enterprises		1	1		
港、澳、台投资		Enterprises with Funds from Hong Kong, Macao and Taiwan		10	4	2	2
外商投资		Foreign Funded		3	3	1	1
年末从业人数	**(人)**	**Average Number of Employed Persons**	**(persons)**	**4422**	**7980**	**7696**	**10094**
内 资		Domestic Funded		4258	7837	7624	10025
国 有		State-owned Enterprises		249	434	511	261
集 体		Collective-owned Enterprises		2			
港、澳、台投资		Enterprises with Funds from Hong Kong, Macao and Taiwan		174	46	42	39
外商投资		Foreign Funded		119	97	30	30
土地开发及购置	**(万平方米)**	**Land Development and Purchase**	**(10 000 sq.m)**				
本年土地开发面积		**Land Space Developed This Year**					
本年土地购置面积		Land Space Purchased This Year			81.78	197.03	80.13
本年完成投资额	**(亿元)**	**Investment Completed This Year**	**(100 million yuan)**	**108.19**	**144.8**	**189.68**	**247.61**
住宅		Residential Buildings		75.20	90.23	141.10	159.72
经济适用房屋		Economically Affordable Housing		1.95			
资金来源小计	**(亿元)**	**Sources of Funds**	**(100 million yuan)**	**124.84**	**149.06**	**228.45**	**259.09**
国内贷款		Domestic Loans		24.9	17.13	37.39	44.43
利用外资		Foreign Investment		2.32	1.53		
自筹资金		Self-raising Fund		56.78	79.50	113.35	117.97
房屋建筑面积	**(万平方米)**	**Floor Space of Buildings**	**(10 000 sq.m)**				
施工面积		Floor Space under Construction		1424.23	1276.21	1891.23	2376.64
竣工面积		Floor Space Completed		267.67	426.86	416.2	592.62
住宅		Residential Buildings		242.12	363.82	371.06	474.39
商品房销售面积	**(万平方米)**	**Floor Space of Commercialized Buildings Sold**	**(10 000 sq.m)**	**281.04**	**359.5594**	**262.96**	**381.56**
住宅		Residential Buildings		266.43	342.56	246.85	369.70
商品房平均销售价格	**(元/平方米)**	**Selling Price of Commercialized Buildings**	**(yuan/sq.m)**	**3005**	**3248**	**4048**	**4163**
住宅		Residential Buildings		3456	3090	3692	3957.00
实收资本合计	**(亿元)**	**Total Capital Held**	**(100 million yuan)**	**532.61**	**708.02**	**848.60**	**1075.08**
国家资本金		State Capital		9.63			
资产负债率	(%)	Ratio of Liabilities to Assets	(%)	83.62	82.08	83.71	83.30
经营总收入	**(亿元)**	**Total Revenue**	**(100 million yuan)**	**47.49**	**76.80**	**103.16**	**1067.28**
土地转让收入		Land Transferred			2.78	0.35	3.83

9-16 2000-2013年按用途分房地产开发企业(单位)投资额
Investment Actually Completed by Enterprises for Real Estate Development by Use (2000-2013)

单位：万元 (10 000 yuan)

年份 地区 Year Region	本年完成投资额 Investment Completed This Year	住宅 Residential Buildings	办公室 Office	商业营业用房 Houses for Business Use	其他 Others
2000	134990	81416	8369	24031	21174
2001	153558	85985	11482	28707	27384
2002	169171	94830	14657	13913	45771
2003	223121	154604	21610	21205	25702
2004	262394	166081	27476	35841	32996
2005	291130	165786	19280	43828	62236
2006	311794	229397	7414	48459	26524
2007	342057	280506	7094	31633	22824
2008	511881	428812	5227	38627	39215
2009	728499	545720	7221	40297	135261
2010	1081887	752005	21522	158326	150034
2011	1447986	902274	39733	290551	215428
2012	1896795	1411006	33642	268742	183405
2013	2476138	1597196	167543	444914	266485
西宁市 Xining City	1952887	1244635	156732	332871	218649
海东市 Haidong City	383633	276143	5691	59260	42539
海北州 Haibei Zang A.P	5650	3990		1343	317
海南州 Hainan Zang A.P	6027	2345		3682	
海西州 Haixi Mongolian & Zang A.P	127941	70083	5120	47758	4980

注：本表2004年数据为常规报表数。

a) Data in 2004 in this table were taken from routine account.

9-17 2000-2013年房地产开发企业(单位)的资金来源

Sources of Funds of Enterprises for Real Estate Development(2000-2013)

单位：万元 (10 000 yuan)

年 份 地 区 Year Region	本年资金来源小计 Total Funds This Year	国家预算内资金 State Budget	国内贷款 Domestic Loans	债 券 Bonds	利用外资 Foreign Investment	外商直接投资 Foreign Direct Investment	自筹资金 Self-raising Funds	其他资金来源 Others
2000	128862		21719		3105	3105	85719	18319
2001	164288		27458		2239	2239	98673	35918
2002	179958		25469		5001	3241	93406	56032
2003	230688		41998	2100	3550	3550	97984	85056
2004	409130	2826	59935	78	3175	3175	187639	155477
2005	309008		20764		375	375	185255	102614
2006	357658		35338		250		239909	82161
2007	443366		82493				218491	142382
2008	599312		102594				410936	85782
2009	887388		131286				470715	285387
2010	1248374		269021		23248	23248	567846	388259
2011	1670483		171335		15276	15276	795017	508995
2012	2284477		373912				1133544	777021
2013	2590856		444349				1179734	966773
西宁市 Xining City	2036942		418689				784617	833636
海东市 Haidong City	394066		22070				261266	110730
海北州 Haibei Zang A.P	5440						5260	180
海南州 Hainan Zang A.P	5584						4497	1087
海西州 Haixi Mongolian & Zang A.P	148824		3590				124094	21140

注：本表2004年数据为第一次经济普查数。在分地区中未包括直报单位数据。

a) Data in 2004 in this table were taken from the first economic census. Data by region does not include data of unit reporting directly.

9-18　2000-2013年房地产开发建设房屋建筑面积和造价
Floor Space and Cost of Buildings Developed for Real Estate Development(2000-2013)

年　份 地　区 Year Region	施工房屋面积(万平方米) Floor Space of Buildings under Construction (10 000 sq.m)	竣工房屋面积(万平方米) Floor Space of Buildings Completed (10 000 sq.m)	房屋建筑面积竣工率 Rate of Floor Space of Buildings Completed (%)	竣工房屋价值(万元) Value of Buildings Completed (10 000 yuan)	竣工房屋造价(元/平方米) Cost of Buildings Completed (yuan/sq.m)
2000	218.64	74.26	34.0	74089	997.70
2001	267.58	105.99	39.6	92126	869.19
2002	342.38	133.60	39.0	133285	997.64
2003	412.08	156.99	38.1	152522	971.50
2004	511.02	240.60	47.1	267381	1111.31
2005	422.87	104.11	24.6	126588	1215.90
2006	457.81	133.08	29.07	174446	1310.81
2007	584.22	171.21	29.30	248771	1453.02
2008	698.21	225.30	32.27	359510	1595.69
2009	900.39	181.98	20.20	285579	1569.29
2010	1424.23	267.67	18.79	498434	1862.12
2011	1666.05	520.46	31.24	1268417	2437.11
2012	1891.23	416.20	22.00	1078925	2592.32
2013	2376.64	592.62	24.94	1607565	2712.64
西宁市 Xining City	1837.40	524.40	28.54	1473755	2810.36
海东市 Haidong City	387.20	64.41	16.63	127617	1981.32
海北州 Haibei Zang A.P	5.64	1.80	31.91	2243	1246.11
海南州 Hainan Zang A.P	8.77				
海西州 Haixi Mongolian & Zang A.P	137.63	2.01	1.46	3950	1965.17

注：本表2004年数据为第一次经济普查数。

a) Data in 2004 in this table were taken from the first economic census.

9-19 2000-2013年按用途分房地产开发企业(单位)新开工房屋面积
Floor Space of Buildings Started This Year by Enterprises for Real Estate Development by Use(2000-2013)

单位：万平方米 (10 000 sq.m)

年 份 地 区 Year Region	本年新开工房屋面积 Floor Space Started This Year	住 宅 Residential Buildings	办公楼 Office Buildings	商业营业用房 Houses for Business Use	其 他 Others
2000	127.88	96.44	7.51	21.40	2.53
2001	127.62	84.29	12.43	30.19	0.71
2002	168.08	135.14	16.34	13.91	2.69
2003	236.34	185.34	17.00	30.84	3.15
2004	199.86	169.78	8.42	17.60	4.07
2005	243.06	201.04	11.56	26.43	4.03
2006	209.89	173.44	8.06	25.38	3.01
2007	273.99	242.04	7.69	18.05	6.21
2008	299.11	274.96	1.40	19.45	3.30
2009	505.13	423.61	3.53	57.28	20.71
2010	700.67	568.91	17.26	69.48	45.03
2011	532.33	447.78	6.51	43.73	34.32
2012	772.90	605.33	7.79	97.38	62.41
2013	859.76	599.85	43.75	123.41	92.75
西宁市 Xining City	643.85	448.25	41.42	68.75	85.43
海东市 Haidong City	126.67	99.85	0.51	24.38	1.93
海北州 Haibei Zang A.P	3.84	3.30		0.54	
海南州 Hainan Zang A.P	6.53	2.60		3.93	
海西州 Haixi Mongolian & Zang A.P	78.86	45.84	1.82	25.82	5.39

注：本表2004年数据为第一次经济普查数。

a) Data in 2004 in this table were taken from the first economic census.

9-20 2000-2013年按用途分的商品房屋实际销售面积

Actually Floor Space of Commercialized Buildings Sold by Use(2000-2013)

单位：万平方米 (10 000 sq.m)

年份 地区 Year Region	房屋销售面积 Floor Space of Commercialized Buildings Sold	住宅 Residential Buildings	办公楼 Office Buildings	商业营业用房 Houses for Business Use	其他 Others
2000	39.91	36.84	0.37	2.50	0.20
2001	33.66	31.86	0.08	1.57	0.15
2002	68.04	61.17	1.08	3.24	2.54
2003	83.51	70.34	4.14	8.27	0.76
2004	145.76	125.05	8.65	11.18	0.87
2005	121.04	108.46	8.73	3.57	0.28
2006	119.69	110.96	1.87	6.21	0.66
2007	154.53	147.34	1.60	5.26	0.34
2008	147.89	141.23	0.94	5.55	0.18
2009	216.82	208.02	1.38	6.63	0.79
2010	281.04	266.43	1.00	13.21	0.41
2011	359.56	342.56	1.48	14.81	0.71
2012	262.96	246.86	0.21	15.48	0.41
2013	381.56	369.70	0.69	10.27	0.90
西宁市 Xining City	277.80	272.04	0.32	5.17	0.26
海东市 Haidong City	87.61	82.92	0.10	4.04	0.55
海北州 Haibei Zang A.P	1.80	1.36		0.35	0.09
海南州 Hainan Zang A.P	0.59	0.59			
海西州 Haixi Mongolian & Zang A.P	13.76	12.79	0.27	0.70	

注：本表2004年数据为第一次经济普查数。在分地区中未包括直报单位数据。

a) Data in 2004 in this table were taken from the first economic census. Data by region does not include data of unit reporting directly.

9-21 2000-2013年按用途分的商品房屋实际销售额
Actually Sale of Commercialized Buildings by Use(2000-2013)

单位：万元 (10 000 yuan)

年 份 地 区 Year Region	房 屋 销售额 Total Sale of Buildings	住 宅 Residential Buildings	办公楼 Office Buildings	商业营业 用 房 Houses for Business Use	其 他 Others
2000	49413	41847	1395	5633	538
2001	40670	35796	167	4452	255
2002	87898	71375	1420	11845	3258
2003	835083	703417	41427	82702	7537
2004	241004	183485	22682	33500	1337
2005	221768	182320	24132	14706	610
2006	229877	204230	4689	20267	691
2007	357123	324986	4924	26783	430
2008	363745	336669	3083	23531	462
2009	545761	508048	4949	31882	882
2010	844416	770999	2183	69964	1270
2011	1167878	1058522	2578	103981	2797
2012	1064592	911437	1395	150192	1568
2013	1588392	1462925	4067	118301	3099
西宁市 Xining City	1285696	1191628	2640	90246	1182
海东市 Haidong City	251422	225323	210	24249	1640
海北州 Haibei Zang A.P	3883	2911		695	277
海南州 Hainan Zang A.P	1302	1302			
海西州 Haixi Mongolian & Zang A.P	46089	41761	1217	3111	

注：本表2004年数据为第一次经济普查数。
a) Data in 2004 in this table were taken from the first economic census.

9-22　2000-2013年按用途分的商品房屋平均销售价格
Average Selling Price of Commercialized Buildings by Use (2000-2013)

单位：元/平方米　　(yuan/sq.m)

年　份 地　区 Year Region	房屋平均销售价格 Average Selling Price of Buildings	住　宅 Residential Buildings	办公楼 Office Buildings	商业营业用　房 Houses for Business Use	其　他 Others
2000	1238.16	1135.89	3770.27	2257.26	2662.05
2001	1208.33	1123.54	2174.48	2840.92	1700.00
2002	1291.85	1166.90	1310.69	3650.56	1004.10
2003	1465.30	1341.99	2125.91	2275.64	451.11
2004	1653.40	1460.29	7330.96	2995.16	1536.78
2005	1832.19	1681.03	2765.62	2801.87	1636.23
2006	1920.56	1840.50	2511.52	3266.03	1054.16
2007	2311.00	2205.75	3075.00	5093.08	1278.62
2008	2459.56	2383.83	3279.79	4239.82	2566.67
2009	2517.10	2442.36	3581.04	4805.27	111.79
2010	3004.61	2893.81	2183.00	5296.29	3097.56
2011	3248.08	3090.01	174.89	7021.00	3939.44
2012	4048.49	3692.12	6642.86	9702.33	3824.39
2013	4162.91	3957.10	5861.92	11522.68	3435.70
西宁市 Xining City	4628.19	4380.35	8168.32	17451.32	4499.43
海东市 Haidong City	2869.88	2717.45	2100.00	5997.48	2998.72
海北州 Haibei Zang A.P	2156.50	2142.65		1987.99	2997.84
海南州 Hainan Zang A.P	2209.03	2209.03			
海西州 Haixi Mongolian & Zang A.P	3348.42	3264.85	4497.41	4427.21	

注：本表2004年数据为第一次经济普查数。
a) Data in 2004 in this table were taken from the first economic census.

主要统计指标解释

全社会固定资产投资　是以货币形式表现的在一定时期内全社会建造和购置固定资产的工作量以及与此有关的费用的总称。该指标是反映固定资产投资规模、结构和发展速度的综合性指标，又是观察工程进度和考核投资效果的重要依据。全社会固定资产投资按登记注册类型可分为国有、集体、个体、联营、股份制、外商、港澳台商、其他等。

城镇固定资产投资　指城镇各种登记注册类型的企业、事业、行政单位及个体户进行的计划总投资（或实际需要总投资）50万元及50万元以上的建设项目投资和房地产开发投资。县城及以上区域内发生的投资，县及县以上各级政府及主管部门直接领导、管理的建设项目和企业事业单位的投资均为城镇固定资产投资。

房地产开发投资　指各种登记注册类型的房地产开发公司、商品房建设公司及其他房地产开发法人单位和附属于其他法人单位实际从事房地产开发或经营活动的单位统一开发的包括统代建、拆迁还建的住宅、厂房、仓库、饭店、宾馆、度假村、写字楼、办公楼等房屋建筑物和配套的服务设施，土地开发工程（如道路、给水、排水、供电、供热、通讯、平整场地等基础设施工程）的投资；不包括单纯的土地交易活动。

农村投资　包括在农村区域范围内进行固定资产投资活动的企业、事业、行政单位及农户投资。

建设总规模　是指在报告期内所有施工项目的计划总投资。这个指标和施工项目相对应。

在建总规模　是指在报告期末所有在建项目的计划总投资。

在建净规模　是指报告期末所有在建项目建成投产尚需的投资总量。

在建净规模＝在建总规模－未投产项目（期末在建）累计完成投资。

固定资产投资的资金来源　根据固定资产投资的资金来源不同，分为国家预算内资金、国内贷款、利用外资、自筹资金和其他资金。

（1）国家预算内资金：分为财政拨款和财政安排的贷款两部分。包括中央财政的基本建设基金（分经营性基金和非经营性基金两部分）、专项支出（如煤代油专项等）、收回再贷、贴息资金，财政安排的挖潜改造和新产品试制支出、城建支出、商业部门简易建筑支出、不发达地区发展基金等资金中用于固定资产投资的资金；地方财政中由国家统筹安排的资金等。

（2）国内贷款：指报告期固定资产投资单位向银行及非银行金融机构借入的用于固定资产投资的各种国内借款，包括银行利用自有资金及吸收的存款发放的贷款、上级主管部门拨入的国内贷款、国家专项贷款、地方财政专项资金安排的贷款、国内储备贷款、周转贷款等。

（3）利用外资：指报告期收到的用于固定资产建造和购置的国外资金（包括设备、材料、技术在内）。包括对外借款（外国政府、国际金融组织贷款、出口信贷、外国银行商业贷款、对外发行债券和股票）、外商直接投资及外商其他投资。不包括我国自有外汇资金（国家外汇、地方外汇、留成外汇、调剂外汇和中国银行自有资金发行的外汇贷款等）。计算利用外资时，需要折算成人民币，折算中所使用的外汇汇率按现汇计算，即按使用外汇时的汇率计算。

（4）自筹资金：指固定资产投资单位报告期收到的，由各地区、各部门及企、事业单位筹集用于固定资产投资的预算外资金，包括中央各部门、各级地方和企、事业单位的自筹资金。

（5）其他资金：指在报告期收到的除以上各种资金之外其他用于固定资产投资的资金，包括企业或金融机构通过发行各种债券筹集到的资金、群众集资、个人资金、无偿捐赠的资金及其他单位拨入的资金等。

固定资产投资按国民经济行业分　根据建设项目建成投产后的主要产品或主要用途及社会经济活动性质来确定国民经济行业。一般情况下，一个建设项目或一个企业、事业单位只能属于一种国民经济行业。

固定资产投资按隶属关系分　是按建设单位或企业、事业、行政单位的主管上级机关确定的。

（1）中央：是指中共中央、人大常委会和国务院各部、委、局、总公司以及直属机构直接领导的建设项目和企业、事业、行政单位。这些单位的固定资产投资计划由国务院各部门直接编制和下达，建设中所需物资、主要设备以及建设中的问题都由中央有关部门安排和解决。

（2）地方：是由省（自治区、直辖市）、地区（州、盟、省辖市）、县（旗、县级市）三级政府及业务主管部门直接领导和管理的建设项目、企业、事业、行政单位。地方项目还包括不隶属以上各级政府及主管部门的建设项目和企业、事业单位，如外商投资企业和无主管部门的企业等。

固定资产投资按建设性质分　根据整个建设项目情况来确定。建设项目的性质一般分为新建、扩建、改建和技术改造、迁建、恢复。房地产开发单位、农村投资、城镇工矿区私人建房投资不划分建设性质。

（1）新建：一般指从无到有开始建设的企业、事业和行政单位或建设项目。现有企业、事业、行政单位一般不属于新建。但如有的单位原有基础很小，经过建设后新增的固定资产价值超过该企、事业、行政单位原有固定资产价值（原值）三倍以上的也应作为新建。

（2）扩建：指在厂内或其他地点，为扩大原有产品的生产能力（或效益）或增加新的产品生产能力，而增建主要的生产车间（或主要工程）、分厂、独立的生产线。行政、事业单位在原单位增建业务用房（如学校增建教学用房、医院增建门诊部、病房等）也作为扩建。

现有企、事业单位为扩大原有主要产品生产能力或增加新的产品生产能力，增建一个或几个主要生产车间（或主要工程）、分厂，同时进行一些更新改造工程的，也应作为扩建。

（3）改建和技术改造：指现有企业、事业单位，对原有设施进行技术改造或更新（包括相应配套的辅助性生产、生活福利设施）的建设项目。现有企业、事业单位为适应市场变化的需要，而改变企业的主要产品种类（如军工企业转产民用品等）的建设项目，应作为改建。原有产品生产作业线由于各工序（车间）之间能力不平衡，为填平补齐充分发挥原有生产能力而增建不增加本企业主要产品设计能力的车间，也应作为改建。技术改造是指企业、事业单位在现有基础上，用先进的技术代替落后的技术，用先进的工艺和装备代替落后的工艺和装备，以改变企业落后的技术经济面貌，实现以内涵为主的扩大再生产，达到提高产品质量、促进产品更新换代、节约能源、降低消耗、扩大生产规模、全面提高社会经济效益的目的。技术改造具体包括以下内容:机器设备和工具的更新改造;生产工艺改革、节约能源和原材料的改造;厂房建筑和公共设施的改造;劳动条件和生产环境的改造等。

固定资产投资按构成分 固定资产投资活动按其工作内容和实现方式分为建筑安装工程,设备、工具、器具购置,其他费用三个部分。

(1)建筑安装工程(建筑安装工作量):指各种房屋、建筑物的建造工程和各种设备、装置的安装工程。包括各种房屋建造工程;各种用途设备基础和各种工业窑炉的砌筑工程及金属结构工程;为施工而进行的各种准备工作和临时工程以及完工后的清理工作等;铁路、道路的铺设,矿井的开凿及石油管道的架设等;水利工程;防空地下建筑等特殊工程;列入房屋工程预算内的暖气、卫生、通风、照明、煤气等设备的价值及装设油饰工程;列入建筑工程预算内的各种管道(蒸汽、压缩空气、石油、给排水等管道)、电力、电讯电缆导线等的敷设工程;以及各种机械设备的安装工程;为测定安装工程质量,对设备进行的试运工作;房地产开发单位进行的商品房屋开发建设工程、土地开发工程。

在安装工程中,不包括被安装设备本身的价值。

(2)设备、工具、器具购置:指建设单位或企、事业单位购置或自制的,达到固定资产标准的设备、工具、器具的价值。新建单位及扩建单位的新建车间,按照设计或计划要求购置或自制的全部设备、工具、器具,不论是否达到固定资产标准均计入"设备、工具、器具购置"中。

(3)其他费用:指在固定资产建造和购置过程中发生的,除上述几项内容以外的各种应分摊计入固定资产的费用。

施工项目 指报告期内进行过建筑或安装施工活动的项目。凡是报告期内施过工的建设项目,不论施工时间长短,均作为施工项目统计。施工项目个数可以反映一定时期固定资产投资的实际规模,与同期全部建成投产项目个数相比,可以从建设速度的角度反映固定资产投资的效果。根据建设项目施工活动的不同性质,施工项目又分为:本年正式施工项目、本年收尾项目和以前年度全部停缓建项目。

全部建成投产项目 工业项目指设计文件规定形成生产能力的主体工程及其相应配套的辅助设施全部建成,经负荷试运转,证明具备生产设计规定合格产品的条件,并经过验收鉴定合格或达到竣工验收标准,与生产性工程配套的生活福利设施可以满足近期正常生产的需要,正式移交生产的建设项目。非工业项目指设计文件规定的主体工程和相应的配套工程全部建成,能够发挥设计规定的全部效益,经验收鉴定合格或达到竣工验收标准,正式移交使用的建设项目。

新增生产能力(或工程效益) 指通过固定资产投资活动而增加的设计能力(或工程效益),该指标是以实物形态表现的反映固定资产投资成果的指标,也是考核投资经济效果的重要依据之一。

新增生产能力(或工程效益)一般有以下几种表现形式:

(1)用产品数量表示,以工程在单位时间内(一般是一年)所能生产的产品数量(即年产量)表示。如原煤开采用万吨/年表示,化学农药用吨/年表示,拖拉机制造用台/年表示等。某些化工产品由于含量差别较大,按其设计含量计算折合量表示,如硫酸、纯碱、烧碱等。

(2)用单位时间内所能处理的原料数量表示,以工程每天(或小时)所能处理原料的数量表示。如机制糖工程日处理原料吨,食用植物油日处理原料吨,城市污水处理能力用万吨/日表示等。

(3)用新增加的主要设备的数量或容量表示,如新增棉布织机、丝织机等台数,毛纺锭等锭数,发电厂新增发电机组容量用千瓦表示等。

(4)用建筑物容积、容量、面积、长度表示,是非工业项目或工程新增效益的一种表现形式。如铁路投产里程、新建公路、水库容量、粮食仓库、学校学生席位、医院病床、有效灌溉面积等。

根据工程的特点,有时需要用两种或两种以上的复合计量单位表示新增生产能力(或工程效益),如新增内燃机生产能力同时用年产台数、千瓦数表示等。

为了规范新增生产能力(或工程效益)的名称和计算单位,国家统计局制订了《新增生产能力(或工程效益)目录及代码》。各固定资产投资单位在统计新增生产能力(或工程效益)时,必须按目录中规定的名称、计量单位和代码填报。

房屋建筑面积 指房屋建筑物勒脚以上外墙外围的水平截面面积,包括房屋建筑物的有效面积和结构面积。该指标是从实物形态上反映建设规模和建设成果的重要指标之一,也是检查工程形象进度、计算工程造价、分析投资效果、研究施工任务和建筑材料之间平衡情况的重要依据。

住宅建筑面积 指施工和竣工房屋建筑面积中供居住用的房屋建筑面积。

施工面积 指报告期内施工的全部房屋建筑面积。包括本期新开工的面积和上期开工跨入本期继续施工的房屋面积,以及上期已停建在本期恢复施工的房屋面积。本期竣工和本期施工后又停缓建的房屋,其建筑面积仍计入本期房屋施工面积中。

竣工面积 指在报告期内房屋建筑按照设计要求已经全部完工,达到住人和使用条件,经验收鉴定合格(或达到竣工验收标准),正式移交使用单位的各栋房屋建筑面积的总和。

房屋建筑面积竣工率 指一定时期内房屋竣工面积占同期房屋施工面积的比率。

新增固定资产 指报告期内已经完成建造和购置过程,并已交付生产或使用单位的固定资产价值。该指标是表示固定资产投资成果的价值指标,也是反映建设进度,计算固定资产投资效果的重要指标。

项目建成投产率 指一定时期内全部建成投产项目个数与同期施工项目个数的比率。该指标是从建设单位建设速度的角度反映投资效果的指标。

固定资产交付使用率 指一定时期新增固定资产与同期完成投资额的比率。该指标是反映固定资产动用速度,衡量建设过程中宏观投资效果的综合指标。由于新增固定资产是较长时期内形成的结果,而投资额则是当年完成的,因此,该指标一般适宜于反映较长时期内固定资产的动用情况。

商品房销售面积 指报告期内出售商品房屋的合同总面积(即双方签署的正式买卖合同中所确定的建筑面积)。由现房销售建筑面积和期房销售建筑面积两部分组成。

商品房销售额 指报告期内出售商品房屋的合同总价款(即双方签署的正式买卖合同中所确定的合同总价)。该指标与商品房销售面积同口径,由现房销售额和期房销售额两部分组成。

经济适用房 指根据经济适用房计划安排建设的政策性住宅。经济是指房屋建筑造价和销售价格低于一般商品住宅;适用是指适合中低收入家庭购买使用。经济适用房主要是由国家统一下达投资计划,房地产公司开发,对外销售;用地一般采用行政划拨或招标投标方式,免收土地出让金;对各种经批准的收费减半征收,开发利润不超过3%;销售价格实行政府指导价。该指标可以分析房地产投资结构,反映中低收入家庭商品住宅的供求平衡情况。

Explanatory Notes on Main Statistical Indicators

Total Investment in Fixed Assets in the Whole Country refers to the volume of activities in construction and purchases of fixed assets of the whole country and related fees, expressed in monetary terms during the reference period. It is a comprehensive indicator which shows the size, structure and growth of the investment in fixed assets, providing a basis for observing the progress of construction projects and evaluating results of investment. Total investment in fixed assets in the whole country includes, by type of ownership, the investment by State – owned units, collective – owned units, individuals, joint ownership units, share – holding units, as well as investments by entrepreneurs from foreign countries and from Hong Kong, Macao and Taiwan, and by other units.

Urban Investment in Fixed Assets refers to construction projects involving a total planned (or required) investment of 500,000 yuan and over by enterprises of various types of ownership, institutions, administrative units and individuals in urban areas, investment in real estate development. In other words, all investments that take place in county towns and urban areas, investment in construction projects under the direct leadership and management of government agencies at and above county levels and investments by enterprises and institutions at and above county levels are covered in urban investment in fixed assets.

Investment in Real Estate Development refers to investment by real estate development companies, commercialized buildings construction companies and other real estate development units of various types of ownership in the construction of buildings, such as residential buildings, factory buildings, warehouses, hotels, guesthouses, holiday villages, office buildings, and the complementary service facilities and land development projects, such as roads, water supply, water drainage, power supply, heating supply, telecommunications, land leveling and other infrastructural projects. It does not include activities in pure land transactions.

Investment in Rural Areas refers to investment in fixed assets by enterprises, institutions, administrative units and households in rural areas.

Total Size of Construction refers to the planned total investment for all construction projects during the reference period. This item should correspond with projects under work.

Total Size of Investment in Projects under Construction refers to the planned total investment of all projects under construction at the end of the reference period.

Net Size of Investment in Projects under Construction refers to the outstanding requirement of investment of all projects under construction at the end of the reference period.

Net size of investment in projects under construction = Total size of investment – Accumulated completed investment of projects under construction

Sources of Funds for Investment in Fixed Assets are categorized as funds from the State budget, domestic loans, foreign investment, self – raised funds, and others, depending on the sources of investment.

(1) Fund from the State budget consists of budgetary appropriation and loans from the State budget. More specifically, it includes, from the budget of the central government, capital construction fund (operation fund and non – operational fund), special expenses (e. g. expenses on substituting petroleum with coal), loans from repayment, discount fund, expenses on innovation and trial production of new products, expenses on urban construction, expenses on temporary construction from business departments, development fund for less developed areas, as well as local budgetary fund transferred from the central budget.

(2) Domestic loans refer to loans of various forms borrowed by investing units from banks and non – bank financial institutions during the reference period for the purpose of investment in fixed assets, including loans issued by banks from their self – owned funds and deposit, loans appropriated by higher authorities, special loans by government, loans arranged by local government from special funds, domestic reserve loan, and working loan.

(3) Foreign investment refers to foreign funds received during the reference period for the construction and purchase of investment in fixed assets (covering equipment, materials and technology), including foreign borrowings (loans from foreign governments and international financial institutions, export credit, commercial loans from foreign banks, issue of bonds and stocks overseas), foreign direct investment and other foreign investments. Excluded from this category is capital in foreign exchanges owned by China (foreign exchanges owned by the central and local governments, foreign exchanges retained by enterprises, foreign exchanges by enterprises through the regulating mechanism, loans in foreign exchanges issued by the Bank of China with its own fund, etc.). In calculating the utilization of foreign capital, foreign currencies are converted into Chinese Renminbi applying the current exchange rate when the foreign capitals are actually used.

(4) Self – raised funds refer to extra – budgetary funds for investment in fixed assets received during the reference period by investing units from central government ministries, local governments, enterprises and institutions, including their self – raised funds.

(5) Others refer to funds for investment in fixed assets received from sources other than those listed above, including capital raised through issuing bonds by enterprises or financial institutions, funds raised from individuals and through donations, and funds transferred from other units.

Investment in Fixed Assets by Sector The classification of construction projects by sector is determined by the major products or the purpose of the projects when they are put into production or use, and by the nature of their social economic activities. In general, one project or one enterprise or institution can only be classified into one sector.

Investment in Fixed Assets by Jurisdiction of Management refers to the classification of investment by the competent authorities under which investment is made by construction units, enterprises, institutions or administrative units.

(1) Central investment refers to the investment in projects or by enterprises, institutions or administrative units which are under the direct leadership and management of the State Council and of the national commissions, ministries, agencies and State – owned large corporations. Various ministries and departments

of the State Council prepare and implement plans for investment in fixed assets by those departments, and arrange and ensure the supply of materials and key equipment required for the projects.

(2) Local investment refers to the investment in projects or by enterprises, institutions or administrative units which are under the direct leadership and management of departments under the provincial, prefecture and county governments. Also included are projects by foreign – invested enterprises and enterprises without competent managing authorities.

Investment in Fixed Assets by Type of Construction Construction projects in general can be classified, by the type of construction, into new construction, expansion, reconstruction and technical transformation, moving and restoration. However, investment by type of construction is not applied to investment by real – estate development units, investment in rural areas and private investment in housing construction in urban areas and in industrial and mining areas.

(1) New construction in general refers to construction projects, which start from scratch, of enterprises, institutions, administrative agencies. Construction in existing enterprises, institutions or agencies is generally not considered as new construction. In case the size of the existing unit is quite small, and the value of newly added fixed assets is more than three times of the the original value, the expansion will be considered as new construction.

(2) Expansion refers to construction of new major production workshop, branch factory or independent production line within a factory or in other locations, for the purpose of increasing the production capacity (or improving efficiency) or adding new production capacity. Newly constructed accommodation for the operation of institutions and administrative organizations (such as newly constructed buildings for teaching in schools, buildings for clinics or wards in hospitals, etc.) are also classified as expansion.

Also included in expansion are investments by existing enterprises or institutions in building major production line(s) or branch factory(ies) along with some work on innovation, for the purpose of expanding the production capacity of original products or producing new products.

(3) Reconstruction and technical transformation refers to construction projects by existing enterprises or institutions in innovation or technical transformation of the old facilities (including auxiliary production equipment and welfare facilities). Also considered as reconstruction is the construction of new workshops by the existing enterprises or institutions to change the variety of products to meet the market demand (such as the production of civil products by defence industries), or to bring the designed production capacity into full play through a more balanced production process on production lines. Technical transformation refers to replacement of old technology or equipment by new technology or equipment, in order to expand the reproduction through improvement of technology contents in production, to improve product quality, to promote new products, to save energy, to reduce consumption, to expand the production scale and to improve overall social – economic efficiency. Contents of technical transformation include: updating of machinery, equipment and tools; reforming production process by using energy or materials saving technology; construction of factory workshops and transformation of public facilities; improvement of working conditions and environment, etc.

Investment in Fixed Assets by Structure By their contents and the mode of implementation, investment activities are classified into 3 categories, i. e. construction and installation, purchase of equipment and instrument, and other expenses.

(1) Construction and installation (work volume of construction and installation) refers to the construction of houses and buildings and the installation of various kinds of equipment and instruments. They include construction of houses; equipment foundations, industrial kilns and stoves, and metal structure work; preparation works and temporary works for project construction, and clearing up works post project construction; pavement of railways and roads, drilling of mines and putting up of oil pipes; construction of water conservancy; construction of underground air – raid shelters and construction of other special projects; value of equipment for heating, sanitation, ventilation, lighting, gas, painting, etc. that are covered by the budget of housing projects; laying out of various pipelines (for steam, compressed air, petroleum, tap water and sewage) and wiring and cabling for electric power and for communications; installation of various machinery and equipment; testing operation for pre – testing the quality of installation projects, and land and other development work conducted by real estate developers for commercialized housing. The value of equipment installed is itself not included in the value of installation projects.

(2) Purchase of equipment and instruments refers to the total value of equipment, tools, and instruments purchased or self – produced which come up to the cut – off point for fixed assets by the construction units or investing enterprises or institutions. Equipment, tools and instruments purchased or self – produced for new workshops by newly established or expanded units are categorized as "purchase of equipment and instruments" no matter whether they come up to the cut – off point for fixed assets.

(3) Other expenses refer to expenses arising during the construction or purchase of fixed assets other than those mentioned above.

Projects under Construction refer to projects with construction and installation activities undertaken in the reference period. All projects that have construction activities undertaken during the reference period are reported as projects under construction irrespective of the length of construction work. The number of projects under construction can reflect the actual size of investment in fixed assets during a given period, and when compared with the number of projects completed and put into use during the same period, it demonstrates the results of investment in fixed assets from thc angle of the speed of the construction. Depending on the nature of construction activities, projects under construction can also be classified into projects beginning construction in current year, winding – up projects in current year and stopped or suspended projects in previous years (with resumption of work in current year).

Projects Completed and Put into Use Industrial projects refer to the major projects and anxilliary facilities having been completed in accordance with the design documents, resulting in forming production capacity and having checked and accepted after relevant tests, while the living and welfare facilities having been completed and being capable of ensuring normal production. Non – industrial projects refer to the major projects and anxilliary facilities which have been completed in accordance with the design documents ; have been checked, accepted after relevant examination; and have been formally delivered for use.

Newly Increased Production Capacity (or Project Efficiency) refers to the increase in design capacity (or project efficiency) through investment in fixed assets, which reflects the accomplishment of investment in fixed assets in physical form and serves as an important basis for evaluating the economic efficiency of investment.

The newly increased production capacity (project efficiency) are usually expressed in one of the following forms:

(1) volume of output of products, i. e. the volume of output that the project can produce during a given period (usually a year). For instance, the capacity in coal mining is expressed in 10,000 tons/year, the capacity in producing chemical pesticides expressed in ton/year, the capacity in producing tractors in tractor/year, etc. For some chemical products where the effective contents differ significantly, the production capacity is expressed as the designed effective content equivalent, such as in the case of sulphuric acid, soda ash, caustic soda, etc;

(2) volume of raw materials processed per unit of time, i. e. the volume of raw materials that could be processed by the project per day (or per hour), such as tons of materials processed per day by a sugar refining project or edible vegetable oil project, or tons of urban sewage processed per day;

(3) number or capacity of major equipment increased, such as number of cotton or silk looms increased, wool spindles increased, or capacity (in kilowatts) of power generators increased; and

(4) physical measures (volume, capacity, area, and length) of construction, which is typical for non – industrial projects, for instance, the length of railways put into operation, the length of highways, the capacity of reservoirs, the capacity of warehouses, the floor space of housing projects, capacity for new students in schools or beds in hospitals, areas under new irrigation project, etc.

The special features of projects may sometimes call for the combined use of two or more measurements to reflect the increase in production capacity (or project efficiency); for instance, the new capacity for the production of internal combustion engines is expressed in sets per year and kilowatts per year simultaneously.

To standardize the nomenclature and unit of measurement for newly increased production capacity (or project efficiency), the National Bureau of Statistics has developed the Nomenclature and Codes for New Production Capacity (Project Efficiency). All reporting units with investment activities are required to follow these two nomenclatures in reporting statistics on new production capacity (project efficiency).

Floor Space of Buildings under Construction refers to the total floor space of the horizontal section of outer walls above the plinth of the building, including the effective area and the area occupied by the structure. This indicator is one of the important indicators in physical terms to reflect the scale and accomplishment of the construction industry and also an important basis for monitoring the progress, calculating the cost, analyzing the efficiency and studying the supply of building materials in relation to the construction projects.

Floor Space of Residential Buildings refers to the floor space of the residential buildings among the total space of buildings under construction or completed.

Floor Space under Construction refers to total floor space of all buildings under construction during the reference period, including floor space of newly started buildings during the reference period, floor space of construction extended from the previous period to the current period, and floor space of construction suspended during the previous period and resumed in the current period. Floor space of construction completed in the current period, and floor space of construction started and then suspended in the current period are also included in the floor space under construction of the current year.

Floor Space Completed refers to the floor space of all buildings completed in the reference period, which have been appraised and accepted (or come up to the designed standards) and have been transferred to owner units.

Completion Rate of Floor Space of Buildings refers to the ratio of the floor space of buildings completed in a certain period of time to the floor space of buildings under construction in the same period.

Newly Increased Fixed Assets refer to the newly increased value of fixed assets, constructed or purchased, that have been transferred to the investors. This is an indicator that demonstrates the results of investment in fixed assets in monetary terms, and an important indicator to reflect the speed of construction and to calculate the efficiency of investment.

Rate of Construction Projects Completed and Put into Use refers to the ratio of the number of construction projects completed and put into use in a certain period of time to the number of projects under construction in the same period. This reflects the investment efficiency from the perspective of the speed of projects construction.

Rate of Projects of Fixed Assets Completed and Put into Operation refers to the ratio of the newly increased fixed assets to the total investment made in the same period. This is a comprehensive indicator reflecting the speed of the employment of fixed assets and the investment efficiency at the macro – level. As the newly increase fixed assets is the result of a long period while the investment is completed in the current year, this indicator is expected to be used to reflect the employment of fixed assets over a long period of time.

Area of Commercialized Housing Sold refers to total contracted area of commercialized housing (i. e. area of floor space as designated in the formal contracts signed by both sides) during the reference time. It constitutes floor space of completed housing and floor space of future housing.

Value of Commercialized Housing Sold refers to the total contracted value (i. e. value of sales/purchase for selling/purchase of commercialized housing as designated in the contract signed by both sides) during the reference time. This indicator has the same coverage as the area of commercialized housing sold, which constitutes floor space of completed housing and floor space of housing yet to be completed.

Economically Affordable Housing refers to housing constructed according to the State Plan for economically affordable housing. The features of houses of this category are low cost of construction and low prices, and therefore are affordable to mid – income and low income households. Economically affordable housing projects are developed by real estate companies under the State Investment Plan, with the land provided through government allocation or tendering procedures. Developers are exempted from land utilization fees and enjoy another 50% exemption of all other legitimate fees, while their profits are limited to less than 3%, and the completed houses are sold under government – guided prices. This indicator helps to analyze the investment structure of the real estate industry and the demand and supply of housing for mid – income and low income households.

第 10 篇

CHAPTER 10

财政、金融和保险

Government Finance, Financial Intermediation and Insurance

公共财政预算收入（亿元）

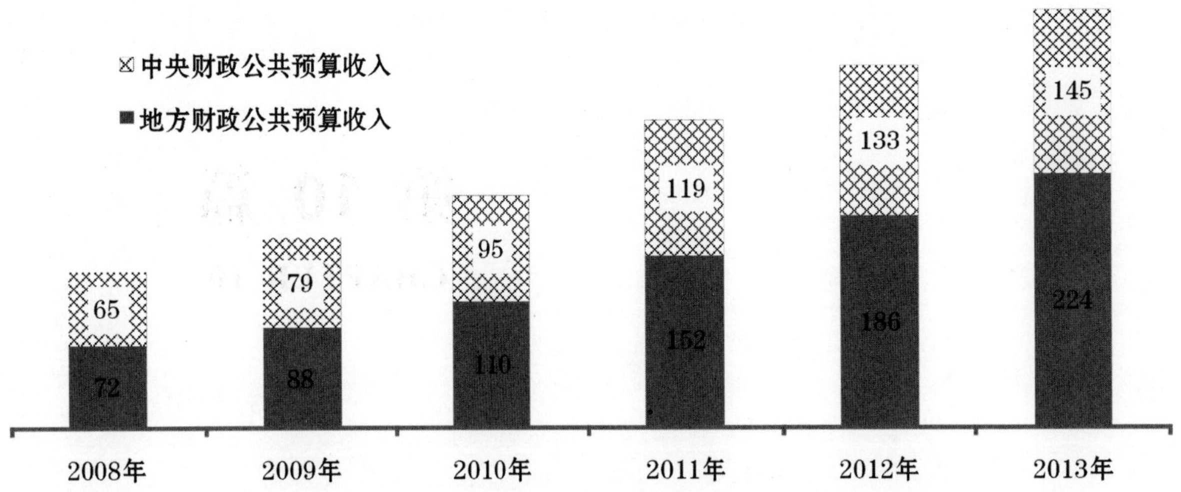

金融机构人民币存款余额（亿元）

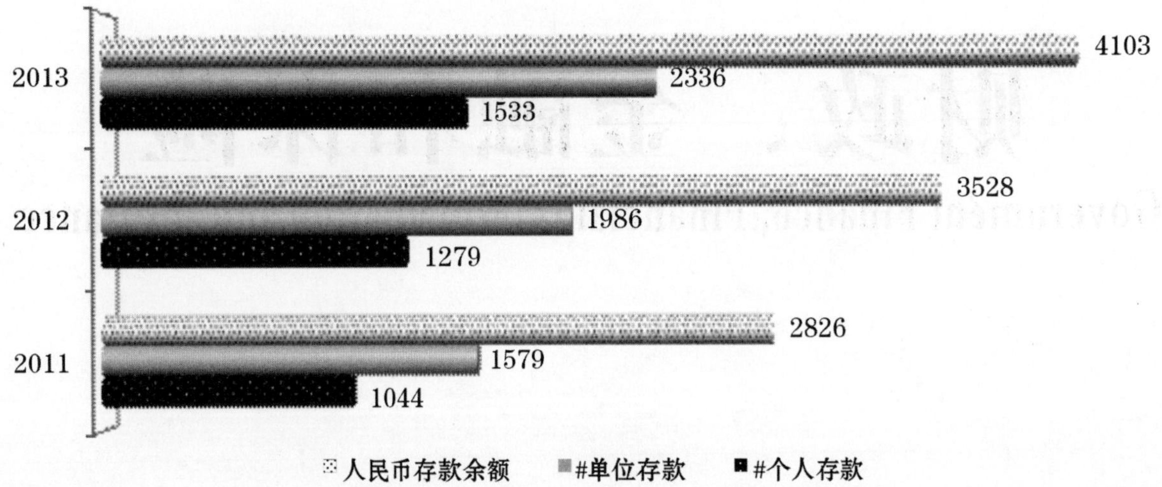

金融机构人民币贷款余额（亿元）

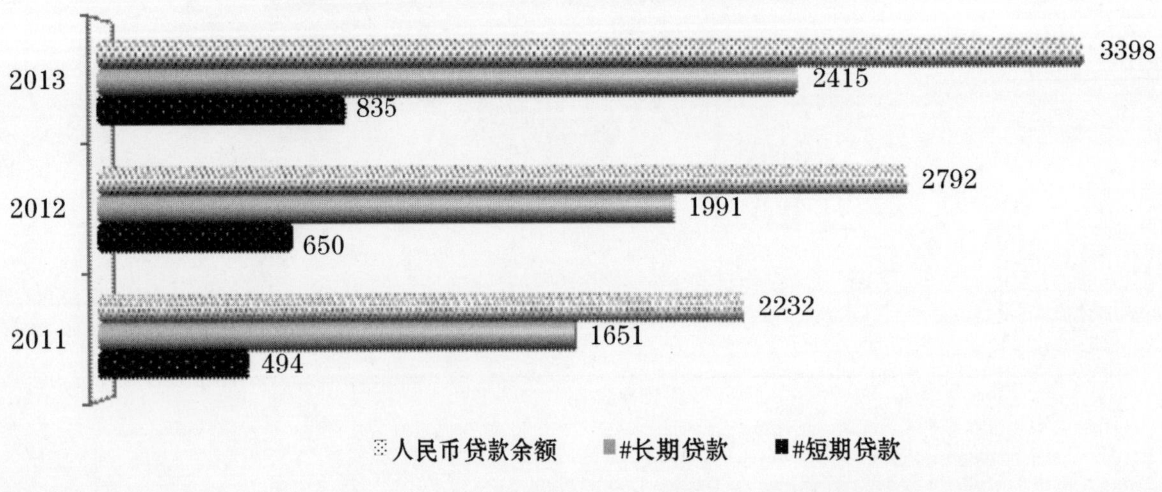

10-1 主要年份财政收支情况
Government Financial Revenue and Expenditure in Main Years

单位：万元、%　　　　(10 000 yuan，%)

年份 Year / 地区 Region	财政总收入 Total Government Revenue	国家财政补贴及其他收入 State Financial Subsidies and Other Revenue	公共财政预算收入 Public Budget Revenues	中央 Central Govern-ment	地方 Local Govern-ment	公共财政预算支出 Public Finance Budget Expenditures	地方公共财政预算收入 Public Budget Revenues of Local Governments：占收入合计的比重 The Proportion of Total Revenue	占支出合计的比重 The Proportion of Total Expenditure
1957	16358	10187	6171		6171	16212	37.7	38.1
1965	17585	7008	10577		10577	18738	60.1	56.4
1970	26228	14254	11975		11975	27105	45.7	44.2
1975	47928	27450	20478		20478	45173	42.7	45.3
1978	70301	41261	29040		29040	68010	41.3	42.7
1980	63684	47191	16493		16493	58841	25.9	28.0
1985	105053	81082	23971		23971	100911	22.8	23.8
1986	123875	91763	32112		32112	122231	25.9	26.3
1987	141025	100936	40088		40088	122555	28.4	32.7
1988	143165	92481	50684		50684	142802	35.4	35.5
1989	162836	95929	66906		66906	156668	41.1	42.7
1990	169745	97375	72369		72369	171334	42.6	42.2
1991	184729	96821	87908		87908	182272	47.6	48.2
1992	179833	98275	81558		81558	186197	45.4	43.8
1993	215325	101643	113682		113682	225395	52.8	50.4
1994	241980	171906	151899	81825	70074	253649	29.0	28.0
1995	276662	190686	170820	84844	85976	288021	31.1	29.9
1996	314159	218361	177073	81275	95798	327145	30.5	29.3
1997	353100	243900	198143	88943	109200	364713	30.9	29.9
1998	457668	329950	212742	85024	127718	440914	27.9	29.0
1999	667176	525440	230407	88671	141736	557191	21.2	25.4
2000	813082	647239	260944	95101	165843	682614	20.4	24.3
2001	1283790	1085549	325603	127362	198241	1012951	15.4	19.6
2002	1416571	1205606	381441	170476	210965	1187280	14.9	17.8
2003	1425380	1184969	436935	196524	240411	1220438	16.9	19.7
2004	1663816	1393856	512939	242979	269960	1373363	16.2	19.7
2005	2186018	1847796	633937	295715	338222	1697547	15.5	19.9
2006	2669398	2246961	830409	407972	422437	2146628	15.8	19.7
2007	3411001	2843918	1104683	537600	567083	2821993	16.6	20.1
2008	4466049	3750357	1365148	649456	715692	3635950	16.0	19.7
2009	5974197	5096816	1664598	787217	877381	4867457	14.7	18.0
2010	8622451	7520298	2049689	947536	1102153	7434033	12.8	14.8
2011	11174804	9656694	2703958	1185848	1518110	9674710	13.6	15.7
2012	13068261	11204096	3196862	1332697	1864165	11590499	14.3	16.1
2013	13677527	11438941	3685612	1447026	2238586	12278884	16.4	18.2
西宁市 Xining City	2199840	1528702			671138	2075698	30.5	32.3
海东市 Haidong City	1388541	1251795			136746	1375507	9.8	9.9
海北州 Haibei Zang A.P	538180	480319			57861	534735	10.8	10.8
黄南州 Huangnan Zang A.P	470889	450752			20137	469629	4.3	4.3
海南州 Hainan Zang A.P	714403	659740			54663	709574	7.7	7.7
果洛州 Golog Zang A.P	491343	473180			18163	480062	3.7	3.8
玉树州 Yushu Zang A.P	776146	741290			34856	695789	4.5	5.0
海西州 Haixi Mongolian & Zang A.P	1072372	581235			491137	1057670	45.8	46.4

注：1.1992年财政收支为调整后口径。
2.1994年以后数据按照财税体制改革口径计算。
a) Revenue and expenditure in 1992 were calculated by djusted calibre.
b) Data since 1994 calculated by new caliber after the taxation system reform.

10-2 主要年份财政收入占地区生产总值的比重
Percentage of Financial Revenue on GDP in Main Years

单位：万元、% (10 000 yuan，%)

年 份 Year / 地 区 Region		财政收入合 计 Total Financial Revenues	地方公共财政预算收入 Public Budget Revenues of Local Governments	生产总值 Gross Domestic Product	财政收入合计占生产总值的比重 Percentage of Financial Revenue on GDP	地方公共财政预算收入占生产总值的比重 Percentage of Public Budget Revenues of Local Governments on GDP
1957		16358	6171	39500	41.4	15.6
1965		17585	10577	61400	28.6	17.2
1970		26228	11975	81500	32.2	14.7
1975		47928	20478	124200	38.6	16.5
1978		70301	29040	155400	45.2	18.7
1980		63684	16493	177900	35.8	9.3
1985		105053	23971	330100	31.8	7.3
1986		123875	32112	384400	32.2	8.4
1987		141025	40088	433800	32.5	9.2
1988		143165	50684	549600	26.0	9.2
1989		162836	66906	603700	27.0	11.1
1990		169745	72369	699400	24.3	10.3
1991		184729	87908	751000	24.6	11.7
1992		179833	81558	875200	20.5	9.3
1993		215325	113682	1096800	19.6	10.4
1994		241980	70074	1384000	17.5	5.1
1995		276662	85976	1678000	16.5	5.1
1996		314159	95798	1841700	17.1	5.2
1997		353100	109200	2027900	17.4	5.4
1998		457668	127718	2209200	20.7	5.8
1999		667176	141736	2393800	27.9	5.9
2000		813082	165843	2636800	30.8	6.3
2001		1283790	198241	3001300	42.8	6.6
2002		1416571	210965	3406500	41.6	6.2
2003		1425380	240411	3902000	36.5	6.2
2004		1663816	269960	4661000	35.7	5.8
2005		2186018	338222	5433200	40.2	6.2
2006		2669398	422437	6485000	41.2	6.5
2007		3411001	567083	7973500	42.8	7.1
2008		4466049	715692	10186200	43.8	7.0
2009		5974197	877381	10812700	55.3	8.1
2010		8622451	1102153	13504300	63.8	8.2
2011		11174804	1518110	16704400	66.9	9.1
2012		13068261	1864165	18935400	69.0	9.8
2013		13677527	2238586	21010500	65.1	10.7
西宁市	Xining City	2199840	671138	9785300	22.5	6.9
海东市	Haidong City	1388541	136746	3370200	41.2	4.1
海北州	Haibei Zang A.P	538180	57861	1122600	47.9	5.2
黄南州	Huangnan Zang A.P	470889	20137	664700	70.8	3.0
海南州	Hainan Zang A.P	714403	54663	1171200	61.0	4.7
果洛州	Golog Zang A.P	491343	18163	320700	153.2	5.7
玉树州	Yushu Zang A.P	776146	34856	546800	141.9	6.4
海西州	Haixi Mongolian & Zang A.P	1072372	491137	6097200	17.6	8.1

注：生产总值按当年价格计算。1992—2004年数据根据经济普查数据进行调整和修订。

a) GDP is calculated at current prices. Data in 1992-2004 were adjusted and revised based on economic census data.

10-3　2009-2013年财政收支情况

Financial Revenue and Expenditure(2009-2013)

单位：万元　　　　(10 000 yuan)

收　入	Revenue	2009	2010	2011	2012	2013
税收收入	**Taxes Revenue**	**701653**	**889426**	**1198476**	**1466860**	**1750516**
增值税	Value Added Tax	149733	175153	229336	264234	284051
营业税	Business Tax	252611	344433	456585	591650	704413
企业所得税	Corporate Income Tax	88601	109833	146159	160761	216798
企业所得税退税	Tax Rebate for Corporate Income Tax		-4			-131
个人所得税	Individual Income Tax	31166	34577	44514	35572	47165
资源税	Resource Tax	68229	95821	149138	177792	183680
城市维护建设税	City Maintenance and Construction Tax	44724	56920	78261	98232	112440
房产税	House Property Tax	14925	15807	19896	31992	37898
印花税	Stamp Tax	10462	10888	14516	17157	24623
城镇土地使用税	Urban Land Use Tax	18686	18294	17621	24136	28884
土地增值税	Land Appreciation Tax	1992	4454	6839	14285	17171
车船税	Tax on Vehicles and Boat Operation	3345	4030	4030	10752	15516
耕地占用税	Farm Land Occupation Tax	4082	4808	8364	9305	35430
契税	Deed Tax	13097	14412	23217	30992	42578
烟叶税	Tobacco Leaf Tax					
其他税收收入	Other Tax Revenue					
非税收入	**Total Non-tax Revenue**	**175728**	**212727**	**319634**	**397305**	**488070**
专项收入	Special Program Receipts	76993	132977	195568	209642	197605
行政事业性收费收入	Charge of Administrative and Institutional Units	31842	30471	54044	85966	80650
罚没收入	Penalty Receipts	16508	21588	28958	32812	39070
国有资本经营收入	State-owned Capital Operating Revenue	9479	5646	2532	5083	8056
国有资源(资产)有偿使用收入	Revenue Paid Use of State-owned Resources (Assets)	13629	16892	27484	43791	89159
其他收入	Other Revenues	27277	5153	11048	20011	73530
本年收入合计	**Total Revenue of This Year**	**877381**	**1102153**	**1518110**	**1864165**	**2238586**

10-3 续表 continued

单位：万元 (10 000 yuan)

支　出	Expenditure	2009	2010	2011	2012	2013
一般公共服务	Expenditure for General Public Services	548781	552025	653992	826573	974987
外交	Expenditure for Foreign Affairs	35	36	6	10	
国防	Expenditure for National Defense	8272	7864	6715	9905	9230
公共安全	Expenditure for Public Security	260796	354814	350967	403071	467898
教育	Expenditure for Education	618159	824664	1301071	1718055	1215055
科学技术	Expenditure for Science and Technology	47804	40805	37598	71811	83890
文化体育与传媒	Expenditure for Culture, Sport and Media	155803	115731	143150	189189	258371
社会保障和就业	Expenditure for Social Safety Net and Employment Effort	941401	1895035	1635655	1795106	1620084
医疗卫生	Expenditure for Medical and Health Care	324830	389381	474405	601084	686375
节能环保	Energy Saving and Environmental Protection	289845	361484	417606	439919	667797
城乡社区事务	Expenditure for Urban and Rural Community Affairs	229323	305952	279846	579829	866244
农林水事务	Expenditure for Agriculture, Forestry and Water Conservancy	578489	695047	1047394	1343056	1596910
交通运输	Expenditure for Transportation	433452	466819	1485813	1548488	1979481
资源勘探电力信息等事务	Expenditure for Affairs of Exploration, Power and Information	146854	232704	253749	480536	482769
商业服务业等事务	Expenditure for Affairs of Commerce and Services		78490	109088	102111	121641
金融监管等事务	Expenditure for Affairs of Financial Supervision	2	5527	69845	62637	18244
地震灾后恢复重建	Expenditure for Post-earthquake Recovery and Reconstruction		1249	898	590	272
援助其他地区支出	Expenditure for Other Regional Assistance					320
国土资源气象等事务	Expenditure for Affairs of Land and Weather		223935	161180	180139	204525
住房保障	Expenditure for Affairs of Housing Security		610881	1061467	845926	627494
粮油物资储备事务	Expenditure for Affairs of Management of Grain & Oil Reserves	72371	44344	44712	59272	43796
预备费	Reserve Funds					
国债还本付息	Expenditure for the Principal and Interest of National Debts	113210	53432	81934	296183	272658
其他	Others	98030	173814	54868	37009	80843
本年支出合计	**Total Government Expenditure of This Year**	**4867457**	**7434033**	**9674710**	**11590499**	**12278884**

10-4 各时期地方财政收入主要项目
Main Items of Local Financial Revenue in Different Periods

单位：万元 (10 000 yuan)

时期(年份) Period(Year)	地方财政收入合计 Total Revenue of Local Covernments	企业收入 Revenue of Enterprises	国企所得税调节税 Regulation Tax of State-owned Enterprises Income Tax	税收收入 Tax Revenue	工商税收 Industrial and Commercial Taxes	农牧业税 Agricultural and Livestock Taxes	其他 Others
“恢复”时期	1358	168		779	656	123	411
1952	958	128		430	430		400
“一五”时期	18879	3315		14070	9608	4462	1494
1953	1061	227		560	453	107	274
1957	6171	1169		4551	3329	1222	451
“二五”时期	84133	45598		30410	24586	58240	8125
“三年”调整	29813	9241		15679	12627	3051	4893
1965	10577	3394		5628	4586	1042	1516
“三五”时期	50247	14925		30938	24350	6588	4384
1970	11975	4033		7478	5946	1532	464
“四五”时期	76897	19614		55626	48019	7607	1657
1975	20478	6314		13887	12316	1571	227
“五五”时期	106032	18866		80348	72906	7442	6818
1978	29040	9361		17322	15734	1588	393
1980	16493	-1803		16679	15384	1295	471
“六五”时期	79583	-31663	27226	103440	96503	6937	7806
1985	23971	-6666	11051	29561	28031	1530	1076
“七五”时期	262159	-23221	54199	258095	246002	12093	27285
1986	32112	-3267	9877	33798	32110	1688	1581
1990	72369	-6336	9603	67833	64553	3280	10872
“八五”时期	439198	-20180	39339	398643	369399	29244	60735
1991	87908	-2981	10804	71741	68419	3322	19148
1995	85976	-1379	7007	73313	64477	8836	14042
“九五”时期	640295	41413	62402	491057	430528	60529	107825
1996	95798	-2381	5991	80826	69519	11307	17353
1997	109200	3659	8824	89154	76885	12269	16387
1998	127718	5677	11939	97514	84146	13368	24503
1999	141736	12121	13402	106629	95565	11064	22986
2000	165843	22337	22246	116934	104413	12521	26572
“十五”时期	1257799	117763	96853	928300	863340	64960	211736
2001	198241	32562	28928	132185	123665	8520	33494
2002	210965	19340	13412	158181	141381	16800	33444
2003	240411	17021	12177	184095	166374	17721	39295
2004	269960	20197	16940	205194	191791	13403	44569
2005	338222	28643	25396	248645	240129	8516	60934
“十一五”时期							
2006	422437	39652	36066	295126	285903	9223	87659
2007	567083	47479	47526	385376	375157	10219	134228
2008	715692	71292	71292	487674	474437	13237	156726
2009	877381	88601	88601	613052	595873	17179	175728
2010	1102153	109833	109833	779593	760373	19220	212727
“十二五”时期							
2011	1518110	146159	146159	1052317	1020736	31581	319634
2012	1864165	160761	160761	1306099	1265802	40297	397305
2013	2238586	216667	216667	1533849	967771	78008	488070

注：1. 企业收入系企业所得税，国有企业上缴利润，国有企业计划亏损补贴及所得税退税之和。
2. 各项税收按1988年口径整理，工商税收中包括盐税、建筑税等。农牧业税中包括耕地占用税和契税。
3. 国家从1994年起取消调节税。

a)Revenue of enterprises, is the sum of enterprise income tax, profit delivery, plan subsidies to loss-making and the tax rebate of state-owned enterprises.

b) Revenues are arranged according to the caliber in 1988. Industrial and commercial tax include Salt tax, construction tax,and so on. Agriculture and livestock tax include farm land occupation tax and deed tax.

c) The regulation tax has been abolished since 1994.

10−5 2010−2013年银行系统机构、人员数
Number of Institutions and Employees in Bank System(2010-2013)

项 目	Item	机构数(个) Number of Institutions(unit)				年末人数(人) Number of Employees at Year-end (person)			
		2010	2011	2012	2013	2010	2011	2012	2013
全省金融机构合计	**Total Financial Institutions throughout the Province**	**995**	**1028**	**1046**	**1083**	**15374**	**15252**	**17173**	**17980**
中国人民银行	People's Bank of China	18	18	18	18	1232	1169	1188	1231
工商银行	Industrial and Commercial Bank of China	84	84	86	90	2087	2099	2250	2250
农业银行	Agricultural Bank of China	170	170	170	174	2901	2955	3002	3144
中国银行	Bank of China	48	44	45	46	1091	1150	1205	1196
建设银行	China Construction Bank	103	106	108	112	2819	2892	2957	3091
农业发展银行	Agricultural Development Bank of China	26	26	26	26	452	474	488	512
国家开发银行	China Development Bank	1	1	1	1	122	120	121	136
青海银行	Qinghai Bank	51	51	52	56	900	918	1101	1152
农村信用社	Rural Credit Cooperatives	338	299	302	298	2967	1932	2758	2787
农村商业银行	Rural Commercial Bank		47	50	64		403	554	675
农村合作银行	Rural Cooperative Banks		11	11	11		64	104	96
邮储银行	Postal Savings Bank	154	167	170	177	709	789	905	921
中信银行	China Citic Bank				1				90
招商银行	China Merchants Bank			1	2			66	111
浦发银行	Shanghai Pudong Development Bank			1	1			69	83
交通银行	Bank of Communications	1	1	2	3	60	91	127	161
村镇银行	Rural Bank	1	1	1	1	34	30	42	41
财务公司	Finance Companies		1	1	1		21	26	27
五矿信托	Minmetals Trust		1	1	1		145	210	276

10-6 年末金融机构人民币信贷收支(2010-2013)

RMB Credit Balance of Financial Institutions at Year-end (2010-2013)

单位：亿元 (100 million yuan)

项 目	Item	2010	2011	2012	2013
各项存款	Total Deposits		2825.83	3528.41	4102.54
单位存款	Corporate Deposits		1579.49	1985.81	2336.41
活期存款	Demand Deposits		1177.06	1438.97	1605.11
定期存款	Fixed Deposits		295.11	353.08	486.76
通知存款	Call Deposits		16.29	22.68	28.64
保证金存款	Margin Deposits		23.27	33.83	60.78
个人存款	Individual Deposits		1043.89	1279.44	1533.13
储蓄存款	Savings Deposit		1043.54	1275.27	1504.17
保证金存款	Margin Deposits		0.01	0.05	0.03
结构性存款	Structured Deposits		0.34	4.12	28.92
财政性存款	Fiscal Deposits		185.24	196.70	217.83
临时性存款	Temporary Deposits		15.58	15.22	13.03
委托存款	Trust Deposits		1.23	50.23	0.47
其他存款	Other Deposits		0.40	1.01	1.68
各项贷款	Total Loans	1822.65	2231.52	2791.68	3398.17
境内贷款	Domestic Loans	1822.65	2231.51	2791.66	3398.17
短期贷款	Short-term Loans	3970.64	494.04	649.95	834.73
个人贷款及透支	Individual Loans and Overdrafts	63.66	58.59	67.29	104.30
个人消费贷款	Individual Consumer Loans	2.76	5.16	12.38	33.58
单位贷款及透支	Unit Loans and Overdrafts	318.46	409.70	538.23	657.45
经营贷款	Business Loans	303.11	400.79	534.85	618.09
固定资产贷款	Fixed Assets Loans	12.35	8.92	3.38	37.16
普通并购贷款	General M & A Loans				
银团贷款	Syndicated Loans	0.55	0.70	0.40	1.75
贸易融资	Trade Finance	14.39	25.05	44.04	71.23
中长期贷款	Medium & Long-term Loans	1344.38	1651.24	1990.52	2415.29
个人贷款	Individual Loans	73.92	97.14	125.59	178.91
个人消费贷款	Individual Consumer Loans	53.06	68.86	85.19	110.36
单位普通贷款	Unit General Loan	1194.36	1413.92	1682.23	2008.13
经营贷款	Business Loans	315.61	291.99	314.76	351.46
固定资产贷款	Fixed Assets Loans	878.75	1121.93	1367.47	1656.67
普通并购贷款	General M & A Loans	5.00	4.00	2.80	1.37
银团贷款	Syndicated Loans	71.10	136.18	176.29	222.28
贸易融资	Trade Finance			3.6	4.6
其他	Others	81.21	86.23		
境外贷款	Foreign Loans				

注:2010年全面调整“短期贷款”和“中长期贷款”统计指标,同期数不可比。2011年全面调整“各项存款”统计指标,同期数不可比。

a) Statistical caliber in this table is the same as RMB loans of financial institutions balance sheet. Short-term Loans, Medium & Long-term Loans of statistical indicators were adjusted fully in 2010, the data can not be compared with the same period. Indicator of Total Deposits was adjusted fully in 2011, the data can not be compared with the same period.

10−7 2011−2013年金融机构人民币存款余额
RMB Deposits Balance of Financial Institutions(2011-2013)

单位：万元 (10 000 yuan)

年 份 地 区	Year Region	合 计 Total	单位存款 Units Deposits	活期存款 Demand Deposits	定期存款 Fixed Deposits	个人存款 Individual Deposits	储蓄存款 Savings Deposit	财政性存 款 Fiscal Deposits
2011		28258269	15794854	11770585	2951101	10438874	10435363	1852436
2012		35284088	19858076	14389675	3530807	12794394	12752693	1967038
2013		41025422	23364130	16051055	4867582	15331274	15041716	2178269
西宁市	Xining City	28224728	16132275	9718429	4160892	9996921	9725048	2009390
海东市	Haidong City	3697307	1737513	1589221	131874	1930302	1923790	13568
海北州	Haibei Zang A.P	973365	580022	480940	81542	363773	363679	27344
黄南州	Huangnan Zang A.P	793037	512223	471681	36930	271415	271384	3856
海南州	Hainan Zang A.P	1315863	756235	643188	100333	548056	547984	9835
果洛州	Golog Zang A.P	674489	439454	427421	12033	198719	198719	31641
玉树州	Yushu Zang A.P	1490485	1066448	966898	96631	364603	364603	57937
海西州	Haixi Mongolian & Zang A.P	3856148	2139960	1753277	247347	1657484	1646509	24698

注：1.2011年全面调整“各项存款”统计指标 同期数不可比 。
2.历年存款余额均按当年口径整理。财政性存款中包括机关团体存款，其他存款中包括部队、委托存款等。
3.分地区数据为当年年度数，以下各表同。
a) Indicator of Total Deposits was adjusted fully in 2011, the data can not be compared with the same period.
c) The balance of deposits over the years were arranged by the year caliber. Fiscal deposits include Organization deposits, other deposits include force,trust deposits.
d) Sub-regional data are annual data of years ago. The same applies to the tables following.

10-8　2010-2013年金融机构人民币贷款余额

RMB Loans Balance of Financial Institutions(2010-2013)

单位：万元　　(10 000 yuan)

年　份 Year / 地　区 Region		合　计 Total	短期贷款 Short-term Loans	个人贷款及透支 Individual Loans and Overdrafts	单位贷款及透支 Unit Loans and Overdrafts: 经营贷款 Business Loans	单位贷款及透支 Unit Loans and Overdrafts: 固定资产贷款 Fixed Assets Loans	中长期贷款 Medium & Long-term Loans
2010		18226541	3970635	636622	3031126	123480	13443826
2011		22315164	4940355	585854	4007857	89180	16512399
2012		27916754	6499544	672881	5348459	33810	19905195
2013		33981728	8347262	1043023	6180886	371593	24152867
西宁市	Xining City	27276865	6656769	571098	5026618	369593	19281603
海东市	Haidong City	1668722	476000	132331	304769		1121742
海北州	Haibei Zang A.P	336300	130574	70727	59848		205726
黄南州	Huangnan Zang A.P	256176	64699	24424	40275		191476
海南州	Hainan Zang A.P	528549	231425	147359	67066		288758
果洛州	Golog Zang A.P	51500	17729	12930	4799		33771
玉树州	Yushu Zang A.P	113381	20617	16173	4444		92764
海西州	Haixi Mongolian & Zang A.P	3750236	749448	67981	673067	2000	2937028

注：2010年全面调整“短期贷款”和“中长期贷款”统计指标 同期数不可比 。

a) Short-term Loans, Medium & Long-term Loans of statistical indicators were fully adjusted in 2010, the number can not be compared with the same period.

10-9 2010-2013年末农村信用社人民币存、贷款余额
RMB Deposits and Loans Balance of Rural Credit Cooperatives at Year-end (2010-2013)

单位：万元 (10 000 yuan)

项 目	Item	2010	2011	2012	2013
各项存款	**Total Depsits**	**1864098**	**2287022**	**2911668**	**3243269**
单位存款	Unit Deposits		1193190	1514093	1566971
活期存款	Demand Deposits		1173987	1446175	1513488
定期存款	Fixed Deposits	29548	19203	67918	51333
个人存款	Individual Deposits		1075005	1371719	1641780
储蓄存款	Savings Deposits	1002077	1075005	1371719	1641780
临时性存款	Temporary Deposits		18827	25856	34518
其他存款	Other Deposits				
各项贷款	**Total Loans**	**1269719**	**1277256**	**1638687**	**1991401**
短期贷款	Short-term Loans	544944	593987	669596	739941
中长期贷款	Medium & Long-term Loans	591191	593909	834373	1163840

注：本表统计口径同金融机构人民币信贷收支表。

a) Statistical caliber in this table is the same as RMB loans of financial institutions balance sheet.

10-10 2008－2013年保险业务基本情况

Basic Statistics of Insurance Business(2008－2013)

单位：万元 (10 000 yuan)

项　目	Item	2008	2009	2010	2011	2012	2013
财产保险公司保费收入	**Premium of Property Insurance Companies**	**66131**	**84024**	**109279**	**142800**	**169676**	**214234**
企业财产保险	Enterprise Property Insurance	8904	8968	9509	11354	12888	14572
家庭财产保险	Family Property Insurance	147	184	153	162	155	299
机动车辆保险	Motor Vehicle Insurance	45793	60385	82472	104987	124456	151516
责任保险	Liability Insurance	3559	3968	4700	6628	8202	8946
工程保险	Engineering Insurance	2329	4482	4821	6320	5900	6431
保证保险	Guarantee Insurance	50	86	65	98	153	149
船舶保险	Ship Insurance	16	25	32	49	72	93
货运险	Freight Transport Insurance	596	619	739	573	747	551
特殊风险保险	Special Risks Insurance	23	25	25	8	22	25
农业保险	Agriculture Insurance	1356	880	1245	6944	8862	12507
健康险	Health Insurance	1053	963	1146	1163	2828	12688
意外伤害保险	Accident Injury Insurance	2306	3439	4338	4454	5340	6435
信用保险	Credit Insurance						31
其　他	Other Insurance			35	60	52	-9
人寿保险公司保费收入	**Premium of Life Insurance Companies**	**74933**	**98056**	**147689**	**136127**	**154331**	**175921**
意外险	Personal Accident Insurance	1960	2338	3106	4044	5229	6893
健康险	Health Insurance	6231	7846	10377	13476	17060	30817
寿险	Life Insurance	66741	87872	134209	118607	132042	138211
财产保险公司赔款支出	**Payment of Property Insurance Companies**	**34672**	**41513**	**45331**	**56940**	**80978**	**104758**
企业财产保险	Enterprise Property Insurance	4544	3765	3495	4283	5390	6068
家庭财产保险	Family Property Insurance	80	71	51	64	157	83
机动车辆保险	Motor Vehicle Insurance	24811	28652	34009	43516	60393	70294
责任保险	Liability Insurance	2152	2355	2230	3591	4144	3335
工程保险	Engineering Insurance	805	3008	2793	2153	1261	2417
保证保险	Guarantee Insurance		10		1	1	
船舶保险	Ship Insurance	7	6	1	9	9	6
货运险	Freight Transport Insurance	296	195	105	35	66	48
特殊风险保险	Special Risks Insurance	4					
农业保险	Agriculture Insurance	368	1589	1235	1503	7205	8256
健康险	Health Insurance	519	623	558	476	721	12196
意外伤害保险	Accident Injury Insurance	1088	1239	852	1261	1544	2018
信用保险	Credit Insurance						
其　他	Other Insurance			2	48	87	35
人寿保险公司赔款支出与给付	**Payment of Life Insurance Companies**	**25303**	**19026**	**21249**	**24667**	**27599**	**48044**
意外险	Accident Insurance	666	592	857	1342	1477	1914
健康险	Health Insurance	2209	2784	3481	4644	5312	16562
寿险	Life Insurance	22428	15650	16911	18681	20810	29569

注：上述数据来源于青海保监局，由于计算的四舍五入问题，保险数据可能存在细微的误差。

a) Data in this table are from Qinghai Insurance Regulatory Bureau. Insurance data may exist subtle error because of the rounding question.

10-11 资金流量表(实物交易)(2012年)

单位：亿元

交易项目 Transaction Item		非金融企业部门 Non-financial Enterprises Departments 运用小计 Subtotal Use	来源小计 Subtotal Source	工业企业部门 Industrial Enterprise 运用 Use	来源 Source	其他非金融企业部门 Other non-financial Enterprises 运用 Use	来源 Source
一、净出口	Net Exports						
二、增加值	Added Value		1281.96		879.75		402.21
三、劳动者报酬	Worker's Reward	198.45		59.12		139.33	
(一)工资及工资性收入	Wage and Salary Income	188.25		56.08		132.17	
(二)单位社会保险付款	Unit Social Security Payment	10.21		3.04		7.17	
四、生产税净额	Net Taxes on Production	135.85		187.13		-51.28	
(一)生产税	Production Tax	135.85		187.13		-51.28	
(二)生产补贴	Production Subsidies						
五、财产收入	Property Income	219.88	148.32	109.12	80.31	110.77	68.01
(一)利息	Interest	215.51	148.32	104.75	80.31	110.77	68.01
(二)红利	Bonus						
(三)土地租金	Land Rent						
(四)其他	Others	4.37		4.37			
六、初次分配总收入	Initial Distribution of Income		876.09		604.69		271.40
七、经常转移	Current Transfers	10.41		9.06		1.36	
(一)收入税	Income Tax	8.53		7.17		1.36	
(二)社会保险缴款	Social Insurance Contributions						
(三)社会保险福利	Social Insurance Benefits						
(四)社会补助	Social Assistance						
(五)其他	Others	1.89		1.89			
八、可支配总收入	Total Disposable Income		865.68		595.64		270.04
九、最终消费	Final Consumption						
(一)居民消费	Household Consumption						
(二)政府消费	Government Consumption						
十、总储蓄	Total Savings		865.68		595.64		270.04
十一、资本转移	Capital Transfers		519.32		272.89		246.43
(一)投资性补助	Investment Grant		519.32		272.89		246.43
(二)其他	Others						
十二、资本形成总额	Gross Capital Formation	1344.80		919.70		425.11	
(一)固定资产形成总额	Gross Fixed Capital Formation	1361.07		903.43		457.65	
(二)存货增加	Increase in Inventories	-16.27		16.27		-32.54	
十三、其他非金融资产获得减处置	Other Non-financial Assets Gets Minus the Disposal						
十四、净金融投资	Net Financial Investment	40.19		-51.17		91.36	
十五、统计误差	Statistical Error						

Flow of Funds Accounts (Barter) 2012

(100 million yuan)

金融企业部门 Financial Enterprise Departments									
运用小计 Subtotal Use	来源小计 Subtotal Source	银行部门 Banks		证券部门 Securities Department		保险部门 Insurance Department		其他非金融企业部门 Other Financial Enterprise Departments	
		运用 Use	来源 Source	运用 Use	来源 Source	运用 Use	来源 Source	运用 Use	来源 Source
	83.73		79.39		1.02		3.25		0.07
18.31		15.53		0.62		2.14		0.02	
17.37		14.73		0.59		2.03		0.02	
0.94		0.80		0.03		0.11		0.00	
11.05		9.86		0.20		0.99			
11.05		9.86		0.20		0.99			
218.60	218.60	158.54	278.66	0.02	0.08		0.01	60.04	-60.15
218.60	218.60	158.54	278.66	0.02	0.08		0.01	60.04	-60.15
	54.37		174.12		0.26		0.13		-120.14
7.54		7.54		0.05		0.00		-0.05	
7.54		7.54		0.05		0.00		-0.05	
	46.83		166.58		0.21		0.13		-120.09
	46.83		166.58		0.21		0.13		-120.09
1.18		1.18							
1.18		1.18							
45.65		165.40		0.21		0.13		-120.09	

10-11 续表

单位：亿元

交易项目	Transaction Item	政府部门 Governments 运用 Use	政府部门 Governments 来源 Source	住户部门 Households 运用 小计 Subtotal Use	住户部门 Households 来源 小计 Subtotal Source	城镇住户部门 Urban Households 运用 Use	城镇住户部门 Urban Households 来源 Source
一、净出口	Net Exports						
二、增加值	Added Value		202.48		325.37		220.57
三、劳动者报酬	Worker's Reward	359.36		258.32	834.44	164.00	615.28
(一)工资及工资性收入	Wage and Salary Income	349.03		226.68	781.32	132.36	562.16
(二)单位社会保险付款	Unit Social Security Payment	10.33		31.64	53.12	31.64	53.12
四、生产税净额	Net Taxes on Production	60.18	168.16	20.42	59.34	20.42	
(一)生产税	Production Tax	0.84	168.16	20.42		20.42	
(二)生产补贴	Production Subsidies	59.34			59.34		2.48
五、财产收入	Property Income	49.91	53.43	15.10	83.15	9.70	78.16
(一)利息	Interest	49.36	49.06	15.10	82.60	9.70	77.72
(二)红利	Bonus						
(三)土地租金	Land Rent						
(四)其他	Others	0.55	4.37		0.55		0.44
六、初次分配总收入	Initial Distribution of Income		-45.39		1008.47		719.89
七、经常转移	Current Transfers	254.16	98.92	49.00	222.19	45.35	189.69
(一)收入税	Income Tax		19.63	3.56		3.56	
(二)社会保险缴款	Social Insurance Contributions	31.97	74.46	42.49		38.84	
(三)社会保险福利	Social Insurance Benefits	59.11			59.11		42.92
(四)社会补助	Social Assistance	163.08			163.08		146.77
(五)其他	Others		4.83	2.95		2.95	
八、可支配总收入	Total Disposable Income		-200.62		1181.66		864.23
九、最终消费	Final Consumption	410.19		587.17		401.61	
(一)居民消费	Household Consumption			587.17		401.61	
(二)政府消费	Government Consumption	410.19					
十、总储蓄	Total Savings		-610.81		594.49		462.62
十一、资本转移	Capital Transfers	519.32					
(一)投资性补助	Investment Grant	519.32					
(二)其他	Others						
十二、资本形成总额	Gross Capital Formation	227.89		162.93		248.35	
(一)固定资产形成总额	Gross Fixed Capital Formation	227.89		323.11		248.35	
(二)存货增加	Increase in Inventories			-160.18			
十三、其他非金融资产获得减处置	Other Non-financial Assets Gets Minus the Disposal						
十四、净金融投资	Net Financial Investment	-1358.02		431.56		214.27	
十五、统计误差	Statistical Error						

Continued

(100 million yuan)

农村住户部门 Rural Households		省内合计 Total Province		国内省外 Domestic and out of Province		国外部门 Foreign		合计 Total	
运用 Use	来源 Source	运用小计 Subtotal Use	来源小计 Subtotal Source	运用 Use	来源 Source	运用 Use	来源 Source	运用 Use	来源 Source
					-823.07				-823.07
	104.80		1893.54						1893.54
94.32	219.17	834.44	834.44					834.44	834.44
94.32	219.17	781.32	781.32					781.32	781.32
		53.12	53.12					53.12	53.12
	56.86	227.50	227.50					227.50	227.50
		168.16	168.16					168.16	168.16
	56.86	59.34	59.34					59.34	59.34
5.39	4.99	503.49	503.49					503.49	503.49
5.39	4.88	498.57	498.57					498.57	498.57
	0.11	4.92	4.92					4.92	4.92
	286.10		1893.54						1893.54
	32.50	321.11	321.11					321.11	321.11
		19.63	19.63					19.63	19.63
3.65		74.46	74.46					74.46	74.46
	16.19	59.11	59.11					59.11	59.11
	16.31	163.08	163.08					163.08	163.08
		4.83	4.83					4.83	4.83
	318.60		1893.54						1893.54
185.56		997.36						997.36	
185.56		587.17						587.17	
		410.19						410.19	
	133.04		896.18						896.18
		519.32	519.32					519.32	519.32
		519.32	519.32					519.32	519.32
-85.42		1736.80						1736.80	
74.76		1913.25						1913.25	
-160.18		-176.45						-176.45	
218.46		-840.62						-840.62	

主要统计指标解释

财政收入 指国家财政参与社会产品分配所取得的收入,是实现国家职能的财力保证。主要包括:

(1)各项税收:包括国内增值税、国内消费税、进口货物增值税和消费税、出口货物退增值税和消费税、营业税、企业所得税、个人所得税、资源税、城市维护建设税、房产税、印花税、城镇土地使用税、土地增值税、车船税、船舶吨税、车辆购置税、关税、耕地占用税、契税、烟叶税等。

(2)非税收入:包括专项收入、行政事业性收费、罚没收入和其他收入。

财政支出 指国家财政将筹集起来的资金进行分配使用,以满足经济建设和各项事业的需要。主要包括:

(1)一般公共服务:指政府提供基本公共管理与服务的支出,包括人大事务、政协事务、政府办公厅(室)及相关机构事务、发展与改革事务、统计信息事务、财政事务、税收事务、审计事务、海关事务、人力资源事务、纪检监察事务、人口与计划生育事务、商贸事务、知识产权事务、工商行政管理事务、国土资源事务、海洋管理事务、测绘事务、地震事务、气象事务、民族事务、宗教事务、港澳台侨事务、档案事务、共产党事务、民主党派事务及工商联事务、群众团体事务、彩票事务等。

(2)外交:指政府外交事务支出,包括外交行政管理、驻外机构、对外援助、国际组织、对外合作与交流、边界勘界联检等方面的支出。

(3)国防:指政府用于国防方面的支出,包括用于现役部队、预备役部队、民兵、国防科研事业、专项工程、国防动员等方面的支出。

(4)公共安全:指政府维护社会公共安全方面的支出,包括武装警察、公安、国家安全、检察、法院、司法行政、监狱、劳教、国家保密、缉私警察等。

(5)教育:指政府教育事务支出,包括教育行政管理、学前教育、小学教育、初中教育、普通高中教育、普通高等教育、初等职业教育、中专教育、技校教育、职业高中教育、高等职业教育、广播电视教育、留学生教育、特殊教育、干部继续教育、教育机关服务等。

(6)科学技术:指用于科学技术方面的支出,包括科学技术管理事务、基础研究、应用研究、技术研究与开发、科技条件与服务、社会科学、科学技术普及、科技交流与合作等。

(7)文化教育与传媒:指政府在文化、文物、体育、广播影视、新闻出版等方面的支出。

(8)社会保障和就业:指政府在社会保障与就业方面的支出,包括社会保障和就业管理事务、民政管理事务、财政对社会保险基金的补助、补充全国社会保障基金、行政事业单位离退休、企业改革补助、就业补助、抚恤、退役安置、社会福利、残疾人事业、城市居民最低生活保障、其他城镇社会救济、农村社会救济、自然灾害生活救助、红十字事务等。

(9)医疗卫生:指政府医疗卫生方面的支出,包括医疗卫生管理事务支出、医疗服务支出、医疗保障支出、疾病预防控制支出、卫生监督支出、妇幼保健支出、农村卫生支出等。

(10)环境保护:指政府环境保护支出,包括环境保护管理事务支出、环境监测与监察支出、污染治理支出、自然生态保护支出、天然林保护工程支出、退耕还林支出、风沙荒漠治理支出、退牧还草支出、已垦草原退耕还草、能源节约利用、污染减排、可再生能源和资源综合利用等支出。

(11)城乡社区事务:指政府城乡社区事务支出,包括城乡社区管理事务支出、城乡社区规划与管理支出、城乡社区公共设施支出、城乡社区住宅支出、城乡社区环境卫生支出、建设市场管理与监督支出等。

(12)农林水事务:指政府农林水事务支出,包括农业支出、林业支出、水利支出、扶贫支出、农业综合开发支出等。

(13)交通运输:指政府交通运输和邮政业方面的支出,包括公路运输支出、水路运输支出、铁路运输支出、民用航空运输支出、邮政业支出等。

(14)工业商业金融等事务:指政府对工业、商业及金融等方面的支出,包括采掘业支出、制造业支出、建筑业支出、工业和信息产业监管支出、国有资产监管支出、商业流通事务支出、金融业监管支出、旅游业管理与服务支出等。

地方财政收入 指按现行分税制财政体制划分的地方本级收入。包括营业税(不含铁道部门、各银行总行、各保险公司总公司集中交纳的营业税),地方企业上交利润,城市维护建设税(不含铁道部门、各银行总行、各保险公司总公司集中交纳的部分),房产税,城镇土地使用税,土地增值税,车船税,耕地占用税,契税,烟叶税,印花税,增值税25%部分,纳入共享范围的企业所得税40%部分,个人所得税40%部分,证券交易印花税3%部分,海洋石油资源税以外的其他资源税,地方非税收入等。

信贷资金 指金融机构以信用方式积聚和分配的货币资金。金融机构信贷资金的来源有各项存款、金融债券、对国际金融机构负债、流通中现金、其他项目等;信贷资金的运用有各项贷款、有价证券及投资、金银占款、外汇占款、财政借款及在国际金融机构中的资产等。

存款 指企业、机关、团体或居民根据资金必须收回的原则,把货币资金存入银行或其他信贷机构保管并取得一定利息的一种信用活动形式。根据存款对象或性质的不同可划分为企业存款、财政存款、机关团体存款、城乡储蓄存款、农业存款、信托及委托类存款、其他存款等科目。它是银行信贷资金的主要来源。

贷款 指银行或其他信贷机构根据资金必须归还的原则,按一定利率,为企业、个人等提供资金的一种信用活动形式。我国银行贷款分为短期贷款、委托及信托类贷款、其他类贷款等。

保险公司 在中国境内的、经过保险监督管理部门批准设立,并依法登记注册的各类商业保险公司。

保险金额 指保险人承担赔偿或者给付保险金责任的最高限额。

保费　指投保人为取得保险人在约定范围内所承担赔偿责任而支付给保险人的费用。

赔款　指保险人根据保险合同的规定,向被保险人支付的赔偿保险责任损失的金额。

给付　包括死伤医疗给付和满期给付。死伤医疗给付是指保险人根据人寿保险及长期健康保险合同的规定,因被保险人在保险期内发生保险责任范围内的保险事故支付给被保险人(或受益人)的金额。满期给付是指被保险人生存期满,保险人按人寿保险合同规定支付给被保险人的满期保险金额。

机构单位　指有权拥有资产和承担负债,能够独立地从事经济活动并与其他实体进行交易的经济实体。

机构部门　将相同性质的机构单位归并在一起,就形成机构部门。资金流量核算将常住机构单位划分为以下四个机构部门:非金融企业部门、金融机构部门、政府部门、住户部门。与常住单位发生经济往来关系的非常住单位组成国外部门,在资金流量核算中也视同机构部门。

非金融企业与非金融企业部门　非金融企业指主要从事市场货物生产和提供非金融市场服务的常住企业,它主要包括从事上述活动的各类法人企业。所有非金融企业归并在一起,就形成非金融企业部门。

金融机构与金融机构部门　金融机构指主要从事金融媒介以及与金融媒介密切相关的辅助金融活动的常住单位,它主要包括中央银行、商业银行和政策性银行、非银行信贷机构和保险公司。所有金融机构归并在一起,就形成金融机构部门。

政府单位与政府部门　政府单位指在我国境内通过政治程序建立的、在一特定区域内对其他机构单位拥有立法、司法和行政权的法律实体及其附属单位。政府单位的主要职能是利用征税和其他方式获得的资金向社会和公众提供公共服务。通过转移支付,对社会收入和财产进行再分配。它主要包括各种行政单位和非营利性事业单位。所有政府单位归并在一起,就形成政府部门。

住户与住户部门　住户指共享同一生活设施、部分或全部收入和财产集中使用、共同消费住房、食品和其他消费品与消费服务的常住个人或个人群体。所有住户。

初次分配总收入　初次分配是生产活动形成的净成果在参与生产活动的生产要素的所有者及政府之间的分配。生产活动的净成果是增加值。生产要素包括劳动力、土地、资本。劳动力所有者因提供劳动而获得劳动报酬;土地所有者因出租土地而获得地租;资本的所有者因资本的形态不同而获得不同形式的收入:借贷资本所有者获得利息收入;股权所有者获得红利或未分配利润;政府因直接或间接介入生产过程而获得生产税或支付补贴。初次分配的结果形成各个机构部门的初次分配总收入。各部门的初次分配总收入之和就等于国民总收入,亦即国民生产总值。

经常转移　转移是一个机构单位向另一个机构单位提供货物、服务或资产,而同时并没有从后一机构单位获得任何货物、服务或资产作为回报的一种交易。经常转移包括扣除资本转移外的所有转移。其形式有收入税、社会保险付款、社会补助和其他经常转移。

可支配总收入　在初次分配总收入的基础上,通过经常转移的形式对初次分配总收入进行再次分配。再分配的结果形成各个机构部门的可支配总收入。各部门的可支配总收入之和称为国民可支配总收入。

总储蓄　指可支配总收入用于最终消费后的余额。各部门的总储蓄之和称为国民总储蓄。

资本转移　指一个部门无偿地向另一个部门支付用于非金融投资的资金,是一种不从对方获取任何对应物作为回报的交易。资本转移具有不同于经常转移的两个特征,一是转移的目的是用于投资,而不是用于消费;二是资本转移其实物形式往往涉及除存货和现金以外资产所有权的转移;其现金形式往往涉及除存货以外的资产的处置。资本转移包括投资性补助和其他资本转移。

Explanatory Notes on Main Statistical Indicators

Government Revenue refers to income for the government finance through participating in the distribution of social products. It is the financial guarantee to ensure government functioning. The contents of government revenue include the following main items:

(1) Various tax revenues, including domestic value added tax (VAT), domestic consumption tax, VAT and consumption tax from imports, VAT and consumption tax rebate for exports, business tax, corporate income tax, individual income tax, resource tax, city maintenance and construct tax, house property tax, stamp tax, urban land use tax, land appreciation tax, tax on vehicles and boat operation, ship tonnage tax, vehicle purchase tax, tariffs, farm land occupation tax, deed tax, and tobacco leaf tax, etc.

(2) Non - tax revenue, including special program receipts, charge of administrative and institutional units, penalty receipts and others non - tax receipts.

Government Expenditure refers to the distribution and use of the funds which the government finance has raised, so as to meet the needs of economic construction and various causes. It includes the following main items:

(1) Expenditure for general public services: It refers to the spending on the basic public management and services which provided by governments, including the expense on affairs of People's Congress, affairs of People's Political Consultative Conference, affairs of government general office and relative institutions, affairs of development and reform, affairs of statistics, affairs of finance, affairs of taxation, affairs of audit, affairs of customs, affairs of human resources and social security, affairs of discipline inspection and supervision, affairs of population and family planning, affairs of commerce and trade, affairs of intellectual property, affairs of administration for industry and commerce, affairs of land and resources, affairs of oceanic administration, affairs of surveying and mapping, affairs of earthquake, ethnic affairs, religious affairs, affairs of Hong Kong, Macao, Taiwan, and Overseas Chinese, affairs of archives administration, affairs of Chinese Communist Party, affairs of democratic parties and federation of industry and commerce, affairs of mass organization, and affairs of lottery, etc.

(2) Expenditure for foreign affairs: It refers to the spending of government on foreign affairs, including the expense on administration of foreign affairs, missions overseas, external assistance, international organizations, foreign cooperation and communication, surveying and joint inspection on borderline, etc.

(3) Expenditure for national defence: It refers to the spending of government on national defence, including the expense on active force, reserve force, militia, scientific research on national defence, special projects, mobilization of national defence, etc.

(4) Expenditure for public security: It refers to the spending of government on maintaining social and public security, including the expense on armed police force, public security, state security, prosecution, courts, justice, prison, labour education and rehabilitation, protection of state secrecy, anti - smuggling police, etc.

(5) Expenditure for education: It refers to the spending of government on education, including the expense on the administration of education, pre - primary education, primary education, secondary education, high school education, regular higher education, primary vocational education, secondary vocational education, technical school education, vocational high school education and higher vocational education, radio and television education, student abroad education, special education, on the job training of cadres, education authorities services, etc.

(6) Expenditure for science and technology: It refers to the spending of government on science and technology (S&T), including the expense on the administration of S&T, basic research, applied research, research and development, conditions and services of S&T, popularization of social science, science and technology, exchanges and cooperation of S&T, etc.

(7) Expenditure for culture, sport and media: It refers to the spending of government on culture, cultural heritage, sports, radio, film, television, press and publication, etc.

(8) Expenditure for social safety net and employment effort: It refers to the spending of government on social safety net and employment, including the expense on administration of social safety net and employment, civil affairs, budgetary subsidy on the social insurance funds, subsidy on National Social Security Fund, retirees of administrative units and institutions, subsidy on enterprise reform, subsidy on employment effort, pension, placement of ex - serviceman, social welfare, the handicapped undertakings, the system of cost of living allowances for urban residents, other urban social relief, rural social relief, living relief of natural disasters, affairs of Red Cross Society, etc.

(9) Expenditure for medical and health care: It refers to the spending of government on medical and health care, including the expense on administration of medical and health care, medical services, health care, disease prevention and control, health inspection and supervision, women and children's health, rural health care, etc.

(10) Expenditure for environment protection: It refers to the spending of government on environment protection, including the expense on administration of environment protection, environment monitoring and supervision, pollution control, natural e-

cology protection, project of virgin forests protection, reforesting farmland, controlling the sources of dust storms, returning pastureland to grassland, returning pastureland to grassland, returning cultivated land to grassland, energy conservation, emissions reduction, comprehensive utilization of renewable energy and resources, etc.

(11) Expenditure for urban and rural community affairs: It refers to the spending of government on urban and rural community affairs, including the expense on administration of urban and rural community, planning and management of urban and rural community, public facilities of urban and rural community, housing of urban and rural community, sanitation of urban and rural community, management and supervision on the construction market, etc.

(12) Expenditure for agriculture, forestry and water conservancy: It refers to the spending of government on agriculture, forestry and water conservancy, including the expense on agriculture, forestry, water conservancy, poverty alleviation, comprehensive agricultural development, etc.

(13) Expenditure for transportation: It refers to the spending of government on transportation and postal services, including the expense on road transportation, waterway transportation, railway transportation, civil aviation transportation, and postal services.

(14) Expenditure for industry, commerce and banking: It refers to the spending of government on industry, commerce and banking, including the expense on mining, manufacturing, construction, industry and information technology supervision and administration, State - owned assets supervision and administration, commerce and circulation affairs, financial intermediation supervision and administration, tourism administration and service, etc.

Revenue of the Local Governments refers to the revenue collected that by the local governments as defined by the decentralized taxation system. The revenue of the local governments includes business tax (excluding the part of the Ministry of Railways, head offices of banks, head offices of insurance company, which are handed over to the government in a centralized way), profit handed in by the local enterprises, city maintenance and construct tax (excluding the part of the Ministry of Railways, head offices of banks, head offices of insurance company, which are handed over to the government in a centralized way), house property tax, urban land use tax, land appreciation tax, tax on vehicles and boat operation, farm land occupation tax, deed tax, and tobacco leaf tax, stamp tax, 25% of the value added tax, 40% the share part of the corporate income tax, 40% of individual income tax, 3% of stamp tax on securities transactions, resource tax other than the tax on offshore petroleum resources, local non - tax revenue, etc.

Credit Funds refer to the monetary funds accumulated and distributed in the means of credit by the financial institutions. The sources of credit funds include various deposits, financial bonds, liabilities to international financial institutions, currency in circulation, other items. The uses of credit funds include loans, securities and investment, position for bullion and silver purchase, position for foreign exchange purchase, advances to treasury, and assets with international financial institutions.

Deposit is a form of credit by which enterprises, institutions, organizations or households can put money into banks and other credit institutions for safekeeping and interest earning under the principle of free withdrawal. According to different depositors, deposits are divided into enterprise deposits, fiscal deposits, deposits of government agencies and organizations, savings deposits of rural and urban households, agricultural savings deposits, entrusted deposits and other deposits. Deposits are major sources of the credit funds of banks.

Loan is a form of credit by which banks and other credit institutions provide funds at certain interest rate to enterprises and individuals in the light of the principle of unconditional repayment. Loans from Chinese banks include short - term loan, medium - term and long - term loans, entrusted loans, and other loans.

Insurance Companies refer to commercial insurance companies of various forms registered by law and established in China with the approval of insurance regulatory agencies.

Amount Insured refers to the maximum that the insurant will get for the claim of the case insured.

Premium is the fee paid by the insurant to the insurer to obtain the obligation of compensation from the insurance within the agreed terms.

Settled Claim is the compensation paid by the insurer to the insurant in accordance with the insurance contract.

Payment includes payment for death, injury or medical treatment and payment at maturity. Payment for death, injury or medical treatment refers to the money paid to the insurant (or the beneficiary) in accordance with the life or health insurance contract when the insurant encounters accidents within the insured period covered in the contract. Payment at maturity refers to the payment to the insurant in accordance with the life insurance contract at the end of the insured period.

Institutional Units refer to economic entities that are in a position to own assets and incur liabilities; to engage independently in economic activities; and to conduct transactions with other entities.

Institutional Sectors refer to groups of institutional units that are homogenous in nature and have been grouped together. The following 4 institutional sectors are identified in the flow of funds accounts: non - financial corporations, financial institutions, general government and households. Also treated as an institutional sector is the rest of the world, which is composed of non - resident units that have economic relations with resident units.

Non - Financial Corporations and the Sector of Non - Financial Corporations Non - financial corporations refer to resident corporations that are engaged in the production of goods and the provision of non financial services in the market, mainly covering corporate enterprises of various types engaged in the above – mentioned activities. All non – financial corporations make up the sector of non – financial corporations.

Financial Institutions and the Sector of Financial Institutions Financial institutions refer to resident institutions that are engaged in the financial intermediary services or auxiliary financial activities that are closely related with financial intermediary services, mainly covering the Central Bank, commercial banks, policy banks, non – banking credit institutions and insurance companies. All financial institutions together make up the sector of financial institutions.

General Government and the Sector of General Governments General government refer to legal entities and their auxiliary units within the territory of China that are established through the political process and are empowered with legislative, administrative or judicial rights over other institutional within specific regions. The main function of general government is to acquire funds through taxation or other means in order to provide public services to society and households, and to conduct redistribution of income and properties of society through transfer payment. General government cover mainly administrative and non – profit institutional units of various types. All general government together make up the sector of general governments.

Households and the Sector of Households Households refer to resident individuals or groups of resident individuals who share common living facilities, pool together entire or part of their income and properties for their common disposal, and share their housing, food and other consumer goods and services. All households together make up the sector of households.

Total Income from Primary Distribution Primary distribution refers to the distribution of net results from production activities among the owners of factors of production and the governments. The net results from production activities is the value – added. Factors of production include labour force, land and capital. Owners of labour force gain remuneration by providing labour. Owners of land receive rents from leasing of land. Owners of capitals get income of various forms depending on the type of capital: owners of loan capital receive income from interests. Share holders receive dividends or non – distributed profits. Government either obtains production tax or pays subsidies in participating directly or indirectly in the production processes. Results of primary distribution generate the total income from primary distribution of each sector, and the sum of the total income of primary distribution of all sectors make up the Gross National Income, or the Gross National Product.

Current Transfers Transfer refers to the transaction in the form of provision of goods, services or assets by an institutional unit to another institutional unit without receiving any goods, services or assets in return from the recipient. Current transfers refer to all kinds of transfers other than capital transfers. They include income tax, payment to social securities, social allowances and other current transfers.

Total Disposable Income Total income from primary distribution is re – distributed through current transfer, resulting in the total disposable income of various institutional sectors. The sum of total disposable income of all institutional sectors makes up the total national disposable income.

Total Savings refer to total disposable income subtracting final consumption. Total savings of all sectors make up the total national savings.

Capital Transfer refers to the free payment from one sector to another sector of non – financial investment capital, and is a transaction that seeks no return from the recipient. Capital transfer differs from current transfer in 2 aspects: 1) The purpose of the capital transfer is investment rather than consumption. 2) Capital transfer features the transfer of the ownership of assets other than inventory and cash, and capital transfer in its monetary form involves the disposal of assets other than inventory. Capital transfer includes investment subsidies and other capital transfers.

第 11 篇
CHAPTER 11

农　业
Agriculture

农作物播种面积（千公顷）

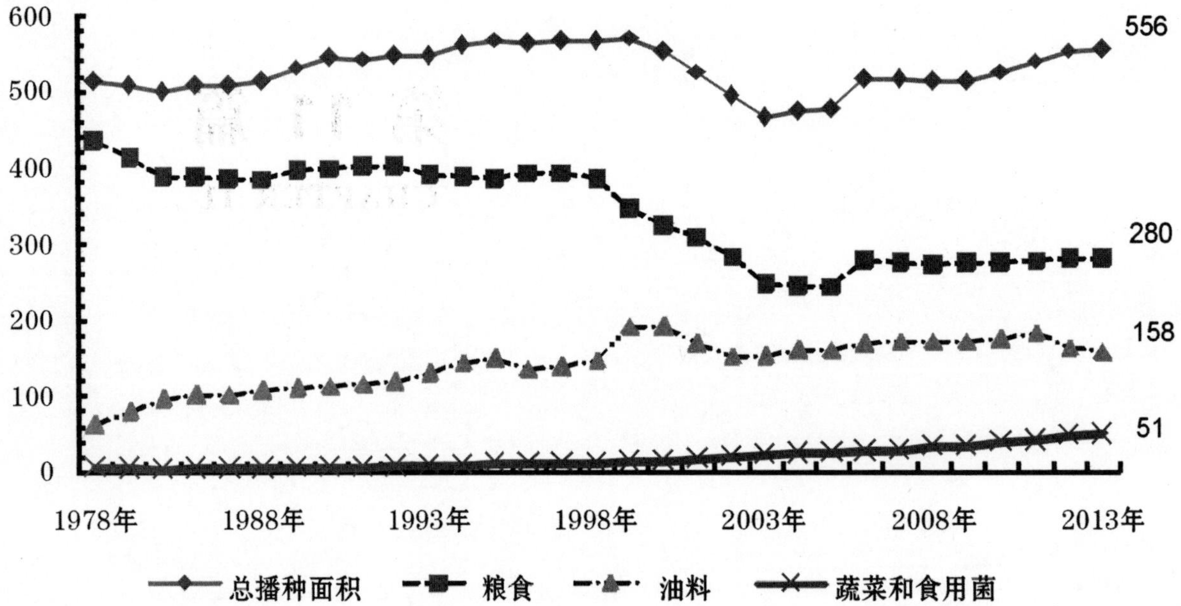

特色农牧产品产量（万吨）

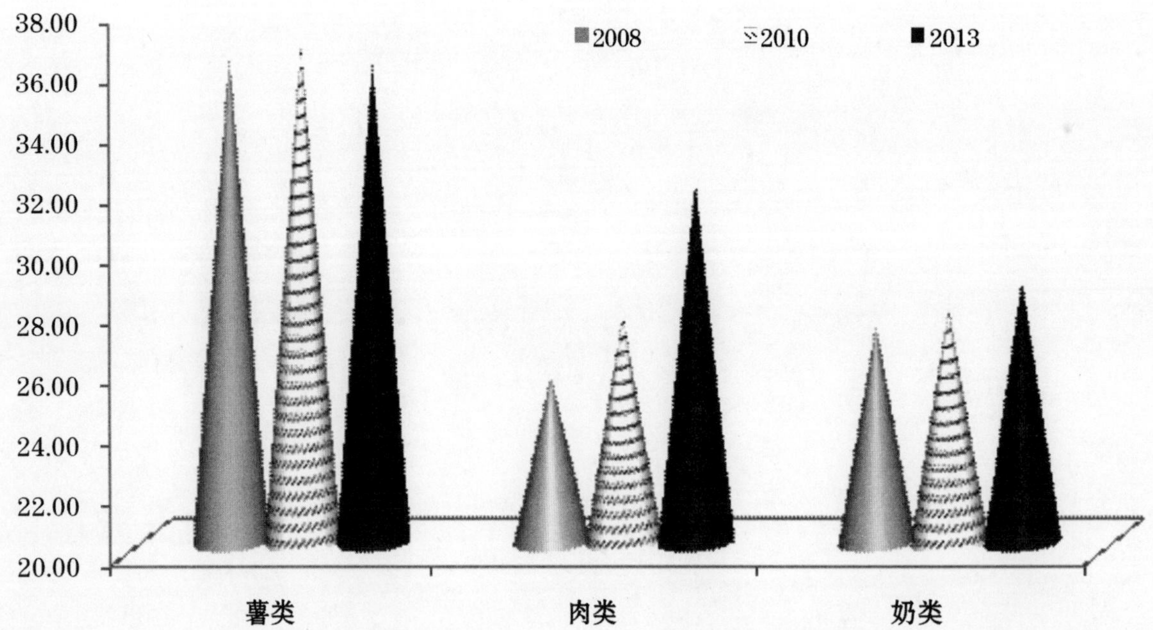

11-1 2008-2013年农村基本情况及乡村从业人员
Basic Statistics of Rural Area and Laborers(2008-2013)

指 标	Item	2008	2009	2010	2011	2012	2013
农村基层组织情况 （个）	**Basic Conditions of Rural Grass-root Units (unit)**						
乡镇数	Number of Township and Town Governments	366	366	365	365	366	365
镇数	Number of Town Governments	132	132	133	133	138	137
村民委员会	Number of Villagers' Committees	4161	4163	4163	4164	4163	4170
牧业	Animal Husbandry	889	889	888	917	917	922
户数及人口情况	**Number of Households and Situation of Population**						
乡村户数 （万户）	Number of Rural Households (10 000 units)	82.9	85.1	87.5	90.0	91.8	92.5
乡村人口数 （万人）	Number of Rural Population (10 000 persons)	367.0	372.0	378.2	381.0	385.2	385.9
乡村从业人员 （万人）	**Number of Rural Laborers (10 000 persons)**						
乡村劳动力资源数	Number of Rural Labor Resources	211.6	215.9	218.0	223.7	228.8	230.0
乡村从业人员	Number of Rural Laborers	193.7	197.3	198.3	203.0	203.1	202.75
按性别分	By Sex						
男	Male	103.6	105.3	106.7	107.6	108.1	108.0
女	Female	90.1	92.0	91.6	95.4	95.1	94.8
按国民经济行业分	By National Economic Sector						
农林牧渔业	Agriculture, Forestry, Animal Husbandry & Fishery	120.6	121.5	121.0	118.1	114.9	115.2
工 业	Industry	12.0	12.4	13.0	13.8	13.8	13.7
建筑业	Construction	23.2	24.6	25.2	26.5	26.6	27.1
交通运输、仓储及邮政业	Transport, Storage and Post	6.7	7.0	7.0	8.7	9.5	9.4
信息传输、计算机服务和软件业	Information Transmission, Computer Services and Software Industry	0.2	0.3	0.3	0.5	0.5	0.7
批发与零售业	Wholesale and Retail Trades	7.5	7.6	7.9	9.3	9.7	10.3
住宿和餐饮业	Hotels and Catering Services	8.9	8.8	9.4	9.8	11.7	11.6
其他行业	Others	14.6	15.2	14.5	16.3	16.4	14.8

11-2 1980-2013年农村基层组织及从业人员

Basic Conditions of Rural Grass-roots Units and Laborers (1980-2013)

年 份 Year / 地 区 Region		乡镇数（个）Number of Township and Town Govern-ments (unit)	乡 Town-ship	镇 Town	村民委员会（个）Number of Villagers' Committees (unit)	乡村户数（万户）Number of Rural Households (10 000 units)	乡村人口数（万人）Number of Rural Population (10 000 persons)	乡村从业人员（万人）Number of Rural Laborers (10 000 persons)	按性别分 By Sex 男 Male	女 Female
1980		403			3688	47.70	271.80	103.63	51.53	52.10
1981		418			3743	48.75	276.77	109.59	54.54	55.05
1982		420			3729	49.13	282.23	112.89	56.74	56.15
1983		422			3749	49.52	284.67	116.25	60.55	55.70
1984		428			3880	50.30	286.56	118.47	60.77	57.70
1985		428	403	25	3933	50.72	286.17	120.17	61.31	58.86
1986		429	404	25	3940	51.44	287.67	121.65	61.85	59.80
1987		429	404	25	3970	52.52	291.11	124.60	63.41	61.19
1988		429	403	26	3977	53.55	294.43	127.81	64.93	62.88
1989		430	403	27	4022	54.81	297.95	131.79	67.36	64.43
1990		430	403	27	4021	57.35	304.13	135.88	69.00	66.88
1991		430	403	27	4027	58.70	308.38	139.80	71.34	68.46
1992		430	403	27	4039	59.93	314.60	143.74	73.38	70.36
1993		431	404	27	4002	61.01	316.15	146.02	74.55	71.47
1994		431	404	27	4002	62.19	319.65	150.02	76.56	73.46
1995		432	404	28	4008	63.34	322.86	152.65	78.01	74.64
1996		432	404	28	4008	64.80	325.99	158.33	81.21	77.12
1997		432	404	28	4046	65.73	328.30	161.40	82.93	78.47
1998		432	402	30	4054	67.08	331.11	162.38	83.33	79.05
1999		430	390	40	4056	68.48	334.06	173.25	88.60	84.65
2000		430	390	40	4120	69.90	336.59	171.97	88.68	83.29
2001		422	349	73	4123	71.16	339.48	174.01	89.75	84.26
2002		392	285	107	4129	72.50	342.89	177.32	91.66	85.66
2003		392	285	107	4133	73.82	347.28	180.55	94.60	85.95
2004		392	285	107	4158	75.88	354.10	184.55	97.52	87.03
2005		392	283	109	4161	77.60	357.33	186.04	98.24	87.80
2006		369	241	128	4162	77.82	353.30	185.34	98.76	86.58
2007		367	238	129	4173	80.19	359.48	189.35	100.96	88.39
2008		366	234	132	4161	82.85	367.01	193.74	103.64	90.10
2009		366	234	132	4163	85.06	372.02	197.30	105.34	91.96
2010		365	232	133	4163	87.49	378.20	198.34	106.70	91.64
2011		365	232	133	4164	89.97	381.00	203.01	107.62	95.39
2012		366	228	138	4163	91.75	385.17	203.14	108.08	95.06
2013		365	228	137	4170	92.53	385.91	202.75	107.96	94.79
西宁市	Xining City	50	23	27	931	24.84	103.44	60.10	32.34	27.76
海东市	Haidong City	94	59	35	1587	31.71	136.48	71.51	37.75	33.76
海北州	Haibei Zang A.P	30	19	11	214	5.30	22.51	11.12	6.44	4.68
黄南州	Huangnan Zang A.P	32	24	8	261	4.62	20.44	10.48	5.22	5.26
海南州	Hainan Zang A.P	36	20	16	422	8.67	35.20	17.06	9.11	7.95
果洛州	Golog Zang A.P	44	36	8	193	3.88	14.45	6.87	3.46	3.41
玉树州	Yushu Zang A.P	44	33	11	258	8.71	34.45	15.68	8.15	7.53
海西州	Haixi Mongolian & Zang A.P	35	14	21	304	4.80	18.94	9.93	5.49	4.44

11-2 续表 Continued

单位：万人 (10 000 persons)

年 份 Year / 地 区 Region	按行业分 By Sector 农林牧渔业 Agriculture, Forestry, Animal Husbandry & Fishery	工 业 Industry	建筑业 Construction	交通运输，仓储及邮政业 Transport, Storage and Post	信息传输、计算机服务和软件业 Information Transmission, Computer Services and Software Industry	批发，零售贸易业 Wholesale and Retail Trades	住宿和餐饮业 Hotels and Catering Services	其他行业 Others
1983	110.44	0.65	0.45	0.43		0.42		0.22
1984	109.68	0.72	0.89	0.69		0.68		1.79
1985	107.09	3.48	2.77	1.83		1.10		2.34
1986	106.13	3.60	3.49	2.33		1.35		3.01
1987	109.09	3.37	3.05	2.52		1.43		3.45
1988	111.87	3.67	2.77	2.67		1.62		3.51
1989	116.50	3.79	2.38	2.62		1.61		3.30
1990	119.65	3.94	2.47	2.92		1.69		3.64
1991	123.10	3.98	2.78	2.97		1.87		3.54
1992	126.59	4.03	2.79	3.15		1.92		3.70
1993	127.01	4.66	3.21	3.34		2.43		5.35
1994	130.18	5.11	3.02	3.68		2.60		5.43
1995	131.83	5.62	3.39	3.82		2.81		5.18
1996	137.09	5.67	3.07	3.52		2.82		6.16
1997	138.20	6.04	3.38	3.84		3.00		6.94
1998	138.16	6.09	3.65	3.85		3.01		7.62
1999	144.03	6.09	4.43	4.45		3.61		10.64
2000	142.25	6.14	5.01	3.93		3.63		11.01
2001	141.57	6.27	5.33	4.31		4.07		12.46
2002	136.50	6.94	6.86	5.11		4.99		16.92
2003	134.80	8.87	9.98	5.14		5.64		16.12
2004	131.85	9.74	13.29	5.62		5.32	4.17	14.56
2005	128.73	10.09	15.17	5.73		5.89	5.34	15.09
2006	124.03	11.35	17.69	6.21		6.82	5.73	13.50
2007	119.82	11.92	21.13	6.46	0.25	7.21	7.96	14.60
2008	120.61	12.04	23.17	6.72	0.20	7.50	8.88	14.62
2009	121.46	12.37	24.56	7.05	0.32	7.59	8.76	15.18
2010	120.99	12.98	25.17	7.06	0.35	7.92	9.40	14.49
2011	118.11	13.83	26.53	8.72	0.45	9.27	9.82	16.28
2012	114.94	13.75	26.62	9.50	0.54	9.68	11.70	16.41
2013	115.19	13.70	27.14	9.38	0.71	10.26	11.57	14.80
西宁市 Xining City	25.21	6.86	10.91	4.20	0.08	4.04	3.64	5.16
海东市 Haidong City	34.21	4.72	11.61	3.42	0.52	4.09	6.29	6.65
海北州 Haibei Zang A.P	6.39	1.10	1.38	0.36	0.07	0.59	0.48	0.75
黄南州 Huangnan Zang A.P	8.54	0.24	0.53	0.32	…	0.28	0.31	0.26
海南州 Hainan Zang A.P	12.41	0.21	1.64	0.44	0.02	0.54	0.60	1.20
果洛州 Golog Zang A.P	6.60			0.06		0.08	0.01	0.12
玉树州 Yushu Zang A.P	14.85	0.01	0.18	0.11		0.09	0.04	0.40
海西州 Haixi Mongolian & Zang A.P	7.00	0.55	0.89	0.46		0.56	0.21	0.26

注：1.工业劳动力中包括村及村以下办的工业的劳动力。
2.本表分行业劳动力是按从事的主行业划分的，如以农业为主、兼营商业的，仍作为农林牧渔业劳动力。
3.2004年新增加了两个行业，把“住宿、餐饮业”从“批发零售贸易餐饮业”中分出，把“信息传输计算机服务和软件业”从“交通运输仓储和邮电业”中分出，与历史资料的口径有所不同。

a) Industrial labor force include industrial workforce run by village and below.

b) Laborers Grouped by sector in this table is based on the division of the main industries, such as agricultural, run concurrently commercial , is still as agriculture, forestry, animal husbandry and fishery workers.

c) Two new industry were increased in 2004, "hotels and catering services" separated from the "wholesale and retail trades" , "information transmission, computer services and software" separated from the "transport, storage and post". There is a different caliber from the historical data.

11-3 2009-2013年农业机械年末拥有量

Number of Agricultural Machinery at Year-end(2009-2013)

指　标	Item	2009	2010	2011	2012	2013
农业机械总动力　（万千瓦）	**Total Agricultural Machinery Power　(10 000 KW)**	**400.7**	**421.3**	**432.3**	**435.3**	**436.3**
柴油发动机动力	Diesel Engine	343.3	361.0	372.5	369.9	370.2
汽油发动机动力	Gasoline Engine	25.9	25.3	24.3	28.4	28.1
电动机动力	Motor	29.7	33.1	33.1	34.5	35.5
其他机械动力	Other Machinery Power	1.8	1.9	2.4	2.4	2.5
主要农业机械与设备	**Major Agricultural Machinery and Equipment**					
大中型拖拉机　（台）	Number of Large and Medium-sized Tractors　(unit)	3875	4747	9060	9121	10236
（万千瓦）	(10 000 KW)	16.8	18.6	25.2	25.0	26.4
小型拖拉机　（万台）	Number of Small Tractors　(10 000 unit)	26.4	27.6	28.0	26.8	25.3
（万千瓦）	(10 000 KW)	248.7	261.0	265.2	254.8	243.8
大中型拖拉机配套农具(台)	Number of Large and Medium-sized Tractor Towing Farm Machinery　(unit)	4439	5263	6138	6833	8283
小型拖拉机配套农具(万台)	Small Tractor Towing Farm Machinery　(10 000 unit)	20.9	21.9	23.4	24.4	25.1
农用排灌动力　（台）	Agricultural Irrigation and Drainage Power　(unit)	2405	2529	2757	2703	2912
（万千瓦）	(10 000 KW)	9.6	9.5	9.7	9.3	9.9
联合收割机　（台）	Combine Harvesters　(unit)	856	1113	1231	1446	1715
（万千瓦）	(10 000 KW)	5.2	6.3	7.6	9.0	10.3
机动脱粒机　（台）	Motorized Threshing Machines　(unit)	18178	22633	27242	29264	31747
农用运输车　（辆）	Trucks for Agricultural Use　(unit)	29970	31661	32977	31614	30780
渔用机动船　（艘）	Number of Motorized Fishing Boats　(unit)	93	93	179	210	192
（千瓦）	(KW)	1130	1130	2232	2430	2336
农用排灌设施	Machinery for Agricultural Drainage and Irrigation					
机电井　（眼）	Motor-pumped Set　(unit)	373	490	810	793	818
节水灌溉机械　（套）	Water-saving Irrigation Machinery　(unit)	8035	9281	9206	8056	7760
农用水泵　（台）	Agricultural Pumps	5004	5173	6496	6495	5435

11-4 主要年份农业机械年末拥有量

Number of Agricultural Machinery at Year-end in Main Years

年份 Year 地区 Region		农机总动力（万千瓦）Total Power of Agricultural Machinery (10 000 KW)	大中型拖拉机 Large and Medium-sized Agricultural Tractors		小型和手扶拖拉机 Small and Walking Tractor		排灌动力机械 Machinery for Agricultural Drainage and Irrigation		联合收割机（台）Combine Harvesters (unit)	农用运输车（辆）Trucks for Agricultural Use (unit)
			（混合台）(mixed unit)	（万千瓦）(10 000 KW)	（台）(unit)	（万千瓦）(10 000 KW)	（台）(unit)	（万千瓦）(10 000 KW)		
1965			775	2.66	6	0.01	127	0.50	100	
1970			1296	3.02	749	1.12	263	1.40	98	
1975		30.47	3434	12.02	5776	4.26	1716	4.41	113	
1980		69.62	6364	23.07	13933	12.48	4552	8.46	363	
1985		88.03	5018	17.91	28589	25.21	3117	7.77	439	
1990		126.86	4232	15.44	63143	56.91	2919	7.01	479	
1995		188.47	3149	11.89	112907	100.67	2963	8.53	533	
1996		199.21	2980	11.25	124629	111.12	3081	8.87	541	
1997		207.85	2772	10.92	127796	111.45	4922	9.05	549	
1998		219.43	2750	11.06	138187	122.01	5074	9.38	626	
1999		241.94	2548	11.02	158867	135.97	2974	8.71	650	
2000		256.18	2409	10.46	167830	150.66	2725	8.65	670	8906
2001		264.66	2469	10.69	178638	160.66	2858	8.89	676	13433
2002		281.39	2787	11.04	190581	174.77	3080	9.06	651	16320
2003		292.43	2808	10.53	200714	177.24	2874	8.80	665	21192
2004		328.77	2861	10.94	230496	196.65	3066	10.03	632	25862
2005		327.34	2745	10.35	221664	204.41	2876	9.81	657	27762
2006		335.07	3063	10.85	230866	215.42	2965	9.92	667	27724
2007		348.57	3002	10.44	245443	228.63	3018	10.12	736	27996
2008		362.41	3417	12.95	251531	232.32	2975	10.08	886	27330
2009		400.73	3875	16.83	263728	248.71	2405	9.57	856	29970
2010		421.31	4747	18.56	276168	261.03	2529	9.54	1113	31661
2011		432.34	9060	25.18	279616	265.24	2757	9.71	1231	32977
2012		435.26	9121	24.96	268005	254.80	2703	9.34	1446	31614
2013		436.32	10236	26.44	253428	243.78	2912	9.93	1715	30780
西宁市	Xining City	128.34	1133	3.57	86756	85.36	510	1.02	387	9001
海东市	Haidong City	149.64	947	2.21	96785	90.52	1302	5.36	209	12819
海北州	Haibei Zang A.P	42.84	716	3.78	16359	14.94	78	0.16	418	137
黄南州	Huangnan Zang A.P	14.26	73	0.28	7907	7.31	123	0.93	22	1835
海南州	Hainan Zang A.P	46.69	1443	4.75	22039	22.26	651	1.95	497	3461
果洛州	Golog Zang A.P	3.89			1674	1.94				505
玉树州	Yushu Zang A.P	12.48	4037	6.45	4422	3.73	18	0.11	13	864
海西州	Haixi Mongolian & Zang A.P	38.18	1887	5.40	17486	17.72	230	0.40	169	2158

11-5 2009-2013年农村电力、农田水利建设和物资消耗
Rural Electric Power, Construction of Farmland Irrigation and Water Conservancy, Material Consumption(2009-2013)

指　　标	Item	2009	2010	2011	2012	2013
农村电力	**Rural Electrific Power**					
乡村办水电站 (个)	Hydropower Station in Rural Areas (unit)	43	42	40	35	34
发电能力 (万千瓦)	Generating Capacity (10 000 kw)	2.40	1.44	1.39	1.24	1.19
发电量 (万千瓦时)	Amount of Electric Power Generation (10 000 kwh)	9647	5987	6130	6458	6256
农村用电量 (万千瓦时)	Electricity Consumed in Rural Areas (10 000 kwh)	37782	38342	40709	44595	45027
农田水利建设情况 (千公顷)	**Construction of Farmland Irrigation and** Water Conservancy (10 000 hectares)					
有效灌溉面积	Effective Irrigated Area			186.7	187.2	
旱涝保收面积	Farmland with Stable Yields Despite of Drought or Waterlogging	62.8	57.0	80.7	72.9	54.8
机电排灌面积	Pumping Irrigation and Drainage Area	28.3	22.8	28.2	24.9	24.7
农用化肥施用量(折纯) (万吨)	**Consumption of Chemical Fertilizer (100% Purity)** (10 000 tons)	**7.96**	**8.17**	**8.26**	**9.30**	**9.8**
氮肥(实物量)	Nitrogenous Fertilizer (Physical Volume)	7.45	7.64	8.09	8.23	8.33
折纯量	(100% Purity)	3.45	3.49	3.65	3.77	3.86
磷肥(实物量)	Phosphate Fertilizer (Physical Volume)	7.03	7.17	7.22	7.01	8.12
折纯量	(100% Purity)	1.27	1.29	1.26	1.26	1.53
钾肥(实物量)	Potash Fertilizer (Physical Volume)	0.51	0.67	0.74	0.81	0.67
折纯量	(100% Purity)	0.27	0.35	0.38	0.37	0.26
复合肥(实物量)	Compound Fertilizer (Physical Volume)	6.07	6.30	6.47	8.06	8.60
折纯量	(100% Purity)	2.97	3.04	2.98	3.90	4.15
农用塑料薄膜使用量 (吨)	**Consumption of Agricultural Plastic Film (ton)**	**2113.79**	**3113.36**	**5405.86**	**5329.17**	**6472.24**
地膜使用量 (吨)	Consumption of Plastic Mulching (ton)	1277.55	2425.20	4149.16	4308.09	5415.30
地膜覆盖面积 (公顷)	Area of Plastic Mulching (hectare)	15203	26163	42954	51307	59912
农用柴油使用量 (万吨)	**Consumption of Agricultural Diesel Oil (10 000 tons)**	**5.87**	**6.12**	**6.22**	**6.39**	**6.52**
农药使用量 (吨)	**Consumption of Pesticide (ton)**	**2025.55**	**2061.91**	**1995.36**	**1805.38**	**1996.96**

11-6 主要年份农村电力、灌溉面积、化肥施用量

Rural Electric Power, Irrigated Area and Consumption of Chemical Fertilizers in Main Years

年份 地区	Year Region	乡村办水电站 Hydropower Station in Rural Areas 个数 Number	装机容量(万千瓦) Installed Capacity (10 000 kw)	农村用电量(万千瓦时) Electricity Consumed in Rural Areas (10 000 kwh)	化肥施用量(实物吨) Consumption of Chemical Fertilizer (physical ton)	有效灌溉面积(千公顷) Effective Irrigated Area (1 000 hectares)
1978		128	0.55	7442	158394	164.33
1980		138	0.77	8664	159014	159.62
1985		93	1.18	8292	117845	160.15
1990		67	0.76	14758	158840	171.56
1991		52	0.59	14856	160662	175.36
1992		43	0.48	15730	165501	175.05
1993		40	0.56	18647	171517	176.65
1994		41	0.69	21563	167100	176.99
1995		46	0.73	20377	179250	177.31
1996				20952	175006	176.12
1997		47	1.21	21446	181104	176.12
1998		48	1.26	21144	179885	187.43
1999		49	1.28	21420	185318	189.72
2000		57	1.64	23005	182439	211.42
2001		56	1.84	24427	182397	208.33
2002		54	2.73	22468	176458	193.55
2003		52	4.23	28789	171386	181.73
2004		49	4.07	29486	170655	180.33
2005		50	4.26	29923	176088	176.54
2006		51	4.28	31838	195053	176.32
2007		46	2.70	34533	197809	176.59
2008		43	2.65	36939	200804	177.24
2009		43	2.40	37782	210686	
2010		42	1.44	38342	217853	
2011		40	1.39	40709	225080	186.69
2012		35	1.24	44595	241106	187.19
2013		34	1.19	45027	257138	
西宁市	Xining City	11	0.95	15449	80028	
海东市	Haidong City			14989	87277	
海北州	Haibei Zang A.P	1	…	2291	17842	
黄南州	Huangnan Zang A.P			1023	2802	
海南州	Hainan Zang A.P	11	0.15	7743	37271	
果洛州	Golog Zang A.P			135	2	
玉树州	Yushu Zang A.P	7	0.02	539	859	
海西州	Haixi Mongolian & Zang A.P	4	0.07	2858	31057	

11-7 主要年份各地区耕地面积
Area of Cultivated Land by Region in Main Years

单位：公顷 (hectares)

地 区	Region	耕地面积总资源 Cultivated Land (Total Area) 2005	2008	2011	2012
全省	**Total**	**542245.95**	**542719.26**	**588323.87**	**588527.67**
西宁市	Xining City	146462.82	145786.12	149394.26	148147.14
海东市	Haidong City	201501.18	201316.49	225688.15	224744.76
海北州	Haibei Zang A.P	47696.94	49053.35	54345.64	56606.35
黄南州	Huangnan Zang A.P	19539.23	19628.95	20037.45	20021.34
海南州	Hainan Zang A.P	77352.54	77317.58	83327.18	83273.86
果洛州	Golog Zang A.P	991.80	991.80	1294.43	1293.97
玉树州	Yushu Zang A.P	13757.51	13728.10	13546.67	13456.18
海西州	Haixi Mongolian & Zang A.P	34943.93	34896.86	40690.09	40984.07

11-8 主要年份耕地面积增减变动情况
Changing Situation of Increased and Decreased Cultivated Land in Main Years

单位：千公顷 (1 000 hectares)

指 标	Item	2005	2008	2011	2012
年初耕地总资源	**Total Area of Cultivated Land at Year-begin**	**542.0**	**542.2**		**588.3**
年内增加	Increased During the Year	8.0	1.3		2.8
新开发地	Newly Reclaimed Wildland	2.0			
年内减少	Decreased During the Year	7.8	0.8		2.6
新增建设用地		3.0			
年末耕地总资源	**Total Area of Cultivated Land at Year-end**	**542.2**	**542.7**	**588.3**	**588.5**
水浇地	Irrigable Land	176.5	177.2	186.7	187.2
旱地	Temporary Cultivated Land			401.6	401.3

11-9 主要年份农业机械化与草原建设

Agricultural Mechanization and Grassland Construction in Main Years

单位：千公顷 (1 000 hectares)

指 标	Item	2005	2009	2010	2011	2012	2013
农业机械化情况	**Agricultural Mechanization**						
当年实际机耕面积	Machine-ploughed Area	207	299	310	361	331	367
当年机械播种面积	Machine-sown Area	176	239	270	255	264	268
当年机械收割面积	Machine-harvested Area	62	125	140	156	174	200
草原建设情况	**Grassland Construction**						
围栏草场面积	Area of Fenced Grassland	5921	7177	7891	8751	6303	10777
当年新围面积	New Fenced in This Year	934	719	713	860	610	1300
人工种草保留面积	Artificial Grass to Retain the Area	682	300	310	322	340	446
当年新种面积	New Sown in This Year	116	127	177	151	174	262
年内鼠害危害发生面积	Damage Occurrence Area by Rats in This Year	7464	7240	8067	8497	8628	8719
年内鼠害防治面积	Damage Prevention Area by Rats in This Year	2727	2915	1956	832	1046	1124
年内虫害危害面积	Damage Occurrence Area by Pests in This Year	615	2179	2095	2189	1996	1654
年内虫害防治面积	Damage Prevention Area by Pests in This Year	169	301	415	371	316	443

注:2008年后草原建设情况数据由青海省农牧厅提供。

a) Grassland Construction have been from Agriculture and Animal Husbandry Department since 2008 .

11-10 主要年份水果、渔业生产情况

Production of Fruit and Fishery in Main Years

指 标	Item	2005	2009	2010	2011	2012	2013
水果	**Fruit**						
水果产量合计 (吨)	Total Output of Fruit (ton)	14772	14575	14387	13511	14090	13519
苹果	Apples	7316	5729	5738	5773	5880	5382
梨	Pears	5105	4835	4428	4725	4708	4147
葡萄	Grapes	80	109	117	97	103	99
年末实有果园面积（公顷）	Orchard Area at Year-end(hectare)	4298	4507	5087	5049	6842	6845
苹果园	Apple Orchard	2806	2490	2075	2039	1658	1639
梨园	Pear Orchard	1226	847	821	827	884	880
葡萄园	Vineyard	7	26	63	62	53	52
年末实有零星果树（万株）	Sporadic Fruit Trees at Year-end (10 000 trees)	312	324	357	353	389	415
苹果树	Apple Trees	171	170	177	185	189	207
梨树	Pear Trees	87	99	121	119	143	152
渔业	**Fishery**						
水产品总产量 (吨)	Total Aquatic Products (ton)	878	827	1600	3293	4520	6000
养殖产量	Aquaculture Output	816	784	1600	3293	4520	6000
养殖面积 (千公顷)	Aquaculture Area (1 000 hectares)	43	44	45	44	44	44

11-11 农作物播种面积及种植结构
Total Sown Areas of Farm Crops and Its Planting Structure

单位：千公顷、%　　　　(1 000 hectares，%)

指标	Item	播种面积 Sown Areas					种植结构 Planting Structure				
		2009	2010	2011	2012	2013	2009	2010	2011	2012	2013
农作物总播种面积	**Total Sown Area**	**514.06**	**526.75**	**540.05**	**554.21**	**555.77**	**100.00**	**100.00**	**100.00**	**100.00**	**100.00**
粮食作物	**Grain Crops**	**275.73**	**274.51**	**279.41**	**280.18**	**279.97**	**53.64**	**52.11**	**51.74**	**50.55**	**50.38**
谷物	Cereal	146.76	151.63	159.05	163.38	159.15	53.23	55.24	56.92	58.31	56.85
小麦	Wheat	104.13	100.96	94.03	94.20	95.42	70.95	66.58	59.12	57.65	59.96
青稞	Highland Barley	34.04	35.91	43.53	45.30	39.33	23.19	23.68	27.37	27.72	24.71
玉米	Corn	5.25	12.33	20.47	22.90	23.29	3.58	8.13	12.87	14.02	14.63
其它	Others	3.33	2.44	1.01	0.98	1.11	2.27	1.61	0.64	0.60	0.7
豆类	Soybeans	42.31	36.17	32.31	33.10	27.14	15.34	13.18	11.57	11.81	9.69
蚕豆	Horsebean	29.77	24.95	22.29	22.80	20.21	70.36	68.98	68.99	68.88	74.47
豌豆	Pea	12.55	11.22	10.02	10.30	6.93	29.66	31.02	31.01	31.12	25.53
薯类	Tubers	86.65	86.71	88.05	83.70	93.68	31.43	31.59	31.51	29.87	33.46
经济作物	**Economic Crops**	**173.08**	**185.97**	**198.06**	**185.65**	**181.42**	**33.67**	**35.31**	**36.67**	**33.50**	**32.64**
油料	Oil-bearing Crops	172.41	175.05	184.21	164.40	158.36	99.61	94.13	93.01	88.55	87.29
油菜籽	Rapeseeds	170.27	172.56	180.54	159.99	154.23	98.76	98.58	98.01	97.32	97.39
胡麻	Benne	2.15	2.49	3.67	4.41	4.13	1.25	1.42	1.98	2.68	2.61
其它	Others	0.67	10.92	13.85	21.25	23.06	0.39	5.87	6.99	11.45	12.71
枸杞	Matrimony Vine	0.45	10.43	13.35	21.08	21.70	67.16	95.51	96.39	99.20	94.10
蔬菜和食用菌	**Vegetables and Edible Fungis**	**35.24**	**40.08**	**42.04**	**48.78**	**50.55**	**6.86**	**7.61**	**7.79**	**8.80**	**9.10**
瓜果类	**Melon**	**0.47**	**0.59**	**0.71**	**0.64**	**0.40**	**0.09**	**0.11**	**0.13**	**0.12**	**0.07**
其他农作物	**Other Farm Crops**	**29.53**	**25.60**	**19.83**	**38.96**	**43.43**	**5.74**	**4.86**	**3.67**	**7.03**	**7.81**
青饲料	Succulence	28.21	23.91	18.02	34.36	40.39	95.53	93.40	90.87	88.19	93.00
果园面积	Area of Orchard	4.51	5.09	5.05	6.84	6.84	—	—	—	—	—

注：2010年以后播种面积包括枸杞面积。

a) The sown areas of matrimony vine have been included in the total sown areas since 2010.

11-12 主要年份农作物总播种面积

Total Sown Areas of Farm Crops in Main Years

单位：千公顷 (1 000 hectares)

年份 Year / 地区 Region	总播种面积 Total Sown Area	粮食作物 Grain Crops	小麦 Wheat	杂粮 Cereal Crops	薯类 Tubers	经济作物 Economic Crops	油料 Oil-bearing Crops	蔬菜和食用菌 Vegetables and Edible Fungis
1978	514.58	434.76	207.03	190.39	37.00	62.11	61.18	7.19
1980	508.73	411.96	201.14	174.47	36.35	78.89	78.77	5.58
1985	500.46	386.57	200.69	154.87	31.01	95.19	94.89	4.49
1986	507.81	386.98	200.98	154.41	31.59	100.74	100.53	4.95
1987	507.79	384.46	201.37	152.04	31.05	102.89	102.57	5.27
1988	514.30	385.72	204.78	149.07	31.87	106.69	106.43	5.43
1989	532.22	395.21	209.99	151.53	33.69	110.24	109.75	6.89
1990	544.71	400.33	213.46	152.51	34.36	114.39	113.91	6.89
1991	543.46	401.95	217.62	149.01	35.33	117.38	117.01	7.36
1992	546.55	401.26	220.74	143.21	37.31	118.05	117.75	8.19
1993	548.17	389.83	209.92	143.23	36.68	129.20	129.02	10.18
1994	562.10	386.85	204.99	143.55	38.31	144.67	144.60	10.11
1995	568.81	384.25	205.98	140.56	37.71	149.88	149.77	12.44
1996	564.37	394.79	210.58	146.29	37.92	136.04	135.93	11.61
1997	567.96	394.72	213.46	144.00	37.26	137.89	137.76	12.61
1998	566.93	384.85	211.91	135.44	37.50	147.95	147.78	12.48
1999	571.02	344.83	182.89	117.81	44.13	192.45	192.36	13.94
2000	553.68	322.72	165.54	110.91	46.27	192.23	191.58	15.78
2001	526.72	309.87	149.75	100.94	59.18	154.67	168.74	17.81
2002	494.36	284.74	142.50	81.54	60.70	159.35	152.93	20.61
2003	466.80	248.00	107.00	75.30	65.70	155.90	152.10	24.11
2004	473.70	244.70	102.20	74.70	67.80	164.95	159.80	25.05
2005	476.73	245.57	96.80	73.44	75.33	165.68	161.86	25.83
2006	517.20	278.81	104.87	88.30	85.64	170.23	168.42	27.71
2007	516.70	274.93	105.00	83.83	86.10	174.57	172.40	30.12
2008	513.63	271.99	104.40	81.99	85.60	177.16	172.73	34.16
2009	514.06	275.73	104.13	84.93	86.65	173.08	172.41	35.24
2010	526.75	274.51	100.96	86.85	86.71	185.97	175.05	40.08
2011	540.05	279.41	94.03	97.33	88.05	198.06	184.21	42.04
2012	554.21	280.18	94.20	102.30	83.70	185.65	164.40	48.78
2013	555.77	279.97	95.42	90.87	93.68	181.42	158.36	50.55
西宁市 Xining City	121.97	56.99	26.10	14.72	16.17	33.23	32.36	21.54
海东市 Haidong City	202.22	114.85	29.64	37.04	48.17	59.15	58.81	24.51
海北州 Haibei Zang A.P	53.71	13.85	0.37	12.02	1.46	28.63	28.63	0.41
黄南州 Huangnan Zang A.P	17.42	7.89	4.61	1.74	1.54	4.65	4.65	0.30
海南州 Hainan Zang A.P	93.03	50.13	11.44	36.91	1.78	30.09	28.45	2.17
果洛州 Golog Zang A.P	0.52	0.46	0.05	0.40	0.01	0.04	0.05	0.01
玉树州 Yushu Zang A.P	11.30	9.40	0.07	8.66	0.67	0.36	0.36	0.36
海西州 Haixi Mongolian & Zang A.P	45.84	16.65	8.18	6.97	1.50	25.27	5.05	1.25

注：1.2006年数据根据农业普查结果已作了修正。
2.2010年以后播种面积包括枸杞面积。
a) Data in 2006 has been amended based on the results of the census of agriculture.
b)The sowm areas of matrimony vine have been included in the total sown areas since 2010.

11-13 主要年份主要农产品产量

年份 Year 地区 Region		粮食 (万吨) Grain (10 000 tons)	小麦 Wheat	杂粮 Cereal Crops	薯类 Tubers
1978		90.30	53.30	28.77	8.24
1980		95.60	56.31	31.67	7.62
1985		100.32	62.96	28.96	8.40
1986		98.35	60.89	28.26	9.20
1987		104.15	67.60	27.72	8.83
1988		105.82	68.40	27.10	10.32
1989		110.84	70.59	29.24	11.01
1990		114.56	74.18	29.51	10.87
1991		114.63	76.92	29.41	8.30
1992		118.50	74.90	31.41	12.19
1993		118.63	73.92	32.69	12.02
1994		116.84	68.64	33.59	14.61
1995		114.19	69.49	29.92	14.78
1996		123.83	76.66	33.36	13.81
1997		127.55	78.29	35.24	14.02
1998		128.20	79.94	33.41	14.85
1999		103.61	59.37	29.46	14.78
2000		82.70	47.58	20.23	14.89
2001		103.20	52.70	23.89	26.61
2002		91.28	45.20	21.68	24.40
2003		86.80	36.80	21.80	28.20
2004		88.47	37.11	22.33	29.03
2005		93.26	39.32	21.49	32.45
2006		95.17	41.06	21.10	33.01
2007		99.02	41.76	23.10	34.16
2008		101.80	42.03	23.59	36.18
2009		102.70	39.04	25.35	38.30
2010		102.03	37.28	28.20	36.55
2011		103.36	35.36	31.12	36.88
2012		101.50	35.20	33.80	32.50
2013		102.37	35.96	30.51	35.90
西宁市	Xining City	23.57	10.16	4.80	8.61
海东市	Haidong City	53.24	12.70	19.71	20.83
海北州	Haibei Zang A.P	4.47	0.99	2.66	0.82
黄南州	Huangnan Zang A.P	2.94	1.86	0.41	0.67
海南州	Hainan Zang A.P	13.55	4.80	7.98	0.77
果洛州	Golog Zang A.P	0.12	0.01	0.10	0.01
玉树州	Yushu Zang A.P	1.60	0.01	1.38	0.21
海西州	Haixi Mongolian & Zang A.P	8.00	4.32	2.91	0.77

注：1.全省粮食、油料总产量为抽样调查数，故各州、地、市数相加不等于全省合计数。
2.2006年数据根据农业普查结果已作了修正。

Output of Major Farm Products in Main Years

油料 (万吨) Oil-bearing Crops (10 000 tons)	油菜籽 Rapeseeds	蔬菜和食用菌 (万吨) Vegetables and Edible Fungis (10 000 tons)	水果 (吨) Fruits (ton)	苹果 Apples	梨 Pears	葡萄 Grapes	水产品产量 (吨) Output of Aquatic Products (ton)
4.53	4.18	19.77					
7.07	6.81	14.33	7434	4281	3014	22	3245
9.92	9.57	16.15	19825	11552	6880	41	4350
10.36	10.01	15.71	19281	11571	4885	58	4580
10.38	9.98	16.46	21154	12770	6830	37	2260
10.45	10.14	19.01	25717	15974	8090	138	2380
10.55	10.26	22.48	22679	12971	7299	70	2781
12.04	11.74	22.85	22019	14431	6210	95	3356
13.21	12.92	23.34	21365	14471	5148	77	3943
14.03	13.68	28.59	26049	17388	6632	127	3994
15.21	14.69	30.45	27180	18677	6236	69	3886
18.44	18.05	34.00	25704	17444	6460	56	3602
16.21	15.82	38.31	26831	17446	7116	72	2444
17.09	16.56	39.26	29062	18935	7807	159	2213
18.36	17.80	42.37	27179	18884	5891	189	1752
21.04	20.42	46.26	24766	16138	6585	67	1416
28.50	27.85	56.63	24144	15897	5931	106	1488
19.40	19.08	60.28	22415	14144	5963	106	1166
23.00	22.60	63.72	17252	9661	5525	117	1989
23.40	22.66	67.63	16301	9078	5228	106	1796
26.20	25.70	77.11	14603	8246	4418	74	1253
28.89	28.26	78.44	14686	7198	5362	102	1058
31.85	31.57	84.46	14772	7316	5105	80	878
27.94	27.67	90.44	13308	5939	4912	114	1985
32.03	31.63	98.27	13846	5804	4894	112	1780
35.22	34.80	110.08	13241	5823	4680	106	2129
36.60	36.20	118.86	14575	5729	4835	109	827
36.91	36.44	134.43	14387	5738	4428	117	1600
36.07	35.60	143.64	13511	5773	4725	97	3293
35.22	34.53	158.75	14090	5880	4708	103	4520
32.57	31.93	158.94	13519	5382	4147	99	6000
8.81	8.76	76.33	1278	981	150	1	185
13.14	12.68	71.69	7257	2338	2193	83	1158
4.74	4.74	0.89					5
0.69	0.66	0.91	1315	653	449		262
3.97	3.87	3.80	3400	1410	1355		3912
0.01	0.01	0.01					
0.04	0.04	0.26					
1.17	1.17	5.05	269			15	478

a) The grain and oil production of total province are data from sample survey, so the sum of regional data is not equal to provincial total.
b) Data in 2006 has been amended based on the results of the census of agriculture.

11-14 2007-2013年主要农作物产品产量
Output of Major Farm Products (2007-2013)

指　标	Item	2007	2008	2009	2010	2011	2012	2013
粮食　（万吨）	**Grain　(10 000 tons)**	**99.02**	**101.80**	**102.70**	**102.03**	**103.36**	**101.50**	**102.37**
谷物	Cereal	53.94	54.74	53.59	56.95	59.42	61.90	60.82
小麦	Wheat	41.76	42.03	39.04	37.28	35.36	35.20	35.96
青稞	Highland Barley	11.35	10.78	10.13	8.86	8.52	9.70	8.20
其它	Others	0.83	1.93	4.42	10.81	15.54	17.00	16.66
豆类	Soybeans	10.92	10.88	10.80	8.53	7.06	7.10	5.65
蚕豆	Horsebean	8.81	9.10	9.00	7.05	6.02	6.05	4.67
豌豆	Pea	2.11	1.78	1.81	1.48	1.04	1.05	0.98
薯类	Tubers	34.16	36.18	38.30	36.55	36.88	32.50	35.90
油料　（万吨）	**Oil-bearing Crops (10 000 tons)**	**32.03**	**35.22**	**36.60**	**36.91**	**36.07**	**35.22**	**32.57**
油菜籽	Rapeseeds	31.63	34.80	36.20	36.44	35.60	34.53	31.93
胡麻	Benne	0.40	0.42	0.40	0.47	0.47	0.69	0.64
麻类　（吨）	**Fiber Crops　(ton)**	**5**						
甜菜　（吨）	**Beetroots　(ton)**	**6859**			**439**	**110**	**35**	**150**
烟叶　（吨）	**Tobacco　(ton)**	**941**	**741**		**747**	**1710**	**1310**	**530**
枸杞　（吨）	**Wolfberry　(ton)**					**18160**	**26411**	**40373**
蔬菜和食用菌	**Vegetables and Edible Fungis　(ton)**	**982673**	**1100799**	**1188635**	**1344321**	**1436411**	**1587488**	**1589446**
瓜果　（吨）	**Melons　(ton)**	**19135**	**19396**	**18824**	**24011**	**30862**	**22705**	**16125**
水果　（吨）	**Fruits　(ton)**	**13846**	**13241**	**14575**	**14387**	**13511**	**14090**	**13519**

11-15 2008-2013年林业生产情况
Basic Statistics of Afforestation(2008-2013)

单位：千公顷 (1 000 hectares)

指 标	Item	2008	2009	2010	2011	2012	2013
营林情况	**Forest Management**						
荒山荒(沙)地造林面积	Barren Waste (Sand) Afforestation Area				177.5	135.6	152.8
人工造林	Reforestation				49.7	33.4	44.4
#灌木林面积	Shrubbery Area				25.0	21.6	37.3
无林地和疏林地新封	Newly Closed Area of No Woodland and Open Forest Land				127.8	102.3	108.4
封山(沙)育林面积	Area of Closing Hillsides (Sand) to Facilitate Afforestation	579.2	687.4	771.5	887.5	989.8	1096.8
本年新封面积	Newly Closed Area This Year	23.9	108.2	84.1	127.8	102.2	108.4
零星(四旁)植树 (万株)	Fragmentary Planting (10 000 trees)	1093.2	1210.4	1124.3	1329.9	2048.9	1395.2
育苗面积	Actual Sapling Breeding Area	2.3	2.4	2.8	3.6	5.2	4.7
本年新育面积	Newly Breeded Area This Year	0.9	1.1	0.9	1.1	1.1	1.2
森林抚育	Forest Tending						
低产低效林改造面积	Transformation Area of Low-yielding and Inefficient Forest				0.1	13.1	0.5
未成林抚育作业面积	Tending Area of Immature Forest	78.4	58.5	51.3	29.2	30.4	5
中幼龄林抚育面积	Tending Area of Middle-aged and Young Forest		6.0	3.5	7.6	25.1	23.5
木材采伐量 (万立方米)	**Volume of Timber Harvesting** (10 000 cu.m)	**2.2**	**2.1**	**1.8**	**1.5**	**1.1**	**0.6**

11-16 2007-2013年畜牧业生产情况及主要畜产品产量
Livestock and Its Major Products(2007-2013)

单位：万头只 (10 000 heads)

指　标	Item	2007	2008	2009	2010	2011	2012	2013
牲畜年末头数	**Number of Animals at Year-end**							
草食畜合计	Total of Herbivores	1976.0	1981.2	1978.4	1976.8	1976.3	1905.3	1944.9
大牲畜	Large Animals	478.9	484.2	480.7	471.6	478.8	459.0	484.7
牛	Cattle and Buffaloes	447.1	445.4	444.6	436.1	442.4	425.2	452.2
羊	Sheep and Goats	1497.1	1496.9	1497.8	1505.2	1497.5	1446.3	1460.2
绵羊	Sheep	1266.4	1267.5	1270.2	1310.8	1303.9	1253.0	1268.5
猪	Hogs	88.8	107.2	109.8	113.2	115.2	116.7	120.8
肉用畜出栏数	**Slaughtered Fattened Animals**							
草食畜合计	Total of Herbivores	638.6	637.8	649.1	663.2	687.8	718.9	732.1
大牲畜	Large Animals	96.0	95.8	96.2	98.5	99.0	104.3	109.3
牛	Cattle and Buffaloes	92.7	92.1	92.5	94.8	95.0	100.0	105.4
羊	Sheep and Goats	542.6	542.0	552.9	564.8	588.7	614.6	622.8
绵羊	Sheep	463.4	461.8	471.8	483.1	532.9	564.3	576.4
猪	Hogs	105.3	123.6	134.8	131.4	130.2	132.1	137.7
肉类产量(万吨)	**Output of Meat (10 000 tons)**	**24.33**	**25.54**	**26.91**	**27.53**	**28.84**	**30.47**	**31.98**
猪肉	Pork	7.57	8.70	9.20	9.18	9.16	9.44	9.90
牛肉	Beef	7.32	7.30	8.10	8.46	8.70	9.56	10.28
羊肉	Mutton	8.68	8.70	8.80	9.04	9.94	10.39	10.53
禽肉	Poultry					0.66	0.71	0.72
奶类　(万吨)	**Milk (10 000 tons)**	**26.5**	**27.2**	**26.8**	**27.8**	**28.5**	**29.4**	**28.7**
牛奶	Cow Milk	25.0	25.3	25.3	26.2	27.0	27.6	27.6
羊毛　(吨)	**Wool (ton)**	**15378**	**15369**	**15378**	**17749**	**19411**	**19149**	**19308**
绵羊毛	Sheep Wool	14551	14560	14573	16666	17537	18076	**17928**
羊绒　(吨)	**Cashmere (ton)**	**355**	**347**	**345**	**417**	**414**	**398**	**425**
禽蛋　(吨)	**Poultry Eggs (ton)**	**13865**	**14913**	**15151**	**15600**	**17553**	**20054**	**22622**

11-17 主要年份牲畜饲养情况
Number of Livestock in Main Years

单位：万头(只)　　(10 000 heads)

年 份 Year 地 区 Region		大牲畜年末存栏 Large Animals (year-end)	牛 Cattle and Buffaloes	马 Horses	羊年末存栏 Sheep and Goats (year-end)	绵羊 Sheep	猪年末存栏 Hogs (year-end)
1978		568.8	497.3	46.6	1645.0	1475.2	84.5
1980		553.9	486.8	41.9	1612.8	1447.0	68.3
1985		589.4	515.9	44.0	1328.2	1197.4	83.0
1990		612.3	538.6	44.8	1608.3	1404.7	96.5
1992		622.6	550.7	41.7	1648.1	1436.7	97.7
1993		575.1	509.1	38.2	1635.1	1421.7	102.6
1994		587.4	524.2	37.2	1677.1	1463.3	101.6
1995		559.0	500.9	34.6	1666.3	1466.2	108.9
1996		505.5	443.2	37.3	1569.5	1368.6	107.1
1997		481.3	421.7	37.4	1601.2	1372.9	108.9
1998		451.7	394.3	36.9	1638.9	1378.8	113.3
1999		431.4	378.2	35.1	1639.5	1372.5	109.2
2000		441.4	390.5	33.8	1642.0	1369.5	103.6
2001		454.3	400.7	28.9	1676.2	1396.7	103.2
2002		462.2	410.7	27.3	1732.9	1437.7	104.8
2003		455.9	405.6	26.8	1761.7	1446.0	101.0
2004		452.8	403.8	27.1	1763.7	1434.9	106.4
2005		453.5	406.2	24.5	1765.7	1435.2	105.1
2006		486.1	450.3	18.5	1501.8	1265.9	89.0
2007		487.8	447.1	22.2	1497.1	1266.4	88.8
2008		484.2	445.4	21.8	1496.9	1267.5	107.2
2009		480.7	444.6	21.4	1497.8	1270.2	109.8
2010		471.6	436.1	21.5	1505.2	1310.8	113.2
2011		478.8	442.4	22.3	1497.5	1303.9	115.2
2012		459.0	425.2	20.1	1446.3	1253.0	116.7
2013		484.7	452.2		1460.2	1268.5	120.8
西宁市	Xining City	35.4	31.4	1.7	85.9	82.9	39.1
海东市	Haidong City	31.4	23.0	0.7	128.7	105.9	64.7
海北州	Haibei Zang A.P	54.9	50.7	3.9	280.6	276.7	2.6
黄南州	Huangnan Zang A.P	52.5	48.4	2.8	143.1	135.3	0.4
海南州	Hainan Zang A.P	67.6	64.2	3.0	404.4	342.5	3.4
果洛州	Golog Zang A.P	82.1	79.8	2.3	57.1	57.0	
玉树州	Yushu Zang A.P	133.9	131.6	2.3	96.1	82.8	…
海西州	Haixi Mongolian & Zang A.P	18.6	14.9	2.6	225.5	148.3	5.2

注：1.全省大牲畜、羊年末存栏数为抽样调查数，与各州、地、市相加数不等。
2.2006年数据根据农业普查结果已作了修订。

a) The number of livestock of large animals, sheep and Goats of total province are data from sample survey, it states that the sum of regional data is not equal to provincial total.

b) Data in 2006 has been amended based on the results of the census of agriculture.

11-18　2007-2013年畜牧业生产及经济效益指标
Production and Main Economic Benefit Indicators of Livestock (2007-2013)

单位：万头(只)　　(10 000 heads)

指　标	Item	2007	2008	2009	2010	2011	2012	2013
年末能繁殖母畜数	**Number of Fertile Female Animals at Year-end**							
草食畜合计	Total of Herbivores	998.97	991.18	991.27	983.84	971.56	951.90	963.49
大牲畜	Large Animals	187.18	193.44	193.19	189.3	192.28	185.70	195.86
羊	Sheep and Goats	801.79	797.74	798.08	794.54	779.28	766.20	767.63
猪	Hogs	7.08	10.06	11.03	10.87	12.92	13.97	14.08
当年繁殖仔畜数	**Newborn Animals This Year**							
草食畜合计	Total of Herbivores	786.66	788.38	786.79	794.87	802.93	800.04	797.94
大牲畜	Large Animals	91.42	95.26	94.90	97.45	102.39	102.70	89.82
羊	Sheep and Goats	695.24	693.12	691.89	697.42	700.53	697.34	708.12
猪	Hogs	73.07	106.93	120.94	130.67	118.08	138.68	149.79
当年育活仔畜数	**Newborn Animals Survived**							
草食畜合计	Total of Herbivores	701.77	693.38	702.92	720.85	738.81	738.16	747.95
大牲畜	Large Animals	81.40	84.98	84.97	86.65	93.49	94.18	82.56
羊	Sheep and Goats	620.38	608.40	617.95	634.2	645.32	643.98	665.39
猪	Hogs	69.77	100.74	115.51	125.35	111.99	130.03	141.24
成幼畜死亡数	**Deaths of Young Animals**							
草食畜合计	Total of Herbivores	38.37	59.74	40.32	47.77	47.22	46.61	42.47
大牲畜	Large Animals	5.90	12.78	7.57	14	13.87	12.73	8.82
羊	Sheep and Goats	32.47	46.96	32.75	33.76	33.35	33.88	33.65
猪	Hogs	2.91	2.09	2.68	3.48	2.49	2.21	2.19
牲畜出栏数	**Slaughtered Fattened Animals**							
草食畜合计	Total of Herbivores	670.73	673.65	688.40	723.51	729.59	783.02	789.11
大牲畜	Large Animals	98.69	102.18	102.88	110.28	105.20	119.17	113.38
羊	Sheep and Goats	572.04	571.47	585.52	613.23	624.39	663.85	675.73
猪	Hogs	113.34	136.57	155.61	161.39	160.56	161.55	167.99
出售牲畜数	**Livestock Sold**							
草食畜合计	Total of Herbivores	562.10	570.80	583.92	604.77	606.89	655.90	662.01
大牲畜	Large Animals	88.17	91.02	92.24	95.96	87.17	99.01	93.69
羊	Sheep and Goats	473.93	479.47	491.68	508.81	519.72	556.89	568.32
猪	Hogs	83.75	101.03	119.06	123.72	122.11	122.17	127.76

11-18 续表 Continued

单位：% (%)

指　标	Item	2007	2008	2009	2010	2011	2012	2013
牲畜总增率	**Gross Rate of Increase of Livestock**							
草食畜合计	Total of Herbivores	33.37	31.92	33.44	34.02	34.96	34.99	37.03
大牲畜	Large Animals	15.53	14.80	15.98	15.11	16.56	17.01	16.07
羊	Sheep and Goats	39.15	37.50	39.09	40.09	40.86	40.74	43.68
猪	Hogs	75.10	110.79	105.24	101.39	96.77	110.95	119.17
牲畜出栏率	**Ratio of Livestock for Sale**							
草食畜合计	Total of Herbivores	33.74	33.94	34.75	36.57	36.88	39.62	41.42
大牲畜	Large Animals	20.30	20.95	21.25	22.94	21.89	24.89	24.70
羊	Sheep and Goats	38.09	38.17	39.11	40.94	41.69	44.33	46.72
猪	Hogs	127.33	153.38	145.15	134.27	141.90	140.23	143.97
牲畜商品率	**Ratio of Commercialization of Livestock**							
草食畜合计	Total of Herbivores	28.28	28.76	29.47	30.57	30.67	33.19	34.75
大牲畜	Large Animals	18.14	18.66	19.05	19.96	18.13	20.68	20.41
羊	Sheep and Goats	31.56	32.03	32.85	33.97	34.70	37.19	39.29
猪	Hogs	94.09	113.47	111.05	102.93	107.92	106.05	109.50
能繁母畜比重	**Proportion of Fertile Female Animals**							
草食畜合计	Total of Herbivores	50.05	50.05	50.10	49.77	49.16	49.96	49.54
大牲畜	Large Animals	39.09	40.03	40.19	40.14	40.16	40.46	40.41
羊	Sheep and Goats	53.56	53.26	53.29	52.79	52.04	52.98	52.57
猪	Hogs	7.97	11.83	10.05	9.61	11.22	11.97	11.65
母畜繁殖率	**Breeding Ratio of Female Animals**							
草食畜合计	Total of Herbivores	79.07	79.36	79.38	80.12	80.93	82.35	84.07
大牲畜	Large Animals	48.17	48.44	49.06	50.22	52.77	53.41	49.12
羊	Sheep and Goats	86.35	86.45	86.73	87.39	87.78	89.49	92.41
猪	Hogs	1029.96	1534.15	953.79	1025.67	1086.29	1073.37	1072.23
母畜繁殖成活率	**Survival Ratio of Breeding of Female Animals**							
草食畜合计	Total of Herbivores	70.53	69.80	70.92	72.66	74.47	75.98	78.81
大牲畜	Large Animals	42.89	43.21	43.93	44.66	48.18	48.98	45.15
羊	Sheep and Goats	77.05	75.88	77.46	79.47	80.86	82.64	86.84
猪	Hogs	984.06	1445.34	910.96	983.91	1030.27	1006.42	1011.02
仔畜成活率	**Survival Ratio of Newborn Animals**							
草食畜合计	Total of Herbivores	89.21	87.95	89.34	90.69	92.01	92.27	93.74
大牲畜	Large Animals	89.04	89.21	89.54	88.92	91.31	91.70	91.92
羊	Sheep and Goats	89.23	87.78	89.31	90.94	92.12	92.35	93.97
猪	Hogs	95.49	94.21	95.91	95.93	94.84	93.76	94.29
成幼畜死亡率	**Death Ratio of Young Animals**							
草食畜合计	Total of Herbivores	1.93	3.01	2.04	2.41	2.39	2.36	2.23
大牲畜	Large Animals	1.21	2.62	1.56	2.91	2.89	2.66	1.92
羊	Sheep and Goats	2.16	3.14	2.19	2.25	2.23	2.26	2.33
猪	Hogs	3.27	2.35	2.50	2.90	2.20	1.92	1.88

11−19 主要年份主要畜产品产量

单位：吨

年 份 地 区	Year Region	肉类总产量 Total Output of Meat Products	猪肉 Pork	牛肉 Beef	羊肉 Mutton	其他 Others
1980		84857	19635	24920	39696	606
1985		111602	27825	35790	45783	2204
1990		153442	43985	52088	55518	1851
1991		157360	45787	52611	56120	2842
1992		163405	45994	57173	57790	2448
1993		159082	46725	54768	54633	2956
1994		178407	51688	58186	64946	3587
1995		183743	56114	62922	61346	3361
1996		187226	57813	63378	63834	2201
1997		198382	64047	68514	63211	2610
1998		205296	68022	68735	64325	4214
1999		201493	69923	60529	66508	4533
2000		208323	69530	63529	70011	5253
2001		220692	70419	69973	76269	4031
2002		227885	71703	70293	80001	5888
2003		236651	74195	70932	84919	6605
2004		248077	80136	72893	88438	6610
2005		257522	85506	74356	91581	6079
2006		244100	79000	77000	83000	5100
2007		243316	75777	73201	86814	7524
2008		255445	87409	72767	86723	8546
2009		269078	91920	81000	88466	7692
2010		275300	91800	84600	90400	8500
2011		288432	91600	87000	99432	10400
2012		304700	94400	95600	103900	10800
2013		319800	99000	102800	105300	12700
西宁市	Xining City	71857	34837	23513	10454	3053
海东市	Haidong City	87615	57713	10576	11560	7766
海北州	Haibei Zang A.P	47750	3974	15289	28094	393
黄南州	Huangnan Zang A.P	44258	658	26265	17335	
海南州	Hainan Zang A.P	54227	3631	19565	30504	527
果洛州	Golog Zang A.P	23778		19067	4711	
玉树州	Yushu Zang A.P	33691	21	26784	6886	
海西州	Haixi Mongolian & Zang A.P	29208	3967	6375	18260	606

注：1.部分数据为抽样调查数，与各州、地、市相加数不等。
2.2006年数据根据农业普查结果已作修订。

Output of Major Livestock Products in Main Years

(ton)

奶类 Milk	生牛奶 Cow Milk	羊毛 Sheep and Goat Wool	绵羊毛 Sheep Wool	山羊绒 Cashmere	牛毛绒 Beef Hair Down	蜂蜜 Honey	禽蛋 Poultry Eggs
119179	115614	17040	16662	113	1742	203	
159108	154527	15293	14956	107	1874	119	9160
209610	201312	17575	17155	157	2048	73	10690
210296	203234	18237	17736	189	2125	19	11068
214454	208438	18515	17887	190	2287	70	11132
195945	188922	17578	17044	173	1950	80	11281
201233	193769	17974	17390	209	2236	60	12394
205951	200184	17907	17302	211	2263	97	12444
185641	181421	16481	15974	195	2098	109	11739
190638	186035	16398	15861	225	2041	103	13284
204596	198677	16463	15904	221	2087	94	13683
196435	190405	15593	14980	281	1890	96	13495
212852	206132	16333	15588	310	1897	51	13392
228289	216514	16566	15775	313	1836	48	12941
235277	220342	16740	15930	314	1868	480	13672
235113	221398	17349	16483	319	2090	484	14005
240950	227500	17734	16629	341	2243	746	14062
250233	236166	17652	16501	355	2097	548	13884
255545	238000	17661	16505	357	2058	546	14631
265054	249826	15378	14551	355	2040	561	13865
272283	252757	15369	14560	347	2076	1030	14913
267841	253142	15378	14573	345	2214	1043	15151
278043	262200	17749	16666	417	2356	1059	15600
285300	269600	19411	17537	414	3092	1044	17553
293500	275500	19149	18076	398	2311	1029	20054
287400	275500	19308	17928	425	2166	1531	22622
142093	142093	1240	1211	4	157		8627
39228	39228	2685	2498	15	27	19	11692
42400	42400	4391	4344	8	265	1500	467
48556	48410	1291	1227	8	333		108
41734	41734	5602	5133	105	398	12	773
30775	30775	493	493		448		
68863	61737	554	458	83	480		
13765	9101	3052	2564	202	58		82

a) Some data are from sample survey, it states that the sum of regional data is not equal to provincial total.

b) Data in 2006 has been amended based on the results of the census of agriculture.

11-20 主要年份主要牲畜出栏情况
Major Livestock Slaughtered in Main Years

单位：万头(只) (10 000 heads)

年份 Year / 地区 Region		肉用畜出栏数 Slaughtered Fattened Animals 大牲畜 Large Animals	羊 Sheep and Goats	肉猪出栏头数 Slaughtered Fattened Hogs	家禽出栏数 Poultry
1978		33.12	184.94	37.62	
1980		36.48	248.14	35.67	
1985		47.98	294.61	42.39	
1990		61.87	326.35	61.59	
1991		63.51	349.93	62.64	
1992		76.44	366.79	63.56	
1993		71.31	351.40	66.27	
1994		61.29	385.29	73.10	
1995		82.68	397.20	80.65	
1996		81.41	399.46	85.17	
1997		87.81	393.84	89.04	
1998		90.06	397.33	95.03	
1999		73.37	400.10	98.53	
2000		75.57	417.01	99.72	
2001		89.01	448.97	101.36	100.71
2002		91.69	475.35	104.55	188.56
2003		95.91	508.58	105.35	248.82
2004		94.44	538.99	114.24	236.71
2005		96.79	559.08	121.75	264.68
2006		115.40	501.10	111.30	309.17
2007		95.96	542.59	105.25	302.59
2008		95.81	542.02	123.58	320.81
2009		96.47	552.91	134.78	322.20
2010		98.49	564.75	131.39	342.27
2011		99.03	588.73	130.17	372.36
2012		104.29	614.63	132.12	396.52
2013		109.33	622.77	137.69	404.19
西宁市	Xining City	22.76	65.17	47.10	94.16
海东市	Haidong City	10.18	62.79	74.02	257.91
海北州	Haibei Zang A.P	19.06	165.88	4.93	7.50
黄南州	Huangnan Zang A.P	29.07	87.32	0.95	
海南州	Hainan Zang A.P	27.09	199.00	5.10	12.14
果洛州	Golog Zang A.P	22.11	27.57		
玉树州	Yushu Zang A.P	35.10	42.10	0.03	
海西州	Haixi Mongolian & Zang A.P	7.97	106.32	6.28	8.60

注：1.全省肉用畜出栏数为抽样调查数，与各州、地、市相加数不等。
2.2006年数据根据农业普查结果已作了修订。

a) The number of slaughtered fattened animals of total province are data from sample survey, it states that the sum of regional data is not equal to provincial total.

b) Data in 2006 has been amended based on the results of the census of agriculture.

11-21 主要年份农林牧渔业总产值

Gross Output Value of Farming, Forestry, Animal Husbandry and Fishery in Main Years

单位：万元 (10 000 yuan)

年份 Year / 地区 Region		按当年现行价格计算 Calculated at Current Prices 农林牧渔业总产值 Total Output	农业 Farming	林业 Forestry	牧业 Animal Husbandry	渔业 Fishery	农林牧渔服务业 Services for Farming, Animal Husbandry and Fishery
1952		16071					
1978		59898	29069	545	29218	126	
1980		77772	47170	683	28725	109	
1981		72958	40265	685	30736	124	
1985		122515	61968	4709	50091	527	
1990		245270	114837	6944	109548	670	
1991		252406	115579	6787	116486	792	
1992		272619	120585	6839	129816	799	
1993		309975	151834	7463	149779	899	
1994		448723	218100	7699	221601	1323	
1995		550982	265469	8630	275705	1178	
1996		561574	299864	9099	251409	1220	
1997		590148	306163	9735	273363	887	
1998		607924	314152	9993	283127	652	
1999		590200	293093	13840	282361	906	
2000		569850	249055	15056	304939	800	
2001		632975	289023	18206	324693	1053	
2002		655019	285919	26555	341463	1082	
2003(旧)		681200	297347	27617	355361	875	
2003(新)		769492	297384	26377	407062	875	37795
2004		866478	342201	17980	464983	695	40618
2005		940416	364408	17521	516985	620	40881
2006		976369	386153	19919	540833	1043	28421
2007		1212521	491608	19608	670122	1105	30077
2008		1534004	587381	20477	891517	1439	33190
2009		1572984	613081	23051	900931	714	35207
2010		2013173	920725	37745	1014535	1236	38932
2011		2308188	1029100	41700	1193388	2000	42000
2012		2638613	1170875	45709	1370758	5583	45687
2013		3103020	1405389	56768	1579041	12628	49194
西宁市	Xining City	668019	337316	5554	319147	8	5994
海东市	Haidong City	851552	554241	11765	271502	2134	11910
海北州	Haibei Zang A.P	237637	67545	2481	162919		4692
黄南州	Huangnan Zang A.P	234612	44993	2482	178862	457	7818
海南州	Hainan Zang A.P	414734	127985	10175	260644	8853	7077
果洛州	Golog Zang A.P	66951	10472	209	54496		1774
玉树州	Yushu Zang A.P	290530	70418	8493	207868		3751
海西州	Haixi Mongolian & Zang A.P	338985	192419	15609	123604	1175	6178

注：2006年数据根据农业普查结果已作了修订。

a) Data in 2006 has been amended based on the results of the census of agriculture.

11-22 主要年份农业总产值构成及环比指数(按可比价格计算)

Structure of Gross Output Value of Agriculture and Its Chain Indices in Main Years

单位：% (%)

年 份 Year	农业总产值构成 Total	农 业 Farming	林 业 Forestry	牧 业 Animal Husbandry	渔 业 Fishery	农林牧渔服务业 Services for Farming, Animal Husbandry and Fishery
1952	100	43.50	0.15	49.52	0.10	
1978	100	48.53	0.91	48.78	0.21	
1980	100	50.29	0.90	47.23	0.16	
1985	100	47.96	4.26	42.75	0.17	
1990	100	48.22	3.35	43.02	0.15	
1995	100	48.25	2.61	48.84	0.30	
1996	100	51.92	2.64	45.17	0.27	
1997	100	52.08	2.57	45.20	0.15	
1998	100	51.53	2.51	45.83	0.13	
1999	100	50.15	3.48	46.24	0.13	
2000	100	46.66	3.70	49.48	0.16	
2001	100	47.15	3.53	49.08	0.24	
2002	100	44.91	4.97	49.89	0.23	
2003	100	38.65	3.43	52.90	0.11	4.91
2004	100	39.73	2.78	52.66	0.12	4.71
2005	100	38.75	1.86	54.97	0.07	4.35
2006	100	39.55	2.04	55.39	0.11	2.91
2007	100	40.54	1.62	55.27	0.09	2.48
2008	100	38.29	1.34	58.12	0.09	2.16
2009	100	38.98	1.46	57.27	0.05	2.24
2010	100	45.74	1.87	50.40	0.06	1.93
2011	100	44.58	1.81	51.70	0.09	1.82
2012	100	44.38	1.73	51.95	0.21	1.73
2013	100	45.29	1.83	50.89	0.41	1.58

注：2006年数据根据农业普查结果已作了修订。

a) Data in 2006 has been amended based on the results of the census of agriculture.

11-22 续表 Continued

上年=100 (Preceding year=100)

年 份 Year	农业总产值 环比指数 Total	农 业 Farming	林 业 Forestry	牧 业 Animal Husbandry	渔 业 Fishery	农林牧渔服务业 Services for Farming, Animal Husbandry and Fishery
1952	111.86	112.27	216.67	110.21	114.29	
1978	99.38	103.39	88.78	95.51	86.86	
1980	111.02	119.12	114.88	105.82	91.59	
1985	111.11	104.73	123.76	109.77	111.32	
1990	104.86	105.21	87.49	105.77	127.34	
1995	99.78	97.20	102.30	102.49	78.74	
1996	103.91	111.81	105.22	96.11	93.07	
1997	105.69	106.03	102.60	105.76	60.33	
1998	104.52	103.43	102.31	105.97	88.30	
1999	100.23	97.54	138.88	101.13	105.30	
2000	97.46	90.67	103.65	104.30	117.16	
2001	105.38	106.51	100.30	104.51	159.18	
2002	103.45	98.52	145.81	105.17	98.53	
2003	102.96	102.33	82.70	106.07	73.60	98.36
2004	103.70	104.32	71.76	105.58	77.32	106.02
2005	105.37	104.07	97.45	107.14	89.18	99.95
2006	100.36	97.88	113.68	104.11	168.14	68.29
2007	104.79	105.29	98.44	104.93	105.95	99.56
2008	104.51	108.90	104.43	101.40	130.28	101.33
2009	105.80	106.03	112.57	105.69	49.62	102.79
2010	106.65	109.40	129.04	104.09	173.04	105.01
2011	104.80	106.48	110.48	103.09	161.84	102.45
2012	105.44	105.65	109.61	104.81	279.17	105.61
2013	105.56	106.09	124.19	104.02	226.17	104.84

注：2006年数据根据农业普查结果已作了修订。

a) Data in 2006 has been amended based on the results of the census of agriculture.

11-23 分项目农业总产值

Gross Output Value of Agriculture by Project

单位：万元　　(10 000 yuan)

指　标	Item	按当年价格计算 Calculated at Current Prices 2011	2012	2013
农林牧渔业总产值	**Total**	**2308187.6**	**2638612.6**	**3103020.3**
农业产值	**Farming**	**1029100.0**	**1170874.8**	**1405389.4**
谷物及其他作物	Cereal and Other Crops	541401.3	613693.7	706296.6
谷物	Cereal	142261.6	166774.6	164474.6
薯类	Tubers	142459.8	160896.2	242290.0
油料	Oil-bearing	150288.0	155913.6	169345.2
豆类	Soybeans	34074.1	40840.5	34170.5
棉花	Cotton			
麻类	Fiber Crops			
糖料	Sugar Crops	3.3	4.2	60.0
烟草	Tobacco	716.4	516.4	276.0
其他农作物	Other Farm Crops	71598.1	88748.2	95680.3
蔬菜食用菌花卉园艺作物	Vegetables, Edible Fungis, Flowers and Plants, and Horticulture Crops	296091.0	308895.6	371250.4
蔬菜	Vegetables	284297.9	298554.7	362983.8
食用菌	Edible Fungis	5195.8	3818.6	4469.1
花卉	Flowers and Plants	5855.5	5286.3	2682.0
其他园艺作物	Other Horticulture Crops	741.8	1236.0	1115.5
水果坚果香料原料	Fruits, Nuts, Spices Raw Materials	13273.6	13687.7	15314.2
中药材	Medicinal Meterials	178334.1	234597.9	312528.2
林业产值	**Forestry**	**41700.0**	**45709.3**	**56767.9**
林木的培育和种植	Forest of Cultivate and Raise			
育种育苗	Breeding of Seedlings	2930.6	3017.4	6133.2
造林	Forestation	21431.5	23804.4	30511.1
抚育和管理	Foster and Control	9077.0	11248.1	12126.7
竹木采运	Forest of Fell and Transport	1213.5	698.1	1068.8
林产品	Forest Products	7047.4	6941.3	6927.9
牧业产值	**Animal Husbandry**	**1193387.6**	**1370757.7**	**1579041.2**
牲畜饲养	Number of Livestock	976299.3	1135236.3	1321615.4
牛的饲养	Cattle and Buffaloes	371271.7	425739.4	504870.7
羊的饲养	Sheep and Goats	398571.6	487683.2	557111.6
其他牲畜饲养	Other Livestock	6814.2	8343.3	10182.0
奶产品	Milk Products	169793.0	182715.5	221193.2
毛绒产品	Down Products	29848.8	30754.9	28257.9
其他牲畜副产品	Other by-products			
猪的饲养	Hogs	184365.7	196050.9	212241.5
家禽饲养	Poultry	28660.1	34747.8	39674.4
狩猎和捕捉动物	Hunting Animal	1143.2	3.2	387.3
其他畜牧业	Other Animal Husbandry	2919.3	4719.5	5122.6
渔业产值	**Fishery**	**2000.0**	**5583.4**	**12627.9**
农林牧渔服务业	**Output Value of Services for Farming, Forestry, Animal Husbandry and Fishery**	**42000.0**	**45687.4**	**49193.9**

11-24 2008－2013年农业增加值(按当年价格计算)

Value-added of Agriculture (Calculated at Current Prices)(2008－2013)

单位：万元 (10 000 yuan)

指 标	Item	2008	2009	2010	2011	2012	2013
农业总产值	**Gross Output Value of Agriculture**	**1534004**	**1572984**	**2013173**	**2308188**	**2638613**	**3103020**
农业	Farming	587380	613081	920725	1029100	1170875	1405389
种植业	Cultivate	477439	518109	810637	895264	1026888	1231331
林业	Forestry	20477	23051	37745	41700	45709	56768
牧业	Animal Husbandry	891517	900931	1014535	1193388	1370758	1579041
渔业	Fishery	1439	714	1236	2000	5583	12628
农林牧渔服务业	Services for Farming, Forestry, Animal Husbandary and Fishery	33190	35207	38932	42000	45687	49194
中间消耗	**Between Consume**	**478264**	**499026**	**664012**	**757410**	**869557**	**1027134**
农业	Farming	224029	242534	369713	415848	475016	586935
种植业	Cultivate	217381	231580	357430	397772	456879	551993
林业	Forestry	8805	10379	12434	14099	16425	20730
牧业	Animal Husbandry	231748	231798	265903	309885	358001	396347
渔业	Fishery	407	231	409	217	1132	2636
农林牧渔服务业	Services for Farming, Forestry, Animal Husbandary and Fishery	13276	14083	15553	17361	18983	20486
增加值	**Value-added**	**1055739**	**1073958**	**1349161**	**1550778**	**1769056**	**2075886**
农业	Farming	363352	370546	551012	613252	695859	818454
种植业	Cultivate	260058	286529	453207	497492	570010	679338
林业	Forestry	11673	12672	25311	27601	29284	36038
牧业	Animal Husbandry	659769	669133	748632	883503	1012757	1182694
渔业	Fishery	1033	483	827	1783	4451	9992
农林牧渔服务业	Services for Farming, Forestry, Animal Husbandary and Fishery	19914	21124	23379	24639	26704	28708

11-25 2011-2013年乡镇企业主要经济指标

单位：个、人、万元

指 标	Item	企业个数 Number of Enterprises			从业人员年末数 Number of Employed Persons at Year-end		
		2011	2012	2013	2011	2012	2013
总 计	**Total**	**7852**	**6895**	**6587**	**89098**	**97198**	**103234**
按注册登记类型分组	**By Status of Registration**						
内资企业	Domestic Funded	7851	6894	6586	89048	97148	103184
集体企业	Collective-owned Enterprises	203	131	203	5782	3613	9589
股份合作企业	Cooperative Enterprises	17	27		549	775	
联营企业	Joint Ownership Enterprises	17	20		614	637	
有限责任公司	Limited Liability Corporations	274	350		15303	15750	
股份有限公司	Share-holding Corporations Limited	255	239		2944	2989	
私营企业	Private Enterprises	7085	6127	6161	63856	73384	90594
港、澳、台商投资企业	Enterprises with Funds from Hong Kong, Macao and Taiwan						
外商投资企业	Foreign Funded Enterprises	1	1	1	50	50	50
按国民经济行业分组	**By National Economic Sector**						
农林牧渔业	Animal Husbandry and Fishery	83	102	74	1467	2523	1376
工业	Industry	3094	3115	3235	63532	64972	70200
建筑业	Construction	135	216	227	7283	7393	8144
交通运输仓储业	Transport, Storage and Post	570	229	233	2844	2026	1942
批发与零售业	Wholesale and Retail Trades	2055	1482	572	6711	8804	5795
住宿及餐饮业	Hotels and Catering Services	1486	1362	1459	5304	9164	10890
社会服务业	Society Services	417	377	138	1836	2204	1849
其他	Others	12	12	649	121	112	3038

注：1.总产值为现价；本表不包括个体工商户。
2.本表数据来源于青海省经委中小企业发展局。

Main Economic Indicators of Township Enterprises(2011-2013)

(unit, person, 10 000 yuan)

总产值 Total Output Value			营业收入 Business Income			利润总额 Total Profits			上缴税金 Turn over to the Higher Authorities Tax			劳动者报酬 Earnings of Employed Persons		
2011	2012	2013	2011	2012	2013	2011	2012	2013	2011	2012	2013	2011	2012	2013
1389224	**1473224**	**1636305**	**1299679**	**1359412**	**1467475**	**66132**	**65517**	**76187**	**34963**	**33768**	**35903**	**99606**	**113201**	**133946**
1388413	1472413	1635494	1298868	1358601	1466664	65929	65314	75984	34963	33768	35903	99532	113127	133872
42385	30776	381764	41467	31186	353400	5325	3908	17093	2085	1079	8510	4192	3603	16713
2552	4047		1555	2987		66	256		121	72		502	684	
13800	14894		13187	15385		294	343		366	415		919	1035	
569716	661808		556464	616619		26624	20659		12958	13439		32610	33496	
25114	33867		26605	24527		1451	1110		1787	665		2586	5452	
734846	727021	1233412	659590	667897	1094583	32169	39038	57093	17646	18098	26602	58723	68857	112998
811	811	811	811	811	811	203	203	203				74	74	74
5656	5441	7723	4440	5046	7222	1006	1429	1216	340	259	253	864	2070	1759
1193023	1266300	1413551	1131076	1177063	1281867	53502	53230	59154	27970	27940	29764	79642	79787	95147
83332	85653	89100	70269	74830	79552	3961	3551	6115	2311	2184	2888	6900	9902	15052
23363	25633	35062	19927	20755	22433	1281	1147	1727	814	427	509	2471	3111	4425
42071	38673	32424	38786	37619	31266	3221	2782	3867	1660	1325	831	4222	10593	4555
33874	44609	49786	28998	37448	36999	2175	2302	3106	1267	901	1267	3698	5379	8046
7135	5832	3882	5976	5454	3375	948	955	573	407	712	207	1416	2123	1637
770	1083	4777	207	1197	4761	38	121	429	194	20	184	393	236	3325

a) Output value were calculated at current prices, privately or individually-owned business were not included in this table.

b) Data in this table are from Qinghai Economic Commission SME Development Council.

11-26 主要年份农业经济效益主要指标
Major Indicators of Agriculture Economy Benefit in Main Years

年 份 Year	人均粮食产量 (千克/人) Per Capita Output of Grain (kg/person)			人均油料产量 (千克/人) Per Capita Output of Oil-bearing Corps (kg/person)			人均农业总产值 (元/人) Per Capita Output of Gross Output Value of Agriculture (yuan/person)		
	按总人口 By Total Population	按乡村人口 By Rural Population	按农业从业人员 By Rural Laborers	按总人口 By Total Population	按乡村人口 By Rural Population	按农业从业人员 By Rural Laborers	按总人口 By Total Population	按乡村人口 By Rural Population	按农业从业人员 By Rural Laborers
1952	231	258	595	10	11	26	383	425	972
1957	285	354	806	10	12	28	462	566	1285
1965	291	373	752	15	19	39	527	718	1367
1970	230	292	651	9	12	26	429	545	1192
1975	276	362	904	13	16	40	486	637	1569
1978	248	326	875	12	16	44	476	626	1663
1980	254	341	883	19	25	65	492	658	1701
1985	246	343	894	25	34	88	585	808	2109
1990	258	361	952	27	38	100	576	806	2127
1995	239	362	854	34	51	121	591	854	2111
1996	254	371	886	35	51	122	601	880	2099
1997	257	383	911	37	55	131	626	930	2214
1998	255	379	908	42	62	149	645	957	2295
1999	203	303	706	56	84	194	637	951	2212
2000	160	244	577	38	57	135	613	933	2210
2001	197	298	714	44	66	159	638	962	2309
2002	173	261	656	44	67	168	653	987	2478
2003	163	250	644	49	75	194	662	1017	2620
2004	164	250	671	54	82	219	680	1034	2777
2005	172	261	724	59	89	247	1731	2632	7305
2006	174	269	768	51	79	225	1783	2764	7874
2007	180	275	827	58	89	267	2198	3373	10121
2008	184	277	844	64	96	292	2767	4180	12719
2009	184	276	846	66	98	301	2823	4228	12951
2010	183	270	843	66	98	305	3592	5323	16638
2011	182	271	875	63	95	305	4062	6058	19543
2012	177	264	883	61	91	306	4604	6851	22956
2013	177	265	889	56	84	283	5370	8041	26936

注：人均产值2004年以前按1990年不变价格计算，2005年后按当年价格计算。

a) Per capita output of gross output value of agriculture had been calculated at 1990 constant prices before 2004, and calculated at the current price since 2005.

11-27 主要年份农产品生产价格总指数
Producer's Prices Indices for Farm Products in Main Years

年 份	农产品生产价格指数 Producer's Price Index for Farm Products	
	环比指数(上年=100) Linked Index(preceding year=100)	定基指数(1952=100) Fixed-base Index(1952=100)
1952	106.90	100.00
1957	101.90	99.30
1965	98.60	96.30
1970	110.93	100.01
1975	100.13	128.53
1978	99.76	128.47
1980	101.19	166.32
1985	106.90	189.47
1986	104.40	202.54
1987	111.70	226.24
1988	136.90	309.72
1989	110.70	342.86
1990	100.70	345.26
1991	103.30	356.65
1992	109.40	390.18
1993	123.10	480.31
1994	148.60	713.74
1995	115.40	823.66
1996	95.40	785.77
1997	91.90	722.12
1998	93.70	676.62
1999	94.60	640.08
2000	100.70	644.56
2001	103.20	665.19
2002	101.16	672.90
2003	105.75	711.60
2004	108.75	773.86
2005	103.28	799.24
2006	104.54	835.53
2007	118.95	993.86
2008	114.93	1142.24
2009	94.61	1080.67
2010	124.28	1343.06
2011	117.25	1574.74
2012	108.15	1703.08
2013	110.38	1879.86

注：2001年以前数据为农产品收购价格指数。

a)Data Before 2001 was Sprocurement Price Index for Farm Product.

11-28 2005-2013年主要农产品生产价格指数
Producer's Prices Indices for Major Farm Products(2005-2013)

(上年=100) (preceding year=100)

指 标	Item	2005	2006	2007	2008	2009	2010	2011	2012	2013
总指数	**General Index**	**103.28**	**104.54**	**118.95**	**114.93**	**94.61**	**124.28**	**117.25**	**108.15**	**110.38**
种植业产品	**Planting Products**	**102.24**	**108.32**	**121.57**	**109.76**	**97.78**	**130.75**	**109.47**	**104.38**	**108.31**
谷物(原粮)	Cereal	105.57	103.89	101.63	111.44	105.65	117.16	116.17	106.01	104.28
小麦	Wheat	104.05	103.75	104.76	109.57	103.30	114.17	110.12	105.81	106.25
杂粮	Coarse Cereals	106.93	104.17	96.54	114.49	109.48	122.97	124.53	106.28	101.56
薯类	Tubers	105.41	133.39	105.44	109.69	101.35	194.07	86.41	100.00	136.19
豆类	Soybeans	104.37	103.80	121.40	113.16	103.56	138.93	106.54	84.02	98.69
油料	Oil-bearing Crops	97.07	105.65	141.86	111.75	87.19	121.21	110.91	104.20	106.67
蔬菜	Vegetables	103.92	111.35	114.11	114.61	119.53	133.20	99.15	118.74	104.3
中药材	Chinese Medicines Materials	106.34	110.40	167.65	98.99	65.64	140.43	117.34	113.24	111.77
畜牧业产品	**Animal Husbandry Products**	**104.07**	**101.68**	**116.97**	**118.83**	**92.22**	**119.39**	**124.41**	**111.61**	**112.29**
牛(毛重)	Cattle and Buffaloes (gross weight)	106.48	102.08	122.55	131.63	99.98	105.87	116.07	115.00	128.87
羊(毛重)	Sheep and Goats (gross weight)	103.04	101.06	121.76	129.65	98.83	112.19	125.9	113.68	112.05
奶类	Milk	102.48	101.19	104.39	118.70	104.47	115.16	113.85	110.77	111.99
毛绒类	Cashmere	105.50	104.87	102.91	88.96	81.94	143.69	115.47	104.04	94.75
猪(毛重)	Pig (gross weight)	101.44	94.77	131.30	137.21	74.95	102.27	140.55	103.43	100.46
家禽(毛重)	Poultry (gross weight)	103.15	104.38	111.59	112.67	103.67	109.79	107.62	116.49	105.47

主要统计指标解释

农林牧渔业总产值 指以货币表现的农、林、牧、渔业全部产品和对农林牧渔业生产活动进行的各种支持性服务活动的价值总量,它反映一定时期内农林牧渔业生产总规模和总成果。1957 年以前的农林牧渔业总产值中包括了厩肥和农民自给性手工业(如农民自制衣服、鞋、袜,自己从事粮食初步加工等)。1958 年及以后,林业中增加了村及村以下竹木采伐产值;牧业中取消了厩肥产值;副业中取消了农民自给性手工业产值,增加了村及村以下办的工业产值;渔业中增加了海洋捕捞水产品产值。1980 年及以后,在副业中增加了农民家庭兼营工业商品部分的产值。从 1984 年起村及村以下工业产值划归工业。从 1993 年起取消副业,将野生动物的捕猎划入牧业,野生植物采集和农民家庭兼营商品性工业划归农业。从 2003 年起,执行新的国民经济行业分类标准,农林牧渔业总产值中包括了农林牧渔服务业产值。林业中增加了森林采运业产值。农业中取消了家庭兼营商品性工业产值,将野生林产品的采集划归林业。第一次农业普查以后,由于畜牧业产品年报数据与普查数据之间存在一定的差距,国家统计局农调总队对畜牧业年报数据与普查数据进行衔接,对畜牧业产值进行相应调整。

农林牧渔业总产值的计算方法通常是按农、林、牧、渔业产品及其副产品的产量分别乘以各自单位产品价格求得;少数生产周期较长,当年没有产品或产品产量不易统计的,则采用间接方法匡算其产值;然后将四业产品产值及农林牧渔服务业产值相加即为农林牧渔业总产值。

粮食产量 指全社会的产量。包括国有经济经营的、集体统一经营的和农民家庭经营的粮食产量,还包括工矿企业办的农场和其他生产单位的产量。粮食除包括稻谷、小麦、玉米、高粱、谷子及其他杂粮外,还包括薯类和豆类。其产量计算方法,豆类按去豆荚后的干豆计算;薯类(包括甘薯和马铃薯,不包括芋头和木薯)1963 年以前按每 4 公斤鲜薯折 1 公斤粮食计算,从 1964 年开始改为按 5 公斤鲜薯折 1 公斤粮食计算。城市郊区作为蔬菜的薯类(如马铃薯等)按鲜品计算,并且不作粮食统计。其他粮食一律按脱粒后的原粮计算。1989 年以前全国粮食产量数据主要靠全面报表取得,1989 年开始使用抽样调查数据。

油料产量 指全部油料作物的生产量。包括花生、油菜籽、芝麻、向日葵籽、胡麻籽(亚麻籽)和其他油料。不包括大豆、木本油料和野生油料。花生以带壳干花生计算。

猪、牛、羊肉产量 指当年出栏并已屠宰、除去头蹄下水后带骨肉(即胴体重)的重量。包括全社会范围内的产量。1996 年前为各级逐级上报数据。1996 年第一次农业普查以后,由于畜牧业产品年报数据与普查数据之间存在一定的差距,国家统计局农调总队对畜牧业年报数据与普查数据进行衔接。1999 年以后,国家统计局在部分地区开展了猪、牛、羊、禽等主要畜禽品种的抽样调查,并用抽样数据作为国家定案数据使用。未开展抽样调查的地区和品种,仍使用各级统计部门逐级上报数据。

期初(末)畜禽存栏头(只)数 指报告期初(末)农村各种合作经济组织和国营农场、农民个人、机关、团体、学校、工矿企业、部队等单位以及城镇居民饲养的大牲畜、猪、羊、家禽等畜禽的存栏数。数据上报方式及数据调整情况同猪、牛、羊肉产量。

农作物播种面积 指实际播种或移植有农作物的面积。凡是实际种植有农作物的面积,不论种植在耕地上还是种植在非耕地上,均包括在农作物播种面积中。在播种季节基本结束后,因遭灾而重新改种和补种的农作物面积,也包括在内。它是反映我国耕地面积利用情况的一个重要指标。目前,农作物播种面积主要包括粮食、棉花、油料、糖料、麻类、烟叶、蔬菜和瓜类、药材和其他农作物九大类。

有效灌溉面积 指具有一定的水源,地块比较平整,灌溉工程或设备已经配套,在一般年景下,当年能够进行正常灌溉的耕地面积。在一般情况下,有效灌溉面积应等于灌溉工程或设备已经配备,能够进行正常灌溉的水田和水浇地面积之和。它是反映我国耕地抗旱能力的一个重要指标。

农用化肥施用量 指本年内实际用于农业生产的化肥数量,包括氮肥、磷肥、钾肥和复合肥。化肥施用量要求按折纯量计算数量。折纯量是指把氮肥、磷肥、钾肥分别按含氮、含五氧化二磷、含氧化钾的百分之百成份进行折算后的数量。复合肥按其所含主要成分折算。公式为:

折纯量 = 实物量 × 某种化肥有效成份含量的百分比

农业机械总动力 指主要用于农、林、牧、渔业的各种动力机械的动力总和。包括耕作机械、排灌机械、收获机械、农用运输机械、植物保护机械、牧业机械、林业机械、渔业机械和其他农业机械〔内燃机按引擎马力折成瓦(特)计算、电动机按功率折成瓦(特)计算〕。不包括专门用于乡、镇、村、组办工业、基本建设、非农业运输、科学试验和教学等非农业生产方面用的动力机械与作业机械。这个指标的统计数据主要来源于农机部门。

Explanatory Notes on Main Statistical Indicators

Gross Output Value of Agriculture, Forestry, Animal Husbandry and Fishery refers to the total value of products of agriculture, forestry, animal husbandry and fishery, and total value of services in support of agriculture, forestry, animal husbandry and fishery activities. It reflects the total scale and results of agricultural production during a given period. Prior to 1957, China's gross agricultural output value included barnyard manure and handicraft products for self – consumption (clothes, shoes, stockings, and initial grain processing undertaken by peasants). Since 1958, cutting and felling of bamboo and trees by villages and other cooperative organizations under villages have been included in forestry; value of barnyard manure has been excluded from animal husbandry; self consumed handicrafts have not been included from sideline occupations, while the output value of industries run by villages and cooperative organizations under village has been included in sideline occupations; and the output value of fish catches by motor fishing boats has been added to fishery. Since 1980, the value of handicraft products made for sale by individuals in households has been added to sideline occupations. Since 1984, industries run by villages and under villages have been included in the sector of industry. Since 1993, the subdivision of sideline occupations has been cancelled, and the hunting of wild animals has been classified into animal husbandry, and the gathering of wild plants and commodity industry run by rural household have been included in farming. A new industrial classification of economic activities was introduced in 2003. Under the new classification, value of services to agriculture, forestry, animal husbandry and fishery is included in the gross output value of agriculture, value of wood felling and transport is included in forestry, value of industrial output by rural households is not included in agriculture, and the collection of wild forest products is taken from agriculture and included in forestry. The First Agriculture Census of China revealed some discrepancy between the production of animal products from the annual reports and that from the census. Efforts were made by the Rural Survey of NBS to adjust the output value of animal husbandry to make the figures from the annual reports consistent with the census data.

Gross output value of agriculture is obtained by multiplying the output of each product or by – product by its price, resulting in the output value of each single item. For a small number of products, annual output of which is not available or difficult to get due to the long production (growing) process involved, the output value is estimated through an indirect approach. The sum of output values of all products of agriculture, forestry, animal husbandry and fishery and services in support to those industries is then equal to the gross output value of agriculture.

Grain Output refers to the total output in the whole country including grains produced by State farms, collective units, rural households, as well as by farms affiliated to industrial and mining enterprises and other production units. Grain includes rice, wheat, corn, sorghum, millet and other miscellaneous grains as well as tubers and beans. Output of beans refers to dry beans without pods. The output of tubers (sweet potatoes and potatoes, not including taros and cassava) are converted into that of grain at the ratio 4:1, i. e. 4 kilograms of fresh tubers were equivalent to 1 kilogram of grain up to 1963. Since 1964 the ratio for conversion has been 5:1. Tubers supplied as vegetables (such as potatoes) in cities and suburbs are calculated as fresh vegetables and their output is not included in the output of grain. Output of all other grains refers to husked grain. Data on grain production before 1989 were obtained through the Comprehensive Statistical Reporting System. Since 1989, data from sample surveys are used.

Output of Oil – bearing Crops refers to the total production of oil – bearing crops of various kinds, including peanuts (dry, in shell), rapeseeds, sesame, sunflower seeds, flax seeds, and other oil – bearing crops. Soybeans, oil – bearing woody plants, and wild oil – bearing crops are not included.

Output of Pork, Beef, and Mutton refers to the meat of slaughtered hogs, cattle, sheep and goats with head, feet, and offal taken away. Data refers to the production of the whole country. The First Agricultural Census of China in 1996 revealed some discrepancy between the production of animal products from the annual reports and that from the census. Efforts were made by the Rural Survey Organization of the NBS to adjust the output value of animal husbandry to make the figures from the annual reports consistent with the census data. Since 1999, the NBS conducted sample surveys for the major animal husbandry products, such as hogs, cattle, sheep and goats and fowls, and the data from sample surveys are used as national finalized data. Those products, which are not covered by the sample survey, are still reported by statistical agencies level by level.

Number of Livestock or Poultry in Stock at Beginning (or End) of Period refers to the total number of large animals, pigs, sheep, fowls, etc. raised by rural cooperative organizations, State farms, rural individuals, government agencies, schools, industrial and mining enterprises, army, and urban residents at the beginning (or end) of the reference period. Data reporting system and data adjustment are the same as that in the output of pork, beef and mutton.

Sown Area of Crops refers to area of land sown or transplanted with crops regardless of being in cultivated area or non – cultivated area. Area of land re – sown due to natural disasters is also included. This is an important indicator that can reflect the utilization condition of the cultivated land in China. At present, the sown area of crops mainly include the following 9 categories of crops: grain, cotton, oil - bearing crops, sugar crops, flax crops, tobacco, vegetables and melons, medicinal materials and other farm crops.

Irrigated Area refers to area of land that are effectively irrigated, i. e. relatively level land, where there are water sources or complete sets of irrigation facilities to lift and move adequate water for irrigation purpose under normal conditions. Under normal situations, irrigated area is the sum of watered fields and irrigated fields where irrigation systems or equipment have been installed for regular irrigation purpose. This important indicator reflects drought resistance capacity of the cultivated land in China.

Consumption of Chemical Fertilizers in Agriculture refers to the quantity of chemical fertilizers applied in agriculture in the year, including nitrogenous fertilizer, phosphate fertilizer, potash fertilizer, and compound fertilizer. The consumption of chemical fertilizers is calculated in terms of volume of effective components by means of converting the gross weight of the respective fertilizers into weight containing effective component (e. g. nitrogen content in nitrogenous fertilizer, phosphorous pentoxide contents in phosphate fertilizer, and potassium oxide contents in potash fertilizer). Compound fertilizer is converted in regard to its major components. The formula is:

Volume of effective component = physical quantity × effective component of certain chemical fertilizer (%)

Total Power of Agricultural Machinery refers to total mechanical power of machinery used in agriculture, forestry, animal husbandry and fishery, including machinery for ploughing, irrigation and drainage, harvesting, transport, plant protection, animal husbandry, forestry and fishery and other agricultural machineries. (For the power of internal combustion engines, it is converted from its horsepower into watts while for electric motors the output power is converted into watts.) Machinery employed for non - agricultural purposes, such as the machines used in township - run and village - run industry, construction, non - agricultural transport, scientific experiments and teaching, are not included. Data are mainly from agricultural machinery agencies.

第 12 篇

CHAPTER 12

工 业

Industry

2013年在规模以上工业中

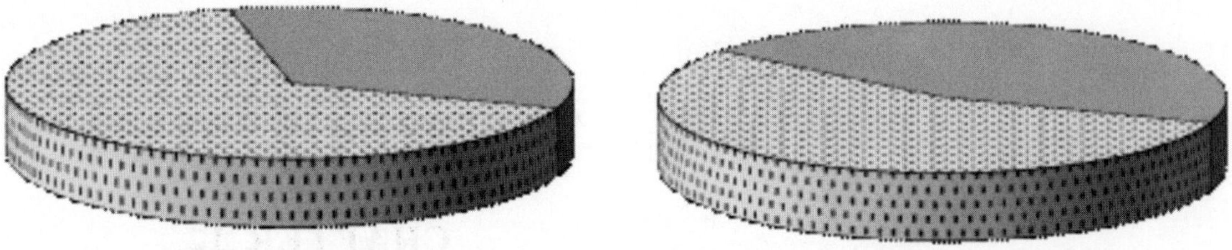

循环经济工业增加值占66.0%

十大特色优势产业工业增加值占55.2%

重工业产品

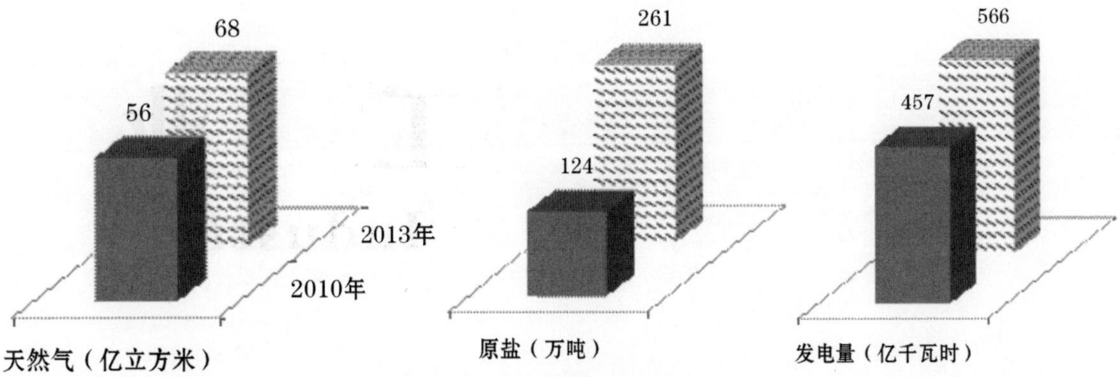

轻工业产品

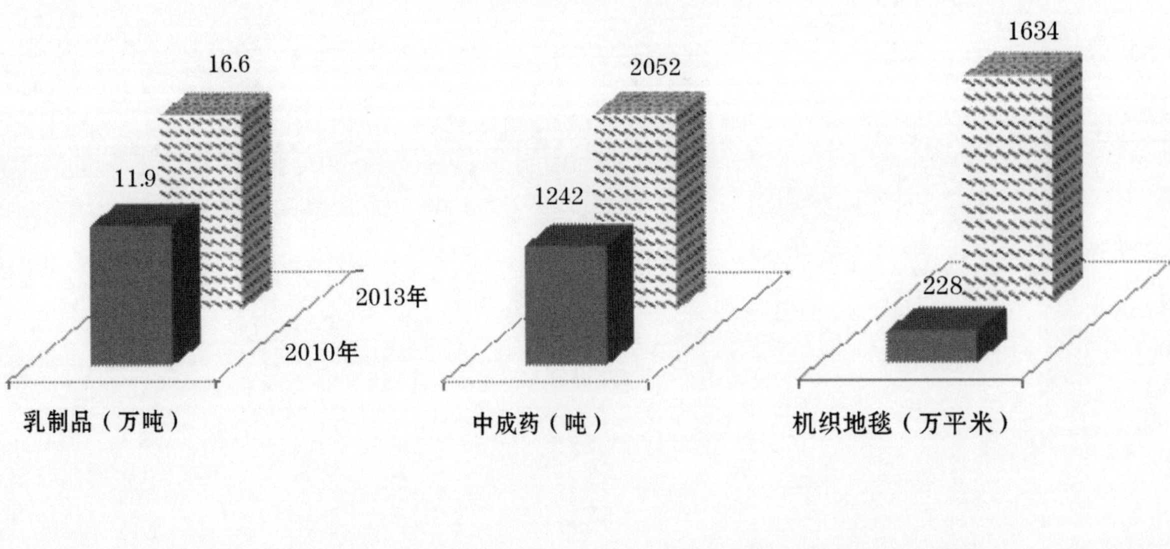

12-1 2012-2013年规模以上工业企业基本情况

Basic Condition of Industrial Enterprises above Designated Size (2012-2013)

指 标	Item	2012		2013	
		企业单位数(个) Number of Enterprises (unit)	工业总产值(万元) Gross Industrial Output Value (10 000 yuan)	企业单位数(个) Number of Enterprises (unit)	工业总产值(万元) Gross Industrial Output Value (10 000 yuan)
规模以上工业企业(下同)	**Industrial Enterprises above Designated Size**	**423**	**21998133**	**521**	**25371036**
按登记注册类型分组:	**By Status of Registration**	**423**	**21998133**	**521**	**25371036**
内资企业	Domestic Funded	397	21186991	491	24439429
国有企业	State-owned Enterprises	30	3676865	16	2727278
中央企业	Central	5	2811248	1	2140241
地方企业	Local	25	865617	15	587037
集体企业	Collective-owned Enterprises	4	25486	3	17333
股份合作企业	Cooperative Enterprises	3	144993	1	101156
有限责任公司	Limited Liability Corporations	137	6192331	203	8238221
国有独资公司	State Sole funded Corporations	5	40546	15	868297
其他有限责任公司	Other Limited Liability Corporations	132	6151785	188	7369924
股份有限公司	Share-holding Corporations Limited	21	5126498	25	6065052
私营企业	Private Enterprises	195	5829644	242	7229885
私营独资企业	Private-funded Enterprises	16	960963	8	87897
私营合伙企业	Private Partnership Enterprises	1	6234		
私营有限责任公司	Private Limited Liability Corporations	166	4565685	220	6795345
私营股份有限公司	Private Share-holding Corporations Ltd.	12	296762	14	346644
其他企业	Other Eenterprises	7	191174	1	60504
港、澳、台商投资企业	Enterprises with Funds from Hong Kong, Macao and Taiwan	9	318748	12	429351
合作经营企业(港或澳、台资)	Cooperative Enterprises	4	88796	7	134162
合资经营企业(港或澳、台资)	Joint-ventures Enterprises	1		1	
港澳台商独资经营企业	Enterprises with Sole Investment	2	147007	2	217112
港澳台商投资股份有限公司	Share-holding Corporations Ltd.	2	82945	2	78077
外商投资企业	Foreign Funded Enterprises	17	492395	18	502256
中外合资经营企业	Joint-venture Enterprises	8	140200	8	152945
中外合作经营企业	Cooperation Enterprises	3	122410	3	106879
外资企业	Enterprises with Sole Funds	5	127992	5	130998
外商投资股份有限公司	Share-holding Corporations Ltd.	1	101792	2	111435
亏损企业	**Loss-making Enterprises**	**135**	**392717**	**159**	**6230458**
国有控股企业	**State-holding Enterprises**	**89**	**10985561**	**117**	**12201632**
按轻重工业分	**Grouped by Light & Heavy Industries**				
轻工业	Light Industry	114	2000217	131	2713123
重工业	Heavy Industry	309	19997916	390	22657914
按企业规模分	**Grouped by Size of Enterprises**				
大型企业	Large Enterprises	25	11268469	25	11761896
中型企业	Medium-sized Enterprises	97	5311430	99	5993594
小型企业	Small Enterprises	270	5290755	397	7615546
微型企业	Micro Enterprises	31	127480		

注：1.2011年起规模以上工业企业是指主营业务收入在2000万元以上的工业企业(下同)。
2.工业总产值按当年价格计算。

a)Industrial enterprises above designated size are those with annual revenue from principal business over 20 million yuan since 2011. The same applies to the tables following.

b)Gross industrial output value is calculated at current prices.

12-2 2008-2013年规模以上工业企业工业增加值

Value-added of Industry of Industrial Enterprises above Designated Size(2008-2013)

本表绝对数按当年价格计算，比上年增长数按不变价格计算。

Absolute data in this table are calculated at current prices while the indicator growth over the previous year at constant prices.

单位：亿元 (100 million yuan)

类 型	Type	2008	2009	2010	2011	2012	2013
工业增加值	**Value-added of Industry**	**438.83**	**440.10**	**571.76**	**780.69**	**897.16**	**1019.70**
比上年增长 (%)	**Growth over the previous year (%)**	**21.5**	**11.0**	**20.6**	**19.0**	**15.0**	**12.6**
在总计中：	Categories of the Total						
轻工业	Light Industry	30.18	40.52	45.35	52.20	72.30	97.59
比上年增长 (%)	Growth over the Previous Year (%)	18.4	26.2	23.0	19.0	32.2	19.5
重工业	Heavy Industry	408.65	399.58	526.4	728.49	824.86	922.11
比上年增长 (%)	Growth over the Previous Year (%)	21.8	9.8	20.4	19.0	13.8	11.9
在总计中：	Categories of the Total						
国有企业	State-owned Enterprises	57.54	31.13	45.71	98.61	135.10	118.06
比上年增长 (%)	Growth over the Previous Year (%)	34.0	12.9	42.8	25.8	7.6	9.4
集体企业	Collective-owned Enterprises	1.34	2.74	2.59	2.13	0.72	0.56
比上年增长 (%)	Growth over the Previous Year (%)	-1.1	102.6	0.6	-0.8	9.9	-21.7
股份合作企业	Cooperative Enterprises	2.42	2.84	5.95	5.63	5.65	5.56
比上年增长 (%)	Growth over the Previous Year (%)	9.3	99.4	-15.6	33.9	-16.0	-3.3
股份制企业	Joint-stock Enterprises	358.39	381.90	494.24	643.65	729.24	841.50
比上年增长 (%)	Growth over the Previous Year (%)	20.4	9.6	20.6	17.8	17.8	13.5
外商及港澳台投资企业	Enterprises with Funds from Hong Kong,Macao and Taiwan and Foreign Funded Enterprises	13.93	18.43	17.77	21.75	22.09	41.34
比上年增长 (%)	Growth over the Previous Year (%)	16.1	39.2	14.1	19.2	-10.2	5.8
其他经济类型	Other Enterprises	5.22	3.06	5.49	8.93	4.37	12.69
比上年增长 (%)	Growth over the Previous Year (%)	18.4	-20.7	29.2	78.6	0.1	17.3
在总计中：	Categories of the Total						
国有控股企业	State-holding Enterprises	269.77	227.13	357.55	376.24	460.24	465.03
比上年增长 (%)	Growth over the Previous Year (%)	13.2	3.0	17.9	12.9	10.1	9.2
在总计中：	Categories of the Total						
非公有工业	Non-public-owned Industries	117.51	133.14	165.23	258.73	350.95	450.26
比上年增长 (%)	Growth over the Previous Year (%)	37.0	15.3	27.1	29.8	26.5	16.2
在总计中：	Categories of the Total						
大中型工业企业	Large and Medium-sized Industrial Enterprises	270.32	252.30	386.99	495.49	588.41	636.78
比上年增长 (%)	Growth over the Previous Year (%)	9.9	2.2	15.9	13.3	11.1	5.8
国有企业	State-owned Enterprises	19.89	19.24	28.17	54.64	92.85	104.42
比上年增长 (%)	Growth over the Previous Year (%)	15.4	8.5	35.6	18.1	6.2	7.9
在总计中：	Categories of the Total						
私营企业	Private Enterprises	51.63	61.14	65.18	80.38	94.59	222.46
比上年增长 (%)	Growth over the Previous Year (%)	25.5	25.8	23.7	17.8	20.2	21.3

注：本表均为快报数据。

a) Data in this table are from express report forms.

12-3 按行业分规模以上工业企业工业增加值(2013年)
Value-added of Industrial Enterprises above Designated Size by Industrial Sector(2013)

行业名称	Sector	工业增加值(万元) Added Value of Industry (10 000 yuan)	比上年增长(%) Growth over the Previous Year (%)	占总量(%) Percentage of Total (%)
合计	**Total**	**10196978.72**	**12.6**	100.00
煤炭开采和洗选业	Mining and Washing of Coal	1175664.86	6.3	11.53
石油和天然气开采业	Extraction of Petroleum and Natural Gas	994885.30	7.1	9.76
黑色金属矿采选业	Mining and Processing of Ferrous Metal Ores	100480.11	44.0	0.99
有色金属矿采选业	Mining and Processing of Non-Ferrous Metal Ores	447250.57	41.7	4.39
非金属矿采选业	Mining and Processing of Non-metal Ores	116105.11	37.6	1.14
其他采矿业	Mining of Other Ores			
开采辅助活动	Support Activities for Mining	46729.82		0.46
农副食品加工业	Processing of Food from Agricultural Products	150806.59	11.8	1.48
食品制造业	Manufacture of Foods	65110.26	-1.8	0.64
酒、饮料和精制茶制造业	Manufacture of Liquor, Beverages and Refined Tea	197656.91	17.3	1.94
纺织业	Manufacture of Textile	62265.01	29.8	0.61
纺织服装、服饰业	Manufacture of Textile, Wearing Apparel and Accessories	110208.62	19.1	1.08
皮革、毛皮、羽毛及其制品和制鞋业	Manufacture of Leather, Fur, Feather and Related Products and Footwear	31.31	-47.4	…
木材加工和木、竹、藤、棕、草制品业	Processing of Timber, Manufacture of Wood, Bamboo, Rattan, Palm and Straw Products			
家具制造业	Manufacture of Furniture	3262.91		0.03
造纸和纸制品业	Manufacture of Paper and Paper Products	73.14	-11.4	…
印刷和记录媒介的复制业	Printing and Reproduction of Recording Media	19491.39	-8.9	0.19
文教、工美、体育和娱乐用品制造业	Manufacture of Articles for Culture, Education, Arts and Crafts, Sport and Entertainment Activities	106150.49	42.2	1.04
石油加工、炼焦和核燃料加工业	Processing of Petroleum, Coking and Processing of Nuclear Fuel	615043.02	-1.8	6.03
化学原料和化学制品制造业	Manufacture of Raw Chemical Materials and Chemical Products	1362410.96	10.7	13.36
医药制造业	Manufacture of Medicines	237293.82	27.3	2.33
化学纤维制造业	Manufacture of Chemical Fibres			
橡胶和塑料制品业	Manufacture of Rubber and Plastics Products	12391.65	16.5	0.12
非金属矿物制品业	Manufacture of Non-metallic Mineral Products	329302.66	15.5	3.23
黑色金属冶炼和压延加工业	Smelting and Pressing of Ferrous Metals	546899.23	12.2	5.36
有色金属冶炼和压延加工业	Smelting and Pressing of Non-ferrous Metals	1919628.45	15.7	18.83
金属制品业	Manufacture of Metal Products	38749.53	48.8	0.38
通用设备制造业	Manufacture of General Purpose Machinery	63209.60	22.3	0.62
专用设备制造业	Manufacture of Special Purpose Machinery	17470.86	6.8	0.17
汽车制造业	Manufacture of Automobiles	75865.99	22.3	0.74
铁路、船舶、航空航天和其他运输设备制造业	Manufacture of Railway, Ship, Aerospace and Other Transport Equipments			
电气机械和器材制造业	Manufacture of Electrical Machinery and Apparatus	65687.64	59.0	0.64
计算机、通信和其他电子设备制造业	Manufacture of Computers, Communication and Other Electronic Equipment	16170.87	113.3	0.16
仪器仪表制造业	Manufacture of Measuring Instruments and Machinery	5395.00	-11.5	0.05
其他制造业	Other Manufacture	3580.25		0.04
废弃资源综合利用业	Utilization of Waste Resources			
金属制品、机械和设备修理业	Repair Service of Metal Products, Machinery and Equipment	20912.21	71.2	0.21
电力、热力生产和供应业	Production and Supply of Electric Power and Heat Power	1252879.30	5.3	12.28
燃气生产和供应业	Production and Supply of Gas	6402.28	42.3	0.06
水的生产和供应业	Production and Supply of Water	11513.00	-23.5	0.11

注：1.本表为年快报数据，国民经济行业分类为GB/T4754—2011。
2.表中的工业增加值是生产企业的各种产品归属的行业按当年价格计算。
3.增长速度均按可比价格计算(价格缩减法)，根据当年的企业增减变动后的行业数计算的。

a)Data in this table are annual express report data. Classification of national economic industries is GB/T4754-2011.
b)Added-value of industry in the table are calculated by current prices. Sectors are sorted by mail products of enterprise.
c)Growth rate is calculated according to comparable prices (price reduction method), according to the number of sector after industrial enterprises changes increase or decrease in the same year.

12-4 2012-2013年工业循环经济重点行业总产值和增加值
Gross Output Value and Value-added of Key Industries of Industrial Circular Economy(2012-2013)

单位：亿元 (100 million yuan)

指标	Intm	工业总产值 Gross Industrial Output Value 2012	2013	比上年增长 Growth (%)	工业增加值 Value-added of Industry 2012	2013	比上年增长 Growth (%)
全省规模以上工业	**Industrial Enterprises above Designated Size**	**2165.25**	**2497.86**	**14.5**	**897.16**	**1019.70**	**12.6**
十个循环经济重点行业	Ten Key Industries of Industrial Circular Economy	1269.60	1420.37	10.8	628.69	673.32	9.8
煤炭开采和洗选业	Mining and Washing of Coal	221.57	220.93	-1.9	119.14	117.57	6.3
石油和天然气开采业	Extraction of Petroleum and Natural Gas	148.79	158.56	6.1	92.46	99.49	7.1
黑色金属矿采选业	Mining and Processing of Ferrous Metal Ores	16.21	25.98	58.1	7.07	10.05	44.0
石油加工、炼焦和核燃料加工业	Processing of Petroleum, Coking, Processing of Nuclear Fuel	129.85	122.15	-5.9	66.05	61.50	-1.8
化学原料和化学制品制造业	Manufacture of Raw Chemical Materials and Chemical Products	283.06	309.41	9.3	140.65	136.24	10.7
非金属矿物制品业	Manufacture of Non-metallic Mineral Products	79.32	99.40	21.3	27.02	32.93	15.5
医药制造业	Manufacture of Medicines	41.79	57.38	37.3	16.77	23.73	27.3
黑色金属冶炼和压延加工业	Smelting and Pressing of Ferrous Metals	64.13	62.30	-2.9	18.10	18.02	3.3
有色金属冶炼和压延加工业	Smelting and Pressing of Non-ferrous Metals	171.71	241.91	38.9	65.61	93.84	27.3
电力生产业	Production of Electric Power	113.17	122.35	6.0	78.52	79.95	3.7

注：1.本表为快报数据。
2.黑色金属冶炼和压延加工业剔除铁合金冶炼，有色金属冶炼和压延加工业剔除铝冶炼，电力生产业剔除电力供应业。

a) Data in this table are from express report forms.

b) Smelting and Pressing of Ferrous Metals removes ferroalloy smelting, Smelting and Pressing of Non-ferrous Metals removes aluminum smelting,the production of Electric Power removes electricity supply industry.

12-5 十大优势产业工业总产值和增加值(2013年)
Gross Industrial Output Value and Value-added of Industry of Ten Superior Industries (2013)

单位：亿元、%　　(100 million yuan, %)

指标名称	Item	工业总产值 Gross Industrial Output Value	比上年增长(%) Growth Over the Previous Year(%)	工业增加值 Value-added of Industry	比上年增长(%) Growth Over the Previous Year(%)
全省规模以上工业企业	**Industrial Enterprises above Designated Size**	**2497.86**	**14.5**	**1019.70**	**12.6**
十大优势产业	**Ten Superior Industries**	**1579.11**	**15.3**	**562.79**	**12.4**
新能源产业	New Energy Industrial	10.77	60.8	6.47	44.7
新材料产业	New Materials Industry	181.88	29.6	61.79	16.7
盐湖化工产业	Salt Lake Chemical	230.55	11.4	100.08	11.2
有色金属产业	Non-ferrous Metals	564.98	16.8	191.96	15.7
油气化工	Oil and Gas Chemical	102.54	-4.0	62.16	-2.0
煤化工	Coal Chemical	53.75	-14.8	9.99	-1.5
装备制造业	Equipment Manufacturing Industry	43.02	26.5	12.21	20.1
钢铁产业	Iron and Steel Industry	213.35	12.2	54.69	12.2
轻工纺织业	Light Industry and Textile Industry	66.78	39.2	22.50	25.3
生物产业	Bio-industry	111.49	24.2	40.94	12.4

注：本表为快报数据。

a)Data in this table are from express report forms.

12-6 规模以上工业企业主要指标(2013年)

单位：万元

项 目	Item	企业单位数(个) Number of Enterprises (unit)	亏损企业 Loss-making Enterprises
总计	**Total**	**521**	**159**
在总计中：国有控股企业	State-holding Enterprises	117	40
在总计中：轻工业	Light Industry	131	17
重工业	Heavy Industry	390	142
在总计中：大型企业	Large Enterprises	25	11
中型企业	Medium-sized Enterprises	99	33
小型企业	Small Enterprises	397	115
微型企业	Micro Enterprises		
在总计中：按登记注册类型分组	**By Status of Registration**		
集体企业	Collective-owned Enterprises	3	
股份合作企业	Cooperative Enterprises	1	
有限责任公司	Limited Liability Corporations	203	68
股份有限公司	Share-holding Corporations Limited	25	8
私营企业	Private Enterprises	242	70
其他企业	Other Enterprises	1	
港、澳、台商投资企业	Enterprises with Funds from Hong Kong, Macao and Taiwan	12	4
外商投资企业	Foreign Funded Enterprises	18	5
按工业行业分组	**Grouped by Sector**		
采掘业	**Mining**	**75**	**27**
煤炭开采和洗选业	Mining and Washing of Coal	33	13
石油和天然气开采业	Extraction of Petroleum and Natural Gas	1	
黑色金属矿采选业	Mining and Processing of Ferrous Metal Ores	13	7
有色金属矿采选业	Mining and Processing of Non-Ferrous Metal Ores	15	3
非金属矿采选业	Mining and Processing of Non-metal Ores	12	4
开采辅助活动	Support Activities for Mining	1	
制造业	**Manufacturing**	**387**	**123**
农副食品加工业	Processing of Food from Agricultural Products	41	8
食品制造业	Manufacture of Foods	14	
酒、饮料和精制茶制造业	Manufacture of Liquor, Beverages and Refined Tea	11	2
纺织业	Manufacture of Textile	7	2
纺织服装、服饰业	Manufacture of Textile, Wearing Apparel and Accessories	10	
家具制造业	Manufacture of Furniture	1	
印刷和记录媒介复制业	Printing and Reproduction of Recording Media	4	1
文教、工美、体育和娱乐用品制造业	Manufacture of Articles for Culture, Education, Arts and Crafts,Sport and Entertainment Activities	7	1
石油加工、炼焦和核燃料加工业	Processing of Petroleum, Coking and Processing of Nuclear Fuel	5	
化学原料和化学制品制造业	Manufacture of Raw Chemical Materials and Chemical Products	71	37
医药制造业	Manufacture of Medicines	24	
橡胶和塑料制品业	Manufacture of Rubber and Plastics Products	7	2
非金属矿物制品业	Manufacture of Non-metallic Mineral Products	53	12
黑色金属冶炼和压延加工业	Smelting and Pressing of Ferrous Metals	41	29
有色金属冶炼和压延加工业	Smelting and Pressing of Non-ferrous Metals	50	24
金属制品业	Manufacture of Metal Products	10	2
通用设备制造业	Manufacture of General Purpose Machinery	7	1
专用设备制造业	Manufacture of Special Purpose Machinery	3	
汽车制造业	Manufacture of Automobiles	2	
铁路、航舶、航空航天和其他运输设备制造业	Manufacture of Railway, Ship, Aerospace and Other Transport Equipments	1	
电气机械和器材制造业	Manufacture of Electrical Machinery and Apparatus	14	2
计算机、通信和其他电子设备制造业	Manufacture of Computers, Communication and Other Electronic Equipment	1	
仪器仪表制造业	Manufacture of Measuring Instruments and Machinery	1	
其他制造业	Other Manufacture	1	
金属制品、机械和设备修理业	Repair Service of Metal Products, Machinery and Equipment	1	
电力、燃气及水的生产和供应业	**Power, Gas and Water Production and Supply**	**59**	**9**
电力、热力生产和供应业	Production and Supply of Electric Power and Heat Power	53	7
燃气生产和供应业	Production and Supply of Gas	3	1
水的生产和供应业	Production and Supply of Water	3	1

Main Indicators of Industrial Enterprises above Designated Size(2013)

(10 000 yuan)

工业总产值 Gross Industrial Output Value	资产总计 Total Assets	流动资产合计 Total Working Capitals	固定资产合计 Total Fixed Assets	固定资产原价 Original Value of Fixed Assets	累计折旧 Accumulated Depreciation	本年折旧 Depreciation Charge for the Year
25371036	**47916737**	**14211913**	**23681006**	**32495211**	**10342505**	**1982992**
12201632	31790159	7035563	16758199	23755329	7755635	1321682
2713123	3010198	1352619	1389337	1635458	303798	108811
22657914	44906539	12859294	22291669	30859753	10038707	1874181
11761896	25865878	5660953	14318726	21095024	7492043	1260981
5993594	11622500	4847850	4276280	5382582	1536312	398014
7615546	10428359	3703110	5086000	6017605	1314150	323997
17333	16715	13039	2257	2729	1731	69
101156	72911	41024	6096	9470	3374	488
8238221	19716431	5483555	10110592	13726438	4328256	858062
6065052	14657617	3768941	6616530	9274076	3146159	506503
7229885	7081677	3206039	3119255	3982685	1130784	279956
60504	69632	27943	38052	41521	5145	3362
429351	976128	325256	392166	510112	129864	40185
502256	1032312	354826	593650	812654	250383	52699
5698315	**8177911**	**3207245**	**3475650**	**5394796**	**2108003**	**324757**
1933282	3321330	1789112	637949	412595	119866	24286
2665543	3397589	751793	2356682	4158907	1612625	236108
235129	358430	162632	151101	188056	50758	12855
633652	818295	355575	245328	365425	133202	27342
224740	280442	147313	84527	269745	191548	24162
5969	1825	820	63	68	4	4
16227514	**28018986**	**9744196**	**11308299**	**14860399**	**4827554**	**1042541**
519387	427815	221228	184588	186181	29249	13474
227916	199161	74802	112148	126566	17644	11279
404471	378736	176949	166560	187723	27364	15240
287186	229173	122760	97832	124881	32258	11975
214202	128756	59354	57058	79008	22694	7545
12341	2406	560	1787	920	23	10
53221	51613	23749	27863	34272	6412	3377
290550	197194	89425	102556	117498	19457	8019
591566	571205	238217	268952	360210	91258	25917
2905002	11204125	3155878	4669650	4910674	1014803	248589
545983	930333	371990	505368	575294	71881	26963
31672	30385	19759	7748	6966	1012	284
1132580	2093412	682000	781409	933427	229687	63000
2238937	3124669	1022767	1398263	1994107	633939	95903
5830353	7358001	2978264	2527775	4755697	2507125	472148
128707	166720	75231	86355	53150	11286	4931
255567	325953	179037	94933	138442	43538	8472
28069	17172	6440	10226	10304	1731	997
237750	109445	32254	77192	86455	9263	9263
5202	4085	2267	1531	2142	611	171
224615	293781	141651	103051	143615	45304	12894
24783	8635	3906	2844	4635	1791	556
13387	18610	10989	6366	10054	5318	721
9773	146855	54184	16033	17648	3587	750
14294	746	535	211	530	319	63
3445209	**11719840**	**1260474**	**8897057**	**12240015**	**3406950**	**615695**
3398029	11509426	1184956	8815319	12116524	3363315	612046
22333	59884	17183	23189	30770	8813	1545
24847	150530	58335	58549	92721	34822	2104

12-6 续表 1

单位：万元

项　目	Item	负债合计 Total Liabilities	流动负债合计 Total Working Liabilities
总计	**Total**	**32274355**	**17931510**
在总计中：国有控股企业	State-holding Enterprises	22100576	10736445
在总计中：轻工业	Light Industry	1384309	1018922
重工业	Heavy Industry	30890046	16912588
在总计中：大型企业	Large Enterprises	17506871	7883196
中型企业	Medium-sized Enterprises	7924450	5303617
小型企业	Small Enterprises	6843033	4744697
微型企业	Micro Enterprises		
在总计中：按登记注册类型分组：	**By Status of Registration**		
集体企业	Collective-owned Enterprises	9364	9364
股份合作企业	Cooperative Enterprises	40123	40123
有限责任公司	Limited Liability Corporations	14859593	7466474
股份有限公司	Share-holding Corporations Limited	9623178	4991281
私营企业	Private Enterprises	4351760	3388769
其他企业	Other Enterprises	24286	10286
港、澳、台商投资企业	Enterprises with Funds from Hong Kong, Macao and Taiwan	946856	565270
外商投资企业	Foreign Funded Enterprises	539120	226567
按工业行业分组	**Grouped by Sector**		
采掘业	**Mining**	**4345856**	**2914016**
煤炭开采和洗选业	Mining and Washing of Coal	1766626	1342986
石油和天然气开采业	Extraction of Petroleum and Natural Gas	1719258	842976
黑色金属矿采选业	Mining and Processing of Ferrous Metal Ores	277638	239321
有色金属矿采选业	Mining and Processing of Non-Ferrous Metal Ores	414703	333181
非金属矿采选业	Mining and Processing of Non-metal Ores	166811	154732
开采辅助活动	Support Activities for Mining	820	820
制造业	**Manufacturing**	**19481603**	**12174663**
农副食品加工业	Processing of Food from Agricultural Products	**215208**	**166306**
食品制造业	Manufacture of Foods	84972	77178
酒、饮料和精制茶制造业	Manufacture of Liquor, Beverages and Refined Tea	226869	221424
纺织业	Manufacture of Textile	128176	87839
纺织服装、服饰业	Manufacture of Textile, Wearing Apparel and Accessories	68688	57093
家具制造业	Manufacture of Furniture	1833	1833
印刷和记录媒介复制业	Printing and Reproduction of Recording Media	23969	22861
文教、工美、体育和娱乐用品制造业	Manufacture of Articles for Culture, Education, Arts and Crafts,Sport and Entertainment Activities	125209	65675
石油加工、炼焦和核燃料加工业	Processing of Petroleum, Coking and Processing of Nuclear Fuel	319550	212014
化学原料和化学制品制造业	Manufacture of Raw Chemical Materials and Chemical Products	7780730	3659405
医药制造业	Manufacture of Medicines	254117	168678
橡胶和塑料制品业	Manufacture of Rubber and Plastics Products	20363	14122
非金属矿物制品业	Manufacture of Non-metallic Mineral Products	1610669	958845
黑色金属冶炼和压延加工业	Smelting and Pressing of Ferrous Metals	2471496	2028573
有色金属冶炼和压延加工业	Smelting and Pressing of Non-ferrous Metals	5581091	4002425
金属制品业	Manufacture of Metal Products	66338	45787
通用设备制造业	Manufacture of General Purpose Machinery	183050	134504
专用设备制造业	Manufacture of Special Purpose Machinery	10019	9255
汽车制造业	Manufacture of Automobiles	48546	48546
铁路、航舶、航空航天和其他运输设备制造业	Manufacture of Railway, Ship, Aerospace and Other Transport Equipments	962	962
电气机械和器材制造业	Manufacture of Electrical Machinery and Apparatus	178843	122087
计算机、通信和其他电子设备制造业	Manufacture of Computers, Communication and Other Electronic Equipment	6193	3251
仪器仪表制造业	Manufacture of Measuring Instruments and Machinery	1778	1778
其他制造业	Other Manufacture	72928	64216
金属制品、机械和设备修理业	Repair Service of Metal Products, Machinery and Equipment	6	6
电力、燃气及水的生产和供应业	**Power, Gas and Water Production and Supply**	**8446898**	**2842833**
电力、热力生产和供应业	Production and Supply of Electric Power and Heat Power	8366202	2806092
燃气生产和供应业	Production and Supply of Gas	21272	17562
水的生产和供应业	Production and Supply of Water	59424	19179

Continued

(10 000 yuan)

非流动负债合计 Total Non-current Liabilities	所有者权益合计 Total Owners' Equity	实收资本 Paid-up Capital	营业收入 Revenue of Operating	营业成本 Cost of Business	营业税金及附加 Taxes and Other Charges on Operating	其他业务利润 Other Operating Profit
13628131	**15590113**	**7316071**	**21339302**	**17409594**	**462831**	**-61891**
11177591	9676603	3969409	11227657	8533966	377416	-70221
252133	1620858	584838	2224736	1815978	32900	1598
13375998	13969255	6731233	19114566	15593616	443667	-63489
9623674	8358622	3055706	10667699	8261876	399255	-76290
2147867	3694862	2182385	4917350	4106427	39217	7085
1856589	3536629	2077980	5754253	5041291	38095	7315
	7351	3160	30869	25918	77	399
	32788	5000	101388	94950	107	
6911510	4825561	3575819	7107601	5926678	56186	13306
4580013	5034415	1077355	5502814	3697584	341674	-79384
811612	2709874	1432119	5068645	4461831	47164	3245
14000	45347	11880	45723	40786	25	
363329	28795	205270	555234	495000	5637	72
312369	492745	351930	467149	338793	4207	421
1212438	**3819044**	**983270**	**4147497**	**2458046**	**282367**	**-77559**
217113	1544821	633574	1368084	1126344	19230	2911
876282	1678331		2008936	804853	252050	-81127
28480	78132	66283	199930	174658	2621	10
81339	403123	214078	442159	263377	6680	-6
9224	113632	68335	123084	83630	1786	653
	1005	1000	5304	5184		
6854036	**8508389**	**4756293**	**13728216**	**12064654**	**153060**	**13027**
42425	**211841**	**79915**	**403564**	**366220**	**617**	**315**
6507	113555	39433	140681	107431	843	404
5445	151867	92351	280725	191601	24807	77
40337	100997	35092	225959	208665	113	
8442	57804	24488	177148	154931	523	
	573	628	8965	6724	22	
1108	27643	6444	41679	30951	272	
47028	71455	20397	285484	267655	1487	
107537	241655	98813	238100	224266	924	433
4020292	3419382	1235059	2249231	1549513	89856	1899
13057	675429	221465	420949	267556	3314	615
6241	9962	5570	32741	28524	258	218
517682	477801	430386	837089	656212	3932	64
413072	652473	546400	2062992	2033597	10787	985
1492275	1773165	1694561	5652316	5383416	12359	7953
20551	100383	73717	55866	47351	192	-124
46773	142402	46855	190361	155630	911	
700	7098	3217	24284	19848	67	
	60900	21100	41513	33058	281	
	3123	2000	4000	3257	98	
54475	114938	57002	226322	206003	530	9
1377	2443	1000	23560	23052	38	
	16832	1500	10501	7964	103	
8712	73928	18800	80153	77404	521	179
	740	100	14033	13825	205	
5561661	**3262683**	**1576511**	**3463590**	**2886895**	**29971**	**2642**
5533490	3132965	1541486	3408490	2854726	29531	2642
3710	38612	10600	30865	21257	250	
24461	91106	24425	24235	10912	190	

12-6 续表 2

单位：万元

项 目	Item	销售费用 Cost of Sales	营业利润 Operating Profit
总计	**Total**	**658750**	**1290974**
在总计中：国有控股企业	State-holding Enterprises	291278	977609
在总计中：轻工业	Light Industry	138034	139976
重工业	Heavy Industry	520716	1150998
在总计中：大型企业	Large Enterprises	288342	880883
中型企业	Medium-sized Enterprises	250389	285637
小型企业	Small Enterprises	120020	124455
微型企业	Micro Enterprises		
在总计中：按登记注册类型分组	**By Status of Registration**		
集体企业	Collective-owned Enterprises	518	2147
股份合作企业	Cooperative Enterprises	1384	1725
有限责任公司	Limited Liability Corporations	199873	152572
股份有限公司	Share-holding Corporations Limited	216034	739432
私营企业	Private Enterprises	164754	257773
其他企业	Other Enterprises	1555	1392
港、澳、台商投资企业	Enterprises with Funds from Hong Kong, Macao and Taiwan	50156	-21019
外商投资企业	Foreign Funded Enterprises	8172	69158
按工业行业分组	**Grouped by Sector**		
采掘业	**Mining**	**73202**	**914443**
煤炭开采和洗选业	Mining and Washing of Coal	32363	85032
石油和天然气开采业	Extraction of Petroleum and Natural Gas	6668	709880
黑色金属矿采选业	Mining and Processing of Ferrous Metal Ores	10308	-7084
有色金属矿采选业	Mining and Processing of Non-Ferrous Metal Ores	6808	122761
非金属矿采选业	Mining and Processing of Non-metal Ores	17055	3854
开采辅助活动	Support Activities for Mining		
制造业	**Manufacturing**	**582505**	**190544**
农副食品加工业	Processing of Food from Agricultural Products	**8148**	**8128**
食品制造业	Manufacture of Foods	8141	15160
酒、饮料和精制茶制造业	Manufacture of Liquor, Beverages and Refined Tea	46937	17329
纺织业	Manufacture of Textile	2824	7936
纺织服装、服饰业	Manufacture of Textile, Wearing Apparel and Accessories	2314	9468
家具制造业	Manufacture of Furniture	155	1990
印刷和记录媒介复制业	Printing and Reproduction of Recording Media	1182	7935
文教、工美、体育和娱乐用品制造业	Manufacture of Articles for Culture, Education, Arts and Crafts,Sport and Entertainment Activities	3098	6411
石油加工、炼焦和核燃料加工业	Processing of Petroleum, Coking and Processing of Nuclear Fuel	5916	18521
化学原料和化学制品制造业	Manufacture of Raw Chemical Materials and Chemical Products	235416	104969
医药制造业	Manufacture of Medicines	59462	59207
橡胶和塑料制品业	Manufacture of Rubber and Plastics Products	883	1002
非金属矿物制品业	Manufacture of Non-metallic Mineral Products	36867	25690
黑色金属冶炼和压延加工业	Smelting and Pressing of Ferrous Metals	57158	-55578
有色金属冶炼和压延加工业	Smelting and Pressing of Non-ferrous Metals	90607	-43613
金属制品业	Manufacture of Metal Products	5840	-1688
通用设备制造业	Manufacture of General Purpose Machinery	8804	-1398
专用设备制造业	Manufacture of Special Purpose Machinery	1246	1878
汽车制造业	Manufacture of Automobiles	769	2354
铁路、航舶、航空航天和其他运输设备制造业	Manufacture of Railway, Ship, Aerospace and Other Transport Equipments	271	260
电气机械和器材制造业	Manufacture of Electrical Machinery and Apparatus	5766	3307
计算机、通信和其他电子设备制造业	Manufacture of Computers, Communication and Other Electronic Equipment	81	32
仪器仪表制造业	Manufacture of Measuring Instruments and Machinery	580	971
其他制造业	Other Manufacture		52
金属制品、机械和设备修理业	Repair Service of Metal Products, Machinery and Equipment	40	221
电力、燃气及水的生产和供应业	**Power, Gas and Water Production and Supply**	**3046**	**185964**
电力、热力生产和供应业	Production and Supply of Electric Power and Heat Power	469	172324
燃气生产和供应业	Production and Supply of Gas	1334	5537
水的生产和供应业	Production and Supply of Water	1243	8103

Continued

(10 000 yuan)

利 润 总 额 Total Profits	应 交 所得税 Income Tax Payable	亏损企业 亏损总额 The Total Loss of Loss-making Enterprises	利 税 总 额 Total Profits and Taxes	本年应交 增 值 税 Value Added Tax Payable
1488135	**140929**	**447152**	**2947272**	**982571**
1071938	89452	186419	2172696	723342
152377	15970	34088	239442	54165
1335759	124959	413064	2707830	928405
1005648	76320	103394	2075235	670333
307478	48882	222510	524132	177437
175010	15727	121249	347905	134801
2703	14		3077	298
1725			2429	597
184711	34974	210818	532680	291782
836634	49374	72584	1586527	408218
303320	21460	84031	462878	112393
1699			1829	106
-20121	1328	32546	9684	24168
72581	9682	36807	98983	22195
886125	**27516**	**68226**	**1557710**	**378554**
78347	13934	54307	212589	109113
682734			1139225	202392
-4855	-22	9478	14188	16422
122579	12427	3546	171377	42119
7320	1177	895	20331	8508
404222	**91541**	**367854**	**941511**	**383729**
10104	**668**	**4385**	**13832**	**3094**
13038	253		16000	2119
9978	4296	25353	51153	16368
8743		971	9066	210
9744	248		14794	4526
1990	498		2012	
8662	3	87	11540	2606
6481	3	81	8852	884
21733	373		34222	11550
211879	50960	172632	407645	105794
76807	8565		102897	22776
1658	13	312	2637	692
48250	7858	8462	82840	30658
-11427	6379	41354	46021	46457
-28470	10100	108775	108567	124606
-966	70	2914	-35	690
6547	255		14278	6820
1903	53		3133	1164
2354			3149	514
260	65		735	378
3478	526	2528	5130	1123
32	8		70	
968	140		1771	700
260	207		781	
216			421	
197781	**21870**	**11073**	**448039**	**220288**
184178	19791	9925	430656	216947
5517	864	465	7568	1802
8086	1215	683	9815	1539

12-7 地方规模以上工业企业主要指标(2013年)

单位：万元

项目	Item	企业单位数（个） Number of Enterprises (unit)	亏损企业 Loss-making Enterprises
总计	**Total**	**506**	**154**
在总计中：国有控股企业	State-holding Enterprises	102	35
在总计中：轻工业	Light Industry	131	17
重工业	Heavy Industry	375	137
在总计中：大型企业	Large Enterprises	21	9
中型企业	Medium-sized Enterprises	94	31
小型企业	Small Enterprises	391	114
微型企业	Micro Enterprises		
在总计中按登记注册类型分	**By Status of Registration**		
集体企业	Collective-owned Enterprises	3	
股份合作企业	Cooperative Enterprises	1	
有限责任公司	Limited Liability Corporations	191	64
股份有限公司	Share-holding Corporations Limited	23	7
私营企业	Private Enterprises	242	70
其他企业	Other Enterprises	1	
港、澳、台商投资企业	Enterprises with Funds from Hong Kong, Macao and Taiwan	12	4
外商投资企业	Foreign Funded Enterprises	18	5
按工业行业分组	**Grouped by Sector**		
采掘业	**Mining**	**73**	**27**
煤炭开采和洗选业	Mining and Washing of Coal	33	13
黑色金属矿采选业	Mining and Processing of Ferrous Metal Ores	13	7
有色金属矿采选业	Mining and Processing of Non-Ferrous Metal Ores	15	3
非金属矿采选业	Mining and Processing of Non-metal Ores	11	4
开采辅助活动	Support Activities for Mining	1	
制造业	**Manufacturing**	**380**	**118**
农副食品加工业	Processing of Food from Agricultural Products	41	8
食品制造业	Manufacture of Foods	14	
酒、饮料和精制茶制造业	Manufacture of Liquor, Beverages and Refined Tea	11	2
纺织业	Manufacture of Textile	7	2
纺织服装、服饰业	Manufacture of Textile, Wearing Apparel and Accessories	10	
家具制造业	Manufacture of Furniture	1	
印刷和记录媒介复制业	Printing and Reproduction of Recording Media	4	1
文教、工美、体育和娱乐用品制造业	Manufacture of Articles for Culture, Education, Arts and Crafts, Sport and Entertainment Activities	7	1
石油加工、炼焦和核燃料加工业	Processing of Petroleum, Coking and Processing of Nuclear Fuel	5	
化学原料和化学制品制造业	Manufacture of Raw Chemical Materials and Chemical Products	69	35
医药制造业	Manufacture of Medicines	24	
橡胶和塑料制品业	Manufacture of Rubber and Plastics Products	7	2
非金属矿物制品业	Manufacture of Non-metallic Mineral Products	52	12
黑色金属冶炼和压延加工业	Smelting and Pressing of Ferrous Metals	40	29
有色金属冶炼和压延加工业	Smelting and Pressing of Non-ferrous Metals	47	21
金属制品业	Manufacture of Metal Products	10	2
通用设备制造业	Manufacture of General Purpose Machinery	7	1
专用设备制造业	Manufacture of Special Purpose Machinery	3	
汽车制造业	Manufacture of Automobiles	2	
铁路、航舶、航空航天和其他运输设备制造业	Manufacture of Railway, Ship, Aerospace and Other Transport Equipments	1	
电气机械和器材制造业	Manufacture of Electrical Machinery and Apparatus	14	2
计算机、通信和其他电子设备制造业	Manufacture of Computers, Communication and Other Electronic Equipment	1	
仪器仪表制造业	Manufacture of Measuring Instruments and Machinery	1	
其他制造业	Other Manufacture	1	
金属制品、机械和设备修理业	Repair Service of Metal Products, Machinery and Equipment	1	
电力、燃气及水的生产和供应业	**Power, Gas and Water Production and Supply**	**53**	**9**
电力、热力生产和供应业	Production and Supply of Electric Power and Heat Power	47	7
燃气生产和供应业	Production and Supply of Gas	3	1
水的生产和供应业	Production and Supply of Water	3	1

Main Indicators of Local Industrial Enterprises Above Designated Size (2013)

(10 000 yuan)

工业总产值 Gross Industrial Output Value	资产总计 Total Assets	流动资产合计 Total Working Capitals	固定资产合计 Total Fixed Assets	固定资产原价 Original Value of Fixed Assets	累计折旧 Accumulated Depreciation	本年折旧 Depreciation Charge for the Year
18946074	**39248172**	**12661412**	**17727059**	**22249565**	**6211133**	**1342653**
5776670	23121594	5485062	10804252	13509682	3624263	681343
2713123	3010198	1352619	1389337	1635458	303798	108811
16232952	36237974	11308793	16337722	20614107	5907335	1233842
5774666	18337827	4296446	9300379	12030667	3635633	689306
5699185	10890613	4720416	3680499	4605781	1329264	352122
7472223	10019732	3644549	4746181	5613117	1246236	301225
17333	16715	13039	2257	2729	1731	69
101156	72911	41024	6096	9470	3374	488
7102071	17855439	5142357	9143799	11879874	3419212	719585
2916480	10920363	2911736	4034458	4533494	1177249	221645
7229885	7081677	3206039	3119255	3982685	1130784	279956
60504	69632	27943	38052	41521	5145	3362
429351	976128	325256	392166	510112	129864	40185
502256	1032312	354826	593650	812654	250383	52699
3029991	**4760749**	**2453686**	**1101661**	**1217321**	**494117**	**88003**
1933282	3321330	1789112	637949	412595	119866	24286
235129	358430	162632	151101	188056	50758	12855
633652	818295	355575	245328	365425	133202	27342
221959	260869	145547	67220	251177	190287	23516
5969	1825	820	63	68	4	4
14761570	**26389830**	**9375715**	**10604161**	**13048894**	**3693982**	**883122**
519387	427815	221228	184588	186181	29249	13474
227916	199161	74802	112148	126566	17644	11279
404471	378736	176949	166560	187723	27364	15240
287186	229173	122760	97832	124881	32258	11975
214202	128756	59354	57058	79008	22694	7545
12341	2406	560	1787	920	23	10
53221	51613	23749	27863	34272	6412	3377
290550	197194	89425	102556	117498	19457	8019
591566	571205	238217	268952	360210	91258	25917
2867701	10892526	3118479	4398124	4622305	975331	234296
545983	930333	371990	505368	575294	71881	26963
31672	30385	19759	7748	6966	1012	284
1076068	1967341	651388	691916	826259	212012	56718
2145706	3055652	998250	1353763	1894162	575095	83909
4551453	6235532	2702311	2229156	3439674	1489544	345298
128707	166720	75231	86355	53150	11286	4931
255567	325953	179037	94933	138442	43538	8472
28069	17172	6440	10226	10304	1731	997
237750	109445	32254	77192	86455	9263	9263
5202	4085	2267	1531	2142	611	171
224615	293781	141651	103051	143615	45304	12894
24783	8635	3906	2844	4635	1791	556
13387	18610	10989	6366	10054	5318	721
9773	146855	54184	16033	17648	3587	750
14294	**746**	**535**	**211**	**530**	**319**	**63**
1154514	**8097594**	**832012**	**6021238**	**7983350**	**2023037**	**371529**
1107334	7887180	756494	5939500	7859859	1979402	367880
22333	59884	17183	23189	30770	8813	1545
24847	150530	58335	58549	92721	34822	2104

12-7 续表 1

单位：万元

项　目	Item	负债合计 Total Liabilities	流动负债合计 Total Working Liabilities
总计	**Total**	**27492784**	**14930305**
在总计中：国有控股企业	State-holding Enterprises	17319005	7735240
在总计中：轻工业	Light Industry	1384309	1018922
重工业	Heavy Industry	26108475	13911382
在总计中：大型企业	Large Enterprises	13689096	5538798
中型企业	Medium-sized Enterprises	7253025	4807730
小型企业	Small Enterprises	6550663	4583777
微型企业	Micro Enterprises		
在总计中按登记注册类型分	**By Status of Registration**		
集体企业	Collective-owned Enterprises	9364	9364
股份合作企业	Cooperative Enterprises	40123	40123
有限责任公司	Limited Liability Corporations	13424766	6353948
股份有限公司	Share-holding Corporations Limited	7640806	4055775
私营企业	Private Enterprises	4351760	3388769
其他企业	Other Enterprises	24286	10286
港、澳、台商投资企业	Enterprises with Funds from Hong Kong, Macao and Taiwan	946856	565270
外商投资企业	Foreign Funded Enterprises	539120	226567
按工业行业分组	**Grouped by Sector**		
采掘业	**Mining**	**2610322**	**2054764**
煤炭开采和洗选业	Mining and Washing of Coal	1766626	1342986
黑色金属矿采选业	Mining and Processing of Ferrous Metal Ores	277638	239321
有色金属矿采选业	Mining and Processing of Non-Ferrous Metal Ores	414703	333181
非金属矿采选业	Mining and Processing of Non-metal Ores	150535	138456
开采辅助活动	Support Activities for Mining	820	820
制造业	**Manufacturing**	**18229197**	**11179932**
农副食品加工业	Processing of Food from Agricultural Products	215208	166306
食品制造业	Manufacture of Foods	84972	77178
酒、饮料和精制茶制造业	Manufacture of Liquor, Beverages and Refined Tea	226869	221424
纺织业	Manufacture of Textile	128176	87839
纺织服装、服饰业	Manufacture of Textile, Wearing Apparel and Accessories	68688	57093
家具制造业	Manufacture of Furniture	1833	1833
印刷和记录媒介复制业	Printing and Reproduction of Recording Media	23969	22861
文教、工美、体育和娱乐用品制造业	Manufacture of Articles for Culture, Education, Arts and Crafts,Sport and Entertainment Activities	125209	65675
石油加工、炼焦和核燃料加工业	Processing of Petroleum, Coking and Processing of Nuclear Fuel	319550	212014
化学原料和化学制品制造业	Manufacture of Raw Chemical Materials and Chemical Products	7478418	3360192
医药制造业	Manufacture of Medicines	254117	168678
橡胶和塑料制品业	Manufacture of Rubber and Plastics Products	20363	14122
非金属矿物制品业	Manufacture of Non-metallic Mineral Products	1521905	908060
黑色金属冶炼和压延加工业	Smelting and Pressing of Ferrous Metals	2411263	1998999
有色金属冶炼和压延加工业	Smelting and Pressing of Non-ferrous Metals	4779994	3387266
金属制品业	Manufacture of Metal Products	66338	45787
通用设备制造业	Manufacture of General Purpose Machinery	183050	134504
专用设备制造业	Manufacture of Special Purpose Machinery	10019	9255
汽车制造业	Manufacture of Automobiles	48546	48546
铁路、航舶、航空航天和其他运输设备制造业	Manufacture of Railway, Ship, Aerospace and Other Transport Equipments	962	962
电气机械和器材制造业	Manufacture of Electrical Machinery and Apparatus	178843	122087
计算机、通信和其他电子设备制造业	Manufacture of Computers, Communication and Other Electronic Equipment	6193	3251
仪器仪表制造业	Manufacture of Measuring Instruments and Machinery	1778	1778
其他制造业	Other Manufacture	72928	64216
金属制品、机械和设备修理业	Repair Service of Metal Products, Machinery and Equipment	6	6
电力、燃气及水的生产和供应业	**Power, Gas and Water Production and Supply**	**6653266**	**1695609**
电力、热力生产和供应业	Production and Supply of Electric Power and Heat Power	6572570	1658868
燃气生产和供应业	Production and Supply of Gas	21272	17562
水的生产和供应业	Production and Supply of Water	59424	19179

Continued

(10 000 yuan)

非流动负债合计 Total Non-current Liabilities	所有者权益合计 Total Owners' Equity	实收资本 Paid-up Capital	营业收入 Revenue of Operating	营业成本 Cost of Business	营业税金及附加 Taxes and Other Charges on Operating	其他业务利润 Other Operating Profit
11847766	**11703119**	**6385223**	**15545705**	**12959071**	**204189**	**13721**
9397226	5789609	3038561	5434060	4083443	105039	5391
252133	1620858	584838	2224736	1815978	32900	1598
11595633	10082261	5800385	13320969	11143094	171289	12123
8150297	4648346	2328158	5326880	4210923	128514	3888
1972330	3634401	2091821	4605246	3817923	38112	7026
1725139	3420372	1965245	5613579	4930225	37562	2807
	7351	3160	30869	25918	77	399
	32788	5000	101388	94950	107	
6589209	4399396	3132519	5959974	4886410	53337	8424
3533147	3279535	1000805	3006767	2410820	86298	1110
811612	2709874	1432119	5068645	4461831	47164	3245
14000	45347	11880	45723	40786	25	
363329	28795	205270	555234	495000	5637	72
312369	492745	351930	467149	338793	4207	421
336156	**2137415**	**981270**	**2134880**	**1650224**	**38693**	**3568**
217113	1544821	633574	1368084	1126344	25129	2911
28480	78132	66283	199930	174658	2621	10
81339	403123	214078	442159	263377	6680	-6
9224	110334	66335	119403	80661	4263	653
	1005	1000	5304	5184		
6596361	**8131638**	**4347036**	**12247122**	**10657138**	**150636**	**7512**
42425	211841	79915	403564	366220	634	315
6507	113555	39433	140681	107431	843	404
5445	151867	92351	280725	191601	24807	77
40337	100997	35092	225959	208665	113	
8442	57804	24488	177148	154931	523	
	573	628	8965	6724	22	
1108	27643	6444	41679	30951	272	
47028	71455	20397	285484	267655	1487	
107537	241655	98813	238100	224266	939	433
4017193	3410094	1210178	2216319	1506304	89926	1899
13057	675429	221465	420949	267556	3314	615
6241	9962	5570	32741	28524	287	218
479702	440494	406482	765843	606002	3632	5
382413	643688	541820	1962411	1933887	10931	985
1306338	1451794	1338669	4375961	4169029	9911	2497
20551	100383	73717	55866	47351	241	-124
46773	142402	46855	190361	155630	911	
700	7098	3217	24284	19848	67	
	60900	21100	41513	33058	281	
	3123	2000	4000	3257	98	
54475	114938	57002	226322	206003	530	9
1377	2443	1000	23560	23052	38	
8712	16832	1500	10501	7964	103	
	73928	18800	80153	77404	521	179
	740	100	14033	13825	205	
4915253	**1434068**	**1056920**	**1163706**	**651708**	**14861**	**2642**
4887082	1304350	1021895	1108606	619539	14421	2642
3710	38612	10600	30865	21257	250	
24461	91106	24425	24235	10912	190	

12-7 续表 2

单位：万元

项 目	Item	销售费用 Cost of Sales	营业利润 Operating Profit
总计	**Total**	**617445**	**595409**
在总计中：国有控股企业	State-holding Enterprises	249974	282043
在总计中：轻工业	Light Industry	138034	139976
重工业	Heavy Industry	479411	455433
在总计中：大型企业	Large Enterprises	251284	177998
中型企业	Medium-sized Enterprises	246744	300828
小型企业	Small Enterprises	119417	116583
微型企业	Micro Enterprises		
在总计中按登记注册类型分	**By Status of Registration**		
集体企业	Collective-owned Enterprises	518	2147
股份合作企业	Cooperative Enterprises	1384	1725
有限责任公司	Limited Liability Corporations	176188	177399
股份有限公司	Share-holding Corporations Limited	198414	48272
私营企业	Private Enterprises	164754	257773
其他企业	Other Enterprises	1555	1392
港、澳、台商投资企业	Enterprises with Funds from Hong Kong, Macao and Taiwan	50156	-21019
外商投资企业	Foreign Funded Enterprises	8172	69158
按工业行业分组	**Grouped by Sector**		
采掘业	**Mining**	**66534**	**204508**
煤炭开采和洗选业	Mining and Washing of Coal	32363	85032
黑色金属矿采选业	Mining and Processing of Ferrous Metal Ores	10308	-7084
有色金属矿采选业	Mining and Processing of Non-Ferrous Metal Ores	6808	122761
非金属矿采选业	Mining and Processing of Non-metal Ores	17055	3778
开采辅助活动	Support Activities for Mining		21
制造业	**Manufacturing**	**547868**	**246409**
农副食品加工业	Processing of Food from Agricultural Products	8148	8128
食品制造业	Manufacture of Foods	8141	15160
酒、饮料和精制茶制造业	Manufacture of Liquor, Beverages and Refined Tea	46937	17329
纺织业	Manufacture of Textile	2824	7936
纺织服装、服饰业	Manufacture of Textile, Wearing Apparel and Accessories	2314	9468
家具制造业	Manufacture of Furniture	155	1990
印刷和记录媒介复制业	Printing and Reproduction of Recording Media	1182	7935
文教、工美、体育和娱乐用品制造业	Manufacture of Articles for Culture, Education, Arts and Crafts,Sport and Entertainment Activities	3098	6411
石油加工、炼焦和核燃料加工业	Processing of Petroleum, Coking and Processing of Nuclear Fuel	5916	18521
化学原料和化学制品制造业	Manufacture of Raw Chemical Materials and Chemical Products	234493	127459
医药制造业	Manufacture of Medicines	59462	59207
橡胶和塑料制品业	Manufacture of Rubber and Plastics Products	883	1002
非金属矿物制品业	Manufacture of Non-metallic Mineral Products	34668	16853
黑色金属冶炼和压延加工业	Smelting and Pressing of Ferrous Metals	56635	-53458
有色金属冶炼和压延加工业	Smelting and Pressing of Non-ferrous Metals	59615	-3521
金属制品业	Manufacture of Metal Products	5840	-1688
通用设备制造业	Manufacture of General Purpose Machinery	8804	-1398
专用设备制造业	Manufacture of Special Purpose Machinery	1246	1878
汽车制造业	Manufacture of Automobiles	769	2354
铁路、航舶、航空航天和其他运输设备制造业	Manufacture of Railway, Ship, Aerospace and Other Transport Equipments	271	260
电气机械和器材制造业	Manufacture of Electrical Machinery and Apparatus	5766	3307
计算机、通信和其他电子设备制造业	Manufacture of Computers, Communication and Other Electronic Equipment	81	32
仪器仪表制造业	Manufacture of Measuring Instruments and Machinery	580	971
其他制造业	Other Manufacture		52
金属制品、机械和设备修理业	Repair Service of Metal Products, Machinery and Equipment	40	221
电力、燃气及水的生产和供应业	**Power, Gas and Water Production and Supply**	**3046**	**144491**
电力、热力生产和供应业	Production and Supply of Electric Power and Heat Power	469	130851
燃气生产和供应业	Production and Supply of Gas	1334	5537
水的生产和供应业	Production and Supply of Water	1243	8103

Continued

(10 000 yuan)

利 润 总 额 Total Profits	应 交 所得税 Income Tax Payable	亏损企业 亏损总额 The Total Loss of Loss-making Enterprises	利 税 总 额 Total Profits and Taxes	本年应交 增 值 税 Value Added Tax Payable
798993	**126537**	**389361**	**1661260**	**658078**
382796	75059	128628	886684	398849
152377	15970	34088	239442	54165
646617	110567	355273	1421818	603913
316811	63954	70948	809212	363887
315438	46960	200822	515924	162374
166744	15624	117590	336124	131817
2703	14		3077	298
1725			2429	597
203663	32948	166215	530735	273735
167089	49374	59395	446864	193477
303320	21460	84031	462878	112393
1699			1829	106
-20121	1328	32546	9684	24168
72581	9682	36807	98983	22195
203328	**27500**	**68226**	**417739**	**175719**
78347	13934	54307	212589	109113
-4855	-22	9478	14188	16422
122579	12427	3546	171377	42119
7248	1159	895	19573	8062
9	2		12	3
448895	**89619**	**310062**	**962831**	**363302**
10104	668	4385	13832	3094
13038	253		16000	2119
9978	4296	25353	51153	16368
8743		971	9066	210
9744	248		14794	4526
1990	498		2012	
8662	3	87	11540	2606
6481	3	81	8852	884
21733	373		34222	11550
233566	50960	150944	427387	103895
76807	8565		102897	22776
1658	13	312	2637	692
38828	6398	8462	67682	25222
-15123	5917	41354	41523	45715
7634	10100	72671	129801	112256
-966	70	2914	-35	690
6547	255		14278	6820
1903	53		3133	1164
2354			3149	514
260	65		735	378
3478	526	2528	5130	1123
32	8		70	
968	140		1771	700
260	207		781	
216			421	
146772	**9418**	**11073**	**280690**	**119059**
133169	7339	9925	263307	115718
5517	864	465	7568	1802
8086	1215	683	9815	1539

12-8 规模以上国有及国有控股工业企业主要经济指标(2013年)

单位：万元

项 目	Item	企业单位数(个) Number of Enterprises (unit)	亏损企业 Loss-making Enterprises
总计	**Total**	**117**	**40**
在总计中：国有控股企业	State-holding Enterprises	117	40
在总计中：轻工业	Light Industry	16	3
重工业	Heavy Industry	101	37
在总计中：大型企业	Large Enterprises	14	6
中型企业	Medium-sized Enterprises	35	14
小型企业	Small Enterprises	68	20
微型企业	Micro Enterprises		
在总计中:按登记注册类型分组	**By Status of Registration**		
国有企业	State-owned Enterprises	**16**	**4**
有限责任公司	Limited Liability Corporations	85	32
股份有限公司	Share-holding Corporations Limited	12	4
港、澳、台商投资企业	Enterprises with Funds from Hong Kong, Macao and Taiwan	2	
外商投资企业	Foreign Funded Enterprises	2	
按工业行业分组	**Grouped by Sector**		
采掘业	**Mining**	**23**	**9**
煤炭开采和洗选业	Mining and Washing of Coal	12	6
石油和天然气开采业	Extraction of Petroleum and Natural Gas	1	
黑色金属矿采选业	Mining and Processing of Ferrous Metal Ores	1	1
有色金属矿采选业	Mining and Processing of Non-Ferrous Metal Ores	3	
非金属矿采选业	Mining and Processing of Non-metal Ores	6	2
制造业	**Manufacturing**	**60**	**28**
农副食品加工业	Processing of Food from Agricultural Products	2	1
食品制造业	Manufacture of Foods	1	
纺织服装、服饰业	Manufacture of Textile, Wearing Apparel and Accessories	1	
印刷和记录媒介复制业	Printing and Reproduction of Recording Media	2	1
石油加工、炼焦和核燃料加工业	Processing of Petroleum, Coking and Processing of Nuclear Fuel	1	
化学原料和化学制品制造业	Manufacture of Raw Chemical Materials and Chemical Products	17	14
医药制造业	Manufacture of Medicines	5	
非金属矿物制品业	Manufacture of Non-metallic Mineral Products	7	1
黑色金属冶炼和压延加工业	Smelting and Pressing of Ferrous Metals	2	
有色金属冶炼和压延加工业	Smelting and Pressing of Non-ferrous Metals	18	11
通用设备制造业	Manufacture of General Purpose Machinery	1	
电气机械和器材制造业	Manufacture of Electrical Machinery and Apparatus	2	
其他制品业	Other Manufacture	1	
电力、燃气及水的生产和供应业	**Power, Gas and Water Production and Supply**	**34**	**3**
电力、热力生产和供应业	Production and Supply of Electric Power and Heat Power	31	2
水的生产和供应业	Production and Supply of Water	3	1

Main Economic Indicators of State-owned and State-holding Industrial Enterprises above Designated Size(2013)

(10 000 yuan)

工业总产值 Gross Industrial Output Value	资产总计 Total Assets	流动资产合计 Total Working Capitals	固定资产合计 Total Fixed Assets	固定资产原价 Original Value of Fixed Assets	累计折旧 Accumulated Depreciation	本年折旧 Depreciation Charge for the Year
12201632	**31790159**	**7035563**	**16758199**	**23755329**	**7755635**	**1321682**
12201632	31790159	7035563	16758199	23755329	7755635	1321682
184214	464642	195287	138180	198152	62599	7351
12017418	31325517	6840276	16620019	23557176	7693037	1314331
9312548	22419979	4348518	12548480	18759923	6726844	1066563
2019248	5796382	1960976	2124412	2809844	742070	170611
869835	3573798	726068	2085307	2185562	286722	84509
2727278	**4293314**	**991290**	**2802407**	**4135526**	**1346810**	**241668**
3995547	13933786	2673069	8070604	10976706	3284894	603485
5338853	13304324	3300086	5787850	8473938	3052110	467793
23583	113564	18636	56649	74834	18186	4194
116371	145172	52481	40689	94325	53636	4543
3664459	**5561536**	**1724840**	**2942565**	**4809354**	**1850668**	**276252**
680273	1572372	804701	371561	294122	91385	15944
2665543	3397589	751793	2356682	4158907	1612625	236108
12947	56447	9291	39438	44037	4599	1771
233225	339029	82372	104071	211878	107807	16802
72471	196099	76683	70813	100410	34252	5627
5254192	**15725533**	**4234944**	**5818911**	**7766398**	**2667670**	**467750**
29550	18338	4636	12605	13414	809	454
22908	24485	9901	4292	7059	2767	387
9061	15095	12650	2445	4729	2284	398
7609	12171	8209	3961	7500	3542	506
1674204	8200415	1902647	3249993	3420032	671083	158553
67196	66226	26088	30907	41214	10307	2732
207665	985319	222768	299002	332851	45907	16838
738718	2032300	511439	948904	1342131	396626	49861
2326784	3925557	1312207	1171013	2459868	1490561	230633
109710	231002	139921	42551	74929	32378	3280
51014	67770	30294	37205	45023	7819	3358
9773	146855	54184	16033	17648	3587	750
3282983	**10503091**	**1075781**	**7996723**	**11179578**	**3237297**	**577681**
3258136	10352561	1017446	7938174	11086857	3202475	575577
24847	150530	58335	58549	92721	34822	2104

12-8 续表 1

单位：万元

项 目	Item	负 债 合 计 Total Liabilities	流动负债 合 计 Total Working Liabilities
总计	**Total**	**22100576**	**10736445**
在总计中：国有控股企业	State-holding Enterprises	22100576	10736445
在总计中：轻工业	Light Industry	219469	159356
重工业	Heavy Industry	21881107	10577089
在总计中：大型企业	Large Enterprises	14963494	6213250
中型企业	Medium-sized Enterprises	4374671	2820636
小型企业	Small Enterprises	2762411	1702559
微型企业	Micro Enterprises		
在总计中:按登记注册类型分组	**By Status of Registration**		
国有企业	**State-owned Enterprises**	**1880075**	**1233377**
有限责任公司	Limited Liability Corporations	11247759	4927279
股份有限公司	Share-holding Corporations Limited	8842799	4534240
港、澳、台商投资企业	Enterprises with Funds from Hong Kong, Macao and Taiwan	58339	35167
外商投资企业	Foreign Funded Enterprises	71604	6383
按工业行业分组	**Grouped by Sector**		
采掘业	**Mining**	**2811584**	**1678315**
煤炭开采和洗选业	Mining and Washing of Coal	772028	585338
石油和天然气开采业	Extraction of Petroleum and Natural Gas	**1719258**	**842976**
黑色金属矿采选业	Mining and Processing of Ferrous Metal Ores	**46972**	**46580**
有色金属矿采选业	Mining and Processing of Non-Ferrous Metal Ores	158279	95151
非金属矿采选业	Mining and Processing of Non-metal Ores	115047	108270
制造业	**Manufacturing**	**11832274**	**6724078**
农副食品加工业	Processing of Food from Agricultural Products	6079	6042
食品制造业	Manufacture of Foods	7652	6812
纺织服装、服饰业	Manufacture of Textile, Wearing Apparel and Accessories	**4121**	**3814**
印刷和记录媒介复制业	Printing and Reproduction of Recording Media	10360	9532
石油加工、炼焦和核燃料加工业	Processing of Petroleum, Coking and Processing of Nuclear Fuel		
化学原料和化学制品制造业	Manufacture of Raw Chemical Materials and Chemical Products	5893604	2427041
医药制造业	Manufacture of Medicines	29142	19999
非金属矿物制品业	Manufacture of Non-metallic Mineral Products	869027	367526
黑色金属冶炼和压延加工业	Smelting and Pressing of Ferrous Metals	1555976	1241505
有色金属冶炼和压延加工业	Smelting and Pressing of Non-ferrous Metals	3192269	2431166
通用设备制造业	Manufacture of General Purpose Machinery	147781	103090
电气机械和器材制造业	Manufacture of Electrical Machinery and Apparatus	43335	43335
其他制品业	Other Manufacture	72928	64216
电力、燃气及水的生产和供应业	**Power, Gas and Water Production and Supply**	**7456718**	**2334053**
电力、热力生产和供应业	Production and Supply of Electric Power and Heat Power	7397294	2314874
水的生产和供应业	Production and Supply of Water	59424	19179

Continued

(10 000 yuan)

非流动负债合计 Total Non-current Liabilities	所有者权益合计 Total Owners' Equity	实收资本 Paid-up Capital	营业收入 Revenue of Operating	营业成本 Cost of Business	营业税金及附加 Taxes and Other Charges on Operating	其他业务利润 Other Operating Profit
11177591	**9676603**	**3969409**	**11227657**	**8533966**	**377416**	**-70221**
11177591	9676603	3969409	11227657	8533966	377416	-70221
44291	244411	86461	211023	172235	1095	591
11133300	9432192	3882948	11016634	8361730	376322	-70813
8750244	7456101	2333171	8754851	6583001	347194	-78284
1449019	1421388	1011492	1755729	1407571	22785	2951
978328	799115	624745	717077	543393	7438	5112
635298	**2413239**	**653539**	**2459878**	**2328055**	**21489**	**51**
6145524	2673371	2381180	3740869	2971050	35419	9317
4308559	4461502	827133	4886559	3167916	318652	-79594
23173	54924	35678	24041	15210	221	5
65037	73568	71879	116309	51734	1635	
1133085	**2749651**	**559520**	**2801342**	**1322490**	**274775**	**-80466**
186690	800344	426715	481177	360991	11978	8
876282	**1678331**		**2008936**	**804853**	**254099**	**-81127**
391	**9475**	**10300**	**13748**	**14261**	**844**	
62944	180450	78705	234998	109453	4182	
6778	81051	43800	62483	32932	3672	653
4949027	**3888075**	**2037040**	**5126025**	**4428073**	**73934**	**8812**
	11496	6161	17046	15710		
841	16833	5000	8261	3338	68	404
307	**10973**	**3000**	**9526**	**4703**	**123**	
828	1811	737	6368	5405	30	
3396476	2302798	649527	1350239	858788	60255	651
9143	37084	27138	51762	42195	164	
458755	116269	128581	227978	179779	723	64
314471	476324	284000	826354	833647	5662	
714802	732904	885227	2390547	2278469	5522	7505
44692	83220	23885	110585	87232	720	
	24435	4984	47206	41403	146	9
8712	73928	18800	80153	77404	521	179
5095480	**3038876**	**1372849**	**3300293**	**2783404**	**28708**	**1433**
5071019	2947770	1348424	3276058	2772492	28518	1433
24461	91106	24425	24235	10912	190	

12-8 续表 2

单位：万元

项 目	Item	销售费用 Cost of Sales	营业利润 Operating Profit
总计	**Total**	**291278**	**977609**
在总计中：国有控股企业	State-holding Enterprises	291278	977609
在总计中：轻工业	Light Industry	3879	14696
重工业	Heavy Industry	287399	962913
在总计中：大型企业	Large Enterprises	215106	855365
中型企业	Medium-sized Enterprises	65580	81961
小型企业	Small Enterprises	10592	40282
微型企业	Micro Enterprises		
按登记注册类型分组	**By Status of Registration**		
国有企业	**State-owned Enterprises**	**16304**	**87795**
有限责任公司	Limited Liability Corporations	86107	70607
股份有限公司	Share-holding Corporations Limited	186694	762845
港、澳、台商投资企业	Enterprises with Funds from Hong Kong, Macao and Taiwan	426	3314
外商投资企业	Foreign Funded Enterprises	1748	53047
按工业行业分组	**Grouped by Sector**		
采掘业	**Mining**	**44860**	**855123**
煤炭开采和洗选业	Mining and Washing of Coal	17000	45808
石油和天然气开采业	Extraction of Petroleum and Natural Gas	**6668**	**709880**
黑色金属矿采选业	Mining and Processing of Ferrous Metal Ores	**2576**	**-513**
有色金属矿采选业	Mining and Processing of Non-Ferrous Metal Ores	4914	98130
非金属矿采选业	Mining and Processing of Non-metal Ores	13702	1818
制造业	**Manufacturing**	**245165**	**-53655**
农副食品加工业	Processing of Food from Agricultural Products	181	159
食品制造业	Manufacture of Foods	857	1324
纺织服装、服饰业	Manufacture of Textile, Wearing Apparel and Accessories	**234**	**1477**
印刷和记录媒介复制业	Printing and Reproduction of Recording Media		-805
石油加工、炼焦和核燃料加工业	Processing of Petroleum, Coking and Processing of Nuclear Fuel		
化学原料和化学制品制造业	Manufacture of Raw Chemical Materials and Chemical Products	156784	4333
医药制造业	Manufacture of Medicines	1364	3720
非金属矿物制品业	Manufacture of Non-metallic Mineral Products	9765	12638
黑色金属冶炼和压延加工业	Smelting and Pressing of Ferrous Metals	23672	-10045
有色金属冶炼和压延加工业	Smelting and Pressing of Non-ferrous Metals	45220	-65537
通用设备制造业	Manufacture of General Purpose Machinery	6337	-3463
电气机械和器材制造业	Manufacture of Electrical Machinery and Apparatus	751	2492
其他制品业	Other Manufacture		52
电力、燃气及水的生产和供应业	**Power, Gas and Water Production and Supply**	**1252**	**176142**
电力、热力生产和供应业	Production and Supply of Electric Power and Heat Power	9	168039
水的生产和供应业	Production and Supply of Water	1243	8103

(10 000 yuan)

利润总额 Total Profits	应交所得税 Income Tax Payable	亏损企业亏损总额 The Total Loss of Loss-making Enterprises	利税总额 Total Profits and Taxes	本年应交增值税 Value Added Tax Payable
1071938	**89452**	**186419**	**2172696**	**723342**
1071938	89452	186419	2172696	723342
15995	1728	907	21604	4514
1055942	87724	185512	2151092	718828
931248	60249	45310	1881911	603469
95135	28393	117762	213865	95946
45555	809	23346	76920	23928
104883	**24097**	**10366**	**249187**	**122814**
75460	22502	154274	308462	197584
835292	42395	21778	1540046	386101
3290	385		5718	2206
53012	73		69284	14637
826277	**23396**	**39195**	**1392741**	**291687**
40768	11315	37885	101629	48883
682734			**1139225**	**202392**
-627	**-94**	**627**	**2229**	**2012**
98029	11460		134154	31942
5373	715	683	15504	6458
69385	**45648**	**145300**	**359729**	**216407**
163		137	173	10
1428	230		1576	80
1643			**2748**	**983**
-78	3	87	209	257
78873	36501	69648	208639	69510
3818	73		5628	1645
16046	2800	377	26209	9439
24904	5562		59790	29223
-64181	272	75051	40305	98964
4007			10084	5357
2502			3587	939
260	207		781	
176275	**20409**	**1924**	**420230**	**215247**
168189	19194	1241	410415	213708
8086	1215	683	9815	1539

12-9 规模以上集体工业企业主要经济指标(2013年)

单位：万元

项 目	Item	企业单位数(个) Number of Enterprises (unit)	工业总产值 Gross Industrial Output Value
总计	**Total**	**3**	**17333**
重工业	Heavy Industry	3	17333
中型企业	Medium-sized Enterprises	1	2032
小型企业	Small Enterprises	2	15301
在总计中按登记注册类型分组	**By Status of Registration**		
集体企业	Collective-owned Enterprises	**3**	**17333**
采掘业	**Mining**		
有色金属矿采选业	Mining and Processing of Non-Ferrous Metal Ores	1	11734
制造业	**Manufacture**		
化学原料和化学制品制造业	Manufacture of Raw Chemical Materials and Chemical Products	1	3566
有色金属冶炼和压延加工业	Smelting and Pressing of Non-ferrous Metals	1	2032

Main Indicators of Collective-owned Industrial Enterprises above Designated Size(2013)

(10 000 yuan)

资　产 总　计 Total Assets	流动资产 合　计 Total Working Capitals	固定资产 合　计 Total Fixed Assets	固定资产 原　价 Original Value of Fixed Assets	累　计 折　旧 Accumulated Depreciation	本　年 折　旧 Depreciation Charge for the Year
16715	**13039**	**2257**	**2729**	**1731**	**69**
16715	13039	2257	2729	1731	69
6893	5504	477	1695	1218	69
9822	7534	1780	1034	513	1
16715	**13039**	**2257**	**2729**	**1731**	**69**
7963	5676	1779	1032	512	
1859	1858	**1**	**2**	**1**	**1**
6893	5504	477	1695	1218	69

12-9 续表 1

单位：万元

项 目	Item	负 债 合 计 Total Liabilities	流动负债 合 计 Total Working Liabilities
总计	**Total**	**9364**	**9364**
重工业	Heavy Industry	9364	9364
中型企业	Medium-sized Enterprises	4098	4098
小型企业	Small Enterprises	5266	5266
在总计中按登记注册类型分组	**By Status of Registration**		
集体企业	Collective-owned Enterprises	**9364**	**9364**
采掘业	**Mining**		
有色金属矿采选业	Mining and Processing of Non-Ferrous Metal Ores	4455	4455
制造业	**Manufacture**		
化学原料和化学制品制造业	Manufacture of Raw Chemical Materials and Chemical Products	811	811
有色金属冶炼和压延加工业	Smelting and Pressing of Non-ferrous Metals	4098	4098

(10 000 yuan)

所有者权益合计 Total Owners' Equity	实收资本 Paid-up Capital	营业收入 Revenue of Operating	营业成本 Cost of Business	营业税金及附加 Taxes and Other Charges on Operating	其他业务利润 Other Operating Profit
7351	**3160**	**30869**	**25918**	**77**	**399**
7351	3160	30869	25918	77	399
2795	1350	15114	13873	77	399
4557	1810	15756	12046		
7351	**3160**	**30869**	**25918**	**77**	**399**
3508	810	11734	7925		
1048	1000	4021	4120		
2795	1350	15114	13873	77	399

12-9 续表 2

单位：万元

项目	Item	销售费用 Cost of Sales	营业利润 Operating Profit
总计	**Total**	**518**	**2147**
重工业	Heavy Industry	518	2147
中型企业	Medium-sized Enterprises	256	-30
小型企业	Small Enterprises	262	2176
在总计中按登记注册类型分组	**By Status of Registration**		
集体企业	Collective-owned Enterprises	**518**	**2147**
采掘业	**Mining**		
有色金属矿采选业	Mining and Processing of Non-Ferrous Metal Ores		2647
制造业	**Manufacture**		
化学原料和化学制品制造业	Manufacture of Raw Chemical Materials and Chemical Products	111	-471
有色金属冶炼和压延加工业	Smelting and Pressing of Non-ferrous Metals	537	-30

Continued

(10 000 yuan)

利润 总额 Total Profits	应交 所得税 Income Tax Payable	利税 总额 Total Profits and Taxes	本年应交 增值税 Value Added Tax Payable
2703	**14**	**3077**	**298**
2703	14	3077	298
4		378	298
2699	14	2699	
2703	**14**	**3077**	**298**
2647		2647	
52	14	52	
4		378	298

12-10 大中型企业主要经济指标(2013年)

单位：万元

项 目	Item	企业单位数(个) Number of Enterprises (unit)	亏损企业 Loss-making Enterprises
总计	**Total**	**124**	**44**
在总计中：国有控股企业	State-holding Enterprises	49	20
在总计中：轻工业	Light Industry	29	1
重工业	Heavy Industry	95	43
在总计中：大型企业	Large Enterprises	25	11
中型企业	Medium-sized Enterprises	99	33
按工业行业分组	**Grouped by Sector**		
采掘业	**Mining**	**15**	**4**
煤炭开采和洗选业	Mining and Washing of Coal	7	3
石油和天然气开采业	Extraction of Petroleum and Natural Gas	1	
黑色金属矿采选业	Mining and Processing of Ferrous Metal Ores	2	1
有色金属矿采选业	Mining and Processing of Non-Ferrous Metal Ores	3	
非金属矿采选业	Mining and Processing of Non-metal Ores	2	
制造业	**Manufacturing**	**104**	**39**
农副食品加工业	Processing of Food from Agricultural Products	2	
食品制造业	Manufacture of Foods	3	
酒、饮料和精制茶制造业	Manufacture of Liquor, Beverages and Refined Tea	5	1
纺织业	Manufacture of Textile	4	
纺织服装、服饰业	Manufacture of Textile, Wearing Apparel and Accessories	5	
印刷业和记录媒介的复制业	Printing and Reproduction of Recording Media	1	
文教、工美、体育和娱乐用品制造业	Manufacture of Articles for Culture, Education, Arts and Crafts,Sport and Entertainment Activities	3	
石油加工、炼焦和核燃料加工业	Processing of Petroleum, Coking and Processing of Nuclear Fuel	1	
化学原料及化学制品制造业	Manufacture of Raw Chemical Materials and Chemical Products	17	10
医药制造业	Manufacture of Medicines	3	
非金属矿物制品业	Manufacture of Non-metallic Mineral Products	12	2
黑色金属冶炼及压延加工业	Smelting and Pressing of Ferrous Metals	15	11
有色金属冶炼及压延加工业	Smelting and Pressing of Non-ferrous Metals	24	14
金属制品业	Manufacture of Metal Products	2	1
通用设备制造业	Manufacture of General Purpose Machinery	3	
电气机械及器材制造业	Manufacture of Electrical Machinery and Apparatus	2	
仪器仪表制造业	Manufacture of Measuring Instruments and Machinery	1	
其他制造业	Other Manufacture	1	
电力、燃气及水的生产和供应业	**Power, Gas and Water Production and Supply**	**5**	**1**
电力、热力的生产和供应业	Production and Supply of Electric Power and Heat Power	4	1
水的生产和供应业	Production and Supply of Water	1	

Main Indicators of Large and Medium-sized Industrial Enterprises(2013)

(10 000 yuan)

工 业 总产值 Gross Industrial Output Value	资 产 总 计 Total Assets	流动资 产合计 Total Working Capitals	固定资产 合 计 Total Fixed Assets	固定资 产原价 Original Value of Fixed Assets	累 计 折 旧 Accumulated Depreciation	本 年 折 旧 Depreciation Charge for the Year
17755490	**37488377**	**10508803**	**18595006**	**26477606**	**9028355**	**1658995**
11331796	28216361	6309495	14672892	21569767	7468914	1237174
1349065	1459233	785831	498665	641850	160778	51745
16406425	36029144	9722972	18096341	25835756	8867577	1607250
11761896	25865878	5660953	14318726	21095024	7492043	1260981
5993594	11622500	4847850	4276280	5382582	1536312	398014
3893310	**6371738**	**2326341**	**3093467**	**4819883**	**1871208**	**279512**
898996	2397697	1388000	529565	299884	94127	15906
2665543	3397589	751793	2356682	4158907	1612625	236108
40109	114652	51226	62575	81515	28023	6492
233225	339029	82372	104071	211878	107807	16802
55437	122771	52950	40574	67699	28626	4204
10794118	**22522947**	**7374444**	**9047786**	**12155264**	**4108444**	**863072**
60721	38050	19149	18901	25075	6174	2921
75439	78358	29097	38968	45451	7909	3997
285441	308959	158702	115743	128337	18795	10708
228834	175652	96973	71253	89778	21011	8059
137359	91893	42806	44305	53692	9388	4756
33612	36521	12757	23764	26616	2852	2852
224711	163188	81149	78117	90137	16534	7079
529686	439006	171419	224933	286810	61877	19199
2315373	9487904	2477849	4012431	4259742	837454	221001
222460	258589	201943	23328	38571	15264	2452
605405	1549511	384126	618531	654790	102964	38998
1769123	2910167	895431	1336436	1916690	609665	90565
4003730	6341672	2487033	2245524	4304640	2310650	431337
63761	107078	33077	71961	34881	6850	4164
124721	261010	161248	47779	84926	37167	3928
90582	109924	56512	53413	87426	34985	9585
13387	18610	10989	6366	10054	5318	721
9773	146855	54184	16033	17648	3587	750
3068064	**8593692**	**808021**	**6453755**	**9502459**	**3048704**	**516414**
3050187	8505620	766450	6411098	9432185	3021087	514488
17877	88072	41571	42657	70274	27617	1926

12-10 续表 1

单位：万元

项　目	Item	负　债 合　计 Total Liabilities	流动负债 合　计 Total Working Liabilities
总计	**Total**	**25431321**	**13186813**
在总计中：国有控股企业	State-holding Enterprises	19338165	9033886
在总计中：轻工业	Light Industry	758575	511478
重工业	Heavy Industry	24672746	12675335
在总计中：大型企业	Large Enterprises	17506871	7883196
中型企业	Medium-sized Enterprises	7924450	5303617
按工业行业分组	**Grouped by Sector**		
采掘业	**Mining**	**3237413**	**1886615**
煤炭开采和洗选业	Mining and Washing of Coal	1228555	851976
石油和天然气开采业	Extraction of Petroleum and Natural Gas	1719258	842976
黑色金属矿采选业	Mining and Processing of Ferrous Metal Ores	71520	43441
有色金属矿采选业	Mining and Processing of Non-Ferrous Metal Ores	158279	95151
非金属矿采选业	Mining and Processing of Non-metal Ores	**59801**	**53071**
制造业	**Manufacturing**	**16145027**	**9678695**
农副食品加工业	Processing of Food from Agricultural Products	25221	15601
食品制造业	Manufacture of Foods	37305	30908
酒、饮料和精制茶制造业	Manufacture of Liquor, Beverages and Refined Tea	205897	201112
纺织业	Manufacture of Textile	95699	57725
纺织服装、服饰业	Manufacture of Textile, Wearing Apparel and Accessories	47606	43780
印刷业和记录媒介的复制业	Printing and Reproduction of Recording Media	12629	12629
文教、工美、体育和娱乐用品制造业	Manufacture of Articles for Culture, Education, Arts and Crafts,Sport and Entertainment Activities	103762	48666
石油加工、炼焦和核燃料加工业	Processing of Petroleum, Coking and Processing of Nuclear Fuel	254910	177330
化学原料及化学制品制造业	Manufacture of Raw Chemical Materials and Chemical Products	6649798	2927484
医药制造业	Manufacture of Medicines	78008	6688
非金属矿物制品业	Manufacture of Non-metallic Mineral Products	1246954	640161
黑色金属冶炼及压延加工业	Smelting and Pressing of Ferrous Metals	2284263	1874228
有色金属冶炼及压延加工业	Smelting and Pressing of Non-ferrous Metals	4764595	3412014
金属制品业	Manufacture of Metal Products	40759	20463
通用设备制造业	Manufacture of General Purpose Machinery	160593	115173
电气机械及器材制造业	Manufacture of Electrical Machinery and Apparatus	62322	28739
仪器仪表制造业	Manufacture of Measuring Instruments and Machinery	1778	1778
其他制造业	Other Manufacture	72928	64216
电力、燃气及水的生产和供应业	**Power, Gas and Water Production and Supply**	**6048884**	**1621504**
电力、热力的生产和供应业	Production and Supply of Electric Power and Heat Power	6018112	1606516
水的生产和供应业	Production and Supply of Water	30772	14988

Continued

(10 000 yuan)

非流动负债 合　　计 Total Non-current Liabilities	所有者权益 合　　计 Total Owners' Equity	实　收 资　本 Paid-up Capital	营　业 收　入 Revenue of Operating	营　业 成　本 Cost of Business	营业税金及 附　　加 Taxes and Other Charges on Operating	其他业务 利　　润 Other Operating Profit
11771542	**12053484**	**5238091**	**15585050**	**12368303**	**438472**	**-69206**
10199263	8877489	3344664	10510580	7990572	369979	-75334
150605	698995	231368	1226465	958817	29228	1197
11620937	11354489	5006723	14358585	11409486	409244	-70403
9623674	8358622	3055706	10667699	8261876	399255	-76290
2147867	3694862	2182385	4917350	4106427	39217	7085
1150761	**3134026**	**650429**	**2888018**	**1351105**	**275729**	**-77875**
176726	1169142	496397	555254	375003	14784	2599
876282	1678331		2008936	804853	254099	-81127
28078	43133	45327	42384	40245	121	
62944	180450	78705	234998	109453	4182	
6731	**62970**	**30000**	**46446**	**21551**	**2543**	**653**
6209188	**6374650**	**3577211**	**9618777**	**8330597**	**134628**	**7467**
9620	12829	6350	46909	42873	76	
6397	41052	15000	39208	28028	117	404
4785	103063	75564	195525	121007	23796	
37974	79953	20699	182996	169250	41	
3044	42635	12952	108372	90299	496	
	23892	5357	23311	14045	242	
42590	59415	10397	239195	225066	1466	
77580	184097	70000	142116	139640	881	156
3716279	2838105	985666	1845014	1225849	78611	1463
3900	180581	44495	241748	139372	2324	615
500111	302534	252103	504221	366985	2716	64
402616	625204	507850	1664792	1635482	10544	1593
1296280	1576693	1455839	4069438	3863539	11658	3117
20296	66319	61000	13395	12895		-124
45420	99916	27855	127688	98392	890	
33584	47602	5784	84195	72507	146	
	16832	1500	10501	7964	103	
8712	73928	18800	80153	77404	521	179
4411596	**2544808**	**1010453**	**3078254**	**2686604**	**28117**	**1203**
4411596	2487509	990698	3059868	2678803	27967	1203
	57299	19755	18386	7801	150	

12-10 续表 2

单位：万元

项 目	Item	销售费用 Cost of Sales	营业利润 Operating Profit
总计	**Total**	**538730**	**1166519**
在总计中：国有控股企业	State-holding Enterprises	280687	937327
在总计中：轻工业	Light Industry	102323	99920
重工业	Heavy Industry	436408	1066599
在总计中：大型企业	Large Enterprises	288342	880883
中型企业	Medium-sized Enterprises	250389	285637
按工业行业分组	**Grouped by Sector**		
采掘业	**Mining**	**47693**	**883426**
煤炭开采和洗选业	Mining and Washing of Coal	23426	77704
石油和天然气开采业	Extraction of Petroleum and Natural Gas	6668	709880
黑色金属矿采选业	Mining and Processing of Ferrous Metal Ores	541	-4071
有色金属矿采选业	Mining and Processing of Non-Ferrous Metal Ores	4914	98130
非金属矿采选业	Mining and Processing of Non-metal Ores	**12144**	**1783**
制造业	**Manufacturing**	**490270**	**155623**
农副食品加工业	Processing of Food from Agricultural Products	1126	687
食品制造业	Manufacture of Foods	3142	6139
酒、饮料和精制茶制造业	Manufacture of Liquor, Beverages and Refined Tea	44593	11249
纺织业	Manufacture of Textile	2330	5509
纺织服装、服饰业	Manufacture of Textile, Wearing Apparel and Accessories	2103	6866
印刷业和记录媒介的复制业	Printing and Reproduction of Recording Media	682	5868
文教、工美、体育和娱乐用品制造业	Manufacture of Articles for Culture, Education, Arts and Crafts,Sport and Entertainment Activities	2629	6008
石油加工、炼焦和核燃料加工业	Processing of Petroleum, Coking and Processing of Nuclear Fuel	4512	14480
化学原料及化学制品制造业	Manufacture of Raw Chemical Materials and Chemical Products	210355	118347
医药制造业	Manufacture of Medicines	41239	49406
非金属矿物制品业	Manufacture of Non-metallic Mineral Products	29808	21788
黑色金属冶炼及压延加工业	Smelting and Pressing of Ferrous Metals	51570	-41072
有色金属冶炼及压延加工业	Smelting and Pressing of Non-ferrous Metals	79662	-47393
金属制品业	Manufacture of Metal Products	3562	-3193
通用设备制造业	Manufacture of General Purpose Machinery	7915	-1997
电气机械及器材制造业	Manufacture of Electrical Machinery and Apparatus	4462	1908
仪器仪表制造业	Manufacture of Measuring Instruments and Machinery	580	971
其他制造业	Other Manufacture		52
电力、燃气及水的生产和供应业	**Power, Gas and Water Production and Supply**	**769**	**127473**
电力、热力的生产和供应业	Production and Supply of Electric Power and Heat Power		119418
水的生产和供应业	Production and Supply of Water	769	8055

continued

(10 000 yuan)

利 润 总 额 Total Profits	应 交 所得税 Income Tax Payable	亏损企业 亏损总额 The Total Loss of Loss-making Enterprises	利 税 总 额 Total Profits and Taxes	本年应交 增 值 税 Value Added Tax Payable
1313126	**125202**	**325903**	**2599367**	**847770**
1026383	88642	163073	2095776	699415
90297	11456	25207	156947	37423
1222828	113746	300697	2442419	810347
1005648	76320	103394	2075235	670333
307478	48882	222510	524132	177437
855858	**23595**	**37216**	**1438433**	**306848**
72088	11478	33990	153180	66309
682734			1139225	202392
-2389		3226	-1270	999
98029	11460		134154	31942
5396	**657**		**13144**	**5206**
330460	**82069**	**288189**	**799370**	**334283**
687			918	156
3872	249		4155	167
3770	3937	25207	40174	12608
6325			6471	106
7142			12138	4499
5868			7700	1589
6010	3		8261	786
17227			29462	11353
216061	49083	142953	385786	91115
48259	6033		66887	16303
37855	6304	3075	63895	23324
1483	6074	27179	56134	44107
-30447	9784	86936	101220	120009
-2735		2839	-2735	
5947	255		13359	6522
1908			2993	939
968	140		1771	700
260	207		781	
126806	**19539**	**498**	**361565**	**206642**
118784	18511	498	352183	205432
8022	1028		9382	1210

12-11 规模以上非公有工业企业主要指标(2013年)

单位：万元

项 目	Item	企业单位数(个) Number of Enterprises (unit)	亏损企业 Loss-making Enterprises
总计	**Total**	**502**	**155**
在总计中：轻工业	Light Industry	127	16
重工业	Heavy Industry	375	139
在总计中：大型企业	Large Enterprises	24	11
中型企业	Medium-sized Enterprises	93	31
小型企业	Small Enterprises	385	113
微型企业	Micro Enterprises		
在总计中按登记注册类型分组	**By Status of Registration**		
股份合作企业	Cooperative Enterprises	1	
有限责任公司	Limited Liability Corporations	203	68
股份有限公司	Share-holding Corporations Limited	25	8
私营企业	Private Enterprises	242	70
其他企业	Other Enterprises	1	
港、澳、台商投资企业	Enterprises with Funds from Hong Kong, Macao and Taiwan	12	4
外商投资企业	Foreign Funded Enterprises	18	5
按工业行业分组	**Grouped by Sector**		
采掘业	**Mining**	**71**	**27**
煤炭开采和洗选业	Mining and Washing of Coal	31	13
黑色金属矿采选业	Extraction of Petroleum and Natural Gas	1	
有色金属矿采选业	Mining and Processing of Ferrous Metal Ores	13	7
非金属矿采选业	Mining and Processing of Non-Ferrous Metal Ores	14	3
其他采矿业	Mining and Processing of Non-metal Ores	11	4
开采辅助活动	Support Activities for Mining	1	
制造业	**Manufacturing**	**379**	**120**
农副食品加工业	Processing of Food from Agricultural Products	41	8
食品制造业	Manufacture of Foods	14	
酒、饮料和精制茶制造业	Manufacture of Liquor, Beverages and Refined Tea	11	2
纺织业	Manufacture of Textile	7	2
纺织服装、服饰业	Manufacture of Textile, Wearing Apparel and Accessories	9	
家具制造业	Manufacture of Furniture	1	
印刷和记录媒介复制业	Printing and Reproduction of Recording Media	2	
文教、工美、体育和娱乐用品制造业	Manufacture of Articles for Culture, Education, Arts and Crafts, Sport and Entertainment Activities	7	1
石油加工、炼焦和核燃料加工业	Processing of Petroleum, Coking and Processing of Nuclear Fuel	5	
化学原料和化学制品制造业	Manufacture of Raw Chemical Materials and Chemical Products	69	36
医药制造业	Manufacture of Medicines	23	
橡胶和塑料制品业	Manufacture of Rubber and Plastics Products	7	2
非金属矿物制品业	Manufacture of Non-metallic Mineral Products	53	12
黑色金属冶炼和压延加工业	Smelting and Pressing of Ferrous Metals	41	29
有色金属冶炼和压延加工业	Smelting and Pressing of Non-ferrous Metals	48	23
金属制品业	Manufacture of Metal Products	10	2
通用设备制造业	Manufacture of General Purpose Machinery	7	1
专用设备制造业	Manufacture of Special Purpose Machinery	3	
汽车制造业	Manufacture of Automobiles	2	
铁路、船舶、航空航天和其他运输设备制造业	Manufacture of Railway, Ship, Aerospace and Other Transport Equipments	1	
电气机械和器材制造业	Manufacture of Electrical Machinery and Apparatus	14	2
计算机、通信和其他电子设备制造业	Manufacture of Computers, Communication and Other Electronic Equipment	1	
仪器仪表制造业	Manufacture of Measuring Instruments and Machinery	1	
其他制造业	Other Manufacture	1	
金属制品、机械和设备修理业	Repair Service of Metal Products, Machinery and Equipment	1	
电力、燃气及水的生产和供应业	**Power, Gas and Water Production and Supply**	**52**	**8**
电力、热力生产和供应业	Production and Supply of Electric Power and Heat Power	46	6
燃气生产和供应业	Production and Supply of Gas	3	1
水的生产和供应业	Production and Supply of Water	3	1

Main Indicators of Non-public Industrial Enterprises Above Designated Size (2013)

(10 000 yuan)

工 业 总产值 Gross Industrial Output Value	资 产 总 计 Total Assets	流动资产合计 Total Working Capitals	固定资产合 计 Total Fixed Assets	固定资产原价 Original Value of Fixed Assets	累 计 折 旧 Accumulated Depreciation	本 年 折 旧 Depreciation Charge for the Year
22626426	**43606708**	**13207584**	**20876342**	**28356956**	**8993964**	**1741254**
2688793	2975787	1330034	1377511	1617160	297322	107256
19937633	40630920	11877550	19498830	26739797	8696642	1633998
9621655	22795559	5308854	11913645	17436525	6238625	1043977
5487815	10747629	4261048	4165868	5224878	1489020	382707
7516956	10063520	3637682	4796828	5695553	1266320	314571
101156	72911	41024	6096	9470	3374	488
8238221	19716431	5483555	10110592	13726438	4328256	858062
6065052	14657617	3768941	6616530	9274076	3146159	506503
7229885	7081677	3206039	3119255	3982685	1130784	279956
60504	69632	27943	38052	41521	5145	3362
429351	976128	325256	392166	510112	129864	40185
502256	1032312	354826	593650	812654	250383	52699
5224793	**7649387**	**2757638**	**3420655**	**5320192**	**2087135**	**319168**
1499496	2846135	1361751	606962	374502	112761	21895
2665543	3397589	751793	2356682	4158907	1612625	236108
235129	358430	162632	151101	188056	50758	12855
621918	810331	349899	243549	364393	132690	27342
196738	235077	130743	62298	234266	178297	20964
5969	1825	820	63	68	4	4
16118410	**27634999**	**9581449**	**11241330**	**14762215**	**4796335**	**1031663**
519387	427815	221228	184588	186181	29249	13474
227916	199161	74802	112148	126566	17644	11279
404471	378736	176949	166560	187723	27364	15240
287186	229173	122760	97832	124881	32258	11975
205141	113661	46704	54613	74280	20410	7146
12341	2406	560	1787	920	23	10
45612	39441	15540	23902	26772	2870	2870
290550	197194	89425	102556	117498	19457	8019
591566	571205	238217	268952	360210	91258	25917
2833524	11066292	3092481	4615341	4833000	991437	239341
538323	923189	370265	499949	569224	71231	26313
31672	30385	19759	7748	6966	1012	284
1132580	2093412	682000	781409	933427	229687	63000
2238937	3124669	1022767	1398263	1994107	633939	95903
5817057	7146258	2901498	2526940	4753485	2505748	472074
128707	166720	75231	86355	53150	11286	4931
255567	325953	179037	94933	138442	43538	8472
28069	17172	6440	10226	10304	1731	997
237750	109445	32254	77192	86455	9263	9263
5202	4085	2267	1531	2142	611	171
224615	293781	141651	103051	143615	45304	12894
24783	8635	3906	2844	4635	1791	556
13387	18610	10989	6366	10054	5318	721
9773	146855	54184	16033	17648	3587	750
14294	746	535	211	530	319	63
1283225	**8322321**	**868500**	**6214357**	**8274550**	**2110497**	**390422**
1236045	8111907	792982	6132619	8151059	2066862	386773
22333	59884	17183	23189	30770	8813	1545
24847	150530	58335	58549	92721	34822	2104

12-11 续表 1

单位：万元

项 目	Item	负债合计 Total Liabilities	流动负债合计 Total Working Liabilities
总计	**Total**	**30384916**	**16688770**
在总计中：轻工业	Light Industry	1368704	1004453
重工业	Heavy Industry	29016211	15684317
在总计中：大型企业	Large Enterprises	16142500	6930023
中型企业	Medium-sized Enterprises	7607948	5102062
小型企业	Small Enterprises	6634468	4656685
微型企业	Micro Enterprises		
在总计中按登记注册类型分组	**By Status of Registration**		
股份合作企业	Cooperative Enterprises	**40123**	40123
有限责任公司	Limited Liability Corporations	14859593	7466474
股份有限公司	Share-holding Corporations Limited	9623178	4991281
私营企业	Private Enterprises	4351760	3388769
其他企业	Other Enterprises	24286	10286
港、澳、台商投资企业	Enterprises with Funds from Hong Kong, Macao and Taiwan	946856	565270
外商投资企业	Foreign Funded Enterprises	539120	226567
按工业行业分组	**Grouped by Sector**		
采掘业	**Mining**	**4275660**	**2844243**
煤炭开采和洗选业	Mining and Washing of Coal	1723960	1300320
黑色金属矿采选业	Extraction of Petroleum and Natural Gas	1719258	842976
有色金属矿采选业	Mining and Processing of Ferrous Metal Ores	277638	239321
非金属矿采选业	Mining and Processing of Non-Ferrous Metal Ores	410248	328726
其他采矿业	Mining and Processing of Non-metal Ores	143736	132080
开采辅助活动	Support Activities for Mining	820	820
制造业	**Manufacturing**	**19213197**	**12021609**
农副食品加工业	Processing of Food from Agricultural Products	215208	166306
食品制造业	Manufacture of Foods	**84972**	**77178**
酒、饮料和精制茶制造业	Manufacture of Liquor, Beverages and Refined Tea	226869	221424
纺织业	Manufacture of Textile	128176	87839
纺织服装、服饰业	Manufacture of Textile, Wearing Apparel and Accessories	64566	53279
家具制造业	Manufacture of Furniture	1833	1833
印刷和记录媒介复制业	Printing and Reproduction of Recording Media	13609	13329
文教、工美、体育和娱乐用品制造业	Manufacture of Articles for Culture, Education, Arts and Crafts,Sport and Entertainment Activities	125209	65675
石油加工、炼焦和核燃料加工业	Processing of Petroleum, Coking and Processing of Nuclear Fuel	319550	212014
化学原料和化学制品制造业	Manufacture of Raw Chemical Materials and Chemical Products	7694810	3573985
医药制造业	Manufacture of Medicines	252995	167555
橡胶和塑料制品业	Manufacture of Rubber and Plastics Products	20363	14122
非金属矿物制品业	Manufacture of Non-metallic Mineral Products	1610669	958845
黑色金属冶炼和压延加工业	Smelting and Pressing of Ferrous Metals	2471496	2028573
有色金属冶炼和压延加工业	Smelting and Pressing of Non-ferrous Metals	5414209	3949260
金属制品业	Manufacture of Metal Products	66338	45787
通用设备制造业	Manufacture of General Purpose Machinery	183050	134504
专用设备制造业	Manufacture of Special Purpose Machinery	10019	9255
汽车制造业	Manufacture of Automobiles	48546	48546
铁路、航舶、航空航天和其他运输设备制造业	Manufacture of Railway, Ship, Aerospace and Other Transport Equipments	962	962
电气机械和器材制造业	Manufacture of Electrical Machinery and Apparatus	178843	122087
计算机、通信和其他电子设备制造业	Manufacture of Computers, Communication and Other Electronic Equipment	6193	3251
仪器仪表制造业	Manufacture of Measuring Instruments and Machinery	1778	1778
其他制造业	Other Manufacture	72928	64216
金属制品、机械和设备修理业	Repair Service of Metal Products, Machinery and Equipment	6	6
电力、燃气及水的生产和供应业	**Power, Gas and Water Production and Supply**	**6896061**	**1822920**
电力、热力生产和供应业	Production and Supply of Electric Power and Heat Power	6815365	1786179
燃气生产和供应业	Production and Supply of Gas	21272	17562
水的生产和供应业	Production and Supply of Water	59424	19179

Continued

(10 000 yuan)

非流动负债合计 Total Non-current Liabilities	所有者权益合计 Total Owners' Equity	实收资本 Paid-up Capital	营业收入 Revenue of Operating	营业成本 Cost of Business	营业税金及附加 Taxes and Other Charges on Operating	其他业务利润 Other Operating Profit
12992833	**13169524**	**6659372**	**18848554**	**15055621**	**455001**	**-62341**
250998	1602052	578701	2204444	1803387	32727	1598
12741835	11567471	6080671	16644110	13252234	422273	-63940
9212477	6652674	2644707	8517777	6138385	385103	-76290
2032920	3136494	2052245	4680838	3960465	32033	6754
1747436	3380355	1962420	5649939	4956771	37865	7195
	32788	5000	101388	94950	107	
6911510	4825561	3575819	7107601	5926678	56186	13306
4580013	5034415	1077355	5502814	3697584	341674	-79384
811612	2709874	1432119	5068645	4461831	47164	3245
14000	45347	11880	45723	40786	25	
363329	28795	205270	555234	495000	5637	72
312369	492745	351930	467149	338793	4207	421
1212016	**3360715**	**955965**	**3903279**	**2306061**	**286814**	**-77304**
217113	1112291	622079	1148811	995603	18976	3166
876282	1678331		2008936	804853	254099	-81127
28480	78132	66283	199930	174658	2621	10
81339	399615	213268	430424	255452	6680	-6
8802	91341	53335	109874	70311	4438	653
	1005	1000	5304	5184		
6738684	**8392811**	**4648016**	**13663123**	**12004817**	**152540**	**12443**
42425	211841	79915	403564	366220	634	315
6507	**113555**	**39433**	**140681**	**107431**	**843**	**404**
5445	151867	92351	280725	191601	24807	77
40337	100997	35092	225959	208665	113	
8135	46831	21488	167623	150228	401	
	573	628	8965	6724	22	
280	25832	5707	35311	25545	242	
47028	71455	20397	285484	267655	1487	
107537	241655	98813	238100	224266	939	433
4019792	3367469	1179059	2237879	1539073	89197	1714
13057	669408	219065	416551	265074	3294	615
6241	9962	5570	32741	28524	287	218
517682	477801	430386	837089	656212	3932	64
413072	652473	546400	2062992	2033597	10992	985
1378558	1728305	1648421	5618866	5346610	12355	7554
20551	100383	73717	55866	47351	241	-124
46773	142402	46855	190361	155630	911	
700	7098	3217	24284	19848	67	
	60900	21100	41513	33058	281	
	3123	2000	4000	3257	98	
54475	114938	57002	226322	206003	530	9
1377	2443	1000	23560	23052	38	
	16832	1500	10501	7964	103	
8712	73928	18800	80153	77404	521	179
	740	100	14033	13825	205	
5042137	**1416001**	**1055394**	**1282155**	**744743**	**15647**	**2522**
5013966	1286283	1020369	1227055	712574	15207	2522
3710	38612	10600	30865	21257	250	
24461	91106	24425	24235	10912	190	

12-11 续表 2

单位：万元

项　目	Item	销售费用 Cost of Sales	营业利润 Operating Profit
总计	**Total**	**641928**	**1201032**
在总计中：轻工业	Light Industry	274974	889813
重工业	Heavy Industry	137496	138861
在总计中：大型企业	Large Enterprises	504433	1062171
中型企业	Medium-sized Enterprises	288342	851650
小型企业	Small Enterprises	234142	231616
微型企业	Micro Enterprises	119444	117767
在总计中按登记注册类型分组	**By Status of Registration**		
股份合作企业	Cooperative Enterprises	1384	1725
有限责任公司	Limited Liability Corporations	199873	152572
股份有限公司	Share-holding Corporations Limited	216034	739432
私营企业	Private Enterprises	164754	257773
其他企业	Other Enterprises	1555	1392
港、澳、台商投资企业	Enterprises with Funds from Hong Kong, Macao and Taiwan	50156	-21019
外商投资企业	Foreign Funded Enterprises	8172	69158
按工业行业分组	**Grouped by Sector**		
采掘业	**Mining**	**59786**	**846212**
煤炭开采和洗选业	Mining and Washing of Coal	23103	16642
黑色金属矿采选业	Extraction of Petroleum and Natural Gas	6668	709880
有色金属矿采选业	Mining and Processing of Ferrous Metal Ores	10308	-7084
非金属矿采选业	Mining and Processing of Non-Ferrous Metal Ores	6808	120114
其他采矿业	Mining and Processing of Non-metal Ores	12899	6639
开采辅助活动	Support Activities for Mining		21
制造业	**Manufacturing**	**579107**	**202676**
农副食品加工业	Processing of Food from Agricultural Products	8148	8128
食品制造业	Manufacture of Foods	**8141**	**15160**
酒、饮料和精制茶制造业	Manufacture of Liquor, Beverages and Refined Tea	46937	17329
纺织业	Manufacture of Textile	2824	7936
纺织服装、服饰业	Manufacture of Textile, Wearing Apparel and Accessories	2080	7991
家具制造业	Manufacture of Furniture	155	1990
印刷和记录媒介复制业	Printing and Reproduction of Recording Media	1182	8740
文教、工美、体育和娱乐用品制造业	Manufacture of Articles for Culture, Education, Arts and Crafts,Sport and Entertainment Activities	3098	6411
石油加工、炼焦和核燃料加工业	Processing of Petroleum, Coking and Processing of Nuclear Fuel	5916	18521
化学原料和化学制品制造业	Manufacture of Raw Chemical Materials and Chemical Products	233078	112818
医药制造业	Manufacture of Medicines	59157	58764
橡胶和塑料制品业	Manufacture of Rubber and Plastics Products	883	1002
非金属矿物制品业	Manufacture of Non-metallic Mineral Products	36867	25690
黑色金属冶炼和压延加工业	Smelting and Pressing of Ferrous Metals	57158	-55578
有色金属冶炼和压延加工业	Smelting and Pressing of Non-ferrous Metals	90086	-38215
金属制品业	Manufacture of Metal Products	5840	-1688
通用设备制造业	Manufacture of General Purpose Machinery	8804	-1398
专用设备制造业	Manufacture of Special Purpose Machinery	1246	1878
汽车制造业	Manufacture of Automobiles	769	2354
铁路、航舶、航空航天和其他运输设备制造业	Manufacture of Railway, Ship, Aerospace and Other Transport Equipments	271	260
电气机械和器材制造业	Manufacture of Electrical Machinery and Apparatus	5766	3307
计算机、通信和其他电子设备制造业	Manufacture of Computers, Communication and Other Electronic Equipment	81	32
仪器仪表制造业	Manufacture of Measuring Instruments and Machinery	580	971
其他制造业	Other Manufacture		52
金属制品、机械和设备修理业	Repair Service of Metal Products, Machinery and Equipment	40	221
电力、燃气及水的生产和供应业	**Power, Gas and Water Production and Supply**	**3036**	**152143**
电力、热力生产和供应业	Production and Supply of Electric Power and Heat Power	459	138503
燃气生产和供应业	Production and Supply of Gas	1334	5537
水的生产和供应业	Production and Supply of Water	1243	8103

Continued

(10 000 yuan)

利 润 总 额 Total Profits	应 交 所得税 Income Tax Payable	亏损企业 亏损总额 The Total Loss of Loss-making Enterprises	利 税 总 额 Total Profits and Taxes	本年应交 增 值 税 Value Added Tax Payable
1380549	**116818**	**436786**	**2695009**	**859459**
967054	65354	176053	1923510	600528
150369	15967	34001	235850	52754
1230180	100851	402785	2459159	806705
967100	63954	103394	1930831	578628
246593	37251	212974	427106	148480
166857	15613	120418	337073	132351
1725			2429	597
184711	34974	210818	532680	291782
836634	49374	72584	1586527	408218
303320	21460	84031	462878	112393
1699			1829	106
-20121	1328	32546	9684	24168
72581	9682	36807	98983	22195
814427	**15964**	**68226**	**1452208**	**350967**
10063	2380	54307	111685	82645
682734			1139225	202392
-4855	-22	9478	14188	16422
119932	12427	3546	168730	42119
6544	1177	895	18368	7386
9	2		12	3
411695	**91371**	**358231**	**946099**	**381869**
10104	668	4385	13832	3094
13038	**253**		**16000**	**2119**
9978	4296	25353	51153	16368
8743		971	9066	210
8102	248		12046	3544
1990	498		2012	
8740			11331	2349
6481	3	81	8852	884
21733	373		34222	11550
215994	50793	168465	410834	105643
76364	8565		102262	22604
1658	13	312	2637	692
48250	7858	8462	82840	30658
-11427	6379	41354	46021	46457
-23105	10100	103406	113558	124308
-966	70	2914	-35	690
6547	255		14278	6820
1903	53		3133	1164
2354			3149	514
260	65		735	378
3478	526	2528	5130	1123
32	8		70	
968	140		1771	700
260	207		781	
216			421	
154429	**9483**	**10329**	**296702**	**126627**
140826	7404	9181	279319	123286
5517	864	465	7568	1802
8086	1215	683	9815	1539

12-12 2012-2013年规模以上工业企业主要经济效益指标

指 标	Item	工业增加值率(%)收入法 Ratio of Value Added to Gross Industrial Output Value (%) By Production Approach	
		2012	2013
总 计	**Total**	**39.75**	**35.44**
在总计中：国有控股企业	State-holding Enterprises	44.46	41.00
在总计中：轻工业	Light Industry	37.57	36.08
重工业	Heavy Industry	39.93	35.37
在总计中：大型企业	Large Enterprises	40.82	39.32
中型企业	Medium-sized Enterprises	38.77	28.50
小型企业	Small Enterprises	37.80	33.62
微型企业	Micro Enterprises	25.35	
在总计中：按登记注册类型分组：	**By Status of Registration**		
集体企业	Collective-owned Enterprises	32.52	59.84
股份合作企业	Cooperative Enterprises	35.48	38.42
有限责任公司	Limited Liability Corporations	42.62	32.26
股份有限公司	Share-holding Corporations Limited	52.75	50.27
私营企业	Private Enterprises	29.45	27.77
其他企业	Other Enterprises	28.78	38.17
港、澳、台商投资企业	Enterprises with Funds from Hong Kong, Macao and Taiwan	39.01	29.13
外商投资企业	Foreign Funded Enterprises	48.98	54.17
按工业行业分组	**Grouped by Sector**		
采掘业	**Mining**		
煤炭开采和洗选业	Mining and Washing of Coal	52.68	31.49
石油和天然气开采业	Extraction of Petroleum and Natural Gas	65.06	68.46
黑色金属矿采选业	Mining and Processing of Ferrous Metal Ores	33.78	28.34
有色金属矿采选业	Mining and Processing of Non-Ferrous Metal Ores	70.57	62.82
非金属矿采选业	Mining and Processing of Non-metal Ores	44.07	29.84
开采辅助活动	Support Activities for Mining		
其他采矿业	Mining of Other Ores		
制造业	**Manufacturing**		
农副食品加工业	Processing of Food from Agricultural Products	28.02	31.00
食品制造业	Manufacture of Foods	30.14	33.50
酒、饮料和精制茶制造业	Manufacture of Liquor, Beverages and Refined Tea	53.80	37.67
纺织业	Manufacture of Textile	31.42	34.00
纺织服装、服饰业	Manufacture of Textile, Wearing Apparel and Accessories	39.78	31.82
家具制造业	Manufacture of Furniture		
印刷和记录媒介复制业	Printing and Reproduction of Recording Media	36.74	44.30
文教、工美、体育和娱乐用品制造业	Manufacture of Articles for Culture, Education, Arts and Crafts,Sport and Entertainment Activities	35.20	38.07
石油加工、炼焦和核燃料加工业	Processing of Petroleum, Coking and Processing of Nuclear Fuel	7.17	11.92
化学原料和化学制品制造业	Manufacture of Raw Chemical Materials and Chemical Products	40.12	30.18
医药制造业	Manufacture of Medicines	41.21	40.61
橡胶和塑料制品业	Manufacture of Rubber and Plastics Products	44.13	23.95
非金属矿物制品业	Manufacture of Non-metallic Mineral Products	32.11	29.33
黑色金属冶炼和压延加工业	Smelting and Pressing of Ferrous Metals	27.45	23.76
有色金属冶炼和压延加工业	Smelting and Pressing of Non-ferrous Metals	33.20	27.77
金属制品业	Manufacture of Metal Products	30.28	32.20
通用设备制造业	Manufacture of General Purpose Machinery	32.83	27.16
专用设备制造业	Manufacture of Special Purpose Machinery	16.18	28.34
汽车制造业	Manufacture of Automobiles	27.04	33.68
铁路、航舶、航空航天和其他运输设备制造业	Manufacture of Railway, Ship, Aerospace and Other Transport Equipments		
电气机械和器材制造业	Manufacture of Electrical Machinery and Apparatus	30.64	34.58
计算机、通信和其他电子设备制造业	Manufacture of Computers, Communication and Other Electronic Equipment	34.74	33.35
仪器仪表制造业	Manufacture of Measuring Instruments and Machinery	34.98	36.25
其他制造业	Other Manufacture	40.81	34.10
金属制品、机械和设备修理业	Repair Service of Metal Products, Machinery and Equipment	31.44	11.73
电力、燃气及水的生产和供应业	**Power, Gas and Water Production and Supply**		
电力、热力生产和供应业	Production and Supply of Electric Power and Heat Power	35.91	35.48
燃气的生产和供应业	Production and Supply of Gas		32.91
水的生产和供应业	Production and Supply of Water	51.54	51.28

注：工业增加值率是采用企业成本费用调查年报资料。下表同。

Main Economic Indicators of Industria Enterprises above Designated Size(2012-2013)

总资产贡献率 (%) Ratio of Total Assets to Industrial Output Value (%)		资产负债率 (%) Assets-Liability Ratio (%)		流动资产周转率 (次/年) Number of Times of Annual of Turnover Working Capitals (times/year)		成本费用利润率 (%) Ratio of Profits to Industrial Cost (%)		产品销售率 (%) Proportion of Products Sold (%)	
2012	2013	2012	2013	2012	2013	2012	2013	2012	2013
9.26	**7.98**	**65.73**	**67.36**	**1.58**	**1.50**	**9.57**	**7.46**	**92.99**	**90.92**
10.24	8.86	67.57	69.52	1.72	1.60	13.24	10.76	97.07	93.89
8.72	8.44	45.71	45.99	1.67	1.64	7.30	7.25	95.26	93.74
9.3	7.94	67.03	68.79	1.57	1.49	9.80	7.49	92.77	90.59
10.52	10.06	66.88	67.68	1.87	1.88	11.84	10.62	94.97	91.91
7.43	6.15	67.35	68.18	1.15	1.01	7.81	6.34	89.46	93.58
7.93	4.82	58.69	65.62	1.63	1.55	6.46	3.11	92.29	87.30
1.7		75.04		0.98		3.28		94.75	
7.06	18.40	59.09	56.02	1.23	2.37	5.73	9.57	98.12	103.01
7.88	6.11	54.60	55.03	2.39	2.47	2.18	1.73	94.60	100.00
7.68	5.22	76.51	75.37	1.31	1.30	5.52	2.67	89.30	93.66
14.59	12.23	59.71	65.65	1.49	1.46	26.40	18.82	97.10	95.82
8.22	8.26	62.86	61.45	1.55	1.58	6.38	6.06	88.33	82.45
5.25	2.63	65.07	34.88	1.28	1.64	4.53	3.82	99.55	100.42
-5	2.26	83.77	97.00	1.67	1.71	-10.37	-3.48	102.49	100.49
12.35	9.96	52.29	52.22	1.27	1.32	28.37	18.49	101.05	97.55
10.21	7.40	51.31	53.19	0.90	0.76	8.23	6.17	77.83	85.54
32.65	34.15	52.68	50.60	2.14	2.67	77.78	72.01	98.94	97.74
4.82	5.21	69.99	77.46	0.64	1.23	-0.37	-2.28	79.45	98.85
32.33	21.75	47.99	50.68	1.22	1.24	78.93	39.35	100.60	68.48
6.22	8.67	61.26	59.48	0.80	0.84	4.64	5.98	49.98	51.06
	0.65		44.94		6.47		0.17		88.86
5.58	3.90	56.60	50.30	2.10	1.82	3.05	2.58	93.74	89.33
11.27	8.27	46.67	42.66	1.51	1.88	11.41	10.37	94.93	90.16
12.01	13.15	44.27	59.90	1.43	1.59	4.63	3.89	91.93	81.11
4.1	5.25	56.93	55.93	1.76	1.84	2.23	3.81	100.13	100.30
15.16	11.86	56.17	53.35	2.11	2.98	11.52	5.83	97.67	97.09
	83.86		76.19		16.02		28.63		101.23
21.08	22.44	65.03	46.44	1.78	1.75	22.18	22.28	95.93	93.14
8.97	5.10	60.80	63.50	3.38	3.19	2.66	2.31	99.45	99.27
6.37	8.16	56.39	55.94	1.57	1.00	2.65	8.51	62.40	32.84
8.8	5.21	65.19	69.45	0.81	0.71	20.94	9.84	87.98	83.80
10	11.59	32.27	27.31	1.41	1.13	16.72	21.03	92.88	99.22
40.5	11.82	73.48	67.02	2.05	1.66	12.11	5.28	106.55	104.77
3.98	5.29	63.11	76.94	1.17	1.23	1.70	6.14	92.71	93.87
2.56	3.43	72.44	79.10	2.26	2.02	-1.24	-0.51	93.99	93.40
3.32	3.43	73.55	75.85	2.32	1.90	0.31	-0.49	98.01	96.97
1.15	0.09	62.41	39.79	0.51	0.74	9.17	-1.59	93.13	99.75
3.88	5.49	59.93	56.16	1.25	1.06	0.07	3.47	97.93	87.20
16.54	19.87	73.10	58.35	2.23	3.77	1.13	8.49	105.58	88.57
-0.06	3.26	41.50	44.36	0.47	1.29	-2.73	3.42	95.38	91.55
	19.87		23.55		1.76		6.70		96.11
4.76	2.29	68.32	60.88	1.56	1.60	3.40	1.57	97.19	96.78
1.47	3.36	79.44	71.71	1.13	6.03	0.30	0.14	87.84	95.06
10.04	9.49	7.09	9.56	1.25	0.96	11.05	10.26	87.58	88.39
0.86	1.16	38.07	49.66	1.58	1.48	0.72	0.33	100.00	100.00
21.64	56.42	66.42	0.79	11.60	26.25	4.39	1.55	97.82	101.30
7.04	6.90	77.07	72.69	2.88	2.88	4.67	5.64	99.64	95.34
9.34	12.67	35.91	35.52	1.64	1.80	19.41	22.02	152.65	123.86
6.09	6.91	28.44	39.48	0.44	0.42	38.07	37.21	100.00	98.44

a) Ratio of value added to gross industrial output value are based on business costs surveyed. The same applies to the tables following.

12-13 2012-2013年地方规模以上工业企业经济效益指标

指 标	Item	工 业 增加值率 (%) Ratio of Value Added to Gross Industrial Output Value (%) 2012	2013
总计	**Total**	**38.65**	**32.49**
在总计中：国有控股企业	State-holding Enterprises	47.37	39.55
在总计中：轻工业	Light Industry	37.57	36.08
重工业	Heavy Industry	38.79	31.92
在总计中：大型企业	Large Enterprises	38.88	35.41
中型企业	Medium-sized Enterprises	38.92	28.41
小型企业	Small Enterprises	38.03	34.04
微型企业	Micro Enterprises	25.35	
按工业行业分组	**Grouped by Sector**		
采掘业	**Mining**		
煤炭开采和洗选业	Mining and Washing of Coal	52.68	31.49
黑色金属矿采选业	Mining and Processing of Ferrous Metal Ores	33.78	28.34
有色金属矿采选业	Mining and Processing of Non-Ferrous Metal Ores	70.57	62.82
非金属矿采选业	Mining and Processing of Non-metal Ores	44.07	29.84
开采辅助活动	Support Activities for Mining		
其他采矿业	Mining of Other Ores		
制造业	**Manufacturing**		
农副食品加工业	Processing of Food from Agricultural Products	28.02	31.00
食品制造业	Manufacture of Foods	30.14	33.50
酒、饮料和精制茶制造业	Manufacture of Liquor, Beverages and Refined Tea	53.80	37.67
纺织业	Manufacture of Textile	31.42	34.00
纺织服装、服饰业	Manufacture of Textile, Wearing Apparel and Accessories	39.78	31.82
家具制造业	Manufacture of Furniture		
印刷和记录媒介复制业	Printing and Reproduction of Recording Media	36.74	44.30
文教、工美、体育和娱乐用品制造业	Manufacture of Articles for Culture, Education, Arts and Crafts,Sport and Entertainment Activities	35.20	38.07
石油加工、炼焦和核燃料加工业	Processing of Petroleum, Coking and Processing of Nuclear Fuel	7.17	11.92
化学原料和化学制品制造业	Manufacture of Raw Chemical Materials and Chemical Products	40.19	30.15
医药制造业	Manufacture of Medicines	41.21	40.61
橡胶和塑料制品业	Manufacture of Rubber and Plastics Products	44.13	23.95
非金属矿物制品业	Manufacture of Non-metallic Mineral Products	31.76	28.30
黑色金属冶炼和压延加工业	Smelting and Pressing of Ferrous Metals	27.45	23.73
有色金属冶炼和压延加工业	Smelting and Pressing of Non-ferrous Metals	34.64	29.14
金属制品业	Manufacture of Metal Products	30.28	32.20
通用设备制造业	Manufacture of General Purpose Machinery	32.83	27.16
专用设备制造业	Manufacture of Special Purpose Machinery	16.18	28.34
汽车制造业	Manufacture of Automobiles	27.04	33.68
铁路、航舶、航空航天和其他运输设备制造业	Manufacture of Railway, Ship, Aerospace and Other Transport Equipments		
电气机械和器材制造业	Manufacture of Electrical Machinery and Apparatus	30.64	34.58
计算机、通信和其他电子设备制造业	Manufacture of Computers, Communication and Other Electronic Equipment	34.74	33.35
仪器仪表制造业	Manufacture of Measuring Instruments and Machinery	34.98	36.25
其他制造业	Other Manufacture	40.81	34.10
金属制品、机械和设备修理业	Repair Service of Metal Products, Machinery and Equipment	31.44	11.73
电力、燃气及水的生产和供应业	**Power, Gas and Water Production and Supply**		
电力、热力生产和供应业	Production and Supply of Electric Power and Heat Power	67.14	67.99
燃气的生产和供应业	Production and Supply of Gas		32.91
水的生产和供应业	Production and Supply of Water	51.54	51.28

Main Indicators on Ecocomic Benefit of Local Industrial Enterprises above Designated Size(2012-2013)

总资产贡献率 (%) Ratio of Total Assets to Industrial Output Value (%)		资产负债率 (%) Assets-Liability Ratio (%)		流动资产周转率 (次/年) Number of Times of Annual of Turnover Working Capitals (times/year)		成本费用利润率 (%) Ratio of Profits to Industrial Cost (%)		产品销售率 (%) Proportion of Products Sold (%)	
2012	2013	2012	2013	2012	2013	2012	2013	2012	2013
7.65	**6.18**	**67.82**	**70.05**	**1.30**	**1.23**	**7.78**	**5.27**	**90.64**	**89.04**
7.82	6.14	72.17	74.90	1.11	0.99	11.70	7.38	94.46	90.99
8.72	8.44	45.71	45.99	1.67	1.64	7.30	7.25	95.26	93.74
7.56	5.99	69.67	72.05	1.26	1.18	7.85	4.95	89.98	88.25
7.43	6.88	73.10	74.65	1.28	1.24	7.92	6.15	90.57	87.36
7.97	6.30	65.25	66.60	1.11	0.98	8.94	6.97	89.13	93.33
8.10	4.76	57.46	65.38	1.60	1.54	6.57	3.03	92.13	87.06
1.28		74.61		1.02		2.43		94.59	
10.21	7.40	51.31	53.19	0.90	0.76	8.23	6.17	77.83	85.54
4.82	5.21	69.99	77.46	0.64	1.23	-0.37	-2.28	79.45	98.85
32.33	21.75	47.99	50.68	1.22	1.24	78.93	39.35	100.60	68.48
6.22	9.03	61.26	57.71	0.80	0.82	4.64	6.09	49.98	50.45
	0.65		44.94		6.47		0.17		88.86
5.58	3.90	56.60	50.30	2.10	1.82	3.05	2.58	93.74	89.33
11.27	8.27	46.67	42.66	1.51	1.88	11.41	10.37	94.93	90.16
12.01	13.15	44.27	59.90	1.43	1.59	4.63	3.89	91.93	81.11
4.10	5.25	56.93	55.93	1.76	1.84	2.23	3.81	100.13	100.30
15.16	11.86	56.17	53.35	2.11	2.98	11.52	5.83	97.67	97.09
	83.86		76.19		16.02		28.63		101.23
21.08	22.44	65.03	46.44	1.78	1.75	22.18	22.28	95.93	93.14
8.97	5.10	60.80	63.50	3.38	3.19	2.66	2.31	99.45	99.27
6.37	8.16	56.39	55.94	1.57	1.00	2.65	8.51	62.40	32.84
9.26	5.49	63.94	68.66	0.80	0.71	22.70	11.13	87.84	83.64
10.00	11.59	32.27	27.31	1.41	1.13	16.72	21.03	92.88	99.22
40.50	11.82	73.48	67.02	2.05	1.66	12.11	5.28	106.55	104.77
4.30	4.62	61.26	77.36	1.14	1.18	1.62	5.36	92.49	93.81
2.58	3.33	72.18	78.91	2.21	1.97	-1.37	-0.71	93.99	93.13
3.15	3.87	74.66	76.66	1.99	1.62	0.55	0.17	97.53	96.22
1.15	0.09	62.41	39.79	0.51	0.74	9.17	-1.59	93.13	99.75
3.88	5.49	59.93	56.16	1.25	1.06	0.07	3.47	97.93	87.20
16.54	19.87	73.10	58.35	2.23	3.77	1.13	8.49	105.58	88.57
-0.06	3.26	41.50	44.36	0.47	1.29	-2.73	3.42	95.38	91.55
	19.87		23.55		1.76		6.70		96.11
4.76	2.29	68.32	60.88	1.56	1.60	3.40	1.57	97.19	96.78
1.47	3.36	79.44	71.71	1.13	6.03	0.30	0.14	87.84	95.06
10.04	9.49	7.09	9.56	1.25	0.96	11.05	10.26	87.58	88.39
0.86	1.16	38.07	49.66	1.58	1.48	0.72	0.33	100.00	100.00
21.64	56.42	66.42	0.79	11.60	26.25	4.39	1.55	97.82	101.30
7.79	7.34	90.46	83.33	1.31	1.47	9.45	13.84	99.90	99.72
9.34	12.67	35.91	35.52	1.64	1.80	19.41	22.02	152.65	123.86
6.09	6.91	28.44	39.48	0.44	0.42	38.07	37.21	100.00	98.44

12-14 2012-2013年规模以上国有及国有控股工业企业主要经济效益指标

指　标	Item	工业增加值率(%) Ratio of Value Added to Gross Industrial Output Value (%) 2012	2013
总计	**Total**	**44.46**	**41.00**
国有控股企业	State-holding Enterprises	44.46	**41.00**
轻工业	Light Industry	36.29	32.77
重工业	Heavy Industry	44.57	41.10
大型企业	Large Enterprises	44.48	43.08
中型企业	Medium-sized Enterprises	46.09	31.64
小型企业	Small Enterprises	34.20	34.23
微型企业	Micro Enterprises		
按工业行业分组	**Grouped by Sector**		
采掘业	**Mining**		
煤炭开采和洗选业	Mining and Washing of Coal	58.70	34.02
石油和天然气开采业	Extraction of Petroleum and Natural Gas	65.06	68.46
黑色金属矿采选业	Mining and Processing of Ferrous Metal Ores		
有色金属矿采选业	Mining and Processing of Non-Ferrous Metal Ores	77.38	74.13
非金属矿采选业	Mining and Processing of Non-metal Ores	51.72	56.21
制造业	**Manufacturing**		
农副食品加工业	Processing of Food from Agricultural Products	34.93	33.70
食品制造业	Manufacture of Foods	20.73	13.94
纺织服装、服饰业	Manufacture of Textile, Wearing Apparel and Accessories	53.28	64.33
印刷和记录媒介复制业	Printing and Reproduction of Recording Media		
石油加工、炼焦和核燃料加工业	Processing of Petroleum, Coking and Processing of Nuclear Fuel		
化学原料和化学制品制造业	Manufacture of Raw Chemical Materials and Chemical Products	46.66	32.93
医药制造业	Manufacture of Medicines	31.66	29.81
非金属矿物制品业	Manufacture of Non-metallic Mineral Products	35.13	37.77
黑色金属冶炼和压延加工业	Smelting and Pressing of Ferrous Metals	30.01	27.62
有色金属冶炼和压延加工业	Smelting and Pressing of Non-ferrous Metals	30.82	25.38
金属制品业	Manufacture of Metal Products		
通用设备制造业	Manufacture of General Purpose Machinery	28.64	26.97
电气机械和器材制造业	Manufacture of Electrical Machinery and Apparatus	28.22	33.50
其他制造业	Other Manufacture	40.81	34.10
金属制品、机械和设备修理业	Repair Service of Metal Products, Machinery and Equipment	31.44	
电力、燃气及水的生产和供应业	**Power, Gas and Water Production and Supply**		
电力、热力的生产和供应业	Production and Supply of Electric Power and Heat Power	36.26	35.20
水的生产和供应业	Production and Supply of Water	51.54	51.28

Main Indicators on Ecocomic Benefit of State-owned and State-holding Industrial Enterprises Above Designated Size(2012-2013)

总资产贡献率(%) Ratio of Total Assets to Industrial Output Value (%)		资产负债率(%) Assets-Liability Ratio (%)		流动资产周转率(次/年) Number of Times of Annual of Turnover Working Capitals (times/year)		成本费用利润率(%) Ratio of Profits to Industrial Cost (%)		产品销售率(%) Proportion of Products Sold (%)	
2012	2013	2012	2013	2012	2013	2012	2013	2012	2013
10.24	**8.86**	**67.57**	**69.52**	**1.72**	**1.60**	**13.24**	**10.76**	**97.07**	**93.89**
10.24	8.86	67.57	69.52	1.72	1.60	13.24	10.76	97.07	93.89
5.22	5.18	43.44	47.23	1.10	1.08	7.24	7.98	94.15	88.43
10.31	8.92	67.92	69.85	1.73	1.61	13.34	10.82	97.11	93.97
11.46	10.48	66.60	66.74	1.94	2.01	14.82	12.30	97.79	96.24
5.71	5.58	69.98	75.47	1.07	0.90	6.53	5.58	93.08	87.55
6.01	4.08	73.98	77.30	1.63	0.99	6.43	6.63	95.23	83.35
1.58		73.90		0.12		21.80		100.00	
7.77	6.56	42.07	49.10	0.72	0.60	16.83	9.77	95.03	81.31
32.65	34.15	52.68	50.60	2.14	2.67	77.78	72.01	98.94	97.74
7.15	7.47	81.14	83.21	2.71	1.48	-6.75	-3.05	103.29	103.83
46.31	39.58	36.83	46.69	2.05	2.85	93.23	74.07	99.92	100.05
8.27	9.30	54.91	58.67	0.84	0.81	5.84	8.32	82.01	72.29
3.73	0.95	68.70	33.15	5.15	3.68	2.27	0.97	100.21	93.44
20.69	6.39	52.28	31.25	0.67	0.83	21.47	23.41	67.90	45.86
13.69	18.20	29.86	27.30	0.88	0.75	12.96	20.45	100.11	89.69
2.06	1.89	84.08	85.12	0.95	0.78		-1.10	86.69	82.42
8.58	4.00	65.61	71.87	0.89	0.71	21.79	6.38	88.78	86.71
9.74	9.95	45.42	44.00	1.73	1.98	8.44	7.97	96.33	93.59
1.69	3.82	69.13	88.20	1.26	1.02	-1.50	7.50	100.51	100.24
4.77	5.25	72.78	76.56	2.02	1.62	1.92	2.62	100.05	97.27
2.72	3.63	75.89	81.32	2.41	1.82	-1.53	-2.57	97.18	95.12
		72.90		0.31				67.08	
1.68	5.72	61.99	63.97	0.80	0.79	-3.35	3.54	95.54	97.74
5.24	5.29	82.61	63.94	1.79	1.56	2.37	5.59	97.31	91.25
0.86	1.16	38.07	49.66	1.58	1.48	0.72	0.33	100.00	100.00
14.70		71.32		9.71		3.24		96.69	
7.44	7.18	76.32	71.45	3.01	3.22	5.02	5.36	99.64	95.24
6.09	6.91	28.44	39.48	0.44	0.42	38.07	37.21	100.00	98.44

12-15 2012-2013年规模以上集体工业企业经济效益指标

指 标	Item	工 业 增加值率 (%) Ratio of Value Added to Gross Industrial Output Value (%)	
		2012	2013
总计	**Total**	**32.52**	**59.84**
重工业	Heavy Industry	32.52	**59.84**
中型企业	Medium-sized Enterprises	58.84	**59.84**
小型企业	Small Enterprises	28.41	
按工业行业分组	**Grouped by Sector**		
采掘业	**Mining**		
有色金属矿采选业	Mining and Processing of Non-Ferrous Metal Ores		
制造业	**Manufacturing**		
化学原料和化学制品制造业	Manufacture of Raw Chemical Materials and Chemical Products		
非金属矿物制品业	Manufacture of Non-metallic Mineral Products	46.99	
有色金属冶炼及压延加工业	Smelting and Pressing of Nonferrous Metals	58.84	59.84
金属制品业	Manufacture of Metal Products	24.39	

Main Indicators on Economic Benefit of Collective-owned Industrial Enterprises Above Designated Size(2012-2013)

总资产贡献率(%) Ratio of Total Assets to Industrial Output Value (%)		资产负债率(%) Assets-Liability Ratio (%)		流动资产周转率(次/年) Number of Times of Annual of Turnover Working Capitals (times/year)		成本费用利润率(%) Ratio of Profits to Industrial Cost (%)		产品销售率(%) Proportion of Products Sold (%)	
2012	2013	2012	2013	2012	2013	2012	2013	2012	2013
7.06	**18.40**	**59.09**	**56.02**	**1.23**	**2.37**	**5.73**	**9.57**	**98.12**	**103.01**
7.06	18.40	59.09	56.02	1.23	2.37	5.73	9.57	98.12	103.01
0.23	5.47	53.43	59.45	1.12	2.75	-1.46	0.02	100.32	98.41
8.28	27.48	60.11	53.61	1.25	2.09	6.95	19.87	97.89	103.62
41.52	33.24	65.63	55.94	1.58	2.07	56.15	29.13	94.20	100.00
	2.80		**43.61**		**2.16**		**1.16**		**2.80**
-14.44		46.07		0.77		-29.96		98.23	
0.23	5.47	53.43	59.45	1.12	2.75	-1.46	0.02	100.32	5.47
6.09		63.47		1.27		3.41		100.00	

12-16 2012-2013年大中型工业企业经济效益指标

指　标	Item	工业增加值率 (%) Ratio of Value Added to Gross Industrial Output Value (%) 2012	2013
总计	**Total**	**40.17**	**35.80**
国有控股企业	State-holding Enterprises	44.69	41.14
轻工业	Light Industry	40.87	37.27
重工业	Heavy Industry	40.14	35.68
大型企业	Large Enterprises	40.82	39.32
中型企业	Medium-sized Enterprises	38.77	28.50
按工业行业分组	**Grouped by Sector**		
采掘业	**Mining**		
煤炭开采和洗选业	Mining and Washing of Coal	54.94	26.52
石油和天然气开采业	Extraction of Petroleum and Natural Gas	65.06	68.46
黑色金属矿采选业	Mining and Processing of Ferrous Metal Ores	36.75	28.27
有色金属矿采选业	Mining and Processing of Non-Ferrous Metal Ores	75.57	74.13
非金属矿采选业	Mining and Processing of Non-metal Ores	51.72	57.97
制造业	**Manufacturing**		
农副食品加工业	Processing of Food from Agricultural Products	36.76	35.64
食品制造业	Manufacture of Foods	26.91	29.02
酒、饮料和精制茶制造业	Manufacture of Liquor, Beverages and Refined Tea	56.22	42.16
纺织业	Manufacture of Textile	30.94	33.79
纺织服装、服饰业	Manufacture of Textile, Wearing Apparel and Accessories	42.96	29.87
印刷业和记录媒介的复制	Printing and Reproduction of Recording Media	40.05	48.29
文教、工美、体育和娱乐用品制造业	Manufacture of Articles for Culture, Education, Arts and Crafts, Sport and Entertainment Activities	35.07	38.07
石油加工、炼焦和核燃料加工业	Processing of Petroleum, Coking and Processing of Nuclear Fuel	6.43	10.80
化学原料及化学制品制造业	Manufacture of Raw Chemical Materials and Chemical Products	39.41	28.93
医药制造业	Manufacture of Medicines	44.83	39.50
非金属矿物制品业	Manufacture of Non-metallic Mineral Products	34.27	32.07
黑色金属冶炼及压延加工业	Smelting and Pressing of Ferrous Metals	27.53	24.59
有色金属冶炼及压延加工业	Smelting and Pressing of Non-ferrous Metals	31.75	26.75
金属制品业	Manufacture of Metal Products	31.69	32.15
通用设备制造业	Manufacture of General Purpose Machinery	30.08	29.33
电气机械和器材制造业	Manufacture of Electrical Machinery and Apparatus	25.72	34.98
仪器仪表制造业	Manufacture of Measuring Instruments and Machinery	34.98	36.25
其他制造业	Other Manufacture	40.81	34.10
电力、燃气及水的生产和供应业	**Power, Gas and Water Production and Supply**		
电力、热力的生产和供应业	Production and Supply of Electric Power and Heat Power	35.60	34.30
水的生产和供应业	Production and Supply of Water	51.54	54.31

Main Indicators on Economic Benefit of Large and Medium-sized Industrial Enterprises above Designated Size (2012-2013)

总资产贡献率 (%) Ratio of Total Assets to Industrial Output Value (%)		资产负债率 (%) Assets-Liability Ratio (%)		流动资产周转率 (次/年) Number of Times of Annual of Turnover Working Capitals (times/year)		成本费用利润率 (%) Ratio of Profits to Industrial Cost (%)		产品销售率 (%) Proportion of Products Sold (%)	
2012	2013	2012	2013	2012	2013	2012	2013	2012	2013
9.62	**8.85**	**67.02**	**67.84**	**1.57**	**1.48**	**10.58**	**9.17**	**93.20**	**92.48**
10.58	9.47	67.12	68.54	1.74	1.67	13.63	11.07	97.16	94.69
9.99	11.26	50.84	51.98	1.44	1.56	7.09	7.89	94.79	93.35
9.61	8.75	67.61	68.48	1.57	1.48	10.77	9.28	93.11	92.40
10.52	10.06	66.88	67.68	1.87	1.88	11.84	10.62	94.97	91.91
7.43	6.15	67.35	68.18	1.15	1.01	7.81	6.34	89.46	93.58
8.40	7.50	50.77	51.24	0.67	0.40	9.10	15.44	69.98	90.09
32.65	34.15	52.68	50.60	2.14	2.67	77.78	72.01	98.94	97.74
3.43	0.66	58.61	62.38	1.00	0.83	4.03	-5.18	90.84	100.86
41.59	39.58	39.25	46.69	1.47	2.85	111.72	74.07	102.35	100.05
9.26	11.33	50.33	48.71	0.89	0.88	6.85	11.20	84.31	67.20
1.92	2.41	74.50	66.28	2.04	2.45	1.58	1.49	100.32	82.72
11.67	5.74	53.23	47.61	1.12	1.35	13.09	11.18	89.79	79.89
7.17	12.49	47.49	66.64	0.99	1.23	-11.08	2.11	89.76	75.64
3.59	4.56	54.67	54.48	1.62	1.89	2.57	3.37	100.23	99.91
5.97	13.67	60.06	51.81	1.19	2.53	6.28	7.06	97.62	95.81
22.51	21.08	58.95	34.58	1.65	1.83	31.75	33.38	96.84	93.12
9.09	5.78	60.32	63.58	3.07	2.95	2.66	2.56	99.31	100.41
5.39	8.83	57.52	58.07	1.63	0.83	1.17	10.53	57.43	24.74
8.33	5.79	67.34	70.09	0.83	0.74	20.16	12.28	89.11	88.30
37.02	27.22	52.97	30.17	1.46	1.20	29.01	24.44	89.19	105.66
5.80	5.63	65.78	80.47	1.35	1.31	4.62	8.13	88.73	92.49
3.10	3.97	72.29	78.49	2.06	1.86	-0.75	0.08	95.77	94.08
3.03	3.64	73.12	75.13	2.12	1.64	-0.39	-0.73	97.66	97.72
0.47	-2.54	63.37	38.06	0.25	0.40	11.66	-13.67	87.71	92.83
2.61	6.38	59.76	61.53	0.79	0.79	-1.81	4.62	95.91	99.48
9.85	3.45	66.14	56.70	3.49	1.49	6.41	2.32	96.54	95.37
10.04	9.49	7.09	9.56	1.25	0.96	11.05	10.26	87.58	88.39
0.86	1.16	38.07	49.66	1.58	1.48	0.72	0.33	100.00	100.00
7.37	7.35	77.29	70.75	3.15	3.99	4.09	4.00	99.66	94.87
7.29	10.94	36.14	34.94	0.40	0.44	35.03	50.31	100.00	100.00

12-17 2012-2013年规模以上非公有工业企业经济效益指标

指 标	Item	工 业 增加值率 (%) Ratio of Value Added to Gross Industrial Output Value (%) 2012	2013
总计	**Total**	**42.06**	**37.13**
#轻工业	Light Industry	37.30	35.89
重工业	Heavy Industry	42.53	37.27
#大型企业	Large Enterprises	46.37	43.27
中型企业	Medium-sized Enterprises	37.12	28.12
小型企业	Small Enterprises	37.92	33.57
微型企业	Micro Enterprises	25.35	
按登记注册类型分组	**By Status of Registration**		
股份合作企业	Cooperative Enterprises	35.48	38.42
有限责任公司	Limited Liability Corporations	42.62	32.26
股份有限公司	Share-holding Corporations Limited	52.75	50.27
私营企业	Private Enterprises	29.31	27.77
其他企业	Other Enterprises	28.78	38.17
港、澳、台商投资企业	Enterprises with Funds from Hong Kong, Macao and Taiwan	39.01	29.13
外商投资企业	Foreign Funded Enterprises	48.98	54.17
按工业行业分组	**Grouped by Sector**		
采掘业	**Mining**		
煤炭开采和洗选业	Mining and Washing of Coal	49.96	32.52
石油和天然气开采业	Extraction of Petroleum and Natural Gas	65.06	68.46
黑色金属矿采选业	Mining and Processing of Ferrous Metal Ores	33.78	28.34
有色金属矿采选业	Mining and Processing of Non-Ferrous Metal Ores	70.57	62.82
非金属矿采选业	Mining and Processing of Non-metal Ores	47.17	29.13
开采辅助活动	Support Activities for Mining		
其他采矿业	Mining of Other Ores		
制造业	**Manufacturing**		
农副食品加工业	Processing of Food from Agricultural Products	28.02	31.00
食品制造业	Manufacture of Foods	30.14	33.50
酒、饮料和精制茶制造业	Manufacture of Liquor, Beverages and Refined Tea	53.80	37.67
纺织业	Manufacture of Textile	31.42	34.00
纺织服装、服饰业	Manufacture of Textile, Wearing Apparel and Accessories	38.52	30.30
家具制造业	Manufacture of Furniture		
印刷业和记录媒介的复制	Printing and Reproduction of Recording Media	36.74	44.30
文教、工美、体育和娱乐用品制造业	Manufacture of Articles for Culture, Education, Arts and Crafts, Sport and Entertainment Activities	35.20	38.07
石油加工、炼焦和核燃料加工业	Processing of Petroleum, Coking and Processing of Nuclear Fuel	7.17	11.92
化学原料及化学制品制造业	Manufacture of Raw Chemical Materials and Chemical Products	39.99	29.72
医药制造业	Manufacture of Medicines	41.80	40.36
塑料制品业	Manufacture of Rubber and Plastics Products	44.13	23.95
非金属矿物制品业	Manufacture of Non-metallic Mineral Products	31.68	29.33
黑色金属冶炼及压延加工业	Smelting and Pressing of Ferrous Metals	27.45	23.76
有色金属冶炼及压延加工业	Smelting and Pressing of Non-ferrous Metals	34.25	27.75
金属制品业	Manufacture of Metal Products	31.81	32.20
通用设备制造业	Manufacture of General Purpose Machinery	32.83	27.16
专用设备制造业	Manufacture of Special Purpose Machinery	16.18	28.34
汽车制造业	Manufacture of Automobiles		33.68
铁路、航舶、航空航天和其他运输设备制造业	Manufacture of Railway, Ship, Aerospace and Other Transport Equipments	27.04	
电气机械和器材制造业	Manufacture of Electrical Machinery and Apparatus	33.51	34.58
计算机、通信和其他电子设备制造业	Manufacture of Computers, Communication and Other Electronic Equipment	34.74	33.35
仪器仪表制造业	Manufacture of Measuring Instruments and Machinery	34.98	36.25
其他制造业	Other Manufacture	40.81	34.10
金属制品、机械和设备修理业	Repair Service of Metal Products, Machinery and Equipment		11.73
电力、燃气及水的生产和供应业	**Power, Gas and Water Production and Supply**		
电力、热力的生产和供应业	Production and Supply of Electric Power and Heat Power	63.73	63.72
燃气生产和供应业	Production and Supply of Gas		32.91
水的生产和供应业	Production and Supply of Water		51.28

Main Indicators on Economic Benefit of Non-public Industrial Enterprises Above Designated Size(2012-2013)

总资产贡献率 (%) Ratio of Total Assets to Industrial Output Value (%)		资产负债率 (%) Assets-Liability Ratio (%)		流动资产周转率 (次/年) Number of Times of Annual of Turnover Working Capitals (times/year)		成本费用利润率 (%) Ratio of Profits to Industrial Cost (%)		产品销售率 (%) Proportion of Products Sold (%)	
2012	2013	2012	2013	2012	2013	2012	2013	2012	2013
9.99	**8.11**	**67.57**	**69.68**	**1.43**	**1.43**	**11.28**	**7.89**	**91.87**	**90.92**
8.73	8.42	45.94	45.99	1.71	1.66	7.03	7.22	95.19	93.79
10.08	8.09	69.15	71.41	1.41	1.40	11.79	7.98	91.48	90.53
11.56	10.68	70.13	70.81	1.48	1.60	16.29	13.24	93.55	91.73
7.87	5.76	67.99	70.79	1.20	1.10	8.08	5.28	88.58	94.66
8.13	4.80	58.25	65.93	1.63	1.55	6.41	3.02	92.04	87.15
2.55		78.96		1.51		3.28		94.75	
7.88	6.11	54.60	55.03	2.39	2.47	2.18	1.73	94.60	100.00
7.68	5.22	76.51	75.37	1.31	1.30	5.52	2.67	89.30	93.66
14.59	12.23	59.71	65.65	1.49	1.46	26.40	18.82	97.10	95.82
8.22	8.26	62.86	61.45	1.55	1.58	6.38	6.06	88.33	82.45
5.25	2.63	65.07	34.88	1.28	1.64	4.53	3.82	99.55	100.42
-5.00	2.26	83.77	97.00	1.67	1.71	-10.37	-3.48	102.49	100.49
12.35	9.96	52.29	52.22	1.27	1.32	28.37	18.49	101.05	97.55
9.61	5.21	55.76	60.57	0.93	0.84	4.84	0.90	73.11	87.13
32.65	34.15	52.68	50.60	2.14	2.67	77.78	72.01	98.94	97.74
4.82	5.21	69.99	77.46	0.64	1.23	-0.37	-2.28	79.45	98.85
32.25	21.63	47.83	50.63	1.22	1.23	79.39	39.66	100.71	67.89
6.23	9.51	63.64	61.14	0.75	0.84	5.05	6.57	42.57	48.87
	0.65		44.94		6.47		0.17		88.86
5.51	3.90	56.16	50.30	2.09	1.82	2.88	2.58	93.74	89.33
11.27	8.27	46.67	42.66	1.51	1.88	11.41	10.37	94.93	90.16
12.01	13.15	44.27	59.90	1.43	1.59	4.63	3.89	91.93	81.11
4.10	5.25	56.93	55.93	1.76	1.84	2.23	3.81	100.13	100.30
15.39	11.02	60.27	56.81	2.43	3.59	11.39	5.10	97.50	97.42
	83.86		76.19		16.02		28.63		101.23
28.48	28.78	57.62	34.50	2.15	2.27	28.32	27.52	97.70	94.93
8.97	5.10	60.80	63.50	3.38	3.19	2.66	2.31	99.45	99.27
6.37	8.16	56.39	55.94	1.57	1.00	2.65	8.51	62.40	32.84
9.30	5.28	63.98	69.53	0.81	0.72	22.87	10.11	87.62	83.37
9.88	11.61	32.30	27.40	1.32	1.13	17.38	21.14	92.50	99.31
40.50	11.82	73.48	67.02	2.05	1.66	12.11	5.28	106.55	104.77
4.43	5.29	61.37	76.94	1.14	1.23	1.87	6.14	92.47	93.87
2.56	3.43	72.44	79.10	2.26	2.02	-1.24	-0.51	93.99	93.40
3.79	3.61	75.33	75.76	2.24	1.94	0.63	-0.40	97.87	96.87
0.96	0.09	62.37	39.79	0.37	0.74	12.66	-1.59	91.93	99.75
3.88	5.49	59.93	56.16	1.25	1.06	0.07	3.47	97.93	87.20
16.54	19.87	73.10	58.35	2.23	3.77	1.13	8.49	105.58	88.57
	3.26		44.36		1.29		3.42		91.55
-0.06	19.87	41.50	23.55	0.47	1.76	-2.73	6.70	95.38	96.11
3.78	2.29	68.74	60.88	1.23	1.60	2.06	1.57	97.46	96.78
1.47	3.36	79.44	71.71	1.13	6.03	0.30	0.14	87.84	95.06
10.04	9.49	7.09	9.56	1.25	0.96	11.05	10.26	87.58	88.39
0.86	1.16	38.07	49.66	1.58	1.48	0.72	0.33	100.00	100.00
101.97	56.42	9.64	0.79	21.48	26.25	7.30	1.55	100.17	101.30
7.70	7.52	91.60	84.02	1.39	1.55	8.34	13.17	99.91	99.75
9.34	12.67	35.91	35.52	1.64	1.80	19.41	22.02	152.65	123.86
3.75	6.91	13.46	39.48	0.70	0.42	55.98	37.21		98.44

12-18 分地区规模以上工业企业主要经济指标(2013年)

单位：万元

指　标	Item	企　业单位数(个) Number of Enterprises	亏　损企　业 Loss-making Enterprises
西宁市	**Xining City**	**229**	**57**
国有控股企业	State-holding Enterprises	51	20
轻工业	Light Industry	93	11
重工业	Heavy Industry	136	46
集体企业	Collective-owned Enterprises	2	
股份合作企业	Cooperative Enterprises	1	
有限责任公司	Limited Liability Corporations	83	28
股份有限公司	Share-holding Corporations Limited	11	3
私营企业	Private Enterprises	107	19
其他企业	Other Enterprises	1	
港、澳、台商投资企业	Enterprises with Funds from Hong Kong,Macao and Taiwan	4	1
外商投资企业	Foreign Funded Enterprises	12	3
海东市	**Haidong City**	**101**	**44**
国有控股企业	State-holding Enterprises	3	1
轻工业	Light Industry	19	2
重工业	Heavy Industry	82	42
有限责任公司	Limited Liability Corporations	43	20
股份有限公司	Share-holding Corporations Limited	3	1
私营企业	Private Enterprises	52	21
其他企业	Other Enterprises		
港、澳、台商投资企业	Enterprises with Funds from Hong Kong,Macao and Taiwan	2	1
外商投资企业	Foreign Funded Enterprises	1	1
海北州	**Haibei Zang A.P**	**37**	**10**
国有控股企业	State-holding Enterprises	8	2
轻工业	Light Industry	7	1
重工业	Heavy Industry	30	9
集体企业	Collective-owned Enterprises	1	
有限责任公司	Limited Liability Corporations	6	2
股份有限公司	Share-holding Corporations Limited	2	
私营企业	Private Enterprises	24	7
外商投资企业	Foreign Funded Enterprises	1	1
黄南州	**Huangnan Zang A.P**	**5**	**2**
重工业	Heavy Industry	5	2
有限责任公司	Limited Liability Corporations	2	1
私营企业	Private Enterprises	1	1
其他企业	Other Enterprises		
外商投资企业	Foreign Funded Enterprises	1	
海南州	**Hainan Zang A.P**	**22**	**4**
国有控股企业	State-holding Enterprises	3	
轻工业	Light Industry	8	1
重工业	Heavy Industry	14	3
股份合作企业	Cooperative Enterprises		
有限责任公司	Limited Liability Corporations	15	1
股份有限公司	Share-holding Corporations Limited	3	1
私营企业	Foreign Funded Enterprises	2	1
港、澳、台商投资企业	Enterprises with Funds from Hong Kong,Macao and Taiwan	2	1
果洛州	**Golog Zang A.P**	**1**	
国有控股企业	State-holding Enterprises	1	
重工业	Heavy Industry	1	
股份有限公司	Share-holding Corporations Limited		
海西州	**Haixi Mongolian & Zang A.P**	**126**	**42**
国有控股企业	State-holding Enterprises	51	17
轻工业	Light Industry	4	2
重工业	Heavy Industry	122	40
集体企业	Collective-owned Enterprises		
股份合作企业	Cooperative Enterprises		
有限责任公司	Limited Liability Corporations	53	16
股份有限公司	Share-holding Corporations Limited	6	3
私营企业	Private Enterprises	56	21
其他企业	Other Enterprises		
港、澳、台商投资企业	Enterprises with Funds from Hong Kong,Macao and Taiwan	3	1
外商投资企业	Foreign Funded Enterprises	3	

Main Economic Indicators of Industrial Enterprises Above Designated Sizeby Region (2013)

(10 000 yuan)

工业总产值 Gross Industrial Output Value	资产总计 Total Assets	流动资产合计 Total Working Capitals	固定资产合计 Total Fixed Assets	固定资产原价 Original Value of Fixed Assets	累计折旧 Accumulated Depreciation	本年折旧 Depreciation Charge for the Year
13487910	**23219774**	**6154768**	**13082874**	**19345464**	**6875602**	**1305723**
6793097	16923076	3451432	10019624	14879230	5287606	895360
1886168	2309667	906456	1227299	1452295	268319	98622
11601742	20910107	5248312	11855575	17893169	6607283	1207100
5599	8752	7362	478	1696	1219	69
101156	72911	41024	6096	9470	3374	488
5075413	12418136	3059853	6777012	10296670	3824739	714434
2040439	4205584	1318559	2193726	3117605	1121775	179058
36348285	23647478	10212295	11505920	15802856	4938482	1470420
605044	696324	279434	380516	415210	51452	33621
1239885	1206514	672565	382454	1027238	669428	110637
2679091	4816127	1455460	3127824	3563014	748974	282312
24293844	**29743995**	**13523609**	**7803091**	**8368533**	**1949851**	**690370**
1114669	6187256	1495859	209539	315330	105830	16649
6128196	5134823	3641015	858434	921840	132148	65798
18165648	24609172	9882594	6944657	7446693	1817703	624572
9314774	7987092	4608714	2532430	2557665	611107	198157
2329640	7826995	2799292	376935	378055	49251	27086
10687290	8839597	3959482	3518104	3977039	1114803	290437
1962140	5086224	2152034	1375622	1455774	174690	174690
	4087	4087				
9678024	**11051881**	**5041603**	**3256856**	**5948894**	**2843322**	**376608**
1437540	3485870	854233	1649748	2250067	557834	92065
710408	268290	122890	121939	82551	14552	1636
8967616	10783591	4918713	3134917	5866343	2828770	374972
117344	79632	56762	17790	10323	5122	
3158688	3083709	936675	935780	1277930	349971	55237
363427	1309395	806512	274052	372737	98685	26835
5137677	4737444	2756513	700787	2282980	1713067	214242
330850	1002943	337862	648805	1163420	514615	52221
792090	**3357641**	**102745**	**2852822**	**3407740**	**557897**	**131627**
792090	3357641	102745	2852822	3407740	557897	131627
381151	274530	31375	196687	227829	34121	11524
28371	486422	19400	466368	494791	28423	28423
162690	1135629	27255	1056937	1389733	332796	51032
2084346	**5809226**	**1318139**	**3692373**	**4291929**	**665021**	**188141**
546435	1735806	183043	1224255	1585836	361581	58329
760006	814202	449927	242134	275871	44720	8295
1324340	4995024	868212	3450239	4016058	620301	179846
1336459	4676894	948785	3265399	3672460	472526	155278
354552	232897	164278	60528	76196	15668	4293
98537	145073	88528	44167	49717	5550	208
294798	754362	116548	322279	493556	171277	28362
1089967	**1660259**	**353986**	**471420**	**926078**	**454658**	**107565**
1089967	1660259	353986	471420	926078	454658	107565
1089967	1660259	353986	471420	926078	454658	107565
80892996	**195346627**	**60231362**	**87904758**	**108554297**	**28198283**	**5278382**
49896733	135601642	32954183	63830786	83683670	23200385	3988614
670941	787991	247791	397876	551370	163372	26157
80222055	194558636	59983571	87506882	108002927	28034911	5252225
16347033	55300462	17357481	25934084	25635720	3112785	908516
37198506	95151042	20733738	43516527	60737729	20080237	3216231
19998693	32960755	15024176	14957202	17219464	3507515	795828
576811	1253122	286698	708479	829169	120690	47516
1849930	3364330	1723597	1102931	2010371	907440	141427

12-18 续表 1

单位：万元

指 标	Item	负 债 合 计 Total Liabilities	流动负债 合 计 Total Working Liabilities
西宁市	**Xining City**	**15938270**	**8614572**
国有控股企业	State-holding Enterprises	12331531	6024857
轻工业	Light Industry	1014153	754870
重工业	Heavy Industry	14924118	7859701
集体企业	Collective-owned Enterprises	4909	4909
股份合作企业	Cooperative Enterprises	40123	40123
有限责任公司	Limited Liability Corporations	9619971	3993037
股份有限公司	Share-holding Corporations Limited	3040675	2344588
私营企业	Private Enterprises	12688445	10051953
其他企业	Other Enterprises	242859	102858
港、澳、台商投资企业	Enterprises with Funds from Hong Kong,Macao and Taiwan	1229446	622635
外商投资企业	Foreign Funded Enterprises	2008606	1083049
海东市	**Haidong City**	**19928236**	**13728682**
国有控股企业	State-holding Enterprises	4898600	3324160
轻工业	Light Industry	1291818	527299
重工业	Heavy Industry	18636418	13201383
有限责任公司	Limited Liability Corporations	3997850	2766606
股份有限公司	Share-holding Corporations Limited	5057052	3464767
私营企业	Private Enterprises	6356852	4904142
其他企业	Other Enterprises		
港、澳、台商投资企业	Enterprises with Funds from Hong Kong,Macao and Taiwan	4515230	2591915
外商投资企业	Foreign Funded Enterprises	1252	1252
海北州	**Haibei Zang A.P**	**7961405**	**5340781**
国有控股企业	State-holding Enterprises	2965224	2037628
轻工业	Light Industry	129840	94101
重工业	Heavy Industry	7831565	5246680
集体企业	Collective-owned Enterprises	44550	44550
有限责任公司	Limited Liability Corporations	2509836	1982110
股份有限公司	Share-holding Corporations Limited	857801	570401
私营企业	Private Enterprises	2251843	1697368
外商投资企业	Foreign Funded Enterprises	1689509	838356
黄南州	**Huangnan Zang A.P**	**2668973**	**1012973**
重工业	Heavy Industry	2668973	1012973
有限责任公司	Limited Liability Corporations	118932	118932
私营企业	Private Enterprises	471351	319351
其他企业	Other Enterprises		
外商投资企业	Foreign Funded Enterprises	697678	197678
海南州	**Hainan Zang A.P**	**4227243**	**3349737**
国有控股企业	State-holding Enterprises	1165320	1094825
轻工业	Light Industry	491938	371363
重工业	Heavy Industry	3735305	2978374
股份合作企业	Cooperative Enterprises		
有限责任公司	Limited Liability Corporations	3552638	2752801
股份有限公司	Share-holding Corporations Limited	193269	193269
私营企业	Foreign Funded Enterprises	74193	60589
港、澳、台商投资企业	Enterprises with Funds from Hong Kong,Macao and Taiwan	407143	343078
果洛州	**Golog Zang A.P**	**695188**	**695188**
国有控股企业	State-holding Enterprises	695188	695188
重工业	Heavy Industry	695188	695188
股份有限公司	Share-holding Corporations Limited		
海西州	**Haixi Mongolian & Zang A.P**	**127879796**	**69042025**
国有控股企业	State-holding Enterprises	87966111	39964085
轻工业	Light Industry	1787967	1647756
重工业	Heavy Industry	126091829	67394269
集体企业	Collective-owned Enterprises		
股份合作企业	Cooperative Enterprises		
有限责任公司	Limited Liability Corporations	41521773	26418727
股份有限公司	Share-holding Corporations Limited	59716913	22238495
私营企业	Private Enterprises	21674916	16854282
其他企业	Other Enterprises		
港、澳、台商投资企业	Enterprises with Funds from Hong Kong,Macao and Taiwan	1935725	1718064
外商投资企业	Foreign Funded Enterprises	994153	145332

Continued

(10 000 yuan)

非流动负债合计 Total Non-current Liabilities	所有者权益合计 Total Owners' Equity	实收资本 Paid-up Capital	营业收入 Revenue from Business	营业成本 Cost of Principal Business	营业税金及附加 Taxes and Other Charges on Business	其他业务利润 Other Operating Profit
7112997	**7258655**	**4568213**	**12395666**	**11358218**	**59304**	**10090**
6190407	4590374	2789054	7039108	6389866	43003	8831
219305	1291118	444510	1535312	1322238	7101	580
6893692	5967538	4123703	10860353	10035980	52203	9510
	3843	2350	19135	17993	77	399
	32788	5000	101388	94950	107	
5513227	2789381	2452055	4803719	4135597	23074	8711
672025	1164886	646904	2175546	2081333	10451	551
2203719	10823190	6356242	26820272	24721556	75271	3147
140000	453465	118800	457234	407860	250	
424247	-23033	627600	1513201	1441315	14924	
925556	2803056	2214577	2182723	2052471	21657	1058
4847082	**9785823**	**5877553**	**21030178**	**18397804**	**313386**	**3125**
1574440	1288656	1191225	1278143	1190347	1978	54
57296	3836669	928524	5104058	3499574	250030	6151
4789786	5949154	4949029	15926120	14898230	63356	-3026
348909	3973344	1799198	7255592	6011395	37777	4960
1592285	2769943	1541225	1896952	1471121	216905	
982573	2468707	1900642	8827904	7952476	28650	-2278
1923315	570994	594000	3049287	2961988	30029	
	2835	42488	443	824	25	443
2456611	**3037776**	**1387912**	**9924873**	**9157130**	**53994**	**8358**
927596	520646	590525	1332996	1103052	16292	4402
10202	138450	71368	661645	632846	1075	
2446409	2899326	1316544	9263228	8524284	52919	8358
	35082	8100	117344	79251		
527726	521174	475953	3056234	2685183	21426	
287400	451594	81000	800699	705922	428	5384
390462	2485601	636286	5077688	4854306	30396	-851
851153	-686566	1	300121	319608	550	2704
1504000	**688667**	**537048**	**773727**	**571612**	**8389**	
1504000	688667	537048	773727	571612	8389	
	155598	47000	395070	392300	84	
	15071	30000	28371	17644	1660	
500000	437950	380000	162690	83195	2918	
877504	**1577299**	**883938**	**2128391**	**1702275**	**13431**	
70495	567486	215634	515473	330832	4943	
120573	322262	191050	713019	634175	1699	
756931	1255037	692888	1415372	1068100	11732	
799835	1124253	647781	1443137	1132307	7514	
	39628	26003	329255	314388	324	
13604	70879	68000	92380	73303	1173	
64065	342539	142154	263619	182277	4420	
	965071	**120000**	**1088726**	**513365**	**24200**	
	965071	120000	1088726	513365	24200	
	965071	120000	1088726	513365	24200	
55466150	**67259943**	**18672131**	**54490470**	**30171575**	**3759226**	**-731293**
47299312	47520437	9686165	37670156	18303399	3296723	-794974
140210	-999975	212337	415515	170798	5185	4037
55325940	68259918	18459794	54074955	30000777	3754041	-735330
12306360	13622355	8147709	9800060	7176263	240120	40983
37200192	35434127	2656284	30245771	13671077	3094573	-804736
4525765	11235288	5330024	9839832	6999022	334490	32428
217661	-682603	608894	538640	285944	3269	720
846981	2370177	882230	2025511	931829	16922	

12-18 续表 2

单位：万元

指 标	Item	销售费用 Cost of Sales	营业利润 Operating Profit
西宁市	**Xining City**	**246608**	**58947**
国有控股企业	State-holding Enterprises	117923	36533
轻工业	Light Industry	49411	85189
重工业	Heavy Industry	197198	-26242
集体企业	Collective-owned Enterprises	518	-501
股份合作企业	Cooperative Enterprises	1384	1725
有限责任公司	Limited Liability Corporations	105759	41943
股份有限公司	Share-holding Corporations Limited	64437	-28283
私营企业	Private Enterprises	608349	355200
其他企业	Other Enterprises	15551	13920
港、澳、台商投资企业	Enterprises with Funds from Hong Kong,Macao and Taiwan	42243	-25915
外商投资企业	Foreign Funded Enterprises	70846	-143275
海东市	**Haidong City**	**762985**	**570421**
国有控股企业	State-holding Enterprises	23210	31948
轻工业	Light Industry	456558	768178
重工业	Heavy Industry	306427	-197757
有限责任公司	Limited Liability Corporations	512732	338811
股份有限公司	Share-holding Corporations Limited	16747	250573
私营企业	Private Enterprises	180685	-5046
其他企业	Other Enterprises		
港、澳、台商投资企业	Enterprises with Funds from Hong Kong,Macao and Taiwan	52821	-12042
外商投资企业	Foreign Funded Enterprises		-1875
海北州	**Haibei Zang A.P**	**138624**	**87692**
国有控股企业	State-holding Enterprises	21538	-103923
轻工业	Light Industry	4809	10384
重工业	Heavy Industry	133815	77308
集体企业	Collective-owned Enterprises		26471
有限责任公司	Limited Liability Corporations	79137	37424
股份有限公司	Share-holding Corporations Limited	5295	12687
私营企业	Private Enterprises	54192	48160
外商投资企业	Foreign Funded Enterprises		-57190
黄南州	**Huangnan Zang A.P**	**690**	**51377**
重工业	Heavy Industry	690	51377
有限责任公司	Limited Liability Corporations	690	-2027
私营企业	Private Enterprises		-16071
其他企业	Other Enterprises		
外商投资企业	Foreign Funded Enterprises		35350
海南州	**Hainan Zang A.P**	**34489**	**80114**
国有控股企业	State-holding Enterprises	5334	66829
轻工业	Light Industry	16547	16681
重工业	Heavy Industry	17942	63433
股份合作企业	Cooperative Enterprises		
有限责任公司	Limited Liability Corporations	16162	70617
股份有限公司	Share-holding Corporations Limited	3992	3563
私营企业	Foreign Funded Enterprises	10008	-2482
港、澳、台商投资企业	Enterprises with Funds from Hong Kong,Macao and Taiwan	4327	8416
果洛州	**Golog Zang A.P**	**34001**	**442391**
国有控股企业	State-holding Enterprises	34001	442391
重工业	Heavy Industry	34001	442391
股份有限公司	Share-holding Corporations Limited		
海西州	**Haixi Mongolian & Zang A.P**	**3150627**	**11088275**
国有控股企业	State-holding Enterprises	1649476	8973516
轻工业	Light Industry	408319	-247375
重工业	Heavy Industry	2742308	11335650
集体企业	Collective-owned Enterprises		
股份合作企业	Cooperative Enterprises		
有限责任公司	Limited Liability Corporations	298418	219069
股份有限公司	Share-holding Corporations Limited	1489936	7410335
私营企业	Private Enterprises	794308	2197964
其他企业	Other Enterprises		
港、澳、台商投资企业	Enterprises with Funds from Hong Kong,Macao and Taiwan	402170	-214774
外商投资企业	Foreign Funded Enterprises	10877	858567

Continued

利润总额 Total Profits	应交所得税 Income Tax Payable	亏损企业亏损总额 The Total Loss of Loss-making Enterprises	利税总额 Total Profits and Taxes	本年应交增值税 Value Added Tax Payable
148348	**36175**	**178015**	**627896**	**420245**
84269	27859	97945	496736	369464
97011	6577	5132	126188	22076
51338	29598	172883	501709	398169
56	14		430	298
1725			2429	597
56988	13125	94972	238275	158213
30463	7870	19724	174374	133461
410878	19428	201117	759207	273058
16985			18291	1056
-25864	4215	60062	-2198	8742
-155773	4321	310027	-77342	56774
707112	**137795**	**482749**	**1682816**	**662318**
43826	7165	2	62461	16657
758325	91260	25959	1291566	283211
-51213	46535	456790	391250	379107
372004	66457	206044	657148	247367
250992	39365	2	534698	66801
87935	31973	272884	294204	177619
-3079		3079	197148	170198
-740		740	-382	333
52196	**10624**	**387087**	**419279**	**313089**
-141022	1249	225212	-21910	102820
10407	1	23	12449	967
41789	10623	387064	406830	312122
26471			26471	
-8704	7942	225212	261009	248287
24271	3734		26669	1970
47332	-2020	104568	126326	48598
-57307		57307	-56757	
53591	**5296**	**16615**	**91104**	**29124**
53591	5296	16615	91104	29124
62	76	544	1136	990
-16071		16071	-14411	
35367			61840	23555
176012	**14881**	**22226**	**266505**	**77062**
66529	3847		122080	50608
27779	370	4681	33830	4352
148233	14511	17545	232675	72710
163576	10664	2504	216562	45472
5572	370	4790	8843	2947
-1272		4681	568	667
8136	3847	10251	40532	27976
442999	**110750**		**624745**	**157546**
442999	110750		624745	157546
442999	110750		624745	157546
11965962	**768198**	**1782695**	**20109308**	**4384120**
9464357	492920	659528	15972231	3211151
-242850	2297	258896	-205304	32361
12208812	765901	1523799	20314612	4351759
307295	22601	724160	1183448	636033
7780880	371570	523809	13551311	2675858
2504402	165221	240987	3462884	623992
-214638		252068	-181185	30184
904263	92497		1062470	141285

12−19 主要年份主要工业产品产量
Output of Major Industrial Products in Main Years

产品名称	Item	2008	2009	2010	2011	2012	2013
原煤 (万吨)	Coal (10 000 tons)	1183	1284	1863	1961	2460	3020
原油 (万吨)	Crude Petroleum Oil (10 000 tons)	220	186	186	195	205	215
天然气 (亿立方米)	Natural Gas (100 million cu.m)	44	43	56	65	64	68
铜选矿含铜 (吨)	Content of Cuprum in Cuprum Concentration (ton)	22739	34170	38934	48091	46400	58954
锌精矿含锌 (万吨)	Content of Zinc in Zinc Concentration (10 000 tons)	9	7	8	7	6	10
铅精矿含铅 (万吨)	Content of Lead in Lead Concentration (10 000 tons)	6	6	9	5	4	13
碳酸钠(纯碱) (万吨)	Soda Ash (10 000 tons)	116	120	75	133	212	228
原盐 (万吨)	Salt (10 000 tons)	236	71	124	153	177	261
碳化钙(电石) (万吨)	Calcium Carbide (10 000 tons)	22	5	9	40	19	16
发电量 (亿千瓦小时)	Electricity (100 million kwh)	306	361	457	437	556	566
水电	Hydropower	203	259	360	345	435	417
火电	Thermal Power	103	102	97	92	116	134
食用植物油 (万吨)	Refined Edible Vegetable Oil (10 000 tons)	3	5	6	8	11	9
乳制品 (吨)	Dairy Products (ton)	66076	60812	118951	121810	157548	166362
饮料酒 (千升)	Alcohol Beverage (kilo-liter)	104619	115483	137085	105755	120378	137228
白酒 (千升)	Liquor (kilo-liter)	10399	10639	12047	17055	19178	21128
啤酒 (千升)	Beer (kilo-liter)	94220	104844	125038	88700	101200	116100
棉纱 (吨)	Cotton Yarn (ton)	3194	2899	5681	5516	7972	5922
毛线 (吨)	Knitting Wool (ton)	1261		845			
轻革 (万平方米)	Light Leather (10 000 sq.m)		6	1			
皮鞋 (万双)	Leather Shoes (10 000 pairs)		4	4	4	3	3
机制纸及纸板 (吨)	Machine-made Paper and Paperborad (ton)	1991					

12-19 续表

Continued

产品名称	Item	2008	2009	2010	2011	2012	2013
原油加工量 (万吨)	Processed Crude Oil (10 000 tons)	100	81	127	154	143	144
汽油	Gasoline	31	24	41	46	42	45
柴油	Diesel Oil	47	37	57	73	67	65
硫酸(折100%) (万吨)	Sulfuric Acid (10 000 tons)	15	14	25	21	56	48
氢氧化钠(烧碱) (万吨)	Caustic Soda (10 000 tons)	1	1	2	39	18	18
农用化肥 (万吨)	Chemical Fertilizers (10 000 tons)	247	278	313	263	357	413
钾肥(实物量) (万吨)	Potash Fertilizer (10 000 tons)	399	473	533	435	556	673
中成药 (吨)	Traditional Chinese Medicine (ton)	908	883	1242	1429	1539	2052
水泥 (万吨)	Cement (10 000 tons)	458	610	811	1043	1371	1786
平板玻璃 (万重量箱)	Plain Glass (10 000 weight cases)	103	50	150	206	236	677
粗钢 (万吨)	Crude Steel (10 000 tons)	115	127	137	139	141	148
钢材 (万吨)	Rolled Steel (10 000 tons)	115	125	138	141	139	131
焦炭 (万吨)	Coke (10 000 tons)	144	141	130	167	240	252
铁合金 (万吨)	Ferroalloy (10 000 tons)	70	80	97	113	172	223
十种有色金属 (万吨)	Ten Kinds of Nonferrous Metals (10 000 tons)	114	107	160	183	216	237
铅 (万吨)	Lead (10 000 tons)	1	1	3	5	4	4
锌 (万吨)	Zinc (10 000 tons)	11	13	9	9	9	10
原铝(电解铝) (万吨)	Electrolyzed Alumm (10 000 tons)	102	91	147	169	203	224
黄金 (千克)	Gold (kg)	3713	3347	4695	4026	4932	7648
铝材 (万吨)	Aluminum Material (10 000 tons)	4	20	14	14	20	36
金属切削机床 (台)	Metal-cutting Machine Tools (unit)	920	879	1004	1206	801	458
数控机床 (台)	Numerical Control Machine (unit)	461	458	653	676	408	321
粮食加工机械 (台)	Grain-processing Machines (unit)	95319	99575	123000			
环境保护专用设备 (台/套)	Environmental Protection Equipment (unit)	739	259	410	311	254	217
变压器 (千伏安)	Transformer (kva)	23738	24572	23621	24719	51935	
手工地毯、挂毯(万平方米)	Handmade Carpets and Tapestries (10 000 sq.m)		45	44	54	36	27
机制地毯、挂毯(万平方米)	Mechanisms Carpets and Tapestries(10 000 sq.m)		43	228	456	506	1634
制帽 (万顶)	Hatting (10 000 units)		1394	1760	6001	7597	10065
单晶硅 (千克)	Monocrystalline (kg)		642302	665424	314701	923723	2016047
多晶硅 (千克)	Polysilicon (kg)		1193277	1507279	5115581	5090440	6778865

12-20 分地区主要工业产品产量(2013年)
Output of Major Industrial Products by Region(2013)

产品名称	Item	西宁市 Xining City	海东市 Haidong City	海北州 Haibei Zang A.P	黄南州 Huangnan Zang A.P	海南州 Hainan Zang A.P	果洛州 Golog Zang A.P	海西州 Haixi Mongolian & Zang A.P
原煤(万吨)	Coal (10 000 tons)	115.0		316.6				2588.8
原油(万吨)	Crude Petroleum Oil (10 000 tons)							214.5
天然气(亿立方米)	Natural Gas (100 million cu.m)							68.1
铜选矿含铜(吨)	Content of Cuprum in Cuprum Concentration (ton)			19377.0		6022.0	23858.0	9696.0
碳酸钠(纯碱)(万吨)	Soda Ash (10 000 tons)							228.2
原盐(万吨)	Salt (10 000 tons)							261.3
碳化钙(电石)(万吨)	Calcium Carbide (10 000 tons)	8.9	6.9					
发电量(亿千瓦小时)	Electricity (100 million kwh)	477.1	1.2	17.1	18.5	10.4		41.3
水电	Hydropower	375.0	1.2	5.6	18.5	10.4		5.8
火电	Thermal Power	99.6		11.6				23.3
食用植物油(万吨)	Refined Edible Vegetable Oil (10 000 tons)	2.7	5.0	1.5				
乳制品(吨)	Dairy Products (ton)	152825				13537		
饮料酒(千升)	Alcohol Beverage (kilo-liter)	116271	20957					
白酒(千升)	Liquor (kilo-liter)	171	20957					
啤酒(千升)	Beer (kilo-liter)	116100						
棉纱(吨)	Cotton Yarn (ton)	447				5475		
手工地毯、挂毯(万平方米)	Handmade Carpets, Tapestries (10 000 sq.m)	27						
机制地毯、挂毯(万平方米)	Mechanism Carpets, Tapestries (10 000 sq.m)	1167	467					
制帽(万顶)	Hatting (10 000 units)	4120	5945					
原油加工量(万吨)	Processed Crude Oil (10 000 tons)							143.8
汽油	Gasoline							44.9
柴油	Diesel Oil							65.5
硫酸(折100%)(万吨)	Sulfuric Acid (10 000 tons)	44.4						3.7
氢氧化钠(烧碱)(万吨)	Caustic Soda (10 000 tons)	18.1						
农用化肥(万吨)	Chemical Fertilizers (10 000 tons)	21.7						391.7
钾肥(实物量)(万吨)	Potash Fertilizer (10 000 tons)							672.6
中成药(吨)	Traditional Chinese Medicine (ton)	2043	9					
水泥(万吨)	Cement (10 000 tons)	628.7	997.7			65.3		94.6
粗钢(万吨)	Crude Steel (10 000 tons)	147.6						
钢材(万吨)	Rolled Steel (10 000 tons)	130.8						
焦炭(万吨)	Coke (10 000 tons)	78.5						174.0
铁合金(万吨)	Ferroalloy (10 000 tons)	135.9	73.8	9.4		3.5		
十种有色金属(万吨)	Ten Kinds of Nonferrous Metals (10 000 tons)	211.9	22.4		3.2			
原铝(电解铝)(万吨)	Electrolyzed Aluminum (10 000 tons)	198.1	22.4		3.2			
黄金(千克)	Gold (kg)			680				6968
铝材(万吨)	Aluminum Material (10 000 tons)	35.7						
单晶硅(千克)	Monocrystalline (kg)	2016047						
多晶硅(千克)	Polysilicon (kg)	6778865						

12-21 2011-2013年规模以上工业主要产品生产能力
Production Capacity of Major Industrial Products of Industrial Enterprises above Designated Size(2011-2013)

能力名称		Item		年末生产能力 Production Capacity at Year-end			能力利用率(%) Capacity Utilization Ratio (%)		
				2011	2012	2013	2011	2012	2013
原煤开采	(万吨)	Coal Mining	(10 000 tons)	2132	2806	2907	90.2	103.3	105.5
天然原油开采	(万吨)	Petroleum Extraction	(10 000 tons)	205	206	228	98.6	99.8	98.9
原油加工能力	(万吨)	Crude Oil Processing Capacity	(10 000 tons)	150	150	150	102.7	95.4	95.9
发电设备容量	(万千瓦)	Generating Capacity	(10 000 kw)	1218	1311	1433	41.2	49.1	46.4
火电设备容量		Capacity of Thermal Power Equipment		179	213	211	58.8	62.8	71.1
水电设备容量		Hydropower Capacity		1039	1047	1054	38.2	47.8	45.3
棉纺锭(环锭纺)	(万锭)	Cotton Spindles	(10 000 units)	5	5	18			
焦炭	(万吨)	Coke	(10 000 tons)	156	270	278	107.3	88.9	92.1
电石(折300升/千克)	(万吨)	Calcium Carbide	(10 000 tons)	60	56	52	104.1	33.6	29.4
农用氮磷钾肥料(折纯)	(万吨)	Chemical Npk Fertilizers	(10 000 tons)	300	455	586	59.7	81.9	86.4
水泥熟料	(万吨)	Cement Chamotte	(10 000 tons)	1132	1066	1395	77.2	82.3	79.9
窑外分解窑熟料		Decompose Chamotte out of Cellar		1069	514		77.9	56.9	
水泥	(万吨)	Cement	(10 000 tons)	1588	1905	2430	76.5	79.1	82.4
平板玻璃	(万重量箱)	Plate Glass	(10 000 Weight-box)	286	520	838	96.6	58.7	99.7
生铁	(万吨)	Pig Iron	(10 000 tons)	130	200	200	88.2	78.3	67.6
粗钢	(万吨)	Steel-making	(10 000 tons)	150	150	150	93.0	94.1	98.4
钢材	(万吨)	Rolled Steel	(10 000 tons)	145	152	150	97.2	92.1	88.7
铁合金	(万吨)	Ferroalloy	(10 000 tons)	168	207	263	78.8	91.2	93.5
电解铝	(万吨)	Electrolytic Aluminum	(10 000 tons)	194	208	251	91.0	101.7	97.1
金属切削机床	(台)	Metal-cutting Machine Tools	(unit)	1233	1092	1125	101.1	68.9	41.3

12-22 2009－2013年全省规模以下工业抽样调查主要经济指标
Main Indicators of Sample Investigation of Industry Under Designated Size(2009－2013)

单位：个、人、万元　　(unit，person，10 000 yuan)

指　标	Item	2009	2010	2011	2012	2013
规模以下工业总体	**Total of Industry Under Designated Size**					
企业单位数	Number of Enterprises	19991	14477	13916	13076	13483
从业人员年末数	Employed Persons at Year-end	60998	47407	60883	51686	59579
工业总产值	Gross Industrial Output Value	871256	884854	885712	767124	1082739
工资及福利	Wages and Benefits	55882	69455	95991	97928	126990
资产总计	Total Assets	538818	649835	1843723	2024726	2365731
工业增加值	Value-added	302325	310200	310400	300000	380000
企业子总体	**Enterprises Collectivity**					
企业数	Number of Enterprises	1326	1657	1605	1418	1920
期末从业人数	Employed Persons at Year-end	28252	23712	37163	29264	36682
工业总产值	Gross Industrial Output Value	477036	483049	546776	436064	727493
主营业务收入	Revenue from Principle Business	418398	454198	508166	428468	716772
应收帐款	Accounts Receivable			99179	95848	202973
固定资产原价	Original Value of Fixed Assets	257704	311848	784569	739189	1405294
本年折旧	Depreciation in the Year	16194	23935	74464	76951	74341
固定资产净值	Net Value of Fixed Assets	172510	250785	648499	584977	1185085
资产总计	Total Assets	495704	594191	1770875	1606264	2312432
负债总计	Total Liabilities			942044	902279	1160839
出口产品销售收入	Export Sales Revenue			2652	4345	1166
主营业务成本	Cost of Principal Business			363983	308212	550678
税金总额	Due Tax	11121	10020	23543	20991	20651
所得税	Due Income Tax	1604	820	3098	1569	1455
营业利润	Business Profit	19901	11531	40809	40140	66167
利息支出	Interest Expense			26787	26523	35762
银行借款利息	Bank Borrowing Interest			24327	25111	29177
民间借款利息	Non-governmental Borrowing Interest			2433	1412	6585
期末剩余订单额	End of Remaining Amount of Orders			3145	3377	3357
企业生产能力总产值	Total Output Value of Production Capacity			888360	636012	1154612
应付职工薪酬	Due Wage	33028	33383	72818	65942	96401
下季度需增减员工数	Number of Employees Needed to Increase or Decrease Next Quarter			2250	101	
个体经营单位子总体	**Individual Business Units Collectivity**					
单位数	Number of Units	18665	12820	12311	11658	11563
从业人员年末数	Employed Persons at Year-end	32746	23695	23720	22422	22897
营业收入	Business Income	394220	401805	338935	331060	355246
生产支出	Production Expenditures			131685	170944	189914
工资及福利	Wages and Benefits	22854	36072	23173	31986	30590
资产总计	Total Assets	43114	55644	72848	418462	53299

注：2013年年报中取消了“下季度需增减员工数”一项指标。

a) Number of Employees Needed to Increase or Decrease Next Quarter was canceled in 2013 Annual Report.

主要统计指标解释

工业 指从事自然资源的开采，对采掘品和农产品进行加工和再加工的物质生产部门。具体包括：(1)对自然资源的开采，如采矿、晒盐等(但不包括禽兽捕猎和水产捕捞)；(2)对农副产品的加工、再加工，如粮油加工、食品加工、缫丝、纺织、制革等；(3)对采掘品的加工、再加工，如炼铁、炼钢、化工生产、石油加工、机器制造、木材加工等，以及电力、自来水、煤气的生产和供应等；(4)对工业品的修理、翻新，如机器设备的修理、交通运输工具(如汽车)的修理等。

工业统计调查单位为独立核算法人工业企业。

独立核算法人工业企业指从事工业生产经营活动的单位。独立核算法人工业企业应同时具备以下条件：①依法成立，有自己的名称、组织机构和场所，能够承担民事责任；②独立拥有和使用资产，承担负债，有权与其他单位签订合同；③独立核算盈亏，并能够编制资产负债表。

本年鉴中涉及的企业登记注册类型：

国有及国有控股企业 指国有企业加上国有控股企业。国有企业(即原全民所有制工业或国营工业)指企业全部资产归国家所有，并按《中华人民共和国企业法人登记管理条例》规定登记注册的非公司制的经济组织。包括国有企业、国有独资公司和国有联营企业。1957年以前的公私合营和私营工业，后均改造为国营工业，1992年改为国有工业，这部分工业的资料不单独分列时，均包括在国有企业内。国有控股企业是对混合所有制经济的企业进行的“国有控股”分类。它是指这些企业的全部资产中国有资产(股份)相对其他所有者中的任何一个所有者占资(股)最多的企业。该分组反映了国有经济控股情况。

集体企业 指企业资产归集体所有，并按《中华人民共和国企业法人登记管理条例》规定登记注册的经济组织。是社会主义公有制经济的组成部分。包括城乡所有使用集体投资举办的企业，以及部分个人通过集资自愿放弃所有权并依法经工商行政管理机关认定为集体所有制的企业。

股份合作企业 指以合作制为基础，由企业职工共同出资入股，吸收一定比例的社会资产投资组建，实行自主经营，自负盈亏，共同劳动，民主管理，按劳分配与按股分红相结合的一种集体经济组织。

联营企业 指两个及两个以上相同或不同所有制性质的企业法人或事业单位法人，按自愿、平等、互利的原则，共同投资组成的经济组织。联营企业包括：

国有联营企业指国有企业与国有企业间的联营；

集体联营企业指集体企业与集体企业间的联营；

国有与集体联营企业指国有企业与集体企业间的联营。

有限责任公司 指根据《中华人民共和国公司登记管理条例》规定登记注册，由两个以上，五十个以下的股东共同出资，每个股东以其所认缴的出资额对公司承担有限责任，公司以其全部资产对其债务承担责任的经济组织。

有限责任公司包括国有独资公司以及其他有限责任公司。

股份有限公司 指根据《中华人民共和国企业法人登记管理条例》规定登记注册，其全部注册资本由等额股份构成并通过发行股票筹集资本，股东以其认购的股份对公司承担有限责任，公司以其全部资产对其债务承担责任的经济组织。

私营企业 指由自然人投资设立或由自然人控股，以雇佣劳动为基础的营利性经济组织。包括按照《公司法》、《合伙企业法》、《私营企业暂行条例》规定登记注册的私营有限责任公司、私营股份有限公司、私营合伙企业和私营独资企业。

港、澳、台商投资企业 指企业注册登记类型中的港、澳、台资合资、合作、独资经营企业和股份有限公司之和。

外商投资企业 指企业注册登记类型中的中外合资、合作经营企业、外资企业和外商投资股份有限公司之和。

轻工业 指主要提供生活消费品和制作手工工具的工业。按其所使用的原料不同，可分为两大类：(1)以农产品为原料的轻工业，是指直接或间接以农产品为基本原料的轻工业。主要包括食品制造、饮料制造、烟草加工、纺织、缝纫、皮革和毛皮制作、造纸以及印刷等工业；(2)以非农产品为原料的轻工业，是指以工业品为原料的轻工业。主要包括文教体育用品、化学药品制造、合成纤维制造、日用化学制品、日用玻璃制品、日用金属制品、手工工具制造、医疗器械制造、文化和办公用机械制造等工业。

重工业 指为国民经济各部门提供物质技术基础的主要生产资料的工业。按其生产性质和产品用途，可以分为下列三类：(1)采掘(伐)工业，是指对自然资源的开采，包括石油开采、煤炭开采、金属矿开采、非金属矿开采等工业；(2)原材料工业，指向国民经济各部门提供基本材料、动力和燃料的工业。包括金属冶炼及加工、炼焦及焦炭、化学、化工原料、水泥、人造板以及电力、石油和煤炭加工等工业；(3)加工工业，是指对工业原材料进行再加工制造的工业。包括装备国民经济各部门的机械设备制造工业、金属结构、水泥制品等工业，以及为农业提供的生产资料如化肥、农药等工业。

根据上述划分原则，修理业中以重工业产品为修理作业对象的划为重工业，反之划为轻工业。

工业总产值

(1)定义：

工业总产值是以货币形式表现的，工业企业在一定时期内生产的工业最终产品或提供工业性劳务活动的总价值量。它反映一定时间内工业生产的总规模和总水平。

(2)计算原则：

工业生产的原则，即凡是企业在报告期生产的经检验合格的产品，不管是否在报告期销售，均包括在内。

最终产品的原则，即凡是计入工业总产值的产品，必须是本企业生产的经检验合格的，不需要再进行任何加工的最终产品。如果企业有中间产品(半成品)对外销售，则对外销售的中间产品应视为企业的最终产品。

工厂法原则，即工业总产值是以工业企业作为基本计算（核算）单位，即按企业的最终产品计算工业总产值。按这种方法计算的工业总产值，不允许同一产品价值在企业内部重复计算，不能把企业内部各个车间（分厂）生产的成果相加，但允许企业间的重复计算。

（3）内容及计算方法：

1995年全国工业普查对工业总产值（原规定）的内容及计算原则和方法做了某些修订，修订后的工业总产值（新规定）包括三项内容：即本期生产成品价值、对外加工费收入、在制品半成品期末期初差额价值三部分。

本期生产成品价值：指企业本期生产，并在报告期内不再进行加工，经检验、包装入库的全部工业成品（半成品）价值合计，包括企业生产的自制设备及提供给本企业在建工程、其他非工业部门和福利部门等单位使用的成品价值。本期生产成品价值为按自备原材料生产的产品的数量乘以本期不含增值税（销项税额）的产品实际销售平均单价计算；会计核算中按成本价格转帐的自制设备和自产自用的成品，按成本价格计算生产成品价值。生产成品价值中不包括用定货者来料加工的成品（半成品）价值。

对外加工费收入：指企业在报告期内完成的对外承接的工业品加工（包括用定货者来料加工产品）的加工费收入和对外工业修理作业所取得的加工费收入。对外加工费收入按不含增值税（销项税额）的价格计算，可根据会计“产品销售收入”科目的有关资料取得。

对于本企业对内非工业部门提供的加工修理、设备安装的劳务收入，如果企业会计核算基础较好，能取得这部分资料，而且这部分价值所占比重较大，应包括在对外加工费收入中。

自制半成品在制品期末期初差额价值：指企业报告期在制品期末减期初的差额价值，本指标一般可以从会计核算资料中取得。如果会计产品成本核算中不计算半成品、在制品的成本，则总产值中也不包括这部分价值，反之则包括。

（4）工业总产值统计范围变化和计算方法修订情况：

1984年以前工业总产值不包括村办工业，村办工业总产值划归农业。1984年以后工业总产值包括村办工业。

1995年工业普查对工业总产值计算方法做了修订，即从1995年始按新修订（新规定）方法计算工业总产值。新规定与原规定的区别如下：

全价与加工费的计算原则不同：新规定为凡自备原材料，不论其生产繁简程度如何，一律按全价计算工业总产值；凡来料加工，允许按加工费计算工业总产值。原规定则视生产加工的繁简程度不同，规定哪些行业按全价，哪些行业按加工费计算工业总产值。

自制半成品、在产品期末期初差额价值的计算原则不同：新规定要求，凡会计产品成本核算时计算了成本的差额价值，总产值中就应包括，否则可不包括；原规定则按生产周期六个月的界限区分，凡生产周期六个月以上的企业，总产值计算中应包括这部分差额价值，否则可不包括。

计算价格不同：新规定按不含增值税（销项税额）的价格计算；原规定则按含增值税（销项税额）的价格计算。

工业增加值 指工业企业在报告期内以货币表现的工业生产活动的最终成果。

工业增加值有两种计算方法：一是生产法，即工业总产出减去工业中间投入加上应交增值税；二是收入法，即从收入的角度出发，根据生产要素在生产过程中应得到的收入份额计算，具体构成项目有固定资产折旧、劳动者报酬、生产税净额、营业盈余，这种方法也称要素分配法。本年鉴中的工业增加值是以生产法计算的。

生产法工业增加值的计算方法为：

工业增加值＝工业总产出－工业中间投入＋应交增值税

（1）工业总产出：指工业企业在一定时期内工业生产活动的总成果。工业总产出包括：成品生产价值，对外加工费收入，自制半成品、在产品期末期初差额价值。1995年后用新规定计算的工业总产值代替。

（2）工业中间投入：指工业企业在工业生产活动中消耗的外购物质产品和对外支付的服务费用。服务费用包括支付给物质生产部门（工业、农业、批发零售贸易业、建筑业、运输邮电业）的服务费用和支付给非物质生产部门（如保险、金融、文化教育、科学研究、医疗卫生、行政管理等）的服务费用。工业中间投入的确定须遵循以下原则：必须从外部购入的，并已计入工业总产出的产品和服务价值；必须是本期投入生产，并一次性消耗掉（包括本期摊销的低值易耗品等）的产品和服务价值。

工业中间投入包括直接材料费用、制造费用中的工业中间投入、管理费用中的工业中间投入、销售费用中的工业中间投入和利息支出五部分。

资产总计 指企业拥有或控制的能以货币计量的经济资源，包括各种财产、债权和其他权利。资产按流动性分为流动资产、长期投资、固定资产、无形资产、递延资产和其他资产。该指标根据企业会计“资产负债表”中“资产总计”项目的期末数增列。

流动资产 指企业可以在一年内或者超过一年的一个生产周期内变现或者耗用的资产，包括现金及各种存款、短期投资，应收及预付款项、存货等。

流动资产平均余额 指企业在报告期内全部流动资产的平均余额。

固定资产原价 指企业在建造、购置、安装、改建、扩建、技术改造某项固定资产时所支出的全部货币总额。它一般包括买价、包装费、运杂费和安装费等。

固定资产净值年平均余额 指固定资产净值在报告期内余额的平均数。计算公式为：

$$\text{固定资产净值年平均余额}=\frac{\text{1至12月各月月初、月末固定资产净值之和}}{24}$$

该指标根据“资产负债表”中“固定资产原价”、“累计折旧”指标的期初、期末数计算填列。

固定资产净值指固定资产原价减去历年已提折旧额后的净额。计算公式为：

固定资产净值＝固定资产原价－累计折旧

负债合计 指企业所承担的能以货币计量，将以资产或劳务偿付的债务，偿还形式包括货币、资产或提供劳务。负债一般按偿还期长短分为流动负债和长期负债。根据会计“资产负债表”中“负债合计”的年末数填列。

所有者权益 指企业投资人对企业净资产的所有权。企业净资产等于企业全部资产减去全部负债后的余额，包括企业投资人对企业的最初投入的实际到位的资产及资本公积金、盈余公积金和未分配利润。所有者权益合计数小于零,表示企业资不抵债。

主营业务收入 指会计"利润表"中对应指标的本年累计数。未执行2001年《企业会计制度》的企业,用"产品销售收入"的本期累计数代替。

主营业务成本 指会计"利润表"中对应指标的本年累计数。未执行2001年《企业会计制度》的企业,用"产品销售成本"的本期累计数代替。

主营业务税金及附加 指会计"利润表"中对应指标的本年累计数。未执行2001年《企业会计制度》的企业,用"产品销售税金及附加"的本期累计数代替。

利润总额 指企业生产经营活动的最终成果,是企业在一定时期内实现的盈亏相抵后的利润总额(亏损以"-"号表示),它等于营业利润加上补贴收入加上投资收益加上营业外净收入再加上以前年度损益调整。

本年应交增值税 指企业在报告期内应交纳的增值税额。它等于本年销项税额加上出口退税加上进项税额转出数减去本年进项税额。小规模纳税企业直接按全年计税销售额乘以征收率计算取得。

从业人员平均人数 是指报告期内每天拥有的从业人员人数。其计算公式为:

$$\text{月平均人数}=\frac{\text{报告月内每天实有人数和}}{\text{报告月日历日数}}$$

$$\text{季平均人数}=\frac{\text{季内各月平均人数之和}}{3}$$

$$\text{年平均人数}=\frac{\text{年内各月平均人数之和}}{12}$$

总资产贡献率 反映企业全部资产的获利能力,是企业经营业绩和管理水平的集中体现,是评价和考核企业盈利能力的核心指标。计算公式为:

$$\text{总资产贡献率(\%)}=\frac{\text{利润总额}+\text{税金总额}+\text{利息支出}}{\text{平均资金总额}}\times100\%$$

公式中:税金总额为产品销售税金及附加与应交增值税之和;平均资产总额为期初期末资产之和的算术平均值。

资产负债率 该指标既反映企业经营风险的大小,也反映企业利用债权人提供的资金从事经营活动的能力。计算公式为:

$$\text{资产负债率(\%)}=\frac{\text{负债总额}}{\text{资产总额}}\times100\%$$

资产与负债均为报告期期末数。

流动资产周转次数 指一定时期内流动资产完成的周转次数,反映投入工业企业流动资金的周转速度。计算公式为:

$$\text{流动资产周转次数}=\frac{\text{产品销售收入}}{\text{全部流动资产平均余}}$$

公式中:全部流动资产平均余额为期初和期末的流动资产之和的算术平均值。

成本费用利润率 反映企业投入的生产成本及费用的经济效益,同时也反映企业降低成本所取得的经济效益。计算公式为:

$$\text{成本费用利润率(\%)}=\frac{\text{利润总额}}{\text{成本费用总额}}\times100\%$$

公式中:成本费用总额为产品销售成本、销售费用、管理费用、财务费用之和。

产品销售率 该指标反映工业产品已实现销售的程度,是分析工业产销衔接情况,研究工业产品满足社会需求的指标。计算公式为:

$$\text{产品销售率(\%)}=\frac{\text{现价工业销售产值}}{\text{现价工业总产值}}\times100\%$$

Explanatory Notes on Main Statistical Indicators

Industry refers to the material production sector which is engaged in the extraction of natural resources and processing and reprocessing of minerals and agricultural products, including (1) extraction of natural resources, such as mining, salt production (but not including hunting and fishing); (2) processing and reprocessing of farm and sideline produces, such as rice husking, flour milling, wine making, oil pressing, silk reeling, spinning and weaving, and leather making; (3) manufacture of industrial products, such as steel making, iron smelting, chemicals manufacturing, petroleum processing, machine building, timber processing; water and gas production and electricity generation and supply; (4) repairing of industrial products such as the repairing of machinery and means of transport (including cars).

In industrial statistics surveys, the units of enquiry are corporate industrial enterprises with independent accounting systems.

Corporate industrial enterprises with independent accounting systems refer to enterprises engaging in industrial production activities, which meet the following requirements: (1) They are established legally, having their own names, organizations, location and able to take civil liability; (2) They possess and use their assets independently, assume liabilities and are entitled to sign contracts with other units; (3) They are financially independent and compile their own balance sheets.

Enterprises covered in the industrial statistics in the Yearbook include the following categories by their registration:

State - owned and State - holding Enterprises refer to state - owned enterprises plus State - holding enterprises. State - owned enterprises (originally known as State - run enterprises with ownership by the whole society) are non - corporate economic entities registered in accordance with the Regulation of the People's Republic of China on the Management of Registration of Legal Enterprises, where all assets are owned by the State. Included in this category are State - owned enterprises, State - funded corporations and State - owned joint - operation enterprises. Joint State - private industries and private industries, which existed before 1957, were transformed into state - run industries since 1957, and into State - owned industries after 1992. Statistics on those enterprises are included in the State - owned industries instead of being grouped them separately. State - holding enterprises are a sub - classification of enterprises with mixed ownership, referring to enterprises where the percentage of State assets (or shares by the State) is larger than any other single share holder of the same enterprise. This sub - classification illustrates the control of the State over a particular industry.

Collective - owned Enterprises refer to economic entities registered in accordance with the Regulation of the People's Republic of China on the Management of Registration of Legal Enterprises, where assets are owned collectively. Collective enterprises constitute an integral part of the socialist economy with public ownership. They include urban and rural enterprises invested collectively, and some enterprises registered in industrial and commercial administration agency as collective units where funds are pooled together by individuals who voluntarily give up their right of ownership.

Cooperative Enterprises refer to economic units set up on a cooperative basis, with funding partly from employees of the enterprise and partly from outside investment, where the operation and management is decided by all the members who also participate in the production, and the distribution of income is based both on work (labour input) and on shares (capital input).

Joint Ownership Enterprises refer to economic units that are established by joint investment by two or more corporate enterprises or institutions of the same or different types of ownership on voluntary, equal and mutual - beneficial basis. They include:

a) State - owned joint - operation enterprises (joint operation between State - owned enterprises);

b) Collective joint - operation enterprises (joint operation between collective enterprises; and

c) State - collective joint - operation enterprises (joint operation between state and collective enterprises).

Limited Liability Corporations refer to economic units registered in accordance with the Regulation of the People's Republic of China on the Management of Registration of Corporations, with capital from 2 to 49 investors, each investor bears limited liability to the corporation depending on his/her holding of shares, and the corporation bears liability to its debt to the maximum of its total assets.

Limited liability corporations include state sole funded corporations and other limited liability corporations.

Share - holding Corporations Ltd. refer to economic units registered in accordance with the Regulation of the People's Republic of China on the Management of Registration of Corporate Enterprises, with total registered capital divided into equal shares and raised through issuing stocks. Each investor bears limited liability to the corporation depending on the holding of shares, and the corporation bears liability to its debt to the maximum of its total assets.

Private Enterprises refer to economic units invested or controlled (by holding the majority of the shares) by natural persons who hire labours for profit - making activities. Included in this category are private limited liability corporations, private share – holding corporations Ltd. , private partnership enterprises and private sole investment enterprises registered in accordance with the Corporation Law, Partnership Enterprise Law and Tentative Regulation on Private Enterprises.

Enterprises with Funds from Hong Kong, Macao and Taiwan refers to all industrial enterprises registered as the joint – venture, cooperative, sole (exclusive) investment industrial enterprises and limited liability corporations with funds from Hong Kong, Macao and Taiwan.

Foreign Funded Enterprises refer to all industrial enterprises registered as the joint – venture, cooperative, sole (exclusive) investment industrial enterprises and limited liability corporations with foreign funds.

Light Industry refers to the industry that produces consumer goods and hand tools. It consists of two categories, depending on the materials used:

(1) Industries using farm products as raw materials. These are the branches of light industry which directly or indirectly use farm products as basic raw materials, including the manufacture of food and beverages, tobacco processing, textile, clothing, fur and leather manufacturing, paper making, printing, etc.

(2) Industries using non – farm products as raw materials. These are the branches of light industry which use manufactured goods as raw materials, including the manufacture of cultural, educational articles and sports goods, chemicals, synthetic fibre, chemical products for daily use, glass products for daily use, metal products for daily use, hand tools, medical apparatus and instruments, and the manufacture of cultural and office machinery.

Heavy Industry refers to the industry which produces capital goods, and provides various sectors of the national economy with necessary material and technical basis for production. It consists of the following three branches according to the purpose of production or the use of products:

(1) Mining, quarrying and logging industry, which refers to the industry that extracts natural resources, including extraction of petroleum, coal, metal and non – metal ores.

(2) Raw materials industry refers to the industry that provides various sectors of the national economy with raw materials, fuels and power. It includes smelting and processing of metals, coking and coke chemistry, chemical materials and building materials such as cement, plywood, and power, petroleum refining and coal dressing.

(3) Manufacturing industry which refers to the industry that processes raw materials. It includes machine – building industries which equip sectors of the national economy; industries producing metal structure and cement products; and industries producing means of agricultural production, such as chemical fertilizers and pesticides.

In accordance with the above principles of classification, the repairing trades, which are engaged primarily in repairing products of heavy industry, are classified as heavy industry while those which are engaged in repairing products of light industry are classified as light industry.

Gross Industrial Output Value

(1) Definition: Gross industrial output value is the total volume of final industrial products produced and industrial services provided during a given period. It reflects the total achievements and overall scale of industrial production during a given period.

(2) Principles for calculation:

Statistics on industrial production follow the principle that all products produced by the enterprises and accepted through quality check during the reference period are to be included no matter whether they are sold or not during the reference period.

Determination of final products follows the principle that all products that are included in the calculation of gross industrial output value are the final products of the enterprise which have been accepted through quality check and require no further processing. If an enterprise has intermediate (semi – finished) products to sell, these intermediate products are considered as the final products of the enterprise.

Gross industrial output value is calculated following the principle of factory approach, i. e. industrial enterprise is used as the basic accounting unit in calculating the gross industrial output value. By this approach, value of the same product is not to be double – counted, and the output value of different workshops (branch factories) within the enterprise should not be added. However, this approach allows the possibility of double counting between enterprises.

(3) Content and method of calculation: The old definition of gross industrial output value was modified during the 1995 National Industrial Census. The revised (new) definition of gross industrial output value consists of 3 components: value of the finished products during the reference period, income from processing for external parties, and value of change in semi – finished products between the end and the beginning of the reference period.

Value of finished products during the reference period: refers to the value of all finished (semi – finished) industrial products that are produced during the reference period without the need for further processing, checked for acceptance, packed and put into the warehouse of the enterprise, including the value of own – produced equipment and the value of products provided to the projects under construction of the enterprise, and to other non – industrial or welfare units. Value of finished products during the reference period is calculated by the quantity of products produced using own materials multiplied by the average unit prices at which products are sold (excluding value – added tax). Own – produced equipment and products produced for own use are valued at cost prices as in the case of enterprise accounting. Value of finished products does not include the value of finished products (semi – finished products) that are produced using the materials from the clients who place the orders.

Income from external processing: refers to income from contracted external processing of industrial products (including processing of industrial products using materials from the clients), and the income from industrial repairing work provided to other parties. Income from external processing is calculated using information from the item "products sales income" in the enterprise accounting at the prices with value - added tax excluded.

For income from services such as processing, repairing and installation of equipment provided to non - industrial units within the enterprise, if the accounting work of the enterprise is good enough to separate it from other records, and the share of such services is significant, it should also be included in the income from external processing.

Value of change in semi - finished products between the end and the beginning of the reference period: refers to the value of change in semi - finished products between the end and the beginning of the reference period, which generally can be obtained from accounting records of enterprises. If the enterprise accounting excludes the cost of semi - finished products, then it should not be included in the gross industrial output value, and the reverse if otherwise.

(4) Changes in the scope and method of calculation of the gross industrial output value

Prior to 1984, the value of rural industry run by villages was classified into agriculture instead of industry. Since 1984, it has been included in the gross industrial output value. Method of calculation for the gross industrial output value was modified in the industrial census in 1995. The difference in the new method as compared with the old one is outlined below:

Principle in using full value vs. processing fee: The new method stipulates that all products produced using own materials are to be calculated with full value in reporting the gross industrial output value irrespective of the complexity of production, and for external processing, it allows calculation using processing fee. In the old method, however, the use of full value or processing fee was determined by the degree of complexity of production in different branches of industries.

Principle in determining the value of change in semi - finished products: The new method requires that value of change in semi - finished products should be included in the gross industrial output value if it is included in the accounting record of the enterprise, otherwise it should not be included. In the old method, it is determined by the type of enterprises in terms of production cycle. If the production cycle is over 6 months, the value of change in semi - finished products is included in the gross industrial output value, otherwise it is not.

Difference in prices: The new method uses prices excluding value - added tax in the calculation of gross industrial output value, while the old method used prices including value - added tax.

Value - added of Industry refers to the final results of industrial production of industrial enterprises in money terms during the reference period.

Industrial value - added can be calculated by two approaches: the production approach, i. e. gross industrial output value minus intermediate input plus value - added tax, and the income approach, i. e. income for various factors used in the course of production, including depreciation of fixed assets, remuneration of labourers, net of production tax, and operating surplus. Value - added of industry in the Yearbook is calculated by the production approach as follows:

Value - added of industry = gross industrial output - industrial intermediate input + value - added tax

(1) Gross industrial output: refers to the total achievements of industrial production activities during a given period. Gross industrial output includes value of finished products, income from external processing, and value of change in semi - finished products between the end and the beginning of the reference period. Since 1995, the gross industrial output value obtained by the new method is used in the calculation.

(2) Industrial intermediate input: refers to purchased goods and paid services consumed during the industrial production of enterprises. Fees paid for services include fees paid for the services provided by material production sectors (industry, agriculture, wholesale and retail trade, construction, transport, post and telecommunications) and by non - material production sectors (insurance, banking, culture, education, scientific research, health and medical care, public administration, etc.). The determination of industrial intermediate input follows the principle that the goods and services must be purchased from outside and included in the gross industrial output, and that the goods and services are inputted into production and consumed (include low - value consumables) during the reference period.

Industrial intermediate input includes 5 components, namely direct consumption of materials, industrial intermediate input in manufacturing cost, industrial intermediate input in management cost, industrial intermediate input in marketing cost and expenditure on interest.

Total Assets refer to all economic resources, in monetary term, these are owned or controlled by enterprises, including properties, creditor's equity and other economic rights of all forms. Classified by the degree of liquidity, total assets include working capitals, long - term investment, fixed assets, intangible assets, deferred assets and other assets. Data on this indicator can be obtained by the year - end figures of total assets in the Assets and Liability Table of accounting records of enterprises.

Working Capital refers to capital that an enterprise can cash or use during one year or one production cycle that may exceed one year, including cash and savings deposits of various forms, short - term investment, money receivable and prepaid money, inventories, etc.

Annual Average Value of Working Capital refers to the average value of all working capital of the enterprise during the reference period.

Original Value of Fixed Assets refers to the total value, in monetary terms, that an enterprise spent on fixed assets, through construction, purchase, installation, transformation, expansion or technical upgrading. Generally, it covers cost of purchase, packing, transportation and installation, etc.

Annual Average of Net Value of Fixed Assets refers to the average of the net value of fixed assets during the reference period, calculated with the following formula:

$$\text{Annual Average of Net Value of Fixed Assets} = \frac{\text{sum of net value of fixed assets at the beginning and at the end of each month from January to December}}{24}$$

Information on this indicator can be obtained from the beginning and ending figures of the original value of fixed assets and cumulative depreciation from the Assets and Liability Table of enterprises.

Net value of fixed assets refers to the original value of fixed assets minus depreciation over the years, i. e. :

Net value of fixed assets = original value of fixed assets − cumulative depreciation

Total Liabilities refer to payable liabilities of enterprises that have to be repaid in terms of money, assets or labour services. In terms of payment, it can be divided into liquid liabilities and long-term liabilities. Data on this item is obtained from the ending figures on total liabilities from the Assets and Liability Table from the enterprises.

Owner's Equity refers to the ownership of net assets of enterprise by its investors. Net assets equal total assets minus total liabilities of the enterprise, including the actual assets invested into the enterprise by investors, accumulation of capital and operating surplus and non-distributed profits. The enterprise's assets are less than its liabilities if the sum of owner's equity is smaller than zero.

Revenue from Principal Business refers to the annual accumulation of the corresponding item in the "profit table" of the accountant. For enterprises that do not follow the 2001 Enterprise Accounting Standards, the year-end accumulation of revenue from the sales of products is used as a substitute.

Cost of Principal Business refers to the annual accumulation of the corresponding item in the "profit table" of the accountant. For enterprises that do not follow the 2001 Enterprise Accounting Standards, the year - end accumulation of cost for the sales of products is used as a substitute.

Tax and Extra Charges from Principal Business refer to the annual accumulation of the corresponding item in the "profit table" of the accountant. For enterprises that do not follow the 2001 Enterprise Accounting Standards, the year-end accumulation of tax and extra charges from the sales of products is used as a substitute.

Total Profits refer to the final achievement of production and operation activities of the enterprises, represented by total profits after deducting losses (loss is expressed by the negative figure). It is the sum of profits from operation, income from subsidies, investment earnings, net income from activities other than operation, and adjustment of profits and losses of previous years.

Value-added Tax Payable in the Current Year refers to the amount of the value-added tax which should be paid by the enterprises during the reference period. It is the sum of tax on sales, export rebate, and transferred tax on purchases of the current year, minus the tax on purchases of the current year. Value-added tax payable of small-size enterprises is determined by the taxable sales of the year multiplied by the tax rate.

Average Annual Number of Employed Persons Employed persons refer to all those who are employed in enterprises and receive remunerations there from, including currently working employees, retirees who are re-employed, teachers of local-run schools, as well as foreigners, staff from Hong Kong, Macao and Taiwan, part-time employees and persons with second job who are employed by the enterprise, and employees of other units temporarily working in the enterprises, but excluding former employees who left the enterprise with their employment records still being kept by the enterprises.

Average number of employed persons refers to the number of employee everyday during the reference period, calculated with the following formula:

$$\text{Monthly average number} = \frac{\text{sum of actual employees everydayin reference month}}{\text{number of calendar dates in reference month}}$$

$$\text{Quarterly average number} = \frac{\text{sum of monthly average number in reference quarter}}{3}$$

$$\text{Annual average number} = \frac{\text{sum of monthly average number in reference year}}{12}$$

Ratio of Profits, Taxes and Interests to Average Assets reflects the profit-making capability of all assets of the enterprise and is a key indicator manifesting the performance and management and evaluating the profit-making potential of the enterprise. It is calculated as follows:

$$\text{Ratio of Profits, Taxes and Interests to Average Assets}(\%) = \frac{\text{total profits + total taxes + interest payment}}{\text{average assets}} \times 100\%$$

In the above formula, total taxes is the sum of tax and extra charges on the sales of products and value-added tax payable; and average assets is the arithmetic mean of the sum of beginning assets and ending assets.

Ratio of Debts to Assets reflects both the operation risk and the capability of the enterprise in making use of the capital from the creditors. It is calculated as follows:

$$\text{Ratio of Debts to Assets}(\%) = \frac{\text{total debts}}{\text{total assets}} \times 100\%$$

Both assets and debts are figures at the end of the reference period. Turnover of Working Capital refers to the number of times of turnover of working capital in a given period of time, which reflects the speed of the turnover of working capital of industrial enterprises, and is calculated as follows:

$$\text{Turnover of Working Capital} = \frac{\text{sales revenue of products}}{\text{average balance of total working capital}}$$

In the above formula, average balance of total working capital refers to the arithmetic mean of the sum of working capital at the beginning and at the end of the reference period.

Ratio of Profits to Total Industrial Costs refers to the ratio of profits realized in a given period to the total costs in the same period, which reflects the economic efficiency of input cost and is calculated as follows:

$$\text{Ratio of Profits to Total Industrial Cost}(\%) = \frac{\text{total profits}}{\text{total costs}} \times 100\%$$

Total costs in the above formula are the sum of cost of products sold, marketing cost, management cost and financial cost.

Sales Ratio of Products is an indicator reflecting the actual sale of industrial products, analyzing the production – selling and supply – demand relations. It is calculated as:

$$\text{Sales Ratio of Products}(\%) = \frac{\text{value of industrial sales}}{\text{gross industrial output value(current prices)}} \times 100\%$$

第 13 篇
CHAPTER 13

建 筑 业
Construction

建筑业总产值

房屋建筑面积（万平方米）

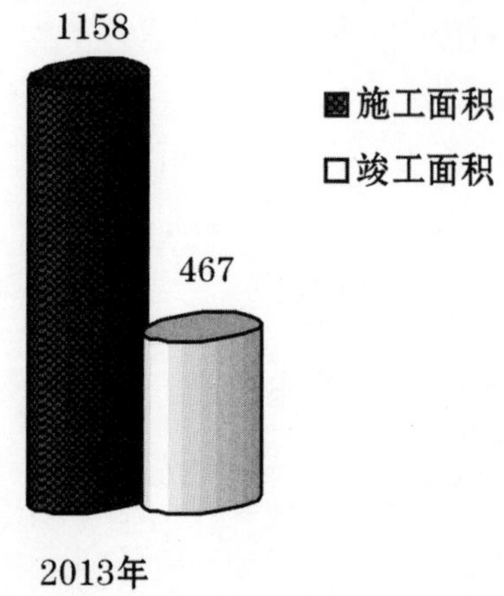

建筑业企业个数及从业人员

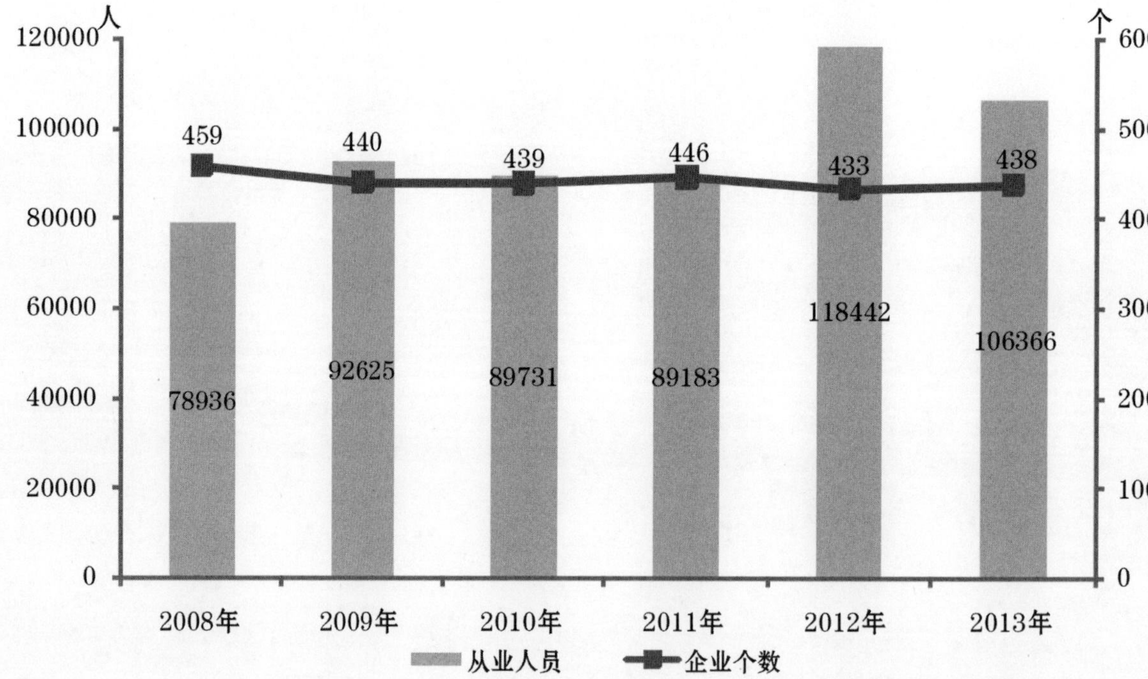

13-1 主要年份建筑安装施工企业概况
Main Indicators on Construction Enterprises in Main Years

年份 Year	总计 Total	国有企业 State-owned	集体企业 Collective-owned	有限责任公司 Limited Liability Corporation	股份有限公司 Share-holding Corporations Limited	私营企业 Private Enterprise	港澳台及外商投资企业 Funded from Hong Kong, Macao, Taiwan and Foreign
企业单位数(个) Number of Enterprises (unit)							
1985	117	46	71				
1990	131	43	88				
1995	115	53	62				
2000	273	101	104	25	16	25	2
2001	270	75	86	64	11	31	2
2002	374	83	75	91	39	84	2
2003	373	79	70	105	36	81	2
2004	399	74	51	133	6	131	3
2005	392	68	47	133	12	128	3
2006	417	67	49	137	14	147	3
2007	425	64	48	138	16	156	2
2008	459	60	39	171	10	177	2
2009	440	58	39	156	9	176	2
2010	439	57	37	157	9	177	2
2011	446	57	35	147	9	190	2
2012	433	53	35	107	8	218	2
2013	438	38	28	135	12	223	2
从业人员(人) Number of Persons Employed (person)							
1985	99005	72711	26294				
1990	79000	61100	17900				
1995	71500	54100	17400				
2000	88269	45616	25873	7277	5236	4193	74
2001	86023	33927	23379	21939	1426	5153	78
2002	97294	35680	17262	19415	10753	14125	59
2003	101501	38509	18705	22887	9378	11847	175
2004	93847	28307	12480	31359	1109	20071	211
2005	86231	25921	10549	30018	3133	16454	144
2006	92565	30496	9619	29936	4035	18233	246
2007	95190	32046	7500	32204	3377	20012	51
2008	78936	24825	7162	28903	933	17082	31
2009	92625	34813	7305	31754	1208	17513	32
2010	89731	28654	6634	35441	1440	17535	27
2011	89183	35598	6429	24767	1301	20529	59
2012	118442	42943	13977	23288	3913	33433	33
2013	106366	19358	5142	44925	3373	33545	23
建筑业总产值(万元) Gross Output Value (10 000 yuan)							
1985	69400	61700	7700				
1990	89800	75500	14300				
1995	204865	180731	24134				
2000	447163	329320	68189	23110	14862	11457	225
2001	543383	292003	81499	142010	10171	17167	248
2002	733830	427401	101675	81562	50946	72145	101
2003	747325	431290	70417	134071	48198	62009	1340
2004	886406	448422	46145	278362	6031	104731	1339
2005	909337	495063	47415	257143	20541	87864	1311
2006	1083718	617117	61000	291618	21878	91124	981
2007	1254431	718053	79896	318459	24104	113863	56
2008	1429970	778884	79537	411936	26421	132607	585
2009	2043419	1173359	95438	569258	22914	182120	330
2010	2796060	1633263	105009	802596	40803	214133	256
2011	3194161	1670780	114279	954021	22286	426003	448
2012	3257576	1691462	97487	749498	100276	607692	230
2013	4137110	796391	86902	2220020	252124	781522	151

注：本表1985年至1992年数据为全民和集体所有制建筑业企业数据；1993年至1995年数据为各种经济成分的建制镇以上建筑业企业数据；1996年至2001年数据为资质等级(旧资质)四级及四级以上建筑业企业数据；2002年及以后数据为具有资质等级的施工总承包、专业承包建筑业企业(不含劳务分包建筑业企业)数据，(以下各表同)。(此表中集体企业含股份合作企业)

a) Data from 1985 to 1992 are the figures of State-owned and collective-owned construction enterprises. Data from 1993 to 1995 are the figures of construction enterprises of all economic types above town level. Data from 1996 to 2001 included construction enterprises at fourth or higher quality grades(old classification of grades). Data since 2002 included all general construction contractors and professional contractors (not including construction enterprises of worker subcontractors) which possess qualification grades.The same applies to the following tables. In this table, the Collective-owned enterprises include cooperative enterprises.

13-2 主要年份建筑业企业主要经济指标
Main Economic Indicators on Construction Enteprises in Main Years

指 标	Item	2009	2010	2011	2012	2013
企业单位数 (个)	Number of Construction Enterprises (unit)	440	439	446	433	438
期末从业人员 (人)	Number of Employed Persons (persons)	92625	89731	89183	118442	106366
建筑业总产值 (万元)	Gross Output Value of Construction (10 000 yuan)	2043419	2796060	3194161	3257576	4137110
自有固定资产原值 (万元)	Fixed Assets Owned (original value) (10 000 yuan)	735685	668726	716019	743241	793197
本年提取固定资产折旧(万元)	Depreciation of Fixed Assets (10 000 yuan)	37805	45843	55249	62352	53584
自有机械设备台数 (台)	Number of Machinery and Equipment Owned (set)	34906	1082108	29366	24729	26312
自有机械设备净值 (万元)	Net Value of Machinery and Equipment Owned (10 000 yuan)	219584	206988	232259	190223	181679
自有机械设备总功率 (千瓦)	Total Power of Machinery and Equipment Owned (KW)	1007814	680652	1104006	748111	768558
工程结算税金及附加 (万元)	Taxes and Extra Charges on Project Settle Accounts (10 000 yuan)	74240	89407	105405	113582	130244
管理费用中的税金 (万元)	Taxes in Management Expenses (10 000 yuan)	2659	2946	6483	6910	4609
工程结算利润 (万元)	Profits of Project Settlement Accounts (10 000 yuan)	157608	134857			
应付工资总额 (万元)	Wages Payable (10 000 yuan)	234293	289504	379008	438156	471263
应付福利费总额 (万元)	Total Welfare Payable (10 000 yuan)	15308	18071			
利润总额 (万元)	Total Profits (10 000 yuan)	54045	61719	80605	108053	140406
税金总额 (万元)	Total Tax (10 000 yuan)	76899	92353	111888	121200	134853
施工面积 (万平方米)	Floor Space of Buildings under Construction (10 000 sq.m)	490.98	693.12	738.96	763.76	1158.30
竣工面积 (万平方米)	Floor Space of Buildings Completed (10 000 sq.m)	211.71	273.16	323.76	344.10	466.52
技术装备率 (元/人)	Value of Machines per Laborer (yuan/person)	18260	23068	19168	16060	17080
动力装备率 (千瓦/人)	Power of Machines per Laborer (KW/person)	8.38	7.59	9.11	6.32	7.23
房屋建筑面积竣工率 (%)	Rate of Floor Space of Buildings Completed (%)	43.12	39.41	43.80	45.05	40.28
产值利润率 (%)	Ratio of Profit to Gross Output Value (%)	2.64	2.20	2.52	3.32	3.39
产值利税率 (%)	Ratio of Pre-tax Profit to Gross Output Value (%)	3.76	3.58	3.50	3.72	3.26

注：1.建筑业总产值为现价。本表为所有具有资质等级的施工总承包、专业承包建筑业企业(不含劳务分包建筑业企业)数据。
2.自2011年起取消了“工程结算利润”和“应付福利费总额”指标。
3.自2011年起“应付工资总额”统计口径改为“应付职工薪酬”。

a) Gross output value of construction is calculated at current prices. Data in this table included all general construction contractors and professional contractors (not including construction enterprises of worker subcontractors) which possess qualification grades.
b) Indicator of Project Settlement Profits and Total Welfare Payable have been canceled since 2011.
c) The statistic caliber of Wages Payable has been changed to Employee Benefits Payable since 2011.

13-3 1978-2013年建筑业企业概况

Basic Situation of Construction Enterprises(1978-2013)

年份 Year	建筑业企业单位数（个） Number of Construction Enterprises (unit)	国有 State-owned	集体 Collective -owned	建筑业企业从业人员（万人） Number of Persons Employed (10 000 persons)	国有 State-owned	集体 Collective -owned	建筑业企业总产值（亿元） Gross Output Value (100 million yuan)	国有 State-owned	集体 Collective -owned
1978	67	33	34	4.71	4.27	0.44	2.06	1.87	0.19
1979	57	33	24	5.19	4.72	0.47	2.37	2.15	0.22
1980	67	38	29	5.70	5.09	0.61	2.75	2.44	0.31
1981	73	41	32	5.29	4.73	0.56	3.65	3.36	0.29
1982	77	45	32	9.63	9.01	0.62	4.33	3.98	0.35
1983	79	46	33	8.38	7.69	0.69	5.49	5.09	0.40
1984	87	49	38	9.62	7.43	2.19	6.63	5.66	0.97
1985	117	46	71	8.01	6.56	1.45	7.47	6.17	1.30
1986	113	46	67	9.28	7.23	2.05	7.39	6.25	1.13
1987	136	47	89	9.36	6.94	2.42	8.12	6.63	1.49
1988	145	46	99	9.09	6.47	2.62	8.04	6.37	1.67
1989	130	45	85	8.20	6.25	1.95	7.77	6.34	1.43
1990	131	43	88	4.65	2.97	1.68	9.01	7.55	1.46
1991	81	43	38	6.35	5.10	1.25	9.29	8.14	1.14
1992	87	46	41	6.75	5.15	1.60	11.35	9.75	1.60
1993	111	52	59	7.49	5.90	1.59	13.25	11.14	2.11
1994	115	53	62	8.20	5.54	2.66	16.44	14.29	2.14
1995	115	53	62	7.15	5.41	1.74	20.49	18.07	2.41
1996	212	84	109	13.32	10.15	2.98	27.77	22.73	4.73
1997	202	82	94	9.56	6.42	2.68	30.93	25.33	4.87
1998	215	78	100	8.39	4.86	2.64	35.56	26.77	6.08
1999	214	75	98	8.14	4.57	2.42	39.65	29.90	6.05
2000	273	101	104	8.83	4.56	2.59	44.72	32.93	6.82
2001	270	75	86	8.60	3.39	2.34	54.34	29.20	8.15
2002	374	83	75	9.73	3.57	1.73	73.38	42.74	10.17
2003	373	79	70	10.15	3.85	1.87	74.73	43.13	7.04
2004	399	74	51	9.38	2.83	1.25	88.78	44.84	4.61
2005	392	68	47	8.62	2.59	1.05	91.01	49.51	4.75
2006	417	67	49	9.26	3.05	0.96	108.42	61.71	6.11
2007	425	64	48	9.52	3.20	0.75	125.53	71.81	8.00
2008	500	61	51	7.89	2.48	0.72	143.47	77.89	7.96
2009	479	58	37	9.39	3.48	0.71	204.70	117.34	9.22
2010	478	57	37	9.11	2.87	0.66	280.47	163.33	10.50
2011	484	57	34	8.92	3.56	0.61	320.10	167.08	11.17
2012	461	53	36	11.84	4.29	1.40	326.31	169.15	9.75
2013	463	38	28	10.69	1.94	0.51	414.60	79.64	8.69

注：1992年以前数据为全民和集体所有制建筑业企业数据；1993年至1995年数据为各种经济成分的建制镇以上建筑业企业数据；1996年至2001年数据为资质等级(旧资质)四级及四级以上建筑业企业数据；2002年及以后数据为所有具有资质等级的施工总承包、专业承包建筑业企业（含劳务分包建筑业企业)数据。

a) Data before 1992 are the figures of State-owned and collective-owned construction enterprises. Data from 1993 to 1995 are the figures of construction enterprises of all economic types above town level. Data from 1996 to 2001 included construction enterprises at fourth or higher quality grades(old classification of grades). Data since 2002 included all general construction contractors and professional contractors (not including construction enterprises of worker subcontractors) which possess qualification grades.

13-4 1978-2013年建筑业企业主要指标

Main Indicators on Construction Enterprises(1978-2013)

年份 Year	建筑业企业增加值(亿元) Total Value-added of Construction Enterprises (100 million yuan)	资产合计 (亿元) Total Assets (100 million yuan)	利润总额 (亿元) Total Profits (100 million yuan)	税金总额 (亿元) Total Tax (100 million yuan)	按总产值计算劳动生产率 (元/人) Overall Labor Productivity by Gross Output Value (yuan/person)	房屋建筑面积(万平方米) Floor Space of Building Construction (10 000 sq.m) 施工面积 Under Construction	竣工面积 Completed
1978	2.14				4372	138.76	67.14
1979	2.04				4564	169.17	77.39
1980	2.16				4832	176.72	87.37
1981	2.02				6903	166.25	87.24
1982	2.41				4500	197.53	92.79
1983	2.60		0.38	0.10	6553	163.13	94.98
1984	2.96		0.30	0.07	6889	209.32	123.58
1985	4.49		0.22	0.12	7542	282.04	139.08
1986	4.34		0.12	0.14	1897	261.36	136.90
1987	4.52		-0.09	0.10	8744	189.41	137.26
1988	5.97		0.07	0.16	8952	251.17	164.03
1989	5.22		0.08	0.19	9518	130.82	148.82
1990	5.66		0.04	0.23	11395	214.22	127.86
1991	6.35		-0.03	0.26	13363	183.54	100.25
1992	9.62		-0.03	0.27	16009	194.70	107.80
1993	11.46	17.03	-0.09	0.40	18883	188.65	87.83
1994	11.65	21.56	-0.72	5.05	25803	174.18	86.82
1995	12.96	24.89	-0.08	0.65	33407	183.73	97.29
1996	16.73	36.38	-0.07	0.88	22395	250.02	139.01
1997	19.73	38.37	-0.08	0.96	39426	283.05	149.39
1998	23.04	44.25	-0.16	1.14	44169	428.81	190.09
1999	25.41	51.28	-0.39	1.28	39027	386.95	223.82
2000	30.03	61.67	0.38	1.45	42284	339.43	192.90
2001	38.07	20.44	0.52	0.10	51904	375.16	183.66
2002	47.03	89.11	1.38	2.64	58626	451.32	244.09
2003	54.74	95.82	1.36	2.61	61046	556.64	242.88
2004	58.20	114.22	0.58	2.63	84295	438.00	263.31
2005	60.67	113.81	0.57	2.97	87203	407.55	194.02
2006	66.04	123.19	0.86	3.49	103128	346.80	160.56
2007	73.26	147.95	2.39	4.54	120027	384.67	173.97
2008	88.52	179.96	3.58	5.97	145192	404.50	189.18
2009	105.00	203.24	5.41	7.71	168323	490.98	211.71
2010	130.98	227.71	6.17	9.24	221885	693.12	273.16
2011	163.45	308.64	8.06	11.21	262028	738.96	323.76
2012	196.45	388.19	10.81	12.81	252800	763.76	344.10
2013	233.78	442.85	14.05	13.04	387789	1158.30	466.52

注：1.自2002年起，建筑业增加值核算口径有所调整。

2.从2004年第一次全国经济普查开始，建筑业增加值按新核算方法核算。

a) Since 2002, the statistical coverage of value added of construction have been adjusted accordingly.

b) New accounting methods were applied in 2004 during the First Economic Census in calculating the value-added of the construction industry.

13-5 各种分组总专包企业生产汇总表(2013年)

Production Summary of General and Professional Contractors with Diversified Grouping (2013)

单位：个、万元 (unit,10 000 yuan)

指 标	Item	建筑业企业个数 Number of Construction Enterprises	有工作量的 Having Workload	合同情况 Total Value of Contracts	建筑业总产值 Gross Output Value of Construction	在外省完成的产值 Completed in Other Provinces	竣工产值 Completed Output Value
总计	**Total**	**438**	**379**	**7947320**	**4137110**	**1013975**	**1696975**
国有及国有控股企业	Stated-owned and State-holding Enterprises	66	59	5033523	2527519	979112	590251
按登记注册类型分组	**By Status of Registration**	**438**	**379**	**7947320**	**4137110**	**1013975**	**1696975**
内资企业	Domestic Funded	436	378	7947169	4136959	1013975	1696824
国有企业	State-owned Enterprises	38	35	1296261	796391	80844	319772
集体企业	Collective-owned Enterprises	26	25	94224	76311		51629
股份合作企业	Cooperative Enterprises	2	2	10591	10591		10591
有限责任公司	Limited Liability Corporations	135	117	4533029	2220020	905428	615304
股份有限公司	Share-holding Corporations Limited	12	9	583725	252124		147948
私营企业	Private Enterprises	223	190	1429339	781522	27704	551580
其他企业	Others Enterprises						
港、澳、台商投资企业	Enterprises with Funds from Hong Kong, Macao and Taiwan	1					
外商投资企业	Foreign Funded Enterprises	1	1	151	151		151
按国民经济行业分组	**By Sector**	**438**	**379**	**7947320**	**4137110**	**1013975**	**1696975**
房屋建筑业	Construction of Building &	173	143	1892431	1109661	42958	914564
土木工程建筑业	Building	140	131	5731332	2826019	959920	689333
建筑安装业	Civil Engineering	63	58	274313	173877	10810	79922
建筑装饰和其他建筑业	Construction Installation	62	47	49244	27552	288	13156
建筑装饰业	Construction Decoration	44	35	41548	20345		10165
工程准备活动	Other Construction	8	6	2056	1954		823
提供施工设备服务	Providing Construction Equipment Services	2	1	1632	1632		
其他未列明建筑业	Others	8	5	4009	3621	288	2168
按隶属关系分组	**By Jurisdiction of Management**	**438**	**379**	**7947320**	**4137110**	**1013975**	**1696975**
中央	Central	9	9	3366926	1637395	897687	311287
地方	Local	429	370	4580395	2499715	116288	1385688
按企业资质等级分组	**By Qualification Criteria of Enterprises**	**438**	**379**	**7947320**	**4137110**	**1013975**	**1696975**
施工总承包	General Contractors	296	260	7642279	3890255	981706	1577940
特级	Special Grade	1	1	2572451	1256093	813751	68186
一级	First Grade	14	11	1479772	625866	145100	390307
二级	Second Grade	122	117	3000133	1620855	14555	854463
三级及以下	Third Grade and below	159	131	589924	387441	8300	264984
专业承包	Professional Contractors	142	119	305041	246855	32269	119035
一级	First Grade	3	3	42863	38702	25885	27217
二级	Second Grade	46	44	128116	91571	3206	50199
三级及以下	Third Grade and below	93	72	134062	116582	3179	41620

13-6 总承包和专业承包建筑业企业财务情况(2013年)

单位：万元

指 标	Item	建筑业企业个数(个) Number of Construction Enterprises (unit)	年初存货 Stock at the Beginning of the Year	流动资产合计 Total Current Assets
总计	**Total**	**438**	**594479**	**3142477**
#国有及国有控股企业	State-owned and State Holding Enterprises	66	419875	1785148
按登记注册类型分组	**By Status of Registration**			
内资企业	Domestic Funded	436	594180	3141020
国有企业	State-owned Enterprises	38	148831	650805
集体企业	Collective-owned Enterprises	26	3578	38030
股份合作企业	Cooperative Enterprises	2	170	4285
有限责任公司	Limited Liability Corporations	135	317468	1490507
股份有限公司	Share-holding Corporations Limited	12	22683	190310
私营企业	Private Enterprises	223	101450	767083
其他企业	others Enterprises			
港、澳、台商投资企业	Enterprises with Funds from Hong Kong,Macao and Taiwan	1	262	1161
外商投资企业	Foreign Funded Enterprises	1	38	295
按国民经济行业分组	**By Sector**			
房屋建筑业	Buildings and Civil Engineering	173	140445	800307
土木工程建筑业	Housing Project building	140	393964	2102886
建筑安装业	Civil Engineering Construction	63	51909	184259
建筑装饰和其他建筑业	Construction Installation	62	8162	55024
建筑装饰业	Construction Decoration	44	5180	31654
工程准备活动	Other Construction	8	195	1488
提供施工设备服务	Providing Construction Equipment Services	2		2206
其他未列明建筑业	Others	8	2787	19677
按隶属关系分组	**By Jurisdiction of Management**			
中央	Central	9	298183	1001430
省(自治区、直辖市)	Provincial (Autonomous Regions and Municipalities)	72	101600	700105
地区(州、盟、省辖市)	Regional (Prefectures and Leagues, Provincial Cities)	49	48781	219580
县(区、市、旗)	County (District, City, Flag)	53	14683	261130
街道	Street	1	71	245
镇	Town	2	150	350
村委会	Village Committee	1	42	790
其他	Others	251	130969	958848
按企业资质等级分组	**By Qualification Criteria of Enterprises**			
施工总承包	General Contractors	1	561951	2872972
特级	Special Grade	14	251635	781170
一级	First Grade	122	87426	473647
二级	Second Grade	159	152024	1192836
三级以下	Third Grade and below	142	70866	425319
专业承包	Professional Contractors	3	32529	269505
一级	First Grade	46	6633	32483
二级	Second Grade	93	16439	103011
三级以下	Third Grade and below	438	9456	134011

Financial Affairs Condition of Enterprises of General and Professional Contractors (2013)

(10000 yuan)

应收工程款 Accounts for projects	竣工工程 Completion of Projects	存货 Stock	固定资产合计 Total Fixed Assets	固定资产 Fixed Assets	固定资产原价 Original Cost of Fixed Assets	累计折旧 Accumulated Depreciation	本年折旧 Depreciation Charge for the Year	在建工程 Project under Construction	资产合计 Total Assets
804428		**584755**	**799547**	**2859**	**793197**	**363906**	**53584**	**47391**	**4423794**
444831		385201	509973	2781	414904	224364	32973	21375	2465277
804236		584431	799296	2859	792601	363560	53584	47391	4422088
152079		106236	72765	33	143017	80649	9734	9815	795010
6882		3608	12644		17311	6597	1140	469	68008
1742		1125	1035		1277	242	5		5319
381785		318222	545108	2748	409911	184638	30572	16056	2159127
72478		28369	15364		40577	25342	2112	130	350495
189271		126872	152380	78	180508	66091	10020	20921	1044129
86		262	240		478	238			1401
106		62	10		118	108			305
150559		141818	166553	28	212975	73042	9516	20825	1111671
585979		413957	586154	2816	500136	249514	38042	23787	3001210
48630		17546	34199	15	64161	35066	5088	1303	235497
19259		11434	12642		15925	6283	937	1476	75418
11458		7285	9085		11268	4447	757	1476	48136
394		271	1362		824	196	13		3018
1245		78	893		1489	596	109		3098
6163		3801	1302		2344	1044	59		21166
258057		273117	416326	2748	256204	143398	24375	6243	1433906
203714		90692	95528	0	174699	86336	8762	3356	937322
34556		35146	30117		45057	19331	3262	3993	284383
74933		26859	47037	33	55075	21547	2067	12661	384821
		71	489		639	150	2		735
120		150	1344		1594	281	14	17	1742
		42	267		620	353	19		1057
233048		158678	208438	78	259310	92510	15083	21121	1379829
727728		546422	744976	2776	709118	326820	48721	45303	4058504
190406		257169	392748	2748	189213	99977	18415	6235	1173918
112375		48889	57740		92842	45722	8109	10546	720960
331854		164806	196646		319897	146689	17499	15363	1598635
93093		75558	97842	28	107167	34433	4699	13159	564990
76700		38333	54571	84	84079	37085	4862	2088	365290
7788		7347	6477		11072	4595	167		39878
29768		18014	22342	35	40790	19618	1757	412	135546
39144		12972	25752	48	32218	12872	2938	1676	189867

13-6 续表 1

单位：万元

指 标	Item	流动负债合计 Total Liquid Liabilities	应付账款 Accounts Payable	非流动负债合计 Total Non-current Liabilities
总计	**Total**	**2580403**	**922843**	**297899**
其中：国有及国有控股企业	State-owned and State Holding Enterprises	1649977	664438	231450
按登记注册类型分组	By Status of Registration			
内资企业	Domestic Funded	2579270	922785	297899
国有企业	State-owned Enterprises	593175	177032	11221
集体企业	Collective-owned Enterprises	28584	7590	1069
股份合作企业	Cooperative Enterprises	34		
有限责任公司	Limited Liability Corporations	1279224	538682	235728
股份有限公司	Share-holding Corporations Limited	253589	80992	14895
私营企业	Private Enterprises	424665	118489	34986
其他企业	others Enterprises			
港、澳、台商投资企业	Enterprises with Funds from Hong Kong,Macao and Taiwan	1084	34	
外商投资企业	Foreign Funded Enterprises	50	24	
按国民经济行业分组	**By Sector**			
房屋建筑业	Buildings and Civil Engineering	508198	97620	50008
土木工程建筑业	Housing Project building	1894908	745128	243317
建筑安装业	Civil Engineering Construction	137903	65581	3656
建筑装饰和其他建筑业	Construction Installation	39394	14514	917
建筑装饰业	Construction Decoration	19370	8028	917
工程准备活动	Other Construction	1410	243	
提供施工设备服务	Providing Construction Equipment Services	1597	948	
其他未列明建筑业	Others	17017	5296	
按隶属关系分组	**By Jurisdiction of Management**			
中央	Central	915202	473466	205143
省(自治区、直辖市)	Provincial (Autonomous Regions and Municipalities)	631264	189602	24817
地区(州、盟、省辖市)	Regional (Prefectures and Leagues, Provincial Cities)	168937	38167	8524
县(区、市、旗)	County (District, City, Flag)	237920	26578	5941
街道	Street	54		
镇	Town	159	31	
村委会	Village Committee	649		
其他	Others	626218	195000	53474
按企业资质等级分组	**By Qualification Criteria of Enterprises**			
施工总承包	General Contractors	2377785	849576	293145
特级	Special Grade	698939	334010	204454
一级	First Grade	496122	200844	21990
二级	Second Grade	888853	263384	51098
三级以下	Third Grade and below	293872	51338	15603
专业承包	Professional Contractors	202618	73267	4754
一级	First Grade	30097	12963	675
二级	Second Grade	77105	19121	992
三级以下	Third Grade and below	95415	41184	3087

13-6 Continued

(10000 yuan)

负债合计 Total Liabilities	所有者权益合计 Total Owners' Equity	实收资本 Paid-in Capitals	国家资本 State Capitals	集体资本 Collective Capitals	法人资本 Corporate Capitals	个人资本 Personal Capitals
2937773	**1486022**	**1054123**	**214680**	**78603**	**445044**	**315795**
1888748	576530	361953	213337	1732	145427	1458
2936639	1485449	1053213	214680	78603	444434	315495
611672	183338	135131	120227	1572	13326	6
44889	23119	15475	300	14171	938	66
3050	2269	2228			2228	
1526008	633118	406736	63956	43017	237850	61913
268483	82012	83996	29997	10059	22248	21691
482537	561593	409647	200	9784	167844	231819
1084	317	610			610	
50	256	300				300
581983	529687	372145	18904	42573	146161	164508
2170479	830730	571934	184124	21926	259927	105957
143001	92496	81175	11474	12311	24836	32554
42309	33109	28868	178	1794	14120	12776
22281	25854	20052	178	1634	9723	8516
1410	1608	2976		160	1501	1315
1597	1501	1500			1500	
17021	4146	4341			1396	2945
1123960	309946	121250	21900		99350	
669354	267968	250055	130320	21077	80330	18328
184045	100338	76079	13120	12645	41848	8467
254666	130156	119739	49140	19111	41212	10275
55	680	608		608		
159	1583	1425		1359		66
649	408	408		408		
704885	674944	484559	200	23396	182304	278659
2716453	1342052	927037	201772	63634	398710	262922
903393	270526	94300			94300	
521495	199466	156076	55465	11083	40581	48946
966051	632584	469079	132501	12396	187594	136587
325514	239476	207582	13805	40155	76234	77389
221320	143970	127085	12909	14970	46334	52873
30772	9105	6378	1800		4253	325
80134	55411	52327	7507	7363	22953	14504
110413	79454	68381	3602	7606	19129	38044

13-6 续表 2

单位：万元

指 标	Item	营业收入 Operating Revenue Revenue	主营业务收入 Revenue from Principal Business	营业成本 Operating Cost	主营业务成本 Cost of Principal Business
总计	**Total**	**4501562**	**4461540**	**4035029**	**3967433**
其中：国有及国有控股企业	State-owned and State Holding Enterprises	2806083	2775667	2524755	2501421
按登记注册类型分组	By Status of Registration				
内资企业	Domestic Funded	4501326	4461303	4034904	3967308
国有企业	State-owned Enterprises	933195	929787	855595	852046
集体企业	Collective-owned Enterprises	92501	91025	72630	71718
股份合作企业	Cooperative Enterprises	9901	9901	8913	8913
有限责任公司	Limited Liability Corporations	2423002	2394148	2162918	2133367
股份有限公司	Share-holding Corporations Limited	253810	252753	228082	199586
私营企业	Private Enterprises	788918	783690	706766	701678
其他企业	others Enterprises				
港、澳、台商投资企业	Enterprises with Funds from Hong Kong,Macao and Taiwan	86	86		
外商投资企业	Foreign Funded Enterprises	151	151	125	125
按国民经济行业分组	**By Sector**				
房屋建筑业	Buildings and Civil Engineering	1111060	1109495	1004323	1001429
土木工程建筑业	Housing Project building	3116768	3084006	2791834	2737224
建筑安装业	Civil Engineering Construction	228905	224506	202945	194142
建筑装饰和其他建筑业	Construction Installation	44830	43533	35927	34639
建筑装饰业	Construction Decoration	27707	26512	20557	19811
工程准备活动	Other Construction	2013	2013	1749	1749
提供施工设备服务	Providing Construction Equipment Services	1632	1632	1440	1440
其他未列明建筑业	Others	13479	13376	12181	11639
按隶属关系分组	**By Jurisdiction of Management**				
中央	Central	1806587	1780536	1606953	1585324
省(自治区、直辖市)	Provincial (Autonomous Regions and Municipalities)	1062894	1059825	976463	967041
地区(州、盟、省辖市)	Regional (Prefectures and Leagues, Provincial Cities)	210524	207147	183542	170919
县(区、市、旗)	County (District, City, Flag)	315713	313796	285916	267267
街道	Street	2509	2509	2386	2386
镇	Town	7148	7148	6453	6453
村委会	Village Committee	148	148	152	152
其他	Others	1096041	1090432	973164	967891
按企业资质等级分组	**By Qualification Criteria of Enterprises**				
施工总承包	General Contractors	4114028	4081250	3703752	3644530
特级	Special Grade	1387636	1363909	1223489	1205436
一级	First Grade	637119	634619	585308	572743
二级	Second Grade	1642821	1639585	1495160	1489098
三级以下	Third Grade and below	446452	443138	399794	377254
专业承包	Professional Contractors	387534	380290	331278	322904
一级	First Grade	64092	62041	55006	53667
二级	Second Grade	191735	188299	170819	169498
三级以下	Third Grade and below	131707	129950	105454	99739

13-6 Continued

(10000 yuan)

营业税金及附加 Taxes and Other Charges	主营业务税金及附加 Taxes and Other Charges on Principal Business	其他业务利润 Other Operating Profit	销售费用 Selling Expenses	管理费用 Management Costs	税金 Taxes	财务费用 Financial Costs	利息收入 Interest Revenue	利息支出 Interest Expense	资产减值损失 Loss from Asset Devaluation
130244	**123945**	**7627**	**19612**	**168469**	**4609**	**23275**	**-2193**	**21016**	**3135**
73477	70009	6803	1634	109456	1648	13217	-3074	12971	1277
130240	123941	7627	19612	168447	4609	23275	-2193	21016	3135
26638	25344	309	1200	43505	1078	2705	179	2351	-413
3382	3382	109	6764	5691	44	94	35	22	252
527	527		201	222	12	12		1	
65028	62024	6211	5693	81828	1020	12398	-2788	11174	1280
7988	6278	124	0	7411	81	5523	41	4660	1298
26678	26387	874	5755	29790	2375	2545	341	2807	718
0				1					
4	4			21		0			
35009	32794	503	6360	42428	1412	4953	262	3028	426
87351	83532	6295	8969	107476	2333	17389	-2772	17093	3201
6219	5986	387	2161	14382	700	678	240	843	-493
1665	1634	442	2123	4183	165	255	78	52	
1131	1117	442	2120	2920	137	259	81	51	
55	55		2	269	4	1	0	1	
55	55			138	1				
424	406		1	857	23	-4	-4	0	
41191	40628	5924	202	77388	556	11791	82	8432	-838
34683	31676	804	6119	28693	922	4690	196	4354	1923
6722	6110	141	740	11662	116	-900	-3389	1104	327
10537	10441	-137	2370	12529	466	827	80	877	147
85	85			37	1				
327	327		11	94	5	26	0	1	
25	25			14	6				
36675	34653	894	10171	38052	2537	6842	838	6248	1576
117200	111173	7177	8149	145755	2871	25863	672	20383	2666
31983	31538	5228		52577		10636	1	7230	289
19471	16713	796	141	19830	652	7101	191	6432	-91
50556	48086	874	5553	54567	1473	7250	445	5667	2106
15191	14836	279	2456	18781	745	876	35	1053	362
13044	12772	450	11464	22713	1738	-2588	-2865	633	469
1921	1921		1	2774	976	111	111	112	117
6557	6483	126	2898	8275	349	378	25	392	160
4566	4368	324	8565	11664	414	-3076	-3001	129	192

13-6 续表 3

单位：万元

指　标	Item	公允价值变动收益 Gains on the Changes in Fair Value	投资收益 Investment Income	营业利润 Operating Profit
总计	**Total**	**3**	**19991**	**141825**
其中：国有及国有控股企业	State-owned and State Holding Enterprises	2	9011	91316
按登记注册类型分组	By Status of Registration			
内资企业	Domestic Funded	3	19991	141824
国有企业	State-owned Enterprises	2	-1	4001
集体企业	Collective-owned Enterprises		3468	7156
股份合作企业	Cooperative Enterprises			27
有限责任公司	Limited Liability Corporations	1	8878	102720
股份有限公司	Share-holding Corporations Limited		7617	11125
私营企业	Private Enterprises		29	16796
其他企业	others Enterprises			
港、澳、台商投资企业	Enterprises with Funds from Hong Kong,Macao and Taiwan			
外商投资企业	Foreign Funded Enterprises			1
按国民经济行业分组	**By Sector**			
房屋建筑业	Buildings and Civil Engineering	1	8	17540
土木工程建筑业	Housing Project building	2	16263	116892
建筑安装业	Civil Engineering Construction		3721	6716
建筑装饰和其他建筑业	Construction Installation			677
建筑装饰业	Construction Decoration			720
工程准备活动	Other Construction			-63
提供施工设备服务	Providing Construction Equipment Services			-1
其他未列明建筑业	Others			21
按隶属关系分组	**By Jurisdiction of Management**			
中央	Central		8786	78686
省(自治区、直辖市)	Provincial (Autonomous Regions and Municipalities)		378	10713
地区(州、盟、省辖市)	Regional (Prefectures and Leagues, Provincial Cities)		3494	11923
县(区、市、旗)	County (District, City, Flag)	3	-313	3104
街道	Street			0
镇	Town			237
村委会	Village Committee			-44
其他	Others		7646	37205
按企业资质等级分组	**By Qualification Criteria of Enterprises**			
施工总承包	General Contractors	3	19745	130442
特级	Special Grade		8691	77352
一级	First Grade		7617	12976
二级	Second Grade	1	117	27782
三级以下	Third Grade and below	2	3319	12332
专业承包	Professional Contractors		246	11383
一级	First Grade			4163
二级	Second Grade		180	2812
三级以下	Third Grade and below		66	4408

13-6 Continued

(10000 yuan)

营业外收入 Non--operating Revenue	补贴收入 Subsidy Revenue	营业外支出 Non--operating Expenses	利润总额 Total Profit	应交所得税 Income Taxes Payable	应付职工薪酬 Employee Wages Payable	建筑业企业在境外完成的营业收入 Operating Revenue Completed by Construction Enterprises in Overseas
3219	**692**	**5061**	**140406**	**20250**	**471263**	**138945**
1427	292	1292	91760	11273	240001	134872
3219	692	5061	140405	20250	471184	138945
725	221	494	4542	2604	128407	34126
806		826	7136	898	12225	
			27	8	1900	
754	72	2912	100580	11528	186921	104819
308		103	11330	1496	14347	
625	399	726	16791	3716	127385	
					7	
			1	0	72	
249	52	453	17432	4096	175844	29958
2528	620	3564	116165	14318	255802	103231
287	20	990	6031	1544	32012	5756
155	1	53	778	291	7606	
51	1	-2	773	271	4813	
			-63	0	445	
		0	-1		445	
103		56	69	20	1903	
398		654	78430	8193	105769	106502
1192	113	2187	10021	3013	154442	25885
449	60	878	11494	1322	21664	
419	120	469	3060	860	39938	6558
			0	0	205	
		0	237	54	1342	
44		0	0		121	
717	399	873	37163	6809	147781	
1774	275	4296	128325	18658	434782	110575
250		471	77131	7179	73867	100746
356	11	229	13103	2648	41593	5756
644	84	2484	26346	6320	241775	4073
525	180	1112	11745	2512	77547	
1444	417	765	12081	1591	36481	28370
0		1	4163	626	3374	25885
294		160	2963	494	15509	2485
1150	417	604	4954	472	17597	

13-7 按行业分建筑企业主要指标(2013年)

Main Indicators of Construction Enterprises by Sector(2013)

类 别	Item	企业数 (个) Number of Enterprises (unit)	从业人员 (人) Number of Employed Persons (person)	建筑业总产值 (万元) Gross Output Value of Construction (10 000 yuan)	建筑工程 Output Value of Construction	安装工程 Output Value of Installation
总计	**Total**	**438**	**106366**	**4137110**	**3486651**	**394911**
房屋建筑业	Construction of Building & Civil Engineering	173	46580	1109661	963756	77170
土木工程建筑业	Building	140	51320	2826019	2467904	184756
铁路、道路、隧道和桥梁工程建筑	Civil Engineering	70	22415	1123317	1079043	3864
水利和内河港口工程建筑	Construction Installation	29	6889	135995	120116	7614
工矿工程建筑	Construction Decoration	7	17573	1335704	1177523	49502
架线和管道工程建筑	Other Construction	25	3086	204112	65833	122397
其他土木工程建筑	Project Preparation	9	1357	26891	25389	1380
建筑安装业	Provision of Construction Equipment Services	63	6619	173877	42044	125883
建筑装饰和其他建筑业	Other Not Listed Construction Activities	62	1847	27552	12946	7101

注：本表数据为具有资质等级的施工总承包、专业承包建筑业企业(不含劳务分包建筑业企业)数据。

a)Data in this table included all general construction contractors and professional contractors (not including construction enterprises of worker subcontractors) which possess qualification grades.

13-7 续表 Continued

类 别	Item	竣工产值 (万元) Output Value of Completed (10 000 yuan)	房屋建筑面积(平方米) Floor Space of Buildings(sq.m): 施工面积 Floor Space under Construction	竣工面积 Floor Space Completed	年末自有机械设备 Machinery and Equipment Owned: 总台数(台) Total Number (set)	总功率(千瓦) Total Power (KW)
总计	**Total**	**1696975**	**11583034**	**4665198**	**2631**	**768558**
房屋建筑业	Construction of Building & Civil Engineering	914564	8819481	4202084	977.3	134136
土木工程建筑业	Building	689333	2646089	389347	1521	615698
铁路、道路、隧道和桥梁工程建筑	Civil Engineering	420998	527121	288561	319	140356
水利和内河港口工程建筑	Construction Installation	84222	6505	1237	83	25904
工矿工程建筑	Construction Decoration	102630	1895756		892	414552
架线和管道工程建筑	Other Construction	62857	38379	8113	174	22051
其他土木工程建筑	Project Preparation	18626	178328	91436	53	12835
建筑安装业	Provision of Construction Equipment Services	79922	112674	68977	108	16470
建筑装饰和其他建筑业	Other Not Listed Construction Activities	13156	4790	4790	25	2254

13-8 2007-2013年建筑业企业房屋竣工面积

Floor Space of Buildings Completed in Construction Enterprises(2007-2013)

项 目	Item	房屋建筑竣工面积(平方米) Floor Space of Buildings Completed (sq.m)						
		2007	2008	2009	2010	2011	2012	2013
总计	**Total**	**1739663**	**1891814**	**2117063**	**2731628**	**3237566**	**3440990**	**4665198**
按房屋主要用途分	By Usage of Housing							
厂 房	Workshop	107262	97664	47521	61330	154573	152626	197133
住 宅	Residential Buildings	927091	1153854	1403177	1582692	1972181	2025802	3069780
办公用房	Office	297757	250707	209872	478501	272196	431445	513490
批发零售用房	Wholesale and Retail	28334	12305	7666	11739	85498	35977	34243
住宿和餐饮用房	Hotel and Catering	4771	11272	25479	22756	16248	76616	39620
居民服务业用房	Services to Households	15367	20443	37506	22567	68856	48949	140707
教育用房	Education	183269	186786	252472	243689	481498	413426	383162
文化体育娱乐用房	Culture, Sports and Entertainment	23166	10222	13287	14692	29983	35667	58803
医疗用房	Medical	19056	47364	57607	28824	23916	40638	82918
科研用房	Research		3380	100	4807	19402	29238	921
其他用房	Others	133590	97817	62376	260031	113215	150606	144421

13-9 2010-2013年建筑业经济效益指标

Main Indicators on Economic Benefit of Construction Enterprises (2010-2013)

指 标	Item	2010	2011	2012	2013
房屋建筑面积竣工率 (%)	Rate of Floor Space of Buildings Completed (%)	39.41	43.80	45.10	40.28
产值利润率 (%)	Ratio of Profit to Gross Output Value (%)	2.21	2.44	3.32	3.39
人均竣工产值 (元/人)	Gross Output Value Completed Per Capita (yuan/person)	73026	134420	100164	128424
人均施工面积 (平米/人)	Floor Space under Construction Per Capita (sq.m/person)	77.24	60.98	59.27	87.66
人均竣工面积 (平米/人)	Floor Space Completed Per Capita (sq.m/person)	21.68	26.71	26.70	35.30
人均利润 (元/人)	Profits Per Capita (yuan/person)	6878.25	6794.22	8338.98	13138.05
资产负债率 (%)	Assets-liability Ratio (%)	63.07	60.98	68.10	66.41
技术装备率 (元/人)	Value of Machines per Laborer (yuan/person)	23068	19168	16060	17080

13-10 按资质等级分的建筑业主要经济指标(2013年)

Main Economic Indicators of Construction Enterprises by Qualification Grade(2013)

指标	Item	企业数(个) Number of Enterprises (unit)	有工作量的 Having Workload	年末从业人员(人) Number of Employed Persons (person)	工程技术人员(人) Engineering and Technical Personnel (person)	直接从事生产经营活动的平均人数(人) Average Number of Calculating Labor Productivity (person)	签订合同额(万元) Total Value of Contracts (10 000 yuan)
按资质等级关系分组	**By Qualification Criteria of Enterprises**	**438**	**379**	**106366**	**20044**	**132138**	**7947320**
施工总承包	General Contractors	296	260	97479	18172	120797	7642279
特级	Special Grade	1	1	15983	5197	16547	2572451
一级	First Grade	14	11	8371	1581	10353	1479772
二级	Second Grade	122	117	54330	8293	67225	3000133
三级及以下	Third Grade and below	159	131	18795	3101	26672	589924
专业承包	Professional Contractors	142	119	8887	1872	11341	305041
一级	First Grade	3	3	1216	222	1939	42863
二级	Second Grade	46	44	3332	781	4897	128116
三级及以下	Third Grade and below	93	72	4339	869	4505	134062

13-10 续表 1 Continued

单位：万元 (10 000 yuan)

指标	Item	建筑业总产值 Total Gross Output Value	建筑工程产值 Output Value of Construction	安装工程产值 Output Value of Installation	其他产值 Output Value of Others	竣工产值 Output Value of Completed	建筑业企业在境外完成的营业收入 Operating Revenue Completed by Construction Enterprises in Overseas
按资质等级关系分组	**By Qualification Criteria of Enterprises**	**4137110**	**3486651**	**394911**	**255548**	**1696975**	**138945**
施工总承包	General Contractors	3890255	3372405	313045	204805	1577940	110575
特级	Special Grade	1256093	1173901	18440	63752	68186	100746
一级	First Grade	625866	458740	158697	8429	390307	5756
二级	Second Grade	1620855	1408797	95777	116281	854463	4073
三级及以下	Third Grade and below	387441	330966	40131	16344	264984	
专业承包	Professional Contractors	246855	114246	81866	50743	119035	28370
一级	First Grade	38702	11485	132	27085	27217	25885
二级	Second Grade	91571	56128	30218	5226	50199	2485
三级及以下	Third Grade and below	116582	46633	51516	18433	41620	

13-10 续表 2 Continued

项　目	Item	税金总额 Total Taxes (10 000 yuan)	利润总额 Total Profits (10 000 yuan)	自有施工机械设备年末净值(千元) Net Value of Machinery and Equipment Owned (10 000 yuan)	自有施工机械设备年末总台数(台) Number of Machinery and Equipment Owned (set)	自有施工机械设备年末总功率(千瓦) Total Power of Machinery and Equipment Owned (KW)
按企业资质等级分	**By Qualification Criteria of Enterprises**	**134853**	**140406**	**1816789**	**26312**	**768558**
施工总承包	General Contractors	120070	128325	1754289	24735	746772
特级	Special Grade	31983	77131	621220	8897	414472
一级	First Grade	20123	13103	189573	5032	78178
二级	Second Grade	52029	26346	735881	7705	199187
三级及以下	Third Grade and below	15936	11745	207615	3101	54935
专业承包	Professional Contractors	14783	12081	62500	1577	21786
一级	First Grade	2897	4163	31454	908	5969
二级	Second Grade	6906	2963	14717	209	1525
三级及以下	Third Grade and below	4980	4954	16329	460	14292

13-10 续表 3 Continued

项　目	Item	房屋建筑施工面积(平方米) Floor Space of Buildings Under Construction (sq.m)	房屋建筑竣工面积(平方米) Floor Space of Buildings Completed (sq.m)	住宅 Residential Buildings	竣工房屋价值(万元) Value of Buildings Completed (10 000 yuan)	住宅 Residential Buildings
按企业资质等级分组	**By Qualification Criteria of Enterprises**	**11583034**	**4665198**	**3069780**	**743310**	**477746**
施工总承包	General Contractors	11394479	4477643	2925149	713193	453123
特级	Special Grade	1895756				
一级	First Grade	2226992	711338	540980	124699	89203
二级	Second Grade	5462768	2664594	1606396	443788	262682
三级及以下	Third Grade and below	1808963	1101711	777773	144706	101238
专业承包	Professional Contractors	188555	187555	144631	30117	24623
一级	First Grade					
二级	Second Grade	180365	180365	139841	28986	24472
三级及以下	Third Grade and below	8190	7190	4790	1131	151

13-11 分地区建筑业企业主要经济指标(2013年)

Basic Statistics of Construction Enterprises Production by Region(2013)

地 区	Region	企业数(个) Number of Enterprises (unit)	有工作量的 Having Workload	亏损企业个数 Number of Loss--making Enterprise	签订合同额(万元) Total Value of Contracts (10 000 yuan)	建筑业总产值(万元) Total Gross Output Value (10 000 yuan)	竣工产值(万元) Output Value of Completed (10 000 yuan)	房屋建筑施工面积(平方米) Floor Space of Buildings Under Construction (sq.m)	房屋建筑竣工面积(平方米) Floor Space of Buildings Completed (sq.m)
总计	**Total**	**438**	**379**	**116**	**7947320**	**4137110**	**1696975**	**11583034**	**4665198**
国有及国有控股企业	State-owned and State-holding Enterprises	66	59	10	5033523	2527519	590251	2830469	423050
西宁市	Xining City	314	268	89	6566525	3407735	1141525	8149341	2843539
海东市	Haidong City	48	45	13	590278	289903	200983	1413227	735012
海北州	Haibei Zang A.P	11	9		60623	47294	41735	321955	260110
黄南州	Huangnan Zang A.P	12	10	3	70577	57053	30510	244399	119495
海南州	Hainan Zang A.P	14	12	1	284325	72816	50617	373991	361892
果洛州	Golog Zang A.P	5	5	1	95735	15370	6958	51565	51565
玉树州	Yushu Zang A.P	4	3		3361	2612	912	1164	860
海西州	Haixi Mongolian & Zang A.P	30	27	9	275896	244326	223735	1027392	292725

13-11 续表 1 Continued

单位：万元 (10 000 yuan)

地 区	Region	资产总计 Total Asscts	固定资产合计 Total Fixed Assets	负债合计 Total Liabilities	流动负债合计 Total Liquid Liabilities	非流动负债合计 Total Non-current Liabilities	所有者权益合计 Total Owners' Equity
总计	**Total**	**4423794**	**799547**	**2937773**	**2580403**	**297899**	**1486022**
国有及国有控股企业	State-owned and State-holding Enterprises	2465277	509973	1888748	1649977	231450	576530
西宁市	Xining City	3638859	653018	2467602	2179384	253550	1171257
海东市	Haidong City	311463	41391	169691	149189	5947	141772
海北州	Haibei Zang A.P	41635	3726	26365	26306		15270
黄南州	Huangnan Zang A.P	42240	14482	25255	19868	267	16985
海南州	Hainan Zang A.P	71629	10748	29992	29769	223	41637
果洛州	Golog Zang A.P	31428	2731	21105	20916	190	10322
玉树州	Yushu Zang A.P	3626	335	1111	912		2515
海西州	Haixi Mongolian & Zang A.P	282915	73116	196652	154060	37723	86263

13-11 续表 2 Continued

单位：万元 (10 000 yuan)

地区	Region	实收资本 Paid-in Capitals	营业收入 Operating Revenue	主营业务收入 Revenue from Principal Business	营业成本 Operating Cost	主营业务成本 Cost of Principal Business	营业税金及附加 Taxes and Other Charges	主营业务税金及附加 Taxes and Other Charges on Principal Business	其他业务利润 Other Operating Profit	财务费用 Selling Expense
总计	**Total**	**1054123**	**4501562**	**4461540**	**4035029**	**3967433**	**130244**	**123945**	**7627**	**23275**
国有及国有控股企业	State-owned and State-holding Enterprises	361953	2806083	2775667	2524755	2501421	73477	70009	6803	13217
西宁市	Xining City	791348	3621552	3584881	3251825	3206732	103637	98015	7523	19714
海东市	Haidong City	125485	341064	340884	307067	289448	11515	11504		1309
海北州	Haibei Zang A.P	13603	50590	50590	43788	43788	1861	1840		19
黄南州	Huangnan Zang A.P	15513	59681	59589	54830	54825	1983	1983	87	495
海南州	Hainan Zang A.P	36758	79477	78894	71158	70808	2868	2868		301
果洛州	Golog Zang A.P	2491	16278	16266	14399	14399	672	672		186
玉树州	Yushu Zang A.P	1199	2669	2562	2164	1274	56	51		13
海西州	Haixi Mongolian & Zang A.P	67725	330250	327874	289798	286159	7652	7012	330	1239

13-11 续表 3 Continued

单位：万元 (10 000 yuan)

地区	Region	管理费用 Management Expenses	税金 Taxes	利润总额 Total Profits	财务费用 Financial Expenses	利息收入 Interest Revenue	应付职工薪酬 Employee Wages Payable
总计	**Total**	**168469**	**4609**	**140406**	**23275**	**-2193**	**471263**
国有及国有控股企业	State-owned and State-holding Enterprises	109456	1648	91760	13217		240001
西宁市	Xining City	127262	3542	123477	19714	-2470	357829
海东市	Haidong City	9459	217	10718	1309	28	48809
海北州	Haibei Zang A.P	1821	17	2742	19	0	13146
黄南州	Huangnan Zang A.P	1232	69	428	495	4	13701
海南州	Hainan Zang A.P	1957	111	1305	301	17	10681
果洛州	Golog Zang A.P	700	8	237	186	5	1012
玉树州	Yushu Zang A.P	258	4	172	13	-3	346
海西州	Haixi Mongolian & Zang A.P	25780	641	1327	1239	227	25739

13-11 续表 4 Continued

地 区	Region	本年折旧(万元) Depreciation of Fixed Assets (10 000 yuan)	自有施工机械设备年末净值(万元) Net Value of Machinery and Equipment Owned (10 000 yuan)	自有施工机械设备年末总台数(台) Number of Machinery and Equipment Owned (set)	自有施工机械设备年末总功率(千瓦) Total Power of Machinery and Equipment Owned (10 000 KW)	直接从事生产经营活动的平均人数(人) Average Number of Employed Persons Calculated Construction Industry Labor Productivity (person)	年末从业人员数(人) Number of Employed Persons at Year-end (person)
总计	**Total**	**53584**	**181679**	**26312**	**768558**	**132138**	**106366**
国有及国有控股企业	State-owned and State-holding Enterprises	32973	93614	13986	579626	52266	43914
西宁市	Xining City	42214	117431	22140	607070	100607	79860
海东市	Haidong City	3263	15553	1568	36143	15312	12009
海北州	Haibei Zang A.P	349	961	363	4587	3322	2788
黄南州	Huangnan Zang A.P	296	1816	515	8487	2811	2613
海南州	Hainan Zang A.P	1032	5445	282	19180	3621	4191
果洛州	Golog Zang A.P	71	1090	170	6736	645	352
玉树州	Yushu Zang A.P	12				204	106
海西州	Haixi Mongolian & Zang A.P	6347	39383	1274	86355	5616	4447

13-11 续表 5 Continued

地 区	Region	主要建筑材料消耗量 Main Construction Materials Consumption					
		钢材(吨) Rolled Steel (tons)	木材(立方米) Timber (cu.m)	水泥(吨) Cement (tons)	玻璃(重量箱) Plain Glass (weight cases)	玻璃(平方米) Plain Glass (sq.m)	铝材(吨) Rolled Aluminum (tons)
总计	**Total**	**911123**	**214260**	**3328762**	**154022**	**2520230**	**78859**
国有及国有控股企业	State-owned and State-holding Enterprises	423994	32733	2044459	29249	133987	1633
西宁市	Xining City	753497	107349	2628330	113939	506326	22641
海东市	Haidong City	47097	50154	290073	10373	82014	34662
海北州	Haibei Zang A.P	15589	4231	44701	641	79746	759
黄南州	Huangnan Zang A.P	5046	3057	32058	22757	54346	7846
海南州	Hainan Zang A.P	26275	40656	135677	1586	1733902	11282
果洛州	Golog Zang A.P	3804	1440	30013	380	10700	106
玉树州	Yushu Zang A.P	243	201	276	170	570	122
海西州	Haixi Mongolian & Zang A.P	59572	7172	167634	4176	52626	1441

主要统计指标解释

建筑业统计单位　指从事房屋、构筑物建造和设备安装活动的法人企业。建筑业法人企业应具有建筑业资质并能够独立核算,同时其应具备以下条件:①依法成立,有自己的名称、组织机构和场所,能够承担民事责任;②独立拥有和使用资产,承担负债,有权与其他单位签订合同;③独立核算盈亏,能够编制资产负债表。

建筑业总产值　是以货币形式表现的建筑业企业在一定时期内生产的建筑业产品和提供的服务的总和。建筑业总产值包括:

(1)建筑工程产值:指列入建筑工程预算内的各种工程价值。

(2)安装工程产值:指设备安装工程价值,不包括被安装设备本身的价值。

(3)其他产值:建筑业总产值中除建筑工程、安装工程以外的产值。包括房屋构筑物修理产值、非标准设备制造产值、总包企业向分包企业收取的管理费以及不能明确划分的施工活动所完成的产值。

a. 房屋构筑物修理产值:指房屋和构筑物修理所完成的产值,但不包括被修理房屋、构筑物本身价值和生产设备的修理产值。

b. 非标准设备制造产值:指加工制造没有定型的非标准生产设备的加工费和原材料价值(如化工厂、炼油厂用的各种罐、槽,矿井生产统一使用的各种漏斗、三角槽、阀门等)以及附属加工厂为本企业承建工程制作的非标准设备的价值。

建筑业增加值　指建筑业企业在报告期内以货币形式表现的建筑业生产经营活动的最终成果。

从2004年第一次全国经济普查开始,建筑业现价增加值按生产法和分配法(收入法)两种方法计算,以收入法的计算结果为准,即从收入的角度出发,根据生产要素在生产过程中应得的收入份额计算。具体计算方法:经济普查年度建筑业增加值按照《经济普查年度GDP核算方案》计算,非经济普查年度建筑业增加值按照《非经济普查年度GDP核算方案》计算。

房屋建筑施工面积　指在报告期内施过工的全部房屋建筑面积,包括本期新开工的房屋面积、上期施工跨入本期继续施工的房屋面积、上期停缓建在本期恢复施工的房屋面积、本期竣工的房屋面积及本期施工后又停缓建的房屋面积。

房屋建筑竣工面积　指在报告期内房屋建筑按照设计要求全部完工,达到了使用条件,经验收鉴定合格,正式移交使用单位的房屋建筑面积。

Explanatory Notes on Main Statistical Indicators

Statistical Unit in the Construction Industry refers to a corporate enterprise engaged in the construction of buildings and structures and in the installation of equipment. A corporate construction enterprise should have qualification certificates with independent accounting system, and should meet the following 3 requirements: a) being set up in line with relevant legal basis, having its full name, organization and location, and capable of taking civil liabilities; b) independently possessing and using its assets and assuming its liabilities, and entitled to sign contracts with other institutions; and c) making independent accounts of its profits and losses, and capable of compiling its own balance sheet.

Gross Output Value of Construction refers to total of construction products and services, expressed in money terms, produced or rendered by construction and installation enterprises during a given period of time. It includes:

(1) Output value of construction projects: the value of projects covered by the project budgets;

(2) Output value of installation projects: the value of the installation of equipment, (excluding the value of the equipment to be installed);

(3) Other output values: the output value of construction industry apart from that of construction projects and installation projects. It includes: output value of repair of buildings and structures; output value of non - standard equipment manufacturing; overhead expenses received by contracted enterprises from the sub - contracted enterprises and the completed output value of construction activities for which there is no clear definition.

a. Output value of repair of buildings and structures: the value created through the repairs of buildings or structures. It does not include the value of buildings or structures being repaired and the value of the repair of production equipment;

b. Output value of manufactured non - standard equipment: the value of non - standard production equipment, including raw materials and manufacturing cost, made for the construction project (i. e., chemical plant; kettles or tanks used by refineries; various fillers, triangle tanks, valves used by mines). It also includes the output value of equipment manufactured by subsidiary workshops.

Value - added of Construction refers to the final result of the activities of production and operation of enterprises of the construction industry in monetary terms during the reference period.

Starting from the 2004 economic census, value - added of construction is calculated by both production approach and income approach, with the figures from the income approach as the final figures. , Under the income approach, , calculation starts from the perspective of income and is based on the share of income derived from the production process by the relevant factors of production. . Specifically, value - added of construction for the Census years is calculated in accordance with the Programme of Compilation of GDP and National Accounts for the Year of Economic Census, and value - added of construction for other years is calculated in accordance with the Programme of Compilation of GDP and National Accounts for the Non Economic Census Years.

Floor Space of Buildings Under Construction refers to floor space of buildings under construction during the reference period, including the floor space of buildings for which construction has newly started; buildings for which construction has started earlier and is continuing during the reference period; and buildings for which construction has been suspended earlier but has restarted during the reference period; buildings completed during the reference period; and buildings under construction but construction has subsequently been during the reference period.

Floor Space of Buildings Completed refers to the floor space of buildings that are completed in the reference period in accordance with the requirements of the design, up to the standard for being put into use, and having been checked and accepted by departments concerned as qualified ones.

第 14 篇

CHAPTER 14

交通运输和邮电通信

Transport,Postal and Telecommunication Services

铁路、公路、民航年末到达数（公里）

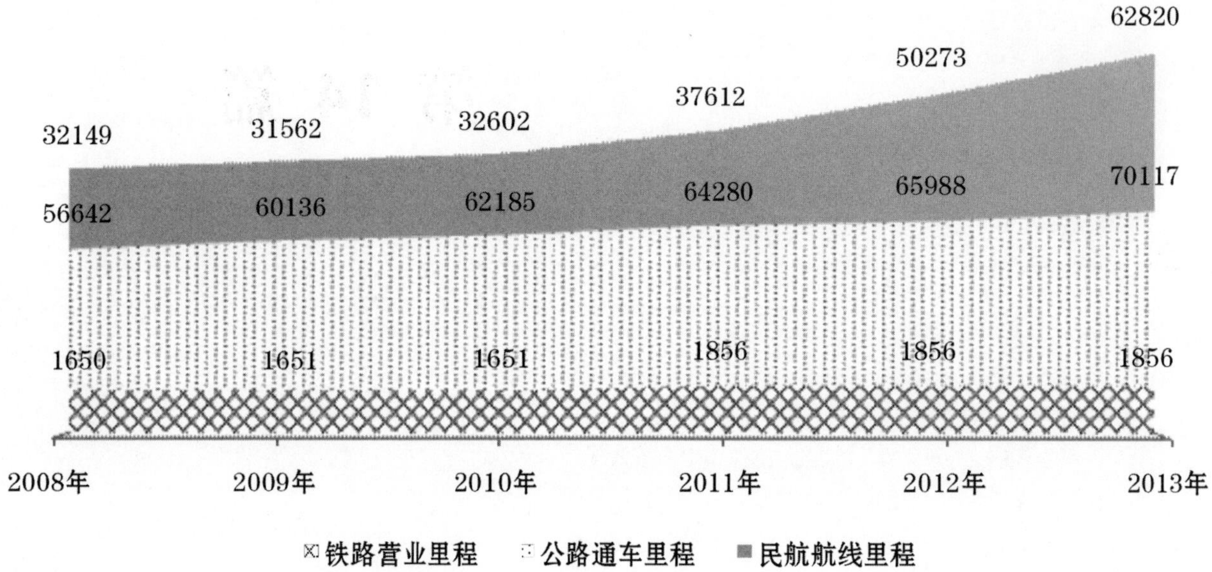

移动电话用户（万户）

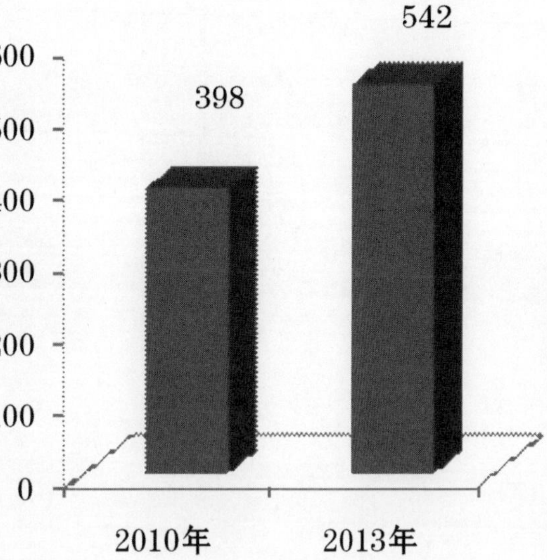

民用汽车拥有量（万辆）

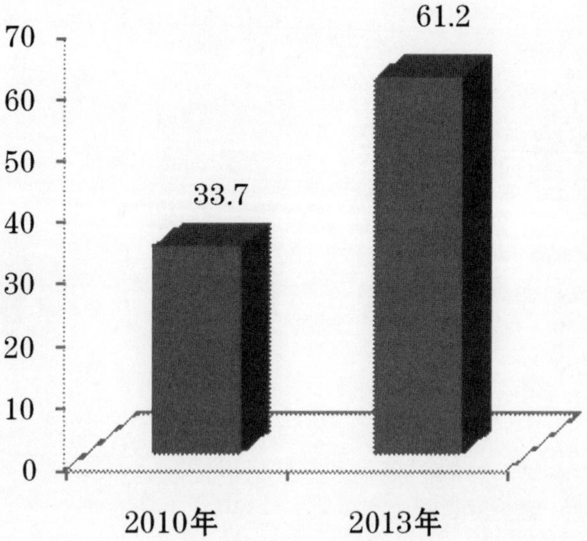

14-1 主要年份交通运输业基本情况
Basic Conditions of Transport in Main Years

指　标	Item	2008	2009	2010	2011	2012	2013
客运量总计　(万人)	**Total Passenger Traffic (10 000 persons)**	**9447**	**10101**	**10997**	**11972**	**12830**	**4957**
铁路	Railways	404	430	474	520	544	592
公路	Highways	8996	9603	10439	11308	12100	4140
民用航空	Civil Aviation	47	68	85	102	138	167
水路	Waterways				42	48	58
旅客周转量总计　(万人公里)	**Total Passenger-Kilometers (10 000 passenger-km)**	**826430**	**955376**	**1072054**	**1205720**	**1302492**	**1199090**
铁路	Railways	332583	398742	446155	497642	505492	548882
公路	Highways	424611	455610	502093	556426	595000	403349
民用航空	Civil Aviation	69236	101024	123806	151096	201349	246116
水路	Waterways				556	651	742
货运量总计　(万吨)	**Total Freight Traffic (10 000 tons)**	**9318**	**10057**	**11426**	**12772**	**13680**	**13576**
铁路	Railways	2310	2702	3286	3634	3784	3783
公路	Highways	6805	7173	7962	8952	9700	9588
民用航空	Civil Aviation	1	1	0.5	0.4	0.5	0.7
管道	Petroleum and Gas Pipelines	202	182	178	185	195	204
货物周转量总计　(万吨公里)	**Total Freight Ton-kilometers (10 000 ton-km)**	**3433354**	**3722543**	**4275704**	**4945713**	**5362693**	**4594935**
铁路	Railways	1485024	1654897	1922024	2283398	2466199	2476842
公路	Highways	1866003	1986737	2274730	2580397	2810000	2027634
民用航空	Civil Aviation	1016	1090	645	571	792	1122
管道	Petroleum and Gas Pipelines	81311	79819	78304	81347	85702	89337
民用汽车拥有量　(辆)	**Possession of Civil Motor Vehicles (units)**	**225645**	**268988**	**336958**	**425879**	**517269**	**611681**
载客汽车	Passenger Vehicles	135364	164911	214518	286034	366536	452810
载货汽车	Trucks	61467	74183	89928	106190	117733	127864
普通载货汽车	Ordinary Trucks	46411	53412	63036	73621	82970	91140
#私人汽车	Private Vehicles	130467	167974	226003	301584	383271	469563

注：1.从2007年起铁路为境内统计数，2006年之前为铁路部门管理辖区数。
2.2008年公路及车辆管理部门进行了部门普查，故公路运输和车辆数据使用了部门普查数。以下各表同。
3.省交通厅根据交通运输部2013年交通运输专项调查数据，对全省2013年公路客货运输数据进行了调整，以下各表公路运输数据为调整后的数据。

a)Data about railway are cisborder since 2007, 2006 and before they are data of management popedom of railway department.

b)Highway and vehicle management department conducted a census in 2008, so data on road transport and vehicles are census data of departments.The same applies to the tables following.

c)According to the 2013 traffic special survey data of Ministry of Transport, the Provincial Traffic Department adjusted the provincial highway passenger and freight transport data in 2013. The highway transport data in following tables is the adjusted data.

14−2 主要年份客运量
Passenger Traffic in Main Years

单位：万人、万人公里 (10 000 persons,10 000 passenger-km)

年份 Year	客运量 合计 Total Passenger Traffic	铁路 Railways	公路 Highways	民用航空 Civil Aviation	水路 Waterways	旅客周转量 合计 Total Passener-Kilometers	铁路 Railways	公路 Highways	民用航空 Civil Aviation	水路 Waterways
1978	328	170	158			103241	85259	17982		
1985	1288	295	993			127647	73123	54524		
1986	1633	289	1344	0.2		147911	76260	71414	237	
1987	1749	296	1453	0.2		161244	79430	81552	262	
1988	1844	323	1521			182477	93796	88422	259	
1989	1864	275	1589			169501	82658	86696	147	
1990	1843	209	1634			153736	61220	92411	105	
1991	1899	196	1703			154238	55314	98817	107	
1992	2010	197	1812	1		161839	54785	105760	1294	
1993	2227	208	2017	2		186261	59608	123432	3221	
1994	2292	217	2073	2		193057	62980	126527	3550	
1995	2388	220	2165	3		198391	64027	129270	5094	
1996	2690	185	2500	5		205356	53923	144088	7345	
1997	2885	200	2680	5		220469	59275	153000	8194	
1998	3157	261	2889	7		245574	73025	161569	10980	
1999	3359	297	3055	7		275227	93634	171219	10374	
2000	3612	352	3250	10		312497	115090	182000	15407	
2001	3832	392	3428	12		347706	133605	195930	18171	
2002	4007	436	3556	15		372837	150444	200720	21673	
2003	4324	408	3900	16		407362	163987	220000	23375	
2004	4601	386	4193	22		451229	186281	232035	32913	
2005	4920	368	4525	27		472389	186922	246556	38911	
2006	5310	411	4861	38		598831	283518	262333	52980	
2007	5655	393	5218	44		744085	386640	293940	63505	
2008	9447	404	8996	47		826430	332583	424611	69236	
2009	10101	430	9603	68		955376	398742	455610	101024	
2010	10997	474	10439	85		1072054	446155	502093	123806	
2011	11972	520	11308	102	42	1205720	497642	556426	151096	556
2012	12830	544	12100	138	48	1302492	505492	595000	201349	651
2013	4957	592	4140	167	58	1199090	548882	403349	246116	742

14-3 主要年份货运量

Freight Traffic in Main Years

单位：万吨、万吨公里　　　　(10 000 tons,10 000 ton-km)

年 份 Year	货运量 合 计 Total Freight Traffic	铁 路 Railways	公 路 Highways	民用航空 Civil Aviation	管道输油量 Petroleum and Gas Pipelines	货 物 周转量 合 计 Total Freight Ton-Kilometers	铁 路 Railways	公 路 Highways	民用航空 Civil Aviation	管道输油量 Petroleum and Gas Pipelines
1952	3		3			553		553		
1978	1326	546	780			321164	274437	46727		
1985	2033	334	1699			244198	141109	103089		
1986	1823	337	1486			299403	208001	91400	2	
1987	2234	390	1844			348903	229900	119000	3	
1988	2072	411	1661			400524	259532	140989	3	
1989	2254	427	1837			468089	293183	174904	2	
1990	2434	454	1957		23	498544	298810	187665	3	10066
1991	2998	502	2413	…	83	565197	329657	199435	2	36103
1992	3071	518	2471	…	82	559774	317891	205994	15	35670
1993	3127	550	2533	…	89	578134	327642	211633	35	38824
1994	3328	538	2694	…	96	613271	335860	235274	41	42096
1995	3529	532	2887	…	110	664296	367320	248815	57	48104
1996	3909	535	3247	…	127	702042	357686	289646	86	54624
1997	4180	585	3450	…	145	760636	390821	306500	99	63216
1998	4502	590	3743	…	169	816028	409500	333172	101	73255
1999	4654	607	3865	…	182	883310	459448	344629	93	79140
2000	5076	833	4050	…	193	957168	507030	366000	140	83998
2001	5456	957	4305	…	194	1067872	598885	384419	178	84390
2002	5652	1000	4450	0.10	202	1120184	694370	397538	189	88087
2003	6189	1092	4890	0.15	207	1337595	814313	433000	237	90045
2004	6656	1308	5136	0.23	212	1394733	848590	453129	385	92629
2005	7152	1453	5491	0.33	208	1562445	987866	482660	563	91356
2006	7641	1572	5864	0.50	205	1549176	944456	514149	743	89828
2007	8260	1772	6280	0.50	207	1851758	1207432	552563	811	90952
2008	9318	2310	6805	0.60	202	3433354	1485024	1866003	1016	81311
2009	10057	2702	7173	0.64	182	3722543	1654897	1986737	1090	79819
2010	11426	3286	7962	0.47	178	4275704	1922024	2274730	645	78304
2011	12772	3634	8952	0.35	185	4945713	2283398	2580397	571	81347
2012	13680	3784	9700	0.50	195	5362693	2466199	2810000	792	85702
2013	13576	3783	9588	0.74	204	4594935	2476842	2027634	1122	89337

14-4 2011-2013年民用汽车拥有量
Possession of Civil Vehicles(2011-2013)

单位：辆 (unit)

指　　标	Item	2011	新注册 New Registrations	私人 Private	2012	新注册 New Registrations	私人 Private	2013	新注册 New Registrations	私人 Private
民用汽车合计	**Total**	**425879**	**87036**	**301584**	**517269**	**94874**	**383271**	**611681**	**102120**	**469563**
载客汽车	Passenger Vehicles	286034	65226	205535	366536	75024	277773	452810	79310	355694
#大型	Large	6679	725	257	6514	1002	115	7220	1325	110
中型	Medium	6957	572	1772	6213	374	1420	5996	461	1308
小型	Small	265382	63116	197963	345850	73091	269962	431028	77097	347508
微型	Minicar	7016	813	5543	7959	557	6276	8566	427	6768
#轿车	Car	170885	40776	135025	222724	45732	181827	277250	46810	231082
载货汽车	Trucks	106190	19010	67750	117733	17766	78170	127864	20702	88603
#重型	Heavy	24748	4349	9625	25902	2778	10052	24952	3849	10079
中型	Medium	13670	1352	8853	10917	955	7399	9308	1020	6705
轻型	Light	67056	13287	48784	80391	14023	60345	93177	15830	71506
微型	Mini	716	22	488	523	10	374	427	3	313
#普通载货	Ordinary Trucks	73621	12753	51372	82970	13191	60564	91140	14810	69164
其他汽车	Others	33655	2800	28299	33000	2084	27328	31007	2108	25266
摩托车	**Motorcycle**	**98837**	**7536**	**96839**	**94596**	**5504**	**92811**	**71846**	**3122**	**70701**
普通	General	97602	7505	95622	93513	5494	91742	71046	3114	69913
轻便	Light	1235	31	1217	1083	10	1069	800	8	788
农用运输车	**Farm Vehicles**	**33655**	**2800**	**28299**	**33000**	**2084**	**27328**	**31007**	**2108**	**25266**
三轮	Three Wheels	10237	1351	10205	10055	1082	10009	9699	1047	9655
四轮	Four Wheels	17145	584	16618	15934	213	15470	13564	88	13163
拖拉机	**Tractors**	**282000**	**4900**	**96839**	**287300**	**5300**	**287300**	**263664**	**4300**	**263664**
#大中型	Large and Medium	8370	190	95622	10140	1770	10140	10236	1866	10236
小型	Small	15130	600	1217	15330	200	15330	16130	990	16130
挂车	**Trailers**	**3593**	**947**	**689**	**4166**	**497**	**902**	**4878**	**825**	**1141**
其他类型车	**Other Vehicles**	**45**			**45**			**45**		

补充资料：1.2000年机动车驾驶员345333人,其中汽车驾驶员210635人。
2.2010年机动车驾驶员817706人,其中汽车驾驶员626372人。
3.2011年机动车驾驶员916665人,其中汽车驾驶员726434人。
4.2013年机动车驾驶员909583人,其中汽车驾驶员882715人。

a)345 333 Motor Vehicle drivers in 2000, of whom 210 635 were Automobile drivers.
b)817 706 Motor Vehicle drivers in 2010, of whom 626 372 were Automobile drivers.
c)916 665 Motor Vehicle drivers in 2011, of whom 726 434 were Automobile drivers.
d)1001868 Motor Vehicle drivers in 2012, of whom 815164 were Automobile drivers.

14-5 主要年份铁路、公路、民航里程年末达到数

Total Length of Routes of Railway, Highway, Civil Aviation at Year-end in Main Years

单位：公里、公里/万平方公里 (km,km/10000 sq.km)

年份 Year	铁路 Railways: 营业里程 Length of Railways in Operation	铁路 Railways: 线路密度 Railway Density	公路 Highways: 通车里程 Length of Highways	公路 Highways: 线路密度 Highway Density	公路 Highways: 有路面里程 Length of Railways with Road Surface	公路 Highways: 有路面里程: 高、次高级 High and Senior Hihgways	公路 Highways: 等级路合计 Expressway and Class I to IV Highways	公路 Highways: 等级路: 高速 Express way	公路 Highways: 等级路: 一、二级 First and Second Class	公路 Highways: 等外路 Highways Below Class IV	民用航空航线里程 Length of Civil Aviation Routes
1965	198	2.75	11981	166.40	6643	182					1949
1970	409	5.68	12584	174.78	7244	367					1949
1975	497	6.90	12979	180.26	9141	1268					4893
1978	503	6.99	13675	189.93	9837	1958					4893
1980	505	7.01	15497	215.24	11624	2105					4251
1985	1095	15.21	15933	221.29	12252	2939					4972
1990	1095	15.21	16732	232.39	14212	3408	11974		1156	4758	4972
1991	1095	15.21	16769	232.90	14249	3435	12026		1156	4743	4748
1992	1100	15.28	16854	234.08	14334	3617	12151		1202	4703	4892
1993	1097	15.24	16963	235.60	14491	3640	12354		1202	4609	5942
1994	1097	15.24	17089	237.35	14646	3911	12509		1202	4552	5942
1995	1100	15.28	17223	239.21	14887	4028	12734		1202	4462	8869
1996	1100	15.28	17383	241.43	15047	4284	13056		1202	7327	11442
1997	1100	15.28	17640	245.00	15451	4494	13485		1236	4155	14700
1998	1100	15.28	17936	249.11	15866	4818	14024		1306	3912	14700
1999	1100	15.28	18268	253.72	16252	5191	14549		1412	3719	14700
2000	1100	15.28	18679	259.43	16713	5313	15178		1837	3501	16490
2001	1100	15.28	23328	315.24	19849	6452	17424	26	2544	5904	27636
2002	1100	15.28	24003	333.38	20868	7910	18484	35	3084	5519	31413
2003	1097	15.24	24377	338.57	21278	8745	21568	118	3449	2809	23423
2004	1097	15.24	28059	389.70	25032	10420	25322	171	3697	2737	20855
2005	1097	15.24	29719	412.76	26692	11787	26811	171	4146	2737	21458
2006	1651	22.92	47726	662.59	13371	13371	24638	171	4180	23088	23996
2007	1651	22.92	52625	730.60	16019	16019	30636	215	5045	21990	33264
2008	1651	22.92	56642	783.88	17331	17331	32649	215	5190	23994	32149
2009	1651	22.92	60136	835.22	18961	18961	39727	217	5410	20409	31562
2010	1651	22.92	62185	862.24	19594	19594	47604	235	5560	14582	32602
2011	1856	25.78	64280	891.30	22497	22497	49972	1133	5601	14309	37612
2012	1856	25.78	65988	915.00	25858	25858	52060	1148	6354	13927	50273
2013	1856	25.78	70117	972.22	29865	29865	57069	1228	6438	13048	62820

注：1.2006年交通部门对公路进行了普查，将乡村公路列入了等外公路。
2.2011年铁路营业里程含哈木铁路194.6公里。

a) Department of Transportation carried out a general survey on the highway in 2006, rural roads were included in below Class Ⅳ.

b)The length of railways in operation of 2011 included 194.6 km of Haergai-Muli railway.

14-6 1985-2013年邮电业务情况

年 份 Year	邮电业务总量(万元) Business Volume of Postal and Telecommunication Services (10 000 yuan)	邮政业务总量 Business Volume of Postal Services	电信业务总量 Business Volume of Telecommunication Services	函 件(万件) Number of Letters (10 000 pcs)	特快专递(万件) Pieces of Express Mail Services (10 000 pcs)	报刊期发数(万份) Issue of Newspapers and Magazines (10 000 copies)	集邮业务(万枚) Stamps for Collection (10 000 pcs)	固定互联网用户(万户) Number of Fixed Internet Users (10 000 subscribers)
1985				2344		154		
1986	1866			2607		151		
1987	2023			2829		150		
1988	2480			3222		147		
1989	3020			3221		81		
1990	3457			2778		70		
1991	6223			2074		69		
1992	7510			2186		74		
1993	9541			2864		79		
1994	11592			3389		114		
1995	15595			3354		262		
1996	23901			3156		80		
1997	32718			2664		75		
1998	47018			2966		74		
1999	67672	5212	32608	2108	12	52	1741	
2000	49181	6206	42974	2762	17	47	2361	0.90
2001	64792	14078	50714	2961	31	45		3.35
2002	199104	14728	184376	3580	40	44		5.25
2003	229811	15343	214468	3800	48	67		6.70
2004	339801	16262	323539	2836	48	75	599	8.34
2005	314330	17710	296620	1886	49	51	490	12.72
2006	396898	20229	376669	981	55	49	591	14.42
2007	537416	20956	516460	627	65	42	592	16.20
2008	699514	22514	677000	566	78	47	720	22.52
2009	916651	26651	890000	440	101	37	740	28.38
2010	1221325	23325	1198000	472	112	47	720	35.31
2011	479943	22943	457000	430	123	48	909	42.10
2012	569083	25083	544000	533	126	48	822	50.50
2013	602757	26057	576700	412	128	44	802	55.50

注：电信业务总量1985—1989年按1980年不变价格计算，1990—2000年的业务总量按1990年不变价格计算，2001年后的业务量按2000年不变价格计算，2011年以后按2010年不变价格计算。2002—2004年数据中含铁通、网通业务量。

Basic Conditions of Postal and Telecommunication Services(1985－2013)

移动电话年末用户(万户) Number of Mobile Telephone Subscribers at Year-end (10 000 subscribers)	固定电话年末用户(万户) Number of Subscribers of Fixed Telephone at Year-end (10 000 subscribers)	城市电话 用户 Number of Urban Fixed Telephone Subscribers	城市电话 住宅电话 Household Fixed Telephone Subscribers	乡村电话 用户 Rural Fixed Telephone Subscribers	乡村电话 住宅电话 Household Fixed Telephone Subscribers	公用电话(万户) Public Telephone (10 000 subscribers)	邮政局所(处) Number of Postal Offices (unit)	信筒信箱(个) Number of Post Boxes (unit)	邮路总长度(公里) Length of Postal Routes (km)	农村投递线路(公里) Rural Delivery Routes (km)
	2.22	1.50		0.72		0.01				
	2.50	1.66		0.84						
	2.83	1.86		0.97						
	3.15	2.04	0.03	1.10		0.02				
	2.43	2.19	0.10	0.24		0.02				
	2.74	2.49	0.12	0.25		0.02				
	2.91	2.73	0.35	0.17		0.03				
	3.45	3.29	0.57	0.16		0.03				
	4.31	4.13	1.38	0.18	0.02	0.04				
0.16	5.38	5.39	2.31	0.22		0.05				
0.26	9.40	9.12	5.61	0.28	0.08	0.15				
0.65	13.84	13.43	9.18	0.41	0.17	0.24	521	717	22431	11601
1.41	17.57	17.10	12.55	0.47	0.25	0.49	217		21994	
3.53	21.56	20.80	16.03	0.77	0.57	0.61	292	705	20683	12619
6.59	27.55	26.14	20.08	1.41	1.03	0.83	208	663	25488	11596
21.07	36.87	34.35	27.68	2.51	2.13	1.09	201	574	26978	11563
42.10	46.81	42.52	34.72	4.29	3.75	1.33	198	576	28090	12081
77.14	57.92	50.21	38.52	7.67	7.12	1.53	220	598	35351	12737
100.36	76.42	64.91	51.87	11.51	10.94	3.23	210	600	24107	12728
117.73	94.35	77.66	56.91	16.69	15.16	5.60	211	601	24101	13138
121.36	113.50	92.90	65.70	20.60	18.50	6.80	219	571	23721	14278
172.20	126.30	99.50	68.40	25.90	23.70	7.60	233	584	20680	14207
222.00	123.00	96.00	65.00	27.00	25.00	7.60	245	593	24587	12526
247.20	119.40	92.50	62.40	27.00	24.50	7.30	288	457	24508	12740
310.70	109.30	84.10	50.10	25.20	22.20	6.75	185	426	33586	11981
397.80	103.20	80.80	48.80	22.40	19.90	6.19	185	360	43484	10451
461.80	104.20	84.60	50.05	19.60	17.20	5.70	180	349	48841	4987
537.20	102.50	85.60	50.60	16.90	14.50	5.60	183	354	88855	5517
542.40	101.80	86.60	46.10	15.20	12.40	4.68	186	325	64969	5291

a)Data in 1985-1989 of business volume of Telecommunication Services were calculated at 1980 prices, that in 1990-2000 were calculated at 1990 constant prices, and since 2001 that were calculated at 2000 constant prices, since 2011 that were calculated at 2010 constant prices. Data in 2002-2004 contained business volume of China Tietong and China Netcom.

14-7 主要年份邮电业务通信水平
Communication Level of Postal and Telecommunication Services in Main Years

指　标	Item	2007	2008	2009	2010	2011	2012	2013
邮政通信水平	**Postal Services Available**							
平均每一邮政局所服务面积（平方公里）	Average Area Served by Every Postal Office (sq.km)	2844	2420	3767	3767	3860	3818	3756
平均每一邮政局所服务人口（万人）	Average People Served by Every Postal Office (10 000 persons)	2.24	2.26	3.06	3.11	3.24	3.33	3.23
平均每人每年发函件数（件）	Annual Average Number of Letters Mail per Capita (piece)	1.14	1.03	0.78	1.01	0.93	1.00	1.00
平均每百人每年订报刊数（份）	Annual Average Number of Newspaper and Magazine Subscribed per 100 Persons (piece)	9.86	8.54	6.51	8.72	8.27	8.17	7.23
设有邮政局、所的乡(镇)比重	Percentage of Townships with Postal Offices (%)	35.79	35.90	28.42	28.42	28.42	27.87	27.52
已通邮的行政村比重	Percentage of Administrative Village with Posts (%)	64.75	65.68	73.75	73.76	73.61	73.65	73.56
电信通信水平	**Telecommunication Services Available**							
电话普及率(包括移动电话)（部/百人）	Popularization Rate of Telephone (Include Mobile Telephone) (sets/100 persons)	62.53	66.50	75.80	89.9	100.6	112.6	112.4
农村固定电话普及率（部/百人）	Popularization Rate of Telephone in Rural Area (sets/100 persons)	4.33	8.24	7.78	3.98	3.50	5.53	4.10
移动电话普及率（部/百人）	Popularization Rate of Mobile Telephone (sets/100 persons)	40.19	44.90	56.10	70.7	82.1	94.5	94.6
每千人拥有公用电话数（部）	Public Telephone owned Per 1 000 Persons (sets)	13.78	13.17	12.12	11.00	10.10	9.8	8.17
已通电话的行政村比重（%）	Percentage of Administrative Village with Telephone (%)	100.0	100.0	100.0	100.0	100.0	100.0	100.0

14-8 各地区邮政业务基本情况(2013年)

Basic Conditions of Postal Services by Region(2013)

地 区	Region	邮政业务量(万元) Business Volume of Postal Services (10 000 yuan)	国内 Domestic	国际 Internatonal
总计	**Total**	26056.81	25960.80	96.01
西宁市	Xining City	14050.91	13959.19	91.72
海东市	Haidong City	3157.73	3157.62	0.11
海北州	Haibei Zang A.P	865.19	865.12	0.07
黄南州	Huangnan Zang A.P	598.99	598.32	0.67
海南州	Hainan Zang A.P	1141.33	1140.58	0.75
果洛州	Golog Zang A.P	615.24	615.22	0.02
玉树州	Yushu Zang A.P	944.50	943.60	0.90
海西州	Haixi Mongolian & Zang A.P	4682.92	4681.15	1.77

14-9 全省公路运输能源消费调查基本情况(2013年)

Basic Conditions of Total Provincial Road Transport Energy Consumption Survey(2013)

指标		Item	营运车辆总数(辆) Total Number of Vehicles Operating (unit)	调查车辆数(辆) Total Number of Vehicles Surveyed (unit)	燃油消费总量(万吨(ston)) Fuel Consumption (10 000 tons)
载客汽车 Passenger Car	汽油 Gasoline	7座(seat)<X≤15座(seat)	1770	43	0.67
		X>15座(seat)	158	8	0.10
	柴油 Diesel Fuel	7座(seat)<X≤15座(seat)	65	16	0.05
		15座(seat)<X≤30座(seat)	926	46	0.97
		X>30座(seat)	1277	64	2.27
载货汽车 Truck	汽油 Gasoline	X≤2吨(ston)	21112	89	3.59
		X>2吨(ston)	3050	45	1.15
	柴油 Diesel Fuel	X≤2吨(ston)	25591	83	8.58
		2吨(ston)<X≤4吨(ston)	5090	98	2.63
		4吨(ston)<X≤8吨(ston)	11246	89	9.51
		8吨(ston)<X≤20吨(ston)	11627	117	14.36
		X>20吨(ston)	6131	75	13.43
汽油车		Gasoline Automobile	26089	185	5.52
柴油车		Diesel Vehicle	61952	588	51.80

注："X"代表载客汽车中的座位和载货汽车中的吨位。

a)"X" stands for seats of passenger car and tonnage of truck.

14−10 各地区电话及互联网用户(2013年)
Telephone and Internet Subscribers by Region

地 区 Region	固定电话用户 (户) Number of Fixed Telephone Subscribers (subscribers)	固定电话普及率 (部/百人) Popularization Rate of Fixed Telephone (sets/100 persons)	移动电话用户 (户) Number of Mobile Telephone Subscribers (subscribers)	移动电话普及率 (部/百人) Popularization Rate of Mobile Telephone (sets/100 persons)	互联网宽带接入用户 (户) Broadband Subscribers of Internet (subscribers)
总计 Total	**1017763**	**17.76**	**5424163**	**94.63**	**548897**
西宁市 Xining City	659905	33.25	2362512	119.04	357196
海东市 Haidong City	129872	7.74	1101364	65.65	53239
海北州 Haibei Zang A.P	29631	10.22	266019	91.77	17404
黄南州 Huangnan Zang A.P	17580	6.69	221260	84.21	10823
海南州 Hainan Zang A.P	41078	8.99	419748	91.84	22413
果洛州 Golog Zang A.P	14157	7.50	166405	88.18	8285
玉树州 Yushu Zang A.P	11011	2.81	285043	72.75	7442
海西州 Haixi Mongolian & Zang A.P	53615	19.61	306639	112.16	32650

14−11 电信服务水平(2013年)
Telecommunication Services Level(2013)

指 标		Item		数量 Amount	占全省比重% Percentage of Provincial Total (%)
已通电话的行政村	(个)	Number of Administrative Villages with Telephone	(unit)	4158	100
已通电话的自然村	(个)	Number of Natural Villages with Telephone	(unit)	9375	95.3
3G网络覆盖的(县)市	(个)	Number of Citys and Countys Covered by 3G Network	(unit	46	100
3G网络覆盖的乡(镇)	(个)	Number of Townships and Towns Covered by 3G Network	(unit)	346	94.5
互联网宽带接入普及率	(%)	Popularization Rate of Internet by Broadband	(%)	10	_
其中：城市互联网宽带接入普及率		Popularization Rate of Internet by Broadband of Urban Area		25.1	_
农村互联网宽带接入普及率		Popularization Rate of Internet by Broadband of Rural Area		1.0	_
家庭互联网宽带接入普及率	(%)	Popularization Rate of Household Internet by Broadband	(%)	24.1	_
互联网宽带接入通达的乡(镇)	(个)	Number of Townships and Towns with Access to the Internet by Broadband	(unit)	361	98.6
互联网宽带接入通达的行政村	(个)	Number of Administrative Villages with Access to the Internet by Broadband	(unit)	3526	84.8

主要统计指标解释

铁路营业里程 又称营业长度(包括正式营业和临时营业里程),指办理客货运输业务的铁路正线总长度。凡是全线或部分建成双线及以上的线路,以第一线的实际长度计算;复线、站线、段管线、岔线和特殊用途线以及不计算运费的联络线都不计算营业里程。该指标可以反映铁路运输业基础设施的发展水平,也是计算客货周转量、运输密度和机车车辆运用效率等指标的基础资料。

公路里程 指在一定时期内实际达到《公路工程[WT-BZ]技术标准 JTJ01-88》规定的等级公路,并经公路主管部门正式验收交付使用的公路里程数。包括大中城市的郊区公路以及通过小城镇街道部分的公路里程和桥梁、渡口的长度,不包括大中城市的街道、厂矿、林区生产用道和农业生产用道的里程。两条或多条公路共同经由同一路段,只计算一次,不得重复计算里程长度。该指标可以反映公路建设的发展规模,也是计算运输网密度等指标的基础资料。

民用航空航线里程 指统计期间内全部民用航空航线的航线总长度。航线长度指民用航空航线的计费距离。计算航线里程可按重复和不重复两种方法,前者是指各航线长度相加的总和;后者则要扣除各航线之间相同航段重复计算的部分。

货(客)运量 指在一定时期内,各种运输工具实际运送的货物(旅客)数量。该指标是反映运输业为国民经济和人民生活服务的数量指标,也是制定和检查运输生产计划、研究运输发展规模和速度的重要指标。货运按吨计算,客运按人计算。货物不论运输距离长短、货物类别,均按实际重量统计。旅客不论行程远近或票价多少,均按一人一次客运量统计;半价票、小孩票也按一人统计。

货物(旅客)周转量 指在一定时期内,由各种运输工具运送的货物(旅客)数量与其相应运输距离的乘积之总和。该指标可以反映运输业生产的总成果,也是编制和检查运输生产计划,计算运输效率、劳动生产率以及核算运输单位成本的主要基础资料。计算货物周转量通常按发出站与到达站之间的最短距离,也就是计费距离计算。计算公式为:

货物(旅客)周转量 = $\sum$(货物(旅客)运输量 × 运输距离)

民用汽车拥有量 指报告期末,在公安交通管理部门按照《机动车注册登记工作规范》,已注册登记领有民用车辆牌照的全部汽车数量。汽车拥有量统计的主要分类:根据汽车结构分为载客汽车、载货汽车及其他汽车;根据汽车所有者不同分为个人(私人)汽车、单位汽车;根据汽车的使用性质分为营运汽车、非营运汽车;根据汽车大小规格不同载客汽车分为大型、中型、小型和微型,载货汽车分为重型、中型、轻型和微型。

邮电业务总量 指以货币形式表示的邮电企业为社会提供各类邮电服务的总数量,是用于观察邮电业务发展变化总趋势的综合性总量指标。分别按邮政业务总量和电信业务总量统计。邮电业务总量是以各类业务的实物量分别乘以相应的不变单价,得出各类业务的货币量再加总求得。

移动电话用户 指在电信运营企业营业网点办理开户登记手续,通过移动电话交换机进入移动电话网,占用移动电话号码的各类电话用户。包括 GSM 数字移动电话用户、CDMA 数字移动电话用户和电信运营企业发行的报告期末已激活充值的能异地漫游的各种智能卡用户。

互联网上网人数 指平均每周使用互联网至少 1 小时的 6 周岁以上中国公民人数。

固定电话用户 指在电信运营企业营业网点办理开户登记手续并已接入固定电话网上的全部电话用户。包括普通电话用户、公用电话用户、窄带综合业务数字网(N-ISDN)用户、智能网专用接入终端用户等。按行政区划分为城市电话用户和农村电话用户。

城市电话用户 指直辖市、省辖市、地级市、县级市的市区、市郊区及县城范围内接入局用交换机的电话用户。包括分布在农村地区县团级以上建制的独立工矿区、林区、驻军等电话用户。

农村电话用户 指县城关区以下的集镇和农村接入局用交换机的电话用户。

住宅电话用户 指安装在居民住宅或农民家里并按照住宅电话用户登记注册和收费的各类电话用户。包括私人付费、单位付费和按规定免费安装的住宅电话用户。

Explanatory Notes on Main Statistical Indicators

Length of Railways in Operation refers to the total length of the trunk line for passenger and freight transportation (including both full operation and temporary operation). The calculation is based on the actual length of the first line if this line has a full or partial double (or more). Not included are double tracks, station sidings, tracks under the charge of stations, branch lines, special - purpose lines and non - payable connecting lines. The length of railways in operation is an important indicator to show the development of the infrastructure of railway transport. It is also essential data to calculate volume of passenger freight transport, traffic density and utilization efficiency of locomotives and carriages.

Length of Highways refers to the length of highways which are built in conformity with the grades specified by the highway engineering standard [Highways WTBZ - Technical Standard JTJ01 - 88] formulated by the Ministry of Transport, and have been formally checked and accepted by the departments of highways and put into use. The length of highways includes that of the suburb highways at large and medium - sized cities, highways passing through streets at small cities and towns, and also the length of bridges and ferry piers. It does not include the length of streets in big and medium - sized cities and highways built for the production purpose at factories, mines, forest areas and agricultural areas. If two or more highways go the same section of the way, the length of the section is only calculated for once and no duplication is allowed. The length of highways is an indicator to show the development of the scale of highway construction and to provide essential information to calculate the transport network density.

Length of Civil Aviation Routes refers to the length of all routes for civil aviation flights, which is used to account the freight, during the period of statistics.. There are usually two ways to calculate the route length: duplicated calculation and non - duplicated calculateion, the former is the sum of length of all civil aviation routes, and the latter should deduct the duplication length of same route among all routes.

Freight (Passenger) Traffic refers to the volume of freight (passenger) transported with various means within a specific period of time. This indicator reflects the service of the transport industry towards the national economy and people's living conditions, as well as an important indicator used in formulating and monitoring transport production plans and research into the scale and pace of transport development. Freight transport is calculated in tons and passenger traffic is calculated in terms of number of persons. Freight transport is calculated in terms of the actual weight of the goods and takes no account of the type of freight and distance of travel. Passenger traffic is calculated by the principle that one person can be counted only once in one trip and takes no account of the travelling distance and ticket price. The passengers who travel with a half price ticket or a child's ticket is also calculated as one person.

Freight (passenger) traffic density reflects how busy freight (passenger) traffic is on transportation routes. It provides an important basis for balancing transport capability and throughput capability, planning construction and upgrading of transport routes, installing technical facilities and studying the distribution of transport networks.

Freight Ton - kilometres (Passenger - kilometres) refers to the sum of the product of the volume of transported cargo (passengers) multiplied by the transport distance. It is an important indicator to reflect the achievement of the transportation industry. This is an important indicator to show the total results of the transport industry; to prepare and examine the transport plan; and to serve as the main basic data for calculating the efficiency, labour productivity and unit cost of transport. Normally, the shortest distance between the departure station and the destination station (i. e., the payable distance) is the basis in calculating the freight ton - kilometres. The formula is as follows:

$$\frac{\text{Freight to n - kilometres}}{\text{(passenger - kilometres)}} = \sum \frac{\text{freight}}{\text{(passenger) traffic}} \times \frac{\text{distance of}}{\text{transport ation}}$$

Possession of Civil Motor Vehicles refer to the total numbers of vehicles that are registered and received vehicles license tags according to the Work Standard for Motor Vehicles Registration formulated by the Transport Management Office under the department of public security at the end of the reference period. They are divided into categories. According to the structure of motor vehicles, they are divided into passenger vehicles, trucks and others; according to ownership into private vehicles and vehicles for the unit's use; according to kind of usage into working vehicles and non - working vehicles; and according to size of vehicles into large passenger vehicles, medium - sized passenger vehicles, small passenger vehicles and mini passenger vehicles, heavy trucks, light - heavy trucks, light trucks and mini - trucks.

Business Volume of Post and Telecommunications refers to the total amount of postal and telecommunication services, expressed in value terms, provided by the post and telecommunications departments for society. This indicator reflects the overall results of development of postal and telecommunication services. It can be classificated as postal services and and telecommunication services. Business volume of post and telecommunications is the sum of all services in kind multiplying with the unit price (constant price) to get the total business value.

Mobile Telephone Subscribers refer to persons who have

gone through registration procedures in the operation points of enterprises engaged in telecommunications and are hence connected with the mobile telephone communication network through the mobile telephone switchboards and occupy mobile phone numbers. Included are GSM digital mobile phone subscribers, CDMA digital mobile phone subscribers and subscribers to intelligent phone cards with roaming facility issued by telecommunications enterprises and which have been subscribed to and activated at the end of the reference period.

Internet Users refer to the number of Chinese citizens aged 6 and over who use the Internet at least for one hour each week.

Local Telephone Subscribers refer to all subscribers who have gone through registration procedures in the operation points of enterprises engaged in telecommunications and are hence connected to the local telecommunications service provider through fixed line network. Included are general subscribers, public telephones subscribers, N – ISDN subscribers and intelligent network terminal subscribers. They are also classified in terms of administrative districts as urban telephone subscribers and rural telephone subscribers according to location.

Urban Telephone Subscribers refer to the number of telephone subscribers, located at the different administrative districts of municipalities directly under the Central Government, cities under the jurisdiction of province, cities at prefecture level, downtown and suburb of city at county level town and county towns, that are connected to the public line telephone network, including rural mineral area, forest area, military area.

Rural Telephone Subscribers refer to telephone subscribers, located at the towns below the level of county town and villages, that are connected to the public line telephone network.

Household Telephone Subscribers refer to telephone sets installed in the dwelling units of urban or rural residents, and registered as residence subscribers for payment, including three types of payment for the service: private payment, public payment and free service in accordance with relevant regulations.

第 15 篇
CHAPTER 15

国内贸易
Domestic Trade

社会消费品零售总额及增速

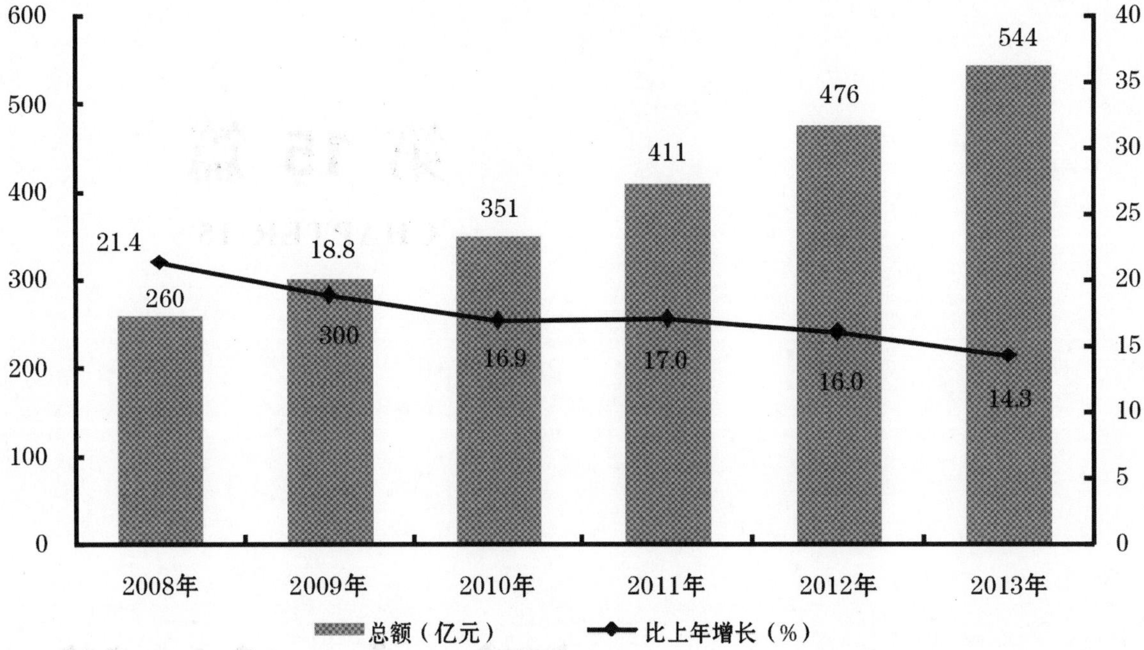

城镇、乡村社会消费品零售额及增速

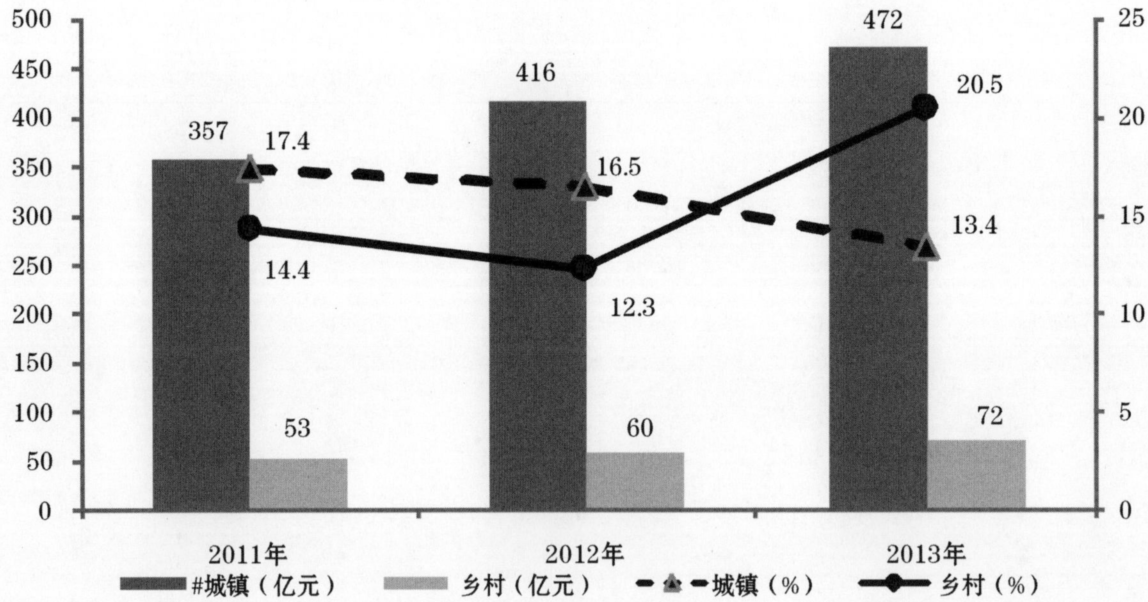

15-1 2008-2013年国内贸易基本情况
Basic Statistics of Domestic Trade(2008-2013)

指 标	Item	2008	2009	2010	2011	2012	2013
法人机构(个)	**Number of Corporation Enterprises (unit)**	**386**	**247**	**267**	**273**	**298**	**376**
批发和零售贸易业	Wholesale and Retail Trades	277	160	177	182	214	268
住宿和餐饮业	Hotels and Catering Services	109	87	90	91	84	108
从业人员 (万人)	**Engaged Persons (10 000 persons)**	**3.29**	**2.82**	**2.80**	**3.38**	**3.27**	**3.61**
批发和零售贸易业	Wholesale and Retail Trades	2.06	1.75	1.71	2.30	2.21	2.54
住宿和餐饮业	Hotels and Catering Services	1.23	1.07	1.09	1.08	1.06	1.07
批发和零售贸易业	**Wholesale and Retail Trades**						
(亿元)	**(100 million yuan)**						
商品购进总额	Total Purchases	329.8	191.2	315.1	512.3	963.0	1243.0
商品销售总额	Total Sales	368.8	244.0	409.9	665.2	1080.8	1329.7
商品库存总额	Total Stocks	35.6	18.4	40.8	33.6	179.8	205.4
社会消费品零售总额	**Total Retail Sales of Consumer Goods**						
(亿元)	**(100 million yuan)**	**259.7**	**300.5**	**350.8**	**410.5**	**476.0**	**544.1**
限额以上单位零售额	Retail Sales of Enterprises above Designated Size			131.0	165.3	185.3	225.7
社会消费品零售总额增速	**Growth of Total Retail Sales of Consumer Goods**	**21.4**	**18.8**	**16.9**	**17.0**	**16.0**	**14.3**

注：2010—2012年社会消费品零售总额增加了“其他”零售额，即非批零住餐法人附营的限额以下产业活动单位零售额及非批零住餐法人单位消费品零售额。

a) The Other Retail Sales have been increased in Total Retail Sales of Consumer Goods from 2010 to 2012. The Other Retail Sales refer to the retail sales of industrial activity unit below designated size attached to non-wholesale and retail trades, non-hotels and catering services legal person units. It also refer to the retail sales of Consumer Goods of non-wholesale and retail trades, non-hotels and catering services legal person units.

15-2 主要年份社会消费品零售总额

Total Retail Sale of Consumer Goods in Main Years

单位：万元 (10 000 yuan)

年 份 地 区	Year Region	社会消费品零售总额 Total Retail Sales of Consumer Goods	按销售单位所在地分 By Location 城镇 City	 城区 County	 乡村 Under County Level
1985		163903			
1986		190154			
1987		213758			
1988		267965			
1989		268978			
1990		287193			
1991		319869			
1992		352897			
1993		490480			
1994		595815			
1995		706331			
1996		763068			
1997		814859			
1998		862361			
1999		917987			
2000		1002576			
2001		1103644			
2002		1233703			
2003		1253967			
2004		1411984			
2005		1615902			
2006		1825969			
2007		2125428			
2008		2597274			
2009		3004652			
2010		3508000	3044000	2293000	464000
2011		4105101	3574410	277910	530691
2012		4760023	4163901	330301	596122
2013		5440816	4722551	3486066	718265
西宁市	Xining City	3650695	3358934	3358934	291761
海东市	Haidong City	630586	394737		235849
海北州	Haibei Zang A.P	148905	128075		20830
黄南州	Huangnan Zang A.P	66624	48445		18179
海南州	Hainan Zang A.P	194807	123188		71619
果洛州	Golog Zang A.P	41334	35425		5909
玉树州	Yushu Zang A.P	46008	32292	18407	13716
海西州	Haixi Mongolian &Zang A.P	661857	653477	249892	8380

注：2010—2012年社会消费品零售总额增加了“其他”零售额，即非批零住餐法人附营的限额以下产业活动单位零售额及非批零住餐法人单位消费品零售额。

a) The Other Retail Sales have been increased in Total Retail Sales of Consumer Goods in 2010-2012. The Other Retail Sales refer to the retail sales of industrial activity unit below designated size attached to non-wholesale and retail trades, non-hotels and catering services legal person units. It also refer to the retail sales of Consumer Goods of non-wholesale and retail trades, non-hotels and catering services legal person units.

15-3 限额以上批发零售贸易业基本情况(2013年)

Basic Conditions of Enterprises above Designated Size in Wholesale and Retail Trades(2013)

指 标	Item	法人企业数(个) Number of Corporation Enterprises (unit)	从业人员(人) Engaged Persons (person)	销售总额(万元) Total Sales Value (10 000 yuan)	批发 Wholesale Trade	零售 Retail Trade
总计	**Total**	**268**	**25471**	**13296712**	**10002694**	**3294019**
批发业	Wholesale Trade	127	11484	11694756	9894353	1800403
按登记注册类型分	**By Status of Registration**					
内资企业	Domestic Funded Enterprises	124	10990	11087439	9364708	1722731
国有企业	State-owned Enterprises	13	1761	1432344	1316446	115898
集体企业	Collective-owned Enterprises	1	29	3307	1707	1600
股份合作企业	Cooperative Enterprises	1	6	1283	1283	
有限责任公司	Limited Liability Corporations	40	2532	5024691	4884655	140036
国有独资公司	State Sole Funded Corporations	5	376	178018	171334	6684
其他有限责任公司	Other Limited Liability Corporations	35	2158	4846673	4713321	133352
股份有限公司	Share-holding Corporations Ltd.	6	4349	2307176	864280	1442896
私营企业	Private Enterprises	62	2301	2315951	2293650	22301
私营独资企业	Private-funded Enterprises	1	16	3025		3025
私营有限责任公司	Private Limited Liability Corporations	61	2285	2312926	2293650	19276
其他企业	Other Enterprises	1	12	2687	2687	
港、澳、台商投资企业	Enterprises with Funds from Hong Kong, Macao and Taiwan	2	179	454148	454148	
合资经营企业(港或澳、台资)	Joint-venture Enterprises	1	8	427141	427141	
港、澳、台商投资股份有限公司	Share-holding Corporations Ltd.	1	171	27008	27008	
外商投资企业	Foreign Funded Enterprises	1	315	153169	75496	77673
外资企业	Enterprises with Sole Fund	1	315	153169	75496	77673
按国民经济行业分组	**Grouped by Sector**					
食品、饮料及烟草制品批发	Wholesale of Food, Beverages and Tobaccos	18	1859	1188234	1187232	1002
纺织、服装及日用品批发	Wholesale of Textiles, Wearing Apparel and Household Articles	5	289	78244	78244	
文化、体育用品及器材批发	Wholesale of Culture, Sports Appliances and Equipments	1	241	20319	13635	6684
医药及医疗器材批发	Wholesale of Medicines and Medical Appliances	12	1214	384694	245160	139534
矿产品、建材及化工产品批发	Wholesale of Mineral Products, Building Materials and Chemical Products	75	6975	9076042	7444378	1631664
机械设备、五金交电及电子产品批发	Wholesale of Machinery, Hardware and Electronics	13	802	938636	917116	21520
贸易经纪与代理	Trade Broker and Agency	1	10	6427	6427	
其他批发业	Other Wholesale Trade	2	94	2161	2161	

注：限额以上批发业包括年主营业务收入在2000万元及以上的批发业企业及个体户；限额以上零售业包括年主营业务收入在500万元及以上的零售业企业及个体户。

a) Wholesale trade units above designated size include the wholesale enterprises and self-employed persons which annual revenue from principal business are 20 million yuan and above. Retail trade units above designated size include the retail enterprises and self-employed persons which. annual revenue from principal business are 5 million yuan and above

15−3 续表 Continued

指 标	Item	法人企业数(个) Number of Corporation Enterprises (unit)	从业人员(人) Engaged Persons (person)	销售总额(万元) Total Sales Value (10 000	批发 Whol-esale Trade	零售 Retail Trade
零售业	**Retail Trade**	**141**	**13987**	**1601956**	**108341**	**1493615**
按登记注册类型分组	**By Status of Registration**					
内资企业	Domestic Funded Enterprises	140	13898	1579782	108341	1471442
国有企业	State-owned Enterprises					
集体企业	Cooperative Enterprises	1	10	1937		1937
股份合作企业	Joint Ownership Enterprises	2	18	1647	921	726
有限责任公司	State Joint Ownership Enterprises	56	9397	1024362	10351	1014010
国有独资公司	Limited Liability Corporations	2	328	110447		110447
其他有限责任公司	Other Limited Liability Corporations	54	9069	913915	10351	903563
股份有限公司	Share-holding Corporations Ltd.	6	787	115200	28579	86622
私营企业	Private Enterprises	73	3642	434740	68040	366700
私营有限责任公司	Private-funded Enterprises	69	3614	422082	56817	365265
私营股份有限公司	Private Partnership Enterprises	3	18	11821	11223	599
其他企业	Private Limited Liability Corporations	2	44	1897	450	1447
港、澳、台商投资企业	Private Share-holding Corporations Ltd.	1	89	22174		22174
港、澳、台商独资经营企业	Other Enterprises	1	89	22174		22174
按国民经济行业分组	**Grouped by Sector**					
综合零售	Integrated Retail	24	5952	447973	7678	440295
食品、饮料及烟草制品专门零售	Special Retail of Food, Beverages and Tobaccos	2	87	5980	4895	1084
纺织、服装及日用品专门零售	Special Retail of Textiles, Wearing Apparel and Household Articles	5	1249	33858		33858
文化、体育用品及器材专门零售	Special Retail of Culture, Sports Appliances and Equipments	5	251	9827	1416	8411
医药及医疗器材专门零售	Special Retail of Medicines and Medical Appliances	12	1339	39941	3578	36362
汽车、摩托车、燃料及零配件专门零售	Special Retail of Motor Vehicles, Motorcycles, Fuel and Parts	69	3994	893354	62254	831100
五金、家具及室内装修材料专门零售	Special Retail of Hardware, Furniture and Interior Decoration Materials	3	129	34011	2357	31655
货摊、无店铺及其他零售业	Stalls, Non-shop and Other Retails	9	389	43132	14311	28822
家用电器及电子产品专门零售	Special Retail of Household Electric Appliances and Electronic Products	12	**597**	93880	11852	82029

15－4 限额以上批发零售贸易企业商品销售类值(2013年)
Total Sales of Enterprises above Designated Size in Wholesale and Retail Trades by Category of Commodities(2013)

单位：万元 (10 000 yuan)

项 目	Item	批发业 Wholesale		零售业 Retail	
		销售额 Sales Value	零售额 Retail Value	销售额 Sales Value	零售额 Retail Value
合计	**Total**	**10118226**	**863174**	**1532876**	**1341425**
食品、饮料、烟酒类	Food, Beverages, Tobacco and Liquor	1062481	518	174434	171248
服装、鞋帽、针纺织品类	Clothing, Shoes, Hats and Textiles	31043		160471	160471
化妆品类	Cosmetics			25093	25093
金银珠宝类	Gold, Silver and Jewellery			41316	41316
日用品类	Articles for Daily Use	1303		48503	48503
五金、电料类	Hardware and Electrical Materials			1056	1056
体育、娱乐用品类	Sports and Recreation Articles			2805	2805
书报杂志类	Newspapers and Magazines	21065	3427	2307	2307
电子出版物及音像制品类	E-journals and Video Products	231	75	3179	3179
家用电器和音像器材类	Household Appliances and Video Appliances	27008		100634	100421
中西药品类	Traditional Chinese and Western Medicines	68113	50	73226	61662
文化办公用品类	Cultural and Offices Appliances			8985	8985
家具类	Furniture			2385	2385
通讯器材类	Communication Appliances	343856		1797	1797
煤炭及制品类	Coal and Related Products	674078	12224	31050	31050
木材及制品类	Wood and Wooden Products				
石油及制品类	Petroleum and Related Products	1683239	844951	260284	99046
化工材料及制品类	Chemical Materials and Related Products	186182			
金属材料类	Metal Materials	5592039			
建筑及装潢材料类	Building and Decoration Materials	526			
机电产品及设备类	Mechanical and Electrical Products	291625		514	514
汽车类	Automobiles	45918	1928	576924	565249
种子饲料类	Seeds and Feedstuff	289			
棉麻类	Cotton, Hemp				
其他类	Others	89231		17915	14341

15-5 限额以上批发零售贸易业财务状况(2013年)

单位：万元

指　标	Item	企业个数 (个) Number of Enterprises (unit)
总计	**Total**	**268**
批发业	**Wholesale Trade**	**127**
按登记注册类型分组	**By Status of Registration**	
内资企业	Domestic Funded Enterprises	124
国有企业	State-owned Enterprises	13
集体企业	Collective-owned Enterprises	1
股份合作企业	Cooperative Enterprises	1
有限责任公司	Limited Liability Corporations	40
国有独资公司	State Sole Funded Corporations	5
其他有限责任公司	Other Limited Liability Corporations	35
股份有限公司	Share-holding Corporations Ltd.	6
私营企业	Private Enterprises	62
私营独资企业	Private-funded Enterprises	1
私营有限责任公司	Private Limited Liability Corporations	61
其他企业	Other Enterprises	1
港、澳、台商投资企业	Enterprises with Funds from Hong Kong, Macao and Taiwan	2
合资经营企业(港或澳、台资)	Joint-venture Enterprises	1
港、澳、台商投资股份有限公司	Share-holding Corporations Ltd.	1
外商投资企业	Foreign Funded Enterprises	1
外资企业	Enterprises with Sole Fund	1
按国民经济行业分组	**Grouped by Sector**	
食品、饮料及烟草制品批发	Wholesale Trade of Food, Beverages and Tobaccos	18
纺织、服装及家庭用品批发	Wholesale Trade of Textiles, Garments and Daily Consumer Articles	5
文化、体育用品及器材批发	Wholesale Trade of Culture, Sports Appliances and Equipments	1
医药及医疗器材批发	Wholesale Trade of Medicines and Medical Appliances	12
矿产品、建材及化工产品批发	Wholesale Trade of Mineral Products, Building Materials and Chemical Products	75
机械设备、五金交电及电子产品批发	Wholesale Trade of Mechanical Equipment, Hardware and Electronic Products	13
贸易经纪与代理	Trade Broker and Agency	1
其他批发业	Other Wholesale Trade	2

Main Financial Indicators of Enterprises above Designated Size in Wholesale and Retail Trades(2013)

(10 000 yuan)

流动资产合计 Working Capitals	固定资产合计 Total Fixed Assets	累计折旧 Accumulated Depreciation	资产总计 Total Assets	负债合计 Total Liabilities	实收资本 Paid-in Capitals	主营业务收入 Revenue from Principal Business
3243904	**474648**	**173286**	**4603661**	**3017355**	**837201**	**12634277**
2741342	**260584**	**113672**	**3795706**	**2428957**	**711313**	**11130440**
2004713	260513	113440	2702005	1695866	471313	10309103
255398	24339	23935	301711	31261	15938	919481
2634	1173	216	3838	2499	1066	3278
1139	4	3	1344	1134	201	1317
753995	65039	17624	1015321	639262	149027	5034643
30166	12343	7477	55211	39113	6928	180905
723829	52696	10146	960110	600149	142099	4853738
330859	151259	64818	589526	387503	183529	2035177
655957	18658	6810	785492	629657	121243	2312296
384	86	0	471	48	600	3025
655572	18572	6810	785021	629609	120643	2309271
4731	42	34	4773	4550	310	2912
645682	71	233	966063	631944	240000	668168
645679	71	233	966060	630209	240000	641160
3			3	1735		27008
90947			127638	101148		153169
90947			127638	101148		153169
322037	31501	23300	377792	58925	28175	947539
23801	666	394	24522	19203	6050	78787
19234	6864	4368	26098	19928	3070	20319
79223	5177	6142	86454	58514	17981	109448
2069091	209011	76196	3028891	2075137	611788	9023153
222447	4881	2713	240943	191307	40489	937899
937	2	2	939	469	500	6427
4571	2482	558	10067	5476	3260	6869

15-5 续表 1

单位：万元

指　标	Item	主营业务成　本 Cost of Principal Business
总计	**Total**	**11881160**
批发业	Wholesale Trade	10537375
按登记注册类型分组	**By Status of Registration**	
内资企业	Domestic Funded Enterprises	9726056
国有企业	State-owned Enterprises	793676
集体企业	Collective-owned Enterprises	2987
股份合作企业	Cooperative Enterprises	1246
有限责任公司	Limited Liability Corporations	4729506
国有独资公司	State Sole Funded Corporations	172408
其他有限责任公司	Other Limited Liability Corporations	4557098
股份有限公司	Share-holding Corporations Ltd.	1943747
私营企业	Private Enterprises	2252207
私营独资企业	Private-funded Enterprises	2884
私营有限责任公司	Private Limited Liability Corporations	2249323
其他企业	Other Enterprises	2687
港、澳、台商投资企业	Enterprises with Funds from Hong Kong, Macao and Taiwan	665086
合资经营企业(港或澳、台资)	Joint-venture Enterprises	638474
港、澳、台商投资股份有限公司	Share-holding Corporations Ltd.	26612
外商投资企业	Foreign Funded Enterprises	146233
外资企业	Enterprises with Sole Fund	146233
按国民经济行业分组	**Grouped by Sector**	
食品、饮料及烟草制品批发	Wholesale Trade of Food, Beverages and Tobaccos	813901
纺织、服装及家庭用品批发	Wholesale Trade of Textiles, Garments and Daily Consumer Articles	77480
文化、体育用品及器材批发	Wholesale Trade of Culture, Sports Appliances and Equipments	14187
医药及医疗器材批发	Wholesale Trade of Medicines and Medical Appliances	101058
矿产品、建材及化工产品批发	Wholesale Trade of Mineral Products, Building Materials and Chemical Products	8599725
机械设备、五金交电及电子产品批发	Wholesale Trade of Mechanical Equipment, Hardware and Electronic Products	918851
贸易经纪与代理	Trade Broker and Agency	6365
其他批发业	Other Wholesale Trade	5809

continued

(10 000 yuan)

销售费用 Selling Expenses	管理费用 Management Expenses	财务费用 Financial Expenses	营业利润 Business Profit	利润总额 Total Profits	应交所得税 Income Tax Payable
225237	**120376**	**33782**	**334005**	**152494**	**30582**
142173	73042	19768	316016	129961	23802
133897	70827	22948	313807	128151	23760
9310	28123	-3053	46512	66388	17712
147	179	78	-521	13	3
34	7	29	2	2	0
34224	15569	12266	244343	33812	5697
4265	3693	177	1872	2840	527
29959	11876	12089	242472	30973	5170
62869	14356	2273	14902	18587	91
27240	12484	11355	8528	9309	257
	108	0	30	30	
27240	12376	11355	8498	9279	257
73	111	0	41	41	
6943	848	-3180	-1543	-1543	42
6137	597	-3191	-857	-857	
806	251	11	-687	-687	42
1333	1367		3753	3353	
1333	1367		3753	3353	
9324	29344	-2779.1	51660	72220	17921
1222	781	238	-951	-664	48
3796	3037	-54.8	490	805	149
3474	2304	303	2152	2305	290
118988	33471	17374	256327	48647	4963
4579	3741	4678	6382	6636	419
29	89	-0.3	-55	1	0
762	274	8	11.9	12	11

15-5 续表 2

单位：万元

指 标	Item	企业个数（个） Number of Enterprises (unit)	流动资产合 计 Working Capitals
零售业	**Retail Trade**	**141**	**502562**
按登记注册类型分组	**By Status of Registration**		
内资企业	Domestic Funded Enterprises	140	498046
集体企业	State-owned Enterprises	1	227
股份合作企业	Cooperative Enterprises	2	991
有限责任公司	Limited Liability Corporations	56	323710
国有独资公司	State Sole Funded Corporations	2	1890
其他有限责任公司	Other Limited Liability Corporations	54	321820
股份有限公司	Share-holding Corporations Ltd.	6	12472
私营企业	Private Enterprises	74	160550
私营有限责任公司	Private-funded Enterprises	70	140346
私营股份有限公司	Private Limited Liability Corporations	3	20049
其他企业	Other Enterprises	1	96
港、澳、台商投资企业	Enterprises with Funds from Hong Kong, Macao and Taiwan	1	4516
港、澳、台商独资经营企业	Enterprises with Sole Fund	1	4516
按国民经济行业分组	**Grouped by Sector**		
综合零售	Integrated Retail	24	99268
食品、饮料及烟草制品专门零售	Special Retail of Food, Beverages and Tobaccos	2	935
纺织、服装及日用品专门零售	Special Retail of Textiles, Wearing Apparel and Household Articles	5	17006
文化、体育用品及器材专门零售	Special Retail of Culture, Sports Appliances and Equipments	5	9298
医药及医疗器材专门零售	Special Retail of Medicines and Medical Appliances	12	42259
汽车、摩托车、燃料及零配件专门零售	Special Retail of Motor Vehicles, Motorcycles, Fuel and Parts	69	242493
五金、家具及室内装修材料专门零售	Special Retail of Hardware, Furniture and Interior Decoration Materials	3	2299
货摊、无店铺及其他零售业	Stalls, Non-shop and Other Retails	9	34592
家用电器及电子产品专门零售	Special Retail of Household Electric Appliances and Electronic Products	12	54411

Continued

(10 000 yuan)

固定资产合计 Total Fixed Assets	累计折旧 Accumulated Depreciation	资产总计 Total Assets	负债合计 Total Liabilities	实收资本 Paid-in Capitals	主营业务收入 Revenue from Principal Business
214064	**59614**	**807956**	**588398**	**125888**	**1503837**
211403	58825	800365	584261	123788	1481887
270	62	596	425	284	1937
144	54	1135	785	202	1717
172714	45441	552526	405628	55401	970915
7675	4645	9568	8187	1108	111119
165039	40716	542959	397441	54292	859797
10983	5539	34086	36127	6296	109445
27291	7729	211925	141215	61591	396916
27139	7526	191116	131628	51210	384258
63	175	20549	9434	10230	11821
		96	81	15	957
2660	789	7591	4137	2100	21950
2660	789	7591	4137	2100	21950
133324	25842	262000	202631	24696	381052
3077	124	4479	2152	300	5981
7476	2685	29466	28596	10060	30704
2736	3634	12795	8074	2756	9527
4427	1410	53566	44458	14387	38675
48244	20301	328917	241572	50119	894808
3252	886	5879	4432	1550	3120
8470	3789	52028	28570	5077	42348
3058	944	58826	27913	16943	97622

15-5 续表 3

单位：万元

指　标	Item	主营业务成　本 Cost of Principal Business	销售费用 Selling Expenses
零售业	**Retail Trade**	**1343786**	**83064**
按登记注册类型分组	**By Status of Registration**		
内资企业	Domestic Funded Enterprises	1324262	81838
集体企业	State-owned Enterprises	1779	81
股份合作企业	Cooperative Enterprises	1574	18
有限责任公司	Limited Liability Corporations	859350	60978
国有独资公司	State Sole Funded Corporations	105012	3783
其他有限责任公司	Other Limited Liability Corporations	754338	57195
股份有限公司	Share-holding Corporations Ltd.	102272	4658
私营企业	Private Enterprises	358500	15992
私营独资企业	Private-funded Enterprises	787	23
私营有限责任公司	Private-funded Enterprises	346721	15312
私营股份有限公司	Private Limited Liability Corporations	10993	657
其他企业	Other Enterprises	787	112
港、澳、台商投资企业	Enterprises with Funds from Hong Kong, Macao and Taiwan	19524	1226
港、澳、台商独资经营企业	Enterprises with Sole Fund	19524	1226
按国民经济行业分组	**Grouped by Sector**		
综合零售	Integrated Retail	325008	36617
食品、饮料及烟草制品专门零售	Special Retail of Food, Beverages and Tobaccos	5091	277
纺织、服装及	Special Retail of Textiles, Wearing Apparel	25946	3350
日用品专门零售	and Household Articles		
文化、体育用品及	Special Retail of Culture, Sports Appliances	7694	781
器材专门零售	and Equipments		
医药及医疗器材专门零售	Special Retail of Medicines and Medical Appliances	32615	3627
汽车、摩托车、燃料及	Special Retail of Motor Vehicles,	824745	27291
零配件专门零售	Motorcycles, Fuel and Parts		
五金、家具及	Special Retail of Hardware, Furniture and	46	2822
室内装修材料专门零售	Interior Decoration Materials		
货摊、无店铺及其他零售业	Stalls, Non-shop and Other Retails	35377	1780
家用电器及	Special Retail of Household Electric	87265	6520
电子产品专门零售	Appliances and Electronic Products		

continued

(10 000 yuan)

管理费用 Management Expenses	财务费用 Financial Expenses	营业利润 Business Profit	利润总额 Total Profits	应交所得税 Income Tax Payable
47334	**14015**	**17989**	**22532**	**6781**
46874	13919	17589	22121	6669
59	0	18	12	2
77		45	2	1
33246	10375	15765	21843	6065
878	95	1377	1411	22
32368	10281	14389	20432	6042
3763	676	-2178	-1770	37
9689	2866	3925	2022	563
63			-36	
9456	2845	3981	2030	554
170	21	-56	28	9
40	2	13	13	2
460	96	400	411	112
460	96	400	411	112
17571	6344	3004	7465	3344
486	63	39	39	
3647	492	-2635	-2429	2
912	194	4	211	45
2085	650	-425	-381	31
16995	6022	12386	11354	2035
1148	-5	-235	-230	
1960	-114	3199	3908	574
2533	369	2653	2595	749

15-6 2012-2013年限额以上住宿餐饮业基本情况
Basic Conditions of Hotels and Catering Services Enterprises above Designated Size (2012-2013)

项 目	Item	法人企业数(个) Number of Corporation Enterprises (unit)		营业总收入(万元) Total Business Income (10 000 yuan)	
		2012	2013	2012	2013
总计	**Total**	**84**	**108**	**116290**	**119347**
一、住宿业	**Hotels**	**55**	**71**	**70195**	**81864**
按登记注册类型分组	**By Status of Registration**				
内资企业	Domestic Funded Enterprises	53	69	64657	76431
国有企业	State-owned Enterprises	13	13	29135	16171
集体企业	Collective-owned Enterprises	4	4	1189	3377
股份合作企业	Cooperative Enterprises	1	1		10800
有限责任公司	Limited Liability Corporations	12	18	12380	17468
其他有限责任公司	Other Limited Liability Corporations	12	18	12380	17468
私营企业	Private Enterprises	19	31	19447	27985
私营独资企业	Private-funded Enterprises	4	5	2019	1929
私营有限责任公司	Private Limited Liability Corporations	9	21	15031	24034
私营股份有限公司	Private Share-holding Corporations Ltd.	6	5	2397	2021
其他企业	Other Enterprises	5	2	2506	630
外商投资企业	Enterprises With Foreign Investment	2	2	5538	5433
中外合资经营企业	Joint-venture Enterprises	1	1	1088	1088
外资企业	Enterprises with Sole Fund	1	1	4451	4345
按国民经济行业分组	**Grouped by Sector**				
旅游饭店	Tourist Hotel	47	61	66721	76599
一般旅馆	Ordinary Hotel	5	8	1776	4499
其他住宿服务	Other Accommodation Services	3	2	1698	766
二、餐饮业	**Catering Services**	**34**	**37**	**46095**	**37482**
按登记注册类型分组	**By Status of Registration**				
内资企业	Domestic Funded Enterprises	29	37	46095	37482
国有企业	State-owned Enterprises	2		3702	
股份合作企业	Cooperative Enterprises				
有限责任公司	Limited Liability Corporations	5	5	11833	6242
其他有限责任公司	Other Limited Liability Corporations	5	5	11833	6242
股份有限公司	Share-holding Corporations Ltd.	1	4	1395	5280
私营企业	Private Enterprises	19	28	27702	25960
私营独资企业	Private-funded Enterprises	5	4	8106	1988
私营有限责任公司	Private Limited Liability Corporations	13	22	17803	22395
私营股份有限公司	Private Share-holding Corporations Ltd.	1	2	1792	1577
其他企业	Other Enterprises	2		1463	
港澳台商投资企业	Hong Kong, Macao and Taiwan-invested Enterprises				
与港澳台商合资经营企业	Joint-venture Enterprises				
外商投资企业	Enterprises with Foreign Investment				
外商投资股份有限公司	Share-holding Corporations Ltd.				
按国民经济行业分组	**Grouped by Sector**				
正餐服务	Dinner	29	37	46095	37482
快餐服务	Fast Food			181	

15-7 城乡个体工商业基本情况(2013年)

Basic Statistics of Individual Industry and Commerce in Urban and Rural Areas(2013)

项　目	Item	户　数 (个) Number of Stores (unit)	城镇 Urban	从业人员 (人) Engaged Persons (person)	城镇 Urban	资金数额 (万元) Amount of Funds (10 000 yuan)	城镇 Urban
合计	**Total**	**154109**	**134569**	**404859**	**372059**	**788561**	**710592**
农林牧渔业	Agriculture, Forestry, Animal Husbandry and Fishery	702	469	2272	1432	22172	17398
采矿业	Mining	122	65	667	342	3873	2349
制造业	Manufacturing	8498	6915	22745	16718	50096	37153
电力、燃气及水的生产和供应业	Production and Supply of Electricity, Gas and Water	20	18	47	44	777	773
建筑业	Construction	254	234	760	691	3377	3199
交通运输、仓储和邮政业	Transport, Storage and Post	1938	1898	2414	2363	11455	11315
信息传输、计算机服务和软件业	Information Transmission, Computer Services and Software	447	377	934	728	1384	1210
批发和零售业	Wholesale and Retail Trades	99183	86150	197188	181553	368563	337723
住宿和餐饮业	Hotels and Catering Services	21519	19043	134375	129544	233640	214172
房地产业	Real Estate	27	26	50	49	196	106
租赁和商务服务业	Leasing and Business Services	811	783	1646	1568	6424	5921
科学研究、技术服务和地质勘查业	Scientific Research, Technical Service and Geologic Prospecting	224	218	437	429	977	968
水利、环境和公共设施管理业	Management of Water Conservancy, Environment and Public Facilities	10	10	22	22	35	35
居民服务和其他服务业	Services to Households and Other Services	15731	14364	31175	28667	59854	55101
教育	Education	16	15	47	39	79	69
卫生、社会保障和社会福利业	Health, Social Security and Social Welfare	768	655	1491	1329	5074	4618
文化、体育和娱乐业	Culture, Sports and Entertainment	1333	1208	2834	2592	14048	12986
其他行业	Others	2506	2121	5755	3949	6538	5496

15-8 城乡私营企业基本情况(2013年)

Basic Statistics of Private Enterprises in Urban and Rural Areas(2013)

单位：个、万元 (unit，10 000 yuan)

项 目	Item	合计 Total		#城镇 Urban		#独资 Sole Funded	
		单位数 Number of Enterprises	注册资金 Registered Capital	单位数 Number of Enterprises	注册资金 Registered Capital	单位数 Number of Enterprises	注册资金 Registered Capital
合计	**Total**	**26088**	**12744231**	**16238**	**7344042**	**2573**	**217169**
农林牧渔业	Agriculture, Forestry, Animal Husbandry and Fishery	1681	432934	762	217448	365	31164
采矿业	Mining	594	586774	313	349575	156	17278
制造业	Manufacturing	2777	1801070	1477	782416	595	46745
建筑业	Construction	2485	1104308	1820	424827	36	1286
交通运输、仓储和邮政业	Transport, Storage and Post	594	160886	388	107202	23	615
信息传输、计算机服务和软件业	Information Transmission, Computer Services and Software	795	75536	433	47744	307	9090
批发和零售业	Wholesale and Retail Trades	9372	3660492	6103	2209774	388	42103
住宿和餐饮业	Hotels and Catering Services	690	145853	443	79012	177	26405
金融业	Financial Intermediation	138	484472	103	393965		
房地产业	Real Estate	1122	1353719	658	599707	5	27
租赁和商务服务业	Leasing and Business Services	2488	1574921	1792	1201782	70	6049
电力、热力、燃气的生产和供应业	Production and Supply of Electriaty, Heat and Gas	323	817732	151	650414	32	8617
科学研究、技术服务和地质勘查业	Scientific Research, Technical Service and Geologic Prospecting	671	225730	489	125486	9	583
水利环境和公共设施管理业	Management of Water Conservancy, Environment and Public Facilities	220	62953	141	33242	2	150
居民服务和其他服务业	Services to Households and Other Services	1479	142723	890	72489	226	12344
教育	Education	30	2964	18	2603	22	2205
卫生、社会保障和社会福利业	Health, Social Security and Social Welfare	73	15619	39	6200	34	7127
文化、体育和娱乐业	Culture, Sports and Entertainment	238	39579	141	30989	93	3079
其他行业	Others	318	55967	77	9165	33	2303

15-9 零售业连锁经营情况综合表(2013年)
Statistics on Chain Business of Retail Trade(2013)

单位：个、人、万元 (unit，person，10 000 yuan)

指标	Item	连锁总店数 Number of General Chain Stores	门店数 Number of Branch Stores	年末从业人员数 Engaged Persons	连锁门店商品购进总额 Total Purchases Value of Branch Stores	统一配送商品购进额 Centralized Purchase and Delivery	连锁门店商品销售额 Sales of Commodities of Branch Stores
总计	**Total**	**11**	**108**	**6402**	**189780**	**55965**	**240147**
一、零售业	**Retail Trade**	**10**	**102**	**5813**	**158464**	**46658**	**207377**
按零售行业中类分组	**By Subdivision Sector**						
综合零售	Integrated Retail	4	72	4059	108509	779	144795
纺织、服装及日用品专门零售	Special Retail of Textiles, Garments and Daily Consumer Articles	3	18	955	29427	25350	41087
医药及医疗器材专门零售	Special Retail of Medicines and Medical Appliances	3	12	799	20529	20529	21496
按登记注册类型分组	**By Status of Registration**						
内资企业	Domestic Funded Enterprises	11	108	6402	189780	55965	240147
有限责任公司	Limited Liability Corporations	9	95	5620	183340	53601	230156
其他有限责任公司	Other Limited Liability Corporations	9	95	5620	183340	53601	230156
私营企业	Private Enterprises	2	13	782	6441	2364	9992
私营有限责任公司	Private Limited Liability Corporations	2	13	782	6441	2364	9992
按批发零售连锁业态分组	**By Wholesale and Retail Trade Business Categories**						
超市	Supermarkets	1	65	1160	28834		29325
大型超市	Large Supermarkets	2	4	766	26324		50250
百货商店	Department Stores	1	3	2133	53350	779	65219
专业店	Specialty Stores	6	30	1754	49956	45879	62583
其他	Others	1	6	589	31316	9307	32770
二、批发业	**Wholesale Trade**	**1**	**6**	**589**	**31316**	**9307**	**32770**
按批发行业中类分组	**By Subdivision Sector of Wholesale Trade**						
食品、饮料及烟草制品批发	Wholesale of Food, Beverages and Tobaccos	1	6	589	31316	9307	32770

15-10 商品交易市场情况(2013年)
Statistics on Commodity Exchange Markets(2013)

单位：个、平方米、万元 (unit，sq.m，10 000 yuan)

指标	Item	市场数 Number of Markets	总摊位数 Number of Booths	营业面积 Operating Area	成交额 Turnover
总计	**Total**	**8**	**5298**	**283968**	**244573**
按市场类别分组	**By Markets Category**				
综合市场	Integrated Markets				
农产品综合市场	Farm Produce Comprehensive Markets				
其他综合市场	Other Comprehensive Markets				
专业市场	Special Markets	8	5298	283968	244573
农产品市场	Farm Produce Markets	2	521	136203	56515
粮油市场	Grain and Oil Markets				
蔬菜市场	Vegetables Markets	1	165	20000	11315
其他农产品市场	Others	1	356	116203	45200
食品、饮料及烟酒市场	Food, Beverages, Tobacco and Liquor Markets				
食品饮料市场	Food and Beverages Markets				
纺织、服装、鞋帽市场	Textiles, Clothing, Shoes and Hats Markets	3	4093	126600	104132
服装市场	Clothing Markets	1	483	21600	10608
其他纺织服装鞋帽市场	Others	2	3610	105000	93524
医药、医疗用品	Medicine, Medical Materials				
及器材市场	and Medical Instruments Markets	1	50	8000	40000
中药材市场	Chinese Medicine Markets	1	50	8000	40000
家具、五金及装饰材料市场	Furniture, Hardware and Decoration Materials Markets	1	612	12165	33678
装饰材料市场	Decoration Materials Markets	1	612	12615	33678
五金材料市场	Hardware Materials Markets				
生产资料市场	Means of Production Markets	1	22	1000	10248
金属材料生产	Production of Metal Materials	1	22	1000	10248
按营业状态分组	**By Operating Status**				
常年营业	Perennial Operation	8	5298	283968	244573
按经营方式分组	**By Operation Mode**				
以批发为主	Wholesale as the Main Mode	4	3543	237203	133443
以零售为主	Retail as the Main Mode	4	1755	46765	111130
按经营环境分组	**By Business Environment**				
露天式	Open Air	3	861	138803	66056
封闭式	Closed	5	4437	145165	178517
其他	Others				

主要统计指标解释

社会消费品零售总额 指批发和零售业、餐饮业、新闻出版业、邮政业和其他服务业等，售予城乡居民用于生活消费的商品和社会集团用于公共消费的商品之总量。社会消费品零售总额包括：

一、批发和零售业企业（单位）售予城乡居民用于生活消费和社会集团用于公共消费的商品。包括：

1. 售予城乡居民的各种生活消费品；

2. 售予入境旅游的外国人、华侨、港澳台同胞的各类商品；

3. 售予行政事业单位、社会团体、军队和武警等机构的商品，以及以零售方式售予各类企业的商品。具体包括：用于非生产和社会交往的办公用品，如通讯设备、计算器具和设备、电讯网络设备、文印设备、音像视听器材和设备、纸张、本册、文具及装订文印材料、家具、日用电器、针纺织品、清洁卫生用品、文体用品、奖品、纪念品、礼品等；供内部人员乘坐的交通工具和燃料；用于办公设施修缮的各类配件、材料、工具等；用于取暖和防暑降温的设备、燃料、材料及食品等；专用于教学的用品和设备；非营利医疗机构的中、西药品、中药材和医疗设备器材；非专用的劳动保护用品；不对外营业的内部食堂用的餐具、炊具、设备、清洁卫生工具和食品、燃料等；军队、武警用于其人员生活的衣着品和个人用品；其他各类非生产性设备和用品。

二、餐饮业出售的主食、菜肴、烟酒饮料和其他商品。

三、新闻出版业、邮政业售予城乡居民、企事业单位、军队和武警等机构的书报杂志、音像制品、邮品等。

四、其他服务业出售的食品、烟酒饮料、服装鞋帽、日常生活用品、医药保健用品、艺术品、工艺美术品、玩具、殡葬用品以及其他消费品。

批发和零售业商品购进、销售、库存总额 指各种登记注册类型的批发和零售业企业（单位）以本企业（单位）为总体的，从国内、国外市场购进的商品总量，销售和出口的商品总量、库存的商品总量等情况。该指标可以反映商品流转过程中商品的购进、销售、库存之间的比例关系和存在的问题。

购进总额 指从本企业（单位）以外的单位和个人购进（包括从境外直接进口）作为转卖或加工后转卖的商品总额。它反映批发和零售业从国内、国外市场上购进商品的总量。商品购进包括：(1)从工农业生产者购进的商品；(2)从出版社、报社的出版发行部门购进的图书、杂志和报纸；(3)从各种登记注册类型的批发和零售业企业（单位）购进的商品；(4)从其他单位购进的商品，如从机关、团体、企业等单位购进的剩余物资，从住宿和餐饮业、其他服务业购进的商品，从海关、市场管理部门购进的缉私和没收的商品，从居民手中收购的废旧商品等；(5)从国（境）外直接进口的商品。不包括企业（单位）为自身经营用和未通过买卖行为而收入的商品以及销售退回、商品升溢等。

销售总额 指对本企业（单位）以外的单位和个人出售（包括对境外直接出口）的商品总额。它反映批发和零售业在国内市场上销售商品以及出口商品的总量。商品销售包括：(1)售给城乡居民和社会集团消费用的商品；(2)售给工业、农业、建筑业、运输邮电业、批发和零售业、住宿和餐饮业、其他服务业等作为生产、经营使用的商品；(3)售给批发和零售业作为转卖或加工后转卖的商品；(4)对国（境）外直接出口的商品。不包括出售本企业（单位）自用的废旧包装用品，未通过买卖行为付出的商品，经本单位介绍、由买卖双方直接结算、本单位只收取手续费的业务，购货退出的商品以及商品损耗和损失等。

库存总额 指报告期末各种登记注册类型的批发和零售业企业（单位）已取得所有权的商品。它反映批发和零售业企业（单位）的商品库存情况和对市场商品供应的保证程度。商品库存包括：(1)存放在批发和零售业经营单位（如门市部、批发站、经营处）仓库、货场、货柜和货架中的商品；(2)挑选、整理、包装中的商品；(3)已记入购进而尚未运到本单位的商品，即发货单或银行承兑凭证已到而货未到的商品；(4)寄放他处的商品，如因购货方拒绝承付而暂时存放在购货方的商品和已办完加工成品收回手续而未提回的商品；(5)委托其他单位代销（未作销售或调出）尚未售出的商品；(6)代其他单位购进尚未交付的商品。不包括所有权不属于本单位的商品、委托外单位加工生产尚未收回成品的商品、外贸企业代理其他单位从国外进口尚未付给订货单位的商品、代国家物资储备部门保管的商品等。

Explanatory Notes on Main Statistical Indicators

Total Retail Sales of Consumer Goods refer to the sum of retail sales of commodities sold by wholesale and retail trades, catering services, publishing, post and telecommunications and other service industries to urban and rural households for household consumption and to social institutions for public consumption. Retail sales of consumer goods include:

1) Sales sold by wholesale and retail trades to urban and rural households for household consumption and to social institutions for public consumption.

a) of commodities to urban and rural households;

b) of commodities to foreigners, overseas Chinese and Chinese compatriots from Hong Kong, Macao and Taiwan visiting China;

c) of commodities to government agencies, institutions, social organizations, military and armed police units, and commodities to enterprises in the form of retail sales. More specifically, they include: office facilities and articles for non - production purposes such as communications equipment, computing equipment and instruments, TV and network equipment, printing and copying equipment, audio - visual equipment and instruments, paper, notebooks, stationeries, furniture, electric appliances, knitwear, sanitation and cleaning articles, cultural and sport articles, articles for prizes, souvenirs, etc.; transport vehicles and fuels for employees; materials, spare parts and tools for the maintenance of office facilities; equipment, fuels, materials and food for winter heating or summer cooling purposes; articles and equipment for teaching purpose; Chinese and western medicines and medical equipment and facilities purchased by non profit - making medical institutes; non - specialized work safety articles; cooking utensils, tableware, equipment, cleaning articles, food and fuels purchased by in - house cafeterias; clothes and personal articles purchased by military or armed police units for their officials and soldiers; and other equipment and articles for non - production purposes.

2) Sales of stable food, cooked dishes, beverages, tobaccos and other articles by catering units.

3) Sales of books, newspapers, magazines, audio - visual products and post products by publishing, post and telecommunications departments to urban and rural households and to enterprises, institutions, military and armed police units.

4) Sales of food, beverages, tobaccos, clothing, hats, footwear, articles for daily use, medicines, medical and health articles, work of art, handicrafts, toys, funeral articles and other articles by other service industries.

Purchase, Sales and Stock of Commodities by Wholesale and Retail Trades refer to the total volume of commodities purchased, total volume of sales and exports, and the stock of commodities by wholesale and retail enterprises (establishments) of different status of registration from domestic and overseas markets. This indicator reflects the relationship among purchase, sales and stock of commodities in the circulation of goods and reveals the existing problems.

Total Purchases of Commodities refer to the total value of purchases of commodities by enterprises (establishments) from other establishments or individuals (including direct import from abroad) for the purpose of re - selling, either with or without further processing of the commodities purchased. This indicator is used to show the total value of purchases of commodities by wholesale and retail establishments from domestic and overseas markets. The purchases include: (1) agricultural and industrial products purchased from producers; (2) books, magazines and newspapers purchased from distribution departments of the publishers; (3) commodities purchased from wholesale and retail establishments of different status of registration; (4) commodities purchased from other units, such as surplus materials purchased from government agencies, enterprises or institutions, commodities purchased from hotels and catering services establishments, confiscated goods purchased from customs authorities or market management agencies, second - hand goods and wastes purchased from residents; and (5) commodities directly imported from abroad. Excluded are commodities purchased by enterprises (establishments) for use in their own business operation, commodities obtained without buying or selling procedures, rejected commodities, etc.

Total Sales of Commodities refer to value of commodities sold by the establishments to other establishments and individuals (including direct export to abroad). This indicator is used to show the total value of sales of commodities at domestic markets and export. The sales include: (1) commodities sold to urban and rural residents and social groups for their consumption; (2) commodities sold to establishments in industry, agriculture, construction, transportation, post and telecommunications, wholesale and retail trades, hotels and catering services, and public utility for their production and operation; (3) commodities sold to wholesale and retail establishments for re - selling, with or without further processing; and (4) commodities for direct export to abroad. Excluded are selling of waste packaging materials used by the establishments (units) themselves, commodities transferred without buying or selling procedures, commission income from brokerage in transactions for which settlement is directly handled by buyers and sellers, rejected commodities in the purchase, loss in commodities, etc.

Total Stock of Commodities refers to total commodities possessed by wholesale and retail enterprises (units) of various types of registration status at the end of the reference period, reflecting the commodity stock level of various wholesale and retail enterprises and the potential for market supply. It includes: (1) commodities located in storage, garages, counters, and shelves of operating units (such as sale stores, wholesale centres, and operating offices) of wholesale and retail enterprises; (2) commodities in the process of being selected, sorted, and packed; (3) commodities not arrived but recorded as purchase in the account, i. e. commodities not arrived but payment receipts for the commodities from the sellers or the banks arrived; (4) commodities deposited in other places rather than places mentioned above, for instance: commodities in the hold of purchasers temporarily due to the refusal of payment and commodities not taken back after going through the formalities; (5) commodities entrusted to other units to sell but not sold yet; (6) commodities purchased for other units but not delivered yet. Commodities not included as stock are those not owned by the enterprises (units), commodities on commission for processing but not yet delivered, imported commodities of agency of foreign trade enterprise but not yet delivered to ordering units and finally those put in stock on behalf of the state material reserves units.

第 16 篇
CHAPTER 16

对外经济贸易和旅游
Foreign Trade , Economic Cooperation and Tourism

进出口贸易（万美元）

旅游外汇收入（万美元）

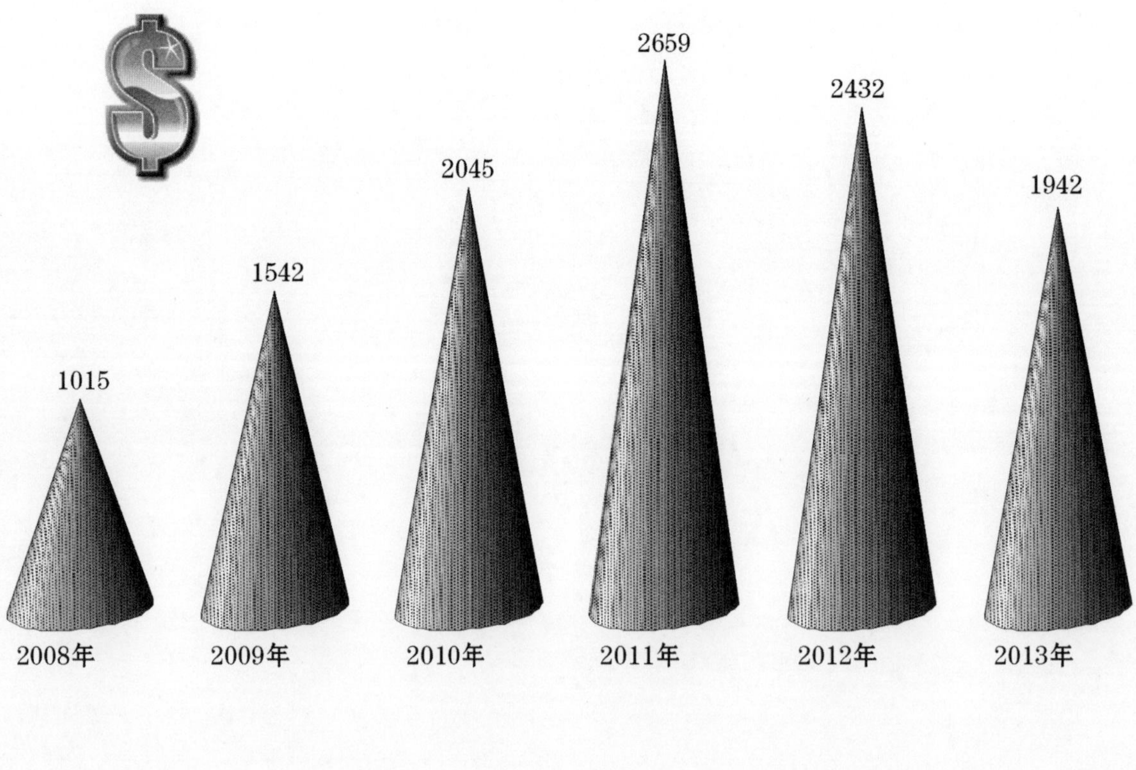

16-1 主要年份进出口贸易总额
Total Value of Imports and Exports in Main Years

单位：万美元 (USD 10 000)

年 份 地 区	Year Region	进出口总额 Total Value of Imports and Exports	进口总额 Total Imports	出口总额 Total Exports
1990		7027	222	6805
1991		7791	240	7552
1992		10399	1356	9043
1993		12442	2268	10174
1994		14331	1981	12350
1995		16226	2419	13807
1996		22497	9017	13480
1997		16476	4036	12440
1998		11405	974	10431
1999		10785	2099	8686
2000		15973	4773	11200
2001		20490	5577	14913
2002		19671	4562	15109
2003		33913	6526	27387
2004		57551	12075	45476
2005		41338	9014	32324
2006		65175	11752	53422
2007		61207	22616	38591
2008		68847	26972	41875
2009		58590	33491	25099
2010		78906	32276	46630
2011		92382	26199	66182
2012		116016	43032	72984
2013		140256	55530	84726
西宁市	Xining City	124115	46243	77872
海东市	Haidong City	5844	13	5831
海北州	Haibei Zang A.P	2280	2263	17
海南州	Hainan Zang A.P	557	111	446
海西州	Haixi Mongolian & Zang A.P	7458	6900	558
黄南州	Huangnan Zang A.P	2		2

16−2 2013年海关进口主要商品总值表

Total Amount and Value of Major Import Commodities by Customs(2013)

单位：万美元 (USD 10 000)

商品名称	Item	金 额 Value
氧化铝	Aluminum Oxide	8048
液泵及液体提升机	Liquid Pump and Liquid Elevator	634
机械提升搬运装卸设备及零件	Mechanical Handling Equipment and Parts	210
建筑及采矿用机械及零件	Construction and Mining Machinery and Parts	32
纺织机械及零件	Textile Machinery and Parts	111
金属加工机床	Machine Tools	284
阀门	Valves	945
电动机及发电机	Electric Motors and Generators	78
旋转式电力设备的零件	Rotary Electric Equipment Parts	18
非泡沫塑料的板、片、膜、箔	Non Foam Plates,Sheets, Films and Foils	93
合成纤维长丝机织物	Synthetic Fiber Filament Fabrics	203
钢铁或铝制结构体及其部件	Iron or Aluminum Structures and Parts	1084
饮料及液体食品灌装设备	Beverages and Liquid Food Filling Equipments	110
计量监测分析自控仪器及器具	Measurement of Self-control Monitoring and Analysis Instruments and Apparatus	523
机电产品	Mechanical and Electrical Products	15559
高新技术产品	High and New-tech Products	2660
铅矿砂及其精矿	Lead Ores and Concentrates	4784
煤及褐煤	Coal and Lignite	19966

16-3 2013年海关出口主要商品总值表

Total Amount and Value of Major Export Commodities by Customs(2013)

单位：万美元 (USD 10 000)

商品名称	Item	金 额 Value
硅铁	Ferro-silicon	13638
铁合金	Ferroalloy	13753
箱包及类似容器	Bags and Similar Containers	1760
药材	Medicinal Materials	1135
医药品	Medical and Pharmaceuticals Products	249
纺织纱线、织物及制品	Textile Yarn, Fabrics and Products	17980
干豆	Dried Beans	146
塑料编织袋(周转袋除外)	Bags of PP or PE Strip(Except Turnover Bags)	71
玻璃制品	Glass Products	1562
装饰用陶瓷制品	Ceramic Products for Decorating	266
钢材	Rolled Steel	460
未锻造的铝及铝材	Unwrought Alumm and Its Material	4864
钢铁或铜制标准紧固件	Iron or Copper Nails,Bolts,etc	146
锁	Locks	376
二极管及类似半导体器件	Diode and Semi Conductors	2218
汽车零件	Parts of Motor Vehicles	430
日用钟	Clocks	299
家具及其零件	Furniture and Parts	993
旅行用品及箱包	Travel Goods and Bags	1760
服装及衣着附件	Clothing and Accessories	8849
帽类	Hats	1714
塑料制品	Plastic Articles	3069
机电产品	Mechanical and Electrical Products	14574
高新技术产品	High and New-tech Products	2439

16-4 2012-2013年海关按国别(地区)分出口总值

Total Value of Export by State and Region From the Customs (2012-2013)

单位：万美元 (USD 10 000)

国 家(地区)	Country (Region)	2012	2013	国 家(地区)	Country (Region)	2012	2013
亚 洲	**Asia**			意大利	Italy	972.2	2257.1
孟加拉国	Bangladesh	612.8	161.5	荷 兰	Netherlands	1504.8	259.4
中国香港	Hong Kong, China	3983.0	11627.8	希 腊	Greece	154.7	174.2
印 度	India	566.4	1657.8	葡萄牙	Portugal	32.3	110.9
印度尼西亚	Indonesia	700.6		西班牙	Spain	489.0	770.3
伊 朗	Iran	276.4	614.7	奥地利	Austria	9.8	1.0
以色列	Israel	223.5	339.9	芬 兰	Finland	109.2	71.9
日 本	Japan	18008.1	11816.3	挪 威	Norway	32.5	51.0
约 旦	Jordan	99.5	423.3	波 兰	Poland	183.9	153.3
科威特	Kuwait	94.4	106.3	罗马尼亚	Romania	84.1	179.4
老 挝	Laos			瑞 典	Sweden	52.2	72.1
黎巴嫩	Lebanon	78.2	258.6	瑞 士	Switzerland	55.2	4.9
马来西亚	Malaysia	2357.8	2054.6	俄罗斯	Russia	248.9	1057.0
阿 曼	Oman	51.3	53.0	乌克兰	Ukraine	131.1	393.4
巴基斯坦	Pakistan	7127.8	8002.5	斯洛文尼亚	Slovenia	21.7	91.1
菲律宾	Philippines	99.7	476.0	捷 克	Czech	53.0	6.7
沙特阿拉伯	Saudi Arabia	2871.5	2845.0	**拉丁美洲**	**Latin America**		
新加坡	Singapore	1577.6	572.3	阿根廷	Argentina	127.0	213.3
韩 国	Korea Rep.	2484.0	2993.6	巴 西	Brazil	650.4	1375.4
斯里兰卡	Sri Lanka	80.2	89.2	智 利	Chile	564.5	899.9
泰 国	Thailand	888.9	619.3	哥伦比亚	Colombia	110.4	335.9
土耳其	Turkey	335.7	350.8	古 巴	Cuba	26.9	59.9
阿联酋	United Arab Emirates	1297.0	1656.2	多米尼加共和	Dominica Rep.	5.0	74.8
也门共和国	Republic of Yemen	106.2	361.0	厄瓜多尔	Ecuador	33.4	114.6
越 南	Vietnam	164.9	109.1	委内瑞拉	Venezuela	14.3	128.9
中国台湾	Taiwan, China	292.0	358.3	危地马拉	Guatemala	22.6	51.8
非 洲	**Africa**			墨西哥	Mexico	389.1	430.1
阿尔及利亚	Algeria	136.6	799.3	巴拿马	Panama	657.1	393.9
埃 及	Egypt	353.7	769.8	秘 鲁	Peru	210.0	274.1
尼日利亚	Nigeria	220.6	340.7	波多黎各	Puerto Rico		19.9
南非(阿扎尼亚)	South Africa	420.0	565.3	萨尔瓦多	El Salvador		57.5
欧 洲	**Europe**			**北美洲**	**North America**		
比利时	Belgium	458.2	465.5	加拿大	Canada	1699.4	2112.6
丹 麦	Denmark	62.1	17.6	美 国	The United States	7186.3	4999.7
英 国	Britain	1167.5	2020.3	**大洋洲及太平洋**	**Oceanic and Pacific Islands**		
德 国	Germany	2323.3	2228.4	澳大利亚	Australia	1433.9	932.3
法 国	France	439.7	330.3	新西兰	New Zealand	108.8	262.2

16-5 主要年份利用外资概况

Utilization of Foreign Capital in Main Years

单位：万美元 (USD 10 000)

年 份 Year	外商直接投资 Direct Foreign Investments		
	项 目(个) Number of Projects (unit)	合同利用外资额 Total Amount of Contracted Foreign Investment	实际利用外资额 Total Amount of Foreign Investment Actually Utilized
1985	4	318.0	108.3
1991	2	19.0	13.0
1992	11	399.0	191.1
1993	54	4300.0	899.8
1994	19	2143.5	964.5
1995	28	5447.0	1064.0
1996	18	2799.0	1113.6
1997	22	7284.0	2179.0
1998	24	12583.0	5065.7
1999	15	2821.0	2670.5
2000	40	15312.0	5309.0
2001	47	15961.0	5586.0
2002	32	21268.4	11380.4
2003	44	35767.0	19167.0
2004	52	35330.0	22500.0
2005	29	35562.0	26600.0
2006	17	40608.3	27500.0
2007	37	41601.3	31000.0
2008	22	30898.6	22000.0
2009	8	30835.4	21500.0
2010	17	31658.0	21930.0
2011	6	33596.2	16893.2
2012	16	37100.5	20578
2013	13	16750.8	9372.3

16-6 2012－2013年按行业分外商直接投资合同外资额

Direct Foreign Investments by Sector(2012－2013)

行业	Sector	项目(个) Number of Projects (unit)		金额(万美元) Value (USD 10 000)	
		2012	2013	2012	2013
总计	**Total**	**16**	**13**	**37100**	**16751**
农、林、牧、渔业	Agriculture, Forestry, Animal Husbandry and Fishery	2		1184	
采掘业	Mining		1		1772
制造业	Manufacturing	3	6	12671	6683
电力、煤气及水的生产和供应业	Production and Supply of Electricity, Gas and Water	2	1	20881	1000
建筑业	Construction				
交通运输、仓储和邮政业	Transport, Storage and Post				
批发和零售	Wholesale and Retail Trades	5		1268	
住宿和餐饮业	Hotels and Catering Services	1	1	2	5
房地产业	Real Estate				
租赁和商务服务业	Leasing and Business Services	3	3	1094	6550
科学研究、技术服务和地质勘查业	Scientific Research, Technical Service and Geologic Prospecting				
水利、环境和公共设施管理业	Management of Water Conservancy, Environment and Public Facilities		1		741
居民服务和其他服务业	Services to Households and Other Services				
卫生体育和社会福利业	Health, Sports and Social Welfare				
其他	Others				

注：其他是上年项目续建金额。

a) Others Means the Amount of Continued Construction Projects of the Previous Year.

16-7 2012－2013年利用外资额(按方式和国别分)

Utilization of Foreign Capital (by Method and Country) (2012－2013)

单位：万美元 (USD 10 000)

指 标	Item	合同数(个) Number of Projects (unit)		外方直接投资合同金额 Contracted Value of Direct Foreign Investments	
		2012	2013	2012	2013
总计	**Total**	**16**	**13**	**37100**	**16751**
按投资方式分组	**By Investment Form**				
合资经营企业	Equity Joint Venture	10	5	3153	3116
合作经营企业	Contractural Joint Venture				1610
外资企业	Wholly Foreign-owned Enterprise	6	8	33947	12025
股份制	FDI Shareholding Inc.				
其 它	Others				
按投资国别(地区)分组	**By Country or Region**				
亚 洲	**Asia**	**13**	**12**	**5115**	**14563**
中国香港	Hong Kong, China	10	10	5100	14496
印度尼西亚	Indonesia				
韩 国	Republic of Korea	1	1	2	5
日 本	Japan	1		13	12
新加坡	Singapore		1		50
欧 洲	**Europe**				**551**
德 国	Germany				
荷 兰	Holland				
英 国	Britain				
法 国	France				551
瑞 士	Switzerland				
美 洲	**America**	**1**		**29697**	**1610**
加拿大	Canada				
美 国	The United States	1		19108	
维尔京群岛	Virgin Islands			10589	1610
大洋洲及太平洋诸岛	**Oceanic and Pacific Islands**	**1**		**2273**	
澳大利亚	Australia	1		500	
萨摩亚	**Samoa**	1		1773	
新西兰	New Zealand				
其他(外商投资企业再投资	**Others**		**1**	**15**	**28**

16−8　2009－2013年旅游事业发展情况

Development of Tourism (2009－2013)

指　标	Item	2009	2010	2011	2012	2013
年末旅行社数　（个）	**Number of Travel Agencies (unit)**	**198**	**188**	**217**	**229**	**245**
国际旅行社	International Travel Agencies	20	7	7	13	14
国内旅行社	Domestic Travel Agencies	178	181	210	216	231
年末旅行社从业人员　（人）	**Engaged Persons of Travel Agencies (person)**	**1940**	**1551**	**2033**	**2391**	**2456**
国际旅行社	International Travel Agencies	484	200	301	546	378
国内旅行社	Domestic Travel Agencies	1456	1351	1732	1845	2078
星级饭店总数　（个）	**Number of Star-rated Hotel (unit)**	**119**	**122**	**123**	**134**	**164**
旅游人次合计　（万人次）	**Number of Tourists (10 000 person-times)**	**1109**	**1226**	**1412**	**1581.0**	**1780.4**
国际旅游者	Number of Overseas Visitor Arrivals	4	5	5	4.7	4.7
外国人	Foreigners	3	3	4	3.8	4.1
港、澳、台湾同胞	Chinese Compatriots From Hong Kong、Macao and Taiwan	1	2	1	0.9	0.6
国内旅游者	Number of Domestic Visitors	1105	1221	1407	1576.0	1775.8
旅游总收入　（亿元）	**Total Tourism Earnings (100 million yuan)**	**60**	**71**	**92**	**124**	**159**
国内旅游收入　（亿元）	Earnings from Domestic Tourism (100 million yuan)	59	70	91	122	157
国内旅游者人均花费　（元）	Per Capita Expenditure from Domestic Tourism (yuan)	535	573	644	774.8	886.04
国际旅游外汇收入（万美元）	Foreign Exchange Earnings from International Tourism (10 000 USD)	1542	2045	2659	2432.4	1941.73
国际旅游人均花费　（美元）	Per Capita Expenditure from International Tourism (USD)	427	409	496	522.4	157.98

注：2010年旅行社及从业人员数统计口径调整，与往年不可比。

a) The statistical caliber of travel agencies and engaged persons in 2010 were adjusted, so data are not comparable with previous years.

16-9 分地区旅游业发展情况(2010-2013年)
Development of Tourism by Region(2010-2013)

单位：亿元、万人次、元 (100 million yuan，10 000 persons-time, yuan)

地区	Region	旅游总收入 Total Tourism Earnings				旅游人数 Number of Tourists				人均花费 Per Capita Expenditure			
		2010	2011	2012	2013	2010	2011	2012	2013	2010	2011	2012	2013
西宁市	Xining City	46.6	56.2	75.2	100.8	889.0	981.3	1127.6	1306.8	523.7	572.3	666.9	771.0
海东市	Haidong City	5.7	8.2	12.7	17.0	420.8	502.2	580.6	678.7	135.6	163.0	218.9	250.9
海北州	Haibei Zang A.P	2.9	3.8	5.1	8.4	235.0	282.0	335.1	446.4	123.4	133.7	152.2	189.1
黄南州	Huangnan Zang A.P	3.2	3.9	5.8	7.0	154.3	199.9	242.4	273.2	204.2	194.6	238.9	257.0
海南州	Hainan Zang A.P	0.9	1.8	5.5	7.0	87.3	147.6	228.7	278.0	106.5	124.7	241.4	252.5
果洛州	Golog Zang A.P	0.6	1.5	1.0	1.2	14.8	27.9	18.1	21.4	412.7	533.7	535.0	569.3
玉树州	Yushu Zang A.P	0.5	0.8	0.8	1.0	9.7	14.7	15.2	18.3	515.5	525.2	519.7	523.5
海西州	Haixi Mongolian &Zang A.P	6	8.8	13.9	18.8	279.4	320.4	382.3	466.3	214.7	274.7	363.6	403.8
青海湖管理局	Qinghai Lake Administration Bureau	0.8	1.0	1.3	1.7	62.6	86.0	101.2	119.4	119.9	118.6	132.4	140.8

注：表中旅游人数合计存在重复统计因素(一日游、自驾游等)，旅游收入合计也只含入住、餐饮、景点门票等收入。因此，分地区指标除代表本地旅游发展情况外，只做全省旅游统计指标测算参考依据，各地简单合计不能准确代表全省旅游发展情况。

a) There is repeated statistical factors (day trips, driving, etc.)in Total Tourist Arrivals in the table , and total tourism revenues contains only staying, restaurants, attractions tickets and other revenue. Therefore, indicators by region represent the local tourism development of the region, and become only measuring reference of the province's tourism statistical indicators, simple total of all the regions can not accurately represent the province's tourism development situation.

16-10 2012-2013年接待外国旅游人数(按国别分)
Number of Oversea Visitor Arrivals by Country(2012-2013)

单位：人次　　　　(person-time)

国家(地区) Country(Region)		2012	2013	国家(地区) Country(Region)		2012	2013
总　计	**Total**	**38431**	**41315**	德　国	Germany	2982	2180
亚洲小计	**Total Asia**	**12751**	**15827**	意大利	Italy	1730	1537
日　本	Japan	3878	3546	瑞　典	Sweden	469	326
韩　国	Republic of Korea	1563	4683	瑞　士	Switzerland	977	620
蒙　古	Mongolia	226	249	荷　兰	Holland		
印度尼西亚	Indonesia	391	252	俄罗斯	Russia	438	639
马来西亚	Malaysia	2225	1797	西班牙	Spain	136	182
菲律宾	Philippines	328	29	其　他	Others	993	1768
新加坡	Singapore	1473	1085	**美洲小计**	**Total America**	**9241**	**10253**
泰　国	Thailand	263	451	美　国	The United States	6436	6778
印　度	India	493	563	加拿大	Canada	2529	2032
缅　甸	Myanmar	44	28	其　他	Others	276	1443
越　南	Vietnam	**156**	444	**大洋洲小计**	**Total Oceanic**	**2334**	**2688**
朝　鲜	Korea DPR	**131**		澳大利亚	Australia	1859	1933
巴基斯坦	Pakistan	166	274	新西兰	New Zealand	236	473
其　他	Others	1414	2426	其　它	Others	239	282
欧洲小计	**Total Europe**	**12856**	**11940**	**非洲小计**	**Total Africa**	**179**	**118**
英　国	Britain	2397	2415	**其　他**	**Others**	**1070**	**489**
法　国	France	2734	2273				

16-11 进入青海省自驾车量及排名(2013年)

Volume and Rank of Cars of Self-driving Tourists (2013)

车 源 地	Car Source	自驾车数量 (辆) Volume (unit)	同比增减 (±%) Increase or Decrease in the Same Period Last Year (±%)	排名 Rank
合 计	**Total**	**553664**	**21.20**	
甘 肃	Gansu	106295	3.40	1
陕 西	Shaanxi	42732	25.50	2
宁 夏	Ningxia	39737	6.60	3
四 川	Sichuan	28110	27.30	4
北 京	Beijing	22857	21.20	5
河 南	Henan	20604	24.30	6
内蒙古	Inner Mongolia	20555	35.20	7
山 西	Shanxi	19530	16.10	8
西 藏	Tibet	17351	23.00	9
新 疆	Xinjiang	16647	22.40	10
重 庆	Chongqing	15995	17.80	11
其 他	Others	203251	33.80	

16-12 2013年入青游客主要客源地排名

Rank of the Main Source of Tourists into Qinghai(2012)

地 区	Region	省外游客(万人次) Foreign Province Tourists (10 000 person-times)	所占比重(%) Percentage (%)	排名 Rank
甘 肃	Gansu	154.64	15.21	1
陕 西	Shaanxi	99.34	9.77	2
四 川	Sichuan	95.24	9.37	3
北 京	Beijing	76.81	7.55	4
河 南	Henan	66.57	6.55	5
广 东	Guangdong	51.21	5.04	6
上 海	Shanghai	40.96	4.03	7
河 北	Hebei	38.92	3.83	8
宁 夏	Ningxia	35.84	3.52	9
江 苏	Jiangsu	35.84	3.52	10
湖 北	Hubei	34.82	3.42	11
山 东	Shandong	32.77	3.22	12
山 西	Shanxi	29.7	2.92	13
浙 江	Zhejiang	27.65	2.72	14
重 庆	Chongqing	26.63	2.62	15
其 他	Others	170.01	16.71	
合 计	Total	1016.95	100	

16–13 星级饭店基本信息(2013年)
Basic Conditions of Star-rated Hotel (2013)

指标	Item	星级饭店 (个) Number of Star-rated Hotels (unit)	客房数 (间) Number of Rooms (unit)	床位数 (张) Number of Beds (unit)	从业人数 (人) Employed Persons (person)
合计	**Total**	**164**	**14238**	**26739**	**12018**
五星级	Five-star Hotel	2	766	1226	906
四星级	Four-star Hotel	23	3353	6019	4184
三星级	Three-star Hotel	84	7239	13748	5184
二星级	Two-star Hotel	53	2680	5336	1665
一星级	One-star Hotel	2	200	410	79

16–14 国内过夜游客在青海人均花费构成(2013年)
Composition of Per Capita Expenditure in Qinghai of Domestic Overnight Visitors (2013)

项 目	Item	全省过夜游客平均花费(元/人) Per Capita Expenditure in Qinghai of Domestic Overnight Visitors (yuan/person)	所占比重(%) Percentage (%)	省外 Foreign Provincial	省内 Provincial
总 计	Total	1863.19	100.00	2265.36	1004.25
交通费	Transportation Costs	359.32	19.29	457.36	144.5
住 宿	Accommodation	341.29	18.32	424.77	205.97
餐 饮	Catering	288.42	15.47	310.78	202.95
景区游览	Sightseeing	174.13	9.35	219.23	77.56
娱 乐	Entertainment	112.35	6.03	128.8	79.24
购 物	Shopping	436.73	23.44	555.51	206.58
市内交通	Local Transportation	32.35	1.74	31.19	32.78
邮 电	Post and Telecommunications	23.08	1.24	28.11	20.64
其 他	Others	95.52	5.12	109.61	34.03

16–15　青海省A级旅游景区名录
Catalogue of State Class Scenic Spots of Qinghai

景区名称	Scenic Spot Name	地　址
5A级景区	**AAAAA State Class Scenic Spots**	
塔尔寺景区	Ta’er Lamasery	湟中县鲁沙尔镇
青海湖景区	Qinghai Lake	青海湖管理与保护局
4A级景区	**AAAA State Class Scenic Spots**	
青海省博物馆	Qinghai Museum	西宁市西关大街新宁广场
格尔木昆仑文化旅游区	Golmud Kunlun Culture Area	青海省格尔木市八一中路
互助土族故土园旅游区	Huzhu Tu Nationality Customs Theme Park	互助县威远镇北大街
循化撒拉族绿色家园	Xuhua Sala Nationality Gardens	循化县积石镇
马步芳公馆景区	Mabufang Residence	西宁市为民巷
金银滩景区	Jinyintan Pasture	海北州西海镇
青海藏医药文化博物馆	Qinghai Tibetan Medicine and Culture Museum	西宁市生物园区
门源百里油菜花海景区	Hundred Miles of Rapeseeds Flower Field	门源县东街
祁连风光旅游景区	Qilian Mountains	祁连县祁连广场
热贡国家级历史文化名城旅游区	Tongren-State Historical and Cultural City	同仁县热贡宾馆
久治年宝玉则景区	Jiuzhi Nianbaoyuze Mountain	久治县智青松多镇
玉树称多拉布民俗村	Yushu Chengduo Labu Folk Customs Village	玉树州称多拉布村
大通老爷山风景名胜区	Datong Laoyeshan Mountain	大通县桥头镇
湟源丹噶尔古城	The Ancient city of Dan Gar in Huangyuan County	湟源县
西宁市青藏高原野生动物园	Xining Qinghai-Tibet Plateau Wildlife Park	西宁市城西区行知路9号
贵德高原养生休闲度假区	Guide Highland Health and Leisure Resort	贵德县
西宁市青海藏文化馆	Qinghai Tibetan Cultural Center of Ta’er Lamasery in Huangzhong County	西宁市湟中县鲁沙尔镇
3A级景区	**AAA State Class Scenic Spots**	
西宁市人民公园	Xining People’s Park	西宁市胜利路
平安峡宗寺森林公园	Pingan Xiazong Temple Forest Park	海东市平安县国有林场
西宁市东关清真大寺	Xining Dongguan the Great Mosque	西宁市东关大街
西宁市南山旅游风景区	Xining South Hill	西宁市南山公园
北山土楼观旅游景区	Beichan Temple	西宁市祁连路
西宁市麒麟湾	Xining Kirin Bay	西宁市黄河路29号
浦宁之珠(高原明珠)	Pearl Puning (Plateau Pearl)	西宁市西山一巷
青海赞普林卡旅游景区	Qinghai Zanpulinka Palace	西宁市湟源县县城入口处
青海日月山旅游景区	Qinghai Riyue Mountain	西宁市湟源县
大通国家森林公园察汗河景区	Datong National Forest Park Chahange Scenic Area	大通县宝库乡油坊卡村224号
西宁乡趣农耕文化生态园	Xining Rural Farming Culture Ecological Park	西宁市城北区大堡子镇陶北村口
青海省藏毯展览中心	Qinghai Tibet Blankets Exhibition Center	西宁市城南新区
贵德黄河奇石苑	Guide the Yellow River Rare Stones Garden	贵德县河西镇
龙羊峡旅游景区	Longyangxia Reservoir	共和县龙羊峡库区
青海茶卡盐湖旅游景区	Qinghai Chaka Salt Lake	乌兰县茶卡镇
可鲁克湖—托素湖高原生态旅游景区	Twin-sister Lakes Plateau Ecological Area	德令哈市
玛多黄河源旅游区	Maduo the Yellow River Origin	玛多县
玉树新寨嘉那嘛呢景区	Yushu Xinzhai Jiana Mini Stones City	玉树州玉树市结古镇
西宁市中国工农红军西路军纪念馆	Xining Chinese Red Army Memorial Museum	西宁市城中区南川东路19号
西宁市红叶谷休闲生态旅游景区	Xining Hongyegu Leisure Ecological Area	西宁市经济技术开发区杨沟湾
西宁市大通国家森林公园鹞子沟景区	Datong National Forest Park's Kite Ditch	大通县东峡镇衙门庄村林荫路1号

16-15 续表

Continued

景区名称	Scenic Spot Name	地　址
勒巴沟—文成公主庙景区	Lebagou Valley Stone Drawing-the Temple of Princess Wencheng	玉树州玉树市结古镇
玉树当卡寺旅游景区	Yushu Dangka Lamasery	玉树州玉树市结古镇
玉树结古寺旅游景区	Yushu Jiegu Lamasery	玉树州玉树市结古镇
民和桃花园乡村休闲度假区	Minghe Peach Blossom Garden	民和县马场垣高速公路口
民和县七里寺景区	Minhe Seven Mile Temple	民和县古鄯镇七里寺
民和药泉山旅游景区	Minghe Medical Spring	民和县古鄯镇七里寺
民和金三川民俗风情游览区	Minghe Jin Sanchuan Folk Customs Tourist Area	民和县官亭镇
民和本康滩自然风景区	Minghe Benkang Shoal Senic Area	民和县官亭镇
乐都柳湾彩陶旅游景区	Ledu Liuwan Pottery Tourist Attractions	乐都县高庙镇柳湾村
化隆夏琼寺景区	Hualong Xiaqiong Temple	化隆县查普乡
乌兰金子海风景区	Wulan Jinzihai Senic Area	海西州乌兰县
都兰国际狩猎旅游景区	Dulan International Hunting Tourism Area	海西州都兰县
囊谦尕尔寺大峡谷生态旅游景区	Nangqian Gaer Temple Grand Canyon Ecotourism	玉树州囊谦县
囊谦达那河谷生态旅游景区	Nangqian Dana Valley Ecotourism	玉树州囊谦县
称多尕朵觉悟神山旅游景区	Chengduo Gaduojuewu Mountain	玉树州称多县
玉树隆宝滩旅游景区	Yushu Longbao Shoal Senic Area	玉树州玉树市
玛柯河原始森林生态旅游景区	Make River Virgin Forest Ecotourism	果洛州班玛县
治多贡萨寺旅游景区	Yushu Zhiduo Gongsa Lamasery	玉树州治多县
天峻县神湖之源旅游风景区	the Source of God Lake Scenic Area in Tianjun County	海西州天峻县
狮龙宫殿旅游景区	Lion Dragon Palace Scenic Area	果洛州达日县
格萨尔林卡旅游景区	Gesar Linka Scenic Area	果洛州达日县
查郎寺旅游景区	Chalang Temple Scenic Area	果洛州达日县
星星海生态旅游景区	Sea Star Zoology Scenic Area	果洛州玛多县
东格措纳湖生态旅游区	Donggecuona Lake Zoology Scenic Area	果洛州玛多县
白扎寺旅游景区	Baizha Temple Scenic Area	果洛州班玛县
多尕麻格萨尔王莲花圣殿旅游景区	Duogama Lotus Temple of King Gesar Scenic Area	果洛州班玛县
官仓峡旅游景区	Guancang Gorge Scenic Area	果洛州甘德县
龙恩寺德尔文格萨尔文化史诗村旅游区	Long'en Temple De'erwen Gesar Epic Village Scenic Area	果洛州甘德县
阿尼玛卿雪山旅游景区	Animaqing Snow Mountain Scenic Area	果洛州玛沁县
兴海赛宗寺文化旅游区	Xinghai Saizong Lamasery	兴海县南38公里处赛宗寺
拉加寺旅游景区	Lajia Temple Scenic Area	果洛州玛沁县
青海可可西里工业旅游景区	Qinghai Hoh Xil Industrial Scenic Area	西宁市城中区同安路108号
兴海县图旦达杰民俗文化旅游景区	Xinghai Tudandajie Folk Culture Scenic Area	海南州兴海县城西大街
共和县千补录寺藏传佛教文化与民俗旅游景区	Gonghe Qianbulu Temple Tibetan Buddhist culture and Folklore Scenic Area	海南州共和县廿地乡曲什纳村
2A级景区	**AA State Class Scenic Spots**	
玉树称多赛巴寺旅游景区	Yushu Chengduo Saiba Lamasery	玉树州称多拉布村
同德石藏文化旅游区	Tongde Tibetan Stone Carving and Embroidery	同德县河北乡
乐都瞿昙寺旅游景区	Ledu Qutan Temple	乐都县瞿昙镇
民和天井峡-松山原始森林风景区	Minghe Parvis Gorge Songshan Virgin Forest	民和县官亭镇
甘德县直尕尔风景区	Gande Zhigaer Scenie Area	果洛州甘德县

主要统计指标解释

进出口总额 指实际进出我国国境的货物总金额。包括对外贸易实际进出口货物,来料加工装配进出口货物,国家间、联合国及国际组织无偿援助物资和赠送品,华侨、港澳台同胞和外籍华人捐赠品,租赁期满归承租人所有的租赁货物,进料加工进出口货物,边境地方贸易及边境地区小额贸易进出口货物(边民互市贸易除外),中外合资企业、中外合作经营企业、外商独资经营企业进出口货物和公用物品,到、离岸价格在规定限额以上的进出口货样和广告品(无商业价值、无使用价值和免费提供出口的除外),从保税仓库提取在中国境内销售的进口货物,以及其他进出口货物。该指标可以观察一个国家在对外贸易方面的总规模。我国规定出口货物按离岸价格统计,进口货物按到岸价格统计。

商品经营单位所在地进、出口额 指在所在地海关注册登记的有进出口经营权的企业实际进、出口额。

商品目的地进口额和商品货源地出口额 目的地进口额指进口货物的消费、使用或最终抵运地的实际进口额;货源地出口额指出口货物的产地或原始发货地的实际出口额。

利用外资 指我国各级政府、部门、企业和其他经济组织通过对外借款、吸收外商直接投资以及用其他方式筹措的境外现汇、设备、技术等。

对外借款 指通过对外正式签订借款协议,从境外筹措的资金,包括外国政府贷款、国际金融组织贷款、外国银行商业贷款、出口信贷以及对外发行债券等。1996 年及以前还包括对外发行股票。该指标是我国利用外资的重要部分。

外商直接投资 指外国企业和经济组织或个人(包括华侨、港澳台胞以及我国在境外注册的企业)按我国有关政策、法规,用现汇、实物、技术等在我国境内开办外商独资企业、与我国境内的企业或经济组织共同举办中外合资经营企业、合作经营企业或合作开发资源的投资(包括外商投资收益的再投资),以及经政府有关部门批准的项目投资总额内企业从境外借入的资金。

外商其他投资 指除对外借款和外商直接投资以外的各种利用外资的形式。包括企业在境内外股票市场公开发行的以外币计价的股票(目前主要是在香港证券市场发行的 H 股和在境内证券市场发行的 B 股)发行价总额,国际租赁进口设备的应付款,补偿贸易中外商提供的进口设备、技术、物料的价款,加工装配贸易中外商提供的进口设备、物料的价款。

旅游人数

(1)入境旅游人数:指报告期内来我国观光、度假、探亲访友、就医疗养、购物、参加会议或从事经济、文化、体育、宗教活动的外国人、港澳台同胞等入境游客。统计时,外国人、港澳台同胞每入境一次统计 1 人次。

(2)出境人数:指中国(大陆)居民因公或因私出境前往其他国家、中国香港特别行政区、澳门特别行政区和台湾省观光、度假、探亲访友、就医疗养、购物、参加会议或从事经济、文化、体育、宗教活动的人数,即出境游客。统计时,按每出境一次统计 1 人次。

(3)国内旅游人数:指在报告期内在中国(大陆)观光游览、度假、探亲访友、就医疗养、购物、参加会议或从事经济、文化、体育、宗教活动的中国(大陆)居民人数,其出游的目的不是通过所从事的活动谋取报酬。统计时,国内游客按每出游一次统计 1 人次。

国际旅游(外汇)收入 指入境游客在中国(大陆)境内旅行、游览过程中用于交通、参观游览、住宿、餐饮、购物、娱乐等全部花费。

国内旅游收入 又称旅游总花费指国内游客在国内旅行、游览过程中用于交通、参观游览、住宿、餐饮、购物、娱乐等全部花费。

国际旅行社 指经营业务范围包括入境旅游业务、出境旅游业务和国内旅游业务的旅行社。

国内旅行社 指经营范围仅限于国内旅游业务的旅行社。

星级饭店 指设备、设施、服务符合《旅游饭店星级的划分与评定》(GB/T14308 - 2003),通过相关旅游管理部门评定,并取得星级饭店称号的饭店(含预备星级饭店)。

Explanatory Notes on Main Statistical Indicators

Total Imports and Exports at Customs refer to the real value of commodities imported and exported across the border of China. They include the actual imports and exports through foreign trade, imported and exported goods under the processing and assembling trades and materials, supplies and gifts as aid given gratis between governments and by the United Nations and other international organizations, and contributions donated by overseas Chinese, compatriots in Hong Kong and Macao and Chinese with foreign citizenship, leasing commodities owned by tenant at the expiration of leasing period, the imported and exported commodities processed with imported materials, commodities trading in border areas (excluding mutual exchange goods), the imported and exported commodities and articles for public use of the Sino - foreign joint ventures, cooperative enterprises and ventures with sole foreign investment. Also included is import or export of samples and advertising goods for which CIF or FOB value are beyond the permitted ceiling (excluding goods of no trading or use value and free commodities for export), imported goods sold in China from bonded warehouses and other imported or exported goods. The indicator of the total imports and exports at customs can be used to observe the total size of external trade in a country. In accordance with the stipulation of the Chinese government, imports are calculated at CIF, while exports are calculated at FOB.

Import Export Value by Location of China's Foreign Trade Managing Units refers to actual value of imports and exports carried out by corporations which have been registered by the local Customs house and are vested with right to run import export business.

Import Value of Commodities by Place of Destination and Export Value of Commodities by Place of Origin in China The former indicator refers to the value of import commodities of the places of their consumption, utilization or the places of their final destination. The latter indicator refers to the value of export commodities of the places of their origin or the places of the commodities dispatched.

Utilization of Foreign Capitals refers to remittance, equipment and technology financed from abroad, by loans, foreign direct investment and other forms undertaken by the Chinese governments at all levels, by various departments, enterprises and other economic units.

Foreign Borrowings refer to funds borrowed from abroad through formal signing of borrowing agreements with foreign institutions, including loans of foreign governments, loans of international financial institutions, commercial loans of foreign banks, export credit, and funds raised by Chinese bonds (and shares before 1996) issued abroad. It is an important part of China's utilization of foreign capitals.

Foreign Direct Investment refers to the investments inside China by foreign enterprises and economic organizations or individuals (including overseas Chinese, compatriots from Hong Kong, Macao and Taiwan, and Chinese enterprises registered abroad), following the relevant policies and laws of China, for the establishment of ventures exclusively with foreign own investment, Sino - foreign joint ventures and cooperative enterprises or for co - operative exploration of resources with enterprises or economic organizations in China. It includes the re - investment of the foreign entrepreneurs with the profits gained from the investment and the funds that enterprises borrow from abroad in the total investment of projects which are approved by the relevant department of the government.

Other Foreign Investment refers to all forms of utilization of foreign capitals other than foreign borrowings and foreign direct investment. It includes the total value of stock shares in foreign currencies issued by enterprises at domestic or foreign stock exchanges (now mainly consisting of H shares issued at Hong Kong Security Market and B shares issued at domestic security markets), rent payable for the imported equipment through international leasing arrangement, cost of imported equipment, technology and materials provided by foreign counterparts in compensation trade and processing and assembly trade.

Number of Tourists

(1) Visitor arrivals refer to the number of foreigners, Chinese compatriots from Hong Kong, Macao and Taiwan Chinese (mainland) who come to China (mainland) for sight - seeing, vacation, visiting relatives, medical treatment, shopping, attending conference, or to engage in economic, cultural, sports and religious activities. In compiling statistics, each time of entering China is counted as one person - time.

(2) Number of Chinese residents going abroad refer to the number of Chinese (mainland) residents going to other countries, Hong Kong Special Administrative region, Macao Special Administrative region and Taiwan for on official or private purposes, for sight - seeing, vacation, visiting relatives, medical treatment, shopping, attending conference, or to engage in economic, cultural, sports and religious activities. In compiling statistics, each time of leaving is counted as one person - time.

(3) Number of domestic tourists refers to the number of Chinese (mainland) residents who travel within China (mainland) for sight - seeing, vacation, visiting relatives, medical treatment, shopping, attending conference, or to engage in economic, cultural, sports and religious activities. In compiling statistics, each time of travelling is counted as one person - time.

Foreign Exchange Earnings from International Tourism refer to the total expenditure of foreigners, overseas Chinese, Chinese compatriots from Hong Kong, Macao and Taiwan during their stay in the mainland of China on transportation, sighting, accommodation, food, shopping and entertainment.

Income from Domestic Tourism refer to expenditure of domestic tourists on transportation, sighting, accommodation, food, shopping and entertainment while they travel.

International Travel Agencies refer to travel agencies engaged in tourism entering China, Chinese residents going abroad and domestic tourism.

Domestic Travel Agencies refer to travel agencies only engaged in domestic tourism.

Star - rated Hotels refer to hotels rated with stars as assessed by the relevant tourism authorities according to GB/T14308 - 2003 standard with reference to their infrastructure, facilities and service levels.

第 17 篇
CHAPTER 17

科　技
Science and Technology

县以上研究与开发机构基本情况

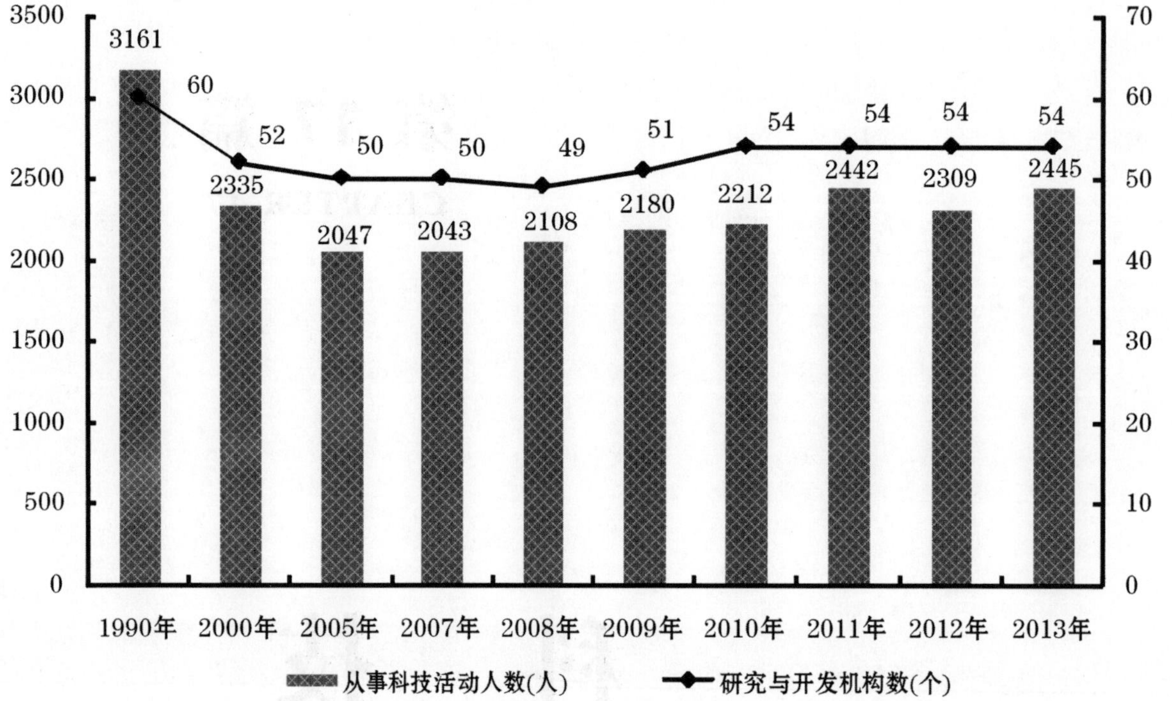

各类技术合同成交额（万元）

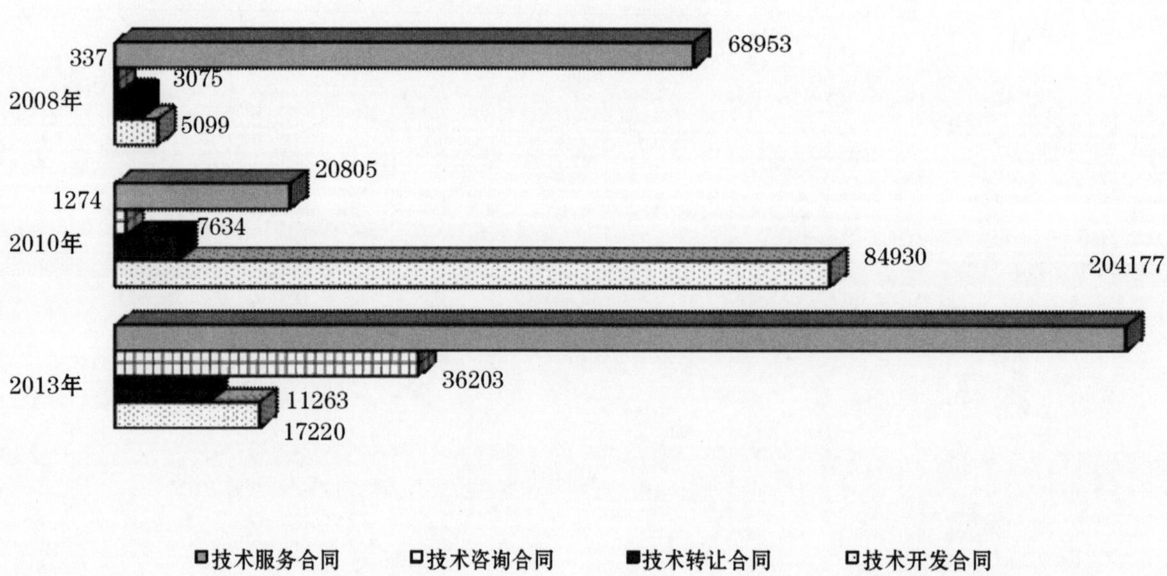

17-1 主要年份县级以上科学研究与技术开发机构情况
Basic Statistics on Scientific and Technological Activities of Scientific Research and Development Institutions at County Level and Above in Main Years

指 标	Item	2010	2011	2012	2013
科学研究与技术开发机构数 (个)	Scientific Research and Development Institutions (unit)	54	54	54	54
从事科技活动人数 (人)	Personnel Engaged in S&T Activities (person)	2212	2442	2309	2445
科技管理人员	Science and Technology Managerial Personnel	375	427	386	405
课题活动人员	Personnel in Research and Experiment	1347	1412	1416	1443
科技服务人员	Personnel in Science and Technology Service	490	603	507	597
科学研究与技术开发经费收入(万元)	Income of Scientific Research and Development (10 000 yuan)	94984	55987	65506	64761
科学研究与技术开发经费支出(万元)	Expenditure on Scientific Research and Development (10 000 yuan)	83323	48976	59189	57922
科学研究与技术开发课题 (项)	Tasks on Scientific Research and Development (item)	520	514	563	619
基础研究	Basic Research	100	134	157	175
应用研究	Applied Research	121	152	138	159
试验发展	Experimental Development	97	70	95	113

17-2 主要年份国有事业、企业单位各类专业技术人员情况
Scientific and Technical Personnel in State-owned Institutions and Enterprises in Main Years

单位：人 (person)

指 标	Item	2005	2010	2011	2012	2013
总计	**Total**	**109589**	**117652**	**121538**	**134651**	**139471**
市(州)	City (Prefecture)	12726	15524	15806	17953	18294
县(市、区)	County (City、District)	50722	47117	52603	52932	54573
乡(镇)	Villages (Towns)	22221	25517	21594	27757	27999
高级职务	Senior technical position	7528	15344	15814	17470	18145
正高级职务	Senior Technical Position	619	19	15	1462	1507
中级职务	Intermediate Technical Position	39222	48018	48012	47295	47560
初级职务	Elementary Technical Position	56760	53222	54787	57361	61021

注：正高级职务指标2010年和2011年统计口径为企业单位，其余年份统计口径均为企业、事业单位。

a) The calibre of senior technical position personnel in 2010 and 2011 is enterprise units. The libre in other year is enterprise units and state-owned institutions.

17-3 国有企、事业单位分行业专业技术人员情况(2013年)
Professional and Technical Personnel in State-owned Institutions and Enterprises by Sector(2013)

单位：人 (person)

行 业	Sector	合 计 Total 事业 Institutions	企业 Enterprises
总计	**Total**	**124218**	**15253**
农、林、牧、渔业	Farming, Forestry, Animal Husbandry and Fishery	10287	416
采矿业	Mining	8	1918
制造业	Manufacturing		7817
电力、蒸汽及水的生产、供应业	Production and Distribution of Electricity, Gas and Water		837
建筑业	Construction	360	1345
交通运输仓储邮政业	Transport, Storage and Post	1799	327
信息传输计算机服务和软件业	Information Transmission, Computer Service and Software	157	706
批发和零售业	Wholesale and Retail Trades	1	121
住宿和餐饮业	Hotels and Catering Services	18	25
金融业	Financial Intermediation	75	84
房地产业	Real Estate	259	272
租赁和商务服务业	Leasing and Business Services	19	61
科学研究技术服务地质勘查业	Scientific Research, Technology Service and Geological Prospecting	5245	600
水利环境和公共设施管理业	Water Conservancy, Environment and Public Facility Management	2740	459
居民服务和其他服务业	Services to households and Other Services	999	106
教育	Education	63294	
卫生社会保障和社会福利业	Health, Social Security and Social Welfare	30505	
文化体育和娱乐业	Culture, Sports and Entertainment	5225	156
公共管理和社会组织	Public Management and Social Organizations	3227	3

17-4 县以上研究与开发机构人员按学位、学历及技术职称分类(2013年)

Classification of Personnel in Science Research and Development Institutions at County Level and Above in Accordance with Their Degrees, Educational Background and Academic Titles(2013)

单位：人 (person)

指 标	Item	学 历 Educational Background				职 称 Professional Title		
		博士 Doctor	硕士 Master	大学 University	大专 College	高级 Senior	中级 Middle	其他 Others
总计	**Total**	**175**	**351**	**1246**	**452**	**812**	**763**	**869**
按机构隶属关系分	**Grouped by Administrative Relationship**							
地方部门属	Local Regions	31	216	1114	422	620	613	755
省级部门属	Provincial Department	27	186	807	293	493	407	519
地市级部门属	Prefectural Department	4	30	307	129	127	206	236
中央部门属	Central	144	135	132	30	192	150	114
中国科学院	Chinese Academy of Sciences	143	128	115	27	181	132	112
按机构所在地域分	**Grouped by Region**							
西宁市	Xining City	175	350	1151	399	764	693	810
海东市	Haidong City			3	2	2	2	1
海北州	Haibei Zang A.P		1	41	9	11	25	15
黄南州	Huangnan Zang A.P			14	11	8	8	13
海南州	Hainan Zang A.P			3	3	4	4	11
果洛州	Golog Zang A.P			6	12	7	10	7
玉树州	Yushu Zang A.P							
海西州	Haixi Mongolian & Zang A.P			28	16	16	21	12

17–5 县以上研究与开发机构人员、经费情况(2013年)

指 标	Item	机 构 (个) Number of Institutions (unit)	从业人员 (人) Number of Employed Persons (person)
总计	**Total**	**54**	**4233**
按机构隶属关系分	**Grouped by Administrative Relationship**		
地方部门属	Local Regions	51	3732
省级部门属	Provincial Departments	31	3036
地市级部门属	Prefectural Departments	20	696
中央部门属	Central	3	501
中国科学院	Chinese Academy of Sciences	2	468
按机构所在地域分	**Grouped by Region**		
西宁市	Xining City	45	4027
海东市	Haidong City	1	5
海北州	Haibei Zang A.P	2	60
黄南州	Huangnan Zang A.P	2	36
海南州	Hainan Zang A.P	1	20
果洛州	Golog Zang A.P	1	31
海西州	Haixi Mongolian & Zang A.P	2	54
按机构所属行业分	**Grouped by Sector**		
农、林、牧、渔业	Agriculture, Forestry, Animal Husbandry and Fishery	8	375
农业	Farming	4	291
农、林、牧、渔服务业	Services in Support of Agriculture	4	84
制造业	Manufacturing	1	88
化学原料及化学制品制造业	Manufacture of Chemical Raw Material and	1	88
电力、燃气及水的生产和供应业	Production and Supply of Electricity, Gas and Water	1	279
电力、热力的生产和供应业	Production and Supply of Electric Power and Heat Power	1	279
建筑业	Construction	4	439
房屋和土木工程建筑业	Construction of Buildings and Civil Engineering	3	181
土木工程建筑业	Civil Engineering Construction	1	258
交通运输、仓储和邮政业	Transport, Storage and Post	1	36
道路运输业	Road Transport	1	36
信息传输、计算机服务和软件业	Information Transmission, Computer Services and Software	1	25
软件业	Software	1	25
科学研究、技术服务和地质勘查业	Scientific Research, Technical Service and Geologic Prospecting	28	1705
研究与试验发展	Research and Experimental Development	6	589
专业技术服务业	Professional Technical Services	18	1012
科技交流和推广服务业	Services of Science and Technology Exchanges and Promotion	4	104
水利、环境和公共设施管理业	Management of Water Conservancy, Environment and Public Facilities	2	214
水利管理业	Management of Water Conservancy	2	214
居民服务、修理和其他服务业	Services to Households, Maintainance and Other Services	1	25
机动车、电子产品和日用产品修理业	Motor vehicles, Electronics and Household Goods Maintainance	1	25
卫生、社会保障和社会福利业	Health, Social Security and Social Welfare	3	964
卫生	Health	3	964
文化、体育和娱乐业	Culture, Sports and Entertainment	4	83
体育	Sports Activities	1	13
文化艺术业	Culture and Arts	3	70
社会、人文科学领域	Social and the Humanities Sciences		

Basic Statistics on Personnel and Funds of Scientific Research and Development Institutions at County Level (2013)

从事科技活动人员 Personnel Engaged in S&T Activities		R&D人员		经费收入		经费支出	
	大学本科及以上学历 University Degree or Above	折合全时当量(人年) Full-time Equivalent of R&D Personnel (man-year)	研究人员 Researchers	总额(千元) Total Funding (1000 yuan)	政府资金 Government Funds	总额(千元) Total Expenditures (1000 yuan)	科技经费支出 Expenditures on S&T Activities
2445	**1772**	**1030**	**625**	**1193061**	**549112**	**1159143**	**579220**
1989	1361	527	218	1003962	384278	970844	422323
1420	1020	451	195	856023	271626	845130	339342
569	341	76	23	147939	112652	125714	82981
456	411	503	407	189099	164834	188299	156897
425	386	483	402	183733	161890	184164	153191
2268	1676	1030	625	1138176	494405	1112287	542144
5	3			378	340	378	340
51	42			20301	20294	12550	10363
29	14			11840	11840	8402	6904
19	3			6455	6322	7041	5129
24	6			4827	4827	4920	4099
49	28			11084	11084	13565	10241
338	243	94	22	104611	97238	104478	81216
268	201	86	20	80935	78818	82128	63681
70	42	8	2	23676	18420	22350	17535
48	42			33380	2249	28437	8560
48	42			33380	2249	28437	8560
150	138	65	4	49892		50622	34134
150	138	65	4	49892		50622	34134
114	79	33	22	169177	5632	140530	41702
87	57	6	2	74044	1796	64054	37179
27	22	27	20	95133	3836	76476	4523
31	20	27	15	6301	6301	6153	6153
31	20	27	15	6301	6301	6153	6153
23	9			7378	6875	4481	2230
23	9			7378	6875	4481	2230
1366	1009	703	497	482751	349868	433452	310952
544	480	583	462	203508	181649	204726	166683
728	472	120	35	253600	149706	213675	133293
94	57			25643	18513	15051	10976
99	59	32	24	30962	8191	30092	6605
99	59	32	24	30962	8191	30092	6605
12	9			2430	2430	2430	1196
12	9			2430	2430	2430	1196
185	122	23	11	286771	56689	335101	65292
185	122	23	11	286771	56689	335101	65292
79	42	53	30	19408	13639	23367	21180
10	5	8	2	3777	3761	2984	2751
69	37	45	28	15631	9878	20383	18429

17-6 2012-2013年社会、人文科学研究机构人员情况
Basic Statistics on Personnel in Social and Humanities Science Institutions(2012-2013)

单位：人 (person)

名称	Appellation	全部从业人数 Number of Engaged Persons 2012	2013	从事科技活动人员 Personnel Engaged in S&T Activities 2012	2013	女性 Female 2012	2013	大学本科及以上学历 Bachelor Degree or Above 2012	2013
总计	**Total**	**160**	**160**	**151**	**159**	**63**	**66**	**93**	**106**
青海省文化厅	Qinghai Provincial Department of Culture								
青海省文物考古研究所	Institute of Cultural and Historical Relics and Archaeology, Qinghai Pro.	43	40	43	40	22	19	18	19
青海省艺术研究所	Arts Research Institute, Qinghai Pro.	11	15	10	14	5	7	9	9
青海省委宣传部	Qinghai Provincial Publicity Department								
青海省社会科学院	Qinghai Academy of Social Sciences	86	85	78	85	29	32	49	61
青海省教育厅	Qinghai Education Department								
青海教育科学研究所	Qinghai Education Scientific Research Institute	7	6	7	6	3	3	5	5
青海省文学艺术联合会	Qinghai Federation of Literary and Art Circles								
青海省《格萨尔》史诗研究所	Qinghai Gesar Epic Research Institute	7	8	7	8	2	3	6	6
青海省发展和改革委员会	Qinghai Provincial Development and ReformCommission								
青海经济研究院	Qinghai Economic Institute	6	6	6	6	2	2	6	6

17-7 2012-2013年规模以上工业企业科技活动情况表
Basic Statistics on Scientific and Technological Activities of Industrial Enterprises above Designated Size(2012-2013)

指标		Item		2012	2013
有R&D活动的企业数	(个)	Number of Enterprises with R&D Activities (unit)		26	40
R&D人员	(人)	R&D Personnel	(person)	2889	2940
R&D经费内部支出	(万元)	Intramural R&D Expenditure	(10 000 yuan)	84196.5	89540.4
基础研究	(万元)	Basic Research	(10 000 yuan)		344.3
应用研究	(万元)	Applied Research	(10 000 yuan)	6418.4	7588.6
试验发展	(万元)	Experimental Development	(10 000 yuan)	77778.1	81607.5
全部R&D项目	(项)	R&D Projects	(unit)	147	145
全部项目经费内部支出	(万元)	Project Internal Expenditures	(10 000 yuan)	78178.3	73274.9
企业办科技机构	(个)	Scientific Institutions Run by Enterprise	(unit)	27	33
科技机构人员	(人)	Technology Agency Personnel	(person)	2421	2204

17-8 全省重大科技成果登记基本情况(2013年)

Basic Conditions of Important Achievements in Scientific Research(2013)

单位：项、万元 (item, 10 000 yuan)

指　标	Item	合计 Total	科研机构 Scientific Research Institutes	大专院校 University and Colleges	企业 Enterprises	医疗机构 Medical Treatment Institutes	其他 Others
总计	**Total**	**335**	**90**	**39**	**68**	**54**	**84**
按应用技术成果水平分类	**By Application Technology Achievements Level**						
国际领先	International Leading	7	1		5		1
国际先进	International Advanced	28	4	5	10	4	5
国内领先	Domestic Leading	78	23	7	26	15	7
国内先进	Domestic Advanced	67	14	6	22	12	13
国内一般	Domestic Common	11	2		1	4	4
按应用技术成果行业分类	**By Application Technology Achievements Sector**						
农、林、牧、渔业	Agriculture, Forestry, Animal Husbandry and Fishery	137	74	11	7		45
采矿业	Mining	12			11		1
制造业	Manufacturing	27	1	2	24		
电力燃气及水生产供应业	Production and Supply of Electricity, Gas and Water	16	3		13		
建筑业	Construction	2		1	1		
交通运输、仓储及邮电通信业	Transport, Storage and Communications	7		4	2		1
住宿和餐饮业	Hotels and Catering Services	1				1	
信息传输、软件和信息技术服务业	Information Transmission, Software and Information Technology Services	2			1		1
公共管理、社会保障和社会组织	Public Administration, Social Security and Social Organizations	1					1
科学研究和技术服务业	Scientific Research and Technical Services	10	1	1	1		7
水利、环境和公共设施管理业	Water Conservancy, Environment and Public Facilities Management	7	1		3	1	2
居民服务、修理和其他服务业	Residents Service, Repair and Other Services	1			1		
文化、体育和娱乐业	Culture, Sports and Entertainment	1				1	
卫生和社会工作	Health, Social Security and Social Work	37	1	2		33	1
按应用技术成果应用情况分类	**By Application Condition of Application Technology Achievements**						
产业化应用项目数	Number of Application Projects of Industrialization	192	55	13	52	25	47
小批量或小范围应用项目数	Application Number of Items in Small Quantities or Small-scale	41	15	3	6	10	7
试用项目数	Number of Trial Projects	22	9	2	6	1	4
未应用项目数	Number of Not Applied Projects	6	2	3			1
资金问题	Capital Reason	24	14	5	1	1	3
技术问题	Technique Reason	5	2		1		2
市场问题	Market Reason	6	2	1	1	1	1
政策因素	Policy Reason	2	1				1
经济效益项目数	**Cost-effective Projects**	**16**	**2**	**2**	**10**		**2**
应用后本年度取得的经济效益	**Economic Profits Made after Application This year**						
净利润	Net Profits	242607	2451	195	216309		23652
实交税金	Actual Tax Payments	192165	117	19	192026		3
出口创汇	Earning Foreign Exchange Through Exports	45131			45131		
节约资金	Saving Capital	31047	120		30927		
技术转让与许可收入	Technology Transfer and Licensing Income	14200			14200		

17-9 主要年份国家级星火计划项目执行情况
Performance of State Level Spark Program Projects in Main Years

指 标	Item	2009	2010	2011	2012	2013
国家级星火计划项目数 （项）	**State Level Spark Program Projects (item)**	**17**	**28**	**23**	**24**	**29**
参加项目工作的主要人 （人）	**Persons Participated in projects (person)**	**171**	**333**	**261**	**285**	**324**
其中:高级职称	Senior Professional Title	84	118	83	97	124
中级职称	Middle Professional Title	64	131	95	98	115
本年度资金落实及支出情况(万元)	**Expenditure of Funds This Year (10 000 yuan)**					
到位资金合计	Total Funds Available	980	14560	10701	9566	8053
政府资金	Government Funds	309	846	1891	951	486
#科技部拨款	Appropriating Funds of Ministry Science and Technology Development	252	806	1391	951	406
自有资金	Funds Owned	661	8356	5940	5871	6837
#企业资金	Self-raising Funds by Enterprises	538	7225	4628	5230	6279
金融机构贷款	Loans From Finance Institutions		5330	2850	2447	690
国外资金	Foreign Funds					
其它资金	Other Funds	10	28	20	297	40
项目支出合计	Total Project Expenditure	530	11696	7226	7593	6901
#研究开发费	Expenditure on R&D	215	1370	1476	1214	1858
已偿还项目贷款	Repaid Loans		4360	2040	60	297
本年度项目效益及成果	**Effectiveness and Results of This Year's Projects**					
本项目已取得的直接经济效益 （万元）	Direct Economic Benefits (10 000 yuan)					
新增产值	Added Value	2689	20210	26640	39994	47470
净利润额	Retained Profits	1192	51	4340	4917	4665
实交税金总额	Actual Tax Payments	102	5253	1124	1372	1375
出口额 （万美元）	Exports (USD 10 000)	4	918	1239	1237	778
项目专利申请和授权情况 （项）	Number of Patents Application Acceptance and Granted (item)					
专利申请数	Number of Patents Application Acceptance	4	8	11	14	15
#发明	Inventions	4	8	11	7	14
专利授权数	Number of Patents Application Granted	1	1	2	10	9
#发明	Inventions	1	1	2	5	8

17-10 主要年份科协系统科技活动基本情况
Basic Statistics on Scientific and Technological Activities of Science and Technology Associations in Main Years

指 标	Item	2005	2010	2011	2012	2013
学术活动 (次)	**Academic Activities (time)**	**40**	**33**	**65**	**195**	**133**
国内学术会议	Domestic Academic Conference	38	33	65	4	126
国内举行的国际会议	International Conference Held in China	2				7
赴国外参加的国际会议(人次)	International Conference Went Abroad(person-time)			32	116	175
科技培训	**Trainings in Science and Technique**					
办培训班 (次)	Training Courses (time)	119	669	609	1100	2291
培训人次 (人次)	Training Person-times rson-time)	11151	79800	85586	158988	234131
科普活动	**Activity to Popularize Scientific Knowledge**					
科普讲座次数 (次)	lectures (time)	540	618	815	1011	340
参加人次 (人次)	Person-times Participating in (person-time)	190302	351000	538710	600758	229776
科普展览次数 (次)	Exhibitions (time)	469	627	696	388	1284
参观人次 (万人次)	Person-times Visiting (10 000 person-times)	78.9	83	101	157	130
咨询活动	**Scientific and Technological Consulting Service**					
参加咨询的科技人员数 (人)	Scientists and Engineers Participating in (person)	3100			450	490
完成合同数 (项)	Number of Completed Contracts (item)	170	833	934	450	118
无偿咨询项目数 (项)	Number of Items Free of Charge Consultation (item)	77				
出版	**Publishing**					
科技期刊年发行册数 (册)	Number of Books Issued of Scientific and Technical Journals (volume)	73400	32800	98400	566400	301100
发表学术论文 (篇)	Scientific Papers Issued (piece)	2254	2400	1816	3464	4373
论文集 (种)	Memoir (kind)	9	1	2	1	
发表学术论文 (篇)	Scientific Papers Issued (piece)	824	70	241	186	

17−11 2012−2013年高等院校科技活动基本情况
Basic Statistics on Higher Education for Scientific Techological Activities (2012-2013)

指 标	Item	理工农医类 Engineering, Agriculture and Medicine		人文、社科类 Humanities and Social Science	
		2012	2013	2012	2013
从事科技活动人数 （人）	**Number of Personnel Engaged in S&T Activities**	**4251**	**4347**	**1692**	**1723**
研究与发展经费支出（万元）	**Expenditure on R&D (10 000 yuan)**	**8374**	**14097**	**974**	**902**
研究与发展人员 （人）	**Research and Development Personnel (person)**	**550**	**477**	**619**	**605**
研究与发展机构 （个）	**R&D Institutions (unit)**	**15**	**14**	**15**	**7**
研究与发展课题 （项）	**Questions for Discussion Research and Development (item)**	**463**	**557**	**347**	**433**
基础研究	Basic Research	169	240	242	314
应用研究	Applied Research	258	285	103	117
实验发展	Experimental Development	36	32	2	2
研究与发展成果	**Research and Development Achievements**				
出版科技著作 （种）	Monographs of Science Published (unit)	29	48	33	55
发表科技论文 （篇）	Scientific Papers Issued (piece)	1917	1642	731	656

17-12 主要年份技术市场基本情况

Basic Statistics of Technical Market in Main Years

单位：项、万元

指 标	Item	2000	2005	2010	2011	2012	2013
合同数	**Number of Contracts**	**552**	**318**	**464**	**525**	**645**	**747**
技术开发合同	Technology Development	39	72	68	103	147	74
技术转让合同	Technology Transfer	6	66	48	73	88	119
技术咨询合同	Technology Consultation	111	18	73	97	134	86
技术服务合同	Technology Service	396	162	275	252	276	468
技术合同成交额	**Transaction Value in Technical Market**	**5096.0**	**11811.6**	**114643.9**	**168930.2**	**210576.8**	**268862.6**
技术开发合同	Technology Development	224.2	6415.2	84930.4	152115.7	137090.9	17220.3
技术转让合同	Technology Transfer	68.5	2593.3	7634.1	7351.2	24357.3	11262.5
技术咨询合同	Technology Consultation	607.9	355.6	1274.4	3490.5	2930.1	36202.9
技术服务合同	Technology Service	4195.4	2447.6	20805.1	5972.9	46198.4	204177.0

17-13 主要年份专利申请受理量及授权量

Number of Patent Applications Accepted and Granted in Main Years

单位：件 (piece)

年 份 Year	申请量 Application Accepted	发 明 Inventions	实用新型 Utility Models	外观设计 Designs	授权量 Application Granted	发 明 Inventions	实用新型 Utility Models	外观设计 Designs
1990	111	26	82	3	59	4	55	
1995	100	24	66	10	65	2	61	2
2000	174	36	90	48	117	16	67	34
2001	162	44	75	43	101	15	58	28
2002	151	40	56	55	85	14	48	23
2003	173	70	60	43	91	17	36	38
2004	124	49	44	31	70	21	30	19
2005	216	103	83	30	79	24	34	21
2006	325	79	98	148	97	30	45	22
2007	387	91	115	181	222	28	84	110
2008	431	148	120	163	228	23	100	105
2009	499	175	147	177	368	35	89	244
2010	602	193	129	280	264	41	134	89
2011	732	204	233	295		70		
2012	844	298	283	263	527	101	218	208
2013	1099	520	364	215	502	91	285	126

17-14 2012-2013年全省科技活动情况
Basic Statistics of Scientific and Technological Activities (2012-2013)

指标		Item		2012	2013
科技活动人员	(人)	Scientific and Technological Activities Personnel	(person)	20840	22810
有R&D活动单位	(个)	Number of Institutions with R&D Activities	(unit)	113	109
R&D人员	(人)	R&D Personnel	(person)	7848	7423
博士毕业		Doctor's Degree		373	415
硕士毕业		Master's Degree		835	897
R&D人员折合全时当量	(人年)	Full-time Equivalent of R&D Personnel	(man-year)	5181	4833
R&D经费内部支出	(亿元)	Intramural R&D Expenditure	(100 million yuan)	13.12	13.77
基础研究		Basic Research		1.31	1.60
应用研究		Applied Research		2.60	2.91
试验发展		Experimental Development		9.21	9.26
专利申请数	(件)	Patent Applications	(piece)	316	482
项目(课题)数	(项)	Number of Projects	(unit)	1495	1667
项目(课题)经费内部支出	(亿元)	Project Intramural Expenditure	(100 million yuan)	10.91	10.37
机构数	(个)	Number of Institutions	(unit)	117	110

主要统计指标解释

科技活动　指在自然科学、农业科学、医药科学、工程与技术科学、人文与社会科学领域(简称科学技术领域)中,与科技知识的产生、发展、传播和应用密切相关的有组织的活动。可分为研究与试验发展(R&D)、研究与试验发展成果应用及相关的科技服务三类活动。该定义是联合国教科文组织考虑成员国特别是发展中国家开展科技统计工作的需要,而对科技活动所作的统计界定。

科技活动人员　指直接从事科技活动、以及专门从事科技活动管理和为科技活动提供直接服务,累计的实际工作时间占全年制度工作时间10%及以上的人员。(1)直接从事科技活动的人员包括:在独立核算的科学研究与技术开发机构、高等学校、各类企业及其他事业单位内设的研究室、实验室、技术开发中心及中试车间(基地)等机构中从事科技活动的研究人员、工程技术人员、技术工人及其它人员;虽不在上述机构工作,但编入科技活动项目(课题)组的人员;科技信息与文献机构中的专业技术人员;从事论文设计的研究生等。(2)专门从事科技活动管理和为科技活动提供直接服务的人员,包括:独立核算的科学研究与技术开发机构、科技信息与文献机构、高等学校、各类企业及其他事业单位主管科技工作的负责人,专门从事科技活动的计划、行政、人事、财务、物资供应、设备维护、图书资料管理等工作的各类人员,但不包括保卫、医疗保健人员、司机、食堂人员、茶炉工、水暖工、清洁工等为科技活动提供间接服务的人员。该指标用来反映投入科技活动人力的规模。

研究与试验发展(R&D)　指在科学技术领域,为增加知识总量,以及运用这些知识去创造新的应用进行的系统的创造性的活动,包括基础研究、应用研究、试验发展三类活动。国际上通常采用R&D活动的规模和强度指标反映一国的科技实力和核心竞争力。

基础研究　指为了获得关于现象和可观察事实的基本原理的新知识(揭示客观事物的本质、运动规律,获得新发现、新学说)而进行的实验性或理论性研究,它不以任何专门或特定的应用或使用为目的。其成果以科学论文和科学著作为主要形式。用来反映知识的原始创新能力。

应用研究　指为获得新知识而进行的创造性研究,主要针对某一特定的目的或目标。应用研究是为了确定基础研究成果可能的用途,或是为达到预定的目标探索应采取的新方法(原理性)或新途径。其成果形式以科学论文、专著、原理性模型或发明专利为主。用来反映对基础研究成果应用途径的探索。

试验发展　指利用从基础研究、应用研究和实际经验所获得的现有知识,为产生新的产品、材料和装置,建立新的工艺、系统和服务,以及对已产生和建立的上述各项作实质性的改进而进行的系统性工作。其成果形式主要是专利、专有技术、具有新产品基本特征的产品原型或具有新装置基本特征的原始样机等。在社会科学领域,试验发展是指把通过基础研究、应用研究获得的知识转变成可以实施的计划(包括为进行检验和评估实施示范项目)的过程。人文科学领域没有对应的试验发展活动。主要反映将科研成果转化为技术和产品的能力,是科技推动经济社会发展的物化成果。

研究与试验发展人员　指参与研究与试验发展项目研究、管理和辅助工作的人员,包括项目(课题)组人员,企业科技行政管理人员和直接为项目(课题)活动提供服务的辅助人员。反映投入从事拥有自主知识产权的研究开发活动的人力规模。

专业技术人员　指从事专业技术工作和专业技术管理工作的人员,即企事业单位中已经聘任专业技术职务从事专业技术工作和专业技术管理工作的人员,以及未聘任专业技术职务,现在专业技术岗位上工作的人员。包括工程技术人员,农业技术人员,科学研究人员,卫生技术人员,教学人员,经济人员,会计人员,统计人员,翻译人员,图书资料、档案、文博人员,新闻出版人员,律师、公证人员,广播电视播音人员,工艺美术人员,体育人员,艺术人员及企业政治思想工作人员,共十七个专业技术职务类别。用来反映科技人力资源情况。

科技活动经费筹集　指从各种渠道筹集到的计划用于科技活动的经费,包括政府资金、企业资金、事业单位资金、金融机构贷款、国外资金和其他资金等。反映各社会经济主体对促进科技进步所做的努力。

政府资金　指从各级政府部门获得的计划用于科技活动的经费,包括科学事业费、科技三项费、科研基建费、科学基金、教育等部门事业费中计划用于科技活动的经费以及政府部门预算外资金中计划用于科技活动的经费等。

企业资金　指从自有资金中提取或接受其他企业委托的,科研院所和高校等事业单位接受企业委托获得的,计划用于科研和技术开发的经费。不包括来自政府、金融机构及国外的计划用于科技活动的资金。

金融机构贷款　指从各类金融机构获得的用于科技活动的贷款。

科技活动经费内部支出　指报告年内用于科技活动的实际支出,包括劳务费、科研业务费、科研管理费,非基建投资购建的固定资产、科研基建支出以及其他用于科技活动的支出。不包括生产性活动支出、归还贷款支出及转拨外单位支出。反映科技投入实际完成情况。

劳务费　指以货币或实物形式直接或间接支付给从事科技活动人员的劳动报酬及各种费用。包括各种形式的工资、津贴、奖金、福利、离退休人员费用、人民助学金等。反映改善科技人员待遇情况。

固定资产购建费　指报告年内使用非基建投资购建的固定资产和用于科研基建投资的实际支出额,即固定资产实际支出和科研基建投资实际完成额之和。固定资产是指长期使用而不改变原有实物形态的主要物资设备、图书资料、实验材料和标本以及其他设备和家具、房屋、建筑物。反映用于改善科研条件和科研手段方面的投入情况。

新产品 指采用新技术原理、新设计构思研制、生产的全新产品,或在结构、材质、工艺等某一方面比原有产品有明显改进,从而显著提高了产品性能或扩大了使用功能的产品。既包括政府有关部门认定并在有效期内的新产品,也包括企业自行研制开发,未经政府有关部门认定,从投产之日起一年之内的新产品。用来反映科技产出及对经济增长的直接贡献。

专利 是专利权的简称,是对发明人的发明创造经审查合格后,由专利局依据专利法授予发明人和设计人对该项发明创造享有的专有权。包括发明、实用新型和外观设计。反映拥有自主知识产权的科技和设计成果情况。

发明(专利) 指对产品、方法或者其改进所提出的新的技术方案。是国际通行的反映拥有自主知识产权技术的核心指标。

实用新型(专利) 指对产品的形状、构造或者其结合所提出的适于实用的新的技术方案。反映具有一定技术含量的技术成果情况。

外观设计(专利) 指对产品的形状、图案、色彩或者其结合所作出的富有美感并适于工业上应用的新设计。反映拥有自主知识产权的外观设计成果情况。

Explanatory Notes on Main Statistical Indicators

Scientific and Technological Activities (**S&T Activities**) refer to organized activities which are closely related with the creation, development, dissemination and application of the scientific and technical knowledge in the fields of natural sciences, agricultural science, medical science, engineering and technological science, humanities and social sciences (referred to as scientific and technological fields). S&T activities can be classified into 3 categories: research and development (R&D) activities, application of R&D results, and related S&T services. This statistical definition is made by UNICHIEF for scientific and technological activities to meet the need of carrying out statistical work in this field for its member countries particularly the developing countries.

Personnel Engaged in S&T Activities refer to personnel directly engaged in S&T activities, in the management of S&T activities, and in providing direct service to S&T activities, with over 10% of the total working hours in a year spent on S&T activities. (1) Personnel directly engaged in S&T activities include researchers, engineers, technicians and other related personnel engaged in S&T activities in independent - accounting R&D institutions, institutions of higher learning, and in research institutes, laboratories, technology development centres and central experiment workshops under enterprises and institutions. Also included are people working in S&T research project teams, professional and technical personnel working in S&T information archiving institutes, and graduate students working on the design of their thesis. (2) Personnel engaged in the management of S&T activities and in providing direct service to S&T activities include senior management people responsible for S&T activities in independent - accounting R&D institutions, S&T information archiving institutes, institutions of higher learning and in enterprises and institutions where S&T activities are undertaken. Also included are people responsible for the planning, administration, personnel management, financial management, logistics supply, equipment maintenance, information and library management that are related with S&T activities. People providing indirect services are excluded, such as security, medical service, drivers, plumbers, cleaners and those providing catering and related service. This indicator reflects the size of personnel engaged in S&T activities.

Research and Development (**R&D**) refers to systematic and creative activities in the field of science and technology aiming at increasing the knowledge and using the knowledge for new application. R&D includes 3 categories of activities: basic research, applied research and experimentation for development. The scale and intensity of R&D are widely used internationally to reflect the strength of S&T and the core competitiveness of a country in the world.

Basic Research refers to empirical or theoretical research aiming at obtaining new knowledge on the fundamental principles regarding phenomena or observable facts to reveal the intrinsic nature and underlying laws and to acquire new discoveries or new theories. Basic research takes no specific or designated application as the aim of the research. Results of basic research are mainly released or disseminated in the form of scientific papers or monographs. This indicator reflects the innovation capacity for original knowledge.

Applied Research refers to creative research aiming at obtaining new knowledge on a specific objective or target. Purpose of the applied research is to identify the possible uses of results from basic research, or to explore new (fundamental) methods or new approaches. Results of applied research are expressed in the form of scientific papers, monographs, fundamental models or invention patents. This indicator reflects the exploration of ways to apply the results of basic research.

Experiments and Development refer to systematic activities aiming at using the knowledge from basic and applied researches or from practical experience to develop new products, materials and equipment, to establish new production process, systems and services, or to make substantial improvement on the existing products, process or services. Results of experiment and development activities are embodied in patents, exclusive technology, and monotype of new products or equipment. In social sciences, experiment and development activities refer to the process of converting the knowledge from basic or applied researches into feasible programmes (including conduct of demonstration projects for assessment and evaluation). There are no experiment and development activities in the science of humanities. This indicator reflects the capability of transferring the results of S&T into technique and products, and measures the realization of S&T in spearheading the economic and social development.

R & D Personnel refer to persons engaged in research, management and supporting activities of R & D, including persons in the project teams, persons engaged in the management of S&T activities of enterprises and supporting staff providing direct service to the research projects. This indicator reflects the size of personnel engaged in R&D activities with independent intellectual property.

Professional and Technical Personnel refer to persons engaged in professional and technical work or in the management of professional and technical activities, i. e., people with professional or technical positions who are engaged in professional and technical work or in the management of professional and technical activities, and people without professional or technical positions but are working on professional or technical posts. They include professionals and technicians working in 17 categories of technical occupations including engineering, agriculture, scientific researches, medical service, teaching, economic research and application, accounting, statistics, translation, libraries, archives, cultural and museum service, journalism and publication, lawyers, notarization service, radio and television broadcasting, handicraft and fine arts, sports, performing art, and political workers in enterprises. This indicator reflects the condition of human resources in S&T.

Funding for S&T Activities refers to funds obtained from various sources for S&T activities, including government funds, self - raised funds by enterprises, self - raised funds by institutions, loans from financial institutions, foreign funds and other funds. This indicator reflects the efforts made by various social economic entities in promoting the development of S&T.

Government Funds refer to funds obtained from government agencies at all levels to be used for S&T activities, including fund for scientific undertakings, 3 kinds of fund for S&T activities, fund for capital construction for scientific researches, science fund, funds from education expenditures by education departments for S&T activities, and extra - budget fund from government agencies for S&T activities.

Funds of Enterprises refers to funds of enterprises from their own budget; funds from other enterprises; or funds received by universities or research institutions from enterprises for scientific research or technical development projects. Excluded from this category are funds from government agencies, financial institutions or from foreign institutions.

Loans from Financial Institutions refer to loans from various financial institutions for S&T activities.

Internal Expenditure on S&T activities refer to the actual expenditure on S&T activities during the reference year, including service fees, expenditure on research activities, expenditure on research management, purchase or construction of fixed assets not included in the investment for capital construction, expenditure on capital construction for scientific researches, and other expenditure on S&T activities. Not included are expenditure on production activities, repayment of loans and transfer expenditure. This indicator reflects the net investment in S&T more accurately.

Service Fees refer to direct or indirect payment, in cash or in kind, made to personnel engaged in S&T activities as remuneration and other fees. They include, in various forms, salaries, subsidies, bonus, benefits, retirement pension, stipend, etc. This indicator reflects the improvement of the remuneration package for S&T personnel.

Purchase or Construction of Fixed Assets refers to the fixed assets purchased or constructed using funds other than the investment in capital construction, and the actual expenditure on capital construction for scientific researches. In other words, it is the sum of the actual expenditure on fixed assets and the accomplished investment in capital construction for scientific researches. Fixed assets refer to main materials and equipment, literatures and documents in libraries, materials for experiments, specimen, instruments, furniture, buildings and constructions that can be used for a long time without changing the form and shape of those articles or constructions. This indicator reflects the input in improving the condition of S&T and the means of scientific research.

New Products refer to brand new products produced with new technology and new design, or products that represent noticeable improvement in terms of structure, material, or production process for improving significantly the character or function of the older versions. They include new products certified by relevant government agencies within the period of certification, as well as new products designed and produced by enterprises within a year without certification by government agencies. This indicator reflects the direct contribution of S&T output to economic growth.

Patent is an abbreviation for the patent right and refers to the exclusive right of ownership by the inventors or designers for the creation or inventions, given from the patent offices after due process of assessment and approval in accordance with the Patent Law. Patents are granted for inventions, utility models and designs. This indicator reflects the achievements of S&T and design with independent intellectual property.

Patented Inventions refer to new technical proposals to the products or methods or their modifications. This is universal core indicator reflecting the technologies with independent intellectual property.

Patented Utility Models refer to the practical and new technical proposals on the shape and structure of the product or the combination of both. This indicator reflects the condition of technological results with certain technical content.

Designs refer to the aesthetics and industrially applicable new designs for the shape, pattern and colour of the product, or their combinations. This indicator reflects the appearance design achievements with independent intellectual property.

第 18 篇
CHAPTER 18

教育和文化
Education and Culture

每万人口中在校学生数（人）

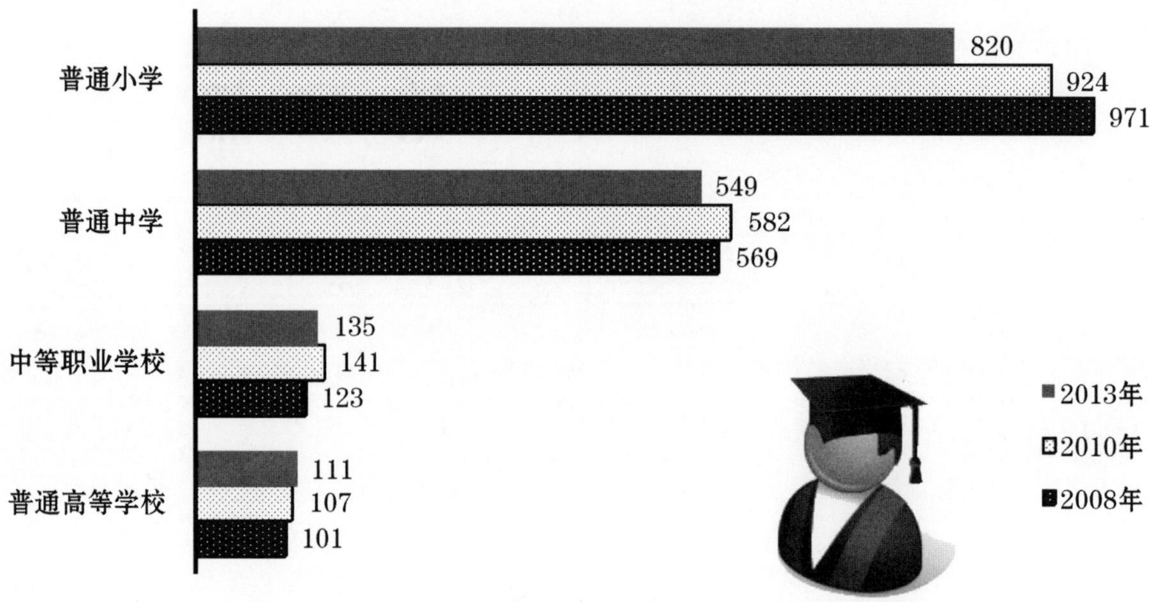

各级各类学校数（所）

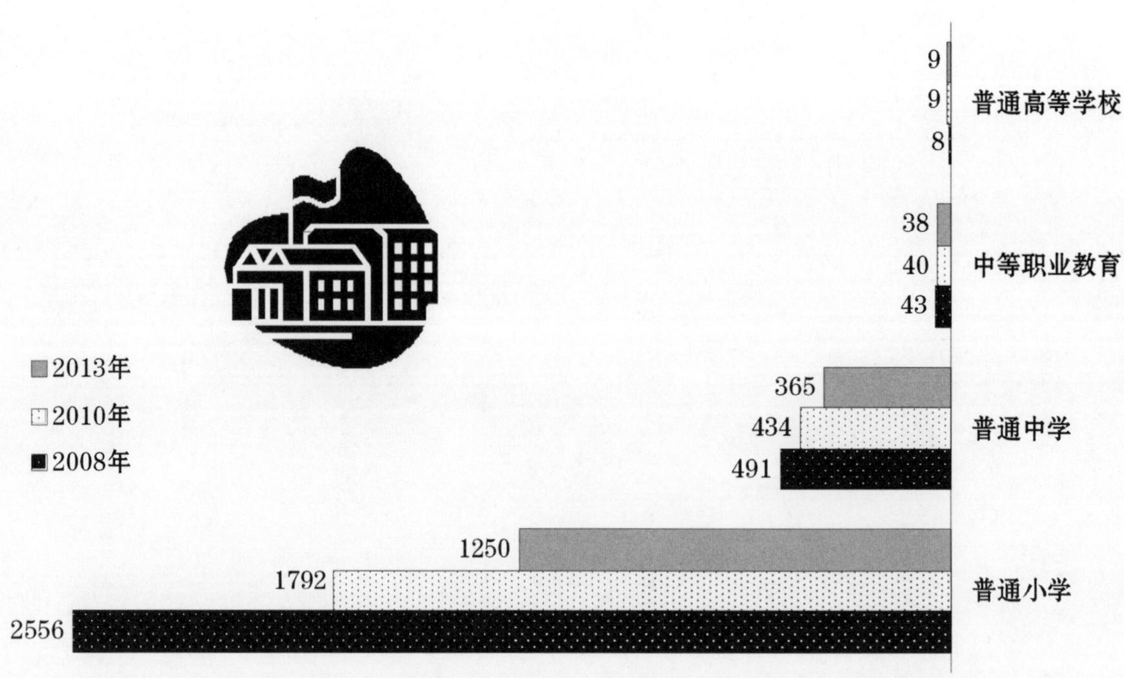

18-1 主要年份各级各类学校数

Number of Schools by Level and Type of School in Main Years

单位：所 (unit)

年 份 地 区	Year Region	普通高等学校 Regular Institutions of Higher Education	中等职业教育 Secondary Vocational Education	普通中学 Regular Secondary Schools	普通小学 Regular Primary Schools
1952			7	4	1065
1957		1	18	14	1441
1965		1	14	30	5847
1970		3	9	49	3097
1975		4	11	540	6531
1978		6	27	818	6577
1980		6	33	582	5207
1985		7	37	435	4256
1990		7	39	484	3839
1995		7	34	471	3437
1996		7	34	467	3451
1997		6	35	459	3473
1998		6	35	449	3465
1999		6	35	448	3448
2000		8	15	448	3429
2001		6	16	486	3159
2002		8	15	444	3120
2003		9	17	504	2998
2004		9	14	507	2995
2005		8	47	511	2898
2006		8	50	498	2841
2007		8	45	495	2727
2008		8	43	491	2556
2009		9	39	449	2047
2010		9	40	434	1792
2011		9	40	416	1533
2012		9	39	370	1425
2013		9	38	365	1250
西宁市	Xining City	9	19	136	181
海东市	Haidong City		6	105	549
海北州	Haibei Zang A.P		2	12	94
黄南州	Huangnan Zang A.P		1	19	143
海南州	Hainan Zang A.P		2	20	54
果洛州	Golog Zang A.P		5	11	55
玉树州	Yushu Zang A.P		1	12	121
海西州	Haixi Mongolian & Zang A.P		2	50	53

18-2 主要年份普通高等学校基本情况
Basic Statistics on Regular Institution of Higher Education in Main Years

单位：人 (person)

年份 Year 地区 Region	毕业人数 Graduates	招生人数 New Enrollment	在校学生数 Total Enrollment	教职工人数 Teachers and Staff	专任教师 Full-time Teashers	生师比 Student-Teacher Ratio
1957		102	178	113	55	3.2
1965	297	176	566	634	326	1.7
1970	323	368	616	792	351	1.8
1975	688	861	2709	1350	625	4.3
1978	785	1314	3538	1663	819	4.3
1980	692	1208	4238	1970	999	4.2
1985	1159	2037	6414	2559	1253	5.1
1990	1930	1725	6241	2805	1470	4.2
1995	2133	2339	7332	2965	1410	5.2
1996	2033	2460	7780	2973	1398	5.6
1997	2135	2619	8202	3108	1587	5.2
1998	2241	2787	8691	3399	1678	5.2
1999	2490	3172	7347	3454	1711	5.5
2000	2130	6105	13307	4229	2107	6.3
2001	2561	7032	17918	4669	2094	8.6
2002	2763	7123	22198	5314	2580	8.6
2003	4771	9075	26124	5589	2769	9.9
2004	5802	9452	29483	5820	3079	9.6
2005	8344	12812	34374	5830	3051	11.3
2006	8773	12318	37146	6038	3296	11.3
2007	9842	12493	39066	6127	3156	12.4
2008	13986	20505	55792	6242	3368	16.6
2009	14626	18375	58229	6418	3757	15.5
2010	15000	18676	60384	6682	3731	14.4
2011	20748	19075	58661	6677	3735	13.6
2012	16422	20832	61858	6668	3717	15.4
2013	17327	20797	63918	6851	3785	16.9
西宁市 Xining City	17327	20797	63918	6851	3785	16.9

注：1.2008年以后普通高校毕业生数、招生数、在校生数含成人本专科生。
2.师生比采用教育统计折算法测算。

a) Graduates, new enrollment and total enrollment of regular institution of higher education after 2008 include adult undergraduates and adult college students.

b) The teacher-student ratio is calculated by education statistical conversion method.

18−3 主要年份中等职业教育基本情况

Basic Statistics on Secondary Vocational Schools in Main Years

单位：人 (person)

年份 地区	Year Region	毕业人数 Graduates	招生人数 New Enrollment	在校学生数 Total Enrollment	教职工人数 Teachers and Staff	专任教师 Full-time Teashers	生师比 Student-Teacher Ratio
1952		134	499	1602	236	88	18.2
1957		465	1486	5856	862	330	17.8
1965		510	1644	3825	753	313	12.2
1970		970	1677	2210	578	261	8.5
1975		1502	2006	5703	989	436	13.1
1978		1778	3459	7966	1374	657	12.1
1980		2484	2922	9615	1917	955	10.5
1985		2872	4512	12159	2555	1283	9.5
1990		4216	3378	11286	3102	1670	6.8
1995		3280	4217	13643	3048	1691	8.1
1996		4296	4186	13479	3062	1701	7.9
1997		4121	3867	13215	3048	1719	7.7
1998		4215	4019	12925	3079	1758	7.4
1999		4252	4050	12600	3072	1777	7.1
2000		4093	4781	13406	2398	1363	9.8
2001		3477	3006	12296	2252	1307	9.4
2002		3266	2881	11382	1159	713	16.0
2003		4204	1829	8107	773	470	10.2
2004		2401	1466	5028	546	342	14.7
2005		5836	13216	24656	2227	1588	15.5
2006		7939	21173	36886	2408	1723	21.4
2007		9175	30861	54566	2569	1906	28.6
2008		13798	30968	67917	3100	2379	28.5
2009		19356	31892	76375	3140	2480	30.8
2010		19773	30713	79105	3157	2444	32.4
2011		21620	29600	80057	3222	2549	31.4
2012		23660	30143	76842	3188	2454	31.3
2013		22386	29277	77784	3234	2567	30.3
西宁市	Xining City	11889	14237	40425	1946	1549	26.1
海东市	Haidong City	5794	7417	17533	426	395	44.4
海北州	Haibei Zang A.P	1243	881	2606	176	125	20.8
黄南州	Huangnan Zang A.P	444	890	2466	35	28	88.1
海南州	Hainan Zang A.P	900	1886	4378	84	74	59.2
果洛州	Golog Zang A.P	463	808	1829	184	84	21.8
玉树州	Yushu Zang A.P	640	975	2654	190	163	16.3
海西州	Haixi Mongolian & Zang A.P	1013	2183	5893	193	149	39.6

18-4 主要年份普通中学基本情况

Basic Statistics on Regular Secondary Schools in Main Years

单位：人 (person)

年份 Year 地区 Region		毕业人数 Graduates	招生人数 New Enrollment	在校学生数 Total Enrollment	教职工人数 Teachers and Staff	专任教师 Full-time Teashers	生师比 Student-Teacher Ratio
1952		193	454	1221	137	60	8.9
1957		1026	4111	9382	539	400	17.4
1965		2182	4403	11978	1122	767	10.7
1970		8096	14374	38913	1700	1375	22.9
1975		26410	53092	120724	7528	5857	16.0
1978		49600	78600	209100	11512	9791	18.2
1980		58600	70597	199200	14058	10779	18.5
1985		58200	76200	230700	16599	12917	17.9
1990		67074	76269	217470	20161	16023	13.6
1995		57835	69755	193862	19190	15691	12.4
1996		55389	67599	192854	19046	15638	12.3
1997		58488	70944	194628	19440	16089	12.1
1998		58703	72987	195037	18884	16009	12.2
1999		56712	78901	207214	19090	16260	12.7
2000		57812	86540	224660	19378	16645	13.5
2001		61357	93034	244629	19835	16857	14.5
2002		56820	85181	220921	16670	14801	14.9
2003		75421	110325	294400	21257	18613	15.8
2004		83727	111830	315284	21853	19402	16.3
2005		93478	116340	327502	22370	20050	16.3
2006		100558	111044	328027	23047	20765	15.8
2007		101883	112097	327039	23357	21038	15.5
2008		106574	106538	315371	23429	21194	14.9
2009		100108	114485	322666	23587	21308	15.1
2010		100291	115028	327178	23923	21875	14.9
2011		99746	111925	330309	24482	22422	14.7
2012		104354	111579	314728	24560	22526	14.0
2013		98110	116321	317121	25438	23598	13.4
西宁市	Xining City	36144	42771	118739	9634	9179	12.9
海东市	Haidong City	28427	29650	83034	7071	6733	12.3
海北州	Haibei Zang A.P	4882	6375	17655	1393	1205	14.7
黄南州	Huangnan Zang A.P	4847	5756	15758	1122	999	15.8
海南州	Hainan Zang A.P	8402	9501	26699	2001	1802	14.8
果洛州	Golog Zang A.P	3301	4140	9428	726	546	17.3
玉树州	Yushu Zang A.P	4250	8463	18730	1058	992	18.9
海西州	Haixi Mongolian & Zang A.P	7857	9665	27078	2433	2142	12.6

18-5 主要年份小学基本情况

Basic Statistics on Primary Schools in Main Years

单位：万人、人 (10 000 persons,person)

年份 地区	Year Region	毕业人数 Graduates	招生人数 New Enrollment	在校学生数 Total Enrollment	教职工人数 Teachers and Staff	专任教师 Full-time Teashers	生师比 Student-Teacher Ratio
1952		0.6	0.9	8.8	2542	2375	
1957		2.3	4.1	15.4	4661	4401	34.9
1965		1.7	14.8	31.0	11148	10812	28.6
1970		2.3	3.4	23.1	10196	10057	23.0
1975		4.8	18.3	54.1	20512	19485	27.7
1978		6.5	13.4	59.9	24933	23918	25.0
1980		6.3	11.5	57.5	27049	25162	22.8
1985		6.1	9.6	54.2	26818	24649	22.0
1990		6.5	7.7	49.0	28582	26515	18.5
1995		5.9	8.3	44.8	28810	26881	16.7
1996		5.9	8.7	46.0	29298	27350	16.8
1997		6.1	8.9	47.1	29490	27611	17.1
1998		6.3	9.1	48.7	29433	27702	17.6
1999		6.9	9.6	50.1	29130	27452	18.2
2000		7.6	9.4	50.5	29371	27706	18.2
2001		7.9	9.5	50.2	29377	27870	18.0
2002		8.1	10.3	50.7	29546	28215	18.0
2003		8.2	9.5	50.7	29692	28496	17.8
2004		8.1	9.9	51.3	28926	27832	18.4
2005		8.1	8.9	50.7	28551	27478	18.4
2006		7.6	10.2	52.2	29209	28124	18.6
2007		7.1	10.1	53.1	28393	27303	19.4
2008		6.9	9.3	53.8	28115	27318	19.7
2009		7.8	8.7	53.3	27814	26794	19.9
2010		8.2	8.1	51.9	27516	26584	19.5
2011		8.0	8.2	51.2	26542	25897	19.8
2012		8.1	8.3	49.9	27052	26103	19.1
2013		8.3	7.8	47.4	28002	26974	17.5
西宁市	Xining City	2.6	2.4	15.3	8001	7985	19.1
海东市	Haidong City	2.2	2.1	12.2	7526	7435	16.4
海北州	Haibei Zang A.P	0.4	0.4	2.6	1530	1392	18.7
黄南州	Huangnan Zang A.P	0.5	0.5	2.7	1876	1859	14.5
海南州	Hainan Zang A.P	0.7	0.7	4.3	2730	2611	16.5
果洛州	Golog Zang A.P	0.4	0.3	1.8	1528	1051	17.1
玉树州	Yushu Zang A.P	0.9	0.8	4.6	2371	2307	19.9
海西州	Haixi Mongolian & Zang A.P	0.6	0.6	3.9	2440	2334	16.7

18-6 主要年份幼儿教育事业基本情况

Basic Statistics on Kindergartens in Main Years

单位：人 (person)

年 份 / 地 区	Year / Region	幼儿园数（所） Kindergartens (unit)	在园幼儿数 Total Enrollment	教职工人数 Teachers and Staff	幼师 Full-time Teashers	生师比 Student-Teacher Ratio
1952		3	560	46	25	22.4
1957		4	882	121	40	22.1
1965		13	2007	212	65	30.9
1980		46	15561	1053	408	38.1
1985		219	29140	1417	843	34.6
1990		203	44320	1820	1275	34.8
1995		203	72030	2694	1719	41.9
1996		192	70467	2443	1690	41.7
1997		185	73735	2947	2141	34.4
1998		192	70908	2643	1883	37.7
1999		189	66795	2784	1999	33.4
2000		201	63711	2721	2115	30.1
2001		183	67387	2646	1491	45.2
2002		215	69402	3079	1704	40.7
2003		220	74075	3243	1825	40.6
2004		240	77512	3518	1955	39.6
2005		284	82558	3978	2211	37.3
2006		317	88006	4265	2386	36.9
2007		318	88985	4384	2484	35.8
2008		374	94274	4701	2676	35.2
2009		466	101425	5356	3143	32.3
2010		599	111950	6202	3544	31.6
2011		980	134022	7334	4051	33.1
2012		1143	153340	7243	4361	35.2
2013		1245	166659	8047	4668	35.7
西宁市	Xining City	359	70392	4284	2541	27.7
海东市	Haidong City	279	41013	1418	780	52.6
海北州	Haibei Zang A.P	156	8192	176	116	70.6
黄南州	Huangnan Zang A.P	87	7242	159	108	67.1
海南州	Hainan Zang A.P	262	17951	1129	629	28.5
果洛州	Golog Zang A.P	10	3964	65	46	86.2
玉树州	Yushu Zang A.P	41	3861	82	47	82.1
海西州	Haixi Mongolian & Zang A.P	51	14044	734	401	35.0

18-7 主要年份基础教育基本情况

Basic Statistics on Basic Education in Main Years

单位：% (%)

年 份 Year / 地 区 Region		初中毕业生升学率 Promotion Rate from Junior Secondary Schools to Senior Seconday Schools	小学毕业生升学率 Promotion Rate from Primary Schools to Junior Secondary Schools	小学学龄儿童入学率 Net Enrollment Ratio of Primany Schools
1952		82.1	45.1	
1957		113.0	58.1	
1965		93.7	106.7	73.1
1970		46.8	53.4	51.4
1975		63.0	89.5	89.8
1978		58.8	92.1	85.5
1980		40.2	86.9	82.4
1985		49.9	92.6	79.2
1990		48.4	88.9	81.5
1995		52.5	86.5	87.4
1996		66.5	87.9	89.6
1997		67.9	87.4	90.4
1998		60.1	91.1	92.1
1999		60.5	90.5	92.7
2000		66.4	88.7	94.2
2001		63.1	89.6	95.4
2002		65.5	92.0	95.4
2003		62.5	95.2	96.1
2004		66.5	96.9	96.6
2005		74.6	97.3	97.0
2006		75.1	97.3	97.1
2007		89.3	100.1	98.6
2008		85.0	97.5	99.4
2009		85.9	99.9	99.5
2010		86.5	95.6	99.6
2011		89.5	95.5	99.7
2012		86.1	90.6	99.7
2013		91.7	91.9	99.7
西宁市	Xining City	110.3	102.5	100.0
海东市	Haidong City	93.0	87.9	99.8
海北州	Haibei Zang A.P	75.9	90.4	99.7
黄南州	Huangnan Zang A.P	74.7	79.2	99.2
海南州	Hainan Zang A.P	66.3	90.5	99.6
果洛州	Golog Zang A.P	46.3	83.2	99.7
玉树州	Yushu Zang A.P	76.9	80.7	99.2
海西州	Haixi Mongolian & Zang A.P	88.4	95.5	99.8

18-8 主要年份全省每万人口中在校学生数

Students Enrollment per 10 Thousand People in Main Years

单位：人 (person)

年份 Year	普通高等学校 Regular Institutions of Higher Education	中等职业学校 Secondary Vocational Schools	普通中学 Regular Secondary Schools	普通小学 Primary Schools
1952		10.0	8.0	547.0
1957	0.9	30.0	46.0	749.0
1965	3.0	16.0	52.0	1343.0
1970	2.0	8.0	138.0	818.0
1975	8.0	17.0	358.0	1602.0
1978	10.0	22.0	573.0	1642.0
1980	11.0	25.0	529.0	1525.0
1985	15.9	30.3	556.4	1350.6
1990	14.0	25.4	489.9	1104.6
1995	15.4	28.6	406.0	938.2
1996	15.9	27.6	421.6	941.1
1997	16.5	26.7	392.7	951.2
1998	17.3	25.7	387.9	967.9
1999	18.3	24.7	406.5	982.1
2000	25.7	25.9	433.7	974.5
2001	34.2	23.5	467.6	959.2
2002	42.0	21.5	499.8	958.4
2003	48.9	19.7	551.5	949.6
2004	54.7	34.9	585.4	951.7
2005	63.3	45.4	602.9	933.1
2006	92.7	67.3	598.9	953.1
2007	92.4	98.9	592.9	963.1
2008	100.7	122.5	569.0	970.9
2009	104.5	137.0	578.9	956.9
2010	107.4	140.8	582.2	923.5
2011	103.2	140.9	581.4	900.6
2012	107.9	134.1	549.1	870.6
2013	110.6	134.6	548.9	820.2

18-9 2012－2013年文化事业机构、人员情况
Basic Statistics on Cultural Institutions and Personnel(2012－2013)

类别	Category	机构数(个) Number of Institutions (unit) 2012	2013	从业人员(人) Number of Employed Persons (person) 2012	2013
总计	**Total**	**556**	**555**	**2848**	**2624**
艺术事业	**Arts**	**31**	**29**	**772**	**575**
艺术表演团体	Arts Performance Troupes	13	13	682	528
歌舞团、轻音乐团	Song and Dance Troupe, Light Music Troupe	10	12	554	528
文工团、文宣队、乌兰牧骑	Literature and Art Propaganda Team,A Nei Monggol Revolutionary Cultural and Performance Troupes, cultural Troupe Mounted on Houseback	2	1	50	
戏曲剧团	Traditional Opera Troupes	1		78	
艺术表演场所	Arts Performance Places	18	16	90	47
图书馆事业	**Public Libraries**	**49**	**49**	**394**	**393**
文物事业	**Cultural Relics**	**54**	**54**	**416**	**369**
文物机构	Historical Relics Agencies	30	30	138	125
文物保护机构	Agencies of Historical Relics Preservation	29	29	95	54
博物馆	Museums	22	22	180	196
文物商店	Cultural Relics Shops	1	1	8	8
其他文物	Others	1	1	90	40
群众文化事业	**Mass Culture**	**413**	**413**	**910**	**919**
群众艺术馆	Mass Art Centers	9	9	173	171
文化馆	Cultural Centers	46	46	317	315
文化站	Cultural Stations	358	358	420	433
艺术教育事业	**Culture Education**	**1**	**1**	**79**	**96**
中等专业学校	Specialized Secondary Schools	1	1	79	96
其他文化事业	**Other Cultural Units**	**8**	**9**	**277**	**272**
艺术科研机构	Art Research Institutions	1	1	16	15
其他	Others	7	8	261	257

18-10 主要年份报刊、杂志、图书出版情况

Basic Statistics on Newspapers, Magazines, Books Published in Main Years

年份 Year	报纸 Newspapers Published		杂志 Magazines Published		图书 Books Published	
	种数（种）Number of Publication (item)	总印数（万份）Total Printed Copies (10 000 Copies)	种数（种）Number of Publication (item)	总印数（万册）Total Printed Copies (10 000 Copies)	种数（种）Number of Publication (item)	总印数（万册）Total Printed Copies (10 000 Copies)
2000	21	4800.2	50	91.2	195	586.2
2001	19	4235.8	31	280.8	148	507.0
2002	20	4494.2	43	59.2	142	397.5
2003	20	4752.0	41	73.8	156	827.7
2004	21	4384.0	49	220.0	377	504.0
2005	19	4486.0	40	204.0	390	840.4
2006	27	4400.0	52	108.0	392	1077.0
2007	25	9757.0	52	196.0	576	1143.0
2008	26	8859.0	52	281.0	656	987.0
2009	26	9172.0	53	353.0	680	843.0
2010	27	9769.7	53	322.5	652	1002.9
2011	27	10825.0	53	460.0	781	1015.0
2012	28	11085.0	53	421.0	788	1115.0
2013	28	12426.4	53	379.5	1051	1331.3

18-11 主要年份广播、电视事业发展和普及情况

Basic Statistics on Development and Popularization of Radio and Television in Main Years

年份 Year	广播电台数（座）Number of Broadcasting Stations (set)	中播发射台和转播台（座）Broadcast Transmission Stations and Relaying Stations (set)	广播节目套数（套）Number of Radio Programs (set)	广播人口覆盖率（%）Radio Coverage Rate of the Population (%)	电视台数（座）Number of Television Stations (set)	电视转播发射台（座）Television Transmission Stations and Relaying Stations (set)	电视节目套数（套）Number of Television Programs (set)	电视人口覆盖率（%）TV Coverage Rate of the Population (%)
2000	4	7	8	63.0	5	1274	6	86.0
2001	4	8	8	80.5	6	1206	11	87.8
2002	4	8	8	84.4	8	1208	12	88.9
2003	4	8	8	84.5	9	1415	13	90.4
2004	4	8	8	86.4	9	1393	13	92.0
2005	4	8	8	86.5	8	1495	13	92.5
2006	4	8	8	87.5	8	1480	13	93.0
2007	4	8	8	88.0	8	1440	13	93.5
2008	4	8	9	88.5	8	1584	13	94.0
2009	4	8	9	88.9	8	1449	13	94.3
2010	4	9	9	90.0	8	1194	13	95.0
2011	3	12	9	91.6	7	1187	13	95.7
2012	3	21	10	94.1	8	1162	15	96.3
2013	3	21	12	95.7	8	1134	16	96.9

主要统计指标解释

普通高等学校 指按国家规定的设置标准和审批程序批准举办的，通过全国普通高等学校统一招生考试，招收高中毕业生为主要培养对象，实施高等学历教育的全日制大学、独立设置的学院和高等专科学校、高等职业学校及其他机构(独立学院和分校、大专班)。

大学、独立设置的学院主要实施本科层次以上教育。高等专科学校、高等职业学校实施专科层次教育。其他机构是承担国家普通招生计划任务不计校数的机构，包括独立学院、普通高等学校分校、大专班和批准筹建的普通高等学校等。独立学院指由普通本科高校按新机制、新模式举办的本科层次的二级学院，一些普通本科高校按公办机制和模式建立的二级学院，"分校"或其他类似的二级办学机构不属此范畴。

成人高等学校 指按照国家规定的设置标准和审批程序批准举办的，通过全国成人高等教育统一招生考试，招收具有高中毕业或同等学历的人员为主要培养对象，利用函授、业余、脱产等多种形式对其实施高等学历教育的学校。包括职工高等学校、农民高等学校、管理干部学院、教育学院、独立函授学院、广播电视大学、其他机构等。其他机构是承担国家成人招生计划任务不计校数的机构。

小学学龄儿童净入学率 指调查范围内已入小学学习的学龄儿童占校内外学龄儿童总数(包括弱智儿童，不包括盲聋哑儿童)的比重。

艺术表演团体 由文化部门主办或实行行业管理(经文化市场行政部门审批或已申报登记并领取相关许可证)，专门从事表演艺术等活动的各类专业艺术表演团体，含民间职业剧团。如话剧团、方言话剧团、滑稽剧团、儿童剧团、歌剧团、木偶团、皮影团等以及由若干剧种组成的综合性专业艺术表演团体。不包括半工半艺、半农半艺的剧团。

艺术表演场馆 指由文化部门主办或实行行业管理(经文化市场行政部门审批或已申报登记并领取相关许可证)，有观众席、舞台、灯光设备，公开售票、专供文艺团体演出的文化活动场所。包括剧院(场)、音乐厅、歌剧院(场)、舞剧院(场)、话剧院(场)、戏院、马戏场、影剧院等进行文艺表演的场所。不包括电影院、礼堂、体育场馆、美术馆及绘画、雕塑等艺术馆。

文化市场经营机构 经文化市场行政部门审批或已申报登记并领取相关许可证的、从事文化经营和文化服务活动的机构。

广播节目综合人口覆盖率 指根据国家广电总局制定的《广播电视人口覆盖率统计技术标准和方法》进行统计调查的，在对象区内采用无线、有线、卫星等技术手段能够收听到包括中央、省、地市、县广播节目其中任意一套的人口数占全国总人口数的百分比。

电视节目综合人口覆盖率 指根据国家广电总局制定的《广播电视人口覆盖率统计技术标准和方法》进行统计调查的，在对象区内采用无线、有线、卫星等技术手段能够收看到包括中央、省、地市、县级电视节目中任意一套的人口数占全国总人口数的百分比。

有线电视入户率 通过广播电视有线传输网收看电视节目的用户数占全国总户数的百分比。

国家综合档案馆 归口中央或地方各级档案行政管理部门直接管理的，按行政区划或历史时期设置的，收集和管理所辖范围内多种门类档案的档案馆。

Explanatory Notes on Main Statistical Indicators

Regular Institutions of Higher Education refer to educational establishments set up according to the government evaluation and approval procedures, recruiting graduates from senior secondary schools as the main target by National Matriculation TEST. They include full – time universities, colleges, institutions of higher professional education, institutions of higher vocational education, institutions of higher vocational education and others (non – university tertiary, branch schools and undergraduate classes).

Universities and colleges primarily provide undergraduate courses; institutions of higher professional education and institutions of higher vocational education primarily provide professional trainings; and others refer to educational establishments, which are responsible for enrolling higher education students under the State Plan but not enumerated in the total number of schools, including: branch schools of universities and colleges, and universities and colleges that have been approved and under plan for construction. Non – university tertiary refers to the regular undergraduate branch college which is running in new mechanism and mode, excluding the branch schools and other similar branches of educational institutions.

Institutions of Higher Education for Adults refer to educational establishments, set up in line with relevant rules approved by the government, enrolling staff and workers with senior secondary school or equivalent education, and providing higher education courses in many forms of correspondence, spare time, or full time for adults. Professionals thus trained receive a qualification equivalent to graduates studying regular courses at regular universities, colleges and professional colleges. Institutions of higher learning for adults include schools of higher education for staff and workers, schools of higher education for peasants, colleges for management cadres, pedagogical colleges, independent correspondence colleges, Radio and TV universities and other educational establishments. Other educational establishments have undertakings to enrol adult students but not enumerated in the schools under the State Plan.

Net Enrolment Ratio of Primary Schools refers to the proportion of school age children enrolled at schools to the total number of school age children both in and outside schools (including retarded children, but excluding blind, deaf and mute children).

Arts Performance Troupes refer to the various professional performing arts groups, which sponsored by the cultural sectors or guided by the cultural society (approved by the cultural market administration, or registered and permitted with the relative certificate), including non – governmental troupes, such as drama troupes, dialect troupes, comedy troupes, children troupes, Opera troupes, puppetry troupes, Shadowgraph troupes, etc., comprehensive professional arts performance troupes. The semi – working and semi – farming arts troupes are not included.

Arts Performance Places refer to the various sites for cultural activities, which sponsored by the cultural sectors or guided by the cultural society (approved by the cultural market administration, or registered and permitted with the relative certificate), with the facility of auditorium, stage, and lighting, and selling tickets in public, specially performed by arts troupes, including theatre, concert halls, opera halls, dance halls, drama halls, cinemas, circus fields, and other showplaces for the performing arts. The cinemas, auditoriums, stadiums, and arts museums, such as art galleries, painting houses, sculpture houses, are not included.

Cultural Market Operating Units refer to the units dealing in culture and cultural services, which registered and permitted with the relative certificate by cultural market administration.

Radio Coverage of Population refers to the percentage of population, which can listen to one of central, provincial, city, prefecture, and county radio programs by wireless, cable, satellite and other technical means, in the surveying area, to national total population, according to Statistical Standard and Method on Television and Radio Coverage of Population established by the State Administration of Broadcasting, Film and Television.

Television Coverage of Population refers to the percentage of population, which can watch one of central, provincial, city, prefecture, and county television programs by wireless, cable, satellite and other technical means, in the surveying area, to national total population, according to Statistical Standard and Method on Television and Radio Coverage of Population established by the State Administration of Broadcasting, Film and Television.

Cable Television Coverage of Household refers to the percentage of household, which can watch television by cable of radio and television network, to national total household.

National Comprehensive Archives refer to all archives institution, which are directly conducted by the central and local levels archives administration, collecting and keeping various documents and materials by administrative regions or historical periods

第 19 篇
CHAPTER 19

卫 生 和 体 育
Public Health and Sports

卫生机构情况

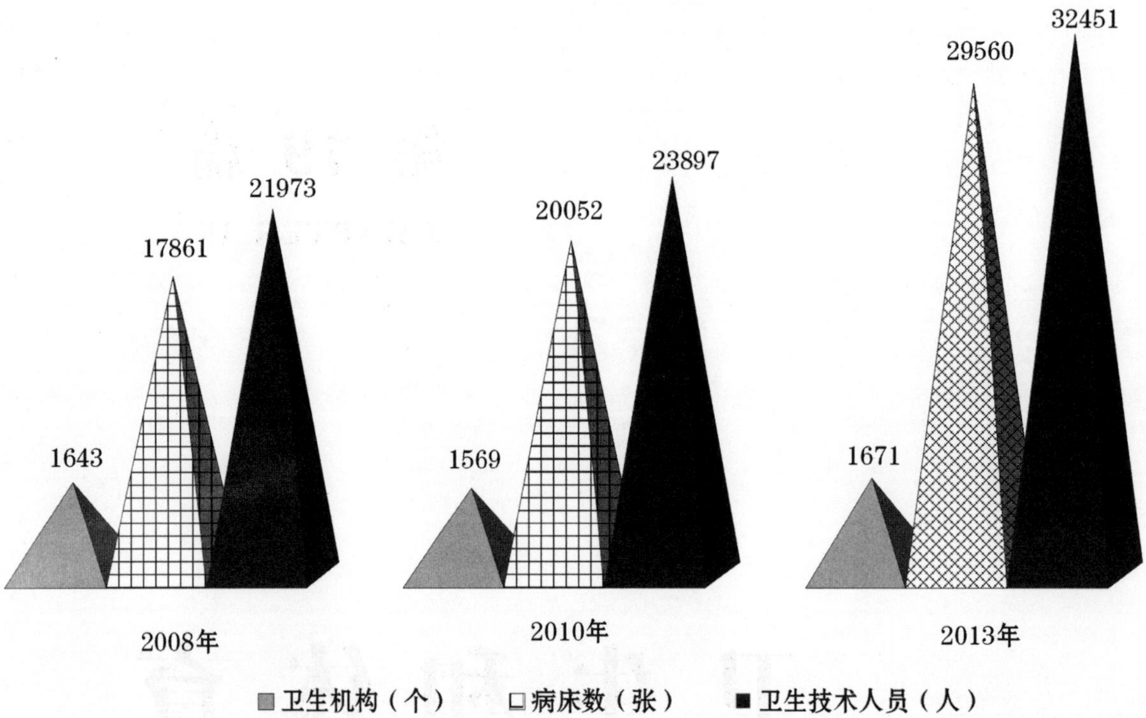

青少年业余体校在师生情况（人）

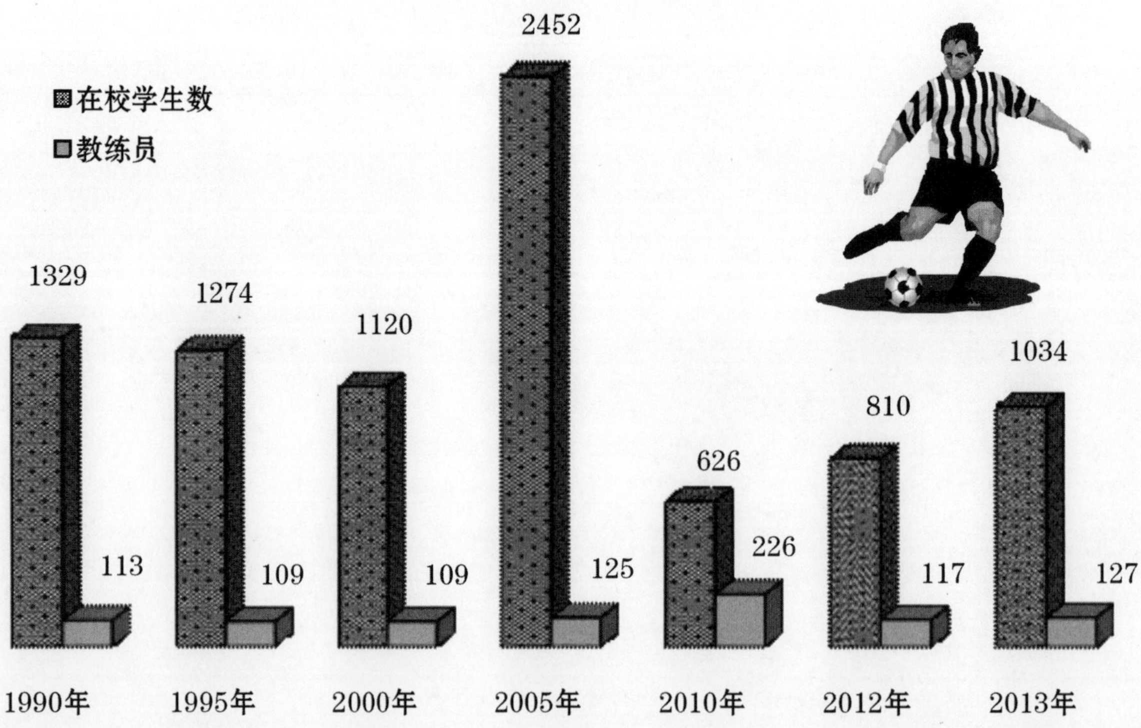

19-1 主要年份卫生事业机构、床位、人员数
Number of Health Care Institutions, Beds and Medical Technical Personnel in Main Years

年份 Year	卫生机构数 (个) Health Care Institutions (unit)	医疗机构 Medical Institutions	病床数 (张) Beds (unit)	卫生技术人员 (人) Medical Technical Personnel (person)
1952	67	28	529	513
1957	215	45	2115	2605
1965	822	63	6634	6114
1970	818	80	8212	8217
1975	920	499	10222	11390
1978	1032	507	10951	13090
1980	1047	511	11941	15115
1985	1253	518	13743	18031
1986	1282	454	14417	18906
1987	1302	433	15119	19759
1988	1276	445	15093	19780
1989	1226	436	15511	20103
1990	1218	446	15698	19893
1992	1187	510	16828	20239
1993	1172	494	16684	19891
1994	1177	592	16896	20116
1995	1176	592	17165	20233
1996	1201	590	17461	20216
1997	1201	592	17176	21418
1998	1263	591	17096	21159
1999	1259	586	16862	21825
2000	1847	577	16521	21502
2001	1437	564	16464	20119
2002	1411	549	16127	19294
2003	1408	536	16652	23036
2004	1434	535	16461	20002
2005	1478	562	16035	20771
2006	1613	687	16273	20119
2007	1640	688	16383	20347
2008	1643	713	17861	21973
2009	1598	734	19119	23440
2010	1569	734	20052	23897
2011	1601	748	23171	26132
2012	1630	764	26018	28158
2013	1671	771	29560	32451

注：2000年及以后卫生机构数据由省卫生部门按统一口径进行了调整。
a)The Health Care Institutions data were adjusted according to the unified caliber by Provincial Health Department since 2000 .

19-2 医疗机构、床位及人员数(2013年)

Number of Medical Institutions, Beds and Medical Technical Personnel(2013)

医疗机构	Medical Institutions	机构数(个) Number of Institutions (unit)	床位数(张) Beds (unit)	卫生技术人员(人) Medical Technical Personnel (person)							
				小计 Subtotal	执业医师 Licensed Doctors	助理医师 Assistant Doctors	注册护士 Registered Nurses	药剂人员 Pharmacist	技师(士) Technician	检验人员 Laboratory Technician	其他 Others
总　计	**Total**	**771**	**29560**	**27823**	**8992**	**1502**	**10807**	**1562**	**1653**	**1016**	**3307**
医　院	**Hospitals**	145	23580	20827	6798	691	9015	1127	1335	782	1861
综合医院	General Hospitals	89	17069	15623	5019	563	6938	746	942	543	1415
中医医院	Hospitals Specialized in Traditional Chinese Medicine	13	2145	1834	630	39	719	193	151	86	102
中西医结合医院	Hospitals Combining Chinese and Western Medicine	1	30	30	9	4	9	4	2	1	2
蒙藏民族医院	Mongolian and Tibetan Nationalities Hospitals	29	1877	1122	504	61	296	74	59	35	128
专科医院	Specialized Hospitals	13	2459	2218	636	24	1053	110	181	117	214
社区卫生服务中心(站)	Community Health Service Centers(Stations)	177	1317	1677	565	103	579	178	56	35	196
社区卫生服务中心	Community Health Service Centers	16	385	612	183	43	190	68	40	24	88
社区卫生服务站	Community Health Service Stations	161	932	1065	382	60	389	110	16	11	108
卫生院	Health Care Centers	405	4298	4487	1300	656	959	211	153	106	1208
中心卫生院	Central Health Centers	91	1618	1503	407	190	342	78	62	38	424
专科疾病防治院(所、站)	Specialized Disease Prevention & Treatment Institutions	1	35	27	10		11	3	3	3	
采供血机构	Blood Collection and Supply institutions	9		119	17	5	42	1	50	50	4
门诊部	Clinics	10	75	110	54	4	29	9	11	7	3
妇幼保健院(所、站)	Women and Children Care Agencies (Stations)	24	255	576	248	43	172	33	45	33	35

注：医疗机构不包括诊所、卫生所、医务室和村卫生室。

a) Medical Institutions don't include dispensary, health-center, infirmary and village health clinic.

19-3 分地区村卫生室机构数(2013年)

Number of Health Institutions at Village Level by Region(2013)

单位：个 (unit)

地 区 Region	总 计 Total	按设置／主办单位分 By setting / host unit					按行医方式分 By Way to Practice Medicine		
		村 办 Village Run	乡卫生院设点 Under the Township Hospital	联合办 Jointly Run	私人办 Privately Run	其 他 Others	西医为主 Western Medicine-oriented	中医为主 Traditional Chinese Medicine-oriented	中西医 Traditional Chinese and Western Medicine
机构数 Number of Institutions	**4330**	**2100**	**471**	**723**	**885**	**151**	**162**	**1836**	**2332**
西宁市 Xining City	987	398	159	48	367	15	14	302	671
海东市 Haidong City	1601	1066	18	176	321	20	28	804	769
海北州 Haibei Zang A.P	261	70	41	5	130	15	14	115	132
黄南州 Huangnan Zang A.P	286	38	36	159	49	4	11	118	157
海南州 Hainan Zang A.P	421	243	10	135	15	18	17	221	183
果洛州 Golog Zang A.P	188	90		62		36		38	150
玉树州 Yushu Zang A.P	259	184	75				62	106	91
海西州 Haixi Mongolian & Zang A.P	327	11	132	138	3	43	16	132	179

19-4　分项目在队优秀运动员达到等级运动员人数(2013年)

Number of Certified Athletes in Brigades by Sports Item(2013)

单位：人　　　　(person)

项　目	Item	合　计 Total	女 Female	国际级健将 International Master	女 Female	国家级运动健将 National Master	女 Female	一级 First Grade	女 Female	二级 Second Grade	女 Female
总　计	**Total**					**4**	**2**	**29**	**11**	**7**	**3**
田　径	Track and Field					3	1	3	1	6	3
中国式摔跤	Chinese-style Wrestling					1	1	13	9		
跆拳道	Taekwondo							1		1	
足球	Football							11			
健美	Aerobics							1	1		

19-5　主要年份青少年业余体校

Juvenile Amateur Sports Schools in Main Years

年　份 Year	学校数(所) Number of Schools (unit)	在校学生(人) Total Enrollment (person)	教练员(人) Full-time Coaches (person)	重点业余学校 Amateur Sports Schools: 学校数(所) Number of Schools (unit)	重点业余学校 Amateur Sports Schools: 在校学生(人) Total Enrollment (person)
1990	18	1329	113	3	352
1992	20	1409	124	1	90
1993	20	1352	114	1	156
1994	20	1374	110	3	664
1995	20	1274	109	3	670
1996	21	1351	105	1	70
1997	21	1248	114	1	95
1998	21	1157	125	1	117
1999	21	1211	201	1	39
2000	20	1120	109	1	49
2001	20	1783	112	1	98
2002	23	4059	138	15	2099
2003	22	2175	133	15	
2004	20	2647	128	20	2647
2005	19	2452	125	19	2452
2006	20	1874	133	20	1874
2007	17	1808	123	17	1808
2008	15	966	115	15	966
2009	18	721	99	18	721
2010	16	626	226	16	626
2011	16	769	102	16	769
2012	16	810	117	16	810
2013	15	1034	127	15	1034

主要统计指标解释

卫生机构　指从卫生行政部门取得《医疗机构执业许可证》，或从民政、工商行政、机构编制管理部门取得法人单位登记证书，为社会提供医疗保健、疾病控制、卫生监督服务或从事医学科研和教育等工作的单位。卫生机构包括医院、疗养院、社区卫生服务中心(站)、卫生院、门诊部、诊所(卫生所、医务室)、急救中心(站)、采供血机构、妇幼保健院(所、站)、专科疾病防治院(所、站)、疾病预防控制中心(防疫站)、卫生监督所、卫生监督检验(监测、检测)机构、医学科研机构、医学在职培训机构、健康教育所(站)等其他卫生机构。

医疗机构　指从卫生行政部门取得《医疗机构执业许可证》的机构，包括医院、疗养院、社区卫生服务中心(站)、卫生院、门诊部、诊所(卫生所、医务室)、妇幼保健院(所、站)、专科疾病防治院(所、站)、急救中心(站)和临床检验中心。

社区卫生服务中心(站)　指为本社区居民提供预防、医疗、保健、康复、健康教育、计划生育技术服务等的基层卫生机构。包括社区卫生服务中心和社区卫生服务站。

卫生人员　指在医疗、预防保健、医学科研和在职教育等卫生机构工作的职工，包括卫生技术人员、其他技术人员、管理人员和工勤人员。

执业医师　指具有《医师执业证》及其“级别”为“执业医师”且实际从事医疗、预防保健工作的人员，不包括实际从事管理工作的执业医师。执业医师类别分为临床、中医、口腔和公共卫生。

Explanatory Notes on Main Statistical Indicators

Health Care Institutions refer to the units which have been qualified the Certification of Health Care Institution by the administration of public health, or qualified the Certification of Corporate Unit by the civil affairs, administration for industry and commerce, commission office for public sector reform, and engaging in medical care, disease prevention and control, health supervision and inspection, medicine research and health education, etc. , including: hospitals, sanatoriums, community health service centers (stations), health centers, clinics (health stations and infirmaries), first - aid centres (stations), blood gathering and supplying institutions, women and children care agencies (centres and stations), special disease prevention and curing agencies (centres and stations), disease prevention and control centres (epidemic prevention stations), health supervision and inspection agencies, sanitary inspection institutions, medicinal scientific research and on - job training institutions, health education centres and so on.

Medical Organizations refer to the institutions which have been qualified the Certification of Health Care Institution by the administration of public health, including: hospitals, sanatoriums, community health service centers (stations), health centers, clinics (health stations and infirmaries), women and children care agencies (centres and stations), special disease prevention and curing agencies (centres and stations), first - aid centres (stations) and clinic inspection centers.

Community Health Service Centres (**stations**) refer to the primary units that provide the health care for community residents, such as disease prevention and control, medical treatment, health care, rehabilitation, health education, family planning technical services, including community health service centres and community health service stations.

Health Care Employee refer to all employee engaged in the health care institutions, such as medical organizations, disease prevention and control centres, health care agencies, medicinal scientific research and on - job training institutions, including medical technical personnel, other technical personnel, manager and labour.

Licensed Doctors refer to the medical workers who have obtained the licenses of qualified doctors and are employed in medical treatment, disease prevention or healthcare institutions, excluding the licensed doctors engaged in management job. The classification of licensed doctors is clinician, Chinese medicine, dentist and public health.

第 20 篇
CHAPTER 20

其他社会活动
Other Social Activities

中国共产党与共青团员人数（万人）

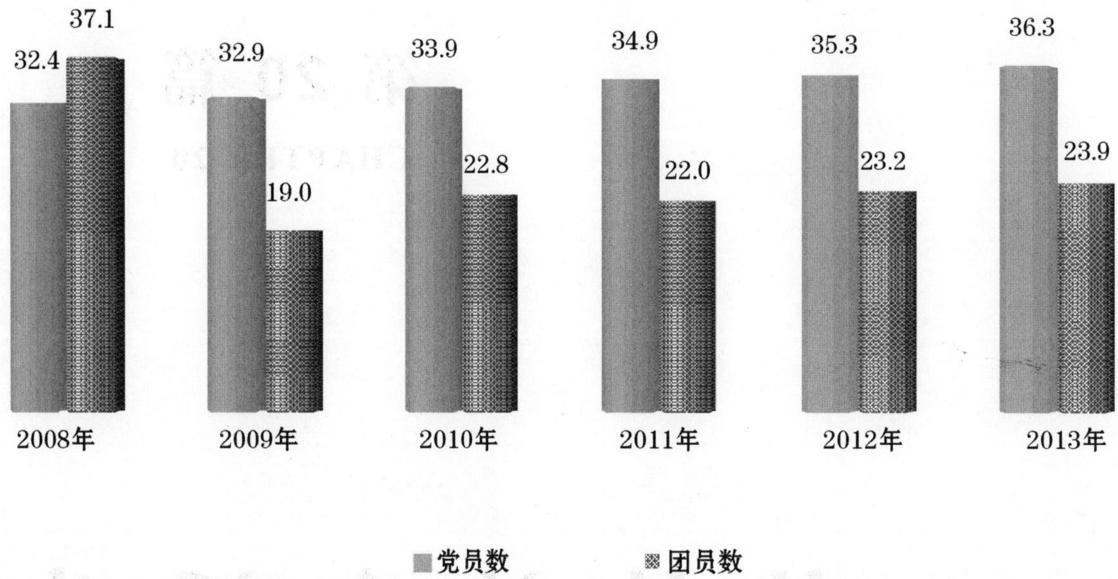

律师工作者与公证人员（人）

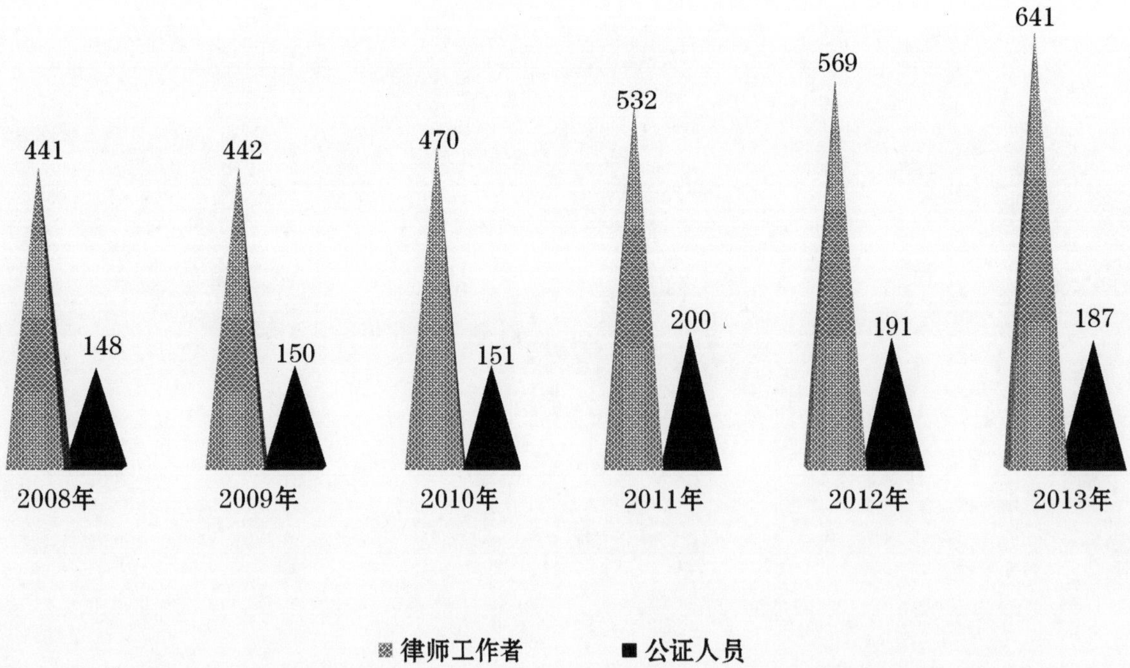

20-1 主要年份各党派党员(成员)数
Number of Members of Parties in Main Years

单位：人 (person)

名 称	Name	2005	2010	2011	2012	2013
中国共产党 (万人)	Communist Party of China (10 000 persons)	31.3	33.9	34.9	35.3	36.3
中国国民党革命委员会	Revolutionary Committee of Chinese Kuomintang	388	420	434	458	511
中国民主同盟	China Democratic League	1083	1419	1502	1587	1677
中国民主建国会	China Democratic National Construction Association	513	689	775	841	893
中国农工民主党	Peasants and Workers Democratic Party	597	898	1013	1091	1180
九三学社	Jiu San Society	925	1190	1236	1302	1386

20-2 历届青海省人民代表大会的代表人数
Number of Deputies to All the Previous People's Congresses of Qinghai Province

单位：人、% (person,%)

届 别 Congress	年份 Year	代表总数 Total Number of Deputies	女代表 Female Deputies	少数民族代表 Ethnic Minority Deputies	占代表总数的比重 As Percentage to Total Deputies: 女代表 Female Deputies	少数民族代表 Ethnic Minority Deputies
一届 First Congress	1954	300	21	152	7.0	50.7
二届 Second Congress	1958	303				
三届 Third Congress	1963	355	48	127	13.5	35.8
五届 Fifth Congress	1977	715	157	277	22.0	38.8
六届 Sixth Congress	1983	450	97	182	21.6	40.4
七届 Seventh Congress	1988	381	71	148	18.6	38.4
八届 Eighth Congress	1993	376	71	169	18.9	45.0
九届 Ninth Congress	1998	392	77	174	19.6	44.4
十届 Tenth Congress	2003	391	75	157	19.2	40.2
十一届 Eleventh Congress	2008	394	77	167	19.5	42.4
十二届 Twelfth Congress	2013	398	79	162	19.5	40.7

20-3 历届青海省政治协商会议的委员人数
Number of Deputies to All the Previous People's Political Consultative Conferences of Qinghai Province

单位：人、%　　(person，%)

届别	Congress	年份 Year	委员总数 Total Number of Deputies	女委员 Female Deputies	少数民族委员 Ethnic Minority Deputies	占委员总数的比重 As Percentage to Total Deputies 女委员 Female Deputies	少数民族委员 Ethnic Minority Deputies
一届	First Congress	1949	77		30		39.0
二届	Second Congress	1954	64		32		50.0
三届	Third Congress	1959	139		70		50.4
四届	Fourth Congress	1979	177				
五届	Fifth Congress	1983	275		134		48.7
六届	Sixth Congress	1988	275	30	138	10.9	50.2
七届	Seventh Congress	1993	289	30	136	10.4	47.1
八届	Eighth Congress	1998	289	39	116	13.5	40.1
九届	Ninth Congress	2003	344	57	139	16.6	40.4
十届	Tenth Congress	2008	390	82	158	21.0	40.5
十一届	Eleventhh Congress	2013	399	95	166	23.8	41.6

20-4 2010-2013年妇联干部情况

Basic Statistics on Cadres of the Women's Federation(2010-2013)

单位：人 (person)

项　目	Item	2010	2011	2012	2013
干部总数	**Total Number of Cadres**	**774**	**701**	**693**	**700**
其中：少数民族干部	Number of Ethnic Minority Cadres	423	338	397	398
按行政级别分	By Administration Level				
司局级	Department/Bureau Level	6	5	6	6
县处级	County Level	36	42	38	38
科以下	Section Level and Below	566	551	649	656
按干部年龄分	By Age Group				
35岁以下	35 and Below	367	302	262	222
36-45岁	36-45	301	289	272	272
46-55岁	46-55	100	103	137	169
56岁以上	56 and Over	6	7	22	37
按干部政治面貌分	By Political Status				
共产党员	Chinese Communist Party	558	523	467	525
共青团员	Communist Youth League	49	39	41	13
民主党派	Democratic Parties			2	
群众	Mass	167	139	183	162
按干部文化程度分	By Education Attainments				
博士生	Doctorate Degree				
研究生	Master Degree	20	23	26	30
大学本科	University	371	389	371	350
大专或同等学历	College	319	234	207	246
高中、中专及以下	Senior Middle School and Below	64	55	89	74
按行政编制分	By Organization Types				
行政编制	Administration	559	518	422	505
事业编制	Institution	115	88	103	76
招聘干部	Recruitment	100	95	168	119
干部参加学历教育情况	**Cadres Attending the Formal Education**				
博士生	Doctorate Degree				
研究生	Master Degree	5	9	5	15
大学本科	University	43	54	15	
大专及同等学历	College	31	18	9	39
干部流动	**Movement of Cadres**				
调入	In	69	76	64	9
调出	Out	75	60	57	2

20−5 主要年份各级在职女领导干部情况

Basic Statistics on Women Leaders at All Levels in Main Years

单位：人 、% (person，%)

年 份 Year	总 数 Total	省 级 Provincial Level		厅局级 Department/Bureau Level		县(处)级 County Level		科 级 Section Level	
		女干部数 Female Cadres	占同级数的比重 As Percentage to the Same Level Total	女干部数 Female Cadres	占同级数的比重 As Percentage to the Same Level Total	女干部数 Female Cadres	占同级数的比重 As Percentage to the Same Level Total	女干部数 Female Cadres	占同级数的比重 As Percentage to the Same Level Total
1998	4537	3	5.8	48	7.9	540	11.9	3946	21.3
1999	4909	3	7.5	46	9.3	595	16.6	4265	42.8
2000	4927	3	7.1	50	10.0	554	12.5	4320	21.8
2001	5293	3	7.1	63	10.5	611	13.2	4616	22.4
2002	5260	2	5.4	63	9.9	632	13.9	4563	23.6
2003	5415	3	7.3	69	10.4	673	14.1	4670	23.9
2004	5971	4	9.1	67	9.8	730	14.4	5170	24.9
2005	6446	3	6.5	68	9.7	786	14.8	5589	25.5
2006	6908	3	6.5	82	10.7	832	14.9	5991	25.9
2007	7236	3	6.9	78	10.8	898	15.8	6257	26.2
2008	8524	4	8.6	76	10.7	1038	16.4	7406	28.5
2009	9272	3	7.5	75	10.4	1130	17.1	8064	28.0
2010	9254	3	7.5	75	10.4	1112	16.9	8064	28.0
2011	9770	3	8.3	90	11.2	1295	18.4	8382	29.5
2012	10282	3	8.0	95	11.4	1369	18.5	8815	30.0
2013	10539	4	10.8	99	11.7	1413	19.0	9023	30.7

20-6 主要年份共青团组织情况
Basic Statistics on the Communist Youth League in Main Years

年 份 Year	共青团基层组织个数（个） Number of Grassroot Organizations (unit)	青年人数（万人） Number of Youth (10 000 person)	团员人数（万人） Number of Communist Youth League (10 000 person)	女团员 Female	专职团干部（人） Full-time Cadres of Communist Youth League (person)
1991	1004	109.2	26.9	10.3	1266
1992	1020	107.6	27.2	10.2	1323
1993	1013	103.8	25.1	9.7	1197
1994	1038	108.5	26.0	9.8	1109
1995	1118	103.0	26.4	9.3	1098
1996	1059	107.4	27.2	10.1	1181
1997	1134	107.3	28.3	10.0	1231
1998	1016	111.0	28.9	10.4	1231
1999	816	100.6	25.3	10.2	596
2000	1010	134.8	26.2	9.9	540
2001	875	135.9	27.0	10.7	480
2002	1882	146.2	36.7	17.4	667
2003	1894	146.1	37.1	17.3	566
2004	1994	206.3	37.6	17.3	700
2005	8824	210.3	38.2	17.6	700
2006	8824	212.4	42.8	18.1	930
2007	8824	163.1	40.9	17.7	904
2008	8816	200.9	37.1	16.9	770
2009	9272	116.5	19.0	8.1	432
2010	9291	90.4	22.8		432
2011	9416	63.5	22.0	10.3	388
2012	10411	60.8	23.2	10.2	392
2013	18331	65.6	23.9	10.4	417

注：2009年及以后数据按新口径统计。

a) Data in 2009 and beyond were on new calibers.

20-7 2012-2013年律师、公证、调解工作基本情况
Basic Statistics on Lawyers, Notarization and Mediation(2012-2013)

项　目		Item		2012	2013
律师工作		**Lawyers**			
律师事务所	(个)	Number of Law Offices	(unit)	70	75
律师工作者	(人)	Lawyers	(person)	569	641
专职律师		Full-time Lawyers		475	516
兼职律师		Part-time Lawyers		75	93
公职律师		Public Lawyers		3	8
法律援助律师		Legal Aid Lawyers		16	24
聘请担任常年法律顾问的单位	(处)	Number of Units With Permanent Legal Advisors	(unit)		829
刑事诉讼辩护及代理	(件)	Agent and Defender of Criminal Cases	(case)	2045	1697
民事案件诉讼代理	(件)	Agent of Civil Cases	(case)	4186	4705
经济案件诉讼代理	(件)	Agent of Economic Cases	(case)		
行政案件诉讼代理	(件)	Agent of Administrative Action	(case)	137	304
非诉讼法律事务	(件)	Agent of Non-Litigious Legal Affairs	(case)	253	432
代写法律事务文书	(件)	Agent of Legal Documents Written on Behalf of Clients	(case)	17192	19203
解答法律咨询	(人次)	Agent of Legal Advisory Services	(person-time)		
公证工作		**Notarization**			
公证处	(个)	Number of Notary Offices	(unit)	36	30
办理涉外的公证处	(个)	Number of Foreign-related Notary Offices	(unit)		2
公证人员	(人)	Notarial Personnel	(person)	191	187
公证员	(人)	Notaries	(person)	128	113
办理国内公证	(件)	Domestic Notarization	(case)	27014	34031
办理涉外公证	(件)	Foreign-related Notarization	(case)	1829	2520
办理涉港、澳、台公证	(件)	Hong Kong, Macao, Taiwan-related Notarization	(case)	49	38
接待来访	(人次)	Receipted Visits	(person-time)	7119	46540
处理来信	(件)	Handled Letters	(case)	35	83
外地公证处委托	(件)	Notarization Entrusted Outside	(case)	46	217
公证费收入	(万元)	Notary Fees	(10 000 yuan)	698	827
国内公证收费		Domestic Notarization		676	800
涉外公证收费		Foreign-related Notarization		22	27

20–8 收养、低保、服务、老龄基本情况

Basic Statistics on Adoption,Subsistence Allowances,Service and Aging

项 目	Item	2012	2013
城市居民最低生活保障(人)	Number of Persons Receiving Minimum Living Allowance in Urban Areas (person)	230399	225153
城市居民最低生活保障家庭数(户)	Number of Households Receiving Minimum Living Allowance in Urban Areas (household)	106171	104838
农村居民最低生活保障(人)	Number of Persons Receiving Minimum Living Allowance in Rural Areas (person)	399663	402865
农村居民最低生活保障家庭数(户)	Number of Households Receiving Minimum Living Allowance in Rural Areas (household)	134491	137781
农村集中五保供养户数(户)	Number of Households Centralized Support of Livelihood Guaranteed in Five Aspects in Rural Areas (household)	2613	4377
收养孤儿数(人)	**Numbers of Adopted Orphans (persom)**	**16351**	**16351**
农村五保、医疗救助情况人数(人)	Number of Persons Receiving the Five Guarantees and Medical Aid in Rural Areas (person)	19726	18544
抚恤、补助优抚对象总人数(人)	Total Number of Entitled Groups Receiving Pension and Subsidy (person)	13619	14489
老年人与残疾人服务机构数(个)	Number of Service Institutions for Aged and Disabled people (unit)	152	190
养老服务机构数(个)	Number of Pension Service Institutions (unit)	144	174
提供住宿的社会服务机构数(个)	**Number of Social Welfare Institusions with Accommodations (unit)**	**178**	**219**
60岁以上老年人口数(人)	Population Aged 60 and Over (person)	563614	635310

20-9 2013年残疾人事业基本情况
Basic Statistics of Disabled Persons(2013)

指　标		Item		2012	2013
康复		**Rehabilitation**			
视力残疾康复		Rehabilitation of Persons with Sight Disability			
白内障复明手术	(例)	Sight-restoring Cataract Surgeries	(Cases)	2501	3613
贫困白内障患者免费手术	(例)	Free Surgeries for Poor Cataract Patients	(Cases)	2368	3505
低视力者配用助视器	(人)	Vision-aids Provided for Individuals with Low-vision	(person)	246	1927
培训儿童家长	(人)	Parents Trained	(person)	97	87
盲人定向行走训练数	(人)	Blindman Trained with Direction Walking	(person)	1152	1157
聋儿康复		Rehabilitation of Children with Hearing Disability			
年收训聋儿	(人)	Hearing and Speech Training	(person)	132	132
培训家长	(人)	Parents Trained	(person)	208	196
机构数	(个)	Number of Institutions	(person)	6	6
在岗专业人员教师		Employed Special Personnel Teachers	(person)	27	20
资助贫困聋儿		Children with Hearing Disability Remained in Poverty Supported	(person)		
精神病防治康复		Prevention and Treatment of Psychiatric Diseases			
开展精神病防治康复工作市县数	(个)	Counties Carried on the Works of Prevention and Treatment of Psychiatric Diseases	(unit)	33	34
综合防治康复精神病人数	(人)	Prevention and Treatment Provided for Patients with Severe Psychiatric Diseases	(person)	3949	3655
孤独症儿童训练数	(人)	Number of Autism Children Trained	(person)	57	161
肢体残疾康复	(人)	Rehabilitation of Persons with Physical Disability	(person)		
肢体残疾人社区康复训练数		Persons Rehabilitated at Community		1301	1261
肢体残疾儿童机构康复训练数		Children Rehabilitated at Institutions		223	159
智力残疾康复	(人)	Rehabilitation of Persons with Intellectual Disability	(person)		
智残儿童康复培训数		Children Rehabilitated		753	471
智残儿童家长培训数		Parents Trained			
用品用具供应服务		Supplies Equipment Supply Services			
发放辅助用具	(件)	Assistant Devices Provided	(piece)	14999	20909
普及型小腿假肢装配总例数	(例)	Assemblage Universal-type Leg Prosthetics	(case)	198	349
普及型大腿假肢装配总例数	(例)	Assemblage Universal-type Thigh Prosthetics	(case)	120	189

20−9 续 Continued

指　标		Item		2012	2013
教育		**Education**			
未入学适龄残疾儿童少年	(人)	School-age Disabled Children without Schooling	(person)	794	928
职业教育与培训机构数	(个)	Vocational Education and Training Facilities	(unit)		
教育与培训人数	(人)	Number of Educated and Trained	(person)		
就业		**Employment**			
城镇残疾人就业状况	(人)	Employment of Urban Handicapped	(person)		
当年安排就业		Persons Employed in the Year		1534	1198
按比例就业		Proportiondly Employment		288	157
集中就业		Concentrated Employment		410	602
个体就业		Self-employed		836	439
未安排就业		Unemployed		1467	3001
农村残疾人就业状况	(人)	Employment of Rural Handicapped	(person)		
就　业		Employed		36531	46931
未就业		Unemployed		6987	3972
残疾人就业服务机构	(个)	Employment Service Agencies for Disabled Persons	(unit)		
省		Provinces			
地		Prefectures			
市(含县级市)		Cities(inc.Cities at County Level)			
县		County			
市辖区		Districts under the Jurisdiction of Cities			
盲人医疗按摩员培训	(人)	Blind Medical Massage Personnel Training	(person)	58	68
扶贫		**Poverty Alleviation**			
农村实际脱贫人数	(人)	Actual Number of Persons out of Poverty in Rural Areas	(person)	7397	6990
农村贫困残疾人	(人)	Rural Poor Disabled Persons	(person)	41581	52361
农村贫困残疾人危房改造	(户)	Dangerous House Transformation of Rural Poor Disabled Persons	(household)	2346	2554
当地低收入残疾人	(人)	Disabled Persons at the Local Low-income Level	(person)	27850	25993
残疾人工作者数	(人)	Workers for Handicapped	(person)		

20-10 各级各类档案馆(2013年)

Different Kinds and Levels of Archives(2013)

项目	Item	数量(个) Institution (unit)	人员(人) Personnel (person)	馆藏档案(卷) Number of Collection Archives (volume)	案卷排架长度(米) Length of Shelfs Placed Files (meter)	馆藏资料(册) Information Stored in Room (volume)
省级国家综合档案馆	National Comprehensive Archives of Provincial Level	1	21	232813	4656	40378
地级国家综合档案馆	National Comprehensive Archives of Municipality Level	8	38	547348	191386	61918
县级国家综合档案馆	National Comprehensive Archives of County level	46	142	1149289	26450	221390

20-11 2012－2013年各类事故

Classification of Accidents(2012－2013)

类别	Type	2012				2013			
		事故起数(起) Number of Accidents (case)	死亡人数(人) Number of Deaths (person)	受伤人数(人) Number of Serious Injuries (person)	直接经济损失(万元) Losses Converted into Cash (10 000 yuan)	事故起数(起) Number of Accidents (case)	死亡人数(人) Number of Deaths (person)	受伤人数(人) Number of Serious Injuries (person)	直接经济损失(万元) Losses Converted into Cash (10 000 yuan)
工矿商贸事业工伤事故	Work Accidents of Industry, Mining and Business	56	66	5	2701.0	60	76	10	4091.0
农机肇事	Farm Machinery Accidents	28	24	15	15.0	26	21	7	38.4
铁路路外事故	Rail-road Outside Accidents	10	8	2	21.0	11	4	3	33.5
火灾事故	Fire Accidents	1048	2	5	1305.0	1511	10	6	2385.4
交通事故	Traffic Accidents	1098	533	94	453.0	1065	531	362	645.2

注:1.工矿商贸事业工伤事故包括县以下集体企业和私营企业伤亡情况。
2.交通、火灾事故按全口径统计。
a) Work Accidents of Industry, Mining and Business include casualties of collective-owned enterprises and private enterprises below county.
b) Traffic and Fire Accidents statistics by the full caliber.

第 21 篇

CHAPTER 21

城市概况

General Survey of Cities

21-1 城市公用事业基本情况(2013年)
Basic Statistics on City Public Utilities(2013)

指 标	Item	全 省 Province Total	西宁市 Xining City	海东市 Haidong City	格尔木市 Geermu City	德令哈市 Delingha City
人口密度(人/平方公里)	Population Density of City Districts(persons/sq.km)	2924	3257	3063	2179	1120
拥有城市维护建设资金(万元)	With the City Maintenance and Construction Fund (10 000yuan)	324395	216458	37248	21814	7183
人均生活用水量(升/日)	Per Capita Water Consumption for Residential Use(liter/day)	180	189	68	233	187
用水普及率(%)	Coverage Rate of Urban Population with Access to Tap Water (%)	99.1	100.0	99.6	100.0	98.3
使用天然气普及率(%)	Coverage Rate of Urban Population with Access to Natural Gas (%)	84.8	95.1	39.3	96.9	54.3
人均拥有道路面积(平方米)	Per Capita Area of Paved Roads (sq.m)	10.9	7.2	7.9	31.5	39.5
排水管道密度(公里/平方公里)	Density of City Sewage Pipes(km/sq.km)	8.8	9.4	9.3	6.2	13.3
人均公园绿地面积(平方米)	Per Capita Area of Parks and Green Land (sq.m)	9.7	11.0	4.7	5.7	7.0
建成区绿地率(%)	Percentage of Developed Green Areas (%)	29.3	37.3	22.6	16.7	34.0
建成区绿化覆盖率(%)	Green Coverage Rate in Completed Areas (%)	31.2	37.8	31.1	16.9	39.0
道路长度(公里)	Length of Paved Roads (km)	901.6	483.6	45.4	179.6	135.1
道路面积(万平方米)	Area of Paved Roads(10 000 sq.m)	1784.7	886.1	77.2	419.1	315.0
人行道面积(万平方米)	Area of Sidewalks(10 000 sq.m)	508	246	19	135	96
桥梁数(座)	Number of Bridges(unit)	126	70	22		15
立交桥(座)	Number of Overpass Bridge (unit)	4	4			
路灯数(盏)	Number of Street Light(unit)	113846	83567	3389	20992	5204
排水管道长度(公里)	Length of City Sewage Pipes(km)	1391.3	796.7	74.0	208.7	220.2
污水年排放量(万立方米)	Annual Emissions of Waste Water (10 000 cu.m)	17198.0	10636.0	312.0	3165.0	2923.0
	Production Capacity of					
自来水日综合	Tap Water (10 000 cu.m/day)	95.0	50.4	2.9	24.4	15.2
生产能力(万立方米)	Length of Water Supply Pipelines(km)					
供水管道长度(公里)	Annual Volume of Tap	2080.7	1020.0	106.0	378.8	236.9
供水总量(万立方米)	Water Supply(10 000 cu.m)	24564.2	15243.2	416.0	4511.4	4171.6
	Number of Residents					
用水人口(万人)	with Access to Tap Water(10 000 persons)	162.2	123.8	9.8	13.3	7.8
	Green Covered Area(hectare)					
绿化覆盖面积(公顷)	Garden Green Area (hectare)	5107	3345	248	633	647
园林绿地面积(公顷)	Park Green Areas (hectare)	4772	3277	180	626	564
公园绿地面积(公顷)	Number of Parks (unit)	1581	1358	46	76	56
公园个数(个)	Area of Parks (hectare)	29	22	2	3	2
公园面积(公顷)	Area of Parks (hectare)	949	845	39	33	32

21-2 城市基本情况(2013年)
Basic Statistics on Cities (2013)

		西宁市 Xining City	海东市 Haidong City	格尔木市 Geermu City	德令哈市 Delingha City
人口	**Population**				
年末总人口(户籍)(万人)	Population at Year-end (Household Registration) (10 000 persons)	123.91	29.26	23.24	7.6
年平均人口(万人)	Annual Average Population (10 000 persons)	123.18	29.12	22.96	7.55
常住人口(万人)	Resident Population (10 000 persons)	123.91	26.68	13.29	7.6
年出生人口(人)	Annual Birth Population(person)	9730	2126	1775	1005
年死亡人口(人)	Annual Death Population(person)	4527	1390	397	402
年末总户数(万户)	Total Households at Year-end(10 000 households)	30.14	9.37	5.04	2.75
从业人员	**Employed Persons**				
年末单位从业人员数(城镇)(万人)	Employed Persons in Various Units at Year-end (Urban Area) (10 000 persons)	28.29	1.35	7.52	1.58
第一产业(农、林、牧、渔业)	Primary Industry	0.04	0.04	0.08	0.04
第二产业	Secondary Industry	11.08	0.31	2.9	0.6
采矿业	Mining	0.29	0.01	0.18	
制造业	Manufacturing	4.19	0.25	2.28	0.38
电力、燃气及水的生产和供应业	Production and Supply of Electricity, Gas and Water	0.89	0.01	0.15	0.03
建筑业	Construction	5.71	0.04	0.29	0.19
第三产业	Tertiary Industry	17.17	1	4.54	0.94
交通运输、仓储及邮政业	Transport, Storage and Post	3.15	0.02	0.35	0.16
信息传输计算机服务和软件业	Information transmission, Computer Services and Software	0.73	0.01	0.16	
批发和零售业	Wholesale and Retail Trades,	1.72	0.03	1.54	0.1
住宿、餐饮业	Hotels and Catering Services	0.39		1.08	0.03
金融业	Financial Intermediation	1.14	0.05	0.14	0.07
房地产业	Real Estate	0.65	0.03	0.03	0.02
租赁和商业服务业	Leasing and Business Services	0.4		0.12	
科学研究、技术服务和地质勘查业	Scientific Research, Technical Service and Geologic Prospecting	1.75	0.03	0.08	0.04
水利、环境和公共设施管理业	Management of Water Conservancy, Environment and Public Facilities	0.48	0.07	0.03	0.03
居民服务和其他服务业	Services to Households and Other Services	0.03		0.22	
教育	Education	2.31	0.4	0.23	0.12
卫生、社会保障和社会福利业	Health, Social Security and Social Welfare	1.88	0.07	0.13	0.05
文化、体育和娱乐业	Culture, Sports and Entertainment	0.48	0.01	0.08	0.02
公共管理和社会组织	Public Management and Social Organization	2.06	0.28	0.35	0.3
国际组织	International Organizations				
城镇私营和个体从业人员(人)	Number of Engaged Persons in Private Enterprises and Self-employed Individuals in Urban Areas(person)	210975	18437	40424	9839
年末城镇登记失业人员数(人)	Number of Registered Unemployed Persons in Urban Areas(person)	17136	908	5069	783

21-2 续表 1 Continued

指 标	Item	西宁市 Xining City	海东市 Haidong City	格尔木市 Geermu City	德令哈市 Delingha City
土地面积及水资源	Land Area and Water Resources				
行政区域土地面积(平方公里)	Land Area of Administrative Divisions(sq.km)	510	3050	118954	27700
建成区面积	Developed Area	85	37	31	16.6
城市建设用地面积	Urban Construction Land Areas	78		31	16.46
居住用地面积	Land Areas of Living	41	38	10	3.53
公共设施用地面积	Land Areas of Public Facilities	3		3	2.82
工业用地面积	Land Areas of Industry	4	4	3	3.12
水资源总量(万立方米)	Water Resources(10 000 cu.m)				
地区生产总值(当年价格)(万元)	**Gross Domestic Product(at Current Prices)(10 000 yuan)**	**6880685**	**680929**	**3188835**	**496429**
第一产业增加值	Primary Industry	28718	111238	34404	39937
第二产业增加值	Secondary Industry	2956132	330772	2488622	255125
第三产业增加值	Tertiary Industry	3895835	238919	665809	201367
地区生产总值(2010年价格)	Gross Domestic Product (at price in 2010)	6663252	497746	3212368	548478
人均地区生产总值(元)	Per Capita GDP (yuan)	55857	25170	138997	65360
地区生产总值增长率(%)	Growth Rate of GDP (%)	14.4	19.4	15.8	6.8
财政(万元)	**Public Finance (10 000 yuan)**				
地方财政一般预算内收入	Local General Budget Revenue	237431	23867	180095	24598
各项税收	Taxes	228830	19543	160096	21885
企业所得税	Company Income Tax	52407	918	9819	577
个人所得税	Personal Income Tax	22910	368	1967	325
地方财政一般预算内支出	Local Finance General Budget Expenditures	555851	227591	293458	121861
一般公共性服务支出	Expenditure for General Public Services	105859	20528	28447	6726
科学技术支出	Expenditure for Science and Technology	4669	3019	792	1546
教育支出	Expenditure for Education	78368	43454	39718	15900
文化体育与传媒支出	Expenditure for Culture, Sport and Media	29598		7064	3215
医疗卫生支出	Expenditure for Medical and Health Care	26481	22403	13578	3336
环境保护支出	Expenditure for Environment Protection	206603	16177	19329	11724
城乡社区事务支出	Expenditure for Urban and Rural Community Affairs	248442	5840	39744	11726
交通运输支出	Expenditure for Transportation	102605		4138	1222
社会保障和就业支出	Expenditure for Social Security and Employment	223307	31109	27667	15750
社会保险基金支出	Expenditure of Social Insurance Funds	33835	10061	30472	3090
金融(万元)	**Financial Intermediation (10 000 yuan)**				
年末金融机构存款余额	Deposits of National Banking System at Year-end	26177112	725908	1945189	1093523
城乡居民储蓄年末余额	Savings Deposits of Urban and Rural Residents	8526082	479492	990441	309006
年末金融机构贷款余额	Loans of National Banking System at Year-end	25928185	398033	2582277	932532

21-2 续表 2 Continued

指 标	Item	西宁市 Xining City	海东市 Haidong City	格尔木市 Geermu City	德令哈市 Delingha City
工业	**Industry**				
规模以上工业法人企业	Industrial Business Corporation above Designated Size				
工业企业数(个)	Number of Industrial Enterprises (unit)	144	21	44	16
内资企业	Domestic Funded	133	21	42	16
国有企业	State-owned Enterprises	5		10	
私营企业	Private Enterprises	47	21	32	16
港、澳、台商投资企业	Enterprises with Funds from Hong Kong, Macao and Taiwan	2		2	
外商投资企业	Foreign Funded Enterprises	9			
工业总产值(当年价)(万元)	Gross Industrial Output Value (at current price) (10 000 yuan)	6558569	693102	3976688	328465
内资企业	Domestic Funded	6225792	693102	3923894	328465
#国有企业	State-owned Enterprises	3895591		2957165	
私营企业	Private Enterprises	2330201	693102	966729	328465
港澳台商投资企业	Enterprises with Funds from Hong Kong, Macao and Taiwan	67148		52794	
外商投资企业	Foreign Funded Enterprises	265629			
从业人员年平均人数(万人)	Annual Average Number of Employed Persons(10 000 persons)	5.54	0.43	2.64	0.42
流动资产合计(万元)	Total Value of Working Capitals(10 000 yuan)	2575234	205835	2656375	287821
固定资产合计(万元)	Total Value of Fixed Assets(10 000 yuan)	4837592	259562	5834785	969416
主营业务收入(万元)	Revenue from Principal Business(10 000 yuan)	5752120	470544	1697722	306662
主营业务成本(万元)	Cost of Principal Business(10 000 yuan)	5156803	430844	984520	254396
主营业务税金及附加(万元)	Taxes and Other Charges on Principal Business(10 000 yuan)	24729	1037	91979	10282
本年应交增值税(万元)	Value Added Tax Payable(10 000 yuan)	130334	-1724	118575	4341
利润总额(万元)	Total Profits(10 000 yuan)	114449	-10000	323461	-38937
邮电通信	**Post and Telecommunication**				
年末邮政局(所)数(处)	Number of Post and Telecommunication at Year-end(unit)	145	8		5

21-2 续表 3 Continued

指 标	Item	西宁市 Xining City	海东市 Haidong City	格尔木市 Geermu City	德令哈市 Delingha City
能源电力	**Energy and Power**				
全社会用电量(万千瓦时)	Total Electricity Consumption(10 000 kwh)	799664	306837	250307	66077
工业用电	Industry Electricity	575055	294170	220639	56154
城乡居民生活用电	Living Electricity for Resident	98294	6009	7384	9923
贸易	**Domestic Trade**				
社会消费品零售总额(万元)	Total Retail Sales of Consumer Goods(10 000 yuan)	2926010	126736	443192	74564
限额以上批发零售贸易业商品销售总额(万元)	Total Sales of Goods of Wholesale and Retail Trades above Designated Size(10 000 yuan)	5142867	7363	642473	102992
限额以上批发零售企业数(法人数)(个)	Number of Enterprises of Wholesale and Retail Trades above Designated Size(unit)	191	1	30	9
#零售业	Retail Trades	95	1	20	5
限额以上批发零售贸易业企业财务	Financial Affairs of Wholesale and Retail Trades				
年末从业人数(人)	Annual Average Number of Employed Persons(person)	20800	100	1381	1000
流动资产合计(万元)	Total Value of Working Capitals(10 000 yuan)	2952516	7327	97613	230315
固定资产合计(万元)	Total Value of Fixed Assets(10 000 yuan)	368260	4047	38227	102806
主营业务收入(万元)	Revenue from Principal Business(10 000 yuan)	11314370	11309	583496	135380
主营业务成本(万元)	Cost of Principal Business(10 000 yuan)	10888286	3102	332618	119772
主营业务税金及附加(万元)	Taxes and Other Charges on Principal Business(10 000 yuan)	24798	89	4281	2286
本年应交增值税(万元)	Value Added Tax Payable(10 000 yuan)	70970	1151	3519	11562
利润总额(万元)	Total Profits(10 000 yuan)	115611	1725	12505	4232
固定资产投资	**Investment in Fixed Assets**				
固定资产投资(不含农户)	Investment in Fixed Assets (Excluding Rural Households)	6000994	726107	2516936	866711
其中：房地产开发投资	Investment in Real Estate Development	1939416	90795	66382	61559
其中：住宅	Residential Buildings	1232493	80406	38435	31648
全年新增固定资产	Newly Increased Fixed Assets thought the Year	2842492	214241	934808	365723
房地产	Real Estate				
商品房销售面积 (万平方米)	Floor Space of Selling House(10 000 sq.m)	275.24	20.95	13.76	
其中：住宅	Residential Buildings	269.43	20.93	12.79	
其中：别墅、高档公寓	Villas and High-grade Apartments	0.2			
商品房销售额(万元)	Total Sale of Commercialized Buildings Sold(10 000 yuan)	1276262	62461	46089	
其中：住宅	Residential Buildings	1182207	62335	41761	
其中：别墅、高档公寓	Villas and High-grade Apartments	1703			
待售面积(万平方米)	Floor Space of House Waiting for Sale (10 000 sq.m)	80.1	6.4	1.8	

21-2 续表 4 Continued

指 标	Item	西宁市 Xining City	海东市 Haidong City	格尔木市 Geermu City	德令哈市 Delingha City
保障性住房建设	Affordable Housing Construction				
本年完成投资(万元)	Investment at Current Year (10 000 yuan)	25816	15211	20887	
廉租房	Low-rent Houses	10800	3838	630	
施工面积(万平方米)	Floor Space under Construction (10 000 sq.m)	47.25	19.36	15.98	
廉租房	Low-rent Houses	4.51	7.07	2.44	
竣工面积(万平方米)	Floor Space Completed (10 000 sq.m)	50.54	12.06	15.98	
廉租房	Low-rent Houses		6.14	2.44	
教育	**Education**				
学校数(所)	Number of Schools(unit)				
普通高等学校数	Regular Institutions of Higher Education	9			
中等职业教育学校数	Vocational Secondary Education	19		1	1
普通中学学校数	Regular High School	50	13	20	7
小学学校数	Primary Schools	75	31	10	9
专任教师数(人)	Full-time Teachers(person)				
普通高等学校	Regular Institutions of Higher Education	3785			
中等职业教育学校	Vocational Secondary Education	1549		46	109
普通中学	Regular High School	4329	1331	979	192
小学	Primary Schools	3696	1593	941	339
在校学生数(人)	Number of Students (person)				
普通高等学校	Regular Institutions of Higher Education	63918			
高中阶段在校学生	Students in Senior Secondary Education	20045	21074	4127	1627
中等职业教育学校	Vocational Secondary Education	40425		2589	3304
普通中学(万人)	Regular High School(10 000 persons)	6.10	1.61	11159	0.48
小学(万人)	Primary Schools(10 000 persons)	7.48	1.82	18646	0.61
成人高等学校(人)	Adult Higher Education (person)	1233		458	
初中毕业生升学率(%)	Promotion Rate from Junior Secondary Schools to Senior Secondary Schools(%)	94.5	98	94	75
科技	**Science and Technology**				
从事科技活动人员数(人)	Personnel Engaged in S&T Activities(person)	1286		139	114
体育	**Sports**				
体育场馆数(个)	Number of Stadiums and Gymnasiums(unit)	8	1	1	2
文化	**Culture**				
剧场、影剧院数(个)	Number of Cinemas, Theaters and Music Halls(unit)	9		5	1
公共图书馆图书总藏量(千册、件)	Collection of Books of Public Libraries(1 000 copies)	1475	100	506	152

21-2 续表 5 Continued

指 标	Item	西宁市 Xining City	海东市 Haidong City	格尔木市 Geermu City	德令哈市 Delingha City
订销报刊杂志累计份数(千份)	Cumulative Number of Reservations and Sales of Newspapers and Magazines(1 000 copies)	78293		0.28	52
广播节目综合人口覆盖率(%)	Radio Coverage of Population(%)	100	93.37	100	98
电视节目综合人口覆盖率(%)	TV Coverage of Population(%)	100	98.44	99.98	95.78
有线电视入户率(%)	Rate of Cable TV Households	155.5	80	76.56	51
卫生	**Public Health**				
医院、卫生院数(个)	Number of Hospitals and Health Centers(unit)	44	32	9	10
医院、卫生院床位数(张)	Number of Beds of Hospitals and Health Centers(unit)	12671	616	1052	476
医生数(执业医师+执业助理医师)(人)	Number of Doctors (Licensed Doctors and Assistant Doctors) (person)	5606	444	440	143
注册护士(人)	Number of Registered Nurses	6504		419	93
人民生活、社会保障	**People's Livelihood, Social Security**				
在岗职工平均人数(万人)	Average Number of Fully Employed Staff and Workers(10 000 persons)	27.6	1.31	3.28	1.62
在岗职工工资总额(万元)	Total Wages Bill of Fully Employed Staff and Workers(10 000 yuan)	5730985	69541	194204	73799
居民收支	Income and Expenditure of Inhabitants				
家庭人均总收入(元)	Annual Percapita Total Income(yuan)	22482	19938	29278.25	25947.25
工资性收入	Income from Wages and Salaries	11760	14784	26047.59	21078.71
经营净收入	Net Business Income	1359	1817	1571.63	1987.65
财产性收入	Income from Properties	347	9	89.79	441.06
转移性收入	Income from Transfer	9016	3329	1569.24	2439.83
城镇居民人均可支配收入(元)	Annual Per Capita Disposable Income of Urban Households(yuan)	19444	18208	23432.21	21187.48
最低10%户	Lowest 10% Households	4767	8208	4771.52	8861.7
最高10%户	Up to 10% Households	47511	68208	55154.45	42645.9
城镇居民人均消费支出(元)	Annual Per Capita Consumption Expenditure of Urban Households(yuan)	13607	13166	17072.39	20709.68
食品	Food	5333	4223	6444.15	7049.01
衣着	Clothing	1551	1556	2513.41	3369.81
居住	Residence	1273	1234	883.13	1880.48
家庭设备用品及服务	Household Facilities and Articles	1041	874	842.99	1532.08
医疗保健	Health Care and Medical Services	1026	1786	840.21	1026.68
交通和通信	Transport and Communications	1826	1330	2685.12	2454.77
教育文化娱乐服务	Education, Culture and Recreation	1064	1704	1961.9	1773.84

21-2 续表 6 Continued

指 标	Item	西宁市 Xining City	海东市 Haidong City	格尔木市 Geermu City	德令哈市 Delingha City
居民生活	**People's Livelihood**				
每百户居民家庭拥有	Number of Major Durable Consumer Goods Owned Per 100 Urban Households				
家用汽车(辆)	Automobile(unit)	14.8	10	23	16
家用电脑(台)	Computer(set)	64.5	55	80	70
固定电话(部)	Fixed Telephone(set)	65.4	61.9	45.3	100
移动电话(部)	Mobile Telephone(set)	206.8	200.2	108.5	148
电冰箱(柜)(台)	Refrigerators(set)	93.9	90	72.7	100
彩色电视机(台)	Color TV(set)	103.1	100.7	96.2	100
钢琴(架)	Piano (set)	1.8		8.1	
照相机(架)	Camera(set)	29.9	20	37.1	46
摄相机(架)	Video Camera (set)	7.9		8.2	
洗衣机(台)	Washing Machine(set)	97.4	94.4	87.3	98
人均住房建筑面积(平方米)	Per Capita Building Space(sq.m)	33.7	28.8	22.41	27.27
居民消费价格指数(上年为100)(%)	Consumer Price Indices (preceding year=100)(%)	103.8	103.5	104.9	103.9
社会服务与保障	**Social Security**				
城镇基本养老保险参保人数(人)	Number of People Participated in Basic Pension Insurance in Urban Area (person)	279441	14627	37803	15978
基本医疗保险参保人数(人)	Number of People Participated in Urban Basic Medical Care Insurance (person)	628434	21904	37370	30190
失业保险参保人数(人)	Unemployment Insurance Contributors (person)	133563	7574	15822	6415
工伤保险参保人数(人)	Injury Insurance Contributors (person)	147978	16626	24743	5369
生育保险参保人数(人)	Maternity Insurance Contributors (person)	74214	8607	10854	14215
社会福利院数(个)	Number of Social Welfare Homes(unit)	4	3	2	1
社会福利院床位数(张)	Number of Beds of Social Welfare Homes(unit)	736	190	50	72
社区服务设施数(个)	Number of Community Service Facilities(unit)	68	2	69	11
城镇居民最低生活保障人数(人)	Number of Persons Receiving Lowest Cost-of-living(person)	34425	9867	7264	9548
交通	**Traffic**				
交通事故死亡人数(人)	Number of Deaths of Traffic Accident(person)	63	23	12	10
交通事故损失额(万元)	Losses Converted into Cash of Traffic Accident(10 000 yuan)	81	26	23.24	80
火灾事故死亡人数(人)	Number of Deaths of Fires(person)	1		1	
火灾事故损失额(万元)	Losses Converted into Cash of Fires(10 000 yuan)	278	77	14.14	31

21-2 续表 7 Continued

指 标	Item	西宁市 Xining City	海东市 Haidong City	格尔木市 Geermu City	德令哈市 Delingha City
社会治安	**Public Security**				
刑事案件立案数(件)	Number of Criminal Cases Registered	10135	120	1300	518
犯罪人数(人)	Number of Perpetrators(person)	2529	124	329	123
青少年人数（年龄16–25周岁）	Number of Adolescents (age of 16 to 25)	1029	13		66
市政公用事业	**City Public Utilities**				
基础设施	Infrastructure				
城市维护建设资金支出(万元)	Funds Expenditure for Urban Construction and Maintenance(10 000 yuan)	216452	2148	19236	7183
年末实有城市道路面积（万平方米）	Area of Paved Road at Year-end(10 000 sq.m)	886	77	418	315
排水管道长度(公里)	Length of Sewage Pipes(km)	797.0	74.0	208.7	220.2
供水综合生产能力(包括自备水源)(万立方米/日)	Production Capacity of Tap Water Supply(10 000 cu.m/day)	50.4	2.9	24.4	15.2
供水总量(万吨)	Total Volume of Water Supply(10 000 tons)	15243	253	4596	4172
售水量(万吨)	Sold Volume of Water (10 000 tons)	12751	223	4318	4172
居民生活用水量	Consumption of Tap Water for Residential Use	6152	140	697	373.25
用水人口(万人)	Number of Residents with Access to Water(10 000 persons)	123.77	9.76	14.21	7.84
供气	Gas Supply				
供气总量(人工、天然气)(万立方米)	Volume of Gas Supply (Manpower and Natural Gas)(10 000 cu.m)	103798	4551	8739	1881
家庭用量	Consumption of Gas for Residential Use	16049	1184	790.8	43
用气人口(万人)	Number of Residents with Access to Gas(10 000 persons)	106.7	3.2	10.0	3.2
液化石油气供气总量(吨)	Volume of Liquefied Petroleum gas Supply(ton)	4129.0	120.0	845.4	271.7
家庭用量	Consumption of Gas for Residential Use	4124.0	118.0	845.4	259.0
用液化气人口(人)	Number of Residents with Access to Liquefied Petroleum Gas(person)	109800	1320	28600	11000
公共交通	Public Traffic				
年末实有公共汽(电)车营运车辆数(辆)	Number of Public Vehicles under Operation at Year-end(unit)	1885	58	105	94
全年公共汽(电)车客运总量(万人次)	Number of Passengers Carried of Public Vehicles(10 000 person-times)	40892	651	568	225
年末出租汽车数(辆)	Number of Taxis at Year-end(unit)	5516	337	1189	414
绿地	Green Areas				
绿地面积(公顷)	Green Areas(hectare)	3205	246	626	564
建成区绿化覆盖面积(公顷)	Greening Coverage of the Current Urban Areas(hectare)	3277	1190	633	647

21-3 主要年份西宁市自来水供水情况

Basic Statistics on Tap Water Supply in Xining in Main Years

年份 Year	年底自来水管道总长度（公里） Length of Water Supply Piplines (km)	供水总量（万立方米） Total Volume of Water Supply (10 000 cu.m)	售水总量（万立方米） Total Volume of Water Sold (10 000 cu.m)	生产用水 For Productive Use	综合生产能力（万立方米/日） Production Capacity of Tap Water Supply (10 000cu.m /day)	用水总人数（万人） Number of Residents with Access to Tap Water (10 000 persons)	用水普及率（%） Coverage Rate of Urban Population with Access to Tap Water (%)
1980	240	3740	3541	1979	14.5	42.0	92.4
1982	246	4649	4295	2598	14.5	43.4	94.6
1983	251	5222	4817	3121	34.5	43.5	94.0
1984	259	5526	5098	3161	35.5	48.0	92.0
1985	255	5577	5145	3190	36.4	348.0	95.0
1986	255	5863	5583	3461	26.4	49.0	99.0
1987	285	6308	6008	3604	36.6	53.0	96.4
1988	297	7111	6755	4062	34.4	53.5	98.0
1989	300	7824	7200	4464	34.4	53.9	98.0
1990	300	7934	7301	4527	34.4	54.7	98.0
1991	300	8279	7619	4785	34.4	55.7	98.0
1992	301	8359	7692	4769	34.4	56.1	98.8
1993	305	8605	7918	4909	39.0	56.2	99.1
1994	306	12961	12273	8339	39.0	66.1	99.3
1995	307	13251	12540	8176	39.0	66.9	98.0
1996	311	13036	12342	7460	38.4	67.7	97.0
1997	419	13036	12238	6200	38.0	67.8	96.0
1998	433	11966	11516	6939	37.0	70.9	97.4
1999	444	12561	11904	6893	49.0	70.8	97.0
2000	596	12610	14325	6734	48.9	71.4	97.2
2001	433	12452	6910	5833	44.9	74.8	99.3
2002	450	11403	5912	4693	44.9	76.6	100.0
2003	476	11559	10188	3470	44.9	78.9	100.0
2004	505	12175	10176	3481	44.9	80.1	100.0
2005	541	11192	9142	3546	44.9	80.9	100.0
2006	965	12010	10548	3861	50.1	90.3	99.6
2007	974	11542	10228	3743	54.3	102.3	99.7
2008	772	12098		3853	47.9	88.0	100.0
2009	790	12168	10125	3917	47.9	94.0	99.4
2010	829	12402	10399	3795	50.4	100.2	99.9
2011	945	14030	11848	4057	50.4	107.5	100.0
2012	959	14633	12255	4141	50.4	115.0	100.0
2013	1020	15243	12751	4185	50.4	123.8	100.0

21-4 主要年份西宁市道路、排水、养护情况

Basic Statistics on Paved Roads, Drainage and Maintenance in Xining in Main Years

年 份 Year	年末实有铺装道路长度(公里) Length of Paved Roads (at Year-end) (km)	铺装道路面 积(万平方米) Area of Paved Roads (10 000 sq.m)	人行道面 积(万平方米) Area of Sidewalks (10 000 sq.m)	年底实有下水道长度(公里) Length of Sewer Pipelines (at Year-end) (km)	养护下水道长度(公里) Length of Sewer Pipelines Maintenance (km)
1980	157	159		67	67
1982	163	161		74	74
1983	169	166		78	78
1984	169	166		78	78
1985	175	176		85	85
1986	175	176	31	86	86
1987	177	177	31	86	86
1988	177	189	39	87	87
1989	179	195	41	90	90
1990	179	219	49	117	117
1991	180	220	50	117	117
1992	181	223	53	118	118
1993	203	225	53	123	123
1994	208	228	53	123	123
1995	263	263	97	139	139
1996	268	262	97	144	144
1997	284	270	98	146	151
1998	288	291	99	161	155
1999	298	317	99	161	140
2000	310	405	62	208	143
2001	288	408	64	209	148
2002	324	408	64	400	194
2003	346	490	103	400	120
2004	359	521	106	420	140
2005	370	551	109	424	214
2006	489	682	149	532	307
2007	496	700	196	571	319
2008	403	638	159	557	320
2009	417	687	161	590	320
2010	433	737	163	619	351
2011	450	754	170	711	396
2012	470	823	209	749	420
2013	484	886	246	797	457

21-5 主要年份西宁市集中供热情况

Basic Statistics on Heating in Xining in Main Years

指 标	Item	2005	2010	2011	2012	2013
供热总量(万吉焦)	Quantity of Heat Supplied(10 000 gigajoules)	236.0	58.0	79.0	95.0	95.0
集中供热面积(万平方米)	Area of Centralized Heating(10 000 sq.m)	27.5	34.1	123.5	130.0	133.0
住宅	Residential Buildings	13.0	24.6	94.5	85.5	90.3
供热管道总长度(公里)	Length of Heating Pipelines(km)	7.0	7.0	17.0	15.9	15.9

21-6 主要年份西宁市环境卫生基本情况

Basic Statistics on Sanitation in Xining in Main Years

指 标	Item	2000	2005	2010	2011	2012	2013
清运生活垃圾(万吨)	Volum of Garbage Disposal(10 000 tons)	80.7	48.0	74.2	11.3	49.5	54.3
清运粪便	Volum of Excrement and Urine Disposal	6.5	28.0	1.2	1.2	1.3	1.3
实际清扫面积(万平方米)	Area under Cleaning Program (10 000 sq.m)	281	878	1272	1320	1368	1431
环境卫生专用车辆(辆)	Number of Special Vehicles for Environmental Sanitation (unit)	85	154	262	278	282	308
公共厕所(个)	Number of Public Lavatories (unit)	290	364	483	489	489	512
水冲式	Water Flushing	227	364	483	489	489	512

21-7 主要年份西宁市城市建设用地情况
Basic Statistics on Utilization of Land for City Construction of Xining in Main Years

单位：平方公里 (sq.km)

指 标	Item	1995	2000	2010	2011	2012	2013
市区人口(万人)	Total Populatian of Urban District(10 000 persons)	68.7	94.1	119.8	124.7	129.5	131.6
市区面积	Total Areas of Urban District	350	350	380	380	510	510
建成区面积	Completed Area	52.8	57.2	66.8	75.0	75.0	85.0
城市建设用地面积	Urban Construction Land Areas	52.7	57.2	66.8	75.0	75.0	78.5
工业用地	Land Areas of Industry	2.7	3.0	3.3	1.0	4.0	4.1
仓储用地	Land Areas of Storage	10.7	11.0	11.4	12.1	13.1	13.1
对外交通用地	Land Areas of Transport Facilities	6.4	6.0	7.6	3.4	4.9	5.6
生活居住用地	Land Areas of Living	22.2	24.2	30.4	37.8	39.6	41.1
其他城建用地	Other	10.8	13.0	14.1	12.9	2.5	3.1

21-8 主要年份西宁市园林绿化情况
Basic Statistics on Landscaping in Xining in Main Years

指 标	Item	2000	2005	2010	2011	2012	2013
建成区内绿化覆盖面积(公顷)	Green Covered Area of Completed Area(hectare)	1068	1920	2345	2785	2812	3345
年底园林绿地面积(公顷)	Area of Parks and Green Land at Year-end(hectare)	1034	1784.6	2315	2785	2902	3277
公共绿地	Public Green Land (hectare)	246	498	897	1109	1220	1358
建成区内绿化覆盖率(%)	Green Covered Area as % of Completed Area (%)	18.7	30.1	35.12	37.13	37. 49	37. 31
人均公共绿地面积(平方米)	Per Capita Area of Public Green Land (sq.m)	3.67	6.16	8.94	10.32	10. 61	10. 97
公园个数(个)	Number of Parks(unit)	10	11	18	22	22	22
公园面积(公顷)	Area of Parks (hectare)	203	226	428	854	845	845

主要统计指标解释

水综合生产能力 指按供水设施取水、净化、送水、出厂输水干管等环节设计能力计算的综合生产能力。包括在原设计能力的基础上，经挖、革、改增加的生产能力。计算时，以四个环节中最薄弱的环节为主确定能力。

年末供水管道长度 指从送水泵至用户水表之间所有管道的长度。不包括新安装尚未使用、水厂内以及用户建筑物内的管道。

全年供水总量 指报告期供水企业（单位）供出的全部水量。包括有效供水量和漏损水量。

生活用水量 包括公共服务用水和居民家庭用水。公共服务用水指为城市社会公共生活服务的用水。包括行政事业单位、部队营区和公共设施服务、社会服务业、批发零售贸易业、旅馆饮食业以及其他公共服务业等单位的用水。居民家庭用水指城市范围内所有居民家庭的日常生活用水。包括城市居民、农民家庭、公共供水站用水。

用水普及率 指城市用水人口数与城市人口总数的比率。计算公式：

$$用水普及率=\frac{城市用水人口数}{城市人口总数}\times 100\%$$

人工煤气生产能力 指报告期末人工煤气生产厂制气、净化、输送等环节的综合生产能力，不包括备用设备能力。一般按设计能力计算，如果实际生产能力大于设计能力时，应按实际测定的生产能力计算。测定时应以制气、净化、输送三个环节中最薄弱的环节为主。

供气管道长度 指报告期末从气源厂压缩机的出口或门站出口至各类用户引入管之间的全部已经通气投入使用的管道长度。不包括煤气生产厂、输配站、液化气储存站、灌瓶站、储配站、气化站、混气站、供应站等厂（站）内的管道。

全年供气总量 指全年燃气企业（单位）向用户供应的燃气数量。包括销售量和损失量。

燃气普及率 指报告期末使用燃气的城市人口数与城市人口总数的比率。计算公式为：

$$燃气普及率=\frac{城市用气人口数}{城市人口总数}\times 100\%$$

城市供热能力 指供热企业（单位）向城市热用户输送热能的设计能力。

城市供热总量 指在报告期供热企业（单位）向城市热用户输送全部蒸汽和热水的总热量。

城市供热管道长度 指从各类热源到热用户建筑物接入口之间的全部蒸汽和热水的管道长度。不包括各类热源厂内部的管道长度。

年末道路长度 指年末道路长度和与道路相通的桥梁、隧道的长度，按车行道中心线计算。在统计时只统计路面宽度在3.5米（含3.5米）以上的各种铺装道路，包括开放型工业区和住宅区道路在内。

城市桥梁 指为跨越天然或人工障碍物而修建的构筑物。包括跨河桥、立交桥、人行天桥以及人行地下通道等。按使用年限分为永久性桥和半永久性桥。

城市排水管道长度 指所有排水总管、干管、支管、检查井及连接井进出口等长度之和。

城市污水日处理能力 指污水处理厂（或污水处理装置）每昼夜处理污水量的设计能力。

年末运营车数 指年末城市用于公共交通运营业务的全部车辆数。新购、新制和调入的运营车辆，自投入之日起开始计算；调出、报废和调作他用的运营车辆，自上级主管机关批准之日起不再计入。

城市绿地面积 指报告期末用作园林和绿化的各种绿地面积。包括公园绿地、生产绿地、防护绿地、附属绿地和其他绿地的面积。

公园绿地 城市中向公众开放的以游憩为主要功能，有一定的游憩设施和服务设施，同时兼有健全生态、美化景观，防灾减灾等综合作用的绿化用地。包括综合公园、社区公园、专类公园、带状公园和街旁绿地。其中综合公园、专类公园和带状公园面积之和为公园面积。

清扫保洁面积 指报告期末对城市道路和公共场所（主要包括城市行车道、人行道、车行隧道、人行过街地下通道、道路附属绿地、地铁站、高架路、人行过街天桥、立交桥、广场、停车场及其他设施等）进行清扫保洁的面积。一天清扫多次的，按清扫保洁面积最大的一次计算。

市容环卫专用车辆 指用于环境卫生作业、监察的专用车辆和设备，包括用于道路清扫、冲洗、洒水、除雪、垃圾粪便清运、市容监察以及与其配套使用的车辆和设备。

每万人拥有公共交通车辆 指报告期末城区内每万人平均拥有的公共交通车辆标台数。计算公式：

$$每万人拥有公共交通车辆=\frac{公共交通运营车标台数}{城市人口总数}$$

Explanatory Notes on Main Statistical Indicators

Production Capacity of Water Supply refers to the designed overall production capacity of water facilities, covering the four segments of water collection, purification, conveyance, and outflow through trunk pipelines. Increased capacity through transformation and innovation projects is included as well. The capacity is determined mainly on the weakest of the above – mentioned four segments.

Length of Water Supply Pipelines at Year – end refers to the total length of all the pipelines between the water pumps and the user water meters, excluding pipelines newly installed but not used yet, pipeline in the water factory, and pipeline in the user's buildings.

Annual Volume of Water Supply refers to the total volume of water supplied by water – works (units) during the reference period, including both the effective water supply and loss during the water supply.

Consumption of Water for Residential Use refers to water consumption of households for daily life and water consumption of public service facilities. The latter refers to water consumption for urban public services, including the consumption of government agencies and public institutions, military barracks, public facilities, wholesale and retail outlets, restaurants, hotels, and other units providing public services. Household water consumption refers to consumption of water for daily life of all households within the boundary of cities, including households of urban residents and farmers, and public water supply stations.

Coverage Rate of Urban Population with Access to Tap Water refers to the ratio of the urban population with access to tap water to the total urban population. The formula is:

$$\text{Coverage of urban population with access to tap water} = \frac{\text{Urban population with access to tap water}}{\text{Urban population}} \times 100\%$$

Production Capacity of Gaswork Gas refers to the overall production capacity of the urban gasworks in gas generation, purification and delivery at the end of the reference period, excluding capacity of the reserved facilities. In general, it is determined by the designed capacity, and when actual production capacity is larger than the designed capacity, the capacity is determined by the actual measurement on the weakest segment in the production, purification and delivery.

Length of Gas Pipelines refers to the total length of pipelines in use between the outlet of the compressor of gas – work or outlet of gas stations and the leading pipe of users, excluding pipelines within gasworks, delivery stations, LPG storage stations, refilling stations, gas – mixing stations and supply stations.

Volume of Gas Supply refers to the total volume of gas provided to users by gas – producing enterprises (units) in a year, including the volume sold and the volume lost.

Coverage Rate of Urban Population with Access to Gas refers to the ratio of the urban population with access to gas to the total urban population at the end of the reference period. The formula is:

$$\text{Coverage rate of urban population with access to gas} = \frac{\text{Urban population with access to gas}}{\text{Urban population}} \times 100\%$$

Heating Capacity in Urban Areas refers to the designed capacity of heating enterprises (units) in supplying heating energy to urban users during the reference period.

Quantity of Heat Supplied in Urban Areas refers to the total quantity of heat from steam and hot water supplied to urban users by heating enterprises (units) during the reference period.

Length of Urban Heating Pipelines refers to the total length of steam or hot water pipelines for sources of heat to the leading pipelines of the buildings of the users, excluding internal pipelines in heat generating enterprises.

Length of Paved Roads at Year – end refers to the length of roads with paved surface including bridges and tunnels connected with roads by the end of the year. Length of the roads is measured by the central lines for vehicles for paved roads with a width of 3.5 meters and over, including roads in open – ended factory compounds and residential quarters.

Urban Bridges refer to bridges built to cross over natural or man – made barriers, including bridges over rivers, overpasses for traffic and for pedestrians, underpasses for pedestrians, etc. Both permanent and semi – permanent bridges are included.

Length of Urban Sewage Pipes refers to the total length of general drainage, trunks, branch and inspection wells, connection wells, inlets and outlets, etc.

Daily Disposal Capacity of Urban Sewage refers to the designed 24 – hour capacity of sewage disposal by the sewage treatment works or facilities.

Number of Vehicles under Operation at Year – end refers to the total number of vehicles under operation by public transport enterprises (units) at the end of the year, based on the records of operational vehicles by the enterprises (units).

Area of Urban Green Areas refers to the total area occupied for green projects at the end of the reference period, including park green land, production green land, protection green land, green land attached to institutions, and other green areas.

Park Green Area refers to green areas open to the public for amusement and rest with the facilities of amusement, rest and services. Its function includes perfecting ecology, beautifying landscape, and preventing and reducing disaster. Park green areas include comprehensive park, community park, topic park, belt – shaped park and green area nearby street. Total areas of comprehensive park, topic park and belt – shaped is the area of park.

Area Cleaned refers to the area which are regularly cleaned, as at the end of the reference period, at urban roads and public places (mainly including urban roadways, pedestrian walkways, vehicular tunnels, pedestrian underpasses, underground railway stations, lifted roads, pedestrians walk bridges, overpasses, plazas, carparks and other facilities). If there are several times of cleaning in a day at a location, the area of that time of cleaning with the largest area cleaned will be taken.

Vehicles Dedicated to Urban Cleanliness and Environmental Sanitation refer to vehicles and facilities dedicated for use in the operation, management and monitoring of environmental hygiene work. They include vehicles for road cleaning, washing, showering, ice removal, disposal of garbage and human wastes, cleanliness monitoring and related activities.

Public Transportation Vehicles per 10000 Population refers to the number of public transportation vehicles, at the end of the reference period, per 10000 population in the city district. The formula for calculation is:

$$\text{Public Transportation Vehicles per 10000Population} = \frac{\text{Number of Public Transportation Vehicles}}{\text{City District Population}}$$

第 22 篇
CHAPTER 22

月度资料
Monthly Data

22-1 各月主要经济统计指标(2013年)

Monthly Main Economic Indicators (2013)

指　标	Item	2月 February	3月 March
生产总值(累计数)(亿元)	**Gross Domestic Product(accumulative total) (100 million yuan)**		**356.81**
第一产业	Primary Industry		13.02
第二产业	Secondary Industry		189.38
第三产业	Tertiary Industry		154.41
生产总值增长速度(%)	**Growth Rate of Gross Domestic Product(%)**		**10.1**
第一产业	Primary Industry		4.1
第二产业	Secondary Industry		11.1
第三产业	Tertiary Industry		9.1
工业(规模以上)	**Industry**		
工业增加值增长速度(%)	Growth Rate of Value-added of Indusrry(%)	9.9	13.2
#轻工业	Light Industry	21.3	21.6
重工业	Heavy Industry	8.8	12.5
#国有企业	State -owned Enterprises	30.5	7.3
集体企业	Collective-owned Enterprises	-39.5	83.2
股份制企业	Joint-stock Enterprises	7.6	14.5
外商及港澳台投资	Enterprises with Funds from Hong kong, Macao,Taiwan and Foreign	-5.9	-14.9
#国有控股企业	State-holding Enterprises	11.7	9.7
#私营企业	Private Enterprises	3.2	16.3
#非公有工业	Non-public-owned Industries	4.5	22.2
工业经济效益(累计数)	Industrial Efficiency(accumulative total)		
企业单位数(户)	Number of Enterprises(household)	423	423
#亏损企业户数(户)	Number of Loss-making Enterprises(household)	162	190
亏损面(%)	Loss-Making Enterprises Proportion(%)	38.30	44.92
主营业务收入(亿元)	Revenue from Principal Business(100 million yuan)	254.80	408.87
利润总额(亿元)	Total Profits(100 million yuan)	17.04	27.79
亏损企业亏损额(亿元)	Losses of Loss-making Enterprises(100 million yuan)	10.28	16.22
产成品库存(亿元)	Finished Goods Inventory(100 million yuan)	88.75	98.62
全部从业人员平均人数(万人)	Average Number of All Employees (10 000 persons)	20.25	19.26
工业产销率(累计数)(%)	Rate of Industrial Production and Sales(accumulative total) (%)	97.43	96.89
#轻工业	Light Industry	99.74	98.73
重工业	Heavy Industry	97.15	96.66
#国有企业	State -owned Enterprises	92.69	92.96
集体企业	Collective-owned Enterprises	88.63	169.58
股份制企业	Joint-stock Enterprises	99.18	97.62
外商及港澳台投资	Enterprises with Funds from Hong kong, Macao,Taiwan and Foreign	91.28	96.80
#国有控股企业	State-holding Enterprises	98.11	98.91
#私营企业	Private Enterprises	94.65	91.41
#非公有工业	Non-public-owned Industries	95.89	93.20

注：本部分中农牧民人均纯收入数据季度为现金收入，全年数据为纯收入。

a)In this table, per capita income of rural households is cash income for the quarter,and net income for the year.

22-1 续表 1 continued

指　标	Item	2月 February	3月 March
主要产品产量	**Main Output of Products**		
原煤(万吨)	Coal(10 000 tons)	113.51	208.50
天然原油(万吨)	Crude Petroleum Oil(10 000 tons)	33.47	17.48
天然气(亿立方米)	Natural Gas(100 million cu.m)	13.62	5.58
原盐(万吨)	Salt(10 000 tons)	3.85	3.79
乳制品(万吨)	Dairy(10 000 tons)	2.42	1.43
饮料酒(千升)	Alcohol Beverage (kiloliter)	16381	12257
原油加工量(万吨)	Volume of Crude Oil Processed(10 000 tons)	22.40	11.76
焦炭(万吨)	Coke(10 000 tons)	39.03	18.61
纯碱(万吨)	Soda Ash(10 000 tons)	37.27	18.32
中成药(吨)	Traditional Chinese Medicines(ton)	224	151
水泥(万吨)	Cement(10 000 tons)	20.67	94.37
生铁(万吨)	Pig Iron(10 000 tons)	27.88	11.31
粗钢(万吨)	Crude Steel(10 000 tons)	24.21	12.27
钢材(万吨)	Rolled Steel(10 000 tons)	21.26	12.08
原铝(电解铝)(万吨)	Electrolyzed Aluminum(10 000 tons)	34.66	16.12
黄金(千克)	Gold (kg)	509	521
单晶硅(吨)	Monocrystalline Silicon(ton)		50.00
多晶硅(吨)	Polysilicon(ton)		644.98
金属切削机床(台)	Metal-cutting Machine Tools(unit)	65.00	29
手工地毯挂毯(万平方米)	Handmade Carpets and Tapestries(10 000 sq.m)	4	3
机制地毯挂毯(万平方米)	Mechanisms Carpets and Tapestries(10 000 sq.m)	99	56
发电量(亿千瓦小时)	Electricity(100 million kmh)	81.79	45.20
#水电	Hydropower	52.98	30.65
钾肥(实物量)(万吨)	Potassium Fertilizer (physical volume)(10 000 tons)		70.21
固定资产投资	**Investment in Fixed Assets**		
(累计数)(亿元)	**(accumulative total)(100 million yuan)**		
全社会固定资产投资	Total Investment in Fixed Assets in the Whole Sciety	34.26	136.82
按登记注册类型分	By Status of Registration		
国有投资	State-owned Investment	28.25	50.36
私营个体投资	Private and Self-employed Individual Investment		1.57
集体投资	Collective-owned Investment	2.89	50.07
有限责任公司投资	Limited Liability Corporations Investment	2.00	6.11
股份经济投资	Share-holding Investment	1.13	24.86
港澳台投资	Funds from Hong Kong, Macao and Taiwan		1.80
外商投资	Foreign Funded		0.56
其他投资	Others		1.42
按投资类型分	By Type of Investment		
国有及国有控股投资	State-owned and State-controlled Investment	30.77	70.61
民间投资	Private Investment	3.50	63.87
港澳台及外商投资	Funds from Hong Kong, Macao,Taiwan and Foreign		2.33
按产业分	By Industry		
第一产业	Primary Industry	0.12	5.90
第二产业	Secondary Industry	10.63	74.13
工业	Industry	10.63	71.03
第三产业	Tertiary Industry	23.52	56.79
国内贸易(累计数)(亿元)	**Demstic Trade (accumulative total)(100 million yuan)**		
社会消费品零售额	Retail Sales of Social Consumer Goods	78.50	116.69
#城镇零售额	Urban Retail Sales		102.10
乡村零售额	Rural Retail Sales		14.60

22-1 续表 2 continued

指 标	Item	2月 February	3月 March
进出口(万美元)	**Import and Export(USD 10 000)**		
海关进出口总额	Customs Import and Export Volume	8899	6871
出口总额	Total Imports	4578	4544
进口总额	Total Export	4321	2327
财政(亿元)	**Financial(100 million yuan)**		
财政收入	Financial Income		
公共财政预算收入	Public Budgetary Revenue	23.59	33.32
#地方公共财政预算收入	Local Public Budgetary Revenue	12.02	20.34
#增值税	Valued Added Tax	2.47	2.98
营业税	Business Tax	3.30	5.18
企业所得税	Corporate Income Tax	2.06	1.78
个人所得税	Individual IncomeTax	0.31	0.84
资源税	Resource Tax	0.84	1.50
中央公共财政预算收入	Central Public Budgetary Revenue	11.56	12.98
财政支出	Financial Expenditure		
公共财政预算支出	Public Budgetary Expenditure	65.00	93.99
#一般公共服务	Expenditure for General Public Services	2.53	5.70
公共安全	Expenditure for Public Security	1.05	2.49
教育	Expenditure for Education	5.11	9.03
科学技术	Expenditure for Science and Technology	0.03	0.20
文化体育与传媒	Expenditure for Culture,Sport and Media	0.49	0.78
社会保障与就业	Expenditure for Social Safety Net and Employment Effort	10.66	7.74
医疗卫生	Expenditure for Medical and Health Care	3.57	5.81
环境保护	Expenditure for Environment Protection	1.24	2.10
城乡社区事务	Expenditure for Urban and Rural Community Affairs	0.85	6.59
农林水事务	Expenditure for Agriculture,Forestry and Water Conservancy	4.90	9.53
交通运输	Expenditure for Transportation	9.31	36.82
金融(亿元)	**Financial(100 million yuan)**		
各项存款余额	Total Deposits Balance	3479.69	3649.43
单位存款	Corporate Deposits	1841.57	2013.84
个人存款	Individual Deposits	1325.90	1339.19
储蓄存款	Savings Deposits	1319.46	1333.59
各项贷款余额	Total Loans Balance	2848.50	2921.01
短期贷款	Short-term Loans	654.54	679.79
中长期贷款	Medium & Long-term Loans	2050.89	2077.03
交通运输(累计数)	**Transport,(accumulative total)**		
货物运输量(万吨)	Freight Traffic(10 000 tons)	2227.69	3311.96
铁路	Railways	630.85	974.34
公路	Highways	1596.76	2337.51
民航	Civil Aviation	0.08	0.11
货物周转量(亿吨公里)	Total Freight Ton-kilometers(100 milliom ton-km)	82.09	124.27
铁路	Railways	36.10	57.45
公路	Highways	45.98	66.80
民航	Civil Aviation	0.01	0.02

22-1 续表 3 continued

指 标	Item	2月 February	3月 March
客运量(万人)	Passenger Traffic(10 000 persons)	2161.97	3213.17
铁路	Railways	85.43	124.51
公路	Highways	2058.04	3059.94
民航	Civil Aviation	18.50	28.72
客运周转量(亿人公里)	Passenger-kilometers(100 million passenger-km)	20.39	30.51
铁路	Railways	7.55	11.47
公路	Highways	10.09	14.98
民航	Civil Aviation	2.74	4.06
邮电(累计数)	**Postal and Telecommunication(accumulative total)**		
邮政业务量(亿元)	Business Volume of Postal Services(10 0000 yuan)	0.43	0.63
电信业务量(亿元)	Business Volume of Telecommunication(100 million yuan)	8.59	13.36
移动电话用户(万户)	Number of Mobile Telephone Subscribers(10 000 subscribers)	529.40	529.90
固定电话用户(万户)	Number of Fixed Telephone Subscribers(10 000 subscribers)	102.40	102.10
建筑业(累计数)	**Construction(accumulative total)**		
建筑业总产值(亿元)	Gross Output Value of Construction(100 million yuan)		42.05
竣工产值(亿元)	Output Value of Completion (100 million yuan)		4.62
房屋建筑施工面积(万平米)	Floor Space of Buildings under Construction(10 000 sq.m)		348.41
房屋建筑竣工面积(万平米)	Floor Space of Buildings Completed(10 000 sq.m)		9.44
人民生活(元)	**People's Living Conditions (yuan)**		
城镇居民人均可支配收入	Per Capita Annual Disposable Income of Urban Households		4521.65
城镇居民人均消费性支出	Per Capita Annual Comsumption Expenditure of Urban Households		3464.87
农牧民人均现金收入	Per Capita Annual Cash Income of Rural Households		1906.82
农牧民人均生活消费支出	Per Capita Annual Living Comsumption Expenditure of Rural Households		1422.59
物价指数(上年=100)(%)	**Price Indices(preceding year=100)(%)**		
居民消费价格指数	Consumer Price Index	105.5	104.9
#城市	City	105.9	105.3
农村	Rural	104.7	104.1
#食品	Food	110.8	108.0
烟酒	Alcohol and Tobacco	99.9	99.9
衣着	Clothing	102.9	105.0
家庭设备用品及维修服务	Household Facilities,Articles and Services	102.0	102.1
医疗保健和个人用品	Health Care and Personal Articles	103.2	103.1
交通和通讯	Transport and Communications	98.6	98.9
娱乐教育文化用品及服务	Recreation, Education and Culture Articles	101.8	102.2
居住	Residence	105.7	106.7
农业生产资料价格指数	Price Index For Agricultural Means of Production	104.3	103.6
商品零售价格指数	Retail Price Index	109.1	106.8
工业生产者出厂价格指数	Producer Price Index for Industrial Products	98.4	98.8
工业生产者购进价格指数	Purchasing Price Index for Industrial Producers	98.7	99.6

22-1 续表 4 continued

指标	Item	4月 April	5月 May	6月 June
生产总值(累计数)(亿元)	**Gross Domestic Product(accumulative total) (100 million yuan)**			**888.61**
第一产业	Primary Industry			31.13
第二产业	Secondary Industry			548.77
第三产业	Tertiary Industry			308.71
生产总值增长速度(%)	**Growth Rate of Gross Domestic Product(%)**			**10.1**
第一产业	Primary Industry			4.0
第二产业	Secondary Industry			11.3
第三产业	Tertiary Industry			8.6
工业(规模以上)	**Industry**			
工业增加值增长速度(%)	Growth Rate of Value-added of Indusrry(%)	12.5	10.5	11.3
#轻工业	Light Industry	24.5	25.6	19.6
重工业	Heavy Industry	11.7	9.5	14.6
#国有企业	State -owned Enterprises	15.4	-13.1	-17.6
集体企业	Collective-owned Enterprises	144.5	-18.6	-31.2
股份制企业	Joint-stock Enterprises	11.6	14.2	20.9
外商及港澳台投资	Enterprises with Funds from Hong kong, Macao,Taiwan and Foreign	32.1	4.4	-4.4
#国有控股企业	State-holding Enterprises	9.7	3.0	10.6
#私营企业	Private Enterprises	11.1	48.8	45.3
#非公有工业	Non-public-owned Industries	17.6	24.2	19.0
工业经济效益(累计数)	Industrial Efficiency(accumulative total)			
企业单位数(户)	Number of Enterprises(household)	427	429	430
#亏损企业户数(户)	Number of Loss-making Enterprises(household)	178	173	179
亏损面(%)	Loss-Making Enterprises Proportion(%)	41.70	40.30	41.60
主营业务收入(亿元)	Revenue from Principal Business(100 million yuan)	575.31	746.35	919.40
利润总额(亿元)	Total Profits(100 million yuan)	37.85	54.08	64.67
亏损企业亏损额(亿元)	Losses of Loss-making Enterprises(100 million yuan)	22.33	25.52	29.40
产成品库存(亿元)	Finished Goods Inventory(100 million yuan)	105.01	104.68	112.09
全部从业人员平均人数(万人)	Average Number of All Employees (10 000 persons)	19.26	19.25	19.71
工业产销率(累计数)(%)	Rate of Industrial Production and Sales(accumulative total) (%)	93.89	93.24	92.09
#轻工业	Light Industry	97.65	97.81	97.35
重工业	Heavy Industry	93.47	92.74	91.52
#国有企业	State -owned Enterprises	93.17	95.27	96.84
集体企业	Collective-owned Enterprises	128.75	108.47	104.38
股份制企业	Joint-stock Enterprises	93.56	92.28	90.65
外商及港澳台投资	Enterprises with Funds from Hong kong, Macao,Taiwan and Foreign	101.43	101.38	100.16
#国有控股企业	State-holding Enterprises	97.54	96.84	95.41
#私营企业	Private Enterprises	85.54	85.17	84.10
#非公有工业	Non-public-owned Industries	88.44	88.25	87.64

22-1 续表 5 continued

指 标	Item	4月 April	5月 May	6月 June
主要产品产量	**Main Output of Products**			
原煤(万吨)	Coal(10 000 tons)	339.40	203.38	179.30
天然原油(万吨)	Crude Petroleum Oil(10 000 tons)	16.92	18.36	18.35
天然气(亿立方米)	Natural Gas(100 million cu.m)	5.57	4.99	5.48
原盐(万吨)	Salt(10 000 tons)	18.50	26.58	33.49
乳制品(万吨)	Dairy(10 000 tons)	1.48	1.45	1.62
饮料酒(千升)	Alcohol Beverage (kiloliter)	11414	11483	11826
原油加工量(万吨)	Volume of Crude Oil Processed(10 000 tons)	11.96	12.26	11.98
焦炭(万吨)	Coke(10 000 tons)	27.09	22.41	16.03
纯碱(万吨)	Soda Ash(10 000 tons)	20.65	14.98	15.77
中成药(吨)	Traditional Chinese Medicines(ton)	155	157	157
水泥(万吨)	Cement(10 000 tons)	167.90	177.13	196.16
生铁(万吨)	Pig Iron(10 000 tons)	12.55	12.76	9.69
粗钢(万吨)	Crude Steel(10 000 tons)	12.60	13.73	10.07
钢材(万吨)	Rolled Steel(10 000 tons)	10.97	11.50	8.66
原铝(电解铝)(万吨)	Electrolyzed Aluminum(10 000 tons)	17.89	17.69	18.63
黄金(千克)	Gold (kg)	719	747	996
单晶硅(吨)	Monocrystalline Silicon(ton)	100.00	122.00	224.00
多晶硅(吨)	Polysilicon(ton)	823.90	800.10	769.38
金属切削机床(台)	Metal-cutting Machine Tools(unit)	30	37	70
手工地毯挂毯(万平方米)	Handmade Carpets and Tapestries(10 000 sq.m)	3	3	4
机制地毯挂毯(万平方米)	Mechanisms Carpets and Tapestries(10 000 sq.m)	50	49	96
发电量(亿千瓦小时)	Electricity(100 million kmh)	49.77	51.26	50.32
#水电	Hydropower	36.89	41.55	40.82
钾肥(实物量)(万吨)	Potassium Fertilizer (physical volume)(10 000 tons)	75.99	65.83	61.95
固定资产投资	**Investment in Fixed Assets**			
(累计数)(亿元)	**(accumulative total)(100 million yuan)**			
全社会固定资产投资	Total Investment in Fixed Assets in the Whole Sciety	371.60	637.25	970.07
按登记注册类型分	By Status of Registration			
国有投资	State-owned Investment	166.84	285.24	416.57
私营个体投资	Private and Self-employed Individual Investment	3.09	5.11	8.22
集体投资	Collective-owned Investment	117.25	192.67	295.98
有限责任公司投资	Limited Liability Corporations Investment	17.61	37.46	55.49
股份经济投资	Share-holding Investment	54.85	93.77	156.84
港澳台投资	Funds from Hong Kong, Macao and Taiwan	4.77	8.39	12.48
外商投资	Foreign Funded	0.96	3.84	4.51
其他投资	Others	6.12	10.63	19.51
按投资类型分	By Type of Investment			
国有及国有控股投资	State-owned and State-controlled Investment	210.35	350.50	509.69
民间投资	Private Investment	155.36	274.17	443.33
港澳台及外商投资	Funds from Hong Kong, Macao,Taiwan and Foreign	5.89	12.58	17.05
按产业分	By Industry			
第一产业	Primary Industry	13.28	27.16	42.63
第二产业	Secondary Industry	195.94	358.23	534.27
工业	Industry	185.40	336.66	504.19
第三产业	Tertiary Industry	162.38	251.87	393.17
国内贸易(累计数)(亿元)	**Demstic Trade (accumulative total)(100 million yuan)**			
社会消费品零售额	Retail Sales of Social Consumer Goods	154.50	199.00	241.28
#城镇零售额	Urban Retail Sales			211.49
乡村零售额	Rural Retail Sales			29.79

22-1 续表 6 continued

指 标	Item	4月 April	5月 May	6月 June
进出口(万美元)	**Import and Export(USD 10 000)**			
海关进出口总额	Customs Import and Export Volume	11578	8570	8806
出口总额	Total Imports	7481	4667	4663
进口总额	Total Export	4097	3903	4143
财政(亿元)	**Financial(100 million yuan)**			
财政收入	Financial Income			
公共财政预算收入	Public Budgetary Revenue	28.34	28.48	42.22
#地方公共财政预算收入	Local Public Budgetary Revenue	18.04	16.85	24.37
#增值税	Valued Added Tax	1.45	1.78	2.60
营业税	Business Tax	7.78	4.53	5.43
企业所得税	Corporate Income Tax	2.30	2.99	3.16
个人所得税	Individual IncomeTax	0.33	0.45	0.25
资源税	Resource Tax	1.91	1.91	1.18
中央公共财政预算收入	Central Public Budgetary Revenue	10.30	11.62	17.85
财政支出	Financial Expenditure			
公共财政预算支出	Public Budgetary Expenditure	88.97	78.78	132.90
#一般公共服务	Expenditure for General Public Services	6.04	7.20	6.41
公共安全	Expenditure for Public Security	3.17	4.99	5.40
教育	Expenditure for Education	8.04	9.41	15.01
科学技术	Expenditure for Science and Technology	0.14	0.26	0.96
文化体育与传媒	Expenditure for Culture,Sport and Media	0.88	1.38	2.15
社会保障与就业	Expenditure for Social Safety Net and Employment Effort	10.39	6.71	9.65
医疗卫生	Expenditure for Medical and Health Care	6.19	7.63	8.58
环境保护	Expenditure for Environment Protection	1.54	1.40	4.98
城乡社区事务	Expenditure for Urban and Rural Community Affairs	1.71	1.88	8.41
农林水事务	Expenditure for Agriculture,Forestry and Water Conservancy	17.98	15.48	21.05
交通运输	Expenditure for Transportation	26.61	16.96	26.65
金融(亿元)	**Financial(100 million yuan)**			
各项存款余额	Total Deposits Balance	3734.42	3753.75	3753.56
单位存款	Corporate Deposits	2049.55	2115.80	2085.65
个人存款	Individual Deposits	1321.44	1337.56	1358.52
储蓄存款	Savings Deposits	1313.95	1330.54	1349.53
各项贷款余额	Total Loans Balance	2966.14	3034.64	3099.76
短期贷款	Short-term Loans	683.05	711.51	735.95
中长期贷款	Medium & Long-term Loans	2117.96	2148.89	2182.68
交通运输(累计数)	**Transport,(accumulative total)**			
货物运输量(万吨)	Freight Traffic(10 000 tons)	4469.21	5626.08	6772.83
铁路	Railways	1291.11	1569.08	1825.09
公路	Highways	3177.95	4056.81	4947.49
民航	Civil Aviation	0.15	0.19	0.25
货物周转量(亿吨公里)	Total Freight Ton-kilometers(100 milliom ton-km)	169.90	215.64	260.90
铁路	Railways	79.08	99.72	119.60
公路	Highways	90.79	115.89	141.26
民航	Civil Aviation	0.02	0.03	0.04

22-1 续表 7 continued

指 标	Item	4月 April	5月 May	6月 June
客运量(万人)	Passenger Traffic(10 000 persons)	4286.95	5397.97	6558.85
铁路	Railways	167.47	210.07	262.26
公路	Highways	4080.39	5133.52	6222.06
民航	Civil Aviation	39.09	51.51	65.82
客运周转量(亿人公里)	Passenger-kilometers(100 million passenger-km)	40.98	79.48	65.68
铁路	Railways	15.31	19.63	25.63
公路	Highways	19.92	25.08	30.37
民航	Civil Aviation	5.75	7.52	9.67
邮电(累计数)	**Postal and Telecommunication(accumulative total)**			
邮政业务量(亿元)	Business Volume of Postal Services(10 0000 yuan)	0.85	1.06	1.28
电信业务量(亿元)	Business Volume of Telecommunication(100 million yuan)	18.25	23.16	27.93
移动电话用户(万户)	Number of Mobile Telephone Subscribers(10 000 subscribers)	529.60	537.10	538.70
固定电话用户(万户)	Number of Fixed Telephone Subscribers(10 000 subscribers)	101.90	102.50	102.80
建筑业(累计数)	**Construction(accumulative total)**			
建筑业总产值(亿元)	Gross Output Value of Construction(100 million yuan)			139.96
竣工产值(亿元)	Output Value of Completion (100 million yuan)			26.80
房屋建筑施工面积(万平米)	Floor Space of Buildings under Construction(10 000 sq.m)			575.44
房屋建筑竣工面积(万平米)	Floor Space of Buildings Completed(10 000 sq.m)			84.05
人民生活(元)	**People's Living Conditions (yuan)**			
城镇居民人均可支配收入	Per Capita Annual Disposable Income of Urban Households			8727.54
城镇居民人均消费性支出	Per Capita Annual Comsumption Expenditure of Urban Households			6757.28
农牧民人均现金收入	Per Capita Annual Cash Income of Rural Households			3207.10
农牧民人均生活消费支出	Per Capita Annual Living Comsumption Expenditure of Rural Households			2698.61
物价指数(上年=100)(%)	**Price Indices(preceding year=100)(%)**			
居民消费价格指数	Consumer Price Index	104.9	104.3	104.8
#城市	City	105.0	104.5	105.3
农村	Rural	104.8	103.8	103.9
#食品	Food	109.6	108.7	110.0
烟酒	Alcohol and Tobacco	99.8	99.5	99.7
衣着	Clothing	103.3	103.8	102.8
家庭设备用品及维修服务	Household Facilities,Articles and Services	102.8	101.9	101.8
医疗保健和个人用品	Health Care and Personal Articles	102.8	102.4	102.0
交通和通讯	Transport and Communications	98.1	98.4	99.4
娱乐教育文化用品及服务	Recreation, Education and Culture Articles	101.2	100.9	100.9
居住	Residence	105.4	103.9	104.5
农业生产资料价格指数	Price Index For Agricultural Means of Production	103.4	103.1	103.5
商品零售价格指数	Retail Price Index	105.4	104.4	103.7
工业生产者出厂价格指数	Producer Price Index for Industrial Products	97.7	96.6	97.0
工业生产者购进价格指数	Purchasing Price Index for Industrial Producers	99.7	99.5	99.3

22-1 续表8 continued

指 标	Item	7月 July	8月 August	9月 September
生产总值(累计数)(亿元)	**Gross Domestic Product(accumulative total) (100 million yuan)**			**1432.46**
第一产业	Primary Industry			108.95
第二产业	Secondary Industry			851.52
第三产业	Tertiary Industry			471.99
生产总值增长速度(%)	**Growth Rate of Gross Domestic Product(%)**			**10.6**
第一产业	Primary Industry			5.4
第二产业	Secondary Industry			11.7
第三产业	Tertiary Industry			9.7
工业(规模以上)	**Industry**			
工业增加值增长速度(%)	Growth Rate of Value-added of Indusrry(%)	12.0	11.7	14.2
#轻工业	Light Industry	38.8	14.6	8.9
重工业	Heavy Industry	9.9	11.5	14.7
#国有企业	State -owned Enterprises	-5.7	26.8	18.9
集体企业	Collective-owned Enterprises	-11.9	10.9	-74.8
股份制企业	Joint-stock Enterprises	15.1	9.8	13.5
外商及港澳台投资	Enterprises with Funds from Hong kong, Macao,Taiwan and Foreign	19.5	7.1	15.1
#国有控股企业	State-holding Enterprises	12.7	5.6	9.2
#私营企业	Private Enterprises	34.1	13.6	17.6
#非公有工业	Non-public-owned Industries	16.9	14.0	14.3
工业经济效益(累计数)	Industrial Efficiency(accumulative total)			
企业单位数(户)	Number of Enterprises(household)	431	433	443
#亏损企业户数(户)	Number of Loss-making Enterprises(household)	174	177	168
亏损面(%)	Loss-Making Enterprises Proportion(%)	40.4	40.9	37.9
主营业务收入(亿元)	Revenue from Principal Business(100 million yuan)	1080.04	1249.10	1434.57
利润总额(亿元)	Total Profits(100 million yuan)	69.21	74.01	83.86
亏损企业亏损额(亿元)	Losses of Loss-making Enterprises(100 million yuan)	33.59	39.48	43.26
产成品库存(亿元)	Finished Goods Inventory(100 million yuan)	116.79	117.09	123.65
全部从业人员平均人数(万人)	Average Number of All Employees (10 000 persons)	19.72	19.72	19.85
工业产销率(累计数)(%)	Rate of Industrial Production and Sales(accumulative total) (%)	91.30	90.86	90.33
#轻工业	Light Industry	96.57	96.02	96.52
重工业	Heavy Industry	90.72	90.29	89.65
#国有企业	State -owned Enterprises	95.81	95.16	94.37
集体企业	Collective-owned Enterprises	99.85	99.88	100.13
股份制企业	Joint-stock Enterprises	92.11	91.63	91.08
外商及港澳台投资	Enterprises with Funds from Hong kong, Macao,Taiwan and Foreign	101.54	100.33	99.80
#国有控股企业	State-holding Enterprises	93.40	93.30	92.80
#私营企业	Private Enterprises	82.61	81.46	81.19
#非公有工业	Non-public-owned Industries	88.75	88.05	87.57

22-1 续表 9 continued

指　标	Item	7月 July	8月 August	9月 September
主要产品产量	**Main Output of Products**			
原煤(万吨)	Coal(10 000 tons)	232.32	425.11	412.57
天然原油(万吨)	Crude Petroleum Oil(10 000 tons)	19.06	19.35	17.78
天然气(亿立方米)	Natural Gas(100 million cu.m)	5.72	5.37	4.81
原盐(万吨)	Salt(10 000 tons)	30.49	60.47	33.05
乳制品(万吨)	Dairy(10 000 tons)	1.37	1.35	1.36
饮料酒(千升)	Alcohol Beverage (kiloliter)	11529	11550	11602
原油加工量(万吨)	Volume of Crude Oil Processed(10 000 tons)	10.47	12.22	12.47
焦炭(万吨)	Coke(10 000 tons)	21.72	22.45	24.09
纯碱(万吨)	Soda Ash(10 000 tons)	17.48	19.49	20.06
中成药(吨)	Traditional Chinese Medicines(ton)	156	156	163
水泥(万吨)	Cement(10 000 tons)	185.17	187.29	243.81
生铁(万吨)	Pig Iron(10 000 tons)	4.95	11.96	11.59
粗钢(万吨)	Crude Steel(10 000 tons)	6.68	12.64	13.41
钢材(万吨)	Rolled Steel(10 000 tons)	6.08	9.59	11.76
原铝(电解铝)(万吨)	Electrolyzed Aluminum(10 000 tons)	18.61	20.47	19.92
黄金(千克)	Gold (kg)	1014	903	1162
单晶硅(吨)	Monocrystalline Silicon(ton)	340.00	160.58	150.00
多晶硅(吨)	Polysilicon(ton)	527.17	332.10	332.86
金属切削机床(台)	Metal-cutting Machine Tools(unit)	24	50	43
手工地毯挂毯(万平方米)	Handmade Carpets and Tapestries(10 000 sq.m)	2	2	2
机制地毯挂毯(万平方米)	Mechanisms Carpets and Tapestries(10 000 sq.m)	88	146	199
发电量(亿千瓦小时)	Electricity(100 million kmh)	50.26	51.72	46.86
#水电	Hydropower	39.09	43.41	36.74
钾肥(实物量)(万吨)	Potassium Fertilizer (physical volume)(10 000 tons)	60.96	75.74	76.48
固定资产投资（累计数）(亿元)	**Investment in Fixed Assets (accumulative total)(100 million yuan)**			
全社会固定资产投资	Total Investment in Fixed Assets in the Whole Sciety	1300.97	1582.83	1946.11
按登记注册类型分	By Status of Registration	589.37	750.81	930.49
国有投资	State-owned Investment	11.62	15.85	18.63
私营个体投资	Private and Self-employed Individual Investment	0.57	0.61	0.63
集体投资	Collective-owned Investment	382.18	451.59	548.20
有限责任公司投资	Limited Liability Corporations Investment	66.97	78.68	92.39
股份经济投资	Share-holding Investment	203.09	232.49	299.84
港澳台投资	Funds from Hong Kong, Macao and Taiwan	17.96	18.90	20.18
外商投资	Foreign Funded	4.81	5.14	3.54
其他投资	Others	24.40	28.76	32.22
按投资类型分	By Type of Investment			
国有及国有控股投资	State-owned and State-controlled Investment	706.60	895.24	1110.45
民间投资	Private Investment	571.63	663.80	811.03
港澳台及外商投资	Funds from Hong Kong, Macao,Taiwan and Foreign	22.74	23.79	24.63
按产业分	By Industry			
第一产业	Primary Industry	57.48	70.84	88.48
第二产业	Secondary Industry	696.69	823.00	974.58
工业	Industry	655.23	772.73	911.74
第三产业	Tertiary Industry	546.80	688.99	883.05
国内贸易(累计数)(亿元)	**Demstic Trade (accumulative total)(100 million yuan)**			
社会消费品零售额	Retail Sales of Social Consumer Goods	283.90	329.44	386.18
#城镇零售额	Urban Retail Sales			335.17
乡村零售额	Rural Retail Sales			51.01

22-1 续表 10 continued

指 标	Item	7月 July	8月 August	9月 September
进出口(万美元)	**Import and Export(USD 10 000)**			
海关进出口总额	Customs Import and Export Volume	10339	24894	15405
出口总额	Total Imports	6243	20625	6883
进口总额	Total Export	4096	4269	8522
财政(亿元)	**Financial(100 million yuan)**			
财政收入	Financial Income			
公共财政预算收入	Public Budgetary Revenue	24.19	20.53	37.16
#地方公共财政预算收入	Local Public Budgetary Revenue	15.98	14.51	22.15
#增值税	Valued Added Tax	1.80	1.33	2.71
营业税	Business Tax	6.31	5.21	6.38
企业所得税	Corporate Income Tax	1.44	0.56	0.67
个人所得税	Individual IncomeTax	0.38	0.25	0.25
资源税	Resource Tax	1.80	1.76	1.59
中央公共财政预算收入	Central Public Budgetary Revenue	8.21	6.02	15.00
财政支出	Financial Expenditure			
公共财政预算支出	Public Budgetary Expenditure	77.85	158.37	134.53
#一般公共服务	Expenditure for General Public Services	6.89	6.01	14.02
公共安全	Expenditure for Public Security	2.80	3.57	4.24
教育	Expenditure for Education	8.37	9.88	13.34
科学技术	Expenditure for Science and Technology	0.56	0.37	1.90
文化体育与传媒	Expenditure for Culture,Sport and Media	1.66	1.66	2.90
社会保障与就业	Expenditure for Social Safety Net and Employment Effort	9.34	12.18	16.60
医疗卫生	Expenditure for Medical and Health Care	3.75	4.01	7.49
环境保护	Expenditure for Environment Protection	5.32	10.75	3.21
城乡社区事务	Expenditure for Urban and Rural Community Affairs	8.70	3.84	24.33
农林水事务	Expenditure for Agriculture,Forestry and Water Conservancy	7.10	12.86	21.99
交通运输	Expenditure for Transportation	0.06	25.98	0.68
金融(亿元)	**Financial(100 million yuan)**			
各项存款余额	Total Deposits Balance	3862.19	4112.42	4163.37
单位存款	Corporate Deposits	2054.51	2104.59	2231.11
个人存款	Individual Deposits	1379.15	1409.32	1449.64
储蓄存款	Savings Deposits	1369.08	1394.79	1427.01
各项贷款余额	Total Loans Balance	3142.36	3192.32	3247.43
短期贷款	Short-term Loans	750.07	758.28	779.83
中长期贷款	Medium & Long-term Loans	2218.63	2274.46	2328.13
交通运输(累计数)	**Transport,(accumulative total)**			
货物运输量(万吨)	Freight Traffic(10 000 tons)	7961.69	9184.82	10453.17
铁路	Railways	2093.49	2385.85	2698.22
公路	Highways	5867.88	6798.56	7754.43
民航	Civil Aviation	0.32	0.41	0.52
货物周转量(亿吨公里)	Total Freight Ton-kilometers(100 milliom ton-km)	308.12	356.97	405.35
铁路	Railways	140.47	162.00	182.49
公路	Highways	167.60	194.90	222.79
民航	Civil Aviation	0.05	0.07	0.08

22-1 续表 11 continued

指 标	Item	7月 July	8月 August	9月 September
客运量(万人)	Passenger Traffic(10 000 persons)	7782.55	9073.48	10345.68
铁路	Railways	332.66	407.82	460.73
公路	Highways	7343.84	8508.40	9701.07
民航	Civil Aviation	86.27	112.63	129.47
客运周转量(亿人公里)	Passenger-kilometers(100 million passenger-km)	81.39	97.23	110.52
铁路	Railways	32.80	39.05	44.00
公路	Highways	35.85	41.51	47.38
民航	Civil Aviation	12.71	16.61	19.07
邮电(累计数)	**Postal and Telecommunication(accumulative total)**			
邮政业务量(亿元)	Business Volume of Postal Services(10 0000 yuan)	1.49	1.72	1.95
电信业务量(亿元)	Business Volume of Telecommunication(100 million yuan)	33.03	38.10	43.03
移动电话用户(万户)	Number of Mobile Telephone Subscribers(10 000 subscribers)	544.60	549.60	553.80
固定电话用户(万户)	Number of Fixed Telephone Subscribers(10 000 subscribers)	103.20	103.20	103.40
建筑业(累计数)	**Construction(accumulative total)**			
建筑业总产值(亿元)	Gross Output Value of Construction(100 million yuan)			248.82
竣工产值(亿元)	Output Value of Completion (100 million yuan)			54.66
房屋建筑施工面积(万平米)	Floor Space of Buildings under Construction(10 000 sq.m)			773.29
房屋建筑竣工面积(万平米)	Floor Space of Buildings Completed(10 000 sq.m)			176.76
人民生活(元)	**People's Living Conditions (yuan)**			
城镇居民人均可支配收入	Per Capita Annual Disposable Income of Urban Households			13430.97
城镇居民人均消费性支出	Per Capita Annual Comsumption Expenditure of Urban Households			10081.47
农牧民人均现金收入	Per Capita Annual Cash Income of Rural Households			5180.33
农牧民人均生活消费支出	Per Capita Annual Living Comsumption Expenditure of Rural Households			4010.58
物价指数(上年=100)(%)	**Price Indices(preceding year=100)(%)**			
居民消费价格指数	Consumer Price Index	104.8	103.3	102.5
#城市	City	105.3	103.3	102.5
农村	Rural	103.9	103.3	102.5
#食品	Food	110.4	107.7	105.6
烟酒	Alcohol and Tobacco	99.7	99.7	99.6
衣着	Clothing	103.3	98.5	99.2
家庭设备用品及维修服务	Household Facilities,Articles and Services	101.1	100.5	99.9
医疗保健和个人用品	Health Care and Personal Articles	101.3	101.3	100.8
交通和通讯	Transport and Communications	99.1	99.3	99.6
娱乐教育文化用品及服务	Recreation, Education and Culture Articles	101.7	100.7	99.7
居住	Residence	103.7	103.7	103.8
农业生产资料价格指数	Price Index For Agricultural Means of Production	103.7	102.2	101.6
商品零售价格指数	Retail Price Index	103.1	102.9	102.2
工业生产者出厂价格指数	Producer Price Index for Industrial Products	97.0	96.3	96.0
工业生产者购进价格指数	Purchasing Price Index for Industrial Producers	98.4	99.0	98.8

22-1 续表 12 continued

指　标	Item	10月 October	11月 November	12月 December
生产总值(累计数)(亿元)	**Gross Domestic Product(accumulative total) (100 million yuan)**			**2101.05**
第一产业	Primary Industry			207.59
第二产业	Secondary Industry			1204.31
第三产业	Tertiary Industry			689.15
生产总值增长速度(%)	**Growth Rate of Gross Domestic Product(%)**			**10.8**
第一产业	Primary Industry			5.3
第二产业	Secondary Industry			12.3
第三产业	Tertiary Industry			9.8
工业(规模以上)	**Industry**			
工业增加值增长速度(%)	Growth Rate of Value-added of Indusrry(%)	13.1	13.3	13.0
#轻工业	Light Industry	12.6	24.9	64.9
重工业	Heavy Industry	13.2	12.0	8.1
#国有企业	State -owned Enterprises	6.5	17.3	6.7
集体企业	Collective-owned Enterprises	-48.3	32.3	-21.7
股份制企业	Joint-stock Enterprises	14.8	14.0	13.8
外商及港澳台投资	Enterprises with Funds from Hong kong, Macao,Taiwan and Foreign	-5.9	-20.7	6.4
#国有控股企业	State-holding Enterprises	9.7	11.4	10.4
#私营企业	Private Enterprises	14.5	12.4	27.8
#非公有工业	Non-public-owned Industries	16.3	21.6	19.4
工业经济效益(累计数)	Industrial Efficiency(accumulative total)			
企业单位数(户)	Number of Enterprises(household)	443	443	465
#亏损企业户数(户)	Number of Loss-making Enterprises(household)	167	159	147
亏损面(%)	Loss-Making Enterprises Proportion(%)	37.70	35.89	31.61
主营业务收入(亿元)	Revenue from Principal Business(100 million yuan)	1617.37	1822.51	2045.38
利润总额(亿元)	Total Profits(100 million yuan)	96.62	111.65	141.34
亏损企业亏损额(亿元)	Losses of Loss-making Enterprises(100 million yuan)	45.83	49.13	45.70
产成品库存(亿元)	Finished Goods Inventory(100 million yuan)	121.16	115.21	107.39
全部从业人员平均人数(万人)	Average Number of All Employees (10 000 persons)	19.85	19.85	
工业产销率(累计数)(%)	Rate of Industrial Production and Sales(accumulative total) (%)	90.79	91.15	92.12
#轻工业	Light Industry	95.67	95.19	94.53
重工业	Heavy Industry	90.24	90.67	91.82
#国有企业	State -owned Enterprises	94.81	95.59	96.41
集体企业	Collective-owned Enterprises	100.16	99.98	100.02
股份制企业	Joint-stock Enterprises	91.49	91.70	92.67
外商及港澳台投资	Enterprises with Funds from Hong kong, Macao,Taiwan and Foreign	99.65	99.41	99.23
#国有控股企业	State-holding Enterprises	93.08	93.66	95.33
#私营企业	Private Enterprises	82.87	83.33	84.05
#非公有工业	Non-public-owned Industries	88.28	88.47	88.80

22-1 续表 13 continued

指 标	Item	10月 October	11月 November	12月 December
主要产品产量	**Main Output of Products**			
原煤(万吨)	Coal(10 000 tons)	143.40	261.57	235.00
天然原油(万吨)	Crude Petroleum Oil(10 000 tons)	18.14	17.59	17.99
天然气(亿立方米)	Natural Gas(100 million cu.m)	5.28	5.76	5.87
原盐(万吨)	Salt(10 000 tons)	27.29	17.35	6.40
乳制品(万吨)	Dairy(10 000 tons)	1.38	1.39	1.42
饮料酒(千升)	Alcohol Beverage (kiloliter)	12372	12973	13840
原油加工量(万吨)	Volume of Crude Oil Processed(10 000 tons)	12.64	12.50	13.12
焦炭(万吨)	Coke(10 000 tons)	23.15	23.41	14.46
纯碱(万吨)	Soda Ash(10 000 tons)	19.57	20.10	26.11
中成药(吨)	Traditional Chinese Medicines(ton)	223	236	261
水泥(万吨)	Cement(10 000 tons)	222.29	181.48	130.93
生铁(万吨)	Pig Iron(10 000 tons)	12.72	10.46	13.05
粗钢(万吨)	Crude Steel(10 000 tons)	13.95	13.42	14.61
钢材(万吨)	Rolled Steel(10 000 tons)	12.37	12.18	14.42
原铝(电解铝)(万吨)	Electrolyzed Aluminum(10 000 tons)	19.21	19.29	19.36
黄金(千克)	Gold (kg)	631	269	177
单晶硅(吨)	Monocrystalline Silicon(ton)	147.00	220.87	137.00
多晶硅(吨)	Polysilicon(ton)	361.10	437.76	428.70
金属切削机床(台)	Metal-cutting Machine Tools(unit)	38	33	39
手工地毯挂毯(万平方米)	Handmade Carpets and Tapestries(10 000 sq.m)	1	1	1
机制地毯挂毯(万平方米)	Mechanisms Carpets and Tapestries(10 000 sq.m)	232	249	275
发电量(亿千瓦小时)	Electricity(100 million kmh)	44.10	49.42	43.12
#水电	Hydropower	32.12	33.91	28.45
钾肥(实物量)(万吨)	Potassium Fertilizer (physical volume)(10 000 tons)	69.62	63.84	41.50
固定资产投资	**Investment in Fixed Assets**			
(累计数)(亿元)	**(accumulative total)(100 million yuan)**			
全社会固定资产投资	Total Investment in Fixed Assets in the Whole Sciety	2176.50	2308.80	2403.90
按登记注册类型分	By Status of Registration	1046.07	1105.03	1145.45
国有投资	State-owned Investment	19.37	21.08	21.16
私营个体投资	Private and Self-employed Individual Investment	0.73	0.73	0.73
集体投资	Collective-owned Investment	609.36	647.59	659.86
有限责任公司投资	Limited Liability Corporations Investment	99.59	107.55	110.51
股份经济投资	Share-holding Investment	333.17	352.99	390.32
港澳台投资	Funds from Hong Kong, Macao and Taiwan	25.50	27.08	28.33
外商投资	Foreign Funded	4.03	4.26	4.26
其他投资	Others	38.69	42.48	43.28
按投资类型分	By Type of Investment			
国有及国有控股投资	State-owned and State-controlled Investment	1236.57	1305.37	1350.29
民间投资	Private Investment	910.11	972.01	1020.95
港澳台及外商投资	Funds from Hong Kong, Macao,Taiwan and Foreign	29.83	31.41	32.66
按产业分	By Industry			
第一产业	Primary Industry	98.35	107.19	109.28
第二产业	Secondary Industry	1078.95	1136.57	1163.07
工业	Industry	1002.95	1051.07	1076.19
第三产业	Tertiary Industry	999.20	1065.03	1131.54
国内贸易(累计数)(亿元)	**Demstic Trade (accumulative total)(100 million yuan)**			
社会消费品零售额	Retail Sales of Social Consumer Goods	434.60	478.90	544.08
#城镇零售额	Urban Retail Sales			472.26
乡村零售额	Rural Retail Sales			71.83

22-1 续表 14 continued

指 标	Item	10月 October	11月 November	12月 December
进出口(万美元)	**Import and Export(USD 10 000)**			
海关进出口总额	Customs Import and Export Volume	8374	10860	18138
出口总额	Total Imports	4027	4496	11741
进口总额	Total Export	4347	6364	6397
财政(亿元)	**Financial(100 million yuan)**			
财政收入	Financial Income			
公共财政预算收入	Public Budgetary Revenue	34.63	28.71	29.99
#地方公共财政预算收入	Local Public Budgetary Revenue	21.59	17.66	19.67
#增值税	Valued Added Tax	2.98	3.03	4.10
营业税	Business Tax	7.72	4.56	5.86
企业所得税	Corporate Income Tax	1.13	1.03	2.15
个人所得税	Individual IncomeTax	0.29	0.20	0.63
资源税	Resource Tax	1.86	1.49	0.82
中央公共财政预算收入	Central Public Budgetary Revenue	13.04	11.05	10.31
财政支出	Financial Expenditure			
公共财政预算支出	Public Budgetary Expenditure	133.81	120.16	116.75
#一般公共服务	Expenditure for General Public Services	9.86	8.61	19.97
公共安全	Expenditure for Public Security	5.65	4.59	7.17
教育	Expenditure for Education	11.23	12.88	13.95
科学技术	Expenditure for Science and Technology	0.61	1.09	2.13
文化体育与传媒	Expenditure for Culture,Sport and Media	2.56	2.42	8.43
社会保障与就业	Expenditure for Social Safety Net and Employment Effort	10.71	19.58	30.94
医疗卫生	Expenditure for Medical and Health Care	3.29	6.15	9.54
环境保护	Expenditure for Environment Protection	9.61	7.58	18.27
城乡社区事务	Expenditure for Urban and Rural Community Affairs	8.18	5.47	15.95
农林水事务	Expenditure for Agriculture,Forestry and Water Conservancy	13.46	12.85	20.17
交通运输	Expenditure for Transportation	16.52	24.33	11.79
金融(亿元)	**Financial(100 million yuan)**			
各项存款余额	Total Deposits Balance	4122.92	4114.76	4102.54
单位存款	Corporate Deposits	2224.74	2228.46	2336.41
个人存款	Individual Deposits	1441.14	1461.77	1533.13
储蓄存款	Savings Deposits	1419.79	1440.15	1504.17
各项贷款余额	Total Loans Balance	3300.44	3359.55	3398.17
短期贷款	Short-term Loans	791.2	811.67	834.73
中长期贷款	Medium & Long-term Loans	2367.06	2392.42	2415.29
交通运输(累计数)	**Transport,(accumulative total)**			
货物运输量(万吨)	Freight Traffic(10 000 tons)	11802.75	13144.35	14456.62
铁路	Railways	3090.41	3442.90	3782.98
公路	Highways	8711.75	9700.79	10672.90
民航	Civil Aviation	0.59	0.66	0.74
货物周转量(亿吨公里)	Total Freight Ton-kilometers(100 milliom ton-km)	461.60	513.59	557.08
铁路	Railways	210.75	232.85	247.68
公路	Highways	250.77	280.65	309.28
民航	Civil Aviation	0.09	0.10	0.11

22-1 续表 15 continued

指 标	Item	10月 October	11月 November	12月 December
客运量(万人)	Passenger Traffic(10 000 persons)	11617.69	12775.44	13867.57
铁路	Railways	503.76	545.48	591.91
公路	Highways	10911.44	12016.06	13050.47
民航	Civil Aviation	144.39	155.80	167.09
客运周转量(亿人公里)	Passenger-kilometers(100 million passenger-km)	122.20	132.48	143.57
铁路	Railways	47.47	50.75	54.89
公路	Highways	53.37	58.87	63.99
民航	Civil Aviation	21.29	22.79	24.61
邮电(累计数)	**Postal and Telecommunication(accumulative total)**			
邮政业务量(亿元)	Business Volume of Postal Services(10 0000 yuan)	2.18	2.40	2.63
电信业务量(亿元)	Business Volume of Telecommunication(100 million yuan)	47.96	52.80	57.67
移动电话用户(万户)	Number of Mobile Telephone Subscribers(10 000 subscribers)	547.90	548.60	542.40
固定电话用户(万户)	Number of Fixed Telephone Subscribers(10 000 subscribers)	103.20	102.10	101.80
建筑业(累计数)	**Construction(accumulative total)**			
建筑业总产值(亿元)	Gross Output Value of Construction(100 million yuan)			396.39
竣工产值(亿元)	Output Value of Completion (100 million yuan)			144.52
房屋建筑施工面积(万平米)	Floor Space of Buildings under Construction(10 000 sq.m)			1136.55
房屋建筑竣工面积(万平米)	Floor Space of Buildings Completed(10 000 sq.m)			417.43
人民生活(元)	**People's Living Conditions (yuan)**			
城镇居民人均可支配收入	Per Capita Annual Disposable Income of Urban Households			19498.54
城镇居民人均消费性支出	Per Capita Annual Comsumption Expenditure of Urban Households			13539.50
农牧民人均纯收入	Per Capita Annual Net Income of Rural Households			6196.39
农牧民人均生活消费支出	Per Capita Annual Living Comsumption Expenditure of Rural Households			6060.19
物价指数(上年=100)(%)	**Price Indices(preceding year=100)(%)**			
居民消费价格指数	Consumer Price Index	102.5	102.6	102.5
#城市	City	102.4	102.4	102.2
农村	Rural	102.8	103.0	103.2
#食品	Food	106.2	106.5	105.7
烟酒	Alcohol and Tobacco	98.5	98.5	98.3
衣着	Clothing	99.4	99.2	101.0
家庭设备用品及维修服务	Household Facilities,Articles and Services	99.4	98.6	99.2
医疗保健和个人用品	Health Care and Personal Articles	100.2	100.1	100.4
交通和通讯	Transport and Communications	99.0	99.1	99.3
娱乐教育文化用品及服务	Recreation, Education and Culture Articles	100.3	100.7	100.7
居住	Residence	103.6	103.4	103.0
农业生产资料价格指数	Price Index For Agricultural Means of Production	101.3	101.2	101.2
商品零售价格指数	Retail Price Index	101.8	101.8	101.9
工业生产者出厂价格指数	Producer Price Index for Industrial Products	96.2	96.1	96.2
工业生产者购进价格指数	Purchasing Price Index for Industrial Producers	98.9	98.6	98.4

第 23 篇

CHAPTER 23

全国各地区主要经济指标及排序

Main Economic Indicators and Order of the Different Regions of the Country

23-1 全国各地区生产总值和增长率及排序(2013年)

Growth Rate of Gross Domestic Product and Its Order by Region of the Whole Country(2013)

单位：亿元、% (100 million yuan，%)

地区	Region	国内(地区)生产总值 Region Gross Domestic Product				第一产业增加值 Value Added of the Primary Industry			
		数量 Amount	位次 Rank	增长率 Growth Rate	位次 Rank	数量 Amount	位次 Rank	增长率 Growth Rate	位次 Rank
全国	**National Total**	**568845.2**		**7.7**		**56957.0**		**4.0**	
北京	Beijing	19500.6	13	7.7	30	161.8	29	3.0	27
天津	Tianjin	14370.2	19	12.5	1	188.5	28	3.7	22
河北	Hebei	28301.4	6	8.2	27	3500.4	4	3.5	24
山西	Shanxi	12602.2	23	8.9	23	773.8	24	4.5	14
内蒙古	Inner Mongolia	16832.4	15	9.0	21	1599.4	17	5.2	7
辽宁	Liaoning	27077.7	7	8.7	24	2321.6	12	4.8	9
吉林	Jilin	12981.5	21	8.3	26	1509.3	19	4.0	19
黑龙江	Heilongjiang	14382.9	17	8.0	29	2516.8	9	5.1	8
上海	Shanghai	21602.1	12	7.7	30	129.3	30	-2.9	31
江苏	Jiangsu	59161.8	2	9.6	19	3646.1	3	3.1	26
浙江	Zhejiang	37568.5	4	8.2	27	1784.6	15	0.4	30
安徽	Anhui	19038.9	14	10.4	11	2348.1	10	3.5	24
福建	Fujian	21759.6	11	11.0	6	1936.3	13	4.4	16
江西	Jiangxi	14338.5	20	10.1	13	1636.5	16	4.6	13
山东	Shandong	54684.3	3	9.6	19	4742.6	1	3.8	20
河南	Henan	32155.9	5	9.0	21	4059.0	2	4.3	17
湖北	Hubei	24668.5	9	10.1	13	3098.2	7	4.7	10
湖南	Hunan	24501.7	10	10.1	13	3099.2	6	2.8	28
广东	Guangdong	62164.0	1	8.5	25	3047.5	8	2.5	29
广西	Guangxi	14378.0	18	10.2	12	2343.6	11	4.3	17
海南	Hainan	3146.5	28	9.9	17	756.5	25	6.3	3
重庆	Chongqing	12656.7	22	12.3	3	1016.7	22	4.7	10
四川	Sichuan	26260.8	8	10.0	16	3425.6	5	3.6	23
贵州	Guizhou	8006.8	26	12.5	1	1029.1	21	5.8	4
云南	Yunnan	11720.9	24	12.1	4	1895.3	14	6.8	2
西藏	Tibet	807.7	31	12.1	4	86.8	31	3.8	20
陕西	Shaanxi	16045.2	16	11.0	6	1526.1	18	4.7	10
甘肃	Gansu	6268.0	27	10.8	9	879.4	23	5.6	5
青海	**Qinghai**	**2101.1**	**30**	**10.8**	**9**	**207.6**	**27**	**5.3**	**6**
宁夏	Ningxia	2565.1	29	9.8	18	223.0	26	4.5	14
新疆	Xinjiang	8360.2	25	11.0	6	1468.3	20	6.9	1

注：1.地区生产总值、三次产业增加值及人均生产总值绝对数按当年价格计算，增长速度按不变价计算。
2.各地区三次产业增加值增速为2013年快报数。
a) The amount of Region Gross Domestic Product, three industrial added value and Per Capita GDP are calculated at current prices. The growth rate are calculated at constant prices.
b) The growth rate of regional three industrial added value of 2012 are from express report forms.

23-2 全国各地区第二、三产业增加值和增长率及排序(2013年)
Value-added of Secondary and Tertiary Industry and Their Growth Rate Orders by Region of the Whole Country (2013)

单位：亿元、% (100 million yuan，%)

地区	Region	第二产业增加值 Value Added of the Secondary Industry				第三产业增加值 Value Added of the Tertiary Industry			
		数量 Amount	位次 Rank	增长率 Growth Rate	位次 Rank	数量 Amount	位次 Rank	增长率 Growth Rate	位次 Rank
全国	**National Total**	**249684.4**		**7.8**		**262203.8**		**8.3**	
北京	Beijing	4352.3	24	8.1	28	14986.4	5	7.6	28
天津	Tianjin	7276.7	17	12.7	7	6905.0	14	12.5	2
河北	Hebei	14762.1	6	9.0	24	10038.9	9	8.4	27
山西	Shanxi	6792.7	20	10.2	20	5035.8	21	7.5	29
内蒙古	Inner Mongolia	9084.2	13	10.7	18	6148.8	16	7.1	31
辽宁	Liaoning	14269.5	7	8.9	25	10486.6	7	9.2	19
吉林	Jilin	6858.2	19	8.8	26	4613.9	24	8.7	24
黑龙江	Heilongjiang	5918.2	22	6.6	30	5947.9	17	10.4	8
上海	Shanghai	8027.8	15	6.1	31	13445.1	6	8.8	22
江苏	Jiangsu	29094.0	2	10.0	21	26421.6	2	9.8	14
浙江	Zhejiang	18446.7	4	8.4	27	17337.2	4	8.7	24
安徽	Anhui	10404.0	12	12.4	10	6286.8	15	9.5	17
福建	Fujian	11315.3	11	12.9	6	8508.0	13	9.6	16
江西	Jiangxi	7671.4	16	11.7	13	5030.6	22	9.1	21
山东	Shandong	27422.5	3	10.7	18	22519.2	3	9.2	19
河南	Henan	17806.4	5	10.0	21	10290.5	8	8.8	22
湖北	Hubei	12171.6	9	11.3	16	9398.8	11	10.0	10
湖南	Hunan	11517.4	10	10.9	17	9885.1	10	11.4	7
广东	Guangdong	29427.5	1	7.7	29	29689.0	1	9.9	11
广西	Guangxi	6863.0	18	11.9	12	5171.4	20	10.2	9
海南	Hainan	871.3	30	9.2	23	1518.7	28	12.1	4
重庆	Chongqing	6397.9	21	13.4	4	5242.0	19	12.0	5
四川	Sichuan	13579.0	8	11.5	14	9256.1	12	9.9	11
贵州	Guizhou	3243.7	26	14.1	2	3734.0	25	12.6	1
云南	Yunnan	4927.8	23	13.3	5	4897.8	23	12.4	3
西藏	Tibet	292.9	31	20.0	1	427.9	31	8.7	24
陕西	Shaanxi	8911.6	14	12.6	8	5607.5	18	9.9	11
甘肃	Gansu	2821.0	27	11.5	14	2567.6	27	11.5	6
青海	**Qinghai**	**1198.0**	**29**	**12.3**	**11**	**695.5**	**30**	**9.8**	**14**
宁夏	Ningxia	1265.0	28	12.5	9	1077.1	29	7.5	29
新疆	Xinjiang	3766.0	25	13.6	3	3126.0	26	9.3	18

23-3 全国各地区人均GDP和增长率及排序(2012-2013年)

Per Capita GDP, Total Population at Year-end, Natural Growth Rate of Population and Their Orders by Region of the Whole Country (2012-2013)

单位：元、% (yuan, %)

地区	Region	人均生产总值 Per Capita GDP							
		2012				2013			
		数量 Amount	位次 Rank	增长率 Growth Rate	位次 Rank	数量 Amount	位次 Rank	增长率 Growth Rate	位次 Rank
全国	**National Average**	**38420**		**7.1**		**41908**		**7.1**	
北京	Beijing	87475	2	4.9	31	93213	2	5.2	31
天津	Tianjin	93173	1	9.2	24	99607	1	7.9	25
河北	Hebei	36584	15	8.9	26	38716	16	7.5	29
山西	Shanxi	33628	19	9.6	22	34813	22	8.4	23
内蒙古	Inner Mongolia	63886	5	11.1	10	67498	6	8.7	19
辽宁	Liaoning	56649	7	9.4	23	61686	7	8.6	21
吉林	Jilin	43415	11	11.9	7	47191	11	8.2	24
黑龙江	Heilongjiang	35711	17	10.1	19	37509	17	7.9	25
上海	Shanghai	85373	3	5.7	30	90092	3	6.1	30
江苏	Jiangsu	68347	4	9.7	21	74607	4	9.3	14
浙江	Zhejiang	63374	6	7.7	28	68462	5	7.8	27
安徽	Anhui	28792	26	11.8	8	31684	26	9.8	9
福建	Fujian	52763	9	10.5	14	57856	9	10.2	7
江西	Jiangxi	28800	25	10.4	16	31771	25	9.7	10
山东	Shandong	51768	10	9.2	25	56323	10	9.0	17
河南	Henan	31499	23	10.1	20	34174	23	8.9	18
湖北	Hubei	38572	13	10.7	12	42613	14	9.7	10
湖南	Hunan	33480	20	10.7	13	36763	19	9.3	14
广东	Guangdong	54095	8	7.4	29	58540	8	7.8	27
广西	Guangxi	27952	27	10.4	15	30588	27	9.3	14
海南	Hainan	32377	22	8.0	27	35317	21	8.7	19
重庆	Chongqing	38914	12	12.4	3	42795	12	11.3	3
四川	Sichuan	29608	24	12.3	4	32454	24	9.6	12
贵州	Guizhou	19710	31	13.5	1	22922	31	11.9	1
云南	Yunnan	22195	29	12.3	4	25083	29	11.4	2
西藏	Tibet	22936	28	10.4	16	26068	28	10.5	5
陕西	Shaanxi	38564	14	12.6	2	42692	13	10.6	4
甘肃	Gansu	21978	30	12.2	6	24296	30	10.4	6
青海	**Qinghai**	**33181**	**21**	**11.3**	**9**	**36510**	**20**	**9.9**	**8**
宁夏	Ningxia	36394	16	10.3	18	39420	15	8.6	21
新疆	Xinjiang	33796	18	10.8	11	37181	18	9.6	12

23-4 全国各地区常住人口规模(2007-2013年)
Population by Region of the Whole Country (2007-2013)

单位：万人 (10 000 Person)

地 区	Region	年末常住人口 Population at Year-end						
		2007	2008	2009	2010	2011	2012	2013
全 国	**National Total**	**132129**	**132802**	**133450**	**134091**	**134735**	**135404**	**136072**
北 京	Beijing	1676	1771	1860	1962	2019	2069	2115
天 津	Tianjin	1115	1176	1228	1299	1355	1413	1472
河 北	Hebei	6943	6989	7034	7194	7241	7288	7333
山 西	Shanxi	3393	3411	3427	3574	3593	3611	3630
内蒙古	Inner Mongolia	2429	2444	2458	2472	2482	2490	2498
辽 宁	Liaoning	4298	4315	4341	4375	4383	4389	4390
吉 林	Jilin	2730	2734	2740	2747	2749	2750	2751
黑龙江	Heilongjiang	3824	3825	3826	3833	3834	3834	3835
上 海	Shanghai	2064	2141	2210	2303	2347	2380	2415
江 苏	Jiangsu	7723	7762	7810	7869	7899	7920	7939
浙 江	Zhejiang	5155	5212	5276	5447	5463	5477	5498
安 徽	Anhui	6118	6135	6131	5957	5968	5988	6030
福 建	Fujian	3612	3639	3666	3693	3720	3748	3774
江 西	Jiangxi	4368	4400	4432	4462	4488	4504	4522
山 东	Shandong	9367	9417	9470	9588	9637	9685	9733
河 南	Henan	9360	9429	9487	9405	9388	9406	9413
湖 北	Hubei	5699	5711	5720	5728	5758	5779	5799
湖 南	Hunan	6355	6380	6406	6570	6596	6639	6691
广 东	Guangdong	9660	9893	10130	10441	10505	10594	10644
广 西	Guangxi	4768	4816	4856	4610	4645	4682	4719
海 南	Hainan	845	854	864	869	877	887	895
重 庆	Chongqing	2816	2839	2859	2885	2919	2945	2970
四 川	Sichuan	8127	8138	8185	8045	8050	8076	8107
贵 州	Guizhou	3632	3596	3537	3479	3469	3484	3502
云 南	Yunnan	4514	4543	4571	4602	4631	4659	4687
西 藏	Tibet	289	292	296	300	303	308	312
陕 西	Shaanxi	3708	3718	3727	3735	3743	3753	3764
甘 肃	Gansu	2548	2551	2555	2560	2564	2578	2582
青 海	**Qinghai**	**552**	**554**	**557**	**563**	**568**	**573**	**578**
宁 夏	Ningxia	610	618	625	633	639	647	654
新 疆	Xinjiang	2095	2131	2159	2185	2209	2233	2264

注：1.全国数据包括中国人民解放军现役军人数，但不包括香港、澳门特别行政区和台湾地区数据；
分省数据中未包括中国人民解放军现役军人数。
2.2010年数据为当年人口普查数据推算数；其余年份数据根据年度人口抽样调查推算。

a) National data includes the number of military personnel, but excluding Hong Kong and Macao Special Administrative Regions and Taiwan data.Provincial data does not include the number of military personnel.

b) 2010 data estimated on the basis of census data for the year; remaining year data based on annual sample survey of population projections.

23-5 全国各地区农业总产值和增长率及排序(2013年)
Gross Agricultural Value and Its Growth Rate and Order by Region of the Whole Country (2013)

单位：亿元、% (100 million yuan, %)

地 区	Region	农林牧渔业总产值 Gross Output Value of Farming,Forestry, Animal Husbandry and Fishery				农业产值 Farming		牧业产值 Animal Husbandry	
		数 量 Amount	位 次 Rank	增长率 Growth Rate	位 次 Rank	数 量 Amount	位 次 Rank	数 量 Growth Rate	位 次 Rank
全 国	**National Total**	**96995.3**		**4.0**		**51497.4**		**28435.5**	
北 京	Beijing	421.8	27	2.1	29	170.4	29	154.8	27
天 津	Tianjin	412.4	28	3.8	20	217.2	27	108.6	29
河 北	Hebei	5832.9	4	3.3	25	3473.3	3	1818.2	4
山 西	Shanxi	1447.0	24	4.5	15	932.1	23	338.8	23
内蒙古	Inner Mongolia	2699.5	16	4.7	11	1328.1	18	1208.5	10
辽 宁	Liaoning	4349.7	10	4.1	18	1673.9	14	1675.4	5
吉 林	Jilin	2670.6	17	3.5	22	1261.7	19	1198.5	11
黑龙江	Heilongjiang	4633.3	9	4.7	9	2856.3	6	1430.1	7
上 海	Shanghai	323.5	29	-2.9	31	172.3	28	70.0	30
江 苏	Jiangsu	6158.0	3	2.6	27	3167.8	4	1222.2	9
浙 江	Zhejiang	2837.4	15	0.4	30	1336.8	17	546.2	19
安 徽	Anhui	4009.2	11	3.4	24	2003.3	10	1171.4	12
福 建	Fujian	3282.0	13	4.5	14	1376.3	16	513.8	20
江 西	Jiangxi	2578.4	18	4.5	13	1072.8	21	796.4	16
山 东	Shandong	8750.0	1	3.8	21	4509.9	1	2359.0	2
河 南	Henan	7198.1	2	4.4	17	4202.3	2	2486.3	1
湖 北	Hubei	5160.6	6	5.6	5	2678.1	8	1395.4	8
湖 南	Hunan	5043.6	7	2.7	26	2726.8	7	1467.4	6
广 东	Guangdong	4946.8	8	2.2	28	2444.7	9	1106.9	13
广 西	Guangxi	3755.2	12	4.4	16	1868.3	11	1101.2	14
海 南	Hainan	1144.9	25	6.2	3	485.4	25	225.5	25
重 庆	Chongqing	1513.7	23	4.6	12	909.2	24	482.8	21
四 川	Sichuan	5620.3	5	3.5	23	2903.5	5	2267.6	3
贵 州	Guizhou	1663.0	21	6.0	4	997.1	22	482.7	22
云 南	Yunnan	3056.0	14	7.0	2	1639.4	15	962.6	15
西 藏	Tibet	128.0	31	4.0	19	57.9	31	64.2	31
陕 西	Shaanxi	2562.5	19	4.8	8	1714.8	13	643.7	17
甘 肃	Gansu	1517.7	22	4.9	7	1104.5	20	253.4	24
青 海	**Qinghai**	**310.3**	**30**	**5.6**	**6**	**140.5**	**30**	**157.9**	**26**
宁 夏	Ningxia	430.0	26	4.7	10	269.0	26	120.0	28
新 疆	Xinjiang	2538.9	20	7.2	1	1806.1	12	604.2	18

注：本表绝对数按当年价格计算，增长速度按可比价格计算。

a) Level in this table are calculated at current prices, while growth are calculated at constant prices.

23-6 全国各地区主要农产品产量、人均产量及排序(2013年)
Output, Per Capita Output of Main Agricultural Products and Its Order by Region of the Whole Country (2013)

单位：万吨、千克 (10 000 tons、kg)

地区	Region	粮食产量 Output of Grain			油料产量 Output of Oil-bearing Crops		
		总产量 Amount	人均产量 Per Capita Output	位次 Rank	总产量 Amount	人均产量 Per Capita Output	位次 Rank
全国	**National Total**	**60193.8**	**443.46**		**3517.0**	**25.91**	
北京	Beijing	96.1	45.95	31	1.0	0.47	30
天津	Tianjin	174.7	121.10	29	0.6	0.40	31
河北	Hebei	3365.0	460.32	11	151.1	20.67	16
山西	Shanxi	1312.8	362.62	19	19.5	5.38	27
内蒙古	Inner Mongolia	2773.0	1111.99	3	158.1	63.41	1
辽宁	Liaoning	2195.6	500.19	8	113.6	25.89	14
吉林	Jilin	3551.0	1290.89	2	84.0	30.54	9
黑龙江	Heilongjiang	6004.1	1565.79	1	19.0	4.96	28
上海	Shanghai	114.2	47.61	30	1.5	0.62	29
江苏	Jiangsu	3423.0	431.67	15	150.4	18.96	18
浙江	Zhejiang	734.0	133.75	27	37.8	6.88	26
安徽	Anhui	3279.6	545.79	7	225.4	37.52	5
福建	Fujian	664.4	176.64	26	28.8	7.66	25
江西	Jiangxi	2116.1	468.89	9	119.3	26.43	12
山东	Shandong	4528.2	466.39	10	349.6	36.01	6
河南	Henan	5713.7	607.21	5	589.1	62.60	2
湖北	Hubei	2501.3	432.08	14	333.2	57.55	3
湖南	Hunan	2925.7	438.99	13	224.4	33.68	8
广东	Guangdong	1315.9	123.92	28	101.0	9.51	24
广西	Guangxi	1521.8	323.75	20	57.2	12.17	23
海南	Hainan	190.9	214.27	24	10.9	12.26	22
重庆	Chongqing	1148.1	388.21	18	53.1	17.97	19
四川	Sichuan	3387.1	418.59	16	290.4	35.89	7
贵州	Guizhou	1030.0	294.86	23	91.5	26.20	13
云南	Yunnan	1824.0	390.34	17	60.7	12.99	21
西藏	Tibet	96.2	310.33	22	6.4	20.58	17
陕西	Shaanxi	1215.8	323.48	21	59.5	15.84	20
甘肃	Gansu	1138.9	441.46	12	69.7	27.02	10
青海	**Qinghai**	**102.4**	**177.89**	**25**	**32.6**	**56.59**	**4**
宁夏	Ningxia	373.4	573.85	6	16.8	25.83	15
新疆	Xinjiang	1377.0	612.40	4	60.6	26.96	11

注：人均产量均按年平均人口计算。
a) The Per Capita Output are calculated according annual average population.

23-7 全国各地区主要牧业产品产量、人均产量及排序(2013年)
Output, Per Capita Output of Main Agricultural Products and Its Order by Region of the Whole Country (2013)

单位：万吨、千克 (10 000 tons、kg)

地 区	Region	肉类产量 Output of Meat			奶类产量 Output of Milk		
		总产量 Amount	人均产量 Per Capita Output	位 次 Rank	总产量 Amount	人均产量 Per Capita Output	位 次 Rank
全 国	**National Total**	**8535.0**	**62.88**		**3649.5**	**26.89**	
北 京	Beijing	41.8	19.98	30	61.5	29.38	11
天 津	Tianjin	46.5	32.22	26	68.5	47.50	9
河 北	Hebei	448.8	61.39	17	465.7	63.70	5
山 西	Shanxi	83.2	22.98	29	87.2	24.09	14
内蒙古	Inner Mongolia	244.9	98.21	1	778.6	312.20	1
辽 宁	Liaoning	420.1	95.71	2	125.7	28.65	13
吉 林	Jilin	262.7	95.48	3	48.3	17.57	15
黑龙江	Heilongjiang	221.3	57.71	18	522.5	136.27	3
上 海	Shanghai	23.8	9.91	31	26.5	11.06	18
江 苏	Jiangsu	383.2	48.33	22	59.9	7.55	20
浙 江	Zhejiang	174.3	31.76	27	18.2	3.32	23
安 徽	Anhui	403.8	67.20	15	25.3	4.22	21
福 建	Fujian	211.2	56.16	20	15.3	4.07	22
江 西	Jiangxi	321.9	71.33	13	12.2	2.71	25
山 东	Shandong	774.8	79.80	8	281.2	28.96	12
河 南	Henan	699.1	74.29	12	328.8	34.94	10
湖 北	Hubei	430.1	74.29	11	15.8	2.73	24
湖 南	Hunan	519.2	77.91	9	8.9	1.34	29
广 东	Guangdong	435.2	40.99	24	14.1	1.32	30
广 西	Guangxi	420.0	89.36	5	9.6	2.03	27
海 南	Hainan	82.9	93.00	4	0.2	0.25	31
重 庆	Chongqing	207.8	70.28	14	6.8	2.30	26
四 川	Sichuan	690.4	85.32	7	71.1	8.79	19
贵 州	Guizhou	199.7	57.18	19	5.5	1.56	28
云 南	Yunnan	359.4	76.91	10	59.3	12.69	17
西 藏	Tibet	26.8	86.58	6	33.0	106.42	4
陕 西	Shaanxi	112.6	29.95	28	188.5	50.17	7
甘 肃	Gansu	91.0	35.28	25	39.1	15.17	16
青 海	**Qinghai**	**32.0**	**55.61**	**21**	**28.7**	**49.95**	**8**
宁 夏	Ningxia	27.4	42.07	23	104.2	160.12	2
新 疆	Xinjiang	139.4	61.99	16	139.2	61.90	6

23-8 全国各地区工业企业主要产品产量、人均产量及排序(2013年) Output, Per Capita Output of Major Industrial Products and Its Order by Region of the Whole Country (2013)

地区	Region	农用化肥(万吨) Chemical Fertilizers (10 000 tons) 总产量 Amount	人均产量 Per Capita Output 千克 Kg	位次 Rank	发电量(亿千瓦小时) Electricity (100 million km·h) 总产量 Amount	人均产量 Per Capita Output 千瓦时 KWh	位次 Rank
全国	**National Total**	**7037.0**	**51.84**		**53975.9**	**3976.47**	
北京	Beijing			30	335.8	1605.22	30
天津	Tianjin	13.5	9.36	26	624.3	4327.16	12
河北	Hebei	218.4	29.88	16	2499.4	3419.08	19
山西	Shanxi	446.1	123.22	5	2627.9	7258.82	4
内蒙古	Inner Mongolia	113.6	45.55	14	3520.7	14118.21	2
辽宁	Liaoning	77.1	17.57	23	1544.3	3518.24	18
吉林	Jilin	48.8	17.75	22	769.5	2797.36	23
黑龙江	Heilongjiang	61.5	16.03	24	834.0	2174.95	26
上海	Shanghai	2.1	0.88	29	959.5	4001.64	14
江苏	Jiangsu	250.8	31.63	15	4289.4	5409.27	6
浙江	Zhejiang	33.1	6.02	27	2939.3	5356.36	7
安徽	Anhui	277.3	46.14	13	1965.8	3271.41	20
福建	Fujian	44.1	11.73	25	1767.7	4699.97	9
江西	Jiangxi	107.3	23.77	19	874.6	1937.87	29
山东	Shandong	760.0	78.28	7	3510.9	3616.12	17
河南	Henan	488.6	51.93	12	2861.8	3041.27	22
湖北	Hubei	1156.9	199.84	2	2158.2	3728.14	16
湖南	Hunan	135.5	20.33	21	1347.0	2021.08	28
广东	Guangdong	45.7	4.31	28	3964.8	3733.68	15
广西	Guangxi	105.7	22.49	20	1259.5	2679.44	24
海南	Hainan	65.9	73.97	8	230.7	2589.92	25
重庆	Chongqing	215.4	72.84	10	627.4	2121.35	27
四川	Sichuan	473.7	58.54	11	2597.3	3209.91	21
贵州	Guizhou	533.6	152.75	4	1676.3	4798.77	8
云南	Yunnan	341.9	73.16	9	2148.4	4597.71	11
西藏	Tibet			30	29.1	939.55	31
陕西	Shaanxi	100.7	26.78	17	1508.7	4014.07	13
甘肃	Gansu	62.4	24.20	18	1195.0	4631.95	10
青海	**Qinghai**	**413.0**	**717.66**	**1**	**600.3**	**10431.99**	**3**
宁夏	Ningxia	70.3	108.04	6	1096.5	16850.73	1
新疆	Xinjiang	361.8	160.89	3	1611.7	7167.72	5

23-8 续表 contined

地 区	Region	粗钢(万吨) Crude Steel (10 000 tons)			水泥(万吨) Cement (10 000 tons)		
		总产量	人均产量 Per Capita Output		总产量	人均产量 Per Capita Output	
		Amount	千克 Kg	位 次 Rank	Amount	千克 Kg	位 次 Rank
全 国	**National Total**	**77904.1**	**573.93**		**241613.6**	**1780.00**	
北 京	Beijing	2.3	1.10	29	900.5	430.44	30
天 津	Tianjin	2289.5	1586.98	2	951.9	659.81	29
河 北	Hebei	18849.6	2578.58	1	12676.2	1734.08	18
山 西	Shanxi	4519.6	1248.40	4	4984.8	1376.90	23
内蒙古	Inner Mongolia	1978.6	793.43	6	6395.7	2564.71	3
辽 宁	Liaoning	5972.9	1360.72	3	6005.2	1368.08	24
吉 林	Jilin	1245.4	452.73	12	3391.0	1232.70	26
黑龙江	Heilongjiang	740.2	193.04	25	4028.5	1050.59	27
上 海	Shanghai	1800.6	750.94	7	750.3	312.91	31
江 苏	Jiangsu	8469.1	1068.02	5	17991.9	2268.92	8
浙 江	Zhejiang	1387.0	252.76	21	12462.9	2271.14	7
安 徽	Anhui	2351.5	391.34	15	12131.4	2018.91	14
福 建	Fujian	1624.6	431.96	13	7890.4	2097.95	11
江 西	Jiangxi	2156.6	477.86	11	9204.2	2039.47	13
山 东	Shandong	6119.8	630.31	8	16217.8	1670.37	22
河 南	Henan	2736.0	290.76	18	16764.4	1781.59	17
湖 北	Hubei	2887.8	498.84	10	11042.5	1907.49	16
湖 南	Hunan	1746.5	262.05	19	11264.7	1690.19	21
广 东	Guangdong	1442.9	135.88	27	13394.9	1261.41	25
广 西	Guangxi	1666.6	354.56	17	10707.5	2277.95	5
海 南	Hainan			30	1988.4	2231.86	10
重 庆	Chongqing	608.9	205.88	24	6127.0	2071.68	12
四 川	Sichuan	1711.5	211.52	23	13897.1	1717.47	19
贵 州	Guizhou	485.2	138.90	26	8140.5	2330.42	4
云 南	Yunnan	1883.9	403.16	14	9009.2	1928.01	15
西 藏	Tibet			30	295.8	954.72	28
陕 西	Shaanxi	916.9	243.95	22	8545.5	2273.65	6
甘 肃	Gansu	953.9	369.75	16	4412.7	1710.44	20
青 海	**Qinghai**	**147.6**	**256.48**	**20**	**1786.3**	**3104.02**	**1**
宁 夏	Ningxia	32.2	49.49	28	1914.3	2941.95	2
新 疆	Xinjiang	1176.9	523.41	9	5040.2	2241.54	9

23-9 全国各地区规模以上工业企业主要效益指标及排序(2013年)
Main Indicators on Economic Benefit of Industrial Enterprises above Designated Size by Region of the Whole Country (2013)

单位：%，亿元 (%，100 million yuan)

地区	Region	工业增加值 Value-added of Industry		利润总额 Total Profits		总资产贡献率 Ration of Total Assets to Industrial Output Value	
		增长率 Growth Rate	位次 Rank	数量 Amount	位次 Rank	(%)	位次 Rank
全国	**National Total**	**9.7**		**62831.0**		**15.00**	
北京	Beijing	8.0	28	1254.8	18	7.66	29
天津	Tianjin	13.0	6	1992.8	11	16.09	9
河北	Hebei	10.0	23	2560.9	6	13.56	22
山西	Shanxi	10.5	22	547.9	25	7.33	30
内蒙古	Inner Mongolia	12.0	14	1682.6	16	13.92	19
辽宁	Liaoning	9.6	24	2461.6	7	14.14	16
吉林	Jilin	9.6	24	1230.1	19	17.47	6
黑龙江	Heilongjiang	6.9	29	1150.2	20	19.08	4
上海	Shanghai	6.6	30	2415.2	8	13.71	21
江苏	Jiangsu	11.5	18	7834.1	2	16.22	8
浙江	Zhejiang	8.5	27	3385.9	5	11.83	25
安徽	Anhui	13.7	1	1758.8	14	14.46	15
福建	Fujian	13.2	4	1959.5	13	15.97	10
江西	Jiangxi	12.4	11	1756.7	15	24.38	1
山东	Shandong	11.3	20	8507.7	1	20.21	3
河南	Henan	11.8	15	4410.8	4	18.49	5
湖北	Hubei	11.8	15	2080.7	10	15.00	13
湖南	Hunan	11.6	17	1585.1	17	21.64	2
广东	Guangdong	8.7	26	5854.9	3	13.85	20
广西	Guangxi	12.9	7	874.0	22	15.70	11
海南	Hainan	6.3	31	110.8	30	12.89	23
重庆	Chongqing	13.6	2	878.4	21	15.57	12
四川	Sichuan	11.1	21	2168.4	9	14.10	17
贵州	Guizhou	13.6	2	477.3	26	13.96	18
云南	Yunnan	12.3	12	549.1	24	14.59	14
西藏	Tibet	12.2	13	7.2	31	3.66	31
陕西	Shaanxi	13.1	5	1973.3	12	16.97	7
甘肃	Gansu	11.5	18	286.7	27	9.54	26
青海	**Qinghai**	**12.6**	**9**	**148.8**	**28**	**7.98**	**28**
宁夏	Ningxia	12.5	10	139.1	29	8.06	27
新疆	Xinjiang	12.9	7	795.4	23	12.82	24

注：1.规模以上工业统计口径为年主营业务收入2000万元及以上工业企业。
2.本表为2013年快报数据(下表同)。

a) The statistical caliber of industry is industrial enterprises with the annual sales income from main business of 20 million yuan and above.
b)Data in this table in 2012 are from express report forms. The samw applies to the tables following.

23-9 续表 contined

地 区	Region	资产负债率 Assets-Liability Ratio (%)	位 次 Rank	流动资产周转次数 Number of Annual of Turnover Working Capitals (次) (times)	位 次 Rank	产品销售率 Proportion of Products Sold (%)	位 次 Rank
全 国	**National Average**	**57.81**		**2.67**		**97.83**	
北 京	Beijing	52.12	28	1.54	29	99.15	1
天 津	Tianjin	63.90	6	2.36	18	98.36	9
河 北	Hebei	58.73	15	3.20	7	97.89	10
山 西	Shanxi	71.32	1	1.65	28	95.25	25
内蒙古	Inner Mongolia	60.04	12	2.41	16	97.28	22
辽 宁	Liaoning	58.49	16	3.22	6	97.63	15
吉 林	Jilin	54.76	23	3.51	4	98.44	8
黑龙江	Heilongjiang	57.14	18	2.38	17	97.77	13
上 海	Shanghai	50.35	29	1.82	25	99.06	3
江 苏	Jiangsu	56.78	19	2.75	12	98.45	7
浙 江	Zhejiang	60.01	13	1.85	24	97.34	19
安 徽	Anhui	59.43	14	3.15	8	97.52	16
福 建	Fujian	54.68	24	2.76	11	97.39	18
江 西	Jiangxi	54.27	25	4.60	1	99.07	2
山 东	Shandong	55.79	22	3.74	3	98.81	4
河 南	Henan	48.80	30	3.38	5	98.49	6
湖 北	Hubei	56.31	20	3.03	9	97.32	20
湖 南	Hunan	54.04	26	4.11	2	98.50	5
广 东	Guangdong	57.29	17	2.42	15	97.42	17
广 西	Guangxi	62.89	9	2.96	10	94.96	27
海 南	Hainan	53.41	27	1.87	23	95.77	23
重 庆	Chongqing	63.30	8	2.71	13	97.87	11
四 川	Sichuan	62.78	10	2.52	14	97.87	11
贵 州	Guizhou	63.43	7	1.93	22	94.84	28
云 南	Yunnan	64.64	4	1.79	26	95.38	24
西 藏	Tibet	34.03	31	0.67	31	93.95	29
陕 西	Shaanxi	56.06	21	2.04	21	95.20	26
甘 肃	Gansu	64.35	5	2.22	19	93.67	30
青 海	**Qinghai**	**67.36**	**2**	**1.50**	**30**	**90.92**	**31**
宁 夏	Ningxia	66.53	3	1.77	27	97.70	14
新 疆	Xinjiang	60.51	11	2.13	20	97.29	21

23-10 全国各地区固定资产投资和增长率及排序(2013年)
Investment in Fixed Assets and Its Growth Rate and Order by Region of the Whole Country (2013)

单位：亿元、%、万平米 (100 million yuan，%，10 000 sq.m)

地区	Region	固定资产投资(不含农户) Investment in Fixed Assets (Excluding Rural Households)				房地产开发投资额 Investment of Real Estate Development		商品房销售面积 Floor Space of Commercial Buildings Sold	
		数量 Amount	位次 Rank	增长率 Growth Rate	位次 Rank	数量 Amount	位次 Rank	数量 Amount	位次 Rank
全国	**National Total**	**436527.7**		**19.6**		**86013.4**		**130550.6**	
北京	Beijing	6797.5	25	8.9	31	3483.4	10	1903.1	24
天津	Tianjin	9103.0	22	15.0	29	1480.8	21	1847.1	25
河北	Hebei	22629.8	5	18.5	25	3445.4	11	5675.9	9
山西	Shanxi	10745.3	18	25.2	10	1308.6	23	1642.8	26
内蒙古	Inner Mongolia	14070.5	14	18.6	24	1479.0	22	2737.7	20
辽宁	Liaoning	24791.4	4	15.1	28	6450.8	3	9292.3	4
吉林	Jilin	9880.0	20	20.0	18	1252.4	24	2215.0	22
黑龙江	Heilongjiang	11794.2	16	25.8	8	1604.8	20	3340.0	14
上海	Shanghai	5644.1	27	10.4	30	2819.6	14	2382.2	21
江苏	Jiangsu	35983.0	1	19.6	20	7241.5	1	11454.8	1
浙江	Zhejiang	20189.1	7	18.1	27	6216.2	4	4887.0	11
安徽	Anhui	18090.9	10	21.1	17	3946.2	6	6265.4	7
福建	Fujian	15045.8	12	23.5	13	3703.0	9	4676.2	13
江西	Jiangxi	12450.8	15	20.0	18	1174.6	26	3167.1	16
山东	Shandong	35875.9	2	19.6	20	5444.5	5	10329.8	2
河南	Henan	25321.5	3	23.2	15	3843.8	8	7310.2	6
湖北	Hubei	18796.9	9	24.1	11	3286.0	12	5298.5	10
湖南	Hunan	17230.1	11	23.4	14	2628.3	15	5952.4	8
广东	Guangdong	21795.0	6	18.3	26	6489.6	2	9836.4	3
广西	Guangxi	11383.9	17	21.8	16	1614.6	19	2995.6	18
海南	Hainan	2625.0	28	27.2	4	1196.8	25	1191.2	28
重庆	Chongqing	10285.3	19	19.5	22	3012.8	13	4817.6	12
四川	Sichuan	19754.4	8	19.5	22	3853.0	7	7312.8	5
贵州	Guizhou	7102.8	24	29.0	2	1942.5	18	2972.3	19
云南	Yunnan	9621.8	21	27.4	3	2488.3	16	3309.3	15
西藏	Tibet	876.0	31	30.6	1	9.7	31	25.4	31
陕西	Shaanxi	14516.7	13	24.0	12	2240.2	17	3045.7	17
甘肃	Gansu	6407.2	26	27.1	5	724.6	28	1220.0	27
青海	**Qinghai**	**2285.3**	**30**	**26.4**	**7**	**247.6**	**30**	**381.6**	**30**
宁夏	Ningxia	2577.8	29	26.8	6	559.0	29	1048.3	29
新疆	Xinjiang	7363.4	23	25.7	9	825.7	27	2017.0	23

注：1.固定资产投资(不含农户)统计口径指500万元及以上城镇固定资产投资、农村企事业组织项目投资和房地产开发投资。
2.本表增速按当年价计算。

a) The Statistical caliber of Investment in Fixed Assets (Excluding Rural Households) is Investment in Fixed Assets in Urban Area, Investment of Rural Enterprises and Institutions, Investment in Real Estate Development above 5 million yuan.

b) The growth in this table are calculated at current prices.

23-11 全国各地区建筑业总产值和施工、竣工面积及排序(2013年)
Output Value, Area of Construction and Completion and Their Orders by Region of the Whole Country (2013)

单位：亿元、万平方米 (100 million yuan，10 000 sq.m)

地区	Region	建筑业总产值 Gross Output Value		施工面积 Floor Space of Buildings Under Construction		竣工面积 Floor Space of Buildings Completed	
		数量 Amount	位次 Rank	数量 Amount	位次 Rank	数量 Amount	位次 Rank
全国	**National Total**	**159313.0**		**1129967.7**		**389244.9**	
北京	Beijing	7407.1	7	48791.3	6	8212.7	15
天津	Tianjin	3670.5	17	12791.0	22	3394.7	26
河北	Hebei	5203.9	12	35847.6	13	12336.0	12
山西	Shanxi	2983.8	19	12868.6	21	3498.3	25
内蒙古	Inner Mongolia	1540.5	26	8906.0	26	3624.7	24
辽宁	Liaoning	8743.4	3	44279.7	9	18738.4	5
吉林	Jilin	2200.2	23	12202.6	23	6325.4	17
黑龙江	Heilongjiang	2450.6	21	8085.5	27	4115.7	22
上海	Shanghai	5102.8	13	29148.7	15	6274.3	18
江苏	Jiangsu	21712.2	1	192982.1	1	67932.4	1
浙江	Zhejiang	20066.4	2	185443.1	2	60569.3	2
安徽	Anhui	4970.3	14	37117.2	12	14257.4	9
福建	Fujian	5459.4	10	48509.5	7	13187.1	11
江西	Jiangxi	3459.5	18	24897.2	16	11883.8	14
山东	Shandong	8332.7	5	64055.4	3	22634.7	3
河南	Henan	7082.4	9	43422.9	10	17244.3	7
湖北	Hubei	8343.4	4	47915.0	8	22076.4	4
湖南	Hunan	5256.0	11	43141.9	11	15528.5	8
广东	Guangdong	7729.2	6	53506.1	4	13323.6	10
广西	Guangxi	2271.4	22	18198.0	18	5814.8	20
海南	Hainan	285.3	30	2192.0	29	907.7	29
重庆	Chongqing	4731.9	15	29745.9	14	12184.4	13
四川	Sichuan	7239.5	8	49382.8	5	18294.3	6
贵州	Guizhou	1365.0	27	12174.3	24	2450.5	27
云南	Yunnan	2888.8	20	15649.9	19	6446.2	16
西藏	Tibet	82.1	31	211.9	31	119.9	31
陕西	Shaanxi	3993.8	16	19250.0	17	6133.2	19
甘肃	Gansu	1708.3	25	10238.2	25	3751.2	23
青海	**Qinghai**	**414.6**	**29**	**1158.3**	**30**	**466.5**	**30**
宁夏	Ningxia	564.7	28	4665.9	28	1927.8	28
新疆	Xinjiang	2071.5	24	13210.8	20	5640.3	21

23-12 全国各地区消费品零售额和进出口总额及排序(2013年)

Retail Sale of Consumer Goods, Total Value of Imports and Exports and Their Orders by Region of the Whole Country (2013)

单位：亿元、亿美元、% (100 million yuan，USD 100 million，%)

地区	Region	社会消费品零售总额 Total Retail Sales of Consumer Goods				海关进出口贸易总额 Total Imports and Exports			
		数量 Amount	位次 Rank	增长率 Growth Rate	位次 Rank	数量 Amount	位次 Rank	增长率 Growth Rate	位次 Rank
全　国	**National Total**	**237809.9**		**13.1**		**41603.1**		**7.6**	
北　京	Beijing	8375.1	11	8.7	30	4291.0	4	5.1	25
天　津	Tianjin	4470.4	23	14.0	3	1285.3	8	11.2	13
河　北	Hebei	10516.7	9	13.6	20	548.8	13	8.5	21
山　西	Shanxi	5139.3	17	14.0	3	158.0	24	5.0	26
内蒙古	Inner Mongolia	5114.2	19	11.8	28	119.9	26	6.5	23
辽　宁	Liaoning	10581.4	7	13.7	18	1142.8	9	9.8	16
吉　林	Jilin	5426.4	16	13.7	18	258.5	20	5.2	24
黑龙江	Heilongjiang	6251.2	15	13.8	14	388.8	15	3.4	28
上　海	Shanghai	8052.0	13	8.6	31	4412.3	3	1.1	29
江　苏	Jiangsu	20796.5	3	13.4	23	5508.4	2	0.5	30
浙　江	Zhejiang	15225.5	4	11.8	28	3358.3	5	7.5	22
安　徽	Anhui	6542.4	14	14.0	3	456.3	14	16.2	7
福　建	Fujian	8275.3	12	14.0	3	1693.5	7	8.6	20
江　西	Jiangxi	4576.1	22	13.6	20	367.4	16	9.9	15
山　东	Shandong	22294.8	2	13.4	23	2671.5	6	8.8	19
河　南	Henan	12426.6	5	13.8	14	599.5	12	15.9	8
湖　北	Hubei	10885.9	6	13.8	14	363.9	17	13.8	11
湖　南	Hunan	9018.6	10	13.8	14	251.6	22	14.7	10
广　东	Guangdong	25453.9	1	12.2	27	10915.7	1	10.9	14
广　西	Guangxi	5133.1	18	13.6	20	328.4	18	11.4	12
海　南	Hainan	992.9	28	14.0	3	149.8	25	4.6	27
重　庆	Chongqing	4599.8	21	14.0	3	687.0	10	29.1	3
四　川	Sichuan	10561.4	8	13.9	13	645.9	11	9.2	18
贵　州	Guizhou	2366.2	25	14.0	3	82.9	28	25.0	4
云　南	Yunnan	4004.6	24	14.0	3	258.3	21	22.9	5
西　藏	Tibet	293.2	31	15.1	1	33.2	29	-3.1	31
陕　西	Shaanxi	4999.5	20	14.0	3	201.3	23	36.0	2
甘　肃	Gansu	2173.8	26	14.0	3	102.8	27	15.5	9
青　海	**Qinghai**	**544.1**	**30**	**14.3**	**2**	**14.0**	**31**	**21.2**	**6**
宁　夏	Ningxia	610.5	29	12.5	26	32.2	30	45.2	1
新　疆	Xinjiang	2108.2	27	13.4	23	275.6	19	9.5	17

注：各地区社会消费品零售额增速为年初快报数，进出口总额增速为当年价格计算。

a) The growth rate of retail sales of regional social consumer goods are from express report form, the growth rate of total imports and exports are calculated at current prices.

23-13 全国各地区全社会客货运量和周转量及排序(2013年)

Freight and Passenger Traffic and Their Turnovers and Orders by Region of the Whole Country (2013)

地 区	Region	货运量(万吨) Total Freight Traffic (10 000 tons)		货物周转量(亿吨公里) Total Freight Ton-kilometers (100 million ton-km)		客运量(万人) Total Passenger Traffic (10 000 persons)		旅客周转量(亿人公里) Total Passenger-Kilometers (10 million passenger-km)	
		数量 Amount	位次 Rank	数量 Amount	位次 Rank	数量 Amount	位次 Rank	数量 Amount	位次 Rank
全 国	**National Total**	**4102495**		**168165**		**2122992**		**27572**	
北 京	Beijing	25748	28	1051	27	64161	15	254	26
天 津	Tianjin	45233	25	3097	18	17995	26	267	25
河 北	Hebei	198009	5	11674	4	61718	16	1164	6
山 西	Shanxi	156045	12	3592	16	34899	23	387	23
内蒙古	Inner Mongolia	164346	11	4462	11	20819	25	361	24
辽 宁	Liaoning	206868	4	11970	3	91735	8	942	10
吉 林	Jilin	44811	26	1681	24	34148	24	414	22
黑龙江	Heilongjiang	61094	23	1930	22	45566	20	473	19
上 海	Shanghai	84305	20	14333	1	11691	28	195	27
江 苏	Jiangsu	181775	9	9925	5	151444	3	1365	4
浙 江	Zhejiang	188679	6	8951	7	135348	5	1025	9
安 徽	Anhui	396391	1	12335	2	126710	7	1286	5
福 建	Fujian	96674	18	3940	12	55107	17	543	18
江 西	Jiangxi	135172	15	3640	15	65067	14	931	11
山 东	Shandong	264100	3	8194	8	75074	11	1084	7
河 南	Henan	184823	7	7260	9	136237	4	1575	2
湖 北	Hubei	131000	16	4752	10	91522	9	1052	8
湖 南	Hunan	184535	8	3832	14	159726	1	1565	3
广 东	Guangdong	349011	2	9229	6	153120	2	1781	1
广 西	Guangxi	151143	13	3856	13	49275	18	611	14
海 南	Hainan	17325	29	621	29	13328	27	112	29
重 庆	Chongqing	87241	19	2299	20	65183	13	465	20
四 川	Sichuan	167759	10	2249	21	134775	6	912	12
贵 州	Guizhou	72703	21	1295	26	83436	10	594	16
云 南	Yunnan	104329	17	1362	25	47626	19	432	21
西 藏	Tibet	1850	31	103	31	1455	31	42	31
陕 西	Shaanxi	141579	14	3201	17	70133	12	745	13
甘 肃	Gansu	51463	24	2362	19	36163	22	595	15
青 海	**Qinghai**	**13576**	**30**	**459**	**30**	**4957**	**30**	**120**	**28**
宁 夏	Ningxia	40914	27	873	28	8418	29	103	30
新 疆	Xinjiang	66908	22	1797	23	40926	21	544	17
不分地区	Not Classified by Region	87291		21847		35397		5657	

注：1.货运不分地区合计中包括铁路行包运输、管道运输企业、民航运输企业及中远集团海外公司完成数。
2.客运不分地区数据为民航完成数。

a)The freight traffic not classified by region refers to railway baggage freight, civil aviation, pipelines and that completed by companies abroad under the China Ocean Shipping (Group) Company.

b)The total passenger traffic not classified by region refers to that completed by civil aviation.

23-14 全国各地区各类价格指数(2013年)

Consumer Price Indices and Its order by Region of the Whole Country (2013)

(上年=100) (preceding year=100)

地 区	Resion	居民消费价格指数 Consumer Price Indices	#食品	商品零售价格指数 Price Indices	农业生产资料价格指数 Price Indices	固定资产投资价格指数 Price Indices
全 国	**National Average**	**102.6**	**104.7**	**101.4**	**101.4**	**100.3**
北 京	Beijing	103.3	104.7	99.8		99.9
天 津	Tianjin	103.1	105.8	101.7		99.5
河 北	Hebei	103.0	105.9	102.2	101.1	99.9
山 西	Shanxi	103.1	106.2	101.8	102.5	100.5
内蒙古	Inner Mongolia	103.2	106.3	102.6	103.5	99.6
辽 宁	Liaoning	102.4	104.6	101.6	99.9	100.0
吉 林	Jilin	102.9	105.7	101.6	100.8	100.0
黑龙江	Heilongjiang	102.2	104.3	101.1	104.1	100.1
上 海	Shanghai	102.3	104.4	100.2		100.2
江 苏	Jiangsu	102.3	104.1	101.4	102.4	100.5
浙 江	Zhejiang	102.3	103.8	101.0	102.8	100.0
安 徽	Anhui	102.4	104.7	101.3	100.9	100.2
福 建	Fujian	102.5	104.0	101.1	99.5	100.1
江 西	Jiangxi	102.5	104.5	101.5	102.4	100.4
山 东	Shandong	102.2	104.8	101.4	101.2	100.4
河 南	Henan	102.9	105.6	101.9	101.3	99.9
湖 北	Hubei	102.8	104.9	101.8	103.1	100.5
湖 南	Hunan	102.5	104.2	101.7	102.3	101.3
广 东	Guangdong	102.5	103.6	101.0	99.7	101.4
广 西	Guangxi	102.2	103.8	101.2	99.9	100.1
海 南	Hainan	102.8	103.9	101.5	101.0	99.3
重 庆	Chongqing	102.7	104.1	101.8		100.5
四 川	Sichuan	102.8	104.8	101.7	101.5	100.4
贵 州	Guizhou	102.5	104.1	101.5	99.0	100.9
云 南	Yunnan	103.1	105.5	102.6	100.1	101.1
西 藏	Tibet	103.6	107.7	103.0	101.8	
陕 西	Shaanxi	103.0	105.6	101.8	102.6	102.0
甘 肃	Gansu	103.2	105.6	102.6	102.1	100.4
青 海	**Qinghai**	**103.9**	**108.1**	**102.7**	**104.3**	**101.5**
宁 夏	Ningxia	103.4	107.2	102.4	101.6	99.8
新 疆	Xinjiang	103.9	108.5	103.3	102.6	100.5

23-15 各地区城镇居民人均收支、恩格尔系数及排序(2013年)

Per Capita Annual Income, Expenditure and Engle Coefficient of Urban Households and Their Orders by Region of the Whole Country (2013)

单位：元、%　　(yuan, %)

地区	Region	可支配收入 Per Capita Annual Disposable Income				消费性支出 Per Capita Annual Consumption Expenditure		恩格尔系数 Engel's Coefficient	
		数量 Amount	位次 Rank	增长率 Growth Rate	位次 Rank	数量 Amount	位次 Rank	系数 Coefficient	位次 Rank
全国	**National Average**	**26955.0**		**9.7**		**18022.6**		**35.02**	
北京	Beijing	40321.0	2	10.6	4	26274.9	2	31.10	29
天津	Tianjin	32294.0	6	9.0	31	21711.9	5	36.58	13
河北	Hebei	22580.0	19	9.9	17	13640.6	28	32.29	25
山西	Shanxi	22456.0	20	10.0	16	13166.2	30	27.92	31
内蒙古	Inner Mongolia	25497.0	10	10.1	11	19249.1	8	31.78	28
辽宁	Liaoning	25578.0	9	10.1	11	18029.7	9	32.19	26
吉林	Jilin	22275.0	23	10.2	9	15932.3	15	29.24	30
黑龙江	Heilongjiang	19597.0	29	10.3	7	14161.7	24	35.80	16
上海	Shanghai	43851.0	1	9.1	30	28155.0	1	34.89	20
江苏	Jiangsu	32538.0	5	9.6	25	20371.5	6	34.73	21
浙江	Zhejiang	37851.0	3	9.6	25	23257.2	4	34.43	22
安徽	Anhui	23114.0	15	9.9	17	16285.2	14	39.12	6
福建	Fujian	30816.0	7	9.8	20	20092.7	7	36.95	10
江西	Jiangxi	21873.0	24	10.1	11	13850.5	26	37.70	9
山东	Shandong	28264.0	8	9.7	23	17112.2	11	32.88	24
河南	Henan	22398.0	21	9.6	25	14822.0	23	33.15	23
湖北	Hubei	22906.0	17	9.9	17	15749.5	17	39.74	4
湖南	Hunan	23414.0	12	9.8	20	15887.1	16	35.15	18
广东	Guangdong	33090.0	4	9.5	29	24133.3	3	36.70	12
广西	Guangxi	23305.0	13	9.7	23	15417.6	19	37.89	7
海南	Hainan	22929.0	16	9.6	25	15593.0	18	44.76	2
重庆	Chongqing	25216.0	11	9.8	20	17813.9	10	40.67	3
四川	Sichuan	22368.0	22	10.1	11	16343.5	13	39.60	5
贵州	Guizhou	20667.0	26	10.5	5	13702.9	27	35.87	15
云南	Yunnan	23236.0	14	10.3	7	15156.1	22	37.88	8
西藏	Tibet	20023.0	27	11.1	1	12231.9	31	48.15	1
陕西	Shaanxi	22858.0	18	10.2	9	16679.7	12	36.43	14
甘肃	Gansu	18965.0	31	10.5	5	14020.7	25	36.82	11
青海	**Qinghai**	**19499.0**	**30**	**11.0**	**2**	**13539.5**	**29**	**35.28**	**17**
宁夏	Ningxia	21833.0	25	10.1	11	15321.1	20	31.95	27
新疆	Xinjiang	19874.0	28	10.9	3	15206.2	21	35.01	19

注：本表增速为名义增速。

a) The growth rate in this table are nominal growth.

23-16 全国各地区农村居民人均收支、恩格尔系数及排序(2013年)
Per Capita Annual Income, Expenditure and Engle Coefficient of Rural Households and Their Orders by Region of the Whole Country (2013)

单位：元、%　　　　(yuan，%)

地 区	Region	纯收入 Per Capita Annual Net Income				生活消费性支出 Per Capita Annual Living Expenditure		恩格尔系数 Engel's Coefficient	
		数 量 Amount	位 次 Rank	增长率 Growth Rate	位 次 Rank	数 量 Amount	位 次 Rank	系 数 Coefficient	位 次 Rank
全 国	**National Average**	**8896**		**12.4**		**6626**		**37.66**	
北 京	Beijing	18337	2	11.3	28	13553	2	34.65	21
天 津	Tianjin	15841	4	12.9	9	10155	4	34.86	20
河 北	Hebei	9102	12	12.6	15	6134	17	32.01	28
山 西	Shanxi	7154	23	12.5	18	5813	20	33.04	27
内蒙古	Inner Mongolia	8596	15	12.9	9	7268	10	35.54	17
辽 宁	Liaoning	10523	9	12.1	24	7159	11	35.19	19
吉 林	Jilin	9621	11	11.9	26	7380	9	33.04	26
黑龙江	Heilongjiang	9634	10	12.0	25	6814	12	35.19	18
上 海	Shanghai	19595	1	10.1	31	14235	1	37.48	13
江 苏	Jiangsu	13598	5	11.4	27	9910	5	33.13	25
浙 江	Zhejiang	16106	3	10.7	29	11760	3	35.64	16
安 徽	Anhui	8098	20	13.1	7	5725	22	39.65	11
福 建	Fujian	11184	7	12.2	21	8151	7	44.17	5
江 西	Jiangxi	8781	14	12.2	21	5654	24	42.26	8
山 东	Shandong	10620	8	12.4	20	7393	8	34.54	22
河 南	Henan	8475	16	12.6	15	5628	25	34.44	23
湖 北	Hubei	8867	13	12.9	9	6280	16	36.76	15
湖 南	Hunan	8372	17	12.5	18	6610	13	38.38	12
广 东	Guangdong	11669	6	10.7	29	8343	6	44.78	3
广 西	Guangxi	6791	25	13.0	8	5206	27	40.05	10
海 南	Hainan	8343	18	12.6	15	5466	26	48.03	2
重 庆	Chongqing	8332	19	12.8	12	5796	21	43.80	6
四 川	Sichuan	7895	21	12.8	12	6309	15	42.24	9
贵 州	Guizhou	5434	30	14.3	3	4740	30	42.96	7
云 南	Yunnan	6141	29	13.4	5	4744	29	44.22	4
西 藏	Tibet	6578	26	15.0	2	3574	31	54.25	1
陕 西	Shaanxi	6503	27	12.8	12	5724	23	31.82	29
甘 肃	Gansu	5108	31	13.3	6	4850	28	37.09	14
青 海	**Qinghai**	**6196**	**28**	**15.5**	**1**	**6060**	**19**	**30.89**	**31**
宁 夏	Ningxia	6931	24	12.2	21	6490	14	31.15	30
新 疆	Xinjiang	7296	22	14.1	4	6119	18	33.86	24

注：本表增速为名义增速。
a) The growth rate in this table are nominal growth.

第 24 篇
CHAPTER 24

民族自治地区主要经济指标
Main Economic Indicators in Autonomous Regions

24-1 民族自治地区主要经济指标(2013年)

Main Economic Indicators in Autonomous Regions (2013)

指　标	Item	全省总计 Total Province	自治州县合计 Total Autonomous Prefectures and Counties	自治州合计 Total Autonomous Prefectures
人口(户籍)(万人)	**Population(household registration)(10 000 persons)**			
年末人口	Population at Year-end	572.59	376.49	202.00
#少数民族人口	Population by Ethnic Minorities	287.54	248.16	148.89
#藏族人口	Tibetan Population	144.26	133.85	117.60
农业人口	Agricultural Population	319.15	249.63	128.55
非农业人口	Non-Agricultural Population	253.44	126.86	73.45
生产总值（亿元）	**Gross Regional Product(100 million yuan)**			
生产总值(当年价格)	Gross Regional Product(current prices)	2101.05	1316.12	992.32
第一产业	Primary Industry	207.59	168.65	118.59
第二产业	Secondary Industry	1198.01	870.28	675.18
#工业	Industry	964.23	725.54	561.81
第三产业	Tertiary Industry	695.45	277.19	198.55
生产总值增长速度(%)	Growth of Gross Regional Product(%)	10.8	12.1	11.0
第一产业	Primary Industry	5.3	6.9	7.3
第二产业	Secondary Industry	12.3	13.7	12.1
第三产业	Tertiary Industry	9.8	10.0	9.2
人均生产总值(元)	Per Capita GDP(yuan)	36510	35873	47539
人均生产总值增长速度(%)	Growth of Per Capita GDP(%)	9.9	11.2	10.1
农村、农业	**Rural and Agriculture**			
乡镇数(个)	Number of Township and Town Governments (unit)	365	308	221
村委会数(个)	Number of Villagers' Committees(unit)	4170	3059	1648
乡村人口（万人)	Number of Rural Population(10 000 persons)	385.91	286.86	146.00
乡村从业人员（万人)	Number of Rural Laborers (10 000 persons)	202.75	146.04	71.15
按行业分	By National Economic Sectors			
农林牧渔业	Agriculture, Forestry, Animal Husbandry and Fishery	115.19	91.30	55.77
工业	Industry	13.70	8.23	2.12
建筑业	Construction	27.14	16.53	4.62
交通仓储邮电通讯业	Transport, Storage and Post	9.38	6.12	1.76
信息传输、计算机服务和软件业	Information transmission, Computer services and Software	0.71	0.42	0.10
批发与零售业	Wholesale and Retail Trades	10.26	6.68	2.14
住宿与餐饮业	Hotels and Catering Services	11.57	8.30	1.65
其他行业	Others	14.80	8.46	2.99
通公路行政村数量(个)	Number of Accessible Village by Highway (unit)	4013	2906	1512
通公路行政村比重(%)	Proportion of Accessible Village by Highway (%)	96.3	95.0	91.7
通宽带行政村数量(个)	Number of Accessible Village by Broadband (unit)	854	468	309
通宽带行政村比重(%)	Proportion of Accessible Village by Broadband (%)	20.5	15.3	18.8
通电话行政村数量(个)	Number of Accessible Village by Calls (unit)	3643	2543	1174
通电话行政村比重(%)	Proportion of Accessible Village by Calls (%)	87.4	83.1	71.2
农用机械总动力合计(万千瓦)	Total Agricultural Machinery Power(10 000 kw)	436.32	322.35	158.34
化肥施用量(实物量)(吨)	Consumption of Chemical Fertilizers(ton)	257138	179272	89832
农村用电量(万千瓦时)	Electricity Consumed in Rural Areas (10 000 kwh)	45027	31777	14589

24−1 续表 1 Continued

指 标	Item	全省总计 Total Province	自治州县合计 Total Autonomous Prefectures and Counties	自治州合计 Total Autonomous Prefectures
农作物播种面积(千公顷)	Total Sown Area(1000 hectare)	555.8	424.7	221.8
粮食作物	Grain Crops	280.0	208.2	98.4
油料作物	Oil-bearing Crops	158.4	133.2	67.2
人工造林面积(公顷)	Planting Area in the Current Year(hectare)	44397		
当年出栏肉用牲畜头数(万头只)	Slaughtered Fattened Animals(10 000 heads)			
大牲畜	Large Animals	109.33	159.63	140.40
羊	Sheep and Goats	622.77	692.96	628.19
猪	Hogs	137.69	81.82	17.29
年末牲畜存栏头数	Amount of Livestock on Hand at Year-end			
大牲畜	Large Animals	484.69	449.42	409.69
羊	Sheep and Goats	1460.21	1337.56	1206.70
猪	Hogs	120.83	64.50	11.65
主要产品产量(吨)	Output of Farm Products(ton)			
粮 食	Grain	1023700	821228	306804
油 料	Oil-bearing Crops	325652	260179	106204
水 果	Fruits	13519	11946	4984
水产品	Aquatic Products	6000	5710	4657
猪 肉	Pork	99000	60791	12251
牛 肉	Beef	102800	132788	113345
羊 肉	Mutton	105300	117213	105650
禽 肉	Poultry	7200	4399	475
奶 类	Milk	287400	321709	246093
山羊毛	Goat Wool	1380	1340	1164
#山羊绒	Goat Cashmere	425	423	406
绵羊毛	Sheep Wool	17928	16450	14219
禽 蛋	Poultry Eggs	22622	9599	1430
农林牧渔业总产值(万元)	Gross Output Value of Agriculture(10 000 yuan)	3103020	2442351	1583448
工业、能源消耗	**Industry and Energy Consumption**			
规模以上工业企业	Number of Industrial Enterprises above			
单位数总计(个)	Designated Size(unit)	521	257	191
按经济类型分类	By Status of Registration			
国有经济及国有控股企业	State-owned Enterprises	12201632	6809629	5297068
中央企业	Central	6424962	3408953	2708632
地方企业	Local	18946074	8508568	6745110
集体经济	Collective-owned Enterprises	17333	13767	11734

注：本表中农作物播种面积、牲畜存栏出栏头数和部分主要产品产量指标全省总计为抽样调查数，自治州县及藏区使用全面统计数。

a) In this table, indicators such as sown area, slaughtered fattened animals, amount of livestock on hand, output of farm and livestock products, data of total province come from sampling survey, and data of total tibetan-inhabited areas come from complete statistical survey.

24-1 续表2 Continued

指 标	Item	全省总计 Total Province	自治州县合计 Total Autonomous Prefectures and Counties	自治州合计 Total Autonomous Prefectures
按轻重工业分	Grouped by Light & Heavy Industries			
轻工业	Light Industry	131	40	19
重工业	Heavy Industry	390	217	172
按规模分	Grouped by Size of Enterprises			
大型企业	Large Enterprises	25	13	8
中型企业	Medium-sized Enterprises	99	42	24
小型企业	Small Enterprises	397	202	159
微型企业	Micro Enterprises			
规模以上工业总产值(万元)	Gross Industrial Output Value(10 000 yuan)			
按经济类型分类	By Status of Registration			
国有经济及国有控股企业	State-owned Enterprises	12201632	6809629	5297068
中央企业	Central	6424962	3408953	2708632
地方企业	Local	18946074	8508568	6745110
集体经济	Collective-owned Enterprises	17333	13767	11734
按轻重工业分	Grouped by Light & Heavy Industries			
轻工业	Light Industry	2713123	806307	214136
重工业	Heavy Industry	22657914	11111214	9239607
按规模分	Grouped by Size of Enterprises			
大型企业	Large Enterprises	11761896	6116945	4623453
中型企业	Medium-sized Enterprises	5993594	2929222	1989259
小型企业	Small Enterprises	7615546	2871354	2841031
微型企业	Micro Enterprises			
规上工业企业主要经济指标	Main Economic Indicators of Industrial Enterprises above Designated Size			
企业单位数(个)	Number of Enterprises (unit)	521	257	191
亏损企业	Loss-making Enterprises	159	89	58
工业总产值(当年价)(万元)	Gross Industrial Output Value (Current Prices)(10 000 yuan)	25371036	11917521	9453742
工业销售产值(当年价)(万元)	Output Value of Industrial Sales (Current Prices)(10 000 yuan)	23068208	10120852	7886649
年平均从业人数(人)	Average Annual Number of Employed Persons (person)			
资产总计(万元)	Total Assets(10 000 yuan)	47916737	25687154	21722563
流动资产合计(万元)	Annual Average Value of Working Capitals(10 000 yuan)	14211913	8602069	6704784
负债合计	Total Liabilities	32274355	17046732	14343261
固定资产净值(万元)	Annual Average of Net Value of Fixed Assets (10 000 yuan)			
主营业务收入(万元)	Revenue from Principal Business(10 000 yuan)	20893558	9043965	6598859
营业利润(万元)	Operating Profits(10 000 yuan)	1290974	1211849	1174985
利润总额(万元)	Total Profits(10 000 yuan)	1488135	1331046	1269076
亏损企业亏损额(万元)	Total Loss of Loss-making Enterprises(10 000 yuan)	447152	245641	220862
应交所得税(万元)	Taxes Payable(10 000 yuan)	140929	103296	90975

注：工业增加值为年报数。

a) Value Added of Industry comes from annual report.

24-1 续表3 Continued

指 标	Item	全省总计 Total Province	自治州县合计 Total Autonomous Prefectures and Counties	自治州合计 Total Autonomous Prefectures
主要工业产品产量	Output of Major Industrial Products			
原煤(万吨)	Coal(10 000 tons)	3020		2905
原油(万吨)	Crude Oil(10 000 tons)	214.51	215.00	214.51
天然气(亿立方米)	Natural Gas(10 000 cu. m)	68.06	68.00	68.06
原盐(万吨)	Salt(10 000 tons)	261.28	261.00	261.28
水泥(万吨)	Cement(10 000 tons)	1786.29	797.66	65.30
钢(万吨)	Steel(10 000 tons)	147.60	-	-
发电量(万千瓦小时)	Electricity(10 000 kwh)	5657429	1893652	873738
钾肥(实物量)(吨)	Agricultural Fertilizer of Nitrogen, Phosphorus and Potassium(ton)	6725855	6725855	6725855
规模以上工业综合能源消费量(万吨标准煤)	Comprehensive Energy Consumption of Industrial Enterprises above Designated Size(10 000 ton standard coal)	2018.38		642.50
规模以上工业综合能源消费量比上年增长(%)	Growth Rate of Comprehensive Energy Consumption of Industrial Enterprises above Designated Size(%)	7.55		4.48
规模以上工业单位增加值能耗(吨标准煤/万元)	Energy Consumption per 10 000 yuan Value Added of Industry (ton standard coal/10 000 yuan)	2.2909		1.3778
规模以上工业单位增加值能耗比上年增长(%)	Growth Rate of Energy Consumption per 10 000 yuan Value Added Enterprises above Designated Size(%)	-4.48		-5.62
固定资产投资	**Investment in Fixed Assets**			
全社会固定资产投资完成额(万元)	Total Investment in Fixed Assets in the Whole Country(10 000 yuan)	24038952	12379181	9415823
按资金来源分	Grouped by Sources of Funds			
#国家预算内资金	State Budget	4064167	2626612	2105738
国内贷款	Domestic Loans	5378895	2279211	2149900
债券	Bond	10851	851	851
利用外资	Foreign Investment	91248	41018	23827
自筹资金	Self-raising Funds	12409083	6474769	4500759
其他资金来源	Others	1906700	616155	356009
按区域划分的投资完成情况	Grouped by Area			
城镇固定资产投资	Urban Investment in Fixed Assets	20971968	9887340	8081813
房地产开发投资	Investment in Real Estate Development	2476138	368811	139618
#住宅	Residential Buildings	1597196	232041	76418
农村固定资产投资	Rural Investment in Fixed Assets	3066984	2473282	1334010
城镇新增固定资产	Urban New Increased Investment in Fixed Assets	8643729	6145380	4942215
贸易、旅游	**Trade and Tourism**			
社会消费品零售总额(万元)	Total Retail Sales of Consumer Goods (10 000 yuan)	5440816	1699188	1159535
城镇	City	4722551	1342923	1020902
乡村	Under County Level	718265	356265	138633

24−1 续表4 Continued

指标	Item	全省总计 Total Province	自治州县合计 Total Autonomous Prefectures and Counties	自治州合计 Total Autonomous Prefectures
旅游人数(万人次)	Number of Tourists(10 000 person-times)	1780.4	1605.6	800.8
旅游总收入(亿元)	Total Tourism Earnings(100 million yuan)	158.5	62.2	43.9
星级饭店个数(个)	Number of Star-rated Hotel(unit)	164	108	87
星级饭店客房总数(间)	Number of Rooms of Star-rated Hotels(unit)	14238	7736	6661
名胜风景区和文物保护区个数(个)	Number of Scenic Spots and Heritage Preservation District(unit)	79	69	44
劳动就业	**Employment**			
城镇非私营单位就业人员年末人数合计(万人)	Number of Employed Persons in Urban Units except Private Enterprises at Year-end (10 000 persons)	64.19	29.82	21.12
国有经济单位	State-owned Units	34.82	17.20	12.43
城镇集体经济单位	Urban Collective-owned Units	1.26	0.52	0.27
其他各种经济类型单位	Others	28.11	12.10	8.42
城镇非私营单位就业人员年平均人数合计(万人)	Annual Average Number of Empolyed Persons in Urban Units except Private Enterprises (10 000 persons)	64.30	29.90	21.06
国有经济单位	State-owned Units	34.45	17.23	12.38
城镇集体经济单位	Urban Collective-owned Units	1.27	0.56	0.28
其他各种经济类型单位	Others	28.58	12.11	8.40
城镇非私营单位就业人员工资总额合计(万元)	Total Wages of Employed Persons in Urban Units except Private Enterprises (10 000 yuan)	3304613.8	1616446.5	1209530.4
国有经济单位	State-owned Units	1909189.4	913204.5	673913.7
城镇集体经济单位	Urban Collective-owned Units	43462.8	21347.9	11701.1
其他各种经济类型单位	Others	1351961.6	681894.1	523915.6
农村居民最低生活保障人数(人)	Nmuber of Security Object to Minimum Living Allowance in Rural Areas(person)	402642	313900	175021
城镇居民最低生活保障人数(人)	Nmuber of Security Object to Minimum Living Allowance in Urban Areas(person)	225153	159721	116790
城镇职工医疗保险参保人数(人)	Number of Urban Staff and Workers Contributors on Basic Medical Care Insurance (person)	897072		223238
农村新型合作医疗参合人数(人)	Number of New Type of Rural Cooperative Medical Care(person)	3626685		1327546
财政、金融(万元)	**Government Finance and Financial Intermediation(10 000 yuan)**			
财政总收入	Government Revenue	13677527	5167017	4063333
其中：转移性收入	Transfer Income	4303605	1984044	1509976
地方公共财政预算收入	Public Budget Revenue of Local Government	2238586	802704	676817
财政总支出	Government Expenditure	13238725	5087895	3992987
公共财政预算支出	Public Financial Budget Expenditure	12278884	5040867	3947459
#农业支出	Expenditure for Agriculture	1596910	1116280	849072
教育支出	Expenditure for Education	1215055	757398	552655
金融机构人民币各项存款	Total RMB Deposits of Financial Institutions	41025422	12041703	9103387
#城乡储蓄存款年末余额	Balance of Urban and Rural Household Savings Deposits at Year-end	15041716	5032020	3392878
金融机构人民币各项贷款	Total RMB Loans of Financial Institutions	33981723	6496044	5036142

24-1 续表 5 Continued

指 标	Item	全省总计 Total Province	自治州县合计 Total Autonomous Prefectures and Counties	自治州合计 Total Autonomous Prefectures
城乡居民收入(元)	**Income of Urban and Rural Household(yuan)**			
城镇居民人均可支配收入	Annual Per Capita Disposable Income of Urban Households	19498.54	—	21054.78
城镇居民人均消费性支出	Annual Per Capita Consumption Expenditure of Urban Households	13539.50	—	15292.59
食品支出	Expenditure of Food	4777.10	—	5811.20
农牧民人均纯收入	Annual Per Capita Disposable Income of Rural Households	6196.39	5705.72	6266.26
农牧民人均消费性支出	Annual Per Capita Consumption Expenditure of Rural Households	6060.19	4997.55	5798.50
食品支出	Expenditure of Food	1872.00	2151.02	2472.72
教育、文化、卫生	**Education, Culture and Public Health**			
普通中学数(个)	Number of Regular Secondary Schools(unit)	365		124
小学数(个)	Number of Primary Schools(unit)	1250		520
普通中学专任教师数(人)	Full-time Teachers of Regular Secondary Schools(person)	23598		7686
小学专任教师数(人)	Full-time Teachers of Primary Schools(person)	26974		11554
普通中学在校学生数(人)	Total Enrollment of Regular Secondary Schools(person)	31.71		12
小学在校学生数(人)	Total Enrollment of Primary Schools(person)	47.46		20
学龄儿童入学率(%)	Net Enrollment Ratio of Primary Schools(%)	99.73		99.50
初中毕业生升学率(%)	Promotion Rate from Junior Secondary Schools to Senior Seconday Schools(%)	91.7		72.47
双语教育在校生数(人)	Total Enrollment of Bilingual Education(person)	215878		204460
体育场馆数(个)	Number of Stadium and Gymnasium(unit)	7		5
剧场、影剧院数(个)	Number of Theater(unit)	13		11
公共图书馆图书总藏书量(万册)	Collect Books of Public Libraries(10 000 volume)	316		103
电视节目人口综合覆盖率(%)	TV Coverage of Population(%)	96.93		94
广播节目人口综合覆盖率(%)	Radio Coverage of Population(%)	95.74		93.6
医疗、卫生机构数(个)	Number of Hospital and Health Center(unit)	1671		673
医疗、卫生机构床位数(张)	Number of Beds of Hospital and Health Center(unit)	29560		9364
医疗、卫生机构卫生技术人员数(人)	Number of Medical Technical Personnels of Hospital and Health Center(person)	32451		8540
#医生	Doctor	9445		2761
5岁以下儿童死亡率(‰)	Mortality Rate of Children under Five Years(‰)	15.19		
婴儿死亡率(‰)	Infant Mortality Rate(‰)	12.21		

第 25 篇

CHAPTER 25

各县主要经济指标

Main Economic Indicators of Counties

25-1 县(市)基本情况(2013年)
Basic Conditions of Counties(Cities)(2013)

地区	Region	行政区域土地面积(万平方公里) Administrative Areas (10 000sq.km)	乡个数(个) Number of Townships(unit)	镇个数(个) Number of Town Governments(unit)	街道办事处个数(个) Number of Street Communities (unit)
城东区	Chengdong District			2	7
城中区	Chengzhong District			1	7
城西区	Chengxi District			1	5
城北区	Chengbei District			2	3
大通县	Datong County	0.32	11	9	
湟中县	Huangzhong County	0.26	5	10	
湟源县	Huangyuan County	0.15	7	2	
乐都区	Ledu District	0.25	12	7	
平安县	Ping'an County	0.07	5	3	
民和县	Minhe County	0.19	14	8	
互助县	Huzhu County	0.34	11	8	
化隆县	Hualong County	0.27	11	6	
循化县	Xunhua County	0.18	6	3	
门源县	Menyuan County	0.64	8	4	
祁连县	Qilian County	1.40	4	3	
海晏县	Haiyan County	0.45	4	1	
刚察县	Gangcha County	0.96	3	2	
同仁县	Tongren County	0.32	10	1	
尖扎县	Jianzha County	0.16	6	3	
泽库县	Zeku County	0.67	5	2	
河南县	Henan County	0.67	4	1	
共和县	Gonghe County	1.66	7	4	
同德县	Tongde County	0.46	3	2	
贵德县	Guide County	0.36	3	4	
兴海县	Xinghai County	1.22	4	3	
贵南县	Guinan County	0.65	3	3	
玛沁县	Maqin County	1.34	6	2	
班玛县	Banma County	0.64	8	1	
甘德县	Gande County	0.71	6	1	
达日县	Dari County	1.45	9	1	
久治县	Jiuzhi County	0.83	5	1	
玛多县	Maduo County	2.45	2	2	
玉树市	Yushu City	1.54	6	3	4
杂多县	Zaduo County	3.55	7	1	
称多县	Chengduo County	1.46	2	5	
治多县	Zhiduo County	8.07	5	1	
囊谦县	Nangqian County	1.21	9	1	
曲麻莱县	Qumalai County	4.66	5	1	
格尔木市	Geermu City	11.92	2	2	5
德令哈市	Delingha City	2.78	1	3	3
乌兰县	Wulan County	1.23		4	
都兰县	Dulan County	4.52	4	4	
天峻县	Tianjun County	2.55	7	3	
茫　崖	Mang'ai Executive Council	3.23		2	
大柴旦	Dachaidan Executive Council	2.09		2	
冷　湖	Lenghu Executive Council	1.75		1	

25-2 县(市)主要经济社会指标(2013年)

指 标	Item	城东区 Chengdong District	城中区 Chengzhong District
人口与就业	**Population and Employment**		
常住户数(户)	Total Population at Year-end(household)	80700	80132
户籍人口(万人)	Household Register Population(10 000 persons)	25.26	23.96
#农业户籍人口	Agricultural Household Register Population(10 000 persons)	0.77	1.59
第一产业从业人员(人)	Number of Employed Persons of the Primary Industry(person)	285	7594
第二产业从业人员(人)	Number of Employed Persons of the Secondary Industry(person)	31781	14145
第三产业从业人员(人)	Number of Employed Persons of the Tertiary Industry(person)	61567	31501
综合经济	**Comprehensive Economic**		
地区生产总值(万元)	**Gross Domestic Product(10 000 yuan)**	**1665199**	**1503386**
第一产业增加值	Value-added of the Primary Industry	1092	10843
农业	Agriculture	400	3288
牧业	Animal Husbandry	662	6604
第二产业增加值	Value-added of the Secondary Industry	966991	441407
工业	Industry	835341	340654
第三产业增加值	Value-added of the Tertiary Industry	697116	1051136
财政、金融	**Government Finance and Financial Intermediation**		
公共财政收入(万元)	Public Financial Revenues(10 000 yuan)	50209	47678
各项税收	Taxes	48381	44568
公共财政支出(万元)	Public Financial Expenditures(10 000 yuan)	149969	150884
#农林水事务支出	Expenditures for Agriculture,Forestry and Water Conservancy	3788	12304
科学技术支出	Expenditures for Science and Technology	1114	1022
医疗卫生支出	Expenditures for Medical and Health Care	7032	5689
教育支出	Expenditures for Education	24780	14760
财政供养人员(人)	Financial Dependents(person)	5279	3570
财政供养人员全年工资总额(万元)	Total Wages of Financial Dependents(10 000 yuan)	15526	17000
年末金融机构各项存款余额(万元)	Deposits of Financial Institutions at Year-end(10 000 yuan)		
居民储蓄存款余额	Urban and Rural Household Savings Deposits		
年末金融机构各项贷款余额(万元)	Loans of Financial Institutions at Year-end(10 000 yuan)		

Main Economic Indicators of Counties(Cities)(2013)

城西区 Chengxi District	城北区 Chengbei District	大通县 Datong County	湟中县 Huangzhong County	湟源县 Huangyuan County	乐都区 Ledu District	平安县 Ping'an County	民和县 Minhe County	互助县 Huzhu County	化隆县 Hualong County
68881	71718	123198	137057	42311	93735	43410	112554	113485	78028
21.62	21.87	46.00	48.06	13.48	29.11	12.75	43.58	39.61	29.81
0.59	2.89	31.20	32.06	7.56	16.32	7.75	29.08	23.30	24.84
210	4131	84655	108745	46446	54392	17069	78382	98553	71845
30567	34331	26307	17318	1251	2632	3189	3245	6185	426
60506	17989	15045	10768	5097	9843	9904	10828	10999	5891
1780284	**1931816**	**1091575**	**1600942**	**212112**	**680929**	**511685**	**628902**	**856833**	**457378**
1005	15778	130910	156144	45189	111238	40066	96083	174148	58742
8	11401	54276	91096	19604	72453	28236	62080	110801	31785
861	3778	74167	63790	24655	35319	10566	30262	59607	23514
171008	1376726	798280	1291682	98928	330772	269738	344437	412984	311949
13603	1278230	713194	1145719	80780	252822	202608	267617	323016	280654
1608271	539312	162385	153116	67995	238919	201881	188382	269701	86687
92492	47052	50182	13689	9687	23867	17232	30490	28781	9679
92492	43389	45184	11087	7529	19543	16014	22467	23950	8319
161522	93476	292519	275093	129264	227591	135071	248699	266020	163011
5178	17730	80936	64395	35505	59870	32947	53864	65276	38425
1520	1013	1269	509	294	3019	429	552	477	276
7165	6595	34766	35733	12482	22403	8169	32140	28912	17465
27531	11297	53945	60685	15955	43454	18906	53300	53046	24589
3692	3800	12452	10019	7015	11082	6147	11678	13637	8709
16991	16000	63476	57246	32127	52200	31872	56244	67980	46008
		1057236	645602	344778	725908	909807	544193	723886	295875
		580831	415960	202175	479492	407752	327412	389160	152158
		852825	353908	141947	398033	575315	197193	197275	118552

25−2 续表 1

指 标	Item	城东区 Chengdong District	城中区 Chengzhong District
农业	**Agriculture**		
生产条件	Condition for Agricultural Production		
耕地面积(公顷)	Cultivated Land(hectare)	376.7	137.3
设施农业占地面积(公顷)	Facility Agriculture Area(hectare)	14.7	19.3
农业机械总动力(万千瓦特)	Total Power of Agriculture Machinery(10000 KW)	0.5	2.2
化肥使用量(折纯量)(吨)	Consumption of Chemical Fertilizers(ton)	32.0	460.1
农药使用量(吨)	Consumption of Agricultural Chemical(ton)	0.5	4.8
地膜使用量(吨)	Consumption of Plastic Film(ton)	1.1	8.8
有效灌溉面积(公顷)	Effective Irrigated Area(hectare)	283.2	127.6
机电井数(眼)	Number of Electromechanical Wells(unit)		
机收面积(公顷)	Mechanical Harvesting Area(hectare)		
农作物播种面积(公顷)	Sown Area(hectare)	178.9	2054.8
粮食作物播种面积(公顷)	Grain Crops Sown Area(hectare)	72.9	986.7
良种播种面积	Picked Seeds Sown Area		
小麦	Wheat	72.9	673.3
玉米	Corn		
大豆	Soybean		
油料播种面积	Oil-bearing Crops	58.9	513.3
蔬菜播种面积	Vegetables	47.1	554.8
农产品产量	Output of Farm Products		
粮食总产量(吨)	Grain(ton)	350	4521
小麦	Wheat	350	3211
玉米	Corn		
大豆	Soybean		
油料产量(吨)	Oil-bearing Crops	218	1875
园林水果产量(吨)	Fruits		
肉类总产量(吨)	Output of Meat	412	1696
#猪肉产量	Pork	232	1065
年末生猪存栏(头)	Hogs Herds at Year-end(head)	2100	8100
年末牛存栏(头)	Cattle Herds at Year-end(head)	200	3700
年末羊存栏(只)	Sheep and Goats Herds at Year-end(head)	3200	3100
禽蛋产量(吨)	Output of Poultry Eggs	30	93
奶类产量(吨)	Output of Milk	490	5380
蔬菜产量(吨)	Output of Vegetables	1197	18000
水产品产量(吨)	Output of Aquatic Products		89

Continued

城西区 Chengxi District	城北区 Chengbei District	大通县 Datong County	湟中县 Huangzhong County	湟源县 Huangyuan County	乐都区 Ledu District	平安县 Ping'an County	民和县 Minhe County	互助县 Huzhu County	化隆县 Hualong County
151.2	2874.4	54785.7	68892.4	20929.4	34946.2	12331.5	47307.5	70444.8	48327.8
13.3	467.0	1757.5	831.9	96.9	966.7	203.6	256.7	516.7	135.5
0.8	4.0	44.8	61.3	14.7	23.0	7.4	43.2	45.9	20.7
11.6	563.8	9013.0	12788.0	2756.0	5685.0	3029.0	8736.0	8639.0	3718.0
0.0	9.5	297.8	345.0	46.0	80.5	49.8	266.6	297.8	53.4
	0.2	253.3	278.9	31.3	1048.5	351.7	2660.8	73.5	333.8
69.8	2645.2	11407.3	14433.1	6807.8	11151.6	3454.1	10382.9	11442.9	6701.6
		12.0		15.0					
	13.3	13383.3	17824.0	2866.7	2756.7	993.3	11083.5	10000.0	2608.0
44.9	2088.1	47263.9	54932.5	15406.7	27211.8	19460.0	44524.9	57729.6	36792.1
	487.3	20112.9	27728.3	7600.0	14002.3	11123.5	34389.9	29383.5	18200.0
	462.6	11592.8	11832.7	1466.7	1556.3	4670.7	4759.7	8211.1	6093.3
			13.3		53.3		22630.1		
	483.9	15775.4	13663.2	1866.7	3334.1	5268.7	5336.7	23069.0	17133.3
0.9	914.6	8105.9	8790.3	3130.0	9324.1	1614.7	3540.3	5011.9	1005.4
	2326	86316	115281	26942	56227	48020	212702	112616	69732
	2220	44424	45438	5940	4948	19308	22433	28955	30290
			36		376		165967		
	1358	41612	39169	3856	6978	12019	11373	66785	26986
		757	513	8	954	98	4617		919
374	1670	28458	28307	10940	23832	5746	14967	30040	7604
273	1230	14122	14563	3352	19870	3425	8288	22500	2917
12200	14300	119200	183000	51700	188600	48800	77800	306400	21100
400	1300	135500	125800	47400	33600	14900	38600	26700	53100
2100	26500	184900	385000	254500	98600	64300	332400	286200	292500
400	1074	2486	2933	1611	5055	954	2017	2940	291
40	1063	46779	73586	14755	4816	5575	11735	7965	3489
9	25476	299367	311513	105508	322722	54437	107200	113058	33083
		96			94	107	44	82	390

25-2 续表 2

指　标	Item	城东区 Cheng dong District	城中区 Cheng zhong District
工业及建筑业	**Industry and Construction**		
规模以上工业企业个数(个)	Number of Industrial Enterprises above Designated Size(unit)	53	26
规模以上工业总产值(万元)	Gross Industrial Output Valueof Industrial Enterprises above Designated Size(10 000 yuan)	2066262	1012904
规模以上工业企业从业人员年平均数(人)	Average Number of Employed Personsof Industrial Enterprises above Designated Size(person)	10632	14088
规模以上工业企业主营业务收入(万元)	Revenue from Principal Business of Industrial Enterprises above Designated Size(10 000 yuan)	2047578	869949
建筑业企业个数(个)	Number of Construction Enterprises(unit)	43	57
交通、通讯与能源	**Transport，Postal，telecommunication and Energy**		
公路里程(公里)	Length of Highways(km)	186.0	134.0
民用汽车拥有量(辆)	Possession of Civil Vehicles(unit)	63351	61813
年末公交车路数(路)	Number of Bus Routes at Year-end(unit)		
年末实有公共汽(电)车营运车辆数(辆)	Number of Actual Buses or Trolleybuses Operating Vehicles at Year-end(unit)	1045	246
年末实有出租汽车数(辆)	Number of Actual Taxies at Year-end(unit)	2653	1440
固定电话用户(户)	Number of Subscribers of Fixed Telephone at Year-end(subscriber)	120580	129320
移动电话用户(户)	Number of Mobile Telephone Subscribers(subscriber)	385238	430055
互联网宽带接入用户(户)	Number of Internet Users(subscriber)	61544	71286
全社会用电量(万千瓦时)	Electricity Consumption(10 thousand kwh)		
居民生活用电量	Residential Electricity Consumption		
贸易、外经、旅游	**Domestic Trade,Foreign Trade and Tourism**		
社会消费品零售总额(万元)	Total Retail Sales of Consumer Goods (10 000 yuan)		
出口总额(万美元)	Total Exports(USD 10 000)		
当年实际使用外资金额(万美元)	Amount of Foreign Capital Actually Utilized in the Year(USD 10 000)		
星级饭店客房总数(间)	Numbers of Rooms of Star Grade Hotel(unit)		
固定资产投资	**Investment in Fixed Assets**		
固定资产投资(万元)	Total Investment in Fixed Assets(10 000 yuan)	2187934	1003619
新增固定资产投资(万元)	Newly Increased Investment in Fixed Assets(10 000 yuan)	961644	634418
房地产开发投资(万元)	Investment Completed of Enterprises for Real Estate Development(10 000 yuan)	383167	578179
#住宅	Residential Buildings	229101	411663
住宅竣工面积(万平方米)	Floor Space of Residential Buildings Completed(10 000 sq.m)	84.2	73.6

Continued

城西区 Chengxi District	城北区 Chengbei District	大通县 Datong County	湟中县 Huangzhong County	湟源县 Huangyuan County	乐都区 Ledu District	平安县 Ping'an County	民和县 Minhe County	互助县 Huzhu County	化隆县 Hualong County
3	63	29	44	9	21	14	17	26	13
23864	2001000	1841180	3425040	220334	693102	206611	440190	652388	354139
1382	24185	25025	19657	3678	4317	1506	4794	5115	2159
27133	1361154	1990350	2833186	226680.9	470544	174585	422301	500356	416178
135	57	11	6	5	8	12	13	6	3
156.0	182.0	3622.0	1126.0	439.0	1389.8	378.3	1875.0	1922.9	1811.0
78843	53652	20648	16921	10535	23920	21334	21746	22470	16936
		15	31	25	8	6	5	11	
119	475	272	379	145	162	53	62	40	
1423		228	57	251	337	384	210	263	140
171598	138112	43698	34734	21863	21809	20671	22100	18927	10334
578475	465981	202595	174676	125492	243953	173130	300838	311819	141274
94536	76119	22746	18549	12416	12933	9976	8234	11727	3895
		1639893.6	2162403.9	267282.9	306837.0	65749.4	463809.2	159659.4	113482.6
		11591.3	9616.5	3911.4	6008.9	4874.7	7405.3	7331.6	3531.2
					126735.8	108103	164463	114225	58492
									202
1403891	1505550	582736	2271394	299313	856807	817097	878383	920512	326037
847214	399216	509645	925264	223972	390055	132645	427747	673462	143160
821364	156706	8821	4650		90795	72466	144741	45587	22544
469468	122261	7922	4220		80406	48036	97820	22292	20089
238.9	18.1	6.3			6.5	18.3	22.4		2.6

25-2 续表 3

指 标	Item	城东区 Chengdong District	城中区 Chengzhong District
教育、科技、文化、卫生	**Education，Science and Technology，Cultureand Public Health**		
普通中学(所)	Number of Regular Secondary Schools(unit)	13	13
中等职业教育学校(所)	Number of Secondary Vocational Education Schools(unit)	2	3
小学数(所)	Number of Primary Schools(unit)	19	28
普通中学专任教师数(人)	Number of Full-time Teachers in Regular Secondary Schools(person)	1059	1095
小学专任教师数(人)	Number of Full-time Teachers in Primary Schools(person)	1088	1022
普通中学在校学生数(人)	Number of Students Enrollment in Regular Secondary Schools(person)	14906	15881
小学在校学生数(人)	Number of Students Enrollment in Primary Schools(person)	23496	19588
专业技术人员(人)	Number of Scientific and Technical Personnel(person)	1400	1305
#农业技术人员	Number of Agriculture Scientific and Technical Personnel(person)	83	77
全年专利授权数(件)	Number of Patent Granted(unit)	80	98
公共图书馆图书总藏量(千册)	Total Collections of Public Libraries(1000 volumes)	15	150
剧场、影剧院个数(个)	Number of Theaters and Cinemas(unit)		4
体育场馆数(个)	Number of Stadiums and Gymnasiums(unit)	2	3
医疗卫生机构床位数(床)	Number of Beds in Hospitals and Health Centers(unit)	4329	4293
医疗卫生机构技术人员(人)	Number of Technical Personnel in Hospitals and Health Centers(person)	5173	4915
#执业(助理)医师	Number of Certified (Assistant) Doctors	1816	1950
人民生活	**People's Living Conditions(yuan)**		
居民人均可支配收入(元)	Per Capita Disposable Income(yuan)		
居民人均消费支出(元)	Per Capita Consumption Expenditure(yuan)		
城镇居民人均可支配收入(元)	Per Capita Disposable Income of Urban Households(yuan)		
农村居民人均纯收入(元)	Per Capita Net Income of Rural Households(yuan)	13660	8663
社会保障	**Social Security**		
各种社会福利收养性单位数(个)	Number of Social Welfare and Salvation Institutions(unit)		2
各种社会福利收养性单位床位数(张)	Number of Beds of Social Welfare and Salvation Institutions(unit)		620
城镇基本养老保险参保人数	Number of Persons Participated in Basic Pension Insurance	72441	77116
城镇基本医疗保险参保人数	Number of Persons Participated in Basic Medical Care Insurance		
失业保险参保人数	Number of Persons Participated in Unemployment Insurance	21212	19539
新型农村合作医疗参保人数	New Rural Cooperative Medical Service Contributors	33990	38922
新型农村社会养老保险参保人数	New Rural Basic Social Pension Insurance Contributors	17503	4469
城镇居民最低生活保障人数	Number of Persons Receiving Minimum Living Allowance in Urban Areas	10506	10480
农村居民最低生活保障人数	Number of Persons Receiving Minimum Living Allowance in Rural Areas	1575	2133
资源与环境	**Resources and Environment**		
森林面积(公顷)	Area of Forest(hectare)	1772.7	1954.2
自然保护区面积(公顷)	Area of Afforestation(hectare)		
工业二氧化硫排放量(吨)	Volume of Industrial Sulfur Dioxide Emissions(ton)	156.8	91.0
氮氧化物排放量(吨)	Volume of Nitrogen Oxides Emission(ton)	174.5	33.7
烟(粉尘)排放量(吨)	Volume of Soot Emission(ton)	261.9	107.6
污水处理厂数(座)	Number of Sewage Treatment Works (unit)	2	1
污水处理厂集中处理率(%)	Centralized Treatment Rate of Sewage Treatment Works(%)	99.04	92
垃圾处理站数(个)	Number of Waste Disposal Station (unit)	10	27

Continued

城西区 Chengxi District	城北区 Chengbei District	大通县 Datong County	湟中县 Huangzhong County	湟源县 Huangyuan County	乐都区 Ledu District	平安县 Ping'an County	民和县 Minhe County	互助县 Huzhu County	化隆县 Hualong County
10	14	33	40	13	13	10	34	26	8
4	3	2	4	1	1	1	1	1	1
13	15	23	58	25	31	39	127	174	133
1239	936	2213	1960	677	1331	981	1946	1949	554
866	720	1907	1756	626	1593	707	1941	1741	1022
18313	11943	25054	25088	7563	16120	9000	24031	24541	7000
17692	14043	35782	33822	8598	18155	8671	31982	26014	22793
5138	1188	8329	8040	3747	4862	2389	5731	6107	3369
305	70	496	477	222	160	370	105	638	206
105	102	11	19	8					
1310		166	88	35	102	36	68	80	95
4	1						1		
2	1	1	2	1	1		1	1	
2783	1266	1745	936	533	860	652	1176	843	697
3777	1227	1652	1169	633	1138	454	886	1010	520
1412	428	673	459	265	440	275	375	466	182
14072	13643	9362	8064	6544	6515	6549	5839	6734	5854
	2	5	5	5	3	2	4	4	2
	116	162	419	410	190	180	250	440	310
65700	64184	23317	9089	5594	14627	11026	11846	10784	7710
		20119	15951	6208	21904	21978	14061	18161	21167
57042	35770	18921	10468	3332	7574	6161	8292	10529	4883
18060	61235	352596	412815	99257	215271	82378	336628	342958	199456
10103	26796	232713	262379	59317	130907	52776	189137	199500	118672
4772	8667	13960	7584	7367	9867	6189	10328	4215	8530
776	1965	33220	41511	10780	24300	5900	37100	38400	25200
1306.3	1260.6	141556.1	113311.0	55620.2	91071.4	21895.8	60005.7	119957.3	32904.7
		107870.0							
7.9	10348.3	33636.6	27354.1	244.2	3863.9	1635.0	6758.6	3878.5	1345.9
11.3	2088.5	44917.1	5937.2	87.4	3276.9	647.7	1542.7	4594.3	120.0
4.2	5358.2	25432.4	15567.2	6033.2	3368.7	5012.3	23965.4	12619.2	1616.5
1		1	1	1	1	1	1	1	
97.84	92	92	62.45	78.38					
4	27				1	1	1	1	1

25-2 续表 4

指 标	Item	循化县 Xunhua County	门源县 Menyuan County
人口与就业	**Population and Employment**		
常住户数(户)	Total Population at Year-end(household)	43126	47838
户籍人口(万人)	Household Register Population(10 000 persons)	15.4793	15.9552
#农业户籍人口	Agricultural Household Register Population(10 000 persons)	12.651	12.9252
第一产业从业人员(人)	Number of Employed Persons of the Primary Industry(person)	21835	30943
第二产业从业人员(人)	Number of Employed Persons of the Secondary Industry(person)	670	689
第三产业从业人员(人)	Number of Employed Persons of the Tertiary Industry(person)	5325	6585
综合经济	**Comprehensive Economic**		
地区生产总值(万元)	**Gross Domestic Product(10 000 yuan)**	**203280**	**318992**
第一产业增加值	Value-added of the Primary Industry	40821	68552
农业	Agriculture	23018	28571
牧业	Animal Husbandry	16674	38153
第二产业增加值	Value-added of the Secondary Industry	83421	144874
工业	Industry	52787	95129
第三产业增加值	Value-added of the Tertiary Industry	79038	105566
财政、金融	**Government Finance and Financial Intermediation**		
公共财政收入(万元)	Public Financial Revenues(10 000 yuan)	6755	10896
各项税收	Taxes	5948	10004
公共财政支出(万元)	Public Financial Expenditures(10 000 yuan)	123159	136411
#农林水事务支出	Expenditures for Agriculture,Forestry and Water Conservancy	28706	31607
科学技术支出	Expenditures for Science and Technology	148	1588
医疗卫生支出	Expenditures for Medical and Health Care	12067	15098
教育支出	Expenditures for Education	19863	22144
财政供养人员(人)	Financial Dependents(person)	6376	4827
财政供养人员全年工资总额(万元)	Total Wages of Financial Dependents(10 000 yuan)	29952	28639
年末金融机构各项存款余额(万元)	Deposits of Financial Institutions at Year-end(10 000 yuan)	317126	279050
居民储蓄存款余额	Urban and Rural Household Savings Deposits	191336	137716
年末金融机构各项贷款余额(万元)	Loans of Financial Institutions at Year-end(10 000 yuan)	94057	96798

Continued

祁连县 Qilian County	海晏县 Haiyan County	刚察县 Gangcha County	同仁县 Tongren County	尖扎县 Jianzha County	泽库县 Zeku County	河南县 Henan County	共和县 Gonghe County	同德县 Tongde County	贵德县 Guide County
16693	12515	16056	31461	22094	21838	11726	44555	17532	35697
5.1237	3.6221	4.5607	9.5854	6.0108	7.3281	3.8818	13.4987	6.0313	10.9322
3.7039	1.9662	3.0402	6.691	4.2444	6.4938	2.913	8.7622	4.7901	8.6804
15307	7343	10272	26542	16034	27837	14967	35384	23556	18260
361	3125	315	1004	1227	7	247	2925	48	257
3471	7290	3023	3841	3519	2289	6343	9556	2796	3896
180555	**373922**	**249135**	**207165**	**219383**	**119740**	**118388**	**404692**	**117861**	**299827**
43011	16288	38669	40553	19911	69369	62037	71249	62069	26935
2496	1646	4454	17761	6057	7192	1748	7857	11344	14222
39315	14301	33046	368	12232	60119	59561	53025	49668	11158
91183	278754	163735	33423	163223	23262	29549	195624	29398	214295
58648	246416	138853	10592	141479	6957	13580	125612	2442	176925
46361	78880	46731	133189	36249	27109	26802	137819	26394	58597
8701	24220	14043	4561	17500	1643	1899	13525	3471	15005
6583	15069	9011	3252	5678	1124	1271	20528	2603	10680
113579	175675	109070	120482	85566	95147	93836	266653	102300	140055
33320	33034	29663	24053	19056	22949	24787	63777	30969	37510
1152	1896	1329	353	1005	810	1149	1429	325	695
8598	15514	8062	7785	6412	6030	5282	35258	5603	7215
14016	25416	13362	27678	15288	17626	12077	43152	15980	25841
2742	6739	2790	4120	4600	2615	2377	10332	2950	4956
16790	30182	16851	28551	19644	22685	14880	62293	18695	26552
154430	376365	163520	392843	175083	103792	118085	582756	137395	284345
77792	99068	49103	130697	83010	26577	31132	220608	47033	152911
64941	116123	58438	95743	67718	48342	44373	299688	57912	79399

25-2 续表 5

指 标	Item	循化县 Xunhua County	门源县 Menyuan County
农业	**Agriculture**		
生产条件	Condition for Agricultural Production		
耕地面积(公顷)	Cultivated Land(hectare)	11387.1	42123.4
设施农业占地面积(公顷)	Facility Agriculture Area(hectare)	100.7	8.5
农业机械总动力(万千瓦特)	Total Power of Agriculture Machinery(10000 KW)	9.4	33.0
化肥使用量(折纯量)(吨)	Consumption of Chemical Fertilizers(ton)	3800.0	7637.0
农药使用量(吨)	Consumption of Agricultural Chemical(ton)	91.3	146.0
地膜使用量(吨)	Consumption of Plastic Film(ton)	273.6	5.4
有效灌溉面积(公顷)	Effective Irrigated Area(hectare)	5956.2	2497.2
机电井数(眼)	Number of Electromechanical Wells(unit)		
机收面积(公顷)	Mechanical Harvesting Area(hectare)	2666.7	26957.9
农作物播种面积(公顷)	Sown Area(hectare)	16505.8	40325.1
粮食作物播种面积(公顷)	Grain Crops Sown Area(hectare)	7754.1	11037.0
良种播种面积	Picked Seeds Sown Area		
小麦	Wheat	4353.1	230.8
玉米	Corn	348.9	
大豆	Soybean		
油料播种面积	Oil-bearing Crops	4670.5	20926.4
蔬菜播种面积	Vegetables	4014.5	387.9
农产品产量	Output of Farm Products		
粮食总产量(吨)	Grain(ton)	33058	37715
小麦	Wheat	21061	9435
玉米	Corn	2897	
大豆	Soybean		
油料产量(吨)	Oil-bearing Crops	7219	36735
园林水果产量(吨)	Fruits	669	
肉类总产量(吨)	Output of Meat	5426	14187
#猪肉产量	Pork	713	3605
年末生猪存栏(头)	Hogs Herds at Year-end(head)	4000	21500
年末牛存栏(头)	Cattle Herds at Year-end(head)	63500	115100
年末羊存栏(只)	Sheep and Goats Herds at Year-end(head)	212600	461300
禽蛋产量(吨)	Output of Poultry Eggs	435	360
奶类产量(吨)	Output of Milk	5648	11274
蔬菜产量(吨)	Output of Vegetables	80900	8614
水产品产量(吨)	Output of Aquatic Products	441	5

Continued

祁连县 Qilian County	海晏县 Haiyan County	刚察县 Gangcha County	同仁县 Tongren County	尖扎县 Jianzha County	泽库县 Zeku County	河南县 Henan County	共和县 Gonghe County	同德县 Tongde County	贵德县 Guide County
3260.7	4016.0	7206.3	9441.5	6616.0	3963.8		22599.5	11531.0	14998.1
	8.0		5.1	34.1	2.7		79.9	30.7	52.1
5.2	2.0	2.7	5.5	6.8	2.0		17.1	4.6	10.5
382.1	191.0	972.0	759.9	470.5	115.2		3036.6	1775.0	1866.0
10.5	0.3	0.9	8.4	3.6			60.0	16.5	29.0
3.1	0.3			5.0			4.2	0.3	17.1
1233.9	1532.5	7206.3	3181.2	3423.9			16489.1	2606.2	10965.3
							188.0		8.0
1333.3	1200.0	6780.1	838.7	426.7	1702.5		24866.8	8960.8	3277.6
2079.1	2648.0	8657.0	7257.2	4273.1	5887.0		31145.9	11544.1	14776.0
887.2	1445.7	482.3	4286.0	3599.3			18234.6	6900.8	6507.9
61.7	79.0		2084.8	2522.7			2830.1	1322.0	4740.1
				33.3			18.7		491.5
684.1	719.4	6297.7	1671.1	408.5	2571.3		9401.1	1997.0	3522.1
11.0	7.0		112.4	182.7	2.7		108.6	41.3	1945.5
2059	3734	1214	15147	14236			34502	14299	29750
185	265		7388	11166			8438	5215	21903
				165			126		3445
821	950	8862	4107	853	1930		12401	1989	8528
			329	986			205	25	2895
15345	6523	11695	7306	2695	16543	17714	15690	9404	5577
41	296	32	218	440			803	269	1433
100	3800	500	400	4000			15900	2400	9300
165200	42200	184400	54300	31500	112300	285800	112900	160100	30000
1001600	467000	876000	270200	165000	595500	400100	1387200	730500	357700
30	77			108			354		402
12347	4197	14582	6499	2426	19865	19766	10796	11957	2298
112	190		4614	4398	5		3568	595	32990
				262			3800		112

25−2 续表 6

指 标	Item	循化县 Xunhua County	门源县 Menyuan County
工业及建筑业	**Industry and Construction**		
规模以上工业企业个数(个)	Number of Industrial Enterprises above Designated Size(unit)	10	12
规模以上工业总产值(万元)	Gross Industrial Output Valueof Industrial Enterprises above Designated Size(10 000 yuan)	82956	137101
规模以上工业企业从业人员年平均数(人)	Average Number of Employed Personsof Industrial Enterprises above Designated Size(person)	1350	891
规模以上工业企业主营业务收入(万元)	Revenue from Principal Business of Industrial Enterprises above Designated Size(10 000 yuan)	51817	125518
建筑业企业个数(个)	Number of Construction Enterprises(unit)	6	4
交通、通讯与能源	**Transport，Postal，telecommunication and Energy**		
公路里程(公里)	Length of Highways(km)	908.9	1512.9
民用汽车拥有量(辆)	Possession of Civil Vehicles(unit)	8030	1753
年末公交车路数(路)	Number of Bus Routes at Year-end(unit)		18
年末实有公共汽(电)车营运车辆数(辆)	Number of Actual Buses or Trolleybuses Operating Vehicles at Year-end(unit)		230
年末实有出租汽车数(辆)	Number of Actual Taxies at Year-end(unit)	766	
固定电话用户(户)	Number of Subscribers of Fixed Telephone at Year-end(subscriber)	12367	9527
移动电话用户(户)	Number of Mobile Telephone Subscribers(subscriber)	83667	105622
互联网宽带接入用户(户)	Number of Internet Users(subscriber)	3500	6365
全社会用电量(万千瓦时)	Electricity Consumption(10 thousand kwh)	8076.8	20746.6
居民生活用电量	Residential Electricity Consumption	2706.4	2886.7
贸易、外经、旅游	**Domestic Trade,Foreign Trade and Tourism**		
社会消费品零售总额(万元)	Total Retail Sales of Consumer Goods (10 000 yuan)	58568	65561
出口总额(万美元)	Total Exports(USD 10 000)	824	
当年实际使用外资金额(万美元)	Amount of Foreign Capital Actually Utilized in the Year(USD 10 000)		
星级饭店客房总数(间)	Numbers of Rooms of Star Grade Hotel(unit)		
固定资产投资	**Investment in Fixed Assets**		
固定资产投资(万元)	Total Investment in Fixed Assets(10 000 yuan)	255690	334202
新增固定资产投资(万元)	Newly Increased Investment in Fixed Assets(10 000 yuan)	74510	244313
房地产开发投资(万元)	Investment Completed of Enterprises for Real Estate Development(10 000 yuan)	7500	500
#住宅	Residential Buildings	7500	
住宅竣工面积(万平方米)	Floor Space of Residential Buildings Completed(10 000 sq.m)		

Continued

祁连县 Qilian County	海晏县 Haiyan County	刚察县 Gangcha County	同仁县 Tongren County	尖扎县 Jianzha County	泽库县 Zeku County	河南县 Henan County	共和县 Gonghe County	同德县 Tongde County	贵德县 Guide County
9	13	3		4		1	14	1	3
99727	471262	259712		76970		2837	136240	5148	25351
670	3507	351		383		37	1513	20	185
98479	513128	249752		74536		2837	123058	5148	23063
2	4	1	8	3		1	11		2
1883.0	1045.0	1986.7	989.5	697.7	1294.6	1433.5	3252.9	1401.4	1414.0
1024	2223	572	9654	2175	3829	4057	7967	1927	2940
2	1	8	3				12		9
107	5	15	30				35		29
35	150	126	235	69	50	115	113	66	170
4010	12543	3551	9609	3774	933	1400	13984	2209	8182
43475	67169	49753	115673	53745	44934	39381	173704	63536	115739
3049	4080	3910	7624	2839	840	1472	22415	1930	4425
6630.0	73842.0	14414.5	7879.2	64145.0	1331.4	2096.3	56323.7	3664.6	9422.3
1364.8	1684.9	1072.8	2728.2	1263.7	345.3	554.0	3698.4	1276.4	3137.2
33090	24108	26146	24400	11714	12115	9268	100035	11820	39322
1025									
220999	221876	206582	164179	162690	105300	105037	641694	129043	270917
197583	136456	136527	133361	104315	890	31154	228943	67231	167626
5150							4997	1030	
3990							2100	245	
1.36									

25-2 续表 7

指 标	Item	循化县 Xunhua County	门源县 Menyuan County
教育、科技、文化、卫生	**Education，Science and Technology，Cultureand Public Health**		
普通中学(所)	Number of Regular Secondary Schools(unit)	9	5
中等职业教育学校(所)	Number of Secondary Vocational Education Schools(unit)	2	1
小学数(所)	Number of Primary Schools(unit)	62	13
普通中学专任教师数(人)	Number of Full-time Teachers in Regular Secondary Schools(person)	408	389
小学专任教师数(人)	Number of Full-time Teachers in Primary Schools(person)	692	673
普通中学在校学生数(人)	Number of Students Enrollment in Regular Secondary Schools(person)	5302	10289
小学在校学生数(人)	Number of Students Enrollment in Primary Schools(person)	14776	14171
专业技术人员(人)	Number of Scientific and Technical Personnel(person)	3067	1863
#农业技术人员	Number of Agriculture Scientific and Technical Personnel(person)	483	128
全年专利授权数(件)	Number of Patent Granted(unit)		
公共图书馆图书总藏量(千册)	Total Collections of Public Libraries(1000 volumes)	63	42
剧场、影剧院个数(个)	Number of Theaters and Cinemas(unit)		
体育场馆数(个)	Number of Stadiums and Gymnasiums(unit)	1	2
医疗卫生机构床位数(床)	Number of Beds in Hospitals and Health Centers(unit)	661	244
医疗卫生机构技术人员(人)	Number of Technical Personnel in Hospitals and Health Centers(person)	607	354
#执业(助理)医师	Number of Certified (Assistant) Doctors	138	37
人民生活	**People's Living Conditions(yuan)**		
居民人均可支配收入(元)	Per Capita Disposable Income(yuan)		
居民人均消费支出(元)	Per Capita Consumption Expenditure(yuan)		
城镇居民人均可支配收入(元)	Per Capita Disposable Income of Urban Households(yuan)		
农村居民人均纯收入(元)	Per Capita Net Income of Rural Households(yuan)	5404	7773
社会保障	**Social Security**		
各种社会福利收养性单位数(个)	Number of Social Welfare and Salvation Institutions(unit)	4	2
各种社会福利收养性单位床位数(张)	Number of Beds of Social Welfare and Salvation Institutions(unit)	158	66
城镇基本养老保险参保人数	Number of Persons Participated in Basic Pension Insurance	4069	7043
城镇基本医疗保险参保人数	Number of Persons Participated in Basic Medical Care Insurance	4293	15020
失业保险参保人数	Number of Persons Participated in Unemployment Insurance	3285	3515
新型农村合作医疗参保人数	New Rural Cooperative Medical Service Contributors	104773	123896
新型农村社会养老保险参保人数	New Rural Basic Social Pension Insurance Contributors	67269	81304
城镇居民最低生活保障人数	Number of Persons Receiving Minimum Living Allowance in Urban Areas	5601	7259
农村居民最低生活保障人数	Number of Persons Receiving Minimum Living Allowance in Rural Areas	8550	11493
资源与环境	**Resources and Environment**		
森林面积(公顷)	Area of Forest(hectare)	66749.4	273438.6
自然保护区面积(公顷)	Area of Afforestation(hectare)		
工业二氧化硫排放量(吨)	Volume of Industrial Sulfur Dioxide Emissions(ton)	392.1	
氮氧化物排放量(吨)	Volume of Nitrogen Oxides Emission(ton)	94.3	
烟(粉尘)排放量(吨)	Volume of Soot Emission(ton)	383.4	
污水处理厂数(座)	Number of Sewage Treatment Works (unit)		
污水处理厂集中处理率(%)	Centralized Treatment Rate of Sewage Treatment Works(%)		
垃圾处理站数(个)	Number of Waste Disposal Station (unit)	1	1

Continued

祁连县 Qilian County	海晏县 Haiyan County	刚察县 Gangcha County	同仁县 Tongren County	尖扎县 Jianzha County	泽库县 Zeku County	河南县 Henan County	共和县 Gonghe County	同德县 Tongde County	贵德县 Guide County
2	1	1	10	5	2	2	4	4	6
			1						1
10	1	5	57	54	23	9	19	10	8
197	76	96	630	209	240	142	647	373	806
254	132	203	586	451	516	305	745	319	274
3037	866	1244	6883	3271	3691	2370	9822	3497	7660
4222	1558	3831	9589	4812	8557	3583	11729	7159	8566
913	1411	739	660				1783	1054	1591
84	197	129					39	12	149
19	37	20	2	1	1	1	16	26	86
	1		1						
1	1	1	1				1		
168	234	211	600	261	147	215	1017	368	690
233	132	173	487	277	246	268	728	169	254
90	10	67	220	113	119	72	262	99	96
9887	8961	10687	5244	4567	4160	6819	7704	6494	6640
3	1	1	1	3	2	1	12	6	7
123	35	50	100	590	64	60	434	10	202
4764	14889	3508	3551	2521	3430	742	5379	1928	2059
11385	26048	6072	5440	8396	5758	2739	51852	3649	5541
2026	4884	1743	2595	2271	1425	1166	6998	2117	2829
34130	19352	29504	62257	43113	59841	30954	81582	45059	79074
17297	14028	18171	27154	27016	30607	18251	51839	21330	48097
2704	2996	3606	6610	1700	2003	1240	10573	4042	5047
3733	1895	2779	8270	6600	8100	3860	7900	8100	8400
198007.5	44780.9	36809.3	76933.2	61961.2	75830.3	112735.4	59617.1	52997.4	42501.2
834700.0		16180.0							
598.0	9428.0	1168.0					440.6	66.9	93.7
193.4	9789.0						1292.4	122.6	122.9
185.3	2745.0						911.7	104.6	141.4
	1						1	1	1
	65						78		65
1	1	1	1		1	1	2	1	1

25-2 续表 8

指 标	Item	兴海县 Xinghai County	贵南县 Guinan County
人口与就业	**Population and Employment**		
常住户数(户)	Total Population at Year-end(household)	22005	23389
户籍人口(万人)	Household Register Population(10 000 persons)	7.90	7.99
#农业户籍人口	Agricultural Household Register Population(10 000 persons)	6.75	6.00
第一产业从业人员(人)	Number of Employed Persons of the Primary Industry(person)	25279	21612
第二产业从业人员(人)	Number of Employed Persons of the Secondary Industry(person)	1027	24
第三产业从业人员(人)	Number of Employed Persons of the Tertiary Industry(person)	2542	2717
综合经济	**Comprehensive Economic**		
地区生产总值(万元)	**Gross Domestic Product(10 000 yuan)**	**209584**	**139196**
第一产业增加值	Value-added of the Primary Industry	63911	69316
农业	Agriculture	15847	21912
牧业	Animal Husbandry	46544	46128
第二产业增加值	Value-added of the Secondary Industry	102871	31003
工业	Industry	53741	4871
第三产业增加值	Value-added of the Tertiary Industry	42802	38877
财政、金融	**Government Finance and Financial Intermediation**		
公共财政收入(万元)	Public Financial Revenues(10 000 yuan)	8466	3573
各项税收	Taxes	6729	3128
公共财政支出(万元)	Public Financial Expenditures(10 000 yuan)	97081	103485
#农林水事务支出	Expenditures for Agriculture,Forestry and Water Conservancy	26493	33928
科学技术支出	Expenditures for Science and Technology	313	293
医疗卫生支出	Expenditures for Medical and Health Care	5126	6453
教育支出	Expenditures for Education	15207	16929
财政供养人员(人)	Financial Dependents(person)	3350	3910
财政供养人员全年工资总额(万元)	Total Wages of Financial Dependents(10 000 yuan)	17762	19776
年末金融机构各项存款余额(万元)	Deposits of Financial Institutions at Year-end(10 000 yuan)	138002	173365
居民储蓄存款余额	Urban and Rural Household Savings Deposits	69837	57595
年末金融机构各项贷款余额(万元)	Loans of Financial Institutions at Year-end(10 000 yuan)	55315	37236

Continued

玛沁县 Maqin County	班玛县 Banma County	甘德县 Gande County	达日县 Dari County	久治县 Jiuzhi County	玛多县 Maduo County	玉树市 Yushu City	杂多县 Zaduo County	称多县 Chengduo County
16421	7636	10809	11878	6475	5615	32803	13664	18185
4.90	2.86	3.62	3.83	2.60	1.48	10.76	5.81	6.17
3.29	2.39	3.19	3.44	2.35	1.10	8.27	5.17	4.96
15141	9256	14622	11080	9652	6211	39174	31593	18837
1125	84	21	4	34	63	283	107	137
5434	1401	1215	1412	1308	1135	7435	1724	2355
202881	**27030**	**21665**	**24265**	**26931**	**18004**	**100489**	**83456**	**97965**
17790	8816	7810	7553	9465	5060	45100	39850	38080
3176	1924	976	1923	1961		3605	24592	10257
14288	6669	6746	5439	7321	4886	38975	14666	26994
114189	8173	7159	8451	6753	5012	41909	22394	31797
78154	479	809	368	858	234			
70902	10041	6696	8261	10713	7932	13480	21212	28088
5040	1100	1246	1511	1076	1082	27300	1400	1900
4365	765	951	1154	668	938	23900	1100	1800
82594	63922	63105	69552	57254	67324	276200	85200	81100
20183	13765	15450	17939	15745	22070	29900	20900	22400
515	650	770	690	494	682	600		90
4565	3099	4313	4250	2508	2030	16100	3700	4500
12126	9320	7852	8600	7063	8587	29200	6900	11500
5314	1508	1258	1421	1331	1164	2734	1911	2412
33014	7345	7949	7447	6429	7365	20314	10554	14299
309023	70433	64441	95485	73976	61131	958619	117263	127085
96792	19628	13107	24947	20450	12533	241335	37710	17276
33655	254	2905	11023	2564	1099	109724	898	27

25-2 续表 9

指 标	Item	兴海县 Xinghai County	贵南县 Guinan County
农业	**Agriculture**		
生产条件	Condition for Agricultural Production		
耕地面积(公顷)	Cultivated Land(hectare)	10501.1	23644.2
设施农业占地面积(公顷)	Facility Agriculture Area(hectare)	4.3	11.7
农业机械总动力(万千瓦特)	Total Power of Agriculture Machinery(10000 KW)	3.3	11.2
化肥使用量(折纯量)(吨)	Consumption of Chemical Fertilizers(ton)	1059.7	7463.8
农药使用量(吨)	Consumption of Agricultural Chemical(ton)	20.9	18.8
地膜使用量(吨)	Consumption of Plastic Film(ton)		45.1
有效灌溉面积(公顷)	Effective Irrigated Area(hectare)	7022.8	4675.3
机电井数(眼)	Number of Electromechanical Wells(unit)		
机收面积(公顷)	Mechanical Harvesting Area(hectare)	1122.5	26575.9
农作物播种面积(公顷)	Sown Area(hectare)	8979.3	26587.3
粮食作物播种面积(公顷)	Grain Crops Sown Area(hectare)	4878.7	13607.9
良种播种面积	Picked Seeds Sown Area		
小麦	Wheat	1335.3	1213.7
玉米	Corn	20.0	6.0
大豆	Soybean		
油料播种面积	Oil-bearing Crops	3308.2	10217.3
蔬菜播种面积	Vegetables	4.3	66.8
农产品产量	Output of Farm Products		
粮食总产量(吨)	Grain(ton)	13172	43797
小麦	Wheat	6280	6199
玉米	Corn	188	18
大豆	Soybean		
油料产量(吨)	Oil-bearing Crops	3565	13271
园林水果产量(吨)	Fruits	235	40
肉类总产量(吨)	Output of Meat	13612	9944
#猪肉产量	Pork	840	286
年末生猪存栏(头)	Hogs Herds at Year-end(head)	5500	700
年末牛存栏(头)	Cattle Herds at Year-end(head)	231300	107600
年末羊存栏(只)	Sheep and Goats Herds at Year-end(head)	846800	721700
禽蛋产量(吨)	Output of Poultry Eggs	7	10
奶类产量(吨)	Output of Milk	10950	5733
蔬菜产量(吨)	Output of Vegetables	134	764
水产品产量(吨)	Output of Aquatic Products		

Continued

玛沁县 Maqin County	班玛县 Banma County	甘德县 Gande County	达日县 Dari County	久治县 Jiuzhi County	玛多县 Maduo County	玉树市 Yushu City	杂多县 Zaduo County	称多县 Chengduo County
267.2	1026.8					3074.0		2495.2
						70.0		7.0
0.5	1.5	0.4	0.3	0.3	0.8	4.1	0.5	2.4
2.0						46.5		17.5
0.0						1.1		
26.7						35.9		5.9
						2800.0		1800.0
23.3	499.3					2889.7		1814.3
5.3	454.7					2380.8		1651.9
	50.0							66.7
	44.7					53.3		66.7
8.0						100.3		95.7
40	1197					4095		3318
	143							115
	68					36		70
6051	4714	1679	4484	5234	1616	7334	5590	3787
142800	183000	96000	117100	201300	58000	446300	216900	100700
255000	18900	101000	84100	42700	68800	55600	178100	153900
7708	5898	2770	3833	6356	4210	12339	19607	7107
93						524		713

25-2 续表 10

指　标	Item	兴海县 Xinghai County	贵南县 Guinan County
工业及建筑业	**Industry and Construction**		
规模以上工业企业个数(个)	Number of Industrial Enterprises above Designated Size(unit)	4	
规模以上工业总产值(万元)	Gross Industrial Output Valueof Industrial Enterprises above Designated Size(10 000 yuan)	41695	
规模以上工业企业从业人员年平均数(人)	Average Number of Employed Personsof Industrial Enterprises above Designated Size(person)	991	
规模以上工业企业主营业务收入(万元)	Revenue from Principal Business of Industrial Enterprises above Designated Size(10 000 yuan)	60894	
建筑业企业个数(个)	Number of Construction Enterprises(unit)	1	
交通、通讯与能源	**Transport，Postal，telecommunication and Energy**		
公路里程(公里)	Length of Highways(km)	2813.4	1863.7
民用汽车拥有量(辆)	Possession of Civil Vehicles(unit)	4845	2981
年末公交车路数(路)	Number of Bus Routes at Year-end(unit)	2	10
年末实有公共汽(电)车营运车辆数(辆)	Number of Actual Buses or Trolleybuses Operating Vehicles at Year-end(unit)	24	12
年末实有出租汽车数(辆)	Number of Actual Taxies at Year-end(unit)	40	55
固定电话用户(户)	Number of Subscribers of Fixed Telephone at Year-end(subscriber)	3191	2843
移动电话用户(户)	Number of Mobile Telephone Subscribers(subscriber)	83816	64784
互联网宽带接入用户(户)	Number of Internet Users(subscriber)	2034	2978
全社会用电量(万千瓦时)	Electricity Consumption(10 thousand kwh)	13576.2	3120.1
居民生活用电量	Residential Electricity Consumption	1297.9	1254.1
贸易、外经、旅游	**Domestic Trade,Foreign Trade and Tourism**		
社会消费品零售总额(万元)	Total Retail Sales of Consumer Goods (10 000 yuan)	14468	29162
出口总额(万美元)	Total Exports(USD 10 000)		
当年实际使用外资金额(万美元)	Amount of Foreign Capital Actually Utilized in the Year(USD 10 000)		
星级饭店客房总数(间)	Numbers of Rooms of Star Grade Hotel(unit)		
固定资产投资	**Investment in Fixed Assets**		
固定资产投资(万元)	Total Investment in Fixed Assets(10 000 yuan)	228043	127790
新增固定资产投资(万元)	Newly Increased Investment in Fixed Assets(10 000 yuan)	129273	107090
房地产开发投资(万元)	Investment Completed of Enterprises for Real Estate Development(10 000 yuan)		
#住宅	Residential Buildings		
住宅竣工面积(万平方米)	Floor Space of Residential Buildings Completed(10 000 sq.m)		

Continued

玛沁县 Maqin County	班玛县 Banma County	甘德县 Gande County	达日县 Dari County	久治县 Jiuzhi County	玛多县 Maduo County	玉树市 Yushu City	杂多县 Zaduo County	称多县 Chengduo County
1								
108997								
712								
108780								
4	1					4		
1869	1146	1430	1489	1036	1537	339	420	350
6533	653	2120	2060	592	881	3570	377	1302
						3		
						40		
406	40	100	120	20	7	360		
3400	1000	900	800	1000	800	3315	1597	1631
32346	8617	6216	13854	8073	6351	70447	13765	29978
2600	800	600	900	800	800	3077	1583	1697
22437.0		901.7	1408.7					
1453.9		326.1	545.9					
20124.1	3585	3966	3934	5633	4092	46008	20051	4626
198764	54036	62225	61056	47011	58552	608515	45584	56964
140653	35798	56806	19631	31846	41724	1441478	18401	75740

25-2 续表 11

指 标	Item	兴海县 Xinghai County	贵南县 Guinan County
教育、科技、文化、卫生	**Education，Science and Technology，Cultureand Public Health**		
普通中学(所)	Number of Regular Secondary Schools(unit)	3	3
中等职业教育学校(所)	Number of Secondary Vocational Education Schools(unit)		
小学数(所)	Number of Primary Schools(unit)	9	7
普通中学专任教师数(人)	Number of Full-time Teachers in Regular Secondary Schools(person)	199	287
小学专任教师数(人)	Number of Full-time Teachers in Primary Schools(person)	313	450
普通中学在校学生数(人)	Number of Students Enrollment in Regular Secondary Schools(person)	2125	3595
小学在校学生数(人)	Number of Students Enrollment in Primary Schools(person)	7923	7716
专业技术人员(人)	Number of Scientific and Technical Personnel(person)	965	1131
#农业技术人员	Number of Agriculture Scientific and Technical Personnel(person)	5	89
全年专利授权数(件)	Number of Patent Granted(unit)		
公共图书馆图书总藏量(千册)	Total Collections of Public Libraries(1000 volumes)	0.8	16.74
剧场、影剧院个数(个)	Number of Theaters and Cinemas(unit)		1
体育场馆数(个)	Number of Stadiums and Gymnasiums(unit)		1
医疗卫生机构床位数(床)	Number of Beds in Hospitals and Health Centers(unit)	231	281
医疗卫生机构技术人员(人)	Number of Technical Personnel in Hospitals and Health Centers(person)	189	217
#执业(助理)医师	Number of Certified (Assistant) Doctors	94	126
人民生活	**People's Living Conditions(yuan)**		
居民人均可支配收入(元)	Per Capita Disposable Income(yuan)		
居民人均消费支出(元)	Per Capita Consumption Expenditure(yuan)		
城镇居民人均可支配收入(元)	Per Capita Disposable Income of Urban Households(yuan)		
农村居民人均纯收入(元)	Per Capita Net Income of Rural Households(yuan)	7770	6811
社会保障	**Social Security**		
各种社会福利收养性单位数(个)	Number of Social Welfare and Salvation Institutions(unit)	7	2
各种社会福利收养性单位床位数(张)	Number of Beds of Social Welfare and Salvation Institutions(unit)	474	120
城镇基本养老保险参保人数	Number of Persons Participated in Basic Pension Insurance	2823	1426
城镇基本医疗保险参保人数	Number of Persons Participated in Basic Medical Care Insurance	8929	13231
失业保险参保人数	Number of Persons Participated in Unemployment Insurance	2087	2236
新型农村合作医疗参保人数	New Rural Cooperative Medical Service Contributors	53115	56085
新型农村社会养老保险参保人数	New Rural Basic Social Pension Insurance Contributors	29350	32162
城镇居民最低生活保障人数	Number of Persons Receiving Minimum Living Allowance in Urban Areas	3412	9018
农村居民最低生活保障人数	Number of Persons Receiving Minimum Living Allowance in Rural Areas	5883	5800
资源与环境	**Resources and Environment**		
森林面积(公顷)	Area of Forest(hectare)	119709.7	52396.6
自然保护区面积(公顷)	Area of Afforestation(hectare)		
工业二氧化硫排放量(吨)	Volume of Industrial Sulfur Dioxide Emissions(ton)	74.9	130.0
氮氧化物排放量(吨)	Volume of Nitrogen Oxides Emission(ton)	27.3	23.3
烟(粉尘)排放量(吨)	Volume of Soot Emission(ton)	171.3	208.7
污水处理厂数(座)	Number of Sewage Treatment Works (unit)	1	
污水处理厂集中处理率(%)	Centralized Treatment Rate of Sewage Treatment Works(%)		
垃圾处理站数(个)	Number of Waste Disposal Station (unit)	1	2

Continued

玛沁县 Maqin County	班玛县 Banma County	甘德县 Gande County	达日县 Dari County	久治县 Jiuzhi County	玛多县 Maduo County	玉树市 Yushu City	杂多县 Zaduo County	称多县 Chengduo County
4	1	1	1	1	1	6	1	1
1		1		1		1		
12	3	7	10	8	4	32	15	22
98	48	59	83	71	27	526	121	95
262	181	188	146	142	130	801	323	414
2069	1348	1205	1267	1438	648	5479	2226	1646
5750	2839	3199	3053	2946	1030	14574	7758	6258
562		512		419	318	366	261	181
		49		41	120	181	262	169
2.6	25	26	18	12	9			
				1	1	1		
	1	1				1	1	1
69	52	80	119	58	63	58	125	165
143	112	78	105	102	64	119	81	256
45	47	28	55	28	18	51	49	113
6935	3850	3308	3034	3804	4072	4608	4298	3942
6	9	5	4	1	2	1	11	4
312	140	160	168	20	110	24	309	116
4884	995	780	666	732	976	2951	423	1095
14722	4131	3200	3273	2855	2964	8457	1675	2441
616	286	216	239	226	186	3264	456	987
30751	22688	26741	28544	22999	10701	80014	50750	49778
18362	13689	15786	15901	12758	6014	44676	25841	29163
5155	1233	1193	926	611	1273	10897	1921	2039
3510	2920	3440	3410	3020	2300	19860	7462	10301
319087.3	131935.1	110515.4	128908.0	144658.2	16883.0	217940.9	46859.4	71943.3
	2469.7			8708.0		52851.0		
		14.6						
		12.0				1.0	11.0	4.0
		12.2						
1	1	1	1	1	1	1	1	1

25-2 续表 12

指 标	Item	治多县 Zhiduo County	囊谦县 Nangqian County
人口与就业	**Population and Employment**		
常住户数(户)	Total Population at Year-end(household)	11830	24400
户籍人口(万人)	Household Register Population(10 000 persons)	3.66	9.93
#农业户籍人口	Agricultural Household Register Population(10 000 persons)	2.65	8.87
第一产业从业人员(人)	Number of Employed Persons of the Primary Industry(person)	14775	34321
第二产业从业人员(人)	Number of Employed Persons of the Secondary Industry(person)	130	55
第三产业从业人员(人)	Number of Employed Persons of the Tertiary Industry(person)	2015	2367
综合经济	**Comprehensive Economic**		
地区生产总值(万元)	**Gross Domestic Product(10 000 yuan)**	**53887**	**64566**
第一产业增加值	Value-added of the Primary Industry	38343.35	34655
农业	Agriculture	2862	3586
牧业	Animal Husbandry	35467	30407
第二产业增加值	Value-added of the Secondary Industry	8721	14723
工业	Industry		
第三产业增加值	Value-added of the Tertiary Industry	6823	15188
财政、金融	**Government Finance and Financial Intermediation**		
公共财政收入(万元)	Public Financial Revenues(10 000 yuan)	1300	2000
各项税收	Taxes	1000	1700
公共财政支出(万元)	Public Financial Expenditures(10 000 yuan)	66500	111300
#农林水事务支出	Expenditures for Agriculture,Forestry and Water Conservancy	19300	27600
科学技术支出	Expenditures for Science and Technology	70	30
医疗卫生支出	Expenditures for Medical and Health Care	3100	3500
教育支出	Expenditures for Education	7400	17700
财政供养人员(人)	Financial Dependents(person)	2082	2644
财政供养人员全年工资总额(万元)	Total Wages of Financial Dependents(10 000 yuan)	9529	20736
年末金融机构各项存款余额(万元)	Deposits of Financial Institutions at Year-end(10 000 yuan)	86608	128656
居民储蓄存款余额	Urban and Rural Household Savings Deposits	21341	30667
年末金融机构各项贷款余额(万元)	Loans of Financial Institutions at Year-end(10 000 yuan)	389	2073

曲麻莱县 Qumalai County	格尔木市 Geermu City	德令哈市 Delingha City	乌兰县 Wulan County	都兰县 Dulan County	天峻县 Tianjun County	茫崖 Mang'ai Executive Council	大柴旦 Dachaidan Executive Council	冷湖 Lenghu Executive Council
10254	50448	27550	13677	24465	7606	13989	4496	10367
3.17	13.29	7.60	3.70	7.35	2.23	3.40	1.01	2.24
2.62	0.23	1.73			1.28		0.07	
9805	12857	12477	10136	25940	7790	132	623	
40	22862	6000	1746	925	2489	3698	5014	960
1639	12447	9417	1664	2449	2228	778	782	412
52385	**3188835**	**496429**	**303628**	**275675**	**656293**	**738720**	**420697**	**115777**
31188	34404	39937	24949	89559	28547	1093	2500	
3861	22676	21169	5608	62323	535		56	
22173	9291	12640	16573	24769	27622	1093	2404	
10383	2488622	255125	249244	133848	587898	712478	379304	110015
	2240809	155905	243092	121238	570348	699340	347203	101245
10814	665809	201367	29435	52268	39848	25149	38893	5762
900	880017	121861	31939	30975	210302	84412	123552	14420
700	160096	49900	7072	10446	28855	21539	33464	3673
75400	293458	121861	78940	113960	93986	39841	52134	17720
19300	37853	35319	22603	39908	28473	1462	8717	
70	792	1546	63	91	756	360	726	748
3300	13578	3336	2026	4654	3656	2357	2343	641
8100	39718	15900	12920	12931	16433	4032	3236	1381
1833	7067	3110	2411	3000	2064	1009	887	504
13325	42423	18334	15875	17550	14634	5910	5315	3137
72252	1945189	1093523	159822	195023	200326	102654	71752	90839
16274	990441	309006	71185	109371	53808	74377	33608	6846
270	2582266	932532	67586	47602	59585	4865	55800	

25-2 续表 13

指　标	Item	治多县 Zhiduo County	囊谦县 Nangqian County
农业	**Agriculture**		
生产条件	Condition for Agricultural Production		
耕地面积(公顷)	Cultivated Land(hectare)		7887.02
设施农业占地面积(公顷)	Facility Agriculture Area(hectare)		23.20
农业机械总动力(万千瓦特)	Total Power of Agriculture Machinery(10000 KW)	1.07	3.74
化肥使用量(折纯量)(吨)	Consumption of Chemical Fertilizers(ton)		393.0
农药使用量(吨)	Consumption of Agricultural Chemical(ton)		3.0
地膜使用量(吨)	Consumption of Plastic Film(ton)		
有效灌溉面积(公顷)	Effective Irrigated Area(hectare)		442.0
机电井数(眼)	Number of Electromechanical Wells(unit)		
机收面积(公顷)	Mechanical Harvesting Area(hectare)		3800.0
农作物播种面积(公顷)	Sown Area(hectare)		6600.0
粮食作物播种面积(公顷)	Grain Crops Sown Area(hectare)		5366.7
良种播种面积	Picked Seeds Sown Area		
小麦	Wheat		
玉米	Corn		
大豆	Soybean		
油料播种面积	Oil-bearing Crops		243.3
蔬菜播种面积	Vegetables		166.7
农产品产量	Output of Farm Products		
粮食总产量(吨)	Grain(ton)		8566
小麦	Wheat		
玉米	Corn		
大豆	Soybean		
油料产量(吨)	Oil-bearing Crops		329
园林水果产量(吨)	Fruits		
肉类总产量(吨)	Output of Meat	5814	7154
#猪肉产量	Pork		21
年末生猪存栏(头)	Hogs Herds at Year-end(head)		300
年末牛存栏(头)	Cattle Herds at Year-end(head)	167000	312200
年末羊存栏(只)	Sheep and Goats Herds at Year-end(head)	175300	52000
禽蛋产量(吨)	Output of Poultry Eggs		
奶类产量(吨)	Output of Milk	16500	7148
蔬菜产量(吨)	Output of Vegetables		1347
水产品产量(吨)	Output of Aquatic Products		

Continued

曲麻莱县 Qumalai County	格尔木市 Geermu City	德令哈市 Delingha City	乌兰县 Wulan County	都兰县 Dulan County	天峻县 Tianjun County	茫崖 Mang'ai Executive Council	大柴旦 Dachaidan Executive Council	冷湖 Lenghu Executive Council
	6037.39	11120.58	4265.92	19265.09			295.09	
	186.47	91.47	26.93	124.33				
0.62	10.83	8.05	4.65	13.33	1.12	0.09	0.10	
	3321.0	3128.0	722.1	5431.0			16.6	
	23.0	37.9	25.4	48.7				
	4.8	2.1	7.3	5.2				
	6037.4	11120.6	4265.9	19265.1			295.1	
	110.0	117.0	141.0	132.0	8.0	22.0	60.0	5.0
	1352.0	3898.0	2395.0	15533.0				
	5235.9	12674.9	4548.0	23184.5			200.0	
	1748.8	4430.4	2073.3	8397.7				
	613.5	3289.3	1286.7	2990.8				
			73.3					
	75.7	1241.1	508.6	3229.1				
	642.9	334.1	55.6	219.5				
	9314	20765	9767	40117				
	3026	16766	7032	16379				
			275					
	230	2234	1120	8105				
	108	161						
4012	4438	3887	4521	9004	6503	337	518	
	967	1705	500	795				
	11800	31300	6100	2900				
72600	22900	8900	9700	42100	64400	200	300	
346000	207800	250100	480000	605900	608700	39900	62600	
		17	55	10				
6162	1687	2409	2443	3168	4000	52	6	
	26280	13279	2089	8705				
	56	422						

25-2 续表 14

指 标	Item	治多县 Zhiduo County	囊谦县 Nangqian County
工业及建筑业	**Industry and Construction**		
规模以上工业企业个数(个)	Number of Industrial Enterprises above Designated Size(unit)		
规模以上工业总产值(万元)	Gross Industrial Output Valueof Industrial Enterprises above Designated Size(10 000 yuan)		
规模以上工业企业从业人员年平均数(人)	Average Number of Employed Personsof Industrial Enterprises above Designated Size(person)		
规模以上工业企业主营业务收入(万元)	Revenue from Principal Business of Industrial Enterprises above Designated Size(10 000 yuan)		
建筑业企业个数(个)	Number of Construction Enterprises(unit)		
交通、通讯与能源	**Transport，Postal，telecommunication and Energy**		
公路里程(公里)	Length of Highways(km)	530.0	420.0
民用汽车拥有量(辆)	Possession of Civil Vehicles(unit)	3253	1277
年末公交车路数(路)	Number of Bus Routes at Year-end(unit)		
年末实有公共汽(电)车营运车辆数(辆)	Number of Actual Buses or Trolleybuses Operating Vehicles at Year-end(unit)		
年末实有出租汽车数(辆)	Number of Actual Taxies at Year-end(unit)		
固定电话用户(户)	Number of Subscribers of Fixed Telephone at Year-end(subscriber)	1687	1981
移动电话用户(户)	Number of Mobile Telephone Subscribers(subscriber)	3167	7396
互联网宽带接入用户(户)	Number of Internet Users(subscriber)	498	1001
全社会用电量(万千瓦时)	Electricity Consumption(10 thousand kwh)		
居民生活用电量	Residential Electricity Consumption		
贸易、外经、旅游	**Domestic Trade,Foreign Trade and Tourism**		
社会消费品零售总额(万元)	Total Retail Sales of Consumer Goods (10 000 yuan)	4990.0	5359.0
出口总额(万美元)	Total Exports(USD 10 000)		
当年实际使用外资金额(万美元)	Amount of Foreign Capital Actually Utilized in the Year(USD 10 000)		
星级饭店客房总数(间)	Numbers of Rooms of Star Grade Hotel(unit)		
固定资产投资	**Investment in Fixed Assets**		
固定资产投资(万元)	Total Investment in Fixed Assets(10 000 yuan)	35702	46579
新增固定资产投资(万元)	Newly Increased Investment in Fixed Assets(10 000 yuan)	33917	29561
房地产开发投资(万元)	Investment Completed of Enterprises for Real Estate Development(10 000 yuan)		
#住宅	Residential Buildings		
住宅竣工面积(万平方米)	Floor Space of Residential Buildings Completed(10 000 sq.m)		

Continued

曲麻莱县 Qumalai County	格尔木市 Geermu City	德令哈市 Delingha City	乌兰县 Wulan County	都兰县 Dulan County	天峻县 Tianjun County	茫　崖 Mang'ai Executive Council	大柴旦 Dachaidan Executive Council	冷　湖 Lenghu Executive Council
	44	16	6	11	11	6	15	4
	3976688	328465.2	567139.4	182043.8	1085360.8	2828746.9	566921.3	175813.8
	26400	4225	3610	1247	2548	28358	4707	1193
	1697722	306662	187251	112156.7	478759.9	1927457.9	315542.8	40861.9
	16	11	2	1				
406.0	2832.1	1892.7	1218.4	3062.6	3397.6	525.3	374.5	921.1
342	50100	5906	2564	664	1440	5250	310	3240
	7	10		8				
	105	93		73				
	1189	414	205	198	300	220	57	14
817	55151	21000	7240	9671	3530	4600	2242	470
11312	306234	98196	30864	50348	39800	24000	18150	2000
493	37879	16335	4201	4000	2007	4000	2742	320
	327935.89	50503.98	20888.62	16814.24	6304.40		45828.85	
	7384.18	3370.12	1103.10	2060.65	568.11		410.38	
4794.0	443192.0	74563.8	19922.0	41019.0	44271.0	22621.0	12297.0	4475.5
	1406	527						
45415	2346936	863711	152803	217324	252202	87427	463102	120461
31504	1372971	365723	158881	243329	70717	10181	443211	201941
	66382	61559						
	38435	31648						
	2.01							

25-2 续表 15

指 标	Item	治多县 Zhiduo County	囊谦县 Nangqian County
教育、科技、文化、卫生	**Education，Science and Technology，Cultureand Public Health**		
普通中学(所)	Number of Regular Secondary Schools(unit)	1	2
中等职业教育学校(所)	Number of Secondary Vocational Education Schools(unit)		
小学数(所)	Number of Primary Schools(unit)	8	32
普通中学专任教师数(人)	Number of Full-time Teachers in Regular Secondary Schools(person)	90	146
小学专任教师数(人)	Number of Full-time Teachers in Primary Schools(person)	172	468
普通中学在校学生数(人)	Number of Students Enrollment in Regular Secondary Schools(person)	1971	2614
小学在校学生数(人)	Number of Students Enrollment in Primary Schools(person)	3993	9743
专业技术人员(人)	Number of Scientific and Technical Personnel(person)	141	899
#农业技术人员	Number of Agriculture Scientific and Technical Personnel(person)	155	326
全年专利授权数(件)	Number of Patent Granted(unit)		
公共图书馆图书总藏量(千册)	Total Collections of Public Libraries(1000 volumes)		
剧场、影剧院个数(个)	Number of Theaters and Cinemas(unit)		
体育场馆数(个)	Number of Stadiums and Gymnasiums(unit)	1	1
医疗卫生机构床位数(床)	Number of Beds in Hospitals and Health Centers(unit)	120	180
医疗卫生机构技术人员(人)	Number of Technical Personnel in Hospitals and Health Centers(person)	15	207
#执业(助理)医师	Number of Certified (Assistant) Doctors	10	44
人民生活	**People's Living Conditions(yuan)**		
居民人均可支配收入(元)	Per Capita Disposable Income(yuan)		
居民人均消费支出(元)	Per Capita Consumption Expenditure(yuan)		
城镇居民人均可支配收入(元)	Per Capita Disposable Income of Urban Households(yuan)		
农村居民人均纯收入(元)	Per Capita Net Income of Rural Households(yuan)	4674	3263
社会保障	**Social Security**	**2**	**7**
各种社会福利收养性单位数(个)	Number of Social Welfare and Salvation Institutions(unit)	200	102
各种社会福利收养性单位床位数(张)	Number of Beds of Social Welfare and Salvation Institutions(unit)		
城镇基本养老保险参保人数	Number of Persons Participated in Basic Pension Insurance	743	1197
城镇基本医疗保险参保人数	Number of Persons Participated in Basic Medical Care Insurance	1575	2314
失业保险参保人数	Number of Persons Participated in Unemployment Insurance	508	890
新型农村合作医疗参保人数	New Rural Cooperative Medical Service Contributors	25849	83515
新型农村社会养老保险参保人数	New Rural Basic Social Pension Insurance Contributors	13856	45939
城镇居民最低生活保障人数	Number of Persons Receiving Minimum Living Allowance in Urban Areas	1460	2801
农村居民最低生活保障人数	Number of Persons Receiving Minimum Living Allowance in Rural Areas	5251	13193
资源与环境	**Resources and Environment**		
森林面积(公顷)	Area of Forest(hectare)	26948.5	200340.4
自然保护区面积(公顷)	Area of Afforestation(hectare)		
工业二氧化硫排放量(吨)	Volume of Industrial Sulfur Dioxide Emissions(ton)		
氮氧化物排放量(吨)	Volume of Nitrogen Oxides Emission(ton)	2	7
烟(粉尘)排放量(吨)	Volume of Soot Emission(ton)		
污水处理厂数(座)	Number of Sewage Treatment Works (unit)		
污水处理厂集中处理率(%)	Centralized Treatment Rate of Sewage Treatment Works(%)		
垃圾处理站数(个)	Number of Waste Disposal Station (unit)	1	1

Continued

曲麻莱县 Qumalai County	格尔木市 Geermu City	德令哈市 Delingha City	乌兰县 Wulan County	都兰县 Dulan County	天峻县 Tianjun County	茫　崖 Mang'ai Executive Council	大柴旦 Dachaidan Executive Council	冷　湖 Lenghu Executive Council
1	20	7	6	7	3	2	1	1
	1							
12	10	9	9	15	5	2	2	1
89	873	272	237	322	39	21	25	12
184	907	339	264	412	138	55	17	12
1133	11698	4853	2094	3782	1278	305	188	28
4107	18646	6037	2322	6152	2358	872	503	43
391	3216	1130	954	1118				
299	180	80	150	37				
	20							
	95	10.7	22	9	13	0.5	4	
	5	1	1		1			
1	1	1			1	1	1	
96	1052	304	180	250	107	176	150	10
126	1125	539	175	181	130	104	65	9
37	440	115	71	91	61	56	31	9
4670	11249	9213	8145	8375	10902			
3								
139	3	1	1	1	1			
	74	70	41	50	75			
566	37803	2972	6656	3596	1946	5033	5053	1753
1623	33350	16617	13358	11457	22787	2559	2186	1336
654	15822	6413	4168	2705	1404	2475	2142	620
24308	33656	29514	21639	53222	15349	197	732	
16039	12633	12599	10580	35739	9341	136	458	
1445	7264	9548	2577	3027	1486	231	312	27
4870	1052	2849	2032	5104	1598	12	58	
58465.9	279663.3	150122.4	185513.0	171137.8	45619.3	7359.5	37559.5	5496.1
				143066				
				385			1154	
3				105			285	
							557	
	1							
1	2	1	1	2		1	2	